PRÉCIS

DU COURS

DE DROIT PUBLIC

ET ADMINISTRATIF

PRÉFACE

DE LA QUATRIÈME ÉDITION.

Je publie la quatrième édition de mon *Précis de droit public et administratif.* Elle a été revue avec soin, mais elle n'a pas été augmentée. Je me suis au contraire constamment proposé, pendant mon travail de révision, de rester dans les limites d'un ouvrage élémentaire. J'ai même ramené aux proportions du précis des passages qui s'en écartaient. Aussi, contrairement à l'usage des éditeurs, puis-je dire que cette nouvelle édition a été diminuée. L'augmentation n'est pas toujours un perfectionnement. Elle n'a que trop souvent pour résultat de nuire à l'harmonie d'un ouvrage en y introduisant la disproportion des développements.

J'ai conservé le plan que depuis la première édition je n'ai cessé de suivre. Emprunté au droit romain et à nos lois civiles, cet ordre m'a paru être, en quelque sorte, commandé par la nature des choses. Il a le mérite d'être rationnel et d'avoir pour lui la consécration du temps. Sa valeur logique est telle qu'on peut l'appliquer à toutes les parties de la législation, au droit commercial comme au droit civil, au droit administratif comme au droit commercial.

M. Gabriel Dufour. Qu'on prenne la peine de parcourir la table des matières qui est à la fin de ce volume, et on verra facilement que cet inconvénient a été bien grossi et que les matières ne sont pas très-morcelées pour donner de la force à l'objection. Ce désavantage, s'il existait, serait largement compensé. Le plan rationnel que nous avons adopté est tel en effet qu'on pourrait le conserver dans une codification des lois administratives, si jamais une pareille entreprise était commencée. Quel est le plan qui pourrait résister à cette épreuve? Qu'on ouvre tous les ouvrages de droit administratif et qu'on y cherche un ordre qui pût être suivi par le législateur s'il jugeait opportun de refondre dans un corps de lois toutes les dispositions dont l'ensemble constitue notre droit administratif. On n'en trouvera pas un seul qui puisse sortir victorieux de cet examen, tandis que le mien a fait ses preuves puisqu'il a déjà servi de base à la codification des lois civiles et que, depuis des siècles, il a constamment été adopté.

M. Aucoc reproche à ce plan d'être parfois embarrassant et même de prêter à l'arbitraire spécialement en ce qui concerne la *division des choses*. Ces objections sont trop vagues, et il est vraiment regrettable que l'honorable président n'ait pas pu, dans son discours, donner à sa pensée plus de développements. *Embarrassant!* Chaque méthode a ses difficultés, et je ne prétends pas que la mienne en soit exempte. Mais puisque tout système a les siennes, il faut en prendre son parti et ne pas refuser ses préférences à ce qui est rationnel sur ce qui ne l'est pas ou ce qui l'est moins. *Arbitraire!* Je n'aperçois pas comment il pourrait se glisser dans la *division des choses* la moindre part d'arbitraire. Le domaine public de l'État, des départements et des communes; le domaine privé de l'État, des départements et des communes; les choses soumises à l'approbation ou à la concession administrative; les servitudes d'utilité publique, tels sont les termes que comprend la division des choses, et cette suite d'idées est en quelque sorte forcée.

Ces raisons nous ont déterminé à conserver notre plan; elles nous font espérer qu'il sera plus tard adopté généralement dans l'enseignement d'abord et enfin dans la législation.

LOIS VOTÉES

PENDANT L'IMPRESSION DE L'OUVRAGE

Pendant l'impression de ce volume, certaines matières ont été modifiées par des lois nouvelles.

Les deux plus importantes sont : 1° la loi électorale pour les élections de la Chambre des députés ; 2° la loi sur la presse et l'état de siége. Nous allons en reproduire le texte pour que le lecteur puisse, en s'y référant, modifier les passages correspondants de notre ouvrage.

Loi électorale. — Nous avons donné à la page 37, en note, le projet de la commission qui avait été chargée d'élaborer les lois constitutionnelles. Dans le texte, les caractères principaux de cette loi avaient été analysés ; mais quelques-uns ont disparu dans la rédaction qui a été définitivement adoptée. Ainsi au scrutin de liste que proposait la commission, l'Assemblée a substitué le vote uninominal par arrondissement ou, dans les arrondissements comptant plus de cent mille habitants, le vote uninominal par circonscription.

LOI ÉLECTORALE DU 30 NOVEMBRE 1875. — LOI ORGANIQUE SUR L'ÉLECTION DES DÉPUTÉS.

ART. 1er. Les députés seront nommés par les électeurs inscrits :

1° Sur les listes dressées en exécution de la loi du 7 juillet 1874 ;

2° Sur la liste complémentaire comprenant ceux qui résident dans la commune depuis six mois.

L'inscription sur la liste complémentaire aura lieu conformément aux lois et règlements qui régissent actuellement les listes électorales politiques, par les commissions et suivant les formes établies dans les articles 1, 2, 3 et 4 de la loi du 7 juillet 1874.

Les pourvois en cassation relatifs à la formation et à la révision de l'une et l'autre liste seront portés directement devant la chambre civile de la Cour de cassation.

Les listes électorales arrêtées au 31 mars 1875 serviront jusqu'au 31 mars 1876.

2. Les militaires et assimilés de tous grades et toutes armes des armées de terre et de mer ne prennent part à aucun vote quand ils sont présents à leurs corps, à leur poste ou dans l'exercice de leurs fonctions. Ceux qui, au moment de l'élection, se trouvent en résidence libre, en non-activité ou en possession d'un congé régulier, peuvent voter dans la commune sur les listes de laquelle ils sont régulièrement inscrits. Cette dernière disposition s'applique également aux officiers et assimilés qui sont en disponibilité ou dans le cadre de réserve.

3. Pendant la durée de la période électorale, les circulaires et professions de foi signées des candidats, les placards et manifestes électoraux signés d'un ou de plusieurs électeurs pourront, après dépôt au parquet du procureur de la République, être affichés et distribués sans autorisation préalable.

La distribution des bulletins de vote n'est point soumise à la formalité du dépôt au parquet.

Il est interdit à tout agent de l'autorité publique ou municipale de distribuer des bulletins de vote, professions de foi et circulaires des candidats.

Les dispositions de l'article 19 de la loi organique du 2 août 1875 sur les élections des sénateurs, seront appliquées aux élections des députés.

4. Le scrutin ne durera qu'un seul jour. Le vote a lieu au chef-lieu de la commune; néanmoins chaque commune peut être divisée par arrêté du préfet en autant de sections que

l'exigent les circonstances locales et le nombre des électeurs. Le second tour de scrutin continuera d'avoir lieu le deuxième dimanche qui suit le jour de la proclamation du résultat du premier scrutin, conformément aux dispositions de l'article 65 de la loi du 15 mars 1849.

5. Les opérations du vote auront lieu conformément aux dispositions des décrets organique et réglementaire du 2 février 1852. Le vote est secret.

Les listes d'émargement de chaque section, signées du président et du secrétaire, demeureront déposées pendant huitaine au secrétariat de la mairie, où elles seront communiquées à tout électeur requérant.

6. Tout électeur est éligible, sans condition de cens, à l'âge de vingt-cinq ans accomplis.

7. Aucun militaire ou marin faisant partie des armées actives de terre ou de mer ne pourra, quels que soient son grade ou ses fonctions, être élu membre de la Chambre des députés.

Cette disposition s'applique aux militaires et marins en disponibilité ou en non-activité, mais elle ne s'étend ni aux officiers placés dans la seconde section du cadre de l'état-major général, ni à ceux qui, maintenus dans la première section comme ayant commandé en chef devant l'ennemi, ont cessé d'être employés activement, ni aux officiers qui, ayant des droits acquis à la retraite, sont envoyés ou maintenus dans leurs foyers en attendant la liquidation de leur pension.

La décision par laquelle l'officier aura été admis à faire valoir ses droits à la retraite deviendra, dans ce cas, irrévocable.

La disposition contenue dans le premier paragraphe du présent article ne s'applique pas à la réserve de l'armée active ni à l'armée territoriale.

8. L'exercice des fonctions publiques rétribuées sur les fonds de l'État est incompatible avec le mandat de député.

En conséquence, tout fonctionnaire élu député sera remplacé dans ses fonctions si, dans les huit jours qui suivront la vérification des pouvoirs, il n'a pas fait connaître qu'il n'accepte pas le mandat de député.

Sont exceptées des dispositions qui précèdent les fonctions de ministre, sous-secrétaire d'État, ambassadeur, ministre plénipotentiaire, préfet de la Seine, préfet de police, premier président de la Cour de cassation, premier président de la Cour des comptes, premier président de la Cour d'appel de Paris, procureur général près la Cour de cassation, procureur général près la Cour des comptes, procureur général près la Cour d'appel de Paris, archevêque et évêque, pasteur président de consistoire dans les circonscriptions consistoriales dont le chef-lieu compte deux pasteurs et au-dessus, grand rabbin du consistoire central, grand rabbin du consistoire de Paris.

9. Sont également exceptés des dispositions de l'article 8 :

1° Les professeurs titulaires de chaires qui sont données au concours ou sur la présentation des corps où la vacance s'est produite ;

2° Les personnes qui ont été chargées d'une mission temporaire. Toute mission qui a duré plus de six mois cesse d'être temporaire et est régie par l'article 8 ci-dessus.

10. Le fonctionnaire conserve les droits qu'il a acquis à une pension de retraite et peut, après l'expiration de son mandat, être remis en activité.

Le fonctionnaire civil qui, ayant eu vingt ans de services à la date de l'acceptation de son mandat de député, justifiera de cinquante ans d'âge à l'époque de la cessation de ce mandat, pourra faire valoir ses droits à une pension de retraite exceptionnelle.

Cette pension sera réglée conformément au troisième paragraphe de l'article 12 de la loi du 9 juin 1853.

Si le fonctionnaire est remis en activité après la cessation de son mandat, les dispositions énoncées dans les articles 3 paragraphe 2 et 28 de la loi du 9 juin 1853 lui seront applicables.

Dans les fonctions où le grade est distinct de l'emploi, le fonctionnaire, par l'acceptation du mandat de député, renonce à l'emploi et ne conserve que le grade.

11. Tout député nommé ou promu à une fonction publique

salariée cesse d'appartenir à la Chambre par le fait même de son acceptation; mais il peut être réélu si la fonction qu'il occupe est compatible avec le mandat de député.

Les députés nommés ministres ou sous-secrétaires d'État ne sont pas soumis à la réélection.

12. Ne peuvent être élus par l'arrondissement ou la colonie compris en tout ou en partie dans leur ressort, pendant l'exercice de leurs fonctions et pendant les six mois qui suivent la cessation de leurs fonctions par démission, destitution, changement de résidence ou de toute autre manière :

1° Les premiers présidents, présidents et les membres des parquets des cours d'appel;

2° Les présidents, vice-présidents, juges titulaires, juges d'instruction et membres du parquet des tribunaux de première instance;

3° Le préfet de police, les préfets et les secrétaires généraux des préfectures, les gouverneurs, directeurs de l'intérieur et secrétaires généraux des colonies;

4° Les ingénieurs en chef et d'arrondissement; les agents voyers en chef et d'arrondissement;

5° Les recteurs et inspecteurs d'académie;

6° Les inspecteurs des écoles primaires;

7° Les archevêques, évêques et vicaires généraux;

8° Les trésoriers payeurs généraux et les receveurs particuliers des finances;

9° Les directeurs des contributions directes et indirectes, de l'enregistrement et des domaines et des postes;

10° Les conservateurs et inspecteurs des forêts.

Les sous-préfets ne peuvent être élus dans aucun des arrondissements du département où ils exercent leurs fonctions.

13. Tout mandat impératif est nul et de nul effet.

14. Les membres de la Chambre des députés sont élus au scrutin individuel. Chaque arrondissement administratif nommera un député. Les arrondissements dont la population dépasse cent mille habitants nommeront un député de plus par cent mille ou fraction de cent mille habitants. Les arrondis-

sements, dans ce cas, seront divisés en circonscriptions dont le tableau sera établi par une loi et ne pourra être modifié que par une loi.

15. Les députés sont élus pour quatre ans.

La Chambre se renouvelle intégralement.

16. En cas de vacance par décès, démission ou autrement, l'élection devra être faite dans le délai de trois mois, à partir du jour où la vacance se sera produite. En cas d'option, il est pourvu à la vacance dans le délai d'un mois.

17. Les députés reçoivent une indemnité.

Cette indemnité est réglée par les articles 96 et 97 de la loi du 15 mars 1849 et par les dispositions de la loi du 16 février 1872.

18. Nul n'est élu au premier tour de scrutin, s'il n'a réuni :

1° La majorité absolue des suffrages exprimés;

2° Un nombre de suffrages égal au quart des électeurs inscrits.

Au deuxième tour, la majorité relative suffit. En cas d'égalité de suffrages, le plus âgé est élu.

19. Chaque département de l'Algérie nomme un député.

20. Les électeurs résidant en Algérie dans une localité non érigée en commune seront inscrits sur la liste électorale de la commune la plus proche.

Lorsqu'il y aura lieu d'établir des sections électorales, soit pour grouper des communes mixtes dans chacune desquelles le nombre des électeurs serait insuffisant, soit pour réunir les électeurs résidant dans des localités non érigées en communes, les arrêtés pour fixer le siége de ces sections seront pris par le gouverneur général, sur le rapport du préfet ou du général commandant la division.

21. Les quatre colonies auxquelles il a été accordé des sénateurs par la loi du 24 février 1875, relative à l'organisation du Sénat, nommeront chacune un député.

22. Toute infraction aux dispositions prohibitives de l'article 3 paragraphe 3 de la présente loi sera puni d'un amende de seize francs à trois cents francs. Néanmoins, le tribunal de

police correctionnelle pourra faire application de l'article 463 du Code pénal.

Les dispositions de l'article 6 de la loi du 7 juillet 1874 seront appliquées aux listes électorales politiques.

Le décret du 29 janvier 1871 et les lois du 10 avril 1871, du 2 mai 1871 et du 18 février 1873 sont abrogés.

Demeure également abrogé le paragraphe 11 de l'article 15 du décret organique du 2 février 1852 en tant qu'il se réfère à la loi du 21 mai 1836 sur les loteries, sauf aux tribunaux à faire aux condamnés l'application de l'article 42 du Code pénal.

Continueront d'être appliquées les dispositions des lois et décrets en vigueur auxquelles la présente loi ne déroge pas.

23. La disposition de l'article 12 par laquelle un délai de six mois doit s'écouler entre le jour de la cessation des fonctions et celui de l'élection, ne s'appliquera pas aux fonctionnaires autres que les préfets et les sous-préfets, dont les fonctions auront cessé, soit avant la promulgation de la présente loi, soit dans les vingt jours qui la suivront.

Loi sur la Presse. — Cette loi nous offre trois dispositions principales. D'abord elle transfère aux tribunaux de police correctionnelle les délits de diffamation ou d'injures publiques envers les fonctionnaires, tandis que la loi du 14 avril 1871 les attribuait aux cours d'assises, la police correctionnelle n'étant compétente que pour réprimer les diffamations ou injures publiques envers les particuliers. D'un autre côté elle lève l'état de siége dans toute la France, sauf dans quatre départements et, même pour les derniers, elle fixe une époque prochaine où l'état de siége sera levé (1). Enfin

(1) La Chambre des Députés a voté un projet qui lève immédiatement l'état de siége dans les départements où il a été maintenu par la loi sur la presse, et il est certain qu'au moment où cet ouvrage paraîtra le projet sera converti en loi.

elle dispose que la vente sur la voie publique ne peut, par mesure de police, être interdite aux journaux que par mesure générale et non par mesure spéciale à un journal déterminé.

LOI SUR LA RÉPRESSION DES DÉLITS QUI PEUVENT ÊTRE COMMIS PAR LA VOIE DE LA PRESSE OU PAR TOUT AUTRE MOYEN DE PUBLICATION, ET SUR LA LEVÉE DE L'ÉTAT DE SIÉGE.

TITRE PREMIER.

ART. 1er. Toute attaque par l'un des moyens énoncés en l'article 1er de la loi du 17 mai 1819, soit contre les lois constitutionnelles, soit contre les droits et les pouvoirs du gouvernement de la République qu'elles ont établi, sera punie des peines édictées par l'article 1er du décret du 11 août 1848.

L'article 463 du Code pénal sera applicable dans les cas prévus par le paragraphe précédent.

2. Quiconque se sera rendu complice par l'un des moyens énoncés en l'article 60 du Code pénal des infraction prévues par l'article 6 de la loi du 27 juillet 1849, sera puni des peines portées en cet article.

3. L'interdiction de vente et de distribution sur la voie publique ne pourra plus être édictée par l'autorité administrative comme mesure particulière contre un journal déterminé.

TITRE II.

4. La poursuite en matière de délits commis par la voie de la presse ou par les moyens de publicité prévus par l'article 1er de la loi du 17 mai 1819, continuera d'avoir lieu conformément au chapitre III, articles 16 à 23, de la loi du 27 juillet 1849, sauf les restrictions suivantes :

5. Les tribunaux correctionnels connaîtront :

1° Des délits de diffamation, d'outrage et d'injure publique, contre toute personne et tout corps constitué ;

2° Du délit d'offense envers le président de la République ou l'une des deux Chambres, ou envers la personne d'un souverain ou du chef d'un gouvernement étranger ;

3° De tous délits de publication ou reproduction de nouvelles fausses, de pièces fabriquées, falsifiées ou mensongèrement attribuées à des tiers ;

4° Du délit de provocation à commettre un délit, suivie ou non suivie d'effet (article 3 de la loi du 17 mai 1819) ;

5° Du délit d'apologie de faits qualifiés crimes ou délits par la loi (article 5 de la loi du 27 juillet 1849) ;

6° Des délits commis contre les bonnes mœurs par la publication, l'exposition, la distribution et la mise en vente d'écrits, dessins ou images obscènes ;

7° Des cris séditieux publiquement proférés ;

8° Des infractions purement matérielles aux lois, décrets et règlements sur la presse.

6. Dans le cas d'offense envers les Chambres ou l'une d'elles, et de diffamation ou d'injures contre les cours, tribunaux ou autres corps constitués, la poursuite aura lieu d'office ; elle aura lieu pour diffamation ou injures contre tous dépositaires ou agents de l'autorité publique, soit sur la plainte de la partie offensée, soit d'office sur la demande adressée au ministre de la justice par le ministre dans le département duquel se trouve le fonctionnaire diffamé ou injurié. En cas d'offense contre la personne des souverains ou chef des gouvernements étrangers, la poursuite aura lieu soit à la requête des souverains ou chefs des gouvernements étrangers, soit d'office sur leur demande adressée au ministre des affaires étrangères et par celui-ci au ministre de la justice.

7. La preuve des faits diffamatoires, dans le cas où elle est autorisée par la loi, aura lieu devant le tribunal correctionnel, conformément aux articles 20 à 25 de la loi du 26 mai 1819.

Les délais prescrits par ces articles courront à partir du jour où la citation aura été donnée.

8. Tout crime ou délit commis par la voie de la presse sera porté devant la cour d'assises du département où le dépôt de l'écrit doit être effectué, si la session est ouverte et si les délais permettent de donner la citation en temps utile.

Dans le cas contraire, les crimes et délits seront déférés à la cour d'assises du ressort de la cour d'appel qui sera ouverte ou qui s'ouvrira le plus prochainement, et si deux cours d'assises sont ouvertes en même temps dans le même ressort, à la cour d'assises la plus rapprochée. En cas de défaut, la compétence sur opposition sera réglée conformément aux dispositions qui précèdent.

9. L'appel contre les jugements ou le pourvoi contre les arrêts des cours d'appel et des cours d'assises, qui auront statué tant sur des questions de compétence que sur tous autres incidents, ne seront formés à peine de nullité, qu'après le jugement ou l'arrêt définitif et en même temps que l'appel ou le pourvoi contre lesdits jugements ou arrêts.

Les tribunaux et les cours passeront outre au jugement du fond, sans s'arrêter ni avoir égard aux appels ou pourvois formés contrairement aux prescriptions du présent article.

TITRE III.

10. L'état de siége est levé dans tous les départements qui y sont soumis, à l'exception des départements de la Seine, de Seine-et-Oise, du Rhône et des Bouches-du-Rhône.

11. L'état de siége sera levé de plein droit dans ces quatre départements à partir du 1er mai 1876, s'il n'a été, avant cette époque, confirmé par une loi nouvelle (1).

(1) Voir la note de la page XVI.

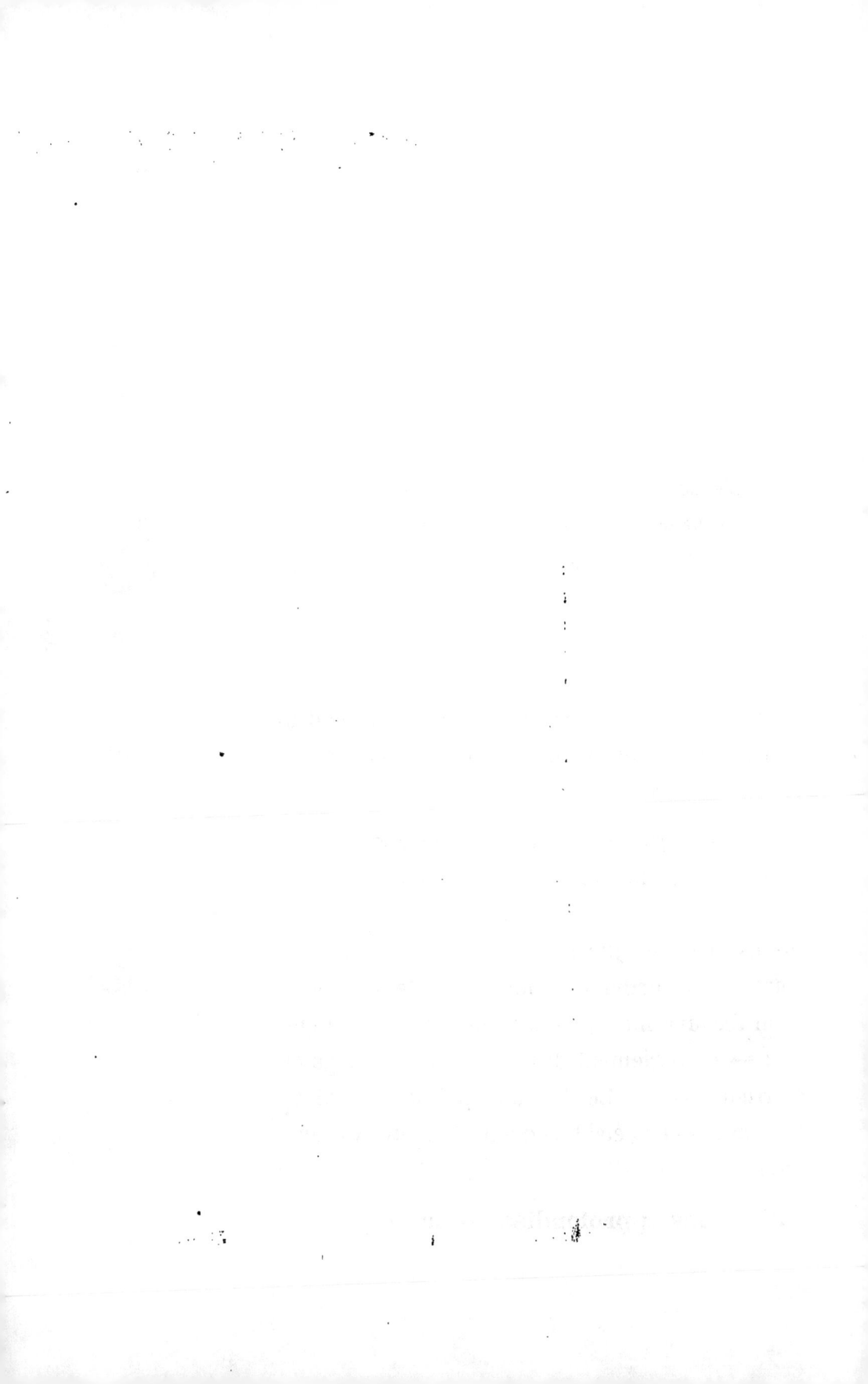

PROGRAMME

DE L'ENSEIGNEMENT DU DROIT ADMINISTRATIF
DANS LES FACULTÉS DE DROIT.

(Arrêté du 31 décembre 1862).

À partir du 1er Janvier 1863, le programme des cours de droit administratif dans les Facultés de Droit est et sera modifié ainsi qu'il suit :

1° **Notions générales et sommaires,** — sur l'organisation et les attributions de l'Autorité administrative, — la hiérarchie de ses agents, — de ses conseils et de ses juridictions ; — Les différentes natures de contributions publiques, leur assiette et leur recouvrement ; — Les cours d'eau, leur curage ; — Le règlement des usines, le drainage et les irrigations ; — Le domaine public, fluvial et maritime ; — Les établissements dangereux et insalubres.

2° **Notions approfondies,** — sur l'expropriation pour cause d'utilité publique; — La voirie et les alignements; — La séparation des pouvoirs publics — judiciaire — administratif — et ecclésiastique; — Conflits; — Appels comme d'abus: — Mises en jugement; — Autorisations.

PRÉCIS

DU COURS

DE DROIT PUBLIC ET ADMINISTRATIF

NOTIONS GÉNÉRALES

Les mots *droit public* sont employés par les jurisconsultes dans plusieurs sens.

Suivant une acception très-étendue, on entend par là toutes les parties de la législation qui touchent à l'intérêt général de la cité, ou, comme disait la loi romaine, *quod ad statum Reipublicæ spectat.* Ces mots sont alors pris par opposition au *droit privé* et comprennent tout ce qui n'est pas le droit civil, par conséquent le droit constitutionnel et le droit administratif. Mais, dans un sens plus restreint, le droit public a seulement pour objet :

1° L'étude des droits garantis aux citoyens et des conditions auxquelles ils en ont la *jouissance* et l'*exercice;*

2° L'organisation des grands pouvoirs de l'État et les rapports établis entre eux par la Constitution.

L'organisation administrative et le droit administratif ne font pas partie du *droit public* ainsi entendu.

Dans quelques ouvrages, la première de ces deux parties

forme seule la matière du *droit public ;* la seconde est traitée sous le titre de *droit constitutionnel* [1]. C'est pour éviter toute confusion que nous intitulerons la première partie de ce travail : *Droit public et constitutionnel.*

Le *droit administratif*, dans son acception la plus large, peut aussi être divisé en deux parties :

1° L'*administration* ou l'étude des divers services administratifs et des relations qui existent entre les agents supérieurs et les agents subordonnés ;

2° Le *droit administratif* proprement dit (*sensu stricto*), qui s'occupe des règles par lesquelles sont régis les droits des parties dans leur rencontre avec l'action administrative.

Les rapports des particuliers avec les autorités administratives sont déterminés par la loi, les décrets et les règlements. Les *instructions* et les *circulaires* ont force obligatoire, mais seulement entre supérieurs et subordonnés. En *administration*, les circulaires et instructions des agents sont obligatoires pour les agents placés sous leurs ordres. En *droit administratif*, elles n'ont qu'une valeur doctrisupérieurs nale à l'égard des tiers et ne peuvent servir qu'à l'interprétation des lois, décrets et règlements.

[1] C'est dans ce sens qu'il est pris par M. Serrigny (*Droit public*, 2 vol. in-8, Dijon).

DROIT PUBLIC ET CONSTITUTIONNEL

CHAPITRE PREMIER

DROITS GARANTIS AUX CITOYENS

L'énumération des droits garantis aux citoyens n'est écrite dans aucun texte ; il est seulement reconnu, comme le disait formellement l'art. 1er de la Constitution du 14 janvier 1852, que les principes de 1789 sont toujours, depuis qu'ils ont été proclamés, la base de notre droit public. Pour combler la lacune que, sur ce point, laisse le silence des lois en vigueur, nous pensons qu'il faut recourir à la Constitution du 3 septembre 1791. Or, cette Constitution consacrait comme droits du citoyen l'égalité civile, — la liberté individuelle, — l'inviolabilité du domicile et celle de la propriété, — la liberté de conscience et des cultes, — la liberté de la presse, — le droit d'association et de réunion, — le droit de pétition, — la gratuité de la justice, — le droit pour tout citoyen de n'être jugé que par ses juges naturels, — le vote de l'impôt, — la responsabilité des agents du pouvoir, — la souveraineté nationale et la séparation des pouvoirs.

Ces droits ne sont d'ailleurs pas garantis, d'une manière absolue, aux citoyens. Après la Constitution qui les a reconnus sans les limiter, sont venues les lois organiques qui les ont soumis à des restrictions, les unes *préventives* et les autres *répressives*.

1° **Égalité civile.** — Avant 1789, la noblesse conférait des priviléges de plusieurs sortes. Au point de vue politique, elle donnait droit à être électeur et éligible dans un ordre spécial de représentants aux assemblées des états généraux et provinciaux; en matière d'impôts, elle exemptait de la taille personnelle; en matière criminelle, elle donnait le droit d'échapper, par la décapitation, au supplice des roturiers qui étaient pendus... Ces prérogatives ont été détruites par l'établissement de l'*égalité civile*, qu'on pourrait appeler plus justement *égalité légale*, puisqu'elle est consacrée en matière politique et criminelle tout aussi bien qu'en matière civile. La noblesse n'a cependant pas été supprimée. La loi du 28 mai 1858 a même, en punissant les usurpations de titres, donné à ceux qui sont légitimement portés une valeur quo tendait à corrompre l'extension toujours croissante des empiétements nobiliaires. Mais a noblesse est purement honorifique et ne confère aucun privilége; elle n'a d'autre importance que celle qui lui est donnée par nos mœurs et par la préférence de fait qui n'est pas la même sous tous les régimes politiques [1].

2° **Liberté individuelle.** — La liberté individuelle consiste dans le droit de n'être arrêté et détenu que par

[1] Un décret du Gouvernement provisoire, du 29 février 1848, supprima les anciens titres de noblesse; ils furent rétablis par le décret du 24 janvier 1852, abolitif du précédent. — La loi du 28 mai 1858 remit en vigueur, en le modifiant, l'art. 259 du Code pénal. Un décret du 8 janvier 1859 institua un *Conseil du sceau des titres* appelé à donner son avis : 1° dans tous les cas sur les demandes de titres nouveaux, et sur les vérifications de titres anciens; 2° sur les changements et additions de noms, lorsque sur la demande en changement ou addition, le renvoi a été ordonné par le Conseil d'État, à cause du caractère héraldique de l'affaire. Le Conseil du sceau a été supprimé par le décret du 10 janvier 1872 qui a remis en vigueur une ordonnance du 31 octobre 1830, d'après laquelle les attributions qui ont plus tard été données au Conseil du sceau, appartenaient au Conseil d'administration du Ministère de la justice. — Les fonctions de commissaire sont remplies par le Secrétaire général sans augmentations de traitement. Les référendaires au sceau exercent leurs fonctions près du Conseil d'administration (art. 5 et 6 du décret du 10 juillet 1872).

ordre de justice ; elle est garantie par les articles du Code pénal qui punissent l'*arrestation* et la *détention arbitraires*. Avant 1789, la liberté individuelle n'existait pas, puisqu'elle était à la merci d'une lettre de cachet. Il est juste de reconnaître que si l'usage de cette détestable institution fut immodéré sous le règne des maîtresses de Louis XV, il devint très-rare sous son successeur, et qu'après la prise de la Bastille on ne trouva dans cette prison d'État qu'un très-petit nombre de prisonniers. Mais cette diversité des régimes prouve que la sûreté individuelle n'était pas garantie, puisque le citoyen n'était pas couvert par les lois et devait tout attendre de la mansuétude des hommes.

Les règles suivant lesquelles un individu peut être privé de la liberté rentrent dans l'étude du droit criminel.

Dans plusieurs circonstances, des lois d'exception ont conféré au Gouvernement le pouvoir d'éloigner du territoire, par mesure de *sûreté générale*, certaines personnes qui n'avaient encouru aucune peine, mais dont la présence était un danger pour la paix publique. Ces lois ont sacrifié le principe du droit individuel à la *raison d'État* [1].

D'autres lois ont prononcé directement l'exclusion du territoire français contre les membres des familles souveraines détrônées. La loi du 12 janvier 1816 bannit les membres de la famille Bonaparte ; celle du 10 avril 1832 prit la même mesure à l'égard des Bourbons de la branche aînée et enfin la loi du 26 mai 1848 envers la famille d'Orléans. La loi du 16 juin 1871, abrogative des deux dernières, a rendu aux membres des anciennes familles souveraines,

[1] Voir décret du 3 mars 1810 sur les *prisons d'État* ; — lois des 12 février 1827 et 26 mars 1829 qui autorisent le Gouvernement à éloigner tous les individus prévenus de complot. Une loi du 27 février 1858, rendue à la suite de l'attentat du 14 janvier 1858, et connue sous le titre de *loi de sûreté générale*, autorisa le Gouvernement à éloigner certaines catégories de personnes. — Les décrets du 29 décembre 1851, pris en vertu des pouvoirs dictatoriaux du président de la République, s'appliquaient à deux catégories : 1° ceux qui *étaient expulsés* du territoire de la France, de l'Algérie et des colonies ; 2° ceux qui étaient *momentanément éloignés* du territoire de la France et de l'Algérie.

le bénéfice du droit commun. Les princes qui restent sur le sol étranger se condamnent à un exil volontaire.

Des considérations moins graves ont quelquefois fait fléchir le principe de la liberté individuelle. Ainsi, on a interdit le séjour dans le département de la Seine et dans l'agglomération Lyonnaise aux condamnés pour vol, vagabondage et mendicité, et à ceux qui, sans avoir subi de condamnation, ne pourraient pas justifier qu'ils ont des moyens d'existence. Cette interdiction peut être prononcée, pour deux ans, par le préfet de police à Paris, et à Lyon par le préfet du Rhône; elle est renouvelable à l'expiration des deux années.

La condamnation, pour cause de mendicité, donne lieu, non-seulement à des peines correctionnelles, mais aussi à une mesure de répression administrative qui consiste dans l'envoi du condamné au *dépôt de mendicité*, où il est soumis à la loi du travail, conformément aux règlements de la maison. Cette mesure de répression, quoique employée à la suite d'une condamnation, n'est cependant pas une *peine*, et la jurisprudence lui a toujours attribué un caractère administratif [1]. La preuve en est que la détention au dépôt peut être levée par le préfet, tandis que la peine ne prend fin, avant le terme fixé pour son expiration légale, que par l'exercice du droit de grâce.

Enfin l'obligation de se munir d'un passe-port, pour voyager à l'intérieur ou à l'étranger, peut être considérée comme une restriction à la liberté individuelle [2]. Toute per-

[1] La loi qui interdit à certaines catégories de personnes le séjour du département de la Seine et de l'agglomération Lyonnaise, est du 9 juillet 1852. Quant à la mendicité, elle est régie par les art. 269 à 282 du Code pénal, par le décret du 5 juillet 1808 et par celui du 30 mai 1790. Arrêt de la Cour de cassation du 21 septembre 1833.

[2] La formalité des passe-ports à l'intérieur a été abrogée en Espagne à la suite de la révolution de juillet 1854. Un décret récent admet les Anglais à voyager en France sans passe-port. Cette mesure ayant donné lieu, pendant la discussion de l'adresse du Sénat, à une observation assez piquante sur l'immunité dont jouissent les Anglais tandis que les Français voyageant en France sont encore soumis à cette formalité, le Gouvernement a ré-

sonne voyageant hors de son canton doit se munir d'un passe-port qui est délivré par le maire de la commune, pour les voyageurs à l'intérieur, et par les sous-préfets, pour les voyageurs à l'étranger. A Paris, les passe-ports, soit pour l'intérieur soit pour l'étranger, sont dans les attributions du préfet de police.

Une décision de 1860 a supprimé le passe-port à l'égard des Anglais, sous la condition de réciprocité, à partir du 1er janvier 1861 ; mais cette mesure n'a pas été généralisée et la guerre de 1870, loin de faire faire des progrès à la suppression des passe-ports, a retardé la solution de cette question en réveillant les défiances à l'égard des étrangers.

Il y a des cas où cette restriction se change en une véritable suppression du droit de circuler; les lois et instructions défendent aux maires ou aux sous-préfets de délivrer des passe-ports à certaines personnes. Que faudrait-il décider si le passe-port était refusé en dehors des exceptions prévues par la loi ? Les maires et sous-préfets se placeraient sous l'application de l'art. 114 du Code pénal, qui punit les *attentats à la liberté*[1].

A l'égard des étrangers établis en France, la police a le droit de les expulser et de les conduire à la frontière. Si les étrangers sont des réfugiés politiques, on peut leur interdire le séjour de la capitale et du département de la Seine, de l'agglomération Lyonnaise et de Marseille (Arr. ministériel du 9 avril 1853). Le droit d'expulsion emporte aussi le pouvoir d'assigner aux étrangers une résidence déterminée. Si les étrangers n'acceptaient pas cette désignation, ils auraient à craindre qu'on ne les ramenât à la frontière.

pondu que la question était à l'étude et que probablement de nouveaux décrets étendraient la dispense à d'autres nations. Quant au *passe-port à l'intérieur*, les commissaires du Gouvernement ont affirmé qu'il avait, pour la répression du vagabondage, une utilité que ne peut pas avoir le passe-port de l'étranger.

[1] Le décret du 13 avril 1861, art. 6, 2e alin., a donné aux sous-préfets la délivrance des passeports à l'étranger; cette attribution appartenait auparavant aux préfets.

3° **Inviolabilité du domicile.** — L'inviolabilité du domicile est une conséquence de la liberté individuelle. Le législateur a voulu qu'elle fût plus sacrée pendant la nuit que pendant le jour, et cette différence, malgré les attaques dont elle a été l'objet, s'explique par cette considération que l'introduction pendant la nuit, troublant subitement les citoyens qui reposent, aurait un caractère de rigueur et d'éclat plus marqué que si elle avait lieu de jour. La nuit, nul ne peut s'introduire dans le domicile du citoyen, malgré lui, qu'en cas *d'incendie, d'inondation ou de réclamations venant de l'intérieur*. En dehors de ces cas, la force publique, même avec des ordres de justice, n'a pas le droit de pénétrer; elle ne peut que prendre des mesures de précaution et, par exemple, cerner la maison en attendant le jour. En ce qui concerne les lieux ouverts au public pendant la nuit, la police a le droit d'y entrer jusqu'au moment de leur fermeture. Quand le public est parti et que la maison est close, l'hôtelier ou débitant rentre dans son domicile où il est protégé, comme tout citoyen, par le principe de l'inviolabilité.

Pendant le jour, le principe de l'inviolabilité du domicile admet des exceptions plus nombreuses; on peut ramener à quatre les cas dans lesquels la force publique a le droit de pénétrer dans la maison d'un citoyen :

1° Pour surveiller et inspecter l'exécution de certaines dispositions, telles que les lois et règlements sur la police des hôtels garnis;

2° Pour la recherche des crimes ou délits;

3° Pour l'exécution des jugements et condamnations;

4° Pour l'exécution des lois sur les contributions publiques.

4° **Propriété.** — La loi déclare la propriété inviolable et ne permet pas que le propriétaire en soit dépouillé autrement que *pour cause d'utilité publique, et moyennant une indemnité préalable*. La propriété privée, en matière de travaux publics entrepris par l'État, était protégée, d'après la loi du 3 mai 1841, par la triple garantie du pouvoir législlatif qui déclarait l'utilité publique [1], du tribunal civil qui prononçait l'expropriation, et du jury, composé de propriétaires, qui fixait l'indemnité. Le sénatus-consulte du 25 décembre 1852 avait supprimé la première de ces garanties en disposant que l'utilité publique serait toujours déclarée par décret impérial, sauf le cas où l'exécution des travaux d'utilité publique donnerait lieu à la demande d'un crédit que le pouvoir législatif peut seul accorder. Mais la loi du 27 juillet 1870 a remis en vigueur le système de la loi de 1841. Elle exige même, pour les travaux de moindre importance, lorsqu'une loi spéciale n'est point nécessaire, que les décrets soient rendus après avoir pris l'avis du Conseil d'État.

L'expropriation pour cause d'utilité publique n'impose pas un véritable sacrifice au propriétaire, puisqu'on l'indemnise. Il en est autrement des nombreuses *servitudes d'utilité publique* qui grèvent les propriétés privées sans aucune compensation ; car il est de jurisprudence que, ces charges étant des servitudes légales, elles entrent dans le régime normal de la propriété et n'ouvrent aucun droit à réclamation.

5° **Liberté religieuse.** — La liberté religieuse est un mot complexe qui comprend la liberté de conscience ou du for intérieur et la liberté du culte extérieur. Tant qu'elle ne sort pas du domaine de la conscience, cette liberté est illimitée, et il ne saurait venir à la pensée de personne de chercher à la restreindre. La profession d'une croyance non reconnue, ou l'omission des actes prouvant l'orthodoxie, n'entraîne plus aujourd'hui de conséquence légale. Mais le culte extérieur implique des prières en commun, et, comme ces exercices nécessitent la réunion de plusieurs personnes, la liberté religieuse, à ce point de vue, rencontre les res-

[1] Loi du 3 mai 1841. — Une loi était nécessaire en principe pour les travaux entrepris par l'État ; une ordonnance n'était suffisante que pour les travaux communaux ou, s'il s'agissait de travaux publics entrepris par l'État, pour les embranchements de moins de 20,000 mètres.

trictions ordinaires que la loi a mises au droit d'association et de réunion. Les art. 291, 293 et 294 du Code pénal, qui punissent les réunions non autorisées par l'administration, sont applicables aux réunions religieuses, non-seulement pour les cultes non reconnus, mais encore pour les cultes reconnus eux-mêmes [1]. Quant aux *cultes reconnus*, la solution résulte 1° pour le culte catholique, d'un article du Concordat qui défend la célébration des offices dans des lieux autres que les églises ou les chapelles autorisées ; 2° pour les communions protestantes, d'un décret du 19 mars 1859 qui exige la permission du préfet pour l'exercice public temporaire du culte, et l'autorisation par décret rendu en Conseil d'État, pour l'ouverture de nouveaux temples, chapelles ou oratoires ayant un caractère permanent. Ce décret a soumis les cultes non reconnus aux mêmes conditions d'autorisation que les cultes protestants. La législation n'a pas été, en ce point, modifiée par la loi du 6 juin 1868 sur les réunions publiques, puisque l'art. 1er, § 2, de cette loi dispose formellement que le droit de former des réunions publiques, sans autorisation, ne s'appliquait pas aux matières religieuses.

6° **Liberté de la presse.** — Il faut distinguer entre les *publications ordinaires* et les *publications périodiques*. Celles-ci, en raison de leur action continue sur l'opinion publique, ont été soumises à un plus grand nombre de restrictions que les premières, dont l'effet accidentel, quelque grand qu'il soit, est de courte durée.

Pour les ouvrages non périodiques, la loi exige seulement : 1° la déclaration de l'imprimeur à la direction générale de la librairie à Paris, ou, dans les départements, au

[1] Cette jurisprudence a prévalu nonobstant les actes constitutionnels qui, à diverses reprises, ont proclamé la liberté des cultes (Arrêts des 12 avril 1838, 22 avril 1844 et 9 décembre 1853). En 1830, M. Dupin conclut pour la liberté religieuse devant la Cour de cassation ; la Cour déclara que les art. 292 et 294 étaient en pleine vigueur. « La liberté religieuse, dit M. Guizot, payait ainsi les frais de l'ordre politique. » (*Mémoires*, t. II, p. 112.)

secrétariat de la préfecture, des ouvrages qu'il se propose d'imprimer; 2° l'inscription par l'imprimeur du titre des ouvrages et du nombre des feuilles sur un registre coté et parafé par le maire; 3° le dépôt aux mêmes endroits de deux exemplaires de l'ouvrage imprimé; 4° la loi veut, en outre, que si le livre traite de matières d'économie sociale ou de politique, on remette un exemplaire au parquet des brochures ayant moins de dix feuilles d'impression [1].

S'il n'existe aucune restriction préventive directe à la liberté d'imprimer des ouvrages non périodiques, il y en a une qui atteint indirectement cette faculté : c'est la responsabilité des imprimeurs et libraires. Lorsqu'ils exerçaient leur profession en vertu de brevets révocables qui ordinairement constituaient toute leur fortune, ils étaient les premiers et les plus sévères censeurs des livres qu'ils imprimaient [2]. Un décret du 10 septembre 1870 a supprimé les brevets, et la profession d'imprimeur ou de libraire a été replacée sous le régime de la liberté. Mais la responsabilité pénale qui subsiste à l'égard des imprimeurs et éditeurs suffit encore pour aiguiser leur surveillance sur ce qu'ils impriment.

En ce qui concerne les journaux, il faut distinguer entre ceux qui traitent de matières politiques ou d'économie sociale et ceux qui s'occupent de sciences, lettres, arts et agriculture, s'ils ne paraissent pas plus d'une fois par semaine. Ces derniers sont à peu près assimilés aux publications non périodiques, et, par conséquent, ne sont soumis qu'à la déclaration et au dépôt préalables. Les premiers, au contraire, étaient, avant 1870, sujets à deux mesures préventives : 1° le *timbre*. Il a été supprimé par le décret du 5 septembre 1870, décret qui est toujours en vigueur ; 2° le cautionnement qui a été exigé dans le double but d'assurer la répression et l'exécution des condamnations, et, en outre, d'empêcher que l'arme de la presse ne tombât aux

[1] Art. 7 de la loi du 27 juillet 1849 et loi du 11 mai 1868, art. 3 § 4.
[2] Loi du 21 octobre 1814, art. 12.

mains d'écrivains sans responsabilité ni pécuniaire, ni morale [1].

D'après la loi du 6 juillet 1871, art. 2, les journaux non politiques sont soumis au cautionnement lorsqu'ils paraissent plus d'une fois par semaine : « sont seules exceptées « les feuilles quotidiennes ou périodiques ayant pour uni- « que objet la publication des avis, annonces, affiches judi- « ciaires, arrivages maritimes, mercuriales et prix cou- « rants, les cours de la bourse et des halles et marchés. »

La publication des journaux, politiques ou non, n'est soumise à aucune autorisation préalable de l'autorité administrative. L'autorisation préalable n'est exigée que dans les départements soumis à l'état de siége, et elle est donnée par l'autorité militaire. La loi du 11 mai 1868 exige seulement certaines déclarations qui ont pour objet de faciliter la surveillance et la répression. L'article 2 veut qu'on déclare à Paris, à la préfecture de police et, dans les départements, à la préfecture : 1° le titre du journal et les époques auxquelles il doit paraître ; 2° le nom, la demeure et les droits des propriétaires autres que les commanditaires ; 3° le nom et la demeure du gérant ; 4° l'indication de l'imprimerie où il doit être imprimé. — Ces déclarations doivent être faites quinze jours avant la publication. Tout changement dans les conditions ci-dessus doit également être déclaré les quinze jours qui suivent la modification.

Le délai de quinzaine entre la déclaration et la publication du journal est exigé pour donner à l'autorité administrative le temps d'examiner si le gérant remplit les conditions voulues. En effet, d'après l'article 1er de la loi du 11 mai 1868, le droit de publier un journal appartient seulement aux citoyens français majeurs. D'un autre côté, l'article 8 de la même loi dispose qu'aucun journal ne peut

[1] La somme à déposer pour cautionnement est fixée par la loi du 6 juillet 1871. Elle est, pour le département de la Seine, de 24,000 fr. si le journal paraît plus de trois fois par semaine, et de 18,000 fr. s'il ne paraît que trois fois.

être signé par un membre du Sénat ou du Corps législatif, en qualité de gérant responsable [1].

D'après la loi du 17 février 1852, les journaux étaient soumis à deux espèces de pénalités : les peines de l'ordre administratif, qui étaient l'avertissement, la suspension et la suppression par décret; les peines de l'ordre judiciaire, l'amende, l'emprisonnement et la suppression par jugement ou arrêt. La loi du 11 mai 1868, art. 16, a abrogé la répression administrative, et n'a laissé subsister que la répression judiciaire. Indépendamment des peines de droit commun, les tribunaux peuvent prononcer la suppression du journal dans les cas et aux conditions déterminées par l'article 12 de la loi du 11 mai 1868. Elle est même de droit la conséquence d'un jugement portant condamnation pour crime commis par la voie de la presse. En matière de délits, le tribunal correctionnel peut facultativement prononcer la *suspension*. Il faut, pour que cette faculté puisse être exercée, qu'il y ait eu récidive dans les deux années à partir de la première condamnation, et que la condamnation ait eu lieu pour délits autres que ceux envers les particuliers. La suspension peut être de quinze jours au moins et de deux mois au plus. Une suspension de deux à six mois peut être prononcée pour une troisième récidive.

Les pénalités sont déterminées par les lois antérieures, ainsi que les faits auxquels elles sont applicables. Seulement la loi du 11 mai 1868 a, en matière d'amende, disposé que le montant de la condamnation, dans les cas prévus par les art. 1 à 5, ne pourra dépasser le tiers du cautionnement (art. 6, § 2). D'un autre côté, l'art. 11 a introduit une disposition nouvelle, en vertu de laquelle toute publication dans un écrit périodique *d'un fait relatif à la vie privée* constitue une contravention punie d'une amende de 500 fr. sur la poursuite de la partie intéressée.

[1] Les immunités dont jouissent les sénateurs et les députés rendraient la responsabilité du gérant illusoire, ou du moins l'affaibliraient considérablement.

La compétence, en matière de presse, a été partagée par la loi du 15 avril 1871, entre les tribunaux correctionnels et les cours d'assises. En principe, c'est aux cours d'assises que doivent être déférés les délits de presse. — « Les tribunaux correctionnels continueront de connaître 1° des délits contre les mœurs par la publication, l'exposition, la distribution et la mise en vente de lithographies, dessins, gravures et portraits ; 2° des délits de diffamation et d'injures ; 3° des délits de diffamation et d'injures publiques concernant les particuliers ; 4° des délits d'injures verbales contre toutes personnes ; 5° des infractions purement matérielles aux lois, décrets et règlements. » Dans tous autres cas, les journaux doivent être poursuivis devant le jury.

7° **Liberté du travail et de l'industrie.** — Avant la Révolution, le travail et l'industrie étaient, par les corporations, jurandes et maîtrises, soumis, comme tous les éléments de la société, au régime du privilége. Depuis la publication du livre des *métiers et marchandises* d'Étienne Boileau (en 1260), divers actes émanés de l'autorité royale avaient modifié le régime des corporations, et, à la fin du XVIIIe siècle, il y avait une tendance visible à supprimer certaines restrictions ; mais la cause du privilége était soutenue par les uns, au point de vue du droit de propriété, et même par quelques philosophes au point de vue de la liberté. De bonne heure, cet ordre de choses avait excité de vives réclamations ; elles s'élevèrent au sein des États généraux de 1614, et, par intervalles, elles se firent entendre, jusqu'à l'époque où la suppression des jurandes fut prononcée, sous le ministère de Turgot, par l'un des édits de 1776. Les jurandes se relevèrent, un peu modifiées, à la chute du contrôleur général, et durèrent jusqu'à la Révolution. La loi des 2-17 mars 1791 proclama la liberté du travail, de l'industrie et du commerce, sans autre condition que l'obligation de prendre une *patente*. Mais la patente ne devant être refusée à aucun de ceux qui acquitteraient le droit, c'était plutôt un impôt qu'une restriction préventive.

Quant aux conditions d'aptitude, la loi n'en exigeait aucune, et s'en remettait entièrement à la confiance et au discernement des chalands, pour le choix des ouvriers ou commerçants. Cette indifférence de la loi, en matière d'aptitude professionnelle, ne pouvait cependant pas être absolue; l'intérêt général voulait qu'on exigeât, pour certains états, des garanties spéciales sans lesquelles le public aurait été à la merci de l'ignorance et du charlatanisme; c'est pour ce motif qu'on a demandé des épreuves aux sujets qui embrassent les professions d'avocat [1], de médecin [2], de notaire [3], d'avoué [4], de pharmacien [5], d'huissier [6], d'herboriste [7], de sage-femme [8].

Comme l'alimentation dans les grandes villes est intimement liée à la paix publique, la boulangerie avait été, de 1791 à 1863, réglementée dans quelques-unes, et notamment à Paris [9], où cette profession était exercée par un nombre de boulangers déterminés et, par conséquent, privilégiés; ce privilége était la compensation des conditions qui leur étaient imposées pour assurer l'approvisionnement de la capitale pendant un certain temps d'avance. Un décret du 22 juin 1863 a supprimé les autorisations qu'exigeait l'arrêté du 19 vendémiaire de l'an X, et à Paris, comme dans toutes les autres villes ou communes, la profession de boulanger est ouverte à tous ceux qui veulent l'embrasser [10].

[1] Pour l'exercice de la profession d'avocat, ordonnance du 20 novembre 1822, ordonnance du 17 août 1830 et décret du 22 mars 1852. — *Junge* Loi du 22 ventôse an XII sur les écoles de droit, et décret du 22 août 1854 sur les droits d'examen dans les écoles de droit.

[2] Loi du 19 ventôse an XI et décret du 22 août 1854.

[3] Loi du 25 ventôse an XI et ordonnance du 4 janvier 1843.

[4] Loi du 27 ventôse an VIII. — Arr. des 13 frimaire an XI et 2 thermidor an X.

[5] Loi du 21 germinal an XI.

[6] Décret du 14 juin 1813 et ordonnance du 26 août 1822.

[7] Décret du 22 août 1854.

[8] Loi du 19 ventôse an XI et décret du 27 août 1854.

[9] Décret du 27 décembre 1853, du 7 janvier 1854 et du 1er novembre 1854.

[10] *Moniteur* du 30 juin 1864.

Elle n'est cependant pas entièrement libre ; car la loi des 19-22 juillet 1791, art. 30, par une exception importante au principe de la liberté du travail et de l'industrie, a disposé que le prix du pain et de la viande de boucherie pourrait être taxé par l'autorité municipale. Or cette disposition n'a jamais été abrogée, et si les autorités municipales n'en font point usage, c'est qu'elles se conforment aux instructions qui leur ont été envoyées pour les engager à suspendre la taxe et à faire l'expérience de la liberté.

A Paris, la boucherie a été pendant longtemps soumise au régime de la réglementation ; mais une innovation qui date de 1858 seulement a rendu cette profession à la liberté [1].

Le Gouvernement s'est enfin réservé la fabrication et la vente de certains produits, tels que les tabacs et les poudres ; ces entreprises et celle des transports des dépêches par l'administration des postes ont été enlevées au travail et à l'industrie privés pour les motifs suivants :

1° Dans l'intérêt de la sécurité publique, en ce qui concerne la fabrication des poudres ;

2° Pour assurer des services publics indispensables, ce qui a lieu pour les postes ;

3° Pour assurer le recouvrement de l'impôt et prévenir les fraudes.

8° **Droit d'association et de réunion.** — La *réunion* est le concours accidentel de plusieurs personnes dans le même lieu ; dans le cas d'*association*, ce concours est permanent et à époques fixes.

Les art. 291-294 punissaient de peines correctionnelles les associations, non autorisées, de plus de vingt personnes.

[1] Ordonnance de police du 24 février 1858. Des instructions ministérielles ont recommandé aux maires de ne point taxer la viande de boucherie afin de faire l'expérience de la liberté. Cette expérience se poursuit en vertu d'instructions ; mais la loi des 19-22 juillet 1791 n'est pas abrogée, et, d'après l'art. 30, les maires pourraient encore taxer le pain et la viande. Quelques maires ont même usé de leur pouvoir et, contrairement aux instructions, rétabli la taxe.

Comme il était facile d'éluder cette prohibition en divisant l'association par fractions d'un nombre inférieur à vingt, la loi du 10 avril 1834 disposa que les articles précités du Code pénal seraient « applicables aux associations de plus « de vingt personnes, alors même que ces associations se« raient partagées en sections de moindre nombre, et « qu'elles ne se réuniraient pas tous les jours ou à des jours « marqués. » Il fut du reste reconnu, dans la discussion de cette dernière loi, que ces restrictions ne concernaient que les *associations* et non les simples *réunions ;* c'est ainsi que la loi fut constamment interprétée sous le gouvernement de juillet. Seulement il était admis que le préfet de police, à Paris, et le maire, dans les autres communes, puisaient dans les attributions de la police municipale le droit d'interdire même les simples réunions, lorsqu'ils jugeaient que cela était nécessaire au maintien de la tranquillité publique [1].

La distinction entre les réunions et les associations avait été rendue inutile par le décret du 25 mars 1852, qui soumettait expressément les réunions publiques aux art. 291-294 du Code pénal et à la loi du 10 avril 1834. Mais la loi du 6 juin 1868 a fait revivre l'intérêt qu'il y avait à distinguer entre les réunions et les associations. Les réunions de plus de vingt personnes peuvent, sans autorisation préalable, être tenues en se conformant aux conditions suivantes : 1° une déclaration signée par sept personnes jouissant de leurs droits civils et politiques, et domiciliées dans la commune où la réunion doit être tenue. — Cette déclaration indique les domiciles des déclarants, le local, le jour et l'heure de la séance, ainsi que l'objet spécial et déterminé de la réunion. Elle est remise à Paris au préfet de

[1] C'est en se fondant sur la loi des 16-24 août 1790 que le préfet de police interdit le banquet du XIIe arrondissement, qui devait avoir lieu la veille de la révolution du 24 février 1848. Malgré les tendances libérales de son livre sur le *Droit public*, M. Serrigny reconnaissait que l'autorité municipale avait ce droit. Seulement il recommandait aux maires de ne pas user de cette faculté extrême sans nécessité (t. I, p. 490).

police, et dans les départements au préfet ou au sous-préfet. Le fonctionnaire qui reçoit la déclaration en donne immédiatement un récépissé qui doit être représenté aux réquisitions de l'autorité. — La réunion ne peut être tenue que trois jours après la délivrance du récépissé; 2° un local clos et couvert; 3° un bureau composé d'un président et de deux assesseurs au moins. Les membres du bureau sont chargés de maintenir l'ordre et d'empêcher toute infraction aux lois; ils ne doivent tolérer aucune discussion étrangère au but de la réunion.

Un fonctionnaire de l'ordre judiciaire ou administratif délégué par l'administration peut assister à la séance. Il doit être revêtu de ses insignes, et prend une place à son choix. — Ce fonctionnaire a le droit de prononcer la dissolution de la réunion dans deux cas : 1° si le bureau, quoique averti, laisse mettre en discussion des matières étrangères au but de la réunion; 2° si la réunion devient tumultueuse. Ces dispositions ne font pas obstacle aux mesures qu'en vertu des lois existantes les maires peuvent prendre dans l'intérêt de la police municipale (art. 2, 3, 4, 5, 6 et 7 de la loi du 6 juin 1868).

Quelque restreint qu'il soit, le droit de tenir sans autorisation des réunions publiques de plus de vingt personnes ne s'étend pas aux matières religieuses et politiques; ces réunions continuent à être régies par le décret-loi du 25 mars 1852. La seule exception, en matière politique, qui ait été faite par la nouvelle loi est relative aux *réunions électorales* pendant le temps qui s'écoule entre le décret de convocation du collége électoral jusqu'au cinquième jour avant celui fixé pour l'ouverture du scrutin. — Ne peuvent assister à cette réunion que les électeurs de la circonscription et les candidats. Les réunions électorales peuvent être tenues un jour franc après la déclaration, au lieu de trois jours, délai nécessaire pour les réunions ordinaires. Toutes les autres restrictions écrites dans les art. 2, 3, 4, 5 et 6 de la loi du 6 juin 1868 sont applicables aux réunions électorales. Elles ne pourront donc être tenues que dans un lieu clos et couvert, moyennant une déclaration préalable de sept personnes, et avec un bureau composé de trois membres, un président et deux assesseurs.

Quant aux *associations* de plus de vingt personnes, elles sont toujours punissables des peines portées par les articles 291-294 C. pén., si elles ne sont pas autorisées par l'administration. Ces dispositions sont applicables aux associations de toutes sortes, quel que soit leur objet, politique, littéraire, religieux. La loi sur la liberté de l'enseignement supérieur a cependant fait une exception; car elle exempte des art. 291-294 C. pén. les associations ayant pour objet de fonder des établissements d'enseignement supérieur ou même des cours aux conditions déterminées par la loi. Cette exception n'est, d'après l'esprit de la loi, applicable qu'aux associations formées pour créer un établissement ou un cours déterminés; elle n'a pas été faite pour les ligues qui se proposeraient de former en tous lieux des établissements d'enseignement supérieur. Si la loi était interprétée autrement, rien ne serait plus facile que de cacher des associations politiques sous un prétexte d'enseignement et de sortir des limites de la loi (Loi du 12 juillet 1875, art. 10).

C'est une question délicate que celle de savoir s'il faut appliquer les art. 291-294 C. pén. aux congrégations religieuses non autorisées, lorsque le nombre des membres dépasse vingt. La raison de douter est tirée de ce que la loi pénale ne concerne que les personnes venues du dehors pour se réunir dans un lieu autre que leur domicile ; or, les membres de la congrégation sont tous domiciliés dans l'établissement où ils se trouvent réunis; l'art. 291 du Code pénal, en effet, ne comprend pas dans les vingt personnes celles qui sont domiciliées dans la maison où se tiennent les séances de l'association. Nous pensons que cette difficulté doit se résoudre par une distinction. Sans doute, l'autorité a le droit de dissoudre des congrégations non autorisées; ce pouvoir lui appartient, en vertu des lois de

1790 et 1792 sur la police municipale et les congrégations. Mais comme le juge ne peut appliquer les peines que dans les cas prévus par la loi, les membres de la congrégation illicite ne seraient pas punissables; car les art. 291-294 C. pén. et la loi du 10 avril 1834 portent qu'on ne compte pas dans les vingt personnes celles qui sont domiciliées dans le lieu de la réunion [1].

Le décret du 25 mars 1852 ne parle que des *réunions publiques*, et la loi de 1868 n'est également relative qu'aux *réunions publiques*. Que doit-on entendre par ces mots? Ils sont employés par opposition aux *réunions privées*. La différence tient à ce que, dans les réunions publiques, toute personne qui se présente est admise, tantôt sans condition, tantôt à certaines conditions, tandis que dans les réunions privées on ne reçoit que des personnes déterminées auxquelles des invitations nominatives et personnelles ont été adressées.

Les réunions privées ne sont soumises, quel que soit le nombre des membres, à aucune autorisation ni condition. Les réunions publiques, si elles comptent plus de vingt personnes, ne peuvent être tenues qu'en se conformant aux conditions de la loi du 6 juin 1868. Il est vrai que souvent il sera difficile de distinguer une réunion publique d'une réunion privée; ce sera une appréciation de fait et, après examen de toutes les circonstances qui ont accompagné la tenue de la réunion, les tribunaux décideront si la loi a été exécutée ou éludée.

9° **Droit de pétition.** — Les citoyens peuvent adresser leurs réclamations au Président de la République et au pouvoir législatif. Le pétitionnement auprès du président n'est soumis à aucune règle ni condition. Les pétitions adressées au pouvoir législatif sont examinées par une commission qui est nommée chaque mois dans les bureaux. Le pouvoir législatif prononce, suivant les cas, 1° la *question préalable*, ce qui signifie qu'il n'y a même pas lieu d'exami-

M. Vivien, *Études administratives*, 2e édit., t. II, p. 305.

ner l'objet de la pétition au fond et qu'il n'y sera donné aucune suite ; 2° l'*ordre du jour* lorsque, après examen de la pétition au fond, la chambre est d'avis qu'il n'y a pas lieu de prendre la demande en considération ; 3° le *dépôt au bureau des renseignements ;* 4° le *renvoi au Gouvernement.* Le dépôt signifie que la pétition peut fournir des renseignements utiles dans le cas où le Gouvernement jugerait à propos de présenter un projet de loi sur la matière. Le renvoi a pour objet de recommander la pétition au gouvernement, en marquant l'approbation de l'Assembléee pour les idées exposées par le pétitionnaire.

Les pétitions ne peuvent pas être faites collectivement, et doivent être signées *individuellement*[1]. Cela ne veut pas dire que la pétition ne peut être signée que par un seul individu, mais que les signataires ne doivent pas signer comme membres d'un corps, d'un conseil ou généralement d'une assemblée. Ainsi tous les conseillers généraux d'un département auraient le droit de signer la même pétition ; mais ils agiraient illégalement s'ils signaient la pétition comme personnes composant le conseil général.

10° **Gratuité et publicité de la justice.** — Le principe de la gratuité de la justice n'a pas supprimé les frais de procédure, mais seulement les *épices* qu'avant 1789 les parties payaient aux magistrats chargés de rapporter leur affaire. Les épices qui étaient, comme leur nom l'indique, primitivement payables en denrées, avaient plus tard été converties en argent. Cette rémunération directe des juges par les plaideurs avait été vivement attaquée au XVIIIe siècle, comme une source d'abus et d'exactions ; à ce point de vue, la critique était exagérée et déclamatoire. Les épices, en effet, ne rapportaient pas aux magistrats un revenu considérable, et leur plus grand vice était assurément de nuire à la dignité de la justice[2].

[1] Loi du 25 vendémiaire an III. — Art. 363 de la Constitution de l'an III, et art. 83 de la Constitution du 22 frimaire an VIII.

[2] Les charges de conseiller étaient vénales, et l'entrée au Parlement exi-

La publicité des débats judiciaires est la première garantie des plaideurs ; car le juge, sachant que sa décision relève de l'opinion publique, est plus attentif à rendre bonne justice. On ne tient pas assez de compte aujourd'hui des services que ce principe a rendus, parce que nous avons un corps de magistrature qui suit la voie de l'équité sous l'impulsion de la conscience. On oublie trop facilement que la bonté de nos mœurs judiciaires est due, pour la plus grande partie, à la publicité des audiences.

La faculté de prononcer le huis clos est une limitation que réclamait l'intérêt des bonnes mœurs ; elle est laissée à la libre appréciation des magistrats qui, par des scrupules respectables pour une règle importante de droit public, n'usent du pouvoir qui leur est accordé que lorsque la décence aurait trop à souffrir des débats publics.

L'intérêt des bonnes mœurs n'est pas le seul motif qui puisse déterminer le juge à ordonner le huis clos. L'art. 17 de la loi du 17 février 1852 donnait aux cours et tribunaux un plein pouvoir d'appréciation pour interdire le compte rendu dans toutes les affaires civiles, criminelles et correctionnelles. Cette interdiction était même de droit en matière de procès de presse. La poursuite et le jugement seuls pouvaient être publiés, en ce dernier cas. Lorsque l'interdiction était prononcée par le juge, la poursuite pouvait être publiée avec ses suites jusqu'à la prohibition. Les journaux étaient également autorisés à publier le jugement.

La loi du 12 février 1872 a abrogé le § 1er de la loi du 17 février 1852 ; il en résulte que la reproduction des procès en matière de presse n'est plus interdite de droit. Les tribunaux peuvent, comme par le passé, interdire la publi-

geait l'avance d'un capital assez considérable dont l'intérêt était perdu pendant au moins vingt-cinq ans. Après ce long exercice, on obtenait d'être nommé rapporteur, et les épices ne dépassaient pas 8,000 livres pour les conseillers de la grand'chambre, ou 3,000 pour ceux de la chambre des enquêtes. On entrait dans la magistrature, non pour les émoluments, mais parce qu'elle ouvrait la carrière aux honneurs et conduisait aux premières fonctions.

cation des débats civils et criminels et cette interdiction facultative pourrait être prononcée même pour les procès de presse. Ce que la loi du 12 février 1872 a entendu supprimer, c'est l'interdiction de plein droit.

En 1831, par une ordonnance du 2 février, la publicité a été appliquée aux séances du Conseil d'État délibérant au contentieux ; en 1862, un décret du 30 décembre a étendu cette amélioration aux conseils de préfecture, qui jusqu'alors avaient jugé en audience secrète. Ainsi a disparu l'anomalie qui maintenait le huis clos pour la première instance lorsque, depuis longtemps, la publicité avait été établie pour la juridiction d'appel. Cette mesure avait, dans le département de l'Isère, été précédée par un usage local dont l'exemple n'avait pas cessé de servir d'argument aux défenseurs de la publicité [1]. Le décret du 30 décembre n'excepte de la publicité que l'examen des comptes présentés au conseil de préfecture par les receveurs des communes et des établissements de bienfaisance.

La règle que *nul ne doit être distrait de ses juges naturels* était suivie avant la révolution, et jamais elle ne fut méconnue sans que la protestation de la défense se fît entendre [2]. Malgré la proclamation solennelle de cette maxime dans le nouveau droit public, elle a été violée sous plusieurs des régimes qui se sont succédé, depuis 1789 ; les partis, après les révolutions, sont entraînés à des injustices réciproques ; mais en présence de telles mesures, aussi odieuses que dangereuses, il faut rappeler les paroles de Dumoulin : « *Extraordinarias quas vocant commissiones quæ periculosissimæ sunt* [3]. »

11° **Vote de l'impôt.** — Dans l'ancien droit, c'était une question fort confuse que celle de savoir si le roi avait le droit d'établir des impôts, sans le consentement de la nation.

[1] La publicité fut établie par M. de Gasparin, préfet de l'Isère. V. rapport de M. de Boulatignier sur le projet de loi des *conseils de préfecture*.

[2] Défense de Fouquet par Pélisson.

[3] *Stylus parlamenti*, partie III, tit. I, § 6.

Dans les moments de crise, les souverains appelaient les états généraux à voter des subsides, et, dans ces réunions, on voyait se produire les doctrines les plus hardies sur la souveraineté populaire ; des orateurs du tiers état y tinrent plus d'une fois des discours radicaux où l'on est surpris de trouver les théories du *Contrat social.* Ces hardiesses passaient à la faveur des difficultés du moment ; le danger une fois conjuré, le roi ne réunissait plus les états généraux, et établissait de nouveaux impôts par des édits.

Le parlement fit de l'enregistrement des édits un moyen de contrôle et de contre-poids à la toute-puissance royale ; mais les remontrances épuisaient le droit qu'il s'était arrogé, et toute sa résistance tombait devant un *lit de justice* tenu par le roi, pour contraindre les magistrats à l'enregistrement. Le parlement, sentant que son opposition était impuissante, fit plus d'une fois appel aux états généraux. Rien n'est variable et ambigu comme la conduite de la magistrature à ce sujet. Un impôt nouveau épargnait-il ses immunités, vite elle enregistrait, sans attendre le *lit de justice.* Au contraire, si elle était atteinte par la nouvelle taxe, si les priviléges de la noblesse était menacés, l'aristocratie de robe criait plus fort que personne en soutenant que, seuls, les états généraux pouvaient créer de nouveaux impôts ; on sait que ce mot prononcé en 1788 par le conseiller d'Espréménil fut l'occasion, sinon la cause, qui amena la convocation de l'Assemblée de 1789. Le vote de l'impôt par les représentants de la nation fut une des premières maximes que proclamèrent les fondateurs du nouveau droit public, et elle n'a pas cessé d'être pratiquée, sous les diverses constitutions qui nous ont régis [1].

Aujourd'hui le budget des dépenses et celui des recettes sont votés dans la forme ordinaire des lois. Comme les recettes sont destinées à couvrir les dépenses publiques, et qu'elles ne sont légitimes qu'à raison des charges qui pè-

[1] Constitution du 14 janvier 1852, art. 39, et sénatus-consulte du 25 décembre 1852, art. 12.

sent sur le Trésor, la délibération commence toujours par la partie des dépenses publiques. Le vote des dépenses a été modifié à plusieurs reprises. Une ordonnance du 25 mars 1817 avait disposé que la chambre *examinerait* le budget par chapitres, mais qu'elle le *voterait* par ministère. La chambre ayant le droit d'amendement pouvait réduire le crédit total d'un ministère d'une somme égale au montant des chapitres qu'elle avait jugés inutiles ; cette suppression faite, le ministre avait le droit de se mouvoir dans les limites du crédit qui lui était accordé, sans être astreint à respecter la division des chapitres telle qu'elle avait été proposée à la chambre. Une ordonnance du 1er septembre 1827 substitua le vote des crédits *par sections* au vote des crédits *par ministère*. La chambre, par l'exercice du droit d'amendement, pouvait réduire le crédit de la section; mais, après ce retranchement, le ministre avait le droit de faire des virements entre les chapitres de la section, comme il le pouvait auparavant pour les chapitres du même département ministériel. Après 1830, le principe du vote par chapitre fut adopté sous le titre de *spécialité des crédits*. Chaque chapitre étant propriétaire du crédit qui lui avait été affecté, il n'appartenait pas au ministre de reporter des sommes économisées sur un chapitre à un autre qui avait été insuffisamment doté. Cet ordre de choses a duré jusqu'au sénatus-consulte du 25 décembre 1852.

Aux termes de l'art. 12 de ce sénatus-consulte le vote devait être fait par ministère; la sous-répartition du crédit total entre les chapitres était faite par un décret impérial rendu en Conseil d'État. La répartition une fois faite, les virements entre les chapitres pouvaient être autorisés par des décrets rendus dans la même forme. Ce système, malgré la ressemblance apparente, différait beaucoup de celui qu'avait établi l'ordonnance du 25 mars 1817. En quoi la différence consistait-elle ? Elle tenait à ce qu'en 1817 la chambre avait le droit d'amendement et, par conséquent, le moyen de réduire le crédit total de chaque ministère. Au contraire, en 1852, le Corps législatif n'avait pas d'initiative puisque les amendements qui étaient proposés par les députés ne pouvaient être discutés à la séance publique qu'autant que le Conseil d'État les avait adoptés. La résistance du Conseil d'État plaçait donc le Corps législatif entre la soumission et le vote d'une mesure révolutionnaire; car il se trouvait dans l'alternative de refuser le crédit total ou de sacrifier son opinion à celle du Conseil d'État.

Un sénatus-consulte du 31 décembre 1861 substitua le vote par sections au vote par ministère. Le régime institué par ce sénatus-consulte diffère de celui qu'avait établi l'ordonnance du 1er septembre 1827 par les mêmes raisons qui séparent l'ordonnance du 25 mars 1817 du sénatus-consulte de 1852. Le droit d'amendement étant subordonné au consentement du Conseil d'État, le Corps législatif ne pouvait que voter ou refuser le crédit total de la section, tandis que la chambre de 1827 pouvait prendre un troisième parti (le seul qui assure l'efficacité du contrôle) en réduisant les propositions du ministre d'une somme égale au montant des réductions qu'elle croyait pouvoir faire sur les chapitres.

Depuis la réunion de l'Assemblée nationale, on est revenu au vote du budget par chapitre. La spécialité ne descend pas jusqu'aux articles et, dans chaque chapitre, le ministre a la liberté de reporter sur un article du même chapitre l'économie qu'il aura faite sur un autre article (Loi du 16 septembre 1871).

La faculté de faire des virements entre les chapitres avait déjà été restreinte par la loi du 27 juillet 1870, art. 38 : 1° aucun virement ne pouvait être opéré sur les crédits affectés au service de la dette publique; 2° on ne pouvait pas au moyen de virements augmenter le crédit des fonds secrets; 3° on ne pouvait pas, au moyen de virements, augmenter les traitements du personnel; 4° on ne pouvait pas reporter sur les dépenses ordinaires les fonds créés pour des dépenses extraordinaires.

12° Responsabilité des agents du pouvoir. —

La personne des rois était inviolable, d'après les chartes de 1814 et 1830; la Constitution du 14 janvier 1852, au contraire, déclarait que le chef de l'État était responsable [1]. A la vérité, la responsabilité de l'Empereur n'ayant été déterminée par aucune loi, il n'existait ni juridiction compétente pour le juger, ni peine à lui appliquer. On n'aurait pu le rendre responsable qu'en créant la procédure et la peine, comme cela fut fait en 1830, pour les ministres de Charles X.

La constitution du 25 février 1875 a pris un moyen terme entre la responsabilité et l'inviolabilité. Le Président de la République n'est plus inviolable puisqu'il peut être poursuivi en cas de forfaiture et de trahison. Mais au point de vue politique, les ministres sont seuls responsables devant les assemblées.

Tous les agents subordonnés sont responsables, tant au criminel qu'au civil. *Au criminel*, les peines qui leur sont applicables sont, pour la plupart, prévues par les art. 177 à 196 du Code pénal; *au civil*, la partie lésée par un abus de pouvoir peut demander des dommages-intérêts, conformément à l'art. 1382 du Code civil.

13° **Séparation des pouvoirs.** — Tout gouvernement porte, en soi, au moins le germe des pouvoirs *législatif*, *exécutif et judiciaire*, et la différence entre l'absolutisme et la liberté tient à la confusion ou à la division de ces éléments. Réunis en un seul homme, en une seule assemblée, soit aristocratique, soit populaire, ils constituent la monarchie absolue, le despotisme de l'ancienne Venise ou de la Convention. Séparés et contre-balancés les uns par les autres, ils deviennent le gouvernement libre, monarchie représentative comme en Angleterre, en Espagne, en Belgique, ou république comme aux États-Unis. « C'est une expérience éternelle, disait Montesquieu, que « tout homme qui a du pouvoir est porté à en abuser;

[1] Art. 5 de la Constitution du 14 janvier 1852.

« il va jusqu'où il trouve des limites! — Pour qu'on ne « puisse pas abuser du pouvoir, il faut que, par la dis« position même des choses, *le pouvoir arrête le pou« voir.* »

On a souvent accusé la mécanique décrite par Montesquieu de conduire à l'immobilité dans l'équilibre ou à la prédominance de l'un des éléments, ce qui rend vaine cette pénible combinaison d'éléments multiples. La vérité, dit-on, est que, dans toute société, le mouvement est entretenu par une force prédominante à laquelle sont subordonnées toutes les forces secondaires. La plus éclatante preuve de cette proposition est fournie par l'Angleterre où, malgré la division des pouvoirs, c'est l'aristrocratie qui gouverne; car la monarchie est purement constitutionnelle, c'est-à-dire sans puissance effective, et la chambre des communes se compose, en grande partie, de fils de lords, ou de cadets de famille [1].

Il y a du vrai du faux dans l'objection faite à la théorie de Montesquieu. Pour l'*action politique*, la prépondérance de l'un des pouvoirs est certainement nécessaire; l'immobilité serait la pire des conditions. Mais de ce qu'un élément est principal moteur, il ne résulte pas que les autres soient inutiles ou nuisibles. La question n'est pas de savoir s'il est bon qu'un pouvoir soit prépondérant, mais s'il n'y a pas d'inconvénient à ce qu'il soit tout-puissant. Montesquieu n'a pas dit qu'il fallait que tous les pouvoirs s'arrêtassent réciproquement de manière à ne rien faire; ce serait

[1] Dans ses *Études sur l'Angleterre* (t. II, p. 423), M. Léon Faucher cherche à démontrer qu'en Angleterre la division des pouvoirs n'existe pas et que l'aristocratie domine dans les deux chambres. En outre la Chambre des lords est à la fois Chambre politique et Cour de justice. Montesquieu a dit cependant qu'il n'y a pas de liberté là où le pouvoir judiciaire n'est pas séparé du législatif. L'observation de M. Léon Faucher est plus ingénieuse qu'elle n'est vraie. La confusion entre le pouvoir judiciaire et le pouvoir législatif n'est dangereuse qu'autant que les mêmes personnes ont le pouvoir de légiférer et de juger. Or la Chambre des lords n'est qu'un des éléments du pouvoir législatif; elle ne peut pas seule faire une loi et la changer pour se soustraire à son observation dans le jugement d'un procès.

travestir sa pensée. A ses yeux, il faut seulement, qu'un pouvoir quelconque trouve des freins à son action et qu'il ne devienne jamaisassez fort pour rendre tout obstacle inutile.

La séparation des pouvoirs, dont nous venons de parler, appartient à l'ordre politique et constitutionnel. Plus tard, nous aurons à nous occuper soit de la séparation de pouvoirs que le législateur a voulu établir entre l'administration et l'autorité judiciaire, soit des mesures qui ont été prises pour arrêter les empiétements du pouvoir spirituel sur le pouvoir temporel ou réciproquement.

Nous allons voir, dans le chapitre suivant, comment sont organisés et divisés les grands pouvoirs de l'État sous la protection desquels sont placés les droits du citoyen français.

CHAPITRE II

DES GRANDS POUVOIRS DE L'ÉTAT

POUVOIR LÉGISLATIF.

Le pouvoir législatif s'exerce par deux Assemblées : la Chambre des députés et le Sénat. Dans chacune des deux Chambres la loi est discutée au fond avec des pouvoirs égaux. Si elle est amendée par l'une, il faut que l'autre soit appelée à voter les amendements, et les dispositions ne sont définitives que lorsque les deux Assemblées se sont mises d'accord. L'initiative des lois appartient au Président de la République et aux membres des deux Chambres ; la discussion peut commencer soit au Sénat, soit à la Chambre des députés. Il n'y a d'exception que pour les lois de finances qui doivent être portées d'abord à la Chambre des députés (art. 8 de la loi du 25 février 1875, sur l'*organisation du Sénat*). Quand elles ont été votées par les deux Assemblées, les lois doivent être *promulguées* par le Président de la République; le chef de l'État n'est pas appelé à les *sanctionner*.

La loi ne confère pas au Président le droit de sanction, mais elle lui accorde à certaines conditions un *veto* suspensif. Si le Président n'en veut pas faire usage, il doit promulguer les lois déclarées urgentes dans les trois jours et les lois non urgentes dans le mois après le vote (art. 7 de la loi du 16 juillet 1875).

D'après la loi du 16 juillet 1875, *sur les rapports des pouvoirs publics*, le Sénat et la Chambre des députés se réunissent de plein droit chaque année, le second mardi de janvier; mais si les circonstances l'exigeaient, le Président de la République pourrait devancer cette époque et les convoquer par décret. — La session doit durer au moins cinq mois et les deux Chambres restent simultanément en session. — Après l'expiration des cinq mois, le Président prononce la clôture de la session. — Il peut convoquer les Chambres en session extraordinaire. Il doit aussi les convoquer extraordinairement toutes les fois que la demande en est faite par la majorité absolue des membres composant chaque Chambre. — Le Président peut, pendant les sessions, ajourner les Chambres; mais cet ajournement ne doit pas dépasser un mois ni se renouveler plus de deux fois dans la même session. — Le Président de la République communique avec les Chambres par des messages qui sont lus à la tribune par un ministre (art. 6). Les ministres ont leur entrée dans les deux Chambres; ils peuvent se faire assister, pour la discussion d'un projet de loi déterminé, de commissaires désignés par décret du Président de la République (art. 6, § 2).

Les séances des deux Chambres sont publiques; néanmoins elles peuvent, sur la demande d'un certain nombre de membres fixé par le règlement, se former en comité secret ; elles décident ensuite à la majorité si la séance doit être reprise en public sur le même sujet.

Le bureau de chaque Chambre est élu au commencement de la session ordinaire ; ses pouvoirs durent jusqu'à la session ordinaire qui suit et s'appliquent aux sessions extraordinaires qui auraient lieu dans l'année. Si les deux Chambres se réunissent en Assemblée nationale, le bureau est composé du Président, des vice-présidents et secrétaires du Sénat (art. 11).

Aucun membre de l'une ou de l'autre chambre ne peut être recherché ou poursuivi à l'occasion des votes ou opinions émis par lui dans l'exercice de ses fonctions (art. 13).

Aucun membre ne peut, sans l'autorisation de la chambre à laquelle il appartient, être arrêté ou poursuivi pendant la durée de la session en matière criminelle ou correctionnelle. Il n'y a d'exception à cette règle qu'en cas de flagrant délit (art. 14, § 1er). Quant aux sénateurs ou députés condamnés, leur détention continue s'ils ont été incarcérés avant la session ; mais si la Chambre requiert leur mise en liberté, ils doivent être élargis (art. 14, § 2).

Les deux Chambres vérifient les pouvoirs de leurs membres et jugent les questions de capacité électorale et la validité des opérations électorales (art. 10). Pour juger les pouvoirs de leurs membres, les Assemblées sont souveraines et leurs décisions ne donnent lieu à aucun recours. Mais si elles sont sans appel, elles ne sont pas sans règle. Le véritable principe à suivre en cette matière, c'est que l'élection doit être validée lorsque la volonté des électeurs est certaine, et que l'élu n'est dans aucun des cas d'incapacité prévus par la loi. Si la Chambre s'arrogeait le droit d'exclure un membre sous prétexte qu'il est *indigne* de siéger, sa décision, quoique souveraine, n'en serait pas moins un abus de la force. On ne saurait trop énergiquement répudier la doctrine qu'émettait, il y a quelques années, le rapporteur au Corps législatif d'une élection qui fut cassée pour des motifs qu'on ne pouvait pas ouvertement exprimer. « *Nous n'avons pas*, disait-il, *le droit de nous élire, mais nous avons celui de nous choisir.* » Cette théorie serait assurément demeurée célèbre comme l'expulsion de Manuel si les personnes avaient été dignes de la célébrité.

Sénat. — Le Sénat se compose de trois cents membres, dont soixante-quinze sont nommés à vie, avec titre inamovible, la première fois par l'Assemblée nationale et remplacés par le Sénat lui-même, au fur et à mesure des extinctions. — Les 225 autres sénateurs sont élus dans les départements par un corps électoral spécial comprenant : 1° les députés ; 2° les conseillers généraux ; 3° les conseillers d'arrondissement ; 4° des délégués élus, un par chaque conseil municipal.

L'élection est faite, dans chaque département, par ce collége électoral spécial, au chef-lieu du département. Elle a lieu au scrutin de liste et à la majorité absolue des suffrages (art. 4 et 5 de la loi du 25 février 1875). — Tout département élit au moins deux sénateurs. — Deux départements, la Seine et le Nord, en nomment cinq ; six départements en nomment quatre, ce sont : la Seine-Inférieure, le Pas-de-Calais, la Gironde, le Rhône, le Finistère et les Côtes-du-Nord ; vingt-sept en nomment trois : Loire-Inférieure, Saône-et-Loire, Ille-et-Vilaine, Seine-et-Oise, Isère, Puy-de-Dôme, Somme, Bouches-du-Rhône, Aisne, Loir, Manche, Maine-et-Loire, Morbihan, Dordogne, Haute-Garonne, Charente-Inférieure, Calvados, Sarthe, Hérault, Basses-Pryénées, Gard, Aveyron, Vendée, Orne, Vosges, Allier. (Art. 2 de la loi du 25 février 1875.)

L'élection des sénateurs a été réglée par une loi complémentaire de la constitution en date du 2 août 1875.

Un décret du Président de la République fixe au moins six semaines d'avance le jour où l'élection des sénateurs aura lieu dans les départements et, en même temps, le jour où les conseils municipaux procéderont à l'élection des délégués communaux. Entre l'élection des délégués et celle des sénateurs il doit y avoir un délai d'un mois.

Les délégués sont nommés par les conseils municipaux; ils doivent être choisis parmi les électeurs de la commune y compris tous les conseillers municipaux sans distinction entre eux. Les conseillers municipaux qui ne sont pas domiciliés dans la commune sont électeurs pour la nomination des délégués, et le législateur a voulu qu'ils fussent aussi éligibles [1] (art. 2).

Les délégués sont nommés par les conseils municipaux, sans débat, au scrutin secret et à la majorité absolue. Après deux tours de scrutin, la majorité relative suffit. En cas d'égalité, le plus âgé est élu. Le conseil nomme en même temps un suppléant pour remplacer le délégué, en cas de non-acceptation ou d'empêchement. La séance est présidée par le maire; mais s'il a été pris en dehors du conseil municipal, le président (maire ou adjoint) ne prend pas part au vote. — Dans les communes où le conseil municipal a été dissous et remplacé par une commission municipale, le délégué et son suppléant sont nommés par l'ancien conseil municipal qui se réunit, pour cette opération, sous la présidence du maire (art. 2 et 3).

L'élection du délégué peut être attaquée dans les trois jours, par les électeurs de la commune. La réclamation est portée devant le conseil de préfecture qui statue, sauf recours au conseil d'État. Le préfet a aussi le droit de demander l'annulation des opérations s'il estime qu'elles ont été irrégulières (art. 7).

Lorsque l'annulation est prononcée parce que le délégué ne remplit pas les conditions légales, il est remplacé par son

[1] La commission proposait de restreindre l'éligibilité aux électeurs inscrits ou ayant le droit d'être inscrits sur les listes électorales de la commune pour la nomination des conseillers municipaux et des députés. L'assemblée adopta un amendement de M. Léon Clément qui l'étendait aux conseillers municipaux non domiciliés.

suppléant. Si l'élection du délégué et du suppléant est annulée, soit parce que les deux élus ne remplissent pas les conditions légales, soit parce que les opérations électorales ont été viciées, il est procédé à de nouvelles élections au jour fixé par arrêté du préfet. Il en serait de même si les deux élus décédaient ou n'acceptaient pas (art. 8).

Les élections des délégués et de leurs suppléants terminées, le préfet dresse la liste des électeurs sénatoriaux. Elle doit être arrêtée huit jours avant l'élection des sénateurs. Cette liste est communiquée à tout requérant et peut être copiée. Ceux qui sont électeurs sénatoriaux à plusieurs titres n'y figurent qu'une fois et n'ont qu'un suffrage (art. 9).

Le collége électoral se réunit au *chef-lieu de département* sous la présidence du président du tribunal et, en cas d'empêchement, du vice-président ou du plus ancien juge. Le président est assisté des deux électeurs plus âgés et des deux plus jeunes assistant à la séance ; ils nomment un secrétaire. Le bureau répartit, par ordre alphabétique, les électeurs en sections de vote comprenant au moins cent électeurs ; il désigne les présidents et scrutateurs de ces sections et statue sur les difficultés qui s'éleveraient en cours d'élection.

Le premier scrutin est ouvert à huit heures et fermé à midi. Le second est ouvert à deux heures et fermé à quatre. Le troisième est ouvert à six heures et fermé à huit. Aux deux premiers tours, nul n'est élu s'il ne remplit les deux conditions suivantes : 1° la majorité absolue des suffrages exprimés ; 2° un nombre de voix égal au quart des électeurs inscrits. Au troisième tour, la majorité relative suffit, et, si deux concurrents ont le même nombre de voix, le plus âgé est élu (art. 14 et 15).

Les réunions électorales pour la nomination des sénateurs peuvent avoir lieu aux conditions déterminées par la loi du 6 juin 1868. Quelques modifications cependant ont été faites à cette loi par la loi des 2-13 août 1875. Ainsi les réunions électorales ne sont pas interdites dans les derniers jours, et la loi permet qu'elles soient tenues depuis la nomination des délégués jusqu'au jour du vote inclusivement. Elles doivent être précédées d'une déclaration faite, au plus tard la veille de l'élection, par sept électeurs de l'arrondissement où la réunion doit être tenue et indiquant le local, le jour et l'heure où la réunion doit avoir lieu, ainsi que les noms, profession et domicile des candidats qui s'y présenteront. L'autorité municipale doit veiller à ce que nul ne s'introduise dans la réunion s'il n'est électeur ou candidat. A part ces modifications, les autres dispositions de la loi du 6 juin 1868 sont applicables aux réunions électorales pour la nomination des sénateurs (art. 16).

Les délégués qui ont accepté le mandat sont tenus de prendre part aux scrutins. Ceux qui, sans excuse légitime, n'auraient pas pris part à un scrutin sont condamnés à 50 francs d'amende par le tribunal civil du chef-lieu de département. La même peine est applicable au suppléant qui, averti en temps utile, n'aurait pas pris part aux opérations électorales (art. 18).

Les délégués ou suppléants qui ont pris part à tous les scrutins reçoivent, s'ils le requièrent, sur le vu de leur lettre de convocation visée par le président, une indemnité de déplacement qui leur sera payée sur les mêmes bases que celle qui est accordée aux jurés (art. 17).

Les incapacités absolues qui rendent inéligible pour la chambre des députés sont applicables au Sénat (art. 27). Quant aux incapacités relatives, elles sont énumérées dans l'art. 20. Ne peuvent être nommés dans le ressort où s'étend leur autorité : 1° les premiers présidents, les présidents et les membres des parquets des Cours d'appel ; 2° les présidents, les vice-présidents, les juges d'instruction et les membres des parquets des tribunaux de première instance ; 3° le préfet de police, les préfets, sous-préfets et les secrétaires généraux des préfectures; les gouverneurs, directeurs de l'intérieur et secrétaires généraux des colonies ; 4° les ingénieurs en chef et d'arrondissement et les agents voyers en chef et d'arrondissement ; 5° les recteurs et inspecteurs d'académie; 6° les inspecteurs des écoles primaires; 7° les archevêques, évêques et vicaires généraux; 8° les officiers de tous grades de l'armée de terre et de mer; 9° les intendants divisionnaires et les sous-intendants militaires; 10° les trésoriers-payeurs généraux et les receveurs particuliers des finances; 11° les directeurs des contributions directes et indirectes, de l'enregistrement et des postes; 12° les conservateurs et inspecteurs des forêts.

La plupart de ces fonctionnaires peuvent être nommés dans les départements sur lesquels leur autorité ne s'étend pas ou par l'Assemblée nationale. Le nombre des incompatibilités est en effet très-restreint. D'après l'art. 20, la qualité de sénateur est, en principe, compatible avec toutes les fonctions publiques rétribuées, à l'exception de celles qui sont formellement exceptées. C'est le principe inverse de celui qui avait été adopté en deuxième lecture. La règle qui avait d'abord prévalu, c'était l'incompatibilité générale avec tous les emplois publics, la compatibilité étant l'exception et n'ayant lieu que si elle était formellement écrite. A la troisième lecture, le gouvernement a demandé et obtenu que la proposition fût renversée. D'après l'art. 20, il y a incompatibilité entre les fonctions de sénateur et celles de : 1° conseiller d'État, maître des requêtes, préfets, sous-préfets, à l'exception du préfet de la Seine et du préfet de police. Ces derniers ne pourraient pas être élus dans le département de la Seine, mais ils pourraient être nommés soit dans les autres départements, soit par l'Assemblée nationale; 2° de membres des parquets des Cours d'appel et des tribunaux de première instance, à l'exception du procureur général près la Cour de Paris; 3° de trésorier-payeur, de receveur particulier des finances, de fonctionnaire et employé des administrations centrales des ministères.

Chambre des députés. — Au moment où cette publication paraît, l'Assemblée nationale n'a pas voté la loi électorale. Une grave question est encore en suspens. Les députés seront-ils nommés au scrutin de liste ou au scrutin d'arrondissement? Nous ne pouvons donner ici que les traits principaux du projet de la commission.

1° L'élection des députés est faite par tous les Français âgés de 21 ans, jouissant de leurs droits civils et politiques et domiciliés dans la commune depuis plus de six mois. Il y aurait donc deux listes électorales, une liste pour les élections municipales et une liste complémentaire pour les élections législatives;

2° L'élection aurait lieu au scrutin de liste dans tout le département. Par exception, dans les départements qui nomment plus de dix députés, on ferait des circonscriptions et dans chacune d'elles l'élection se ferait au scrutin de liste;

3° Les départements nommeraient un député par 70,000 habitants, et chaque fraction de 35,000 donnerait droit à un député en sus.

4° Les fonctions publiques rétribuées sur les fonds de l'État seraient incompatibles avec le mandat de député, sauf les exceptions expressément écrites.

5° Tout mandat impératif serait interdit, mais aucune sanction ne garantit cette prohibition [1].

[1] Nous reproduisons en note le projet de loi de la commission des lois constitutionnelles :

Art. 1er. Les députés seront nommés par les électeurs inscrits :

1° Sur les listes dressées en exécution de la loi du 11 juillet 1874;

2° Sur la liste complémentaire comprenant ceux qui résident dans la commune depuis six mois.

L'inscription sur la liste complémentaire sera faite d'office.

Art. 2. Les militaires et assimilés de tous grades et toutes armes des armées de terre et de mer ne prennent part à aucun vote quand ils sont présents à leur corps, à leur poste ou dans l'exercice de leurs fonctions. Ceux qui, au moment de l'élection, se trouvent en résidence libre, en non-activité ou en possession d'un congé régulier peuvent voter dans la commune sur les listes de laquelle ils sont régulièrement inscrits. Cette dernière disposition s'applique également aux officiers et assimilés qui sont en disponibilité ou dans le cadre de réserve.

Art. 3. Pendant la durée de la période électorale, les circulaires et professions de foi signées des candidats, les placards et manifestes électoraux signés d'un ou de plusieurs électeurs pourront, après dépôt au parquet du procureur de la République, être affichés et distribués sans autorisation préalable.

POUVOIR EXÉCUTIF. — DU PRÉSIDENT DE LA RÉPUBLIQUE.

La loi du 20 novembre 1873 confia, pour sept années, au maréchal de Mac-Mahon, duc de Magenta, le pouvoir exé-

La distribution des bulletins de vote n'est point soumise à la formalité du dépôt au parquet.

Il est interdit à tout agent de l'autorité publique ou municipale de distribuer des bulletins de vote, professions de foi et circulaires des candidats.

Art. 4. Le scrutin ne durera qu'un seul jour. Le vote a lieu au chef-lieu de la commune; néanmoins chaque commune peut être divisée par arrêté du préfet en autant de sections que l'exigent les circonstances locales et le nombre des électeurs. Le second tour de scrutin continuera d'avoir lieu le deuxième dimanche qui suit le jour de la proclamation du résultat du premier scrutin, conformément aux dispositions de l'article 65 de la loi du 15 mars 1849.

Art. 5. Les opérations du vote auront lieu conformément aux articles 56, 63, 65 et 66 de la loi du 15 mars 1849, relatifs au fonctionnement du scrutin de liste et aux dispositions du décret réglementaire du 2 février 1852; les listes d'émargement de chaque section, signées du président et du secrétaire, demeureront déposées pendant une huitaine au secrétariat de la mairie, où elles seront communiquées à tout électeur requérant.

Art. 6. Tout électeur est éligible, sans condition de cens, à l'âge de vingt-cinq ans accomplis.

Art. 7. Les maréchaux et les amiraux, les officiers généraux des armées de terre et de mer, et les assimilés en activité de service, les militaires en retraite ou en réforme, les officiers généraux placés dans le cadre de réserve, et les soldats, sous-officiers et officiers de la réserve, de l'armée active et de l'armée territoriale seront éligibles aux conditions fixées par la présente loi. L'éligibilité est suspendue à l'égard des autres assimilés de tous grades qui sont liés au service de l'armée active de terre ou de mer. Les bulletins portant le nom d'un militaire inéligible seront déclarés nuls et ne compteront pas dans le dépouillement. Ils seront joints au procès-verbal.

Art. 8. L'exercice des fonctions publiques rétribuées sur les fonds de l'État est incompatible avec le mandat de député.

En conséquence, tout fonctionnaire élu député sera remplacé dans ses fonctions si, dans les huit jours qui suivront la vérification des pouvoirs, il n'a pas fait connaître qu'il n'accepte pas le mandat de député.

Sont exceptées des dispositions qui précèdent les fonctions de ministre, sous-secrétaire d'État, ambassadeur, ministre plénipotentiaire, préfet de la Seine, préfet de police, premier président de la Cour de cassation, premier président de la Cour des comptes, premier président de la Cour d'appel de

cutif avec le titre de président de la République. C'était un témoignage de confiance donné à un homme; ce n'était pas un régime politique. L'institution d'un état définitif avait

Paris, procureur général près la Cour de cassation, procureur général près la Cour des comptes, procureur général près la Cour d'appel de Paris, archevêque et évêque, pasteur membre du conseil central, grand-rabbin du consistoire central, grand rabbin du consistoire de Paris.

Art. 9. Sont également exceptés des dispositions de l'article 8 :

1° Les professeurs titulaires de chaires qui sont données au concours ou sur la présentation des corps où la vacance s'est produite.

2° Les personnes qui ont été chargées d'une mission temporaire. Toute mission qui a duré plus de six mois cesse d'être temporaire et est régie par l'article 8 ci-dessus.

Art. 10. Le fonctionnaire conserve les droits qu'il a acquis à une pension de retraite et peut, après l'expiration de son mandat, être remis en activité.

Dans les fonctions où le grade est distinct de l'emploi, le fonctionnaire, par l'acceptation du mandat de député, renonce à l'emploi et ne conserve que le grade.

Art. 11. Tout député nommé ou promu à une fonction publique salariée cesse d'appartenir à la Chambre par le fait même de son acceptation ; mais il peut être réélu si la fonction qu'il occupe est compatible avec le mandat de député.

Les députés nommés ministres ou sous-secrétaires d'État ne sont pas soumis à la réélection.

Art. 12. Ne peuvent être élus par le département ou la colonie, compris en tout ou en partie dans leur ressort, pendant l'exercice de leurs fonctions et pendant les six mois qui suivent la cessation de leurs fonctions par démission, destitution, changement de résidence ou de toute autre manière :

1° Les premiers présidents, les présidents et les membres des parquets des cours d'appel;

2° Les présidents, les vice-présidents, les juges d'instruction et les membres des parquets des tribunaux de première instance;

3° Le préfet de police, les préfets et sous-préfets et les secrétaires généraux; les gouverneurs, les directeurs de l'intérieur et les secrétaires généraux des colonies;

4° Les ingénieurs en chef et d'arrondissement;

5° Les recteurs et inspecteurs d'académie;

6° Les inspecteurs des écoles primaires;

7° Les archevêques, évêques et vicaires généraux:

8° Les officiers de tous grades de l'armée de terre et de mer;

9° Les intendants divisionnaires et les sous-intendants militaires;

10° Les préfets maritimes;

11° Les trésoriers-payeurs généraux et les receveurs particuliers des finances;

été réservée formellement, lors de la discussion, pour le moment où les lois constitutionnelles seraient votées. La question a été tranchée par l'art. 2 de la loi sur les *pouvoirs*

12° Les directeurs des contributions directes et indirectes, de l'enregistrement et des domaines;

13° Les conservateurs et inspecteurs des forêts.

Art. 13. Tout mandat impératif est nul et de nul effet.

Art. 14. Chaque département élit autant de députés qu'il renferme de fois 70,000 habitants, sans qu'aucun département puisse être réduit à un nombre de députés inférieur à celui des arrondissements qui le composent. Toute fraction de plus de 35,000 habitants compte pour 70,000.

L'élection a lieu au scrutin de liste par département. Tout département qui nomme moins de 10 députés forme une seule circonscription. La loi établit, dans les départements qui nomment plus de 10 députés, des circonscriptions électorales.

Art. 15. Les députés sont élus pour quatre ans.

La Chambre se renouvelle intégralement.

Art. 16. Il ne sera fait d'élections partielles que s'il y a deux vacances dans les départements ou circonscriptions électorales qui ont six députés ou moins de six députés, et trois vacances dans les départements ou circonscriptions électorales qui ont plus de six députés.

Néanmoins, s'il y avait dix vacances dans la Chambre, il serait procédé à des élections partielles qui devraient être faites simultanément, partout où il y a des vacances.

Dans l'un et l'autre cas, les élections devront être faites dans le délai de trois mois à partir du jour où la dernière vacance se sera produite.

Toutefois, en cas de vacance, même unique par suite d'option, il sera procédé aussitôt à l'élection complémentaire.

Il ne sera pas pourvu aux vacances qui surviendront dans les six mois précédant l'expiration du terme assigné par la loi à la durée de la Chambre.

Art. 17. Les députés reçoivent une indemnité.

Cette indemnité est réglée par les articles 96 et 97 de la loi du 15 mars 1849 et par les dispositions de la loi du 16 février 1872.

Art. 18. Nul n'est élu au premier tour de scrutin s'il n'a réuni :

1° La majorité absolue des suffrages exprimés;

2° Un nombre de suffrages égal au quart des électeurs inscrits.

Au deuxième tour, la majorité relative suffit. En cas d'égalité de suffrages, le plus âgé est élu.

Art. 19. Chaque département de l'Algérie nomme deux députés.

Art. 20. Les électeurs résidant en Algérie dans une localité non érigée en commune seront inscrits sur la liste électorale de la commune la plus proche.

Lorsqu'il y aura lieu d'établir des sections électorales, soit pour grouper des communes mixtes dans chacune desquelles le nombre des électeurs serait insuffisant, soit pour réunir les électeurs résidant dans des localités non érigées en communes, les arrêtés pour fixer le siége de ces sections seront

publics du 25 février 1875, aux termes duquel le Président de la République est élu, à la majorité absolue des suffrages, par le Sénat et par la Chambre des députés, réunis en Assemblée nationale. Il est nommé pour sept ans et est rééligible. Cette disposition a substitué un régime défini au pouvoir d'une personne ; car, en cas de vacance, il y aurait lieu de remplacer le titulaire démissionnaire ou décédé, conformément à l'art. 2 précité.

Le président de la République a les attributions suivantes : 1° la promulgation des lois et le droit d'en suspendre l'exécution en demandant une nouvelle délibération; 2° le droit de dissoudre la Chambre des députés de l'avis conforme du Sénat; 3° le droit de négocier et ratifier les traités, sauf l'approbation législative pour ceux qui engagent les finances, l'état des personnes ou la propriété des Français à l'étranger et pour ceux qui contiendraient échange ou cession de biens domaniaux ; 4° le droit de faire la guerre, mais seulement avec le consentement préalable des deux Chambres ; 5° le droit de nommer aux fonctions publiques; 6° le droit de commander, même en personne, les forces de terre et de mer; 7° le droit de représenter la France dans les cérémonies publiques, ce qui lui assure la préséance sur toute autorité, même sur les bureaux des Chambres, fussent-elles réunies en Assemblée nationale.

Au point de vue législatif, le président n'a que le droit de proposition, le *veto* suspensif et la promulgation ; il n'est pas appelé à sanctionner les lois, et lorsque la volonté des Chambres s'est manifestée d'une manière définitive, son devoir

pris par le gouverneur général, sur le rapport du préfet ou du général commandant la division.

Art. 21. La présente loi est applicable aux colonies actuellement représentées, lesquelles auront chacune le même nombre de députés qu'elles ont aujourd'hui à l'Assemblée nationale.

Art. 22. Le décret du 29 janvier 1871 et les lois du 10 avril 1871, du 2 mai 1871 et du 18 février 1873 sont abrogés.

Continueront d'être appliquées les dispositions des lois et décrets en vigueur auxquelles la présente loi ne déroge pas.

est de faire exécuter leurs résolutions. Mais dans l'exécution il a des attributions fort étendues et spécialement le pouvoir réglementaire.

Les lois ne peuvent pas tout prévoir; les principes généraux une fois posés, il fallait abandonner au pouvoir exécutif le droit de faire descendre ces règles élevées dans les détails de l'application. Le droit réglementaire est inhérent au pouvoir exécutif, et le Président l'exerce *jure proprio*, sans délégation expresse. Souvent cependant les lois réservent expressément au chef de l'État certaines matières, en disposant qu'elles seront l'objet d'un *règlement d'administration publique*. Quelles différences y a-t-il entre le pouvoir réglementaire exercé *jure proprio* et celui qui puiserait sa source dans une délégation expresse? — Lorsque le Président exerce son pouvoir réglementaire *jure proprio*, il peut suivre la forme qu'il lui semble préférable de prendre. Un simple décret contre-signé par le ministre compétent suffit; mais s'il aime mieux renvoyer l'affaire au Conseil d'Etat, il rend un décret, *le Conseil d'État entendu;* le renvoi est facultatif. Au contraire, lorsque la loi a voulu que certains points fussent réglés par un *règlement d'administration publique*, la délibération du Conseil d'Etat est obligatoire, parce que la loi a elle-même prescrit la forme à suivre. D'un autre côté, les règlements d'administration publique, faits en vertu du renvoi formel de la loi, confèrent au chef du pouvoir exécutif des droits plus étendus qu'il n'en a lorsqu'il signe un simple décret réglementaire. S'il est plus limité, quant à la forme, il a au fond plus de pouvoir; car les simples décrets réglementaires n'ont d'autre sanction que la pénalité générale prononcée par l'art. 471, n° 15, du Code pénal contre les infracteurs des règlements *légalement faits ;* la peine étant essentiellement dans le domaine de la loi, toute autre sanction serait vainement prononcée par une disposition expresse du règlement. Au contraire, quand le chef de l'Etat procède en vertu d'une délégation du législateur, le pouvoir réglementaire est subrogé au pouvoir qui délègue et, en conséquence, il aurait le droit d'établir une peine spéciale, pour frapper les violations de ses dispositions [1]. Seulement le Président ne pourrait pas, en établissant une peine spéciale, dépasser la mesure des peines de police, puisqu'il s'agit de punir une *contravention*.

Comme chef du pouvoir exécutif, le Président a été investi, dans certains cas d'urgence où la lenteur de la forme législative serait préjudiciable, du pouvoir de remplacer provisoirement la loi. Ainsi, en matière de douanes, il peut prendre des mesures provisoires à l'effet de prohiber les marchandises étrangères, d'élever les droits perçus à l'entrée, d'abaisser les droits sur les matières premières employées dans nos manufactures, de permettre ou de suspendre l'exportation ou l'importation des produits du sol et de l'industrie nationale, et enfin de limiter à certains bureaux l'entrée et la sortie de ces mêmes produits [2]. Mais, comme cette attribution exceptionnelle ne lui a été conférée qu'en raison de l'urgence, les mesures prises en vertu de cette disposition sont soumises à l'homologation du pouvoir législatif, avant la fin de la session ou à la session la plus prochaine. Cette confirmation est d'ailleurs purement déclarative, et elle rétroagit jusqu'au jour où le décret a été rendu [3].

Le Président a le droit de faire grâce ; les amnisties ne

[1] Ordonnance du 28 juillet 1822, rendue en exécution de la loi du 27 juillet 1822. — Arrêt de la Cour de cassation du 12 août 1855. — Voir règlement du 4 août 1855 sur la taxe des chiens rendu en exécution de la loi du 2 mai 1855. Ce règlement fixe les peines en cas d'infraction aux prescriptions de la loi ou du règlement lui-même.

[2] Art. 34 de la loi du 17 décembre 1814, et loi du 5 juillet 1836, art. 4, 5 et 6. — Pour les matières premières employées dans nos manufactures, la loi du 17 décembre 1814 ne permet au chef de l'État que d'abaisser les droits établis sur ces objets. Le Président ne pourrait donc pas, même provisoirement, en prohiber l'importation ni élever les droits.

[3] Art. 34 de la loi du 17 décembre 1814. — Ceci ne blesse en rien le principe de la non-retroactivité des lois. Les lois interprétatives régissent aussi les faits antérieurs au jour où elles ont été rendues. Il y a certainement moins d'inconvénients à faire rétroagir les lois *confirmatives des*

peuvent être accordées que par une loi. Même en ce qui concerne la grâce, le pouvoir du Président est restreint par la loi du 17 juin 1871. La grâce ne peut être accordée que par une loi aux ministres, fonctionnaires ou dignitaires dont la mise en accusation a été ordonnée par l'Assemblée nationale (art. 3). A l'égard des personnes condamnées pour infractions qualifiées crimes par la loi, à raison des faits se rattachant à la dernière insurrection, à Paris et dans les départements, depuis le 15 mars 1871, la grâce ne peut être accordée par le Président que sur l'avis conforme d'une commission. En cas de désaccord entre le Président et la Commission, le jugement est exécuté (art. 4).

Quelles différences distinguent *la grâce* de *l'amnistie?* La grâce est une mesure de faveur individuelle ou au moins nominative, qui implique la condamnation déjà prononcée à une peine, dont la remise totale ou partielle est accordée par le chef de l'Etat [1]. Elle dispense le condamné de subir l'exécution de la peine afflictive, mais ne fait pas obstacle à ce que les peines accessoires attachées à la condamnation, telles que la dégradation civique, continuent à produire leurs effets. Il n'en est pas de même de l'incapacité de donner ou recevoir à titre gratuit, qui est prononcée par l'art. 3 de la loi du 31 mai 1854 sur la mort civile, contre les condamnés aux travaux forcés à perpétuité ou à la peine de mort. Cette interdiction étant attachée à l'*exécution* de la peine plutôt qu'à la *condamnation*, un décret de grâce la ferait cesser, mais seulement dans le cas où il précéderait l'exécution de la condamnation.

L'amnistie produit des effets plus étendus que la grâce;

mesures provisoires que les lois *interprétatives*. Celles-ci peuvent changer le sens que l'on avait donné jusqu'alors à la loi, et prendre ainsi tous les caractères d'une nouvelle loi.

[1] Il faut même que la condamnation soit définitive. Ainsi la grâce serait prématurée si elle était accordée après le jugement de première instance, lorsque le condamné peut encore faire appel. L'accusé peut encore plaider son innocence, tandis que la grâce est une mesure de rémittence qui implique la culpabilité.

elle peut être individuelle ou générale, et il n'est pas nécessaire qu'elle soit nominative ; il suffit que le décret désigne la catégorie de personnes auxquelles elle est accordée. L'amnistie est prononcée tantôt avant, tantôt après la condamnation : dans le premier cas, elle éteint l'*action*, et dans le second, elle anéantit tous les effets de la *condamnation*, non-seulement l'exécution matérielle de la peine, mais encore les peines accessoires qui dérivaient de la condamnation [1]. Elle efface les conséquences soit de la perpétration, soit de la condamnation. Ce caractère était bien exprimé par l'ancienne dénomination des édits d'amnistie, qui s'appelaient *lettres d'abolition.*

Les attributions que nous venons d'analyser touchent au gouvernement général, et c'est à raison de leur caractère élevé qu'on leur a donné le nom de *droits* de *souveraineté.* Ce nom exprime bien leur étendue et l'impossibilité de les contester devant les juridictions de quelque nature qu'elles soient, ordinaires ou extraordinaires, administratives ou judiciaires.

Les droits de souveraineté ne donnent lieu à aucun recours ; on ne peut même pas se pourvoir au conseil d'Etat, section du contentieux, parce que le conseil d'Etat n'est pas compétent pour statuer sur des *affaires politiques* qui sont, pour la plus grande partie, dans les attributions du conseil des ministres et échappent à la compétence de la section du contentieux [2].

[1] Un avis du Conseil d'État, approuvé par ordonnance du 2 janvier 1823, a décidé que si la *grâce* avait été accordée avant l'exécution de la peine, les incapacités ne peuvent être encourues qu'après l'exécution de la peine, et que cette exécution est devenue impossible.

[2] La jurisprudence pousse l'application de cette règle jusqu'à écarter, comme irrecevable, tout pourvoi formé contre la répartition d'une indemnité stipulée dans une convention diplomatique (aff. *Valette, syndic de la faillite Dussaud ;* ord. du 7 déc. 1823). Cette jurisprudence, qui est critiquée par M. Devilleneuve (*Recueil des arrêts*, année 1844, 2e partie, p. 237, note) se fonde sur les motifs suivants : 1° les contestations sur la répartition de l'indemnité pourraient donner lieu à l'interprétation du traité ; 2° le Conseil d'État n'est pas compétent pour interpréter un traité, qui constitue

Ministres [1]. — Les ministres sont les chefs de l'administration, et leur principale attribution est de diriger les services administratifs placés sous leurs ordres ; ils sont aussi les premiers auxiliaires politiques du Président, dont ils contre-signent les décrets et dont ils impriment la pensée aux agents placés sous leurs ordres.

« Chacun des actes du Président de la République, dit l'art. 3, § dernier de la loi sur les *Pouvoirs publics* du 25 février 1875, doit être contre-signé par un ministre. »

« Les ministres, dit l'art. 6, sont solidairement responsables devant les chambres de la politique générale du Gouvernement et individuellement de leurs actes personnels. » Leur responsabilité est de deux sortes : *judiciaire* et *pénale*, si les actes imputés aux ministres constituent des crimes ou délits ; *politique*, si leurs actes n'ont pas l'assentiment des chambres ; en ce cas, l'usage et les convenances exigent qu'ils se retirent devant la volonté des assemblées.

En cas de vacance, pour décès ou pour tout autre cause, de la Présidence, et, en attendant que les chambres réunies aient procédé à une nouvelle élection, c'est par le Conseil

un acte politique ; 3° les tribunaux ne sont pas compétents, parce que s'il y avait lieu d'interpréter le traité, ils ne pourraient pas renvoyer les parties à se pourvoir devant l'autorité compétente pour fixer le sens du traité diplomatique ; car il n'y a aucune manière de saisir le pouvoir politique et de le forcer à interpréter l'acte dont il s'agit. Il existe des formes à suivre pour l'interprétation d'un acte administratif : il n'y en a pas pour obtenir celle d'un acte politique. (V. Dufour, *Revue de législation* de 1844.) Ces principes viennent d'être appliqués à l'occasion du traité de paix conclu avec l'Allemagne pour la paix en 1871. Le traité stipulait le logement des troupes dans les villes occupées et, pour exécuter ces clauses, le maire de Reims avait requis une maison dont le propriétaire voulut résister et fit opposition, par référé, à l'occupation des lieux *manu militari*. Le tribunal des conflits a jugé que l'autorité judiciaire n'était pas compétente pour connaître des mesures ordonnées par le gouvernement pour l'exécution d'une convention diplomatique. Arr. du 14 décembre 1872 (*Goulet*). Le conseil d'État a, dans la même affaire, décidé que ces questions ne pouvaient pas être portées devant lui par la voie contentieuse. Arr. du 14 mars 1873.

[1] *Lois administratives*, par MM. Vuatrin et Batbie, p. 5 à 11.

des ministres collectivement que le Pouvoir exécutif est exercé dans l'intervalle (art. 7 de la loi sur les *Pouvoirs publics*).

Le Président de la République n'étant responsable qu'en cas de forfaiture, la responsabilité politique ne lui est pas applicable. Aussi la loi ne permet-elle d'interpeller que les ministres ; le Président ne peut pas être interpellé. Cependant toutes les fois qu'une discussion intéresse la politique générale, le Président peut demander, par un message, à être entendu par les Assemblées. En ce cas, l'heure où il sera entendu est fixée par la Chambre, mais la séance est levée aussitôt après que son discours a été prononcé, et la suite de la délibération est renvoyée à la séance suivante (loi du 13 mars 1873) [1].

Haute Cour de Justice. — D'après l'art. 9 de la loi sur le Sénat du 25 février 1875 : « Le Sénat peut être constitué en Cour de Justice pour juger soit le Président de la République, soit les ministres et pour connaître des attentats commis contre la sûreté de l'État. » Cette disposition est analogue à celles que la Charte de 1814, art. 33 et 34, et la Charte de 1830, 28 et 29, avaient édictées sur la compétence de la Chambre des Pairs. Il y a cependant lieu de remarquer une différence de rédaction. Les Chartes de 1814 et 1830 disaient impérativement que « la Chambre « des Pairs connaît des crimes de haute trahison et des « attentats contre la sûreté de l'État. » La loi du 25 février 1875 se borne à dire que le Sénat *peut* être constitué en Cour de Justice. Il en résulte qu'à défaut d'acte spécial renvoyant les coupables devant le Sénat, ils pourraient et devraient être poursuivis devant les tribunaux ordinaires. C'est ce qui résulte expressément de la loi sur les rapports des pouvoirs publics. Le Sénat n'est saisi des attentats qu'autant qu'un décret le constitue expressément à cet effet

[1] Cette loi a été, en quelques points, modifiée par la loi sur les rapports des pouvoirs publics ; mais elle n'a pas été abrogée, et celles de ses dispositions qui n'ont pas été modifiées sont toujours en vigueur.

en Cour de Justice. Le décret ne peut d'ailleurs pas dessaisir la justice jusqu'à la fin de la procédure. Après l'arrêt de renvoi, l'accusé ne peut plus être distrait de ses juges ordinaires.

Le Président de la République ne peut être mis en accusation que par la Chambre des députés ; il est jugé par le Sénat qui, à son égard, est compétent, qu'il s'agisse de crimes de droit commun ou de forfaiture commise dans l'exercice de ses fonctions. Il en est autrement des ministres. Ceux-ci sont soumis à la justice ordinaire pour les actes étrangers à leurs fonctions. Ce n'est que pour les crimes ou délits commis dans l'exercice de leurs fonctions qu'ils sont jugés par le Sénat. Ils ne peuvent être mis en accusation que par la Chambre des députés (art. 12 de la loi du 16 juillet 1875).

DROIT ADMINISTRATIF

PREMIÈRE PARTIE

ADMINISTRATION ET AUTORITÉS ADMINISTRATIVES.

DIVISIONS ADMINISTRATIVES DE LA FRANCE.

Les divisions administratives de la France sont multiples, et varient suivant les différents services publics. La plus importante est celle qui la partage, au point de vue de l'*administration générale*, en départements (87), arrondissements (362), cantons (2,865) et communes (35,989)[1]. Le département et la commune ont un double caractère ; car ils sont à la fois des divisions administratives, et des personnes morales capables d'acquérir. L'arrondissement et le canton ne sont que de simples divisions administratives, et n'ont ni ne peuvent avoir de patrimoine.

Au chef-lieu de canton, l'administration générale n'est pas représentée par un agent (préfet, sous-préfet ou maire), comme dans les chefs-lieux de département, d'arrondissement et dans les communes. A quel titre donc le canton est-il une division administrative ? A plusieurs points de

[1] Avant le traité qui a cédé à l'Allemagne une partie de notre territoire, il y avait 89 départements, 375 arrondissements, 2,941 cantons et 37,548 communes. Les territoires cédés avaient une population de 1,597,238 habitants. Recensement de 1872. — Rapport du ministre de l'intérieur dans le *Journal officiel* du 5 janvier 1873.

vue, car, 1° c'est au canton que le conseil de révision chargé du recrutement militaire tient ses séances ; 2° ordinairement, il y a un receveur de l'enregistrement et des domaines ; 3° la commission de statistique se tient au canton ; 4° dans beaucoup de cantons, il y a des commissaires de police dont la compétence s'étend sur toutes les communes du ressort ; 5° chaque canton élit un membre du conseil général et du conseil d'arrondissement [1].

La division administrative a été faite par la loi et ne peut être changée que par une loi ; aussi toute réunion ou distraction de communes qui aurait pour résultat de changer la circonscription d'un département, d'un arrondissement ou d'un canton, doit-elle être approuvée par le pouvoir législatif.

Le changement des limites d'une commune est approuvé par le Conseil général aux conditions suivantes : 1° que les communes intéressées soient situées dans le même canton ; 2° que les conseils municipaux soient d'accord pour demander la modification (art. 46, § 26, et art. 50-1° de la loi du 10 août 1871). En cas de désaccord entre les conseils municipaux intéressés, l'approbation ne pourrait être donnée que par un décret dans la forme des règlements d'administration publique (art. 13 de la loi du 24 juillet 1867). Une loi serait nécessaire si l'avis du conseil général était contraire.

La division administrative correspond à peu près exactement à l'organisation judiciaire. Dans chaque département, il y a une Cour d'assises ; dans chaque arrondissement, un tribunal de première instance ; dans chaque canton, une justice de paix. La commune elle-même est une division judiciaire, puisque le maire est, en certains cas, juge de simple police. Mais les vingt-six Cours d'appel sont une division purement judiciaire, ne rentrant dans aucun des termes de la division administrative.

[1] *Lois administratives*, par MM. Vuatrin et Batbie, p. 98 et suiv.

Sous le rapport ecclésiastique, la France se partage en diocèses, dont 65 évêchés et 18 archevêchés, en tout 83 diocèses. Chaque archevêché comprend un certain nombre d'évêchés qui relèvent de la métropole ou chef-lieu archiépiscopal, et dont les titulaires sont appelés *suffragants* du métropolitain ou archevêque. Le diocèse est subdivisé en paroisses qui coïncident ordinairement avec les circonscriptions communales, sans que pourtant il y ait identité entre ces deux divisions ; car, toutes les communes n'ont pas une succursale, et le nombre des paroisses est inférieur de plusieurs milliers à celui des communes. Dans les paroisses il y a, pour le service divin, tantôt une *cure*, tantôt une *succursale*. Entre la cure et la succursale la différence tient à ce que la cure est desservie par un curé inamovible, qui ne peut être institué par l'autorité ecclésiastique qu'avec l'agrément du gouvernement et ne peut être privé de son titre qu'en vertu d'une sentence de déposition confirmée par décret ; au contraire, les succursales sont confiées à des succursalistes ou desservants nommés par l'évêque seul et révocables par lui *ad nutum*. D'après une disposition expresse du concordat du 26 messidor an IX, il y a au moins une cure par canton ; mais c'est là un *minimum* qui peut être dépassé et qui, en fait, l'a été ; car tandis que nous comptons 2,865 cantons seulement, il y a plus de trois mille cures. L'érection des cures et des succursales n'a lieu que sur la demande du conseil municipal et la proposition de l'évêque ; elle est accordée par décret, sur le rapport du ministre des cultes.

Au point de vue militaire, la France est partagée en 18 régions militaires comprenant, chacune, un certain nombre de départements. Dans chaque chef-lieu de région militaire, réside un général de division (autrefois appelé *lieutenant général*) ; dans les départements de la région, il n'y a de général de brigade qu'autant que les besoins du service le commandent.

Les côtes maritimes de la France sont divisées en cinq

arrondissements (six en y comprenant le port d'Alger) placés, chacun, sous l'autorité d'un préfet maritime, dont la compétence s'étend à tous les *services administratifs* de la marine, mais reste, en principe, étrangère au *commandement des forces navales*. Les services administratifs ont pour objet tout ce qui concerne le matériel de la flotte, les arsenaux et les magasins de la marine, et enfin l'inscription maritime. L'arrondissement se subdivise en sous-arrondissements, administrés, chacun, par un commissaire de la marine, qui dirige le service sous l'autorité du préfet maritime. Viennent ensuite les quartiers, sous-quartiers et syndicats. Les syndics, qui sont les derniers agents de cette administration, dressent les listes de l'inscription maritime pour le recrutement des gens de mer, et les présentent aux officiers du quartier, dont ils sont les subordonnés [1].

Pour l'administration de l'instruction publique, la France se divise en *académies* dont le ressort comprend un nombre variable de départements. A la tête de chaque académie, l'administration est confiée à un recteur. Chacun des départements est le siége d'une *inspection académique ;* l'inspecteur de l'académie s'occupe des affaires de l'instruction primaire sous l'autorité du préfet, et de l'enseignement secondaire et supérieur sous l'autorité et la direction du recteur.

Pour l'administration des ponts et chaussées, le territoire est divisé en seize inspections générales. Chaque département forme une division à la tête de laquelle est placé un *ingénieur en chef* qui dirige le service, et il est partagé en circonscriptions d'une étendue variable, suivant les besoins

[1] Les arrondissements sont ceux de : 1° Cherbourg, divisé en trois sous-arrondissements : Dunkerque, le Havre et Cherbourg ; 2° Brest, avec les deux sous-arrondissements, de Brest et de Saint-Servan ; 3° Lorient, divisé en deux sous-arrondissements, de Lorient et Nantes ; 4° Rochefort, comprenant les trois sous-arrondissements de Rochefort, Bordeaux et Bayonne ; 5° Toulon, comprenant les trois sous-arrondissements de Toulon, Marseille et Bastia.

de l'administration. Dans chacune de ces circonscriptions, se trouve un *ingénieur ordinaire*.

Le département et l'arrondissement sont aussi des divisions financières; au chef-lieu de département, un trésorier payeur général centralise tous les revenus publics : au chef-lieu d'arrondissement, un *receveur particulier* sert d'intermédiaire entre les receveurs de toute espèce et le trésorier-payeur général. Le canton peut aussi être considéré comme une division financière; car, il y a ordinairement un receveur de l'enregistrement par canton. Notre proposition n'est cependant pas rigoureusement vraie, puisque l'on trouve encore des receveurs de l'enregistrement dont la circonscription comprend plusieurs cantons. C'est parce que cette situation est très-rare que nous nous attachons au fait le plus commun pour établir notre classification. Quant à la commune, elle est étrangère à la division financière, et les *perceptions* établies pour le recouvrement des contributions directes comprennent un nombre plus ou moins considérable de communes, suivant les lieux et la facilité des communications.

DIVISION DES FONCTIONNAIRES.

Parmi les fonctionnaires de l'ordre administratif, il faut distinguer trois catégories :

1° Les *autorités*, c'est-à-dire les agents dépositaires, à un degré quelconque, d'une partie de la puissance publique, qui sont investis du droit de commander et qui peuvent donner des ordres obligatoires pour tous;

2° Les *employés* auxiliaires, qui ne font que préparer les affaires et n'ont aucun pouvoir propre de décision;

3° Les *agents d'exécution*, qui sont chargés d'exécuter les ordres *donnés* par les administrateurs et *préparés* par les employés. En temps régulier, en effet, les agents de la force publique obéissent aux réquisitions de l'autorité civile, et cet état de choses n'est changé que par un décret prononçant la mise en état de siége du territoire ou d'une de ses parties; la guerre portée sur notre sol intervertirait aussi les rôles, et ferait, de plein droit, passer tous les pouvoirs aux mains de l'autorité militaire [1].

AUTORITÉS ADMINISTRATIVES.

En général, l'action administrative a été mise par la loi aux mains d'un agent unique, et on a renoncé au système des administrations collectives. « *Agir est le fait d'un seul,* » disait le rapporteur de la loi du 28 pluviôse an VIII (Loi sur l'*administration intérieure*), dont la plupart des dispositions sont encore en vigueur. Ce n'est que dans certains cas, très-rares, que l'on trouve encore des commissions chargées collectivement d'administrer [2]. Mais si l'unité est indispensable à une bonne administration, le législateur a placé, auprès des fonctionnaires chargés d'agir, des conseils pour éclairer leur marche. Aussi trouvons-nous, à tous les degrés de la hiérarchie administrative, la délibération confiée à des corps multiples, à côté de l'action mise aux mains d'agents uniques. « *Délibérer est le fait de plusieurs,* » disait encore le rapporteur de la loi du 28 pluviôse an VIII. — Au centre, le Président et les ministres administrent, et le Conseil d'État, qu'ils peuvent toujours consulter, doit être appelé à délibérer dans certains cas que la loi détermine. Au chef-lieu de département, le préfet, qui représente le chef de l'État, a auprès de lui : 1° le *conseil de préfecture*, sorte de Conseil d'État au petit pied qui, à l'instar du grand conseil, est obligé de répondre aux questions que le préfet veut lui soumettre, et dont l'avis doit quelquefois être demandé, *sous peine d'excès de pouvoir;* 2° le *conseil général,* qui est plus particulièrement appelé à délibérer sur les intérêts du

[1] Sur l'état de siége, la loi organique du 9 août 1849.

[2] C'est ce qui a lieu pour les hospices qui sont administrés par des *commissions administratives*, et pour les fabriques dont la direction est confiée au *bureau des marguilliers.*

département considéré comme personne morale. Dans l'arrondissement, le sous-préfet a un *conseil d'arrondissement*, et dans la commune, le maire chargé de l'administration est limité par les pouvoirs d'un *conseil municipal* électif. Reprenons en détail les parties de cette hiérarchie dont nous venons de présenter l'ensemble et la pensée générale.

ADMINISTRATION CENTRALE.

Président de la République. — Le Président est le chef du pouvoir exécutif et, par conséquent, celui de l'administration. Mais, tandis qu'il exerce le pouvoir exécutif pour tout ce qui a un caractère politique, les détails de l'administration ont été, presque entièrement, délégués aux agents subordonnés; certaines matières seulement sont réservées au chef de l'État, et l'on peut dire qu'en matière d'administration, la délégation est la règle, tandis que la réserve n'est que l'exception. C'est le Président qui, par exemple, concède les mines; qui exerce la tutelle administrative des établissements ecclésiastiques, et, en certains cas, celles des personnes morales autres que les établissements de cette nature; qui autorise l'établissement des octrois, dans les cas où leur établissement n'est pas de la compétence du conseil général. Quoique cette énumération soit courte, les exemples cités suffisent pour démontrer que le chef de l'État administre, et que plusieurs jurisconsultes ont eu bien tort d'affirmer qu'il était en dehors de l'administration. Il est vrai que la plus grande partie des attributions administratives sont déléguées aux ministres, et que les attributions réservées au Président sont peu nombreuses; mais les cas que nous venons de citer suffisent pour établir qu'une partie des attributions, en matière administrative, a été retenue par le chef de l'État.

Le pouvoir réglementaire du chef de l'État, dont nous avons parlé plus haut, appartient au droit public et au droit administratif. Au *droit public*, puisque l'exercice de ce pouvoir sert à compléter la loi ; au *droit administratif*, parce qu'il procure l'application des principes posés dans les lois aux détails de la pratique.

Ministres[1]. — Le nombre et la division des ministères ne sont pas fixés par la loi, et toutes les modifications qu'exigent les besoins du service peuvent être faites par décret. Mais les crédits que nécessiterait la création d'un ministère ne pourraient être ouverts qu'en vertu d'une loi. Aujourd'hui les départements ministériels sont au nombre de neuf.

1° Le ministère de la justice ;

2° Le ministère des affaires étrangères ;

3° Le ministère de l'intérieur ;

4° Le ministère des finances ;

5° Le ministère de la guerre ;

6° Le ministère de la marine et des colonies ;

6° Le ministère de l'instruction publique, des cultes et des beaux-arts ;

8° Le ministère des travaux publics ;

9° Le ministère de l'agriculture et du commerce ;

Le mouvement général de chaque ministère dépend du ministre, qui manifeste sa volonté par des *instructions*, des *ordres* ou des *décisions*. Les *instructions* sont tantôt générales et tantôt individuelles, suivant qu'elles s'adressent à tous les fonctionnaires de la même catégorie ou à un fonctionnaire, pour une affaire spéciale. Les *ordres* sont des injonctions envoyées à un fonctionnaire, pour lui prescrire un acte déterminé. Quoique l'ordre soit plus impératif que l'instruction, celle-ci n'est cependant pas moins obligatoire pour le subordonné qui la reçoit ; d'un autre côté, elle le couvre par la responsabilité ministérielle. L'ordre et l'instruction sont, l'un et l'autre, des actes de propre mouvement que le ministre fait, sans être provoqué par la demande des parties ; au contraire les *décisions ministérielles* sont

[1] *Lois administratives*, p. 5 à 11.

rendues sur la réclamation des parties ou le référé des agents inférieurs.

Parmi les décisions ministérielles, les unes sont d'administration pure et ne peuvent pas être attaquées devant le Conseil d'État; les autres, au contraire, sont rendues en matière contentieuse, et donnent lieu au recours devant le Conseil d'État. Nous verrons ultérieurement en quoi consistent l'*administration pure*, et les *matières contentieuses*.

Le droit de faire des règlements obligatoires, à l'égard du public, n'a pas été délégué aux ministres, mais ils peuvent faire des instructions réglementaires pour leurs subordonnés, qui seront obligés de s'y conformer, *en leur qualité de fonctionnaires*. S'ils les violaient *comme administrés*, ils ne seraient passibles d'aucune peine pour l'infraction aux dispositions de l'instruction. Pour l'interpétation des lois ou règlements, les instructions ministérielles n'ont qu'une autorité purement doctrinale [1].

Si les ministres n'ont pas reçu le pouvoir de réglementer, ils ont le droit d'annuler ou d'approuver les arrêtés réglementaires des préfets; mais cette compétence est bornée à la faculté d'opposition, et ne va pas jusqu'à remplacer l'initiative du préfet par celle du ministre; celui-ci ne pourrait pas substituer un règlement départemental à un règlement qu'il aurait annulé.

Conseil d'État [2]. — L'organisation et les attributions du Conseil d'État sont déterminées par l'art. 4 de la loi sur les pouvoirs publics du 25 février 1875, par la loi du 24 mai 1872, et par le règlement du 21 août suivant.

Le conseil est composé :

1° Du garde des sceaux, ministre de la justice, président;

[1] Il n'en est pas de même des *décrets en forme d'instruction* qui furent rendus par l'Assemblée constituante de 1789 ; ils ont une véritable autorité législative en matière d'interprétation.

[2] *Lois administratives*, p. 11 à 69.

2° De vingt-deux conseillers d'État en service ordinaire; c'est parmi les conseillers en service ordinaire que sont désignés par des décrets le vice-président du Conseil et les quatre présidents de section ;

3° De quinze conseillers d'État en service extraordinaire.

Les ministres ont rang et séance au Conseil d'État; ils y ont aussi voix délibérative soit à l'assemblée générale, soit aux séances de section, à deux conditions :

1° Qu'il s'agisse d'une affaire non contentieuse ; 2° que cette affaire soit de celles qui dépendent de leur département ministériel. Le garde des sceaux a voix délibérative lorsqu'il préside soit l'assemblée générale, soit les sections.

Il y a auprès du conseil : 1° vingt-quatre maîtres des requêtes, 2° trente auditeurs, dont 10 de première classe, et 20 de seconde ; 3° un secrétaire général avec rang de maître des requêtes.

D'après la loi du 24 mai 1872, les conseillers d'État en service ordinaire devaient être nommés par l'Assemblée nationale au scrutin secret et à la majorité absolue des suffrages. C'est ainsi que fut nommé le Conseil d'État, lorsqu'on procéda à sa réorganisation, et que furent remplies quelques vacances qui se produisirent après les élections générales. En adoptant ce mode de nomination, l'Assemblée avait voulu que, dans la reconstitution de ce corps, l'esprit de sa majorité politique fût prédominant. Il n'y avait pas le même intérêt à maintenir l'élection pour nommer aux vacances. Aussi dans l'art. 4 de la loi sur les *Pouvoirs publics*, a-t-on rétabli la nomination par décret, et ce changement a été consenti à peu près sans discussion. Aujourd'hui les conseillers en service ordinaire sont, comme les conseillers en service extraordinaire, nommés par décret. Les maîtres des requêtes et le secrétaire général sont aussi nommés par décret mais avec une forme spéciale qui consiste à demander des présentations aux présidents de section réunis sous la présidence du vice-président. — Quant aux auditeurs, ils sont nommés au concours et les deux classes concourent suivant des règlements différents.

Les auditeurs de première classe sont nommés pour un temps qui n'est pas limité ; leur traitement est égal à la moitié de celui des maîtres de requêtes. C'est la véritable pépinière du Conseil d'État. Ceux qui sont parvenus à la première classe sont destinés à faire leur carrière dans le conseil.

Les auditeurs de deuxième classe ne sont nommés que pour quatre ans. Ils sont seuls admis à concourir pour la première classe ; s'ils n'entrent pas dans la première classe, ils cessent leurs fonctions à l'expiration des quatre ans. Leurs services sont un titre aux fonctions actives. La deuxième classe est une véritable école d'administration et une pépinière d'administrateurs.

Nul ne peut être nommé Conseiller d'État, s'il a moins de trente ans accomplis ; maître des requêtes s'il a moins de vingt-sept ans accomplis ; auditeur s'il a moins de 21 ans et plus de 30. — Les conseillers et les maîtres des requêtes peuvent, quand ils cessent leurs fonctions, être nommés conseillers ou maîtres des requêtes *honoraires*.

Les fonctions de conseiller en service ordinaire et de maître des requêtes sont incompatibles avec toutes autres fonctions publiques salariées.

Les officiers généraux ou supérieurs de l'armée de terre ou de mer, les inspecteurs et ingénieurs des ponts et chaussées, des mines et de la marine, les professeurs de l'enseignement supérieur peuvent être détachés au Conseil d'État. Ils conservent les droits attachés à leurs positions, sans pouvoir cependant cumuler leur traitement avec celui du Conseil d'État.

La délibération au Conseil d'État se fait de trois manières :

1° En assemblée générale ;

2° En séance de section ;

3° En assemblée publique délibérant au contentieux.

L'assemblée générale est ordinairement présidée par le

garde des sceaux ou, à son défaut, par le vice-président, et, si ce dernier est empêché, par le président de section le plus ancien en suivant l'ordre du tableau.

Le Conseil, en assemblée générale, ne peut délibérer qu'autant que treize membres ayant voix délibérative sont présents. En cas de partage, la voix du président est prépondérante. Le vote a lieu par assis et levé, ou par appel nominal.

Dans quels cas le Conseil d'État doit-il délibérer en assemblée générale? Quand il s'agit d'examiner 1° les projets de loi et les règlements d'administration publique; 2° les projets de décret qui ont pour objet une des affaires énumérées par l'art. 5 du décret du 21 août 1872. Les décrets délibérés en assemblée générale sont les seuls qui portent la mention: *le Conseil d'État entendu.* Tous autres indiquent la section sur la proposition de laquelle ils ont été rendus.

D'après l'article 5 du règlement intérieur, les *règlements d'administration publique* doivent être délibérés en assemblée générale. Faut-il conclure de là qu'on doit porter à l'assemblée générale toutes les affaires sur lesquelles la loi veut qu'il soit statué par un décret *dans la forme des règlements d'administration publique?* On a, jusqu'à ces derniers temps, décidé qu'un décret dans la forme des règlements d'administration publique pouvait être préparé par une section; mais l'usage contraire tend aujourd'hui à prévaloir, et, dans presque tous les cas, ces affaires sont portées à l'assemblée générale, par cela seul que, d'après la loi, il doit être statué par un décret dans la forme des règlements [1]. La délibération, en assemblée générale, est considérée comme essentielle à la *forme* du règlement d'administration publique.

[1] Nous avons exposé et soutenu l'usage suivi antérieurement à celui qui tend à prévaloir, dans le tome IV, p. 47. — Nous ne pouvons cependant qu'approuver une jurisprudence qui tend à donner aux parties plus de garanties que la loi n'en exige rigoureusement.

Le Conseil d'État est partagé en quatre sections, qui sont :

1° La section de l'intérieur, de la justice, de l'instruction publique, des cultes et des beaux-arts ;

2° La section des finances, de la guerre, de la marine, des colonies et de l'Algérie ;

3° La section des travaux publics, de l'agriculture, du commerce et des affaires étrangères.

4° La section du contentieux (art. 10 de la loi du 24 mai 1872 et art. 1er du règlement intérieur du 21 août 1872).

Les conseillers d'État en service ordinaire et les conseillers en service extraordinaire sont répartis par décret entre les sections, et chacune d'elles est présidée par un président de section. La répartition des maîtres des requêtes et des auditeurs est faite par arrêté du ministre de la justice sur la proposition du vice-président et des présidents de section (art. 2 du règlement intérieur). Aucune section ne délibère régulièrement si trois conseillers, au moins, ne sont présents.

En cas de partage, la voix du président est prépondérante. — Les conseillers en service extraordinaire, à la séance de section comme à l'assemblée générale, n'ont voix délibérative que dans les affaires du département ministériel auquel ils appartiennent.

Indépendamment des affaires administratives envoyées par le ministère auquel elle correspond, chaque section est chargée de préparer la rédaction des projets de loi sur les matières de sa compétence. La section peut, en ce cas, appeler dans son sein ceux des conseillers ou des maîtres des requêtes des autres sections dont elle croit devoir réclamer le concours. La section ainsi composée peut former une commission dont elle désigne les membres et qui lui fait son rapport (art. 11 du règlement intérieur).

Le jugement des affaires contentieuses se compose de deux parties : 1° la délibération de la section ; 2° la discussion, en audience publique, devant une assemblée composée des membres de la section et de six conseillers d'État choisis dans les autres sections (deux par section), par le vice-président du conseil délibérant avec les présidents de section. — Ces conseillers adjoints ne peuvent être remplacés que par une décision prise dans la forme qui est suivie pour leur désignation (art. 17 de la loi du 24 mai 1872).

— La section examine d'abord l'affaire, et arrête un projet de décret sur lequel l'assemblée délibère, en la chambre du conseil, après avoir entendu, en audience publique, la lecture du rapport, les observations des avocats et les conclusions du ministère public [1]. La section se compose : 1° du vice-président ; 2° de six conseillers en service ordinaire, dont l'un est président de la section. L'assemblée publique : 1° du vice-président du conseil d'État ; 2° du président de section et des membres qui composent la section, et 3° de six conseillers adjoints. La section ne peut pas délibérer valablement, si trois conseillers en service ordinaire ne sont présents. L'assemblée publique ne peut délibérer qu'en nombre impair et que si neuf membres ayant voix délibérative au moins sont présents. Pour compléter l'assemblée, les conseillers absents ou empêchés peuvent être remplacés par d'autres conseillers en service ordinaire, suivant l'ordre du tableau (article 13 et 21 de la loi du 24 mai 1872).

En matière contentieuse, le Conseil d'État ne se borne pas à émettre des avis ; il rend des arrêts et « *statue souverainement* » (art. 9 de la loi du 24 mai 1872). La loi actuelle a fait retour, sur ce point, au système qu'avait adopté la loi de 1849 et substitué le principe de la *justice déléguée* au principe de la *justice retenue* qui a prévalu dans les autres lois sur le Conseil d'État. Le législateur a pensé que la réformation, par le chef de l'État, d'un avis préparé après des débats publics aurait les plus graves in-

[1] Les fonctions du ministère public sont confiées à trois commissaires choisis parmi les maîtres des requêtes.

convénients. Elle n'aurait lieu que pour des motifs politiques, c'est-à-dire souvent par des raisons ennemies de la justice. Si elle était prononcée pour d'autres causes, comment ferait-on croire que la décision rendue sur la proposition d'un ministre qui n'a pas assisté aux débats sera plus juste que celle d'une assemblée qui s'est décidée après avoir entendu une discussion contradictoire? La *justice retenue* n'était qu'une fiction, et cette fiction ne pouvait qu'être *inutile* et *dangereuse*. Inutile, parce qu'en fait le chef de l'État ne faisait jamais usage du pouvoir de réformer les décisions préparées en matière contentieuse. Dangereuse, parce que, si on en avait fait usage, cette pratique aurait fait douter de la justice administrative.

ADMINISTRATION DÉPARTEMENTALE.

Dans notre organisation départementale, l'*action administrative* est confiée au préfet et la *délibération* à deux conseils, dont l'un est nommé par le chef de l'État et l'autre par les électeurs, 1° le conseil de préfecture et 2° le conseil général.

Préfets [1]. — Les préfets sont nommés par décret sur la proposition du ministre de l'intérieur, sans condition d'âge ni de capacité ; car la loi n'en exige aucune. Ils sont également révoqués par décret sur l'initiative du ministre de l'intérieur. Quoiqu'ils dépendent, au point de vue des questions de personnel, du ministère de l'intérieur, ils correspondent directement avec chaque ministre pour les affaires ressortissant à son département ministériel ; ils sont, dans cette mesure, les surbordonnés de tous les ministres qui peuvent leur adresser des instructions et des ordres. On doit donc plutôt voir en eux les représentants du chef de l'État, dans le département, que ceux du ministre de l'intérieur ; car leur compétence, dans le département, s'étend

[1] *Lois administratives,* p. 185 à 199.

à tous les services administratifs et ressemble, en petit, à celle du chef de l'État.

Il y a trois classes de préfecture, qui se distinguent par le traitement[1] des préfets ; mais, pour concilier les intérêts de l'administration avec la justice due aux fonctionnaires, une disposition expresse a permis au Gouvernement d'accorder aux préfets de la deuxième ou troisième classe, après cinq ans de service, une augmentation de traitement de 5,000 fr., sans déplacement ; le traitement peut encore être augmenté de 5,000 fr., après cinq autres années de services (décret du 27 mars 1852).

Il est facile de ramener à quelques idées principales les diverses attributions du préfet :

1° Il est l'agent politique et administratif du Gouvernement, et comme tel, il est chargé de veiller à l'exécution des mesures prises par l'autorité centrale, dans l'intérêt de l'ordre général et du principe que le Gouvernement représente. A son tour, il a le droit de donner des ordres aux sous-préfets et aux maires, pour communiquer l'impulsion venue du centre aux dernières extrémités de l'organisation administrative. Il n'a, du reste, pas besoin d'attendre des ordres, et il peut ou doit agir en vertu des pouvoirs généraux qui lui appartiennent.

A ce titre, le préfet est chargé de prendre toutes les mesures qui concernent l'exécution et la publication des lois. Quoique la publication des lois résulte, de plein droit, de l'expiration d'un certain délai (art. 1er du Code Civ.), il est des cas où il est nécessaire, à cause de l'urgence, de presser l'application d'une loi ; il faut alors remplacer le délai par une publication effective à son de trompe ou par affichage (ord. du 27 novembre 1816 et 18 janvier 1817). D'un autre côté, le Gouvernement peut juger à propos, alors même qu'il n'y a pas urgence, de compléter la publication légale par une publication effec-

[1] 1re classe, 30,000 fr. ; 2e classe, 25,000 fr. ; 3e classe, 18,000 fr.

tive. C'est au préfet qu'il appartient de prendre, dans le département, toutes les mesures nécessaires pour assurer cette publication réelle.

En ce qui concerne l'exécution des lois, le préfet a spécialement reçu le pouvoir de faire des règlements qui mettent les principes généraux écrits dans la loi en harmonie avec les besoins locaux du département. Son pouvoir réglementaire diffère du pouvoir réglementaire du Président, indépendamment de l'étendue du ressort, en ce qu'il est limité non-seulement par les lois, mais encore par les règlements généraux. Les règlements préfectoraux n'ont d'application que dans le département; ils n'obligent pas les habitants en dehors du département. En d'autres termes, la compétence réglementaire du préfet est *territoriale*. Quant à l'application du règlement, elle n'est obligatoire qu'à partir du jour où il a été publié d'après les usages des lieux. L'insertion au *bulletin des actes de la préfecture* ne suffirait pas pour les rendre obligatoires, le bulletin n'étant adressé qu'aux fonctionnaires et non aux particuliers. Cette insertion ne rendrait pas le règlement obligatoire, même à l'égard des fonctionnaires qui reçoivent le *bulletin*; car, à leur égard, il n'en résulte qu'une *connaissance de fait*, et les principes veulent qu'on n'attache le caractère obligatoire qu'à la publication régulière, légale, et produisant ses effets à l'égard de tout le monde, sans exception. Ainsi, les fonctionnaires qui contreviendraient à un règlement du préfet non légalement publié ne pourraient pas être poursuivis pour contravention, alors même qu'ils auraient connu le règlement par le bulletin des actes de la préfecture.

On trouve quelquefois dans la loi une délégation expresse à l'effet de régler certaines matières, sous l'approbation du ministre de l'intérieur [1].

2° Le préfet représente l'État comme personne morale, et

[1] Art. 21 de la loi du 21 mai 1836 sur les *chemins vicinaux*. Pour prévenir, autant que possible, la trop grande diversité sur les points prévus dans cet article, le ministre de l'intérieur a envoyé aux préfets un modèle

c'est par lui et contre lui que doivent être intentées les actions concernant le domaine.

3° Le préfet est le représentant du département considéré comme personne morale ; mais la qualité de représentant de l'État prédomine en lui, puisque c'est pour l'État qu'il agit dans les procès entre le domaine et le département. Le département, en ce cas, este en justice par un membre de la commission départementale.

4° Enfin, le préfet a des attributions nombreuses comme tuteur des départements, des communes et des établissements publics.

Le décret de décentralisation du 25 mars 1852 et celui du 13 avril 1861 ont beaucoup étendu les pouvoirs des préfets, en matière de tutelle administrative. Dans un grand nombre de cas où la législation antérieure exigeait l'autorisation du pouvoir central, l'homologation peut maintenant être accordée par le préfet. Aux décrets de 1852 et 1861 sont annexés quatre tableaux contenant l'énumération des affaires décentralisées, et ces tableaux sont désignés par les quatre premières lettres de notre alphabet. Le tableau A est relatif aux affaires d'administration départementale et communale qui ressortissent au ministère de l'intérieur. Après avoir énuméré les matières pour lesquelles l'homologation du préfet sera suffisante, un paragraphe (§ 55 du tableau A annexé au décret de 1852, et § 67 du tableau A annexé au décret du 13 avril 1861) dispose qu'en général elle suffira pour toutes les affaires d'administration départementale même celles qui ne sont pas comprises dans l'énumération qui vient après. Ainsi, pour les affaires portées au tableau A, la décentralisation est la règle générale et l'intervention du pouvoir central, l'exception. Les trois autres tableaux B, C, D ne contenant aucune disposition générale qui ressemble au § 55 précité, on doit considérer

de règlement, en leur recommandant de « *n'y apporter d'autres modifications que celles qui seraient impérieusement commandées par les habitudes des localités.* »

comme limitative l'énumération des affaires décentralisées qu'ils contiennent. Toutes celles dont il n'est pas parlé dans ces tableaux continuent, par conséquent, à être régies par la législation antérieure. Le tableau B correspond au ministère de l'agriculture et du commerce; le tableau C, au ministère des finances, et le tableau D, au ministère des travaux publics.

Les art. 5 et 6 du décret du 25 mars 1852 contiennent deux dispositions importantes. La première énumère les fonctionnaires départementaux ou communaux qu'il appartient aux préfets de nommer ; la deuxième crée une espèce de recours administratif du préfet au ministre. Ce recours existait, avant le décret, en vertu des principes généraux sur la hiérarchie administrative et le décret a, sur ce point, plutôt *rappelé* qu'*innové*. Il y a cependant, dans l'article, quelque chose de particulier en ce qui touche *l'annulation d'office*. Les ministres, sur le rapport que les préfets doivent leur faire de leurs actes, peuvent annuler d'office les arrêtés préfectoraux, mais seulement pour violation des lois et règlements. Au contraire, lorsque le ministre annule sur la réclamation de la partie intéressée, son pouvoir n'est pas borné à cette cause d'annulation ; il pourrait annuler au fond tout aussi bien que pour violation des lois et règlements. Voici le texte de l'art. 6 : « Les préfets rendront compte de leurs actes aux ministres compétents dans les formes et pour les objets déterminés par les instructions que ces ministres leur adresseront. Ceux de ces actes qui seraient contraires aux lois et règlements, *ou qui donneraient lieu aux réclamations des parties intéressées*, pourront être annulés et réformés par les ministres compétents. »

C'est parce que le nombre des affaires qui se dénouent au chef-lieu de département a été beaucoup augmenté, que ce décret a été appelé décret de *décentralisation*. Mais cette dénomination, quoique exacte, était loin de répondre aux théories que plusieurs publicistes avaient émises sous le même nom. Dans leur pensée, ce mot désignait un système départemental et municipal dans lequel les administrations locales auraient la libre gestion de leurs affaires et seraient, sur ce point, affranchies de tout contrôle lointain ou rapproché de l'autorité supérieure [1]. Le décret du 25 mars 1852 n'avait rien ajouté à l'indépendance municipale, et, en certains points, au contraire, on peut dire qu'il l'avait restreinte [2] Mais il avait aussi assuré une plus prompte expédition des affaires, en rapprochant l'autorité compétente pour homologuer ou improuver les propositions des conseils généraux et municipaux [3].

Même ainsi restreinte, la décentralisation ne devait s'appliquer, d'après le décret du 25 mars 1852, ni aux affaires ressortissant au ministère des cultes ni aux affaires de la ville de Paris. Pour les premières, le motif de l'exception venait sans doute de ce que les conflits qui pourraient naître entre l'évêque et le préfet seraient regrettables. D'ailleurs, suivant les lieux, suivant la force de l'autorité temporelle ou du pouvoir spirituel, l'avantage serait resté ici au magistrat, là au prélat. Le pouvoir central peut seul apporter

[1] Béchard, *Centralisation* et aussi *l'État, le département et la commune.* Dans la deuxième édition de ses *Études administratives,* M. Vivien s'était prononcé pour un changement de législation qui donnerait aux administrations départementales et municipales une autonomie plus étendue que les lois en vigueur ne leur avaient donnée. « On fait perdre, dit-il, aux citoyens le sentiment de la responsabilité ; on crée et l'esprit de servitude et l'esprit d'opposition, et l'on tue cette solidarité éclairée qui unissait ensemble, par les liens de la confiance et de l'affection, les gouvernants et les gouvernés. »

[2] Le décret du 25 mars 1852 a transporté au préfet le droit de nommer certains fonctionnaires dont la désignation appartenait antérieurement au maire. Ainsi les préfets nomment les gardes champêtres que les maires nommaient autrefois.

[3] Il est regrettable qu'on n'ait pas fait concourir l'augmentation des attributions du préfet avec une réorganisation des bureaux des préfectures. Les bureaux n'étaient chargés autrefois que *d'instruire l'affaire* et de préparer un *simple avis* du préfet ; aujourd'hui ils préparent *la décision.* Il importe donc, à un plus haut degré, que les bureaux soient occupés par des employés éclairés. Or la position qu'on offre à ces employés est trop précaire pour que, dans l'état actuel des choses, les hommes capables entrent volontiers dans cette carrière.

dans ces débats l'unité de vues qui est désirable. Pour la ville de Paris, on avait pensé qu'il n'y aurait aucun inconvénient à conserver l'ancienne législation, et que le chef de l'État pourrait *administrer de près* la capitale. D'ailleurs, les affaires de la ville de Paris ont une telle importance, qu'elles sont constamment mêlées à la politique, et c'est pour cela qu'elles continuaient à être régies par la loi antérieure au décret.

L'exception relative aux affaires du ministère des cultes est encore en vigueur. La *décentralisation préfectorale* a été étendue par un décret du 13 avril 1861, qui a remis au préfet la solution de plusieurs affaires que le décret du 25 mars 1852 réservait à l'administration centrale. Mais le nouveau décret maintient la centralisation, en ce qui concerne les affaires ecclésiastiques [1].

A la suite de conflits répétés entre le Conseil d'État et le préfet de la Seine, un décret modifiant, sur ce point, le décret du 27 mars 1852, a placé la ville de Paris sous le régime du droit commun et appliqué la *décentralisation préfectorale* à la capitale. Une disposition expresse réserve seulement que les budgets de la ville de Paris continueront à être approuvés par décret, au lieu de l'être par arrêté du préfet, comme celui des autres communes. Telles sont les dispositions du décret du 7 janvier 1861, qui rapporte l'art. 7 du décret du 25 mars 1852. Ce décret, dont la légalité avait été contestée sur le fondement qu'il modifiait un décret-loi rendu pendant la période dictatoriale, a été confirmé par la loi du 24 juillet 1867, art. 17.

Faut-il aller plus loin et donner aux autorités locales un pouvoir plus grand? Pourrait-on, sans les déclarer complétement indépendantes, ne les soumettre qu'à la surveillance d'assemblées départementales, et concilier ainsi l'autonomie avec le contrôle ? — Un pareil régime serait désirable, parce qu'il est moralement supérieur à celui qui

[1] *Moniteur* du 14 avril 1861.

arrêtant les citoyens à la porte de la vie publique, les invite à s'occuper exclusivement d'affaires privées. Même limitée à la commune ou au département, la vie publique agrandit l'esprit, et, malgré l'alliage des mauvaises ambitions, malgré les préoccupations mesquines de l'amour-propre, elle conduit au désintéressement et au sacrifice.

Mais, pour établir ce que les Anglais appellent le *self-government*, il ne suffit pas de faire un article de loi qui le décrète ; il ne sert à rien d'en parler, si l'on n'est pas décidé à en supporter les devoirs. En Angleterre, cette espèce d'autonomie ne donne pas seulement des droits et quelques honneurs ; elle impose aussi des charges assez lourdes, et c'est parce que, dans ce pays, il se trouve une aristocratie prête à les remplir que le *self-government* s'y est vigoureusement développé.

Il est certain que, sous ce rapport, nos mœurs diffèrent des mœurs de l'Angleterre. Le Français s'accommode aisément de la demi-importance que donnent les fonctions municipales et départementales ; nul cependant ne voudrait ni les acquérir, ni les garder, au prix de sacrifices tant soit peu considérables. On a de la peine à retenir, chaque année, au chef-lieu de département, pendant une huitaine de jours, les conseillers généraux pressés de revoir leurs champs ou de reprendre leurs affaires. De semblables mœurs sont incompatibles avec l'essence du *gouvernement du pays par le pays*. A la vérité, ces habitudes résultent de ce que la vie départementale et municipale a constamment été écrasée par nos lois, selon une tradition qu'ont fidèlement suivie tous les régimes antérieurs et postérieurs à 1789. Mais la question n'est pas de savoir à qui incombe la responsabilité de ce qui est ; ce qui importe, c'est de constater que l'inertie existe et qu'elle est un obstacle à l'établissement du *self-government*.

Ce mal est-il donc irrémédiable ? Nous pensons qu'il y a moyen d'en triompher. Les institutions sont pour les peuples ce que l'éducation est pour les individus, et une pratique inverse de celle qui jusqu'à présent a été suivie modifierait nos mœurs administratives. La légèreté qu'on reproche au caractère français est aussi cette merveilleuse flexibilité avec laquelle il se plie aux situations nouvelles. « Après quelques écarts, les citoyens feront leurs affaires aussi bien que si elles étaient faites par des fonctionnaires salariés [1]. » Mais à ceux qui demandent l'administration des communes par les conseils municipaux avec le contrôle des assemblées départementales, nous dirons qu'ils doivent s'attendre à des obligations onéreuses et que, pour être sérieuses, les fonctions municipales et départementales demandent des sacrifices de temps et, par conséquent, d'argent, pour ceux dont le temps est précieux.

Avant tout, *s'administrer par soi-même*, c'est *agir par soi-même*, et ce serait ne rien comprendre au *self-government* que d'en séparer les avantages et les honneurs de l'idée des charges et des devoirs personnels qui en sont l'inévitable condition [2].

La loi du 10 août 1871 sur les conseils généraux a commencé la réforme dans cet esprit. Elle a donné à ces assemblées des attributions plus étendues qu'elles n'avaient eues jusqu'à présent; elle a voulu qu'elles se réunissent deux fois par an en session ordinaire et leur a conféré le pouvoir de statuer définitivement sur des affaires pour lesquelles l'approbation du préfet ou du chef de l'État était exigée par les lois antérieures.

Secrétaires généraux [3]. — Avant la loi du 21 juin 1865 sur les Conseils de préfecture, il n'y avait de secrétaires généraux que dans les préfectures de première, de deuxième et quelques-unes de troisième classe. Ces fonc

[1] Odilon Barrot, *Centralisation*, p. 78.

[2] Cette observation est bien développée dans l'ouvrage de M. R. Gneist, professeur à l'Université de Berlin, sur l'Angleterre (*Das heutige Englische Verfassungs-und-Verwaltungsrecht*, t. II, chap. 12).

[3] *Lois administratives*, p. 199 à 201.

tions étaient remplies, dans les autres préfectures de troisième classe, par un conseiller de préfecture désigné à cet effet. Mais la loi précitée, généralisant cette institution, a disposé qu'il y aurait un secrétaire dans toutes les préfectures, et a soumis ces fonctionnaires à la division en trois classes. Leur traitement est gradué suivant la classe [1].

Comme les préfets, les secrétaires généraux sont nommés et révoqués par décret, sur la proposition du ministre de l'intérieur. Aucune condition d'âge ni de capacité n'est exigée par la loi.

Le secrétaire général a quelques *attributions propres* et peut recevoir des *délégations* du préfet. Il a pour *attributions propres*, la surveillance des registres sur lesquels sont inscrits les arrêtés du préfet et ceux du conseil de préfecture ; il doit veiller à ce que ces actes soient constamment tenus à jour. C'est le secrétaire général qui signe les ampliations ou expéditions des pièces déposées aux archives de la préfecture. La loi du 21 juin 1865, art. 5 et le décret du 30 décembre 1862 l'ont chargé de remplir, près des conseils de préfecture, jugeant en audience publique, les fonctions de ministère public.

Indépendamment de ces attributions propres, le secrétaire général peut recevoir du préfet les délégations qui lui confient une partie de l'administration départementale ; cette délégation, lorsqu'elle a un caractère permanent, est soumise à l'approbation du ministre de l'intérieur. Que si, au contraire, le préfet empêché voulait seulement se faire remplacer, par *intérim*, pour tout ou partie de l'administration départementale, il pourrait déléguer sans l'approbation du ministre de l'intérieur, pourvu cependant que l'empêchement ne vînt pas d'une *absence hors du département*. En cas d'absence hors du département, au contraire, la dé-

[1] 7,300 fr., 6,000 fr. et 4,500 fr. (D. du 20 décembre 1862), à Paris, le traitement du secrétaire général est de 18,000 fr. et celui du secrétaire général de la préfecture de police de 15,000 fr.

légation au secrétaire général ne peut être faite que par le ministre de l'intérieur.

Les secrétaires généraux ont, pendant quelque temps, été chargés, avec le titre de sous-préfet, d'administrer l'arrondissement du chef-lieu de département. Cette combinaison a été condamnée par une courte expérience, et l'on est revenu au système qui fait du préfet le sous-préfet du chef-lieu.

Enfin le secrétaire général est apte à remplacer le préfet par *intérim*, en cas de vacance ou d'empêchement quelconque. Je dis qu'il est *apte*, parce que le secrétaire ne remplace pas, de plein droit, le préfet empêché ; c'est le plus ancien des conseillers de préfecture qui est appelé par la loi à faire l'intérim, et le secrétaire général n'en est chargé qu'autant qu'il reçoit une délégation spéciale à cet effet.

En résumé, la délégation au secrétaire général *peut* être faite par le préfet, lorsqu'il ne sort pas du département, et *doit* être faite par le ministre, lorsque le préfet franchit les limites de son ressort ou en cas de vacance.

Conseil de préfecture [1]. — D'après la loi du 21 juin 1865, le nombre des conseillers de préfecture est de huit à Paris, le président compris ; de quatre dans trente et un départements, et de trois dans les autres [2]. Le préfet a droit de séance au conseil, avec voix délibérative ; quand il y assiste, il préside. En son absence, le conseil est présidé par un vice-président qui est choisi annuellement par décret parmi les membres du conseil. Mais le décret du 30 décembre 1862 et le rapport qui le précède, font un devoir au préfet de présider le conseil de préfecture, sauf le cas d'empêchement. Le conseil de préfecture de

[1] *Lois administratives*, p. 201 à 206.

[2] Décret du 28 mars 1852. On distingue trois classes de conseillers, suivant le traitement qui est de 4,000 fr. pour la première, de 3,000 fr. pour la deuxième, et de 2,000 fr. pour la troisième. — A Paris, le traitement des conseillers de préfecture est de 8,000 fr.

la Seine a un président spécial[1]. Les conseillers de préfecture sont nommés par un décret, sur la proposition du ministre de l'intérieur, et révocables *ad nutum*.

L'article 2 de la loi du 21 juin 1865 porte que « nul ne peut être nommé conseiller de préfecture s'il n'est âgé de vingt-cinq ans accomplis, et s'il n'est en outre licencié en droit ou s'il n'a rempli, pendant dix ans au moins, des fonctions rétribuées dans l'ordre administratif ou judiciaire, ou bien s'il n'a été, pendant le même espace de temps, membre d'un conseil général ou maire. »

D'après l'article 3, les fonctions de conseiller de préfecture sont incompatibles avec tout autre emploi public et avec l'exercice d'une profession. Cette disposition tranche dans le sens de la négative la question, autrefois controversée, de savoir si les conseillers de préfecture pouvaient plaider[2].

Le conseil de préfecture n'est régulièrement constitué qu'autant qu'il y a trois membres présents. En cas de partage ou d'insuffisance du nombre des conseillers, la loi permet de les remplacer provisoirement par des membres du conseil général[3]. S'il reste des membres du conseil de préfecture, ils désignent, à la pluralité des voix, le conseiller général qui sera appelé à délibérer, et en cas de partage sur le choix, la voix du préfet ou du plus ancien

[1] Le traitement du président du conseil de préfecture de la Seine est de 15,000 fr.

[2] Ces fonctions sont incompatibles avec celles de greffier (loi du 24 vendémiaire an III, art. 1er), de notaire (même loi), d'avoué (avis du Conseil d'État du 3 août 1809), de conseiller général (loi du 22 juin 1833, art. 5), de conseiller d'arrondissement (décret du 3 juillet 1848) et de conseiller municipal (loi du 5 mai 1855 et art. 18 de la loi du 21 mars 1831). On reconnaissait généralement, avant la loi du 21 juin 1865, que les conseillers de préfecture pouvaient être avocats, l'art. 40 de l'ord. du 20 novembre 1822 n'ayant interdit qu'aux *secrétaires généraux* l'exercice de cette profession.

[3] La loi du 10 août 1871, art. 8, déclare incompatibles les fonctions de conseiller général avec celles de conseiller de préfecture ; mais elle n'a statué qu'en vue d'un exercice permanent, et n'est point applicable à une suppléance accidentelle.

des conseillers de préfecture est prépondérante[1]. Si, au contraire, il y a lieu de composer un conseil provisoire en entier ou presque en entier (par exemple dans le cas où tous les conseillers sont empêchés et où il ne reste que le préfet), la désignation des conseillers généraux est faite par le ministre de l'intérieur, sur la présentation du préfet[2].

De même que le Président et les ministres peuvent consulter le Conseil d'État sur toutes les questions administratives qu'ils jugent à propos de lui soumettre, le préfet peut demander au conseil de préfecture son avis sur toutes les questions concernant l'administration départementale; dans certains cas, l'avis du conseil de préfecture est indispensable, et le préfet ne pourrait pas négliger de le demander, sans commettre *un excès de pouvoir*, qui rendrait son arrêté annulable. L'avis du conseil doit alors être *demandé*, mais le préfet n'est pas tenu de l'adopter. L'avis est seulement une forme dont l'observation est prescrite dans l'intérêt des parties. En général, lorsque la loi dit que le *préfet statuera en conseil de préfecture*, elle signifie que le préfet doit demander l'avis du conseil de préfecture, sans être tenu de s'y conformer[3].

Il est d'autres cas où la loi veut que le préfet *agisse* en conseil de préfecture. Le conseil n'a pas alors d'avis à donner, mais sa présence est une garantie de publicité, dont le défaut entraînerait l'irrégularité et l'annulabilité des opérations.

Enfin, le conseil de préfecture a deux autres attributions auxquelles nous consacrerons plus tard des chapitres spéciaux : 1° il est compétent pour accorder les autorisations

[1] Arrêté du 19 fructidor an XI, art. 3 et 4.

[2] Décret du 16 juin 1808, art. 2.

[3] Certaines matières contentieuses, dont la loi attribuait par erreur la décision au *préfet en conseil de préfecture*, ont été restituées au conseil de préfecture par l'art. 11 de la loi du 21 juin 1865. Nous reviendrons sur ces matières quand nous nous occuperons de la compétence contentieuse du conseil de préfecture.

de plaider aux personnes morales qui sont assujetties par les lois et règlements à cette formalité : c'est ce qu'on appelle le pouvoir du conseil de préfecture, en matière *de tutelle administrative;* 2° il est juge, en première instance, des matières contentieuses qui lui ont été attribuées par des textes formels. La loi du 28 pluviôse an VIII, art. 4, ayant énuméré les cas où le conseil serait compétent, la jurisprudence en a conclu, avec raison, que cette énumération était limitative et que le conseil de préfecture n'était qu'un tribunal d'exception; ainsi que nous le verrons dans la suite, c'est le ministre qui est le juge ordinaire en matière contentieuse[1].

De ce qui précède il résulte qu'on peut grouper les attributions du conseil de préfecture sous les quatre catégories suivantes :

1° Il est le conseil administratif du préfet;

2° Il assiste à certaines opérations pour en assurer la sincérité;

3° Il autorise les communes et autres personnes morales à plaider;

4° Il est juge en matière contentieuse, dans les cas déterminés par la loi.

Les conseillers de préfecture ont aussi des attributions qui leur appartiennent individuellement. Quelques-unes leur viennent d'une délégation spéciale, par exemple lorsqu'ils sont chargés de remplacer les sous-préfets empêchés. Nous avons déjà dit que le préfet empêché était remplacé *de droit* par le plus ancien des conseillers de préfecture, si le secrétaire général n'était pas délégué à cet effet. Plus tard,

[1] En 1850, le projet de loi préparé par le Conseil d'État sur les conseils de préfecture, proposait de laisser aux ministres la juridiction ordinaire en matière contentieuse. Mais le projet de l'Assemblée nationale la conférait aux conseils de préfecture. C'est une chose digne de remarque qu'en Espagne le *conseil de la province*, qui correspond à notre conseil de préfecture, est le juge ordinaire du contentieux administratif, d'après l'art. 9 de la loi du 2 avril 1845 (V. *Instituciones del derecho administrativo*, par D. Pedro Gomez de la Serna, t. II. *Appendice*, p. 19-21).

nous verrons que le conseil de révision pour le recrutement militaire compte parmi ses membres un conseiller de préfecture qui y siége *jure proprio* et non comme remplaçant le préfet; car le préfet empêché doit être suppléé soit par le secrétaire général, soit par un deuxième conseiller de préfecture.

Conseil général[1]. — La *composition* du conseil général et ses *attributions* sont réglées par la loi du 10 août 1871, loi organique dont l'art. 92 a abrogé les titres I et II de la loi du 22 juin 1833 sur l'organisation, le titre I de la loi du 10 mai 1838 sur les attributions et la loi du 18 juillet 1866.

Le conseil général est une assemblée élective, composée d'autant de membres qu'il y a de cantons dans le département (art. 4). Il est placé auprès du préfet, pour éclairer et contrôler les actes qu'il fait comme représentant le département. Le conseil de préfecture, au contraire, a pour mission principale d'assister le préfet comme agent politique et administratif du Gouvernement. Aussi le conseil de préfecture est-il composé de membres nommés par le chef de l'État, tandis que le conseil général est choisi par les électeurs portés sur les listes dressées pour les élections municipales (art. 5).

Pour être éligible, le candidat doit :

1° Avoir vingt-cinq ans accomplis ;

2° Jouir de ses droits civils et politiques ; l'art. 7 déclare inéligibles les personnes pourvues d'un conseil judiciaire.

3° Être domicilié ou payer une contribution directe dans le département. Pour être éligible comme contribuable, il faut être inscrit au rôle de l'une des quatre contributions avant le 1er janvier de l'année dans laquelle se fait l'élection ou justifier qu'on devait y être inscrit et que c'est à tort qu'on ne l'a pas été. Il suffirait également de prouver que depuis le premier janvier mais avant l'élection, on a hérité d'une propriété foncière (art. 6).

[1] *Lois administratives*, p. 206 à 238.

Le nombre des membres non domiciliés ne doit pas dépasser le quart (art. 6, dern. §).

4° Enfin, il faut que l'éligible ne se trouve dans aucun des cas prévus par l'art. 8 de la loi du 10 août 1871.

Les incompatibilités sont *absolues* ou *relatives* suivant qu'elles entraînent l'exclusion de tous les conseils généraux ou seulement d'un conseil général. Les premières sont énumérées par les § 1 et 7 de l'art. 8 de la loi du 10 août 1871 ; elles atteignent les préfets, sous-préfets, secrétaires généraux, conseillers de préfecture, les commissaires et agents de police (art. 9). Les incompatibilités énumérées dans les autres paragraphes de l'art. 8 et dans l'art. 10 de la loi du 10 août 1871, ne sont que relatives au département ou aux départements compris dans le ressort de la fonction qui donne lieu à l'incompatibilité. La loi a même tranché la question qui faisait doute autrefois de savoir si les employés des bureaux de préfecture étaient frappés d'une incompatibilité relative. L'art. 10 de la loi du 10 août 1871 dispose qu'à leur égard l'incompatibilité n'a d'effet que dans le département[1].

Ajoutons à cela que la même personne ne peut pas être à la fois membre de deux conseils généraux ni membre d'un conseil général et d'un conseil d'arrondissement (art. 11). La raison en est que les conseils généraux ont le droit d'émettre des vœux sur tout ce qui concerne l'intérêt général du département, et que les vues des deux conseils pourraient être opposées. Quant aux conseils d'arrondissement, leurs décisions sont, sur quelques points, subordonnées à celles du conseil général, et il aurait été contraire aux règles de la hiérarchie de confier aux mêmes personnes le pouvoir subordonné et le pouvoir supérieur.

Les élections pour le conseil général (nous pouvons ajouter d'avance pour le conseil d'arrondissement) se font à peu

[1] Art. 5 de la loi du 22 juin 1833. La question a été tranchée par la loi dans le sens qui avait été adopté par la jurisprudence du Conseil d'État (Arr. du 24 août 1849, aff. *Lépine*).

près suivant les mêmes règles que les élections législatives. Les différences consistent en ce que : 1° le recensement des votes, au lieu de se faire au chef-lieu du département, se fait au chef-lieu de canton (art. 13) ; 2° les élections pour le conseil général sont faites sur les listes dressées pour les élections municipales; 3° la nullité des élections législatives est, s'il y a lieu, prononcée par le Corps législatif, lors de la vérification des pouvoirs. C'est le conseil général qui, d'après la loi organique, prononçait sur la validité ou la nullité des élections, et ses décisions étaient souveraines (art. 16 de la loi du 10 août 1871). « Il n'y a pas de recours contre ses décisions. » Que la nullité fût fondée sur l'irrégularité des opérations électorales ou sur l'incapacité légale du candidat, la compétence du conseil était générale et son pouvoir absolu[1]. Il pouvait résulter de là, et c'est un inconvénient qui avait plusieurs fois été signalé, des jurisprudences diverses et même contraires sur des questions controversées. Aussi avait-il été plus d'une fois question de modifier l'art. 16 et de revenir à la compétence des juridictions administratives.

Cette modification a été faite par la loi des 31 juillet, 4 août 1875. Le pouvoir de vérification est supprimé et toute élection non contestée est valable par cela même; les élections peuvent seulement être arguées de nullité par les électeurs du canton, par les candidats et par les membres du conseil général; leur réclamation peut être fondée soit sur l'incapacité légale, soit sur l'irrégularité des opérations électorales. Le préfet peut aussi se pourvoir, mais seulement pour inobservation des conditions et formalités prescrites par les lois. L'action est portée directement au Conseil d'État statuant au contentieux. Le premier degré a été supprimé à raison de la haute position qu'occupe le conseil général et par analogie des art. 479 et suiv. du Code d'instruction criminelle.

[1] Arr. C. d'Ét. du 4 juillet 1872 (*Caloccucia*).

Les sessions du conseil général sont *ordinaires* ou *extraordinaires*. Pendant les premières, il peut s'occuper de toutes les affaires qui rentrent dans ses attributions, tandis que, pendant les secondes, les délibérations ne doivent pas dépasser l'objet qui leur a été assigné par la convocation en session extraordinaire.

Les conseils généraux tiennent deux sessions ordinaires. Celle dans laquelle sont délibérés le budget et les comptes commence, de plein droit, le premier lundi qui suit le 15 août et ne peut être retardée que par une loi. Sa durée ne peut pas dépasser un mois. L'ouverture de la seconde a lieu au jour fixé par le conseil général dans la session du mois d'août précédent. Sa durée est au plus de quinze jours (art. 23).

Le conseil général peut être convoqué en session extraordinaire : 1° par décret du chef du pouvoir exécutif; 2° si deux tiers des membres en adressent la demande écrite au président ; celui-ci en donne avis au préfet qui doit convoquer le conseil d'urgence. Le nombre des sessions extraordinaires est illimité; la durée de chacune ne peut pas excéder huit jours (art. 24).

Les délibérations des conseils généraux sont annulables pour deux causes : 1° pour réunion illégale non précédée de convocation régulière; 2° pour incompétence. L'autorité chargée de prononcer l'annulation n'est pas la même dans les deux cas. Dans le premier, c'est le préfet, *en conseil de préfecture*, qui déclare la réunion illégale, prononce la nullité de ses délibérations, et prend les mesures nécessaires pour que le conseil se sépare immédiatement (art. 34 de la loi du 10 août 1871). Dans le second cas, c'est par un décret que sont annulées les délibérations prises incompétemment (art. 33). Lorsque la réunion est illégale, le danger de désordre est plus grand, et c'est pour cela que le législateur a chargé l'autorité la plus rapprochée d'agir immédiatement afin d'éloigner le péril. Au contraire, dans le cas d'incompétence, le redressement n'avait pas le même caractère d'urgence, et pouvaient attendre l'intervention de l'autorité centrale [1].

Les séances du conseil général sont publiques (art. 28). Néanmoins, sur la demande de cinq membres, du président ou du préfet, le conseil par assis et levé, sans débats, décide s'il se formera en comité secret. — Les votes ont en général lieu par assis et levé; mais si le sixième des membres présents en fait la demande, les voix sont recueillies au scrutin public. Les votes sur les nominations sont toujours faits au scrutin secret (art. 30).

Le président de la République a le pouvoir, sous les distinctions suivantes, de dissoudre un conseil général: 1° si l'Assemblée nationale est en session, la dissolution peut être prononcée par décret, à la charge d'en rendre compte à l'Assemblée dans le plus bref délai possible; en ce cas, la date de la nouvelle élection sera fixée par une loi spéciale; 2° dans l'intervalle des sessions, le président peut dissoudre un conseil général, par un décret motivé, et pour des raisons spéciales à ce conseil. La loi, en effet, interdit toute dissolution par mesure générale. La nouvelle élection a lieu, de plein droit, le quatrième dimanche qui suit la date du décret de dissolution (art. 35 et 36). Ces dispositions sont exclusives de la nomination par décret d'une commission chargée de remplir provisoirement les fonctions du conseil général. — Le préfet n'a jamais eu le droit de dissoudre le conseil général; mais la loi du 22 juin 1833 lui conférait le pouvoir de suspendre un conseil général lors qu'il se mettait en correspondance avec d'autres conseils généraux. La loi du 10 août 1871 ne lui a pas conservé ce pouvoir.

Les causes qui donnent lieu à la vacance partielle sont:

[1] Il n'appartient pas au préfet d'annuler la délibération d'un conseil général légalement réuni, par le motif que l'assemblée n'était pas composée de la majorité plus un des membres du conseil général. En principe, l'annulation appartient au chef de l'État, et ce n'est que par exception que le préfet est compétent en cas de réunion illégale. Commission faisant fonctions du Conseil d'État, arrêt du 8 août 1872 (*Laget*).

Le décès ;

La perte des droits civils ou politiques (art. 18) ;

L'option ;

Et la démission.

L'option est exigée de la part du membre qui a été élu dans plusieurs cantons ou dans plusieurs départements, ou à la fois membre du conseil général et d'un conseil d'arrondissement. L'élu doit déclarer son choix dans les trois jours qui suivent l'ouverture de la session [1]. A défaut d'option dans ce délai, le président tire au sort, en séance publique, le canton auquel le conseiller appartiendra (art. 17).

Si le nombre des élus non domiciliés est supérieur au quart du nombre total des membres du conseil, le président tire au sort, parmi les membres non domiciliés, ceux dont l'élection doit être annulée (art. 17).

La démission est *expresse* ou *tacite*. La démission expresse est adressée au président du conseil général pendant la session et, dans l'intervalle des sessions, au président de la commission départementale, qui doivent en donner immédiatement avis au préfet (art. 20).

La démission tacite résulte de l'absence non motivée. Lorsqu'un conseiller aura manqué à une session ordinaire sans excuse légitime admise par le conseil, il sera déclaré démissionnaire par le conseil dans la dernière séance de la session (art. 19).

Les conseils généraux sont nommés pour six ans et renouvelables par moitié, tous les trois ans (art. 21). Après

[1] La loi ne prévoit que deux cas : 1° celui où la même personne a été élue dans deux cantons ; 2° celui où elle a été nommée à la fois membre d'un conseil général et d'un conseil d'arrondissement. Si elle avait été nommée dans deux départements, il faudrait à notre avis décider de même par analogie. Quel est, en ce cas, le préfet qui tirera au sort ? Le plus diligent. — Les préfets devront indiquer l'heure où ils auront fait le tirage pour qu'on puisse juger l'antériorité. — Entre l'élection au conseil général et l'élection au conseil d'arrondissement, il aurait été plus naturel de présumer que l'élu préférerait les fonctions les plus élevées ; cette présomption aurait rendu inutile le tirage au sort.

les élections générales de 1871, les conseillers généraux furent, dans chaque département, divisés en séries, et l'on tira au sort l'ordre suivant lequel les séries seraient sujettes à réélection. Depuis lors, les tours reviennent conformément à l'ordre qui fut fixé à cette époque.

Le conseil général élit ses président, vice-présidents et secrétaires. Cette élection est faite, chaque année, à l'ouverture de la session d'août, sous la présidence du doyen d'âge, le plus jeune remplissant les fonctions de secrétaire. — Les fonctions du bureau élu durent jusqu'à la session d'août de l'année suivante (art. 25). Le président a la police de l'assemblée; il peut faire expulser de la séance ou arrêter tout individu qui trouble l'ordre. En cas de crime ou de délit, il en dresse procès-verbal et le procureur de la République en est immédiatement averti (art. 29).

Le préfet a entrée au conseil général; il est entendu quand il le demande et assiste aux délibérations, excepté quand il s'agit de l'apurement de ses comptes (art. 27).

Le conseil général fait son règlement intérieur [1]. Il ne peut délibérer si la moitié plus un des membres dont il doit être composé n'est présente (art. 30).

Délibérations du conseil général. — Ne pouvant pas, dans les limites d'un précis, étudier dans leurs détails toutes les attributions du conseil général, nous nous bornerons à établir les divisions principales :

1° Délibérations définitives et exécutoires sans approbation préalable. — Le nombre des matières que le conseil général règle définitivement a été considérablement augmenté par la loi du 10 août 1871, dont l'art. 46 contient une longue énumération. Cette espèce de délibérations qui était l'exception sous la législation antérieure, est aujourd'hui, en quelque sorte, la règle, et c'est surtout par cette innovation que la loi du 10 août 1871 peut être con-

[1] Si le règlement contenait une disposition contraire à la loi, les délibérations du conseil général pourraient être annulées comme entachées d'excès de pouvoir, bien qu'elles fussent conformes au règlement.

sidérée comme une large décentralisation. Bien qu'elles soient exécutoires, cependant ces délibérations peuvent être attaquées, mais seulement pour *excès de pouvoir* et *violation de la loi* ou d'un *règlement d'administration publique*, dans le délai de vingt jours à partir de la clôture de la session. L'annulation est demandée par le préfet et prononcée par décret. Si elle n'est pas prononcée dans les deux mois, la délibération est exécutée (art. 47). En ce cas, l'annulation ne pourrait pas être prononcée pour des motifs tirés du fond, mais seulement pour excès de pouvoirs et violation de la loi ou des règlements.

Les délibérations par lesquelles le conseil général répartit les contributions foncière, des portes et fenêtres et personnelle-mobilière entre les arrondissements ne sont pas non plus sujettes à une approbation préalable et spéciale (art. 37-39). Il en est de même de celles qui établissent des centimes additionnels autorisés par des lois spéciales (lois sur les chemins vicinaux du 21 mai 1836, art. 5; du 24 juillet 1867, art. 3; lois sur l'instruction primaire du 15 mars 1850, art. 40 et du 20 avril 1867, art. 8) ou des centimes extraordinaires, dans les limites du maximum fixé par la loi des finances (art. 40 de la loi du 10 août 1871).

2° **Délibérations sujettes à approbation.** — L'énumération des matières sur lesquelles le conseil général est appelé à délibérer sauf approbation est de beaucoup réduite par suite de l'extension de la première catégorie. Elle est bornée à cinq cas dans l'art. 48. L'approbation peut être donnée expressément, et, en vertu de cette homologation l'exécution pourrait être poursuivie immédiatement. A défaut d'approbation expresse, l'homologation résulte tacitement de l'expiration d'un délai de trois mois pendant lequel la suspension de la délibération peut être prononcée par décret. La suspension n'est pas limitée à l'excès de pouvoirs et à la violation de la loi; le président a le droit de la prononcer pour des motifs tirés de l'examen de l'affaire au fond (art. 49).

3° **Avis.** — La troisième catégorie des délibérations se compose des avis. Le préfet peut consulter le conseil général sur les questions qui intéressent le département ; mais dans plusieurs cas il est, par une disposition expresse, tenu de lui demander son avis sous peine, en cas d'omission, d'excès de pouvoir et d'annulation pour ce motif. Qu'il le demande spontanément ou pour observer la loi, le préfet n'est pas obligé de suivre l'avis du conseil général. La loi exige dans certaines circonstances et pour la garantie des parties que cet avis soit demandé ; mais le préfet, agissant sous sa responsabilité, n'est pas obligé de le suivre (art. 50).

4° **Vœux.** — Enfin le conseil général peut adresser directement au ministère compétent, par l'intermédiaire de son président, les réclamations qu'il aurait à présenter dans l'intérêt spécial du département, ainsi que son opinion sur l'état et les besoins des différents services publics, en ce qui touche le département. Il peut charger un ou plusieurs de ses membres de recueillir, sur les lieux, les renseignements qui lui sont nécessaires pour statuer sur les affaires qui sont placées dans ses attributions. Tous vœux politiques sont interdits. Néanmoins, il peut émettre des vœux sur toutes les questions économiques et d'administration générale (art. 51).

C'est une quatrième espèce de délibération qui ressemble aux avis en ce que l'administration n'est pas tenue de s'y conformer, mais qui en diffère en ce que les *avis* sont provoqués par le préfet, tandis que les *vœux* sont émis par le conseil général sur la proposition de ses membres, et, en quelque sorte, *motu proprio*. D'un autre côté, tandis que les avis et délibérations de la première ou de la seconde catégorie sont transmis au préfet, et s'il y a lieu, par le préfet au ministre, les vœux sont envoyés directement par le président du conseil général au ministre de l'intérieur. Le législateur a voulu, en ordonnant l'envoi direct, assurer que les vœux du conseil général seront entendus par le ministre ; car le préfet aurait pu arrêter au passage l'opinion du conseil sur la position des services publics dans le département.

Pour résumer ce qui précède, on peut dire que le conseil général *règle* certaines matières définitivement, *délibère* sur d'autres, sauf approbation expresse ou tacite, donne des *avis* et émet des *vœux*.

DE LA COMMISSION DÉPARTEMENTALE.

Organisation. — La loi du 10 août 1871 a créé une institution nouvelle dont l'idée a été prise dans la loi provinciale de Belgique et qui remplit, dans une certaine mesure, les fonctions du conseil général pendant l'intervalle des sessions. Nous voulons parler de la *commission départementale*, imitation de la *commission permanente* de loi Belge (art. 69 à 89 de la loi du 10 août 1871).

Chaque année, à la fin de la session d'août, le conseil général élit une commission composée de quatre membres au moins et de sept au plus et choisis, autant que possible, parmi les conseillers élus ou domiciliés dans chaque arrondissement. Les membres de la commission sont indéfiniment rééligibles et la loi ne leur alloue ni traitement ni indemnité. Elle est présidée par le plus âgé de ses membres, élit son secrétaire et siége à la préfecture où elle se réunit tous les mois (art. 69, 71, 73 et 75). Les fonctions de membre de la commission sont incompatibles avec celle de maire du chef-lieu du département et avec le mandat de député (art. 70). La commission ne peut délibérer si la moitié plus un de ses membres ne sont pas présents et en cas de partage, la voix du président est prépondérante (art. 72).

Le préfet ou son représentant assistent aux séances de la commission; ils sont entendus quand ils le demandent. Les chefs de service des administrations publiques dans le département sont tenus de fournir verbalement ou par écrit tous les renseignements qui leur seraient réclamés par la commission départementale sur les affaires placées dans ses attributions (art. 76).

Attributions de la commission départementale. — La commission agit tantôt aux lieu et place du conseil général et comme déléguée par lui tantôt en vertu de pouvoirs propres qui lui sont conférés par la loi.

La délégation est faite par une délibération expresse du conseil qui en fixe les conditions et en détermine les limites (art. 77). Dans certains cas, cette délégation est tacite et résulte, en quelque sorte, de ce que le conseil général ne s'est pas réservé la décision (art. 81). A ce titre, la commission répartit les fonds de subvention portés au budget du département; elle fixe l'époque et le mode d'adjudication ou de la réalisation des emprunts départementaux.

La commission agit en vertu d'un droit propre lorsqu'elle répartit les fonds provenant des amendes de police correctionnelle et du rachat des prestations en nature ou lorsqu'elle fixe l'époque de l'adjudication des travaux d'utilité départementale (art. 81, 1° et 4°); lorsqu'elle vérifie les archives et l'état du mobilier du département (art. 83); lorsqu'elle déclare la vicinalité des chemins, attribution qui auparavant appartenait au préfet (loi du 21 mai 1836, art. 15 et 16); lorsqu'elle assigne à chaque membre du conseil général le canton pour lequel ils feront partie du conseil de révision (art. 83); lorsqu'elle approuve le tarif des évaluations cadastrales (art. 87).

Le préfet peut mander à la commission départementale son avis sur toutes les questions intéressant le département (art. 77). Il doit lui adresser, au commencement de chaque mois, l'état détaillé des ordonnances de délégation qu'il a reçues et des mandats qu'il a délivrés. La même obligation incombe aux ingénieurs sous-ordonnateurs (art. 78).

A l'ouverture de chaque session ordinaire, la commission fait au conseil général un rapport sur l'ensemble de ses travaux, et à la session d'août un rapport sur le projet du budget (art. 79). Elle doit, à la même session, présenter au conseil le relevé de tous les emprunts communaux et de toutes les contributions extraordinaires qui ont été votées depuis la précédente session d'août, avec indication du chiffre total des centimes extraordinaires et des dettes dont chaque commune est grevée (art. 80)[1].

Histoire de l'organisation départementale. — Après avoir exposé l'organisation actuelle de l'administration départementale, nous allons faire connaître les principales variations qu'a éprouvées, sur ce point, notre législation depuis 1789.

D'après la loi du 22 décembre 1789, les électeurs primaires étaient appelés à nommer trente-six personnes, parmi les citoyens payant une contribution foncière égale à la valeur de dix journées de travail. Les trente-six membres formaient le *conseil général du département*, et nommaient entre eux un *directoire exécutif* composé de huit membres. Le directoire était en permanence toute l'année pour l'expédition des affaires, tandis que le conseil général ne se réunissait qu'une fois par an, pour recevoir les comptes du directoire, fixer les règles de chaque partie de l'administration, ordonner les travaux et arrêter les dépenses générales du département. Les électeurs primaires nommaient en outre un *procureur général syndic*, qui avait pour mission de requérir l'application des lois. En conséquence, les procureurs généraux syndics avaient entrée au conseil général, mais n'y siégeaient pas avec voix délibérative, leurs attributions étant limitées au droit de réquisition. Les procureurs-syndics étaient soumis à réélection tous les quatre ans.

La loi du 14 frimaire an II supprima le conseil général et le procureur général syndic; elle ne laissa subsister que les directoires qui étaient en exercice au moment où la loi fut mise en vigueur.

[1] L'art. 88 de la loi du 10 août 1871 ne donne pas aux commissions départementales le droit de notifier les décisions qu'elle a prises en vertu des art. 86 et 87. Cette notification doit être faite par le préfet qui est seul agent d'exécution. Arr. Cons. d'État des 25 octobre et 16 janvier 1873. — Le conseil général excède les pouvoirs en autorisant la communication au public des procès-verbaux de la commission départementale. — Décret du 25 octobre 1876.

La constitution directoriale (du 5 fructidor an III) simplifia l'organisation départementale en la modelant sur le pouvoir central. Les électeurs nommèrent cinq membres qui formèrent le directoire de département; ces directeurs étaient élus pour cinq ans et renouvelables, tous les ans, par cinquième. Le Directoire central pouvait les suspendre et les remplacer par une commission; il avait aussi la faculté de nommer, parmi les citoyens domiciliés dans le département, un *commissaire* qui était chargé de « *requérir l'application des lois.* » C'est le système que remplaça l'organisation établie par la loi du 28 pluviôse an VIII. Depuis cette époque les institutions sont, à peu de chose près, restées les mêmes, et les seules modifications que nous ayons à constater sont relatives à l'élection des conseillers généraux. Sous le Consulat, les conseillers généraux furent choisis par le chef de l'État sur les listes de notabilité départementales dressées par les électeurs. Plus tard[1], les électeurs furent appelés à désigner, pour chaque place vacante, deux candidats entre lesquels le chef de l'État choisissait par décret. Cette candidature élective disparut sous la Restauration, et l'on vit l'exemple d'un gouvernement libéral au sommet[2], qui, dans les départements, confiait les intérêts provinciaux à des commissions sous le nom de *conseils généraux.* Les élections ne furent pas rétablies avant la loi du 22 juin 1833, dont le suffrage restreint a été remplacé, en 1848, par le suffrage universel.

Depuis cette époque, les modifications dont la législation a été l'objet n'ont porté que sur les attributions des conseils généraux. Elles ont augmenté leur compétence, surtout restreint la tutelle de l'autorité supérieure. Le nombre des délibérations définitives était petit d'après la loi du 10 mai 1838; dans le système de cette loi, c'était presque l'exception. Il fut très-étendu par la loi du 18 juillet 1866 et

[1] Sénatus-consulte organique du 16 thermidor an X.

[2] Cette anomalie existe en Angleterre, où les juges de paix, qui votent les taxes du comté, sont nommés par la couronne sans élection.

aujourd'hui, d'après la loi organique du 10 août 1871, c'est la règle. L'exception est formée par les délibérations qui sont sujettes à homologation.

ARRONDISSEMENT.

Dans l'arrondissement, l'action administrative est confiée aux sous-préfets et la délibération aux conseils d'arrondissement. L'organisation est régie par la loi du 22 juin 1833, tit. III et IV; car la loi du 10 août 1871, art. 92, n'a abrogé que les titres I et II de cette loi. Ses attributions sont réglées par la loi du 10 mai 1838, tit. II; car la loi sur les conseils généraux n'a abrogé que le tit. I.

Sous-préfets [1]. — Dans chaque arrondissement, il y a une sous-préfecture, sauf dans les chefs-lieux de département où les fonctions de sous-préfet sont remplies par le préfet. Les secrétaires généraux ont été, pendant quelque temps, appelés à remplir les fonctions de sous-préfet dans l'arrondissement du chef-lieu de département [2]; mais cette attribution leur a été enlevée après une courte expérience.

Les sous-préfets sont, comme les préfets, nommés par décret rendu sur la proposition du ministre de l'intérieur, sans condition légale d'âge ni de capacité; ils prêtent serment entre les mains du préfet. On les distingue en trois classes, suivant leur traitement [3].

[1] *Lois administratives*, p. 238.

[2] Les secrétaires généraux furent supprimés par décret du 15 décembre 1848, sauf pour la préfecture de la Seine et la préfecture de police. Ils ont été rétablis par : 1° la loi du 19 juin 1851, pour le département du Rhône; 2° le décret du 2 juillet 1853, pour les préfectures de première classe; 3° le décret du 29 décembre 1854, pour dix préfectures de deuxième classe; 4° le décret du 29 mai 1858, pour quatre autres préfectures de deuxième classe; 5° la loi du 21 juin 1865, art. 5, sur les conseils de préfecture, porte que, dans tous les départements, il y aura un secrétaire général. Les secrétaires généraux sont divisés en trois classes, comme les sous-préfets, au point de vue de leur traitement : 1re classe, 7,000 fr.; 2e classe, 6,000 fr.; 3e classe, 4,500 fr.

[3] Première classe, 7,000 fr. (D. du 23 décembre 1872); deuxième classe, 6,000 fr.; troisième classe, 4,500 fr.

La quotité du traitement n'est pas uniquement attachée à la classe de la sous-préfecture, et la loi a voulu qu'elle pût être élevée, sans déplacement. Après cinq ans d'exercice, dans le même arrondissement, un sous-préfet peut obtenir le traitement de la classe immédiatement supérieure, et après une nouvelle période de cinq ans, le sous-préfet qui est monté à la deuxième classe peut être élevé à la première. Ainsi le traitement dépend tantôt de la *résidence*, tantôt de la *personne*[1].

Le sous-préfet est chef de l'administration active dans l'arrondissement, et c'est à lui qu'il appartient de prendre les mesures nécessaires pour assurer l'exécution des lois et le maintien de l'ordre. Cependant, le droit d'action et de décision ne lui appartient pas en principe, mais seulement dans les cas suivants :

1° Lorsqu'une loi ou un règlement le lui confèrent expressément, ce qui avait lieu très-rarement avant le décret du 13 avril 1861 ; mais l'art. 6 de ce décret a, sous ce rapport, beaucoup agrandi les attributions des sous-préfets. Cet article a, dans certains cas, fait passer la tutelle administrative du préfet au sous-préfet.

« Le principe de la délégation contenue dans l'art. 6 du décret, est de n'y comprendre que des décisions relatives soit à des questions d'un intérêt minime, soit à des affaires plus importantes, mais dont les bases auront été arrêtées par le préfet, soit à des signatures nombreuses de pure forme[2]. »

2° Lorsque le préfet a délégué ses pouvoirs au sous-préfet ;

3° En cas d'urgence, lorsqu'il n'est pas possible d'attendre la délégation du préfet.

[1] Décret du 27 mars 1852. — Un décret du 28 mars 1852 a mis à la charge du département le mobilier des sous-préfectures, dépense qui était autrefois supportée par des sous-préfets exposés aux changements les plus fréquents. Un décret réglementaire du 8 août suivant a déterminé ce qu'il faut entendre par *ameublement*.

[2] Rapport au chef de l'État sur le décret du 13 avril 1861.

En dehors de ces exceptions, le sous-préfet n'est qu'un agent d'instruction pour les affaires des communes et de transmission entre les maires et les préfets. Il est chargé d'envoyer aux maires les ordres et instructions du préfet et de faire parvenir à la préfecture les pièces parties des mairies, en joignant son avis au dossier.

L'arrondissement n'étant pas une personne morale, il n'a pas de patrimoine et, par conséquent, le sous-préfet n'a pas d'attribution qui ressemble à la gestion économique du département par le préfet [1].

Conseil d'arrondissement [2]. — Le Conseil d'arrondissement est régi par les lois des 22 juin 1833, 10 mai 1838, 24 juillet 1867 et 23 juillet 1870. La loi du 10 août 1871 garde sur l'arrondissement un silence qui semble avoir été calculé ; ses auteurs ont voulu réserver la question de savoir si les sous-préfets et les conseils d'arrondissement seraient supprimés. Le conseil d'arrondissement est composé d'autant de membres qu'il y a de cantons dans l'arrondissement; ce nombre ne peut cependant pas être au-dessous de neuf et, s'il n'y a pas neuf cantons, les plus peuplés nomment plusieurs conseillers [3]. Nous avons vu que, pour les conseils généraux, le nombre des membres correspond exactement à celui

[1] Le décret du 9 avril 1811, qui portait abandon par l'État des bâtiments consacrés à certains services publics, aux départements, *arrondissements* et communes, pouvaient faire croire que les arrondissements étaient des personnes morales capables d'acquérir. Le contraire fut reconnu dans la discussion de la loi du 10 mai 1838.

[2] *Lois administratives*, p. 241

[3] Dans les cantons qui nomment plusieurs conseillers d'arrondissement, tous les électeurs participent à l'élection qui est faite au scrutin de liste. — Le canton n'est pas divisé en sections dont chacune serait appelée à élire un conseiller général. Le dernier décret qui modifie la répartition des conseillers à élire dans les arrondissements ayant moins de neuf cantons est des 21 février-2 mai 1873.

[4] Cela n'existe que depuis le décret du 3 juillet 1848, art. 3. La loi du 22 juin 1833, pour éviter les assemblées trop nombreuses, ne voulait pas que le nombre des conseillers généraux fût supérieur à trente. Ainsi la loi de 1833 fixait un *minimum* pour les conseils d'arrondissement et un *maximum* pour les conseils généraux.

des cantons[4]. Aussi le nombre des conseillers d'arrondissement est-il supérieur à celui des conseillers généraux.

Les membres du conseil d'arrondissement sont nommés par le suffrage universel, sur les listes qui servent aux élections du conseil général. Ils sont renouvelés, par moitié, tous les trois ans, et, par conséquent, élus pour six ans. Si, par suite d'une dissolution, le renouvellement a été fait en entier, le sort décide quelle sera la première moitié soumise à réélection.

Pour être éligible, un candidat doit réunir les conditions suivantes :

1° Avoir vingt-cinq ans accomplis ;

2° Jouir de ses droits civils et politiques ;

3° Être domicilié ou payer une contribution directe dans l'arrondissement ;

4° N'être dans aucun des cas d'incapacité que nous avons énumérés, en nous occupant des conseils généraux.

Ajoutons à cette énumération que nul ne peut être membre de plusieurs conseils d'arrondissement [1]. Aucun article n'a reproduit, pour les conseils d'arrondissement, la prohibition qui défend de faire entrer au conseil de département des membres *non domiciliés* en nombre excédant le quart ; c'est sans doute un oubli du législateur, mais nous ne pouvons pas y suppléer par voie d'analogie ; car il s'agit d'une prohibition, c'est-à-dire d'une matière qui doit être interprétée restrictivement [2].

[1] Art. 24 de la loi du 22 juin 1833.

[2] L'art. 14 de la loi du 3 juillet 1848 est ainsi conçu :

« Sont éligibles au *conseil d'arrondissement* les électeurs âgés de vingt-cinq ans au moins, domiciliés dans l'arrondissement, et les citoyens ayant atteint le même âge qui, sans y être domiciliés, y payent une contribution directe.

« Sont éligibles aux *conseils généraux*, les électeurs âgés de vingt-cinq ans au moins, domiciliés dans le département, et les citoyens ayant atteint le même âge qui, sans y être domiciliés, y payent une contribution directe. Néanmoins le nombre des *ces derniers* ne pourra dépasser le quart desdits conseils. » Par les mots *lesdits conseils*, l'article désigne les conseils généraux.

Le président, le vice-président et le secrétaire sont nommés par le conseil (Loi du 23 juillet 1870, art. 6). Le sous-préfet a entrée au conseil d'arrondissement et est entendu lorsqu'il le demande (Loi du 22 juin 1833, art. 27).

On distingue, comme pour les conseils généraux, les *sessions ordinaires* et les *sessions extraordinaires :* elles ne peuvent, ni les unes ni les autres, être tenues qu'avec l'autorisation du chef de l'État, le préfet n'ayant que le droit de *convoquer* le conseil, et non celui d'en *autoriser* la réunion. Au jour fixé pour la réunion, le sous-préfet donne lecture du décret qui autorise la convocation, et déclare que la session est ouverte.

Le conseil d'arrondissement peut être dissous par décret; en ce cas, il doit être procédé à une élection nouvelle avant la session annuelle et, au plus tard, dans le délai de trois mois à dater de la dissolution. — En cas de vacance partielle, par décès, option ou démission, c'est dans les deux mois qu'il doit être procédé au remplacement (art. 29 et 9, 10 et 11 de la loi du 22 juin 1833).

La *session ordinaire* du conseil d'arrondissement se divise en deux parties. La première *précède* et la deuxième *suit* la session ordinaire du conseil général. Dans la première partie, le conseil d'arrondissement délibère sur les réclamations à faire, en faveur de l'arrondissement, relativement à la répartition des impôts; c'est aussi dans cette réunion qu'il donne son avis sur les réclamations des communes contre le contingent auquel elles ont été imposées pendant les années précédentes. Lorsque le conseil général a prononcé sur ces réclamations, le conseil d'arrondissement consacre la deuxième partie de sa session ordinaire à faire la répartition entre les communes, en se conformant aux bases adoptées par le conseil général (art. 39 et suiv. de la loi du 10 mai 1838).

Le conseil d'arrondissement ne règle par ses délibérations qu'une seule matière: c'est la répartition des contributions entre les communes de l'arrondissement[1]. En dehors de ce cas, il n'a que des attributions consultatives. Le préfet peut le consulter toutes les fois qu'il juge à propos de le faire et il doit prendre son avis, sous peine de commettre un excès de pouvoir, dans certains cas prévus par la loi[2].

Le conseil d'arrondissement a aussi la faculté de voter des avis ou vœux relativement aux ***services publics***, toujours en ce qui concerne l'arrondissement[3]. Les vœux sont transmis au préfet par le président du conseil.

L'art. 42 de la loi du 10 mai 1838 donne au conseil d'arrondissement le droit d'émettre spontanément des avis « sur tous les objets sur lesquels le conseil général est appelé à délibérer, en tant qu'ils intéressent l'arrondissement. » Les avis spontanés diffèrent des vœux, avec lesquels ils ont cependant la plus grande ressemblance. La différence consiste en ce que les vœux sont transmis directement, par le président du conseil d'arrondissement, au préfet, tandis que les avis spontanés, dans les cas prévus par l'art. 42 de la loi du 10 mai 1838, sont envoyés à la préfecture, comme les autres délibérations, par l'intermédiaire du sous-préfet.

En résumé, le conseil d'arrondissement *vote* la répartition des impôts entre les communes, donne des *avis* sur la demande de l'administration, émet des *vœux* et donne *spontanément* des *avis* dans les cas déterminés par l'article 42 de la loi du 10 mai 1838.

Organisation de l'arrondissement. — Histoire. — Depuis 1789, l'organisation de l'arrondissement a éprouvé des variations analogues à celles que nous avons exposées plus haut en parlant du département. D'après la loi du 22 décembre 1789, les électeurs primaires du *district* (c'était le nom de l'arrondissement) nommaient douze per-

[1] Nous parlerons de cette attribution du conseil d'arrondissement en nous occupant des *contributions de répartition*.

[2] Art. 41 de la loi du 10 mai 1838.

[3] Art. 44 de la loi du 10 mai 1838.

sonnes, qui formaient le *conseil de district*. C'est parmi ces douze membres que le conseil général du département choisissait le *directoire du district*, composé de quatre personnes. Les électeurs primaires élisaient aussi, pour quatre années, un *procureur-syndic*, qui avait le droit d'assister aux séances soit du conseil, soit du directoire, pour y requérir l'application de la loi. Pas plus que le procureur général syndic du département, il n'avait l'action administrative, l'action appartenant au directoire du district; le procureur-syndic ne pouvait que *s'opposer*, en suspendant les délibérations qui lui paraissaient être contraires aux lois et règlements.

La constitution directoriale (5 fructidor an III) supprima le district et y substitua les municipalités de canton, dont nous parlerons plus bas.

L'arrondissement fut rétabli par la loi du 28 pluviôse an VIII, qui institua des conseils d'arrondissement composés de onze membres choisis, par le chef de l'État, sur les listes de notabilité. Plus tard le sénatus-consulte du 16 thermidor an X resserra le choix du Gouvernement entre deux candidats élus, pour chaque place vacante, par les électeurs primaires. — Cette candidature élective fut supprimée sous la Restauration, et le Gouvernement conserva la désignation des conseillers d'arrondissement jusqu'au rétablissement des élections par la loi du 22 juin 1833. Le système électoral restreint établi par la loi du 22 juin 1833 a été, pour les conseils d'arrondissement comme pour les conseils généraux, remplacé par le suffrage universel des électeurs appelés à élire les conseillers municipaux (Décret du 3 juillet 1848, art. 12).

ADMINISTRATION MUNICIPALE[1]

L'administration communale se compose :

1° D'un maire et d'adjoints chargés de l'action administrative;

[1] *Lois administratives*, p. 242 à 306.

2° D'un conseil municipal électif qui délibère.

Tout ce qui est relatif à l'*organisation municipale* es réglé par la loi du 5 mai 1855 modifiée, en quelques points, par la loi du 14 avril 1871, par la loi du 20 janvier 1874, sur la nomination des maires et par la loi électorale municipale du 7 juillet 1874. Les *attributions* des maires, des adjoints et des conseils municipaux sont régies par la loi du 18 juillet 1837, par les décrets de décentralisation des 25 mars 1852 et 13 avril 1861, et par la loi du 24 juillet 1867.

Maires et adjoints [1]. — Les maires et leurs adjoints sont nommés par le chef de l'État dans les chefs-lieux de département, d'arrondissement et de canton; dans les autres communes, la nomination appartient au préfet. La nomination est faite pour cinq ans. Les maires et les adjoints peuvent être choisis parmi les membres du conseil municipal ou en dehors. Si le maire ou l'adjoint sont pris en dehors du conseil municipal, ils doivent être choisis parmi les électeurs de la commune. Les maires et adjoints pris en dehors du conseil municipal sont nommés par décret délibéré en conseil des ministres dans les communes chefs-lieux de département, d'arrondissement ou de canton et par arrêté du ministre de l'intérieur dans les autres communes (Loi du 20 janvier 1874). Même lorsqu'il n'est pas choisi parmi les conseillers municipaux, le maire préside le conseil avec voix prépondérante.

La révocation des maires appartient exclusivement au Président, même pour ceux qui ont été nommés par le ministre de l'intérieur ou par le préfet (Loi du 5 mai 1855, art. 2 et loi du 14 avril 1871, art. 9). Ce dernier a seulement le droit de suspension, mesure qui ne produit d'effet que pendant deux mois et cesse, de plein droit, à l'expiration de ce délai, si elle n'est pas confirmée par le ministre de l'intérieur. Comme la loi n'assigne aucune limite à la

[1] *Lois administratives*, p. 285

durée de la suspension confirmée par le ministre, elle pourrait se prolonger jusqu'à l'expiration de la période quinquennale, qui est le terme assigné au renouvellement des pouvoirs du maire [1]. Il n'en faut pas moins considérer la suspension, même quand elle prolonge pendant cinq ans, comme distincte de la destitution. Le maire suspendu a toujours le titre de maire, et l'on ne peut pas le remplacer comme on ferait d'un maire destitué. Le maire suspendu est considéré comme se trouvant dans un cas d'empêchement et remplacé par son adjoint. Si l'adjoint ou les adjoints avaient suivi le maire dans sa disgrâce ou étaient empêchés pour une autre cause, les fonctions de maire seraient remplies par un conseiller municipal désigné par le préfet, ou, à défaut de désignation spéciale, par un des conseillers municipaux, suivant l'ordre du tableau [2]. Enfin, il pourrait arriver que le conseil municipal fût dissous ou démissionnaire en masse. Dans ce cas, le préfet désignerait, sur la liste des électeurs de la commune, les citoyens qui seraient chargés de remplir les fonctions de maire et d'adjoint [3].

Pour être apte aux fonctions de maire, il faut :

1° Être âgé de vingt-cinq ans accomplis ;

2° Être électeur dans la commune ou membre du conseil municipal (Loi du 20 janvier 1874).

3° N'être dans aucun des cas énumérés par l'art. 5 de la loi du 5 mai 1855 [4].

[1] Art. 2 de la loi du 5 mai 1855.

[2] Ce tableau est dressé d'après le nombre des suffrages obtenus, et en suivant l'ordre des scrutins (art. 4).

[3] Art. 4 et 13 de la même loi.

[4] « Ne peuvent être ni maires ni adjoints : 1° les préfets, sous-préfets, secrétaires généraux et conseillers de préfecture ; 2° les membres des cours, des tribunaux de première instance et des justices de paix ; 3° les ministres des cultes ; 4° les militaires et employés des armées de terre et de mer en activité de service ou en disponibilité ; 5° les ingénieurs des ponts et chaussées et les agents voyers ; 6° les agents et employés des administrations financières et des forêts, ainsi que les gardes des établissements publics et des particuliers ; 7° les commissaires et agents de police ; 8° les fonctionnaires et employés des collèges communaux et les instituteurs primaires communaux ou libres ; 9° les comptables et les fermiers des revenus com-

Attributions du maire[1]. — Le maire a des attributions très-nombreuses et très-variées. Il est officier de l'état civil et officier de police judiciaire. Mais ces fonctions appartiennent à un ordre de matières qui sont étrangères à notre sujet. Le maire les exerce sous la surveillance du ministère public.

Les fonctions administratives du maire (les seules dont nous avons à nous occuper ici) sont de deux sortes :

Il exerce les unes comme agent subordonné du pouvoir central, *sous l'autorité* de l'administration supérieure; il remplit les autres comme représentant de la commune, *sous la surveillance* de l'administration.

Pour les premières, l'initiative appartient au préfet ou au ministre, qui peuvent adresser aux maires des instructions et même des ordres. Pour les secondes, au contraire, l'autorité municipale a le droit d'initiative, et ses actes sont seulement soumis au contrôle de l'autorité supérieure, qui n'a que le pouvoir d'approbation, de refus ou d'annulation. Cette dernière catégorie se subdivise à son tour : tantôt, en effet, le maire agit comme *magistrat municipal* chargé de la police municipale et rurale; tantôt il représente la commune personne morale et, à ce titre, figure dans tous les actes relatifs au patrimoine communal.

Comme agent de l'administration générale, le maire est chargé :

1° De la publication et de l'exécution des lois et règlements. Ainsi, lorsqu'une loi est urgente et qu'il y a lieu de la publier avant l'expiration du délai légal d'où résulte la publication, le préfet, en vertu des ordres du pouvoir central, prescrit aux maires la publication dans les communes, soit par affiches, soit à son de trompe ou de tam-

bour...

mbours et les agents salariés par la commune. — Néanmoins les juges suppléants aux tribunaux de première instance et les suppléants des juges de paix peuvent être maires et adjoints. — Les agents salariés du maire ne peuvent être ses adjoints. — Il y a incompatibilité entre les fonctions de maire et d'adjoint et le service de la garde nationale. »

[1] *Lois administratives*, p. 267.

pour, il pourrait se faire aussi, que le gouvernement jugeât à propos, en dehors des cas d'urgence, de compléter la publication légale, qui résulte de l'expiration d'un délai, par une publication effective;

2° Des fonctions spéciales qui lui sont conférées par des dispositions expresses. Ces cas sont assez nombreux, et, pour ne citer que les plus importants, la rectification des listes électorales, certaines opérations relatives au recrutement militaire, etc. Le caractère propre à cette espèce d'attributions, c'est que si le maire ne les remplit pas, l'autorité supérieure peut « *y procéder d'office ou par un délégué spécial* », conformément à l'article 15 de la loi du 18 juillet 1837;

3° De l'exécution des mesures de sûreté générale ordonnées par le ministre ou le préfet. Lorsque ces mesures, au lieu de s'étendre à toute la France, sont spéciales à une commune, il est difficile de les distinguer d'avec la police municipale. Il faudrait se décider d'après la nature des faits, et examiner si l'acte a un caractère général ou local. Ainsi, lorsqu'une révolte éclate dans une commune, qu'elle menace de s'étendre, quoiqu'elle ne sorte pas encore de la localité, et met en péril la sûreté générale, le maire doit s'effacer devant le préfet et obéir à ses ordres.

En fait de police municipale et rurale, au contraire, l'initiative appartient au maire, et le préfet n'a que le droit de contrôle et d'annulation. Les matières comprises dans la police municipale sont énumérées dans la loi des 16-24 août 1790[1]. Cette énumération est limitative, et le maire n'a de compétence, en dehors des cas formellement énoncés, que celle qui lui aurait été conférée expressément par une loi postérieure[2]. Comme chargé de la police rurale, le maire

[1] Art. 3 et 4, tit. XI, de la loi des 16-24 août 1790.

[2] Par exemple, la loi des 19-22 juillet 1791 a donné aux maires le droit de taxer le pain et la viande de boucherie. En outre, le décret du 23 prairial an XII a soumis les cimetières « *à l'autorité, police et surveillance des administrations municipales.* »

publie des *bans de vendanges* pour fixer le jour où les propriétaires pourront commencer à vendanger et les heures de la journée entre lesquelles les ouvriers pourront rester dans les vignes ; mais il dépasserait, selon nous, ses pouvoirs s'il publiait d'autres bans, tels que ceux de *fauchaison*, de *moisson*, de *troupeau commun*, etc., etc. Nous pensons que tous ces bans ont été supprimés en 1791, et que la loi n'a consacré d'exception que pour les vendanges[2]. A la police rurale se rattachent également le droit et le devoir de veiller à l'échenillage des arbres que les propriétaires sont tenus de faire avant le 15 mars. En conséquence, les

[1] M. Serrigny (*Questions et traités*, p. 178) soutient que le droit d'arrêter le *ban de vendanges* appartient au conseil municipal et non au maire. L'opinion contraire, soutenue par Merlin (*Répert.*, v° *Ban de vendanges*, n° 12), me paraît préférable : 1° parce qu'il s'agit ici d'un acte d'administration active, et que l'administration active appartient au maire ; *agir est le fait d'un seul*; 2° la loi du 18 juillet 1837, qui a énuméré les matières que le conseil municipal a le droit de régler, n'y a pas compris le ban de vendanges (V. art. 17 de la loi du 18 juillet 1837); 3° aucune des quatre sessions ordinaires du conseil municipal ne correspond à la saison des vendanges.

[2] Nous adoptons pleinement les opinions de M. Serrigny sur le *ban de moisson ou fauchaison* et sur le *ban de troupeau commun*. On ne pourrait invoquer en faveur de ces bans qu'un seul argument sérieux, c'est l'art. 475-1°, qui punit d'une amende de 6 à 10 fr. la contravention aux *bans de vendanges et autres bans autorisés par les règlements*. M. Serrigny fait observer avec raison qu'il n'y a là qu'une énonciation, et que *supposer* n'est pas *disposer*. Or les bans ont été supprimés par la loi des 15-28 mars 1790, art. 23, titre II, et par le Code rural des 18 septembre-6 octobre 1791. Où trouve-t-on des dispositions qui aient relevé expressément les bans de fauchaison, de moisson et de troupeau commun ? « Il en résulterait, dit M. Serrigny, que les maires pourraient rétablir toutes les banalités abolies par la loi des 15-28 mars 1790, c'est-à-dire tous les droits de banalités de fours, moulins, pressoirs, boucheries, verrats, forges et autres. » (*Questions et traités*, p. 172.) La Cour de cassation décide le contraire (V. arrêt du 5 mars 1834).

Sur le *ban de troupeau commun*, dans les communes où existent le parcours et la vaine pâture, la Cour de cassation décide que chaque propriétaire peut sans doute individuellement faire garder son troupeau, et se soustraire à la dépense du pâtre commun; mais elle n'admet pas que plusieurs propriétaires puissent se réunir pour faire garder leurs troupeaux par un pâtre qui leur serait commun, sans être cependant le *pâtre commun* de la commune (V. arrêts des 9 février 1838, 29 juillet 1839 et 29 décembre 1841).

maires doivent, avant le 20 janvier, faire publier la loi pour rappeler à leurs administrés l'obligation qui leur incombe, s'assurer que chacun l'a remplie avant l'expiration du délai, et le faire faire aux frais des retardataires.

Pour toutes les matières qui rentrent dans sa compétence de police municipale et rurale, le maire procède tantôt par voie d'*arrêtés réglementaires*, tantôt par voie d'*arrêtés individuels*; les premiers ne sont obligatoires qu'autant qu'ils sont publiés, et les seconds ne le deviennent que par la notification aux parties intéressées[1]. Parmi les arrêtés réglementaires, les uns portent *règlement permanent*, tandis que les autres ont un *caractère temporaire*. Ceux-ci sont pris, d'urgence, en vue de circonctances transitoires dont la cessation abrogera virtuellement le règlement; ceux-là, au contraire, sont destinés à durer autant que les circonstances normales auxquelles ils s'appliquent. A quelque catégorie qu'ils appartiennent, les arrêtés municipaux doivent être transmis aux préfets, par l'intermédiaire des sous-préfets; mais voici où commence la différence. Les arrêtés portant règlement temporaire sont exécutoires immédiatement, et le préfet n'a que le droit de les annuler; cette annulation ne produit d'effet que pour l'avenir, et laisse subsister toutes les conséquences qu'entraîne l'exécution intermédiaire. Au contraire, les arrêtés qui contiennent un règlement permanent ne sont exécutoires qu'après avoir été revêtus de l'approbation préfectorale. Si le préfet laisse écouler un mois, à partir de la date du récépissé délivré par le sous-préfet, sans prendre un parti, il est censé l'avoir tacitement approuvé, et le règlement devient exécutoire. Le préfet pourrait d'ailleurs rétracter l'approbation qu'il aurait donnée tacitement à l'arrêté, sous la réserve des droits acquis, par suite de l'exécution qui en aurait été faite.

Le délai d'un mois n'a, selon nous, été fixé par la loi que

[1] Cour de cass., arrêt du 9 mai 1844.

pour donner au préfet un temps suffisant pour examiner et se prononcer. Rien n'empêcherait donc le préfet de hâter son examen, et d'accorder l'approbation avant l'expiration d'un délai qui n'a été créé que pour sa commodité ; il pourrait d'ailleurs y avoir, pour cause d'urgence, intérêt à presser l'application même de l'arrêté portant règlement permanent. La Cour de cassation, au contraire, s'appuyant sur les termes absolus de l'art. 11 de la loi du 18 juillet 1837, décide que, dans aucun cas, l'application du règlement ne peut être ordonnée avant l'expiration d'un mois [1].

Le préfet approuve ou annule les règlements proposés par le maire, mais il n'a pas le pouvoir d'y faire un changement, même partiel. Aux articles non approuvés, il ne peut pas substituer des articles nouveaux. S'il en était autrement, le maire n'exercerait pas la police municipale sous la *surveillance* de l'administration supérieure, comme le dit l'art. 10 de la loi du 18 juillet 1837 ; il l'exercerait plutôt sous son *autorité*. Le préfet peut suspendre le maire de ses fonctions, mesure qui lui procurera peut-être un subordonné moins résistant. Mais ce moyen ne conduit au résultat que d'une façon indirecte, et d'ailleurs il n'est pas sans inconvénient. Si le préfet ne veut ou ne peut pas l'employer, il n'a que le droit négatif de *veto* [2].

[1] La Cour de cassation décide que le délai d'un mois ne peut pas être abrégé par le préfet, et que l'approbation donnée expressément avant l'expiration du délai ne produirait d'effet qu'après l'arrivée du terme (Arrêts des 28 juillet 1838, 17 mars 1848 et 14 mars 1850). Elle s'était prononcée en sens inverse le 3 décembre 1840. M. Serrigny combat avec raison la nouvelle doctrine : « Les lois et décrets peuvent, dit-il, être mis à exécution par voie d'urgence, aux termes des ordonnances royales des 27 novembre 1816, art. 4, et 18 janvier 1817 ; pourquoi en serait-il autrement des simples arrêtés municipaux, qui sont encore plus sujets à l'urgence ? » (*Questions*, p. 568).

[2] Vainement opposerait-on l'art. 15 de la loi du 18 juillet 1837, qui permet « *de faire d'office ou par un délégué spécial les actes qui sont prescrits au maire par une loi.* » Il ne s'agit là que des actes spéciaux ordonnés par une disposition formelle. Ce sont les actes dont il est parlé à l'art. 9 de la loi du 18 juillet 1837, c'est-à-dire de ceux pour lesquels le maire agit sous l'autorité du préfet et non-seulement sous sa surveillance.

Le pouvoir réglementaire du maire est limité par la loi, par les règlements généraux et par les règlements départementaux. Ainsi l'autorité se restreint à mesure qu'on descend dans la hiérarchie administrative ; car nous avons vu que le pouvoir réglementaire du préfet n'était borné que par la loi ou les règlements généraux, et que le pouvoir réglementaire du Président ne connaît d'autre limite que la loi.

Enfin, le maire est le mandataire légal de la commune considérée comme propriétaire. Il la représente en justice et stipule ou promet, en son nom, dans les aliénations, donations, transactions, emprunts et autres actes relatifs au domaine communal [1].

Adjoints. — Le nombre des adjoints est proportionné à la population de la commune. Au-dessous de 2,500 âmes, il y a un adjoint ; de 2,500 à 10,000, il y en a deux ; au-dessus de 10,000 il peut être nommé, en sus des deux, un adjoint par 20,000 habitants. La loi s'étant bornée à dire qu'il *pourra être nommé* un adjoint par chaque excédant de 20,000 âmes, il en résulte que c'est une faculté plutôt qu'une obligation.

En général, l'adjoint remplace le maire absent, empêché, décédé, révoqué ou démissionnaire. En ce cas, subrogé à ses droits et attributions, il a les mêmes pouvoirs que le maire. S'il préside le conseil municipal, il a voix délibérative, tandis que l'adjoint pris en dehors du conseil municipal n'a, par lui-même, que voix consultative [2].

La loi n'a pas borné les attributions de l'adjoint au rôle de suppléant, et elle a permis au maire de lui confier une partie de l'administration municipale. En ce cas, l'adjoint est maire *parte in quâ* ; il peut signer et décider de sa propre autorité même lorsque le maire n'est ni absent ni empêché. Cette délégation est d'ailleurs révocable au gré du maire [3].

[1] Art. 10 de la loi du 18 juillet 1837.

[2] Lorsqu'il est pris dans le conseil municipal, il y a voix délibérative en sa qualité de conseiller.

[3] Art. 14 de la loi du 18 juillet 1837.

Lorsque la mer ou quelque autre obstacle rend difficiles, dangereuses ou momentanément impossibles les communications entre le chef-lieu et une fraction de la commune, un adjoint spécial pris parmi les habitants de cette fraction est nommé en sus du nombre ordinaire. Il remplit *jure proprio*, en vertu même d'une attribution de la loi, les fonctions d'officier de l'état civil. Il peut, en outre, être chargé de l'exécution des lois et règlements de police dans cette partie de la commune ; mais, en ce cas, l'adjoint spécial, au lieu d'agir en vertu d'une attribution propre, ne tient ses pouvoirs que d'une délégation expresse, qui peut être révoquée *ad nutum* [1].

Conseils municipaux. — Les conseils municipaux se composent de membres élus, dont le nombre varie entre un *minimum* de dix et un *maximum* de trente-six, suivant la population de la commune [2]. Le nombre des conseillers municipaux est fixé, pour toute leur durée réglementaire, d'après la population au moment de sa formation. Les changements dans l'état de la population ne modifieraient pas le chiffre avant le jour du renouvellement [3]. Les conseillers municipaux sont élus au scrutin de liste. Mais comme le scrutin de liste a le grave inconvénient de forcer les électeurs à choisir un trop grand nombre de candidats, le législateur permet de partager la commune en plusieurs sections, et d'assigner à chacune d'elles un certain nombre de

[1] Art. 3, *in fine*, de la loi municipale.

[2]

10 conseillers	dans les communes	au-dessous de	500 hab.
12	—	—	de 501 à 1,500
16	—	—	de 1,501 à 2,500
21	—	—	de 2,501 à 3,500
23	—	—	de 3,501 à 10,000
27	—	—	de 10,001 à 30,000
30	—	—	de 30,001 à 40,000
32	—	—	de 40,001 à 50,000
34	—	—	de 50,001 à 60,000
36	—	—	au-dessus de 60,000

Art. 6 de la loi du 5 mai 1855.

[3] Arrêt du conseil d'État du 9 janvier 1874 (Erichot).

conseillers à élire. Ce fractionnement doit cependant être fait de manière que chaque section ait au moins deux conseillers à élire. Il est dans les attributions du conseil général qui y procède sur la demande du préfet, d'un membre du conseil général ou du conseil municipal de la commune intéressée (art. 3 de la loi du 14 avril 1871). Chaque année, le conseil général doit faire un travail d'ensemble pour la révision des sections électorales et c'est dans la session ordinaire d'août que ce travail doit être fait (art. 43 de la loi du 10 août 1871). Le sectionnement est surtout pratiqué dans les grandes villes, où il serait impossible à chaque électeur de connaître une trentaine de personnes qui fussent dignes de sa confiance. Le législateur a voulu que chacun suivît, autant que possible, ses inspirations personnelles, au lieu d'obéir à la *discipline de parti*, qui fait passer le vote de l'individu aux comités.

Les conseillers municipaux sont élus par les citoyens âgés de 21 ans accomplis qui se trouvent dans les conditions fixées par la loi du 7 juillet 1874. D'après cette loi, on doit porter sur la liste des électeurs municipaux : 1° Ceux qui sont nés dans la commune ou y ont satisfait à la loi du recrutement et n'ont pas cessé d'y avoir leur résidence ou, s'ils l'ont quittée, sont revenus s'y établir depuis six mois; 2° Ceux qui n'étant pas nés dans la commune sont, depuis une année, inscrits au rôle de l'une des quatre contributions directes ou à la cote des prestations et y ont fixé leur résidence ou déclaré qu'ils veulent y exercer leurs droits électoraux; 3° Ceux qui se sont mariés dans la commune et justifieront qu'ils y résident depuis un an; 4° Ceux qui n'étant dans aucun des cas ci-dessus demanderont à être inscrits sur la liste et justifieront qu'ils résident dans la commune depuis deux années consécutives; 5° Les habitants des départements annexés qui ont opté pour la nationalité française; 6° Ceux qui sont assujettis à une résidence obligatoire dans la commune, soit comme ministres du culte, soit comme fonctionnaires.

Le renouvellement des conseils municipaux a lieu intégralement tous les trois ans (Loi du 14 avril 1871, art. 8). Si, dans l'intervalle, il se produit des vacances partielles, les conseillers manquants ne sont remplacés qu'autant que le conseil municipal est réduit de plus d'un quart [1]. Pendant la période triennale, il y aurait lieu à élections partielles dans les communes divisées en sections si une section était totalement privée de représentants.

Le conseil municipal peut être dissous ou suspendu, *dissous* par décret, *suspendu* par arrêté du préfet. En cas de dissolution, la commission nommée pour faire les fonctions de conseil municipal peut être maintenue pendant trois ans (art. 22 de la loi du 24 juillet 1867). La suspension sera de deux mois et pourra être portée à une année par le ministre de l'intérieur (art. 35 de la loi du 5 mai 1855). Quant à la désignation des membres de la commission municipale, on distingue aussi entre le cas de *suspension* et celui de la *dissolution*. Si le conseil est seulement suspendu, la commission municipale est toujours nommée par le préfet ; s'il y a dissolution, la nomination de la commission municipale est faite par le préfet ou par décret, suivant les distinctions consacrées pour la nomination des maires et adjoints [2]. Pourquoi le législateur n'a-t-il pas voulu que la dissolution fût immédiatement suivie d'une réélection ? Pour deux raisons : D'abord, si la dissolution était prononcée à une époque voisine du renouvellement, il y aurait des inconvénients à faire élection sur élection à des intervalles trop rapprochés. En second lieu, une élection succédant immédiatement à la dissolution aurait exposé l'administration à un vote *ab irato*, et à un échec périlleux pour son autorité.

Pour être membre d'un conseil municipal, voici les conditions que la loi exige :

[1] Cependant le préfet pourrait, s'il le jugeait à propos, convoquer les électeurs pour remplacer les conseillers manquants, même quand le conseil conserverait un nombre de membres supérieur aux trois quarts (Ord. du conseil d'État des 9 mars 1836 et 23 mai 1844.

[2] Art. 13 de la loi du 5 mai 1855.

1° Être âgé de vingt-cinq ans accomplis;

2° Jouir des droits civils et politiques;

3° N'être dans aucun cas d'incompatibilité ou d'incapacité prévus par les art. 9 et 10 de la loi du 5 mai 1855 [1] et par l'art. 5 de la loi du 14 avril 1871;

4° Être électeur dans la commune ou inscrit au rôle de l'une des quatre contributions. Néanmoins le nombre des conseillers non domiciliés ne doit pas excéder le quart du nombre total des conseillers (Loi du 14 avril 1871, art. 4).

Dans les communes ayant plus de 500 habitants, l'art. 11 de la loi du 5 mai 1855 dispose que les parents au degré de père, de fils, de frère et les alliés au même degré ne peuvent pas être membres du conseil municipal.

Si deux parents au degré prohibé étaient nommés en même temps, on choisirait celui qui a obtenu le plus grand nombre de voix.

Les élections au conseil municipal sont soumises à peu près aux mêmes règles que les élections pour le conseil général et le conseil d'arrondissement. On peut cependant signaler les différences suivantes :

1° Dans les élections municipales, tous les conseillers à élire sont nommés par chaque électeur, au *scrutin de liste*, tandis que dans les élections départementales toujours et

[1] Art. 9. « Ne peuvent être conseillers municipaux : 1° les comptables de deniers communaux et les agents salariés de la commune ; 2° les entrepreneurs de services communaux ; 3° les domestiques attachés à la personne ; 4° les individus dispensés de subvenir aux charges communales, et ceux qui sont secourus par les bureaux de bienfaisance.

Art. 5 de la loi du 14 avril 1871. « Ne pourront être élus membres des conseils municipaux : 1° les juges de paix titulaires dans les cantons où ils exercent leurs fonctions ; 2° les membres amovibles des tribunaux de première instance dans les communes de leur arrondissement.

Art. 10 de la loi du 5 mai 1855. « Les fonctions de conseiller municipal sont incompatibles avec celles de : 1° préfets, sous-préfets, secrétaires généraux et conseillers de préfectures ; 2° de commissaires et d'agents de police ; 3° de militaires ou employés des armées de terre ou de mer en activité de service ; 4° des ministres de divers cultes en exercice dans la commune. — Nul ne peut être membre de plusieurs conseils municipaux. »

ordinairement dans les élections d'arrondissement, les électeurs ne nomment qu'un candidat. Le conseil général a seulement le droit de diviser la ville en plusieurs sections, mais il y a toujours scrutin de liste, chaque section devant être appelée à élire au moins deux conseillers.

2° Pour les élections municipales, les quatre assesseurs sont toujours les deux plus jeunes et les deux plus âgés des électeurs inscrits, tandis que pour les autres élections, on commence par appeler les quatre premiers conseillers municipaux sachant lire et écrire, dans l'ordre du tableau.

Nous avons vu que, d'après la loi des 31 juillet-3 août 1875, les demandes en nullité des élections départementales sont portées directement, *omisso medio*, devant le conseil d'État. Pour le conseil municipal ces questions sont, comme pour les élections d'arrondissement, portées devant le conseil de préfecture en première instance et en appel devant le conseil d'État.

3° L'art. 45 de la loi du 5 mai 1855 dit que le conseil de préfecture doit prononcer dans le mois [1], et qu'à défaut de décision, dans ce délai, les choses se passeront comme s'il avait été rendu un arrêté rejetant la demande. Les parties sont admises à se pourvoir devant le conseil d'État, c'est-à-dire en appel, quoiqu'il n'y ait pas eu de décision rendue en première instance. Aucun texte semblable n'existe pour les élections d'arrondissement.

Dans toutes les élections, qu'elles soient législatives, départementales, d'arrondissement ou municipales, nul n'est élu au premier tour s'il n'a obtenu : 1° un nombre de voix égal au quart des électeurs inscrits ; 2° la majorité des suffrages exprimés. Mais s'il n'y a pas élection au premier tour, le deuxième tour de scrutin est renvoyé au deuxième dimanche pour les élections législatives (Décr. du 2 fév. 1852, art. 36), tandis que pour les élections du départe-

[1] Le conseil de préfecture qui prononcerait après l'expiration du mois commettrait un excès de pouvoir. Commission faisant fonctions du conseil d'État, arrêt du 21 octobre 1871.

ment, de l'arrondissement et de la commune, il a lieu le dimanche qui suit (Loi du 5 mai 1855, art. 44, et décr. du 3 juillet 1848, art. 17, et loi du 10 août 1871, art. 12).

Le conseil municipal tient des *sessions ordinaires* et des *sessions extraordinaires* ; dans les premières, il peut délibérer sur toutes les matières qui sont de sa compétence, et, dans les secondes, seulement sur les matières pour lesquelles il a été expressément convoqué. Les sessions ordinaires sont au nombre de quatre, et se tiennent au commencement des mois de février, mai, août et novembre ; leur durée peut être de dix jours. Tandis que les sessions ordinaires sont autorisées par la loi, les sessions extraordinaires, au contraire, ne peuvent être tenues qu'avec la permission spéciale du préfet ou du sous-préfet. Cette autorisation est accordée toutes les fois que les intérêts de la commune l'exigent, soit d'office, soit sur la demande du maire, soit même sur la demande du tiers des membres du conseil municipal. Quand la demande est formée par le maire, le préfet peut se borner à ne pas répondre ; mais si elle est faite par le tiers des membres du conseil, le préfet ne peut pas refuser *par omission*, et la loi veut qu'il rende un arrêté de refus motivé.

Pour les sessions ordinaires, il suffit que les conseillers soient convoqués trois jours avant la réunion, tandis que pour les sessions extraordinaires, la loi exige cinq jours d'intervalle. Cette différence tient à ce que, pour les sessions ordinaires, les conseillers, avertis d'avance par la loi, peuvent se préparer à traiter les questions intéressant la commune. Au contraire, pour les sessions extraordinaires, ils ne sont avertis que par la convocation, et la loi veut qu'ils aient un plus long délai pour réfléchir à l'objet spécial de l'ordre du jour. En cas d'urgence, le préfet ou le sous-préfet a le droit d'abréger les délais.

Dans tous les cas, la convocation doit être faite par écrit et à domicile ; il faut, en outre, pour les sessions extraordinaires, qu'elle mentionne l'objet spécial de la convocation.

La majorité des membres en exercice est nécessaire pour que le conseil municipal puisse délibérer valablement ; mais si la réunion du conseil avait été précédée de deux convocations demeurées infructueuses, à huit jours d'intervalle, le conseil pourrait délibérer quel que fût le nombre des membres présents.

Les membres qui, sans motifs légitimes, auraient manqué à trois convocations successives, pourraient être déclarés démissionnaires par le préfet, sauf le droit qui leur est accordé de faire valoir leurs excuses devant le conseil de préfecture[1].

Le secrétaire du conseil est nommé au commencement de chaque session, au scrutin secret, par les membres présents[2]. Une fois constituée, l'assemblée délibère sur toutes les matières portées à l'ordre du jour, à la majorité des voix, et, s'il y a partage, la voix du président est prépondérante. Les délibérations sont inscrites, par ordre de date, sur un registre coté et parafé par le sous-préfet. Tous les membres signent la délibération sur la minute, et, si quelques-uns sont empêchés, mention est faite des causes pour lesquelles ils n'ont pas signé. Copie en est adressée dans la huitaine au sous-préfet, qui la transmet à la préfecture[3].

[1] Art. 15-23 de la loi du 5 mai 1855.

[2] Le secrétaire doit être pris parmi les membres du conseil. Quant au secrétaire de la mairie, non-seulement il ne peut pas être chargé des fonctions de secrétaire du conseil, mais il ne doit pas même assister à la séance. Cependant la présence du secrétaire ne vicierait pas la délibération du conseil municipal (Cons. d'État, arrêt du 17 février 1862).

[3] Cet envoi a pour but de mettre le préfet à même de juger si le conseil est ou non resté dans sa compétence. S'il en était sorti, le préfet, en conseil de préfecture, pourrait prononcer l'annulation ; mais le conseil municipal pourrait réclamer, et il serait statué sur sa demande par un décret, le conseil d'État entendu (art. 23 de la loi du 5 mai 1855). Si le conseil municipal se réunissait en dehors du temps des sessions ordinaires, et sans autorisation, la nullité de ses délibérations serait également prononcée par le préfet, en conseil de préfecture (art. 24 de la loi du 5 mai 1855). Quoique cet article n'ajoute pas que le conseil municipal pourra réclamer devant le conseil d'État, nous pensons qu'il pourra se pourvoir ; mais il devra, dans ce cas, déférer au ministre la décision du préfet, tandis

Il est défendu aux conseils municipaux de se mettre en correspondance les uns avec les autres, et de faire des adresses ou proclamations ; le conseil qui contrevient à cette prohibition doit être immédiatement suspendu par le préfet.

Les délibérations ne sont valables que si la moitié, plus un, des membres du conseil municipal y ont pris part. On ne doit compter, pour l'application de cette disposition, que les membres votants. Ainsi dans la séance où est débattu le compte d'administration du maire, celui-ci quoique présent ne concourt pas à la formation de la majorité parce qu'il n'a pas le droit de prendre part au vote [1].

Délibérations des conseils municipaux. — Les délibérations que peuvent prendre les conseils municipaux sont de quatre espèces :

1° **Les délibérations réglementaires** par lesquelles ils règlent certaines matières déterminées par la loi, sauf le droit d'annulation qui appartient au préfet. Elles ne sont exécutoires qu'après trente jours, à partir du récépissé remis au maire par le sous-préfet, qui est chargé de transmettre l'ampliation au préfet. Si ce délai expire sans que le préfet ait annulé la délibération, elle devient exécutoire de plein droit ; nonobstant cette approbation tacite, le préfet pourrait l'annuler encore, les effets produits par l'exécution demeurant réservés. Le préfet a aussi le droit de proroger la suspension de l'exécution pendant un nouveau délai de trente jours, après lequel il faut qu'il prenne un parti définitif. L'art. 17 de la loi du 18 juillet 1837 énumère les matières qui peuvent être réglées par des délibérations de cette espèce.

Premièrement, le conseil municipal est appelé à régler le mode de gestion ou d'administration des biens communaux ; il détermine si les biens communaux seront affermés ou si les habitants en jouiront en nature.

que dans l'autre il peut, en vertu d'un article formel, aller au conseil d'État *omisso medio*.

[1] Arrêt du conseil d'État du 11 juillet 1873 (*Fondard*).

Cette question tranchée, le conseil municipal règle, *deuxièmement*, les conditions des baux à ferme, si le système du fermage a prévalu. Sa compétence ne s'applique cependant qu'aux baux dont la durée est inférieure à dix-huit ans, tant pour biens ruraux que pour des maisons [1]. Au delà de ce terme, le bail cesserait d'être un acte d'administration et, comme tous les actes d'aliénation, ne pourrait être fait régulièrement qu'avec l'approbation du préfet.

Troisièmement, si le conseil municipal s'est décidé pour la jouissance en nature, il peut aussi, par une autre délibération, régler les conditions de cette jouissance. La loi fait une exception pour les bois, parce que cette propriété est soumise au régime forestier, et que d'ailleurs la jouissance des bois en nature rentre dans le dernier cas prévu par l'art. 17 de la loi du 18 juillet 1837.

En effet, et *quatrièmement*, le conseil municipal règle les affouages en se conformant aux lois forestières, c'est-à-dire à l'art. 105 du Code forestier. On entend par affouage le partage en nature des coupes de bois communaux. D'après l'art. 105 du Code forestier, ce partage doit se faire par *feu et non par tête*, sauf les communes où le partage par tête serait fondé sur un titre ou un usage contraire.

L'article 1er de la loi du 24 juillet 1867 a donné aux conseils municipaux le droit de régler neuf espèces d'affaires qui sont énumérées dans cette disposition. Mais ces nouveaux cas diffèrent de ceux que prévoit l'art. 17 de la loi du 18 juillet 1837 en ce que, lorsqu'il y a désaccord entre le maire et le conseil municipal, la délibération n'est exécutoire qu'en vertu de l'approbation du préfet, tandis que dans les quatre cas prévus par la loi de 1837 le dissentiment du maire n'enlève rien de son autorité à la délibération du conseil.

[1] La loi du 18 juillet 1837, art. 17, distinguait entre les baux des maisons et ceux des biens ruraux, et fixait pour les premiers la durée à neuf ans. Cette distinction a été supprimée par l'art. 1, § 2, de la loi du 24 juillet 1867.

L'art. 5 de la loi du 24 juillet 1867 prévoit deux autres cas où l'approbation du préfet n'est pas exigée. Nous reviendrons sur ces diverses espèces d'affaires quand nous nous occuperons de la commune propriétaire ou personne morale.

2° Les délibérations soumises à l'approbation de l'autorité supérieure[1]. — En principe, le droit d'autoriser appartient au préfet; il ne faut recourir au ministre ou au chef de l'État que dans les matières réservées à ce dernier par une disposition formelle (Tableau A, § 55, annexé au décret du 25 mars 1852 et Tableau A, § 67 du décret du 13 avril 1861). Pour les communes, comme pour les départements, le ministre a le droit d'annuler les actes du préfet d'office ou sur la réclamation des parties, et ce droit lui appartient, soit d'après les principes qui donnent, en général, au supérieur le pouvoir de défaire ce qu'a fait le subordonné, soit en vertu de la disposition formelle de l'art. 6 du décret du 25 mars 1852.

Les délibérations de cette catégorie ne sont pas exécutoires par elles-mêmes, et elles ne produisent aucun effet

[1] Art. 18 de la loi du 18 juillet 1837. « Le conseil municipal délibère sur les objets suivants : 1° le budget de la commune et, en général, toutes les recettes et dépenses soit ordinaires, soit extraordinaires ; 2° les tarifs et règlements de perception de tous les revenus communaux ; 3° les acquisitions, aliénations et échanges des propriétés communales, leur affectation aux différents services publics et, en général, tout ce qui intéresse leur amélioration et conservation ; 4° la délimitation ou le partage des biens indivis entre deux communes ou sections de communes ; 5° les conditions des baux à ferme ou à loyer, dont la durée excède dix-huit ans, pour les biens ruraux, et neuf ans pour les autres biens, ainsi que celles des baux des biens pris à loyer par la commune, quelle qu'en soit la durée ; 6° les projets de construction, de grosses réparations, de démolitions et généralement de tous les travaux à entreprendre ; 7° l'ouverture des rues et places publiques et les projets d'alignement de la voirie municipale ; 8° le parcours et la vaine pâture ; 9° l'acceptation des dons et legs faits à la commune et aux établissements communaux ; 10° les actions judiciaires et les transactions. — Et tous les autres objets sur lesquels les lois et règlements appellent les conseils municipaux à délibérer. » Plusieurs de ces affaires appartiennent aujourd'hui à la première catégorie en vertu de la loi du 24 juillet 1867, art. 1er.

tant qu'elles n'ont pas été approuvées ; mais elles sont indispensables en ce sens qu'elles constituent une initiative municipale que rien ne peut remplacer. Ainsi une autorité, quelque élevée qu'on la suppose, ne pourrait pas légalement acheter un bien pour la commune, si le conseil municipal n'avait pas pris une délibération pour demander l'acquisition. Le rôle de l'administration supérieure consiste uniquement à autoriser ou à empêcher.

3° **Les avis.** — Le conseil municipal peut être consulté par le préfet, toutes les fois que ce dernier le juge à propos. Mais pour le conseil municipal, aussi bien que pour les conseils généraux et d'arrondissement, il est des circonstances où l'avis est exigé comme une formalité dont le défaut entraînerait l'*excès de pouvoir ;* l'administration n'est pas obligée en ces cas de *suivre*, mais de demander l'avis du conseil municipal [1].

4° **Les vœux.** — Enfin, l'art. 24 de la loi du 18 juillet 1837 permet au conseil municipal d'exprimer des vœux sur tous les objets d'*intérêt local.* S'il dépassait cette limite pour apprécier les mesures d'administration générale et les services publics, autrement que dans leur relation avec l'intérêt local, la délibération serait irrégulière et annulable [2].

En résumé, le conseil municipal *règle* par ses *votes* certaines matières, *délibère*, sauf approbation, donne des *avis* et émet des *vœux.*

Histoire de l'organisation municipale [3]. — Après la révolution de 1789, toutes les variétés de l'ancienne organisation municipale furent remplacées par des institutions uniformes ; les mots *commune* et *maire* succédèrent aux dénominations diverses qui étaient employées sous le régime antérieur à la révolution. Dans toute commune les *citoyens actifs*, c'est-à-dire ceux qui payaient une contri-

[1] Art. 21 de la même loi.
[2] Art. 24 de la loi du 18 juillet 1837.
[3] *Lois administratives*, p. 242.

bution égale à la valeur de trois journées de travail, nommèrent : 1° un maire et un certain nombre d'officiers municipaux, plus ou moins considérable suivant la population, entre un *maximum* de trois, dans les communes au-dessous de 500 habitants, et un *maximum* de vingt et un, dans les communes ayant plus de 100,000 habitants. Le maire et les officiers municipaux formaient ensemble le *corps municipal;* 2° des notables en nombre double de celui des membres du corps municipal ; c'était le *conseil général de la commune.* Partout où le corps municipal avait plus de trois membres il se divisait en deux parties, le *bureau* et le *conseil.* Le bureau, qui se composait du tiers des officiers municipaux, était chargé collectivement de l'action administrative, tandis que le conseil composé des autres tiers était appelé à délibérer dans les cas ordinaires. Dans les circonstances les plus importantes la délibération appartenait au conseil général de la commune. Dans les communes au-dessous de 500 habitants, le maire était chargé de l'action administrative et le corps municipal entier de la délibération. Dans les petites comme dans les plus grandes communes, les affaires les plus importantes étaient soumises au conseil général. Toutes ces distinctions résultent des art. 50, 51 et 54 de la loi des 30 décembre 1789-8 janvier 1790.

La constitution du 5 fructidor an III distingua entre les communes ayant plus de 5,000 habitants et celles qui avaient une population moindre. Ces dernières étaient administrées par un *agent municipal* et un adjoint, tous deux électifs. Les agents municipaux devaient se réunir, au chef-lieu de canton, en assemblée chargée de délibérer sur toutes les affaires, qu'elles intéressassent le tout ou seulement une partie de la municipalité cantonale. — Les villes de 5,000 à 100,000 habitants avaient une administration unique composée de cinq à neuf membres, suivant l'importance de la population. Cette assemblée était collectivement chargée de la délibération et de l'action. Enfin, dans les villes au-dessus de 100,000 habitants, la loi instituait trois administrations de sept membres chacune, reliées entre elles par un *bureau central* composé de trois membres. Le bureau était nommé par le Gouvernement, tandis que les membres des trois administrations étaient choisis par les suffrages des citoyens actifs.

La municipalité de canton fut supprimée au commencement du Consulat ; la Constitution du 22 frimaire an VIII rétablit les conseils municipaux et le nom de *maire*, qu'avait si malencontreusement remplacé le nom d'*agent municipal.* Quant au mode de nomination, on employa pour l'administration municipale, comme pour l'administration départementale, le système des candidatures électives, avec désignation par le premier consul dans les villes au-dessus de 5,000 habitants et par le préfet dans les villes d'une population moindre. Le premier consul et le préfet choisissaient, non-seulement le maire, mais aussi les conseillers municipaux. Supprimées complétement sous la Restauration, les élections municipales ne furent rétablies qu'après la révolution de 1830, par la loi du 21 mars 1831. Cette loi confia le choix des conseillers municipaux à des électeurs spéciaux, et celui du maire au roi et aux préfets, en limitant leur choix aux membres du conseil municipal.

Le décret du 3 juillet 1848 appliqua le suffrage universel aux élections de la commune, et chargea le conseil municipal de nommer le maire dans les communes d'une population inférieure à 6,000 habitants. Au-dessus de 6,000 habitants, la nomination du maire appartenait au chef de l'État. Sous le second empire, la nomination du maire par décret ou par arrêté, même en dehors du conseil municipal, fut substituée à l'élection. La loi du 14 avril 1871 a rétabli les élections du maire et des adjoints dans les communes qui ne sont pas chef-lieu de département, d'arrondissement ou de canton. La désignation pouvait aussi être faite par l'autorité supérieure dans les communes qui n'étant pas chefs-lieux avaient une population de plus de 20,000 habitants. Cette disposition a duré jusqu'à la loi transitoire du 20 janvier 1874.

Organisation spéciale des villes de Paris et **de Lyon**[1]. — A Paris les fonctions de maire sont remplies par le préfet de la Seine et par le préfet de police. Le premier, comme maire central, représente la commune de Paris, personne morale, et dirige les services administratifs municipaux. Le préfet de police est chargé de la police municipale et, sous ce rapport, ses attributions sont énumérées dans l'arrêté consulaire du 12 messidor an VIII. Un décret des 10-24 octobre 1859 a cependant transféré au préfet de la Seine certaines attributions de police municipale qui auparavant appartenaient au préfet de police.

Il y a de plus dans chaque arrondissement de Paris un maire et trois adjoints, qui sont nommés par décret. Ils n'ont du maire que le nom et certaines attributions expressément indiquées par les lois[2] (art. 16 de la loi du 14 avril 1871). Les maires d'arrondissement ne doivent pas être pris dans le conseil municipal de Paris. Il y a même incompatibilité entre les deux fonctions (art. 17).

A Lyon, le préfet est à la fois maire central, préfet de police et préfet du département. Lyon est divisé en six arrondissements et chaque arrondissement a un maire.

A Paris, le conseil municipal se compose de 80 membres qui sont nommés à raison de quatre par arrondissement ou un par quartier, chaque arrondissement étant partagé en quatre quartiers (art. 10 à 16 de la loi du 14 avril 1871). Ce conseil tient, comme les autres conseils, quatre sessions ordinaires. Les sessions ordinaires durent dix jours; mais

[1] *Lois administratives*, p. 307 à 336.

[2] Ces attributions concernent l'état civil, les élections et le jury, la garde nationale, l'instruction primaire, les cultes, le commerce, l'assistance publique, l'importation d'armes et les contributions directes. En ces matières, ils ont les mêmes pouvoirs que les autres maires. C'est par la loi des 16 juin-3 novembre 1859 que les communes de la banlieue ont été annexées à la ville de Paris, et c'est par décret des 31 octobre-3 novembre 1859 que la ville, ainsi agrandie, a été partagée en vingt arrondissements.

la session où est discuté le budget de Paris peut durer six semaines. Au commencement de chaque session ordinaire, le conseil municipal de Paris nomme son président, ses vice-présidents et ses secrétaires. Le bureau reste en fonctions pour les sessions extraordinaires (art. 12). Le préfet de la Seine et le préfet de police ont entrée dans le conseil. — Ils sont entendus toutes les fois qu'ils le demandent (art. 13.)

Les conseillers municipaux sont, en même temps, membres du conseil général de la Seine. Aussi sont-ils atteints par les incapacités et incompatibilités spéciales aux conseillers généraux (art. 15). Aux 80 conseillers municipaux se joignent, pour composer les conseils généraux, huit membres élus par les cantons des arrondissements de Sceaux et de Saint-Denis (Loi du 16 septembre 1871).

Dans les communes de la Seine, autres que Paris, le conseil municipal est élu conformément à la loi générale. Il en est de même du conseil municipal de Lyon. Il n'entre d'ailleurs pas à Lyon dans la formation du conseil général. Le conseil général du Rhône est élu comme les conseils des autres départements. La loi n'a fait de réserve que pour le conseil général de la Seine (Loi du 10 août 1871, art. 94).

DE LA POLICE ET DES AUTORITÉS PRÉPOSÉES A LA POLICE.

Tandis que l'administration dirige les services publics et procède par voie d'action positive et d'impulsion, la police empêche le mal, le prévient ou le réprime ; la police préventive, qui doit seule trouver place dans ce précis, est réduite à un rôle négatif, et, si elle fait le bien, c'est en s'opposant au mal.

Déterminer, d'une manière complète, les attributions de la police, ce serait entreprendre une énumération qui toucherait à toutes les parties du droit public et à quelques-unes du droit privé ; car quelle est la matière régie par une loi dans laquelle on ne retrouve pas quelque prohibition ou prescription, dont la violation intéresse la police ? Chaque matière a, pour ainsi dire, sa police, et c'est ainsi que l'on dit : police des cultes, police de la voirie, police de l'industrie, police du commerce, police de la chasse, etc. — Si l'on voulait réduire ces nombreux détails à une notion générale, il faudrait dire que la police a pour mission de veiller à l'exécution des *lois impératives*, d'empêcher la violation des *lois prohibitives* et de procurer la répression des infractions qui seraient faites aux unes ou aux autres. Quant à la répression elle-même, elle est du ressort de la police judiciaire ; ce n'est que par exception qu'elle appartient aux autorités administratives ; par exemple, la répression des contraventions de grande voirie est de la compétence du conseil de préfecture.

Les lois administratives ayant été faites à des époques différentes, les attributions, en matière de police, ont été distribuées d'une façon qui présente plus d'une incohérence. De toutes les parties du droit administratif, c'est assurément celle qui offre le plus de difficultés à une tentative de coordination.

Peu à peu, la jurisprudence et la doctrine ont, sur la plupart des matières administratives, fait sortir la lumière du chaos ; elles ont mis en relief quelques principes qui éclairent les détails et conduisent l'esprit dans l'étude de ces nombreuses dispositions. Il n'en a pas été de même pour la police, et cette matière passe, avec raison, pour la plus embarrassée de notre législation.

La police est faite, ou sous l'autorité du préfet, ou sous l'autorité du maire ; elle est *générale* ou *municipale*. Mais à quoi reconnaîtrons-nous la ligne divisoire des deux polices ? — Si nous voulions la déterminer *à priori*, la difficulté serait à peu près insoluble ; mais la loi des 16-24 août 1790, titre XI, ayant énuméré les objets qui ressortissent de la police municipale, et l'énumération que cette loi contient étant limitative, nous en pourrons conclure que tout ce qui n'y sera pas compris dépend de la police générale et du préfet, à moins que des dispositions expresses ne l'aient attribué à une autre autorité. Nous chercherons donc à savoir d'abord l'étendue et la portée de la police municipale afin de fixer, par induction, celle de la police générale, en appliquant la maxime : « *Inclusione unius fit exclusio alterius.* »

Police municipale. — Art. 3 de la loi des 16-24 août 1790. tit. XI.

« Les objets confiés à la vigilance et à l'autorité des corps municipaux, sont : 1° tout ce qui intéresse la sûreté et la commodité du passage dans les rues, quais, places et voies publiques, ce qui comprend le nettoiement, l'illumination, l'enlèvement des encombrements, la démolition ou la réparation des bâtiments menaçant ruine, l'interdiction de rien poser aux fenêtres ou autres parties des bâtiments qui puisse nuire par sa chute, et celle de rien jeter qui puisse blesser ou endommager les passants, ou causer des exhalaisons nuisibles ; 2° le soin de réprimer et de punir les délits contre la tranquillité publique, tels que les rixes et disputes accompagnées d'ameutement dans les rues, le tumulte excité dans les lieux d'assemblée publique, les bruits et attroupements nocturnes qui troublent le repos des citoyens ; 3° le maintien du bon ordre dans les endroits où il se fait de grands rassemblements d'hommes, tels que les foires, marchés, réjouissances et cérémonies publiques, spectacles, jeux, cafés, églises et autres lieux publics ; 4° l'inspection sur la fidélité du débit des denrées qui se vendent au poids, à l'aune ou à la mesure, et sur la salubrité des comestibles exposés en vente publique ; 5° le soin de prévenir, par les précautions convenables et celui de faire cesser, par la distribution des secours nécessaires, les accidents et fléaux calamiteux, tels que les incendies, les épidémies, les épizooties, en provoquant aussi, dans ces deux derniers cas, l'autorité des administrations de département et de district : 6° le soin d'obvier ou de remédier aux événements fâcheux qui pourraient être occasionnés par les insensés ou les furieux laissés en liberté, et par la divagation des animaux malfaisants ou féroces. »

A cette énumération, on doit joindre certaines autres

matières qui ont été postérieurement, par des lois spéciales, mises dans les attributions de l'autorité municipale.

La loi des 16-24 août 1790 donnait aux assemblées municipales le double pouvoir : 1° de réglementer les matières confiées à leur vigilance ; 2° de statuer sur les infractions. Le jugement des contraventions a été transféré au juge de paix, et le maire n'est juge de simple police que dans les communes où il n'y a pas de juge de paix. Quant au pouvoir de réglementer les matières de police municipale, la loi du 28 pluviôse an VIII l'a confié au maire, agissant seul et sans l'assistance du conseil municipal (art. 13 de la loi du 28 pluviôse an VIII).

Les matières énumérées dans la loi des 16-24 août 1790 ne sont pas exclusivement du ressort de la police municipale, et il y en a quelques-unes qui appartiennent, en même temps, à la police générale. Ce sont les circonstances qui décident. Les spectacles publics, par exemple, rentrent dans la police générale en ce sens que c'est au ministre à Paris, et au préfet dans les départements, qu'il appartient d'autoriser la représentation d'une pièce. Mais une pièce autorisée pourrait, dans une commune, avoir des inconvénients par suite d'une émotion accidentelle de la population ; en ce cas, l'autorité préposée à la police municipale aurait le droit d'interdire la représentation de la pièce qui se joue partout ailleurs. Autre exemple : c'est l'autorité municipale qui assure la libre circulation dans les rues ; mais si le trouble et le rassemblement étaient une attaque contre le Gouvernement et, au lieu d'une rixe, prenait le caractère d'une révolte, les autorités préposées à la police générale domineraient les pouvoirs du maire.

Le maire exerce la police municipale sous la *surveillance du préfet* [1]. Les règlements de police municipale se divi-

[1] Le maire qui, après avoir ordonné la démolition d'un bâtiment menaçant ruine, et qui, faute d'exécution, fait lui-même procéder à la démolition, est passible de dommages-intérêts si plus tard l'arrêté est annulé. — Trib. de Melun, jugement du 13 février 1873.

sent en deux classes : 1° les arrêtés portant règlement permanent ; 2° ceux qui ne contiennent pas de règlement permanent, mais seulement des mesures transitoires rendues nécessaires par des circonstances accidentelles (Loi du 18 juillet 1837, art. 11). Ces derniers, à cause de l'urgence, sont exécutoires immédiatement, et le préfet a seulement le droit de les annuler pour l'avenir, sous la réserve des droits des tiers, dans le passé. Quant aux règlements permanents, leur exécution ne peut commencer qu'après l'approbation préfectorale. Si à l'expiration du mois qui suit la remise de l'ampliation du règlement au sous-préfet, chargé de la transmettre au préfet, l'arrêté n'a été ni approuvé ni annulé, il devient exécutoire de droit, et, l'exécution une fois commencée, le préfet ne peut plus annuler l'arrêté que pour l'avenir, sous la réserve des droits acquis antérieurement à l'annulation. Le délai d'un mois a été donné au préfet pour examiner l'affaire, et, par conséquent, il semble que si son parti était pris avant l'expiration du délai, il devrait pouvoir rendre le règlement immédiatement exécutoire. D'ailleurs la mise à exécution d'un règlement, même permanent, présente quelquefois un caractère d'urgence tel, que le retard d'un mois pourrait être nuisible. Nous avons déjà dit que ces raisons n'ont pas déterminé la Cour de cassation qui décide que le délai est obligatoire, et qu'avant son expiration, le préfet ne peut pas, par son approbation, rendre le règlement exécutoire.

L'initiative de la police appartient aux maires, et les préfets n'ont « qu'un droit *d'annulation* ou *d'approbation.* » Si donc le préfet refuse d'autoriser ou annule, il n'a pas le droit, sans l'assentiment du maire, de substituer pour la commune un règlement à celui qu'il refuse d'approuver, ni de le modifier par l'addition d'une disposition qui ne figurerait pas dans le projet primitif. Décider autrement serait faire passer la police municipale dans les mains du préfet tandis que le législateur a voulu la confier au maire. Ce n'est que par des moyens indirects que l'autorité supérieure pourrait triompher de la résistance du maire, et, par exemple, en suspendant le maire et chargeant de l'intérim un adjoint ou un conseiller qui aurait d'autres vues. Mais, outre que ces moyens indirects ne constituent pas une solution de la question, ils pourraient présenter des inconvénients qui rendraient leur emploi impossible[1].

En raison de l'importance de la population, les conflits entre la police municipale et la police générale sont bien plus fréquents dans les grandes villes. C'est pour cela que la loi du 5 mai 1855 avait diminué les attributions du maire pour en transférer une partie au préfet, dans les villes chefs-lieux de département dont la population excède 40,000 âmes. L'art. 50 de cette loi disposait, en premier lieu, que dans les chefs-lieux de département ayant plus de 40,000 habitants, le préfet aurait en général les mêmes attributions que le préfet de police à Paris. Une énumération, terminant cet article, indiquait les matières réservées aux maires. Mais l'art. 50 de la loi du 5 mai 1855 a été abrogé par la loi du 24 juillet 1867, art. 23. Cependant, d'après cette nouvelle disposition, le personnel de la police, dans les villes chefs-lieux de département ayant plus de 40,000 habitants, est réglé sur l'avis du conseil municipal par décret en conseil d'État. Si le conseil municipal n'allouait pas les fonds nécessaires pour cette dépense ou n'accordait qu'une allocation insuffisante, le crédit ou l'augmentation du crédit pourraient être inscrits d'office au budget de la commune par décret, le conseil d'État entendu. Dans les communes où l'organisation de la police n'est pas régie soit par la loi du 24 juillet 1867, soit par des lois spéciales, le maire nomme les inspecteurs, brigadiers, sous-brigadiers et agents de police. Ces choix doivent être soumis à l'agrément du préfet. Une fois agréés, ces agents peuvent être

[1] Nous reproduisons ici, à l'occasion de la police, des développements que nous avons déjà donnés, d'une manière générale, pour le pouvoir réglementaire du maire appliqué à toutes les matières.

suspendus par le maire, mais le préfet seul peut les révoquer (Loi du 20 janvier 1874, art. 3).

Préfet de police. — La loi du 28 pluviôse an VIII, art. 16, portait qu'à Paris un préfet serait chargé de la police. C'est en exécution de cette disposition que fut rendu, sur les attributions du préfet de police, l'arrêté consulaire du 12 messidor an VIII qui est toujours en vigueur; il a cependant, dans ces derniers temps, été modifié, d'une manière importante, par le décret des 10-24 octobre 1859. Les attributions du préfet de police, telles que le décret du 12 messidor an VIII les a établies, se divisent en deux catégories : 1° la police générale; 2° la police municipale. Dans la pratique, la police générale se subdivise en *police politique* et *police de sûreté*.

La police politique a pour mission de découvrir les complots, qui se forment dans le mystère, et de les déjouer, avant qu'ils n'éclatent. Elle est essentiellement préventive, et le plus grand nombre des agents qu'elle emploie sont secrets. L'indignité des auxiliaires dont elle est obligée de se servir a fait attaquer sa moralité d'abord, et l'on en est venu, ensuite, à nier son utilité. L'utilité de cette police tient à ce qu'il vaut mieux *prévenir* que *réprimer*. Une répression, même vigoureuse, a l'inconvénient de démontrer aux populations que le Gouvernement est attaqué, et le peuple ne croit pas à la solidité d'une autorité dont l'existence est chaque jour menacée. Exposer dans des débats publics comment une conspiration s'est formée, montrer les causes de son échec et dire ce qui a manqué pour qu'elle réussît, c'est enseigner à d'autres conspirateurs la voie, les moyens, le but. Quant à la moralité, nous nous bornerons à dire avec M. Vivien : « A toutes les époques, une police politique a tenu le Gouvernement au courant des menées de ses adversaires. Peut-être dans les temps des passions violentes ne trouvera-t-on ni agents ni crédits financiers affectés à cet objet, mais la délation qui se donne par fanatisme n'est pas plus sincère que celle qui se vend par intérêt : souvent, la dénonciateur qui se pique le plus de désintéressement, recherche pour salaire les places, la faveur politique, la participation aux affaires publiques. Somme toute, si une police secrète est nécessaire, la moins mauvaise est encore celle dont les agents, soumis à des devoirs clairement définis, peuvent être expulsés, en cas d'infraction; de tels instruments, plus dociles, plus souples, plus faciles à contenir, sont moins dangereux pour la main qui s'en sert[1]. »

La police de sûreté s'étend à tout ce qui intéresse la défense des personnes et des propriétés. Elle prévient le crime et prépare la répression. Les passe-ports pour l'intérieur et l'étranger, le visa des passe-ports des voyageurs étrangers, les permis de séjourner à Paris, la mendicité et le vagabondage, les prisons, les attroupements, les maisons publiques, les théâtres, les cultes, les ports d'armes, telles sont les principales dépendances de la police de sûreté.

La police politique et la police de sûreté sont exercées par le préfet de police, sous l'*autorité* du ministre de l'intérieur; car, à ce point de vue, le préfet n'est que le chef de l'une des directions générales du ministère de l'intérieur : « *direction de la sûreté générale* ». — Pour la police de sûreté à Paris, comme pour la police générale, le préfet n'est qu'un auxiliaire ou un délégué du ministre de l'intérieur. Ainsi, on a tendu à introduire l'unité dans le service qui en a le plus de besoin. En 1851, on avait établi un ministère de la police, avec des inspecteurs généraux et des inspecteurs à résidence dans les départements. Mais les conflits qui s'élevèrent entre le ministre de l'intérieur et le ministre de la police à Paris, et dans les départements entre les préfets et les inspecteurs, ne tardèrent pas à démontrer qu'on avait créé un rouage embarrassant; le gouvernement comprit qu'en cette matière plus qu'en toute autre, il fallait tendre à unir plutôt qu'à diviser les attributions; cette pensée a reçu sa complète exécution dans le décret qui fait du préfet de police le di-

[1] *Études administratives*, 2e édit., t. II, p. 195.

recteur de la sûreté générale, sous l'autorité du ministre de l'intérieur.

En ce qui concerne la police municipale, ou, suivant une autre expression en usage, *la police administrative de la ville de Paris*, le préfet de police a une autorité propre pour laquelle il ne relève pas de la surveillance du préfet de la Seine, à la différence des maires qui relèvent de la surveillance de leur préfet. Entre les deux préfets les lois et règlements ont divisé les attributions, et chacun exerce les siennes avec une indépendance réciproque. Le décret du 12 messidor an VIII confiait au préfet de police tout ce qui intéressait la liberté et la sûreté de la voie publique, la salubrité de la cité, les incendies, débordements et accidents sur la rivière, les taxes et mercuriales, la surveillance des lieux publics, la libre circulation des subsistances, la protection et préservation des monuments et édifices publics, enfin la petite voirie.

A Paris, la distinction entre la grande et la petite voirie a une signification particulière. Tandis qu'en général, la grande voirie se distingue de la petite par la nature des voies de communication, à Paris c'est d'après le caractère des permissions à demander. L'autorisation ne devait pas, avant 1859, être demandée au même fonctionnaire. S'agissait-il d'un alignement et généralement d'une *modification permanente* aux murs joignant la voie publique, l'autorisation était accordée par le préfet de la Seine, et la matière était dite appartenir à la *grande voirie*. Au contraire, s'agissait-il d'établir un auvent mobile, et en général de faire une *modification non permanente*, le préfet de police était compétent et la permission rentrait dans la *petite voirie*. Depuis le décret des 10-24 octobre 1859, la grande et la petite voirie ont été réunies sous la main du préfet de la Seine, avec quelques autres parties de la police municipale. Le décret du 24 octobre 1859 ayant procédé par voie d'énumération, le principe d'interprétation à suivre c'est que tout ce qui, en matière de police municipale, n'a pas été attribué au préfet de la Seine, demeure au préfet de police, conformément à l'arrêté du 12 messidor an VIII [1].

Les attributions du préfet de police ne sont pas limitées à la ville de Paris ni même au département de la Seine ; elles s'étendent aux communes de Meudon, Saint-Cloud et Sèvres, situées dans le département de Seine-et-Oise, et principalement en ce qui concerne la police de sûreté, à toutes les communes du département de la Seine [2]. La *police administrative* est, pour ces dernières, demeurée dans les attributions des maires.

Le préfet du Rhône est investi, pour la commune de Lyon et plusieurs autres dont l'ensemble compose ce qu'on appelle l'*Agglomération lyonnaise*, des attributions que l'arrêté du 12 messidor an VIII confère au préfet de police à Paris. Les pouvoirs qui appartiennent au préfet de police de Paris sur Saint-Cloud, Meudon et Sèvres ont été donnés au

[1] Art. 1er du décret des 10-24 octobre 1859. « A l'avenir, les attributions du préfet de la Seine comprendront, en outre de celles qui lui sont conférées, dès à présent, par les lois et règlements et sous les réserves exprimées par les art. 2, 3, ci-après : 1° la petite voirie, telle qu'elle est définie par l'art. 21 de l'arrêté du 12 messidor an VIII ; 2° l'éclairage, le balayage, l'arrosage de la voie publique, l'enlèvement des boues, neiges et glaces ; 3° le curage des égouts et fosses d'aisances ; 4° les permissions pour établissements sur la rivière, les canaux et les ports ; 5° les traités et tarifs concernant les voitures publiques et la concession des lieux de stationnement de ces voitures et de celles qui servent à l'approvisionnement des halles et marchés ; 6° les tarifs, l'assiette et la perception des droits municipaux de toute sorte dans les halles et marchés ; 7° la boulangerie et les approvisionnements ; 8° l'entretien des édifices communaux de toute nature ; 9° les baux, marchés et adjudications relatifs aux services administratifs de la ville de Paris.

[2] Pour les communes de Saint-Cloud, Sèvres et Meudon, l'exception s'explique par l'existence, dans ces communes, de palais nationaux (V. arrêté du 3 brumaire an IX). Pour les communes du département de la Seine, le décret du 10 juin 1853 énumère les attributions qui restent aux maires de ces communes. Il résulte de cette énumération que tout ce qui se rattache à la sûreté a été attribué au préfet de police, et qu'on a conservé aux maires ce qui concerne la *police administrative* proprement dite. D'ailleurs la loi a procédé par énumération, et nous ne donnons que les idées générales ; c'est en se reportant à l'énumération qu'on pourra fixer les notions générales par les applications.

préfet du Rhône sur les communes de Rillieux et Mirebel, situées dans le département de l'Ain. Il en était de même, d'après la loi du 19 juin 1851, des communes de Saint-Rambert, Villeurbanne, Bron, Vaux et Venissieux dans l'Isère; mais ces communes ont été réunies au département du Rhône par le décret du 24 mars 1852. Depuis la réunion, les communes de Saint-Rambert, Villeurbanne, Vaux, Bron et Venissieux n'ont pas repris leur autonomie municipale et le préfet du Rhône y exerce, comme préfet de police, les pouvoirs dont il a été investi par la loi du 19 juin 1851 sur les communes de l'agglomération lyonnaise. Le système de la loi du 19 juin 1851 fut considérablement modifié par le décret-loi du 24 mars 1852. D'après la première, le préfet du Rhône était préfet de police; mais il partageait la police municipale de Lyon avec le maire de la commune, suivant une répartition qui donnait au maire tout ce qui constitue la police administrative proprement dite, et au préfet tout ce qui, dans la police municipale, intéresse la sûreté. Le décret du 24 mars 1852 divisa Lyon en cinq arrondissements analogues aux arrondissements de Paris, créa des maires d'arrondissement, supprima le maire central et conféra au préfet du Rhône l'administration de la ville, de telle sorte que le préfet fut à la fois maire central de Lyon, préfet du Rhône, préfet de police. Après la révolution du 4 septembre 1870, la mairie de Lyon fut rétablie; elle a été supprimée de nouveau par la loi du 5 avril 1873 qui a divisé la ville de Lyon en six arrondissements et rendu au préfet les attributions de maire central.

Dans les communes de Rillieux et de Mirebel, le préfet du Rhône a les pouvoirs que l'arrêté du 3 brumaire an IX donne au préfet de police sur les communes de Sèvres, Meudon et Saint-Cloud.

Commissaires de police. — Les commissaires de police sont les premiers auxiliaires de la police générale et de la police municipale; ils concourent à la première sous l'autorité du préfet, et à la seconde sous l'autorité du maire. Ils sont nommés, en général, par décret; la nomination appartient au préfet dans les villes dont la population est inférieure à 6,000 habitants.

D'après la loi du 28 pluviôse an VIII, il y a un commissaire de police dans toutes les villes de 5,000 à 10,000 habitants, et, dans celles qui ont une population supérieure, on ajoute un commissaire par 10,000 habitants. Toutes les fois qu'elle le juge utile, l'administration peut établir, dans chaque chef-lieu de canton, un commissaire de police. D'après un décret du 17 janvier 1853, la compétence du commissaire de police cantonal, quelle que soit la commune de sa résidence, s'étend à toutes les communes du canton. De même, lorsque dans une ville il y a plusieurs commissaires dont le ressort est distinct, cette division n'est relative qu'à la facilité de la surveillance et non à la compétence; car chacun a le droit d'exercer ses fonctions dans toute l'étendue de la commune[1].

Il existait, autrefois, des *commissaires départementaux*, dont les attributions s'étendaient à tout le département. Mais cette institution n'était pas applicable à tous les départements, et l'administration, suivant les besoins du service, pouvait en établir dans les uns, tandis qu'il n'y en avait pas dans les autres. Le décret qui en permettait l'établissemen n'a reçu qu'une exécution transitoire, et aujourd'hui cette institution ne subsiste plus que dans quelques villes.

Dans les villes importantes, on trouve des *commissaires centraux* de police nommés par le chef de l'État. Mais ces agents n'ont pas une compétence départementale comme l'avaient les commissaires départementaux. Leur autorité, d'ailleurs, ne diffère pas sensiblement de celle qui appartient

[1] Art. 10 de la loi du 19 vendémiaire an IV. Après la révolution du 4 septembre 1870, les commissaires de police cantonaux ont été supprimés dans plusieurs cantons. Ils tendaient à disparaître en vertu d'un arrêté ministériel du 10 septembre 1870. Une circulaire du 9 mai 1872 invite les préfets à indiquer les cantons où il serait utile de les rétablir.

aux commissaires de police ordinaires ; les ordres qu'ils donnent sont soumis à l'autorité du préfet, et ordinairement ils ne font que transmettre les volontés du préfet, en matière de sûreté générale, aux commissaires de police placés sous leurs ordres ; ils dirigent l'exécution des ordres, et distribuent à chaque agent la part qui lui revient dans les mesures à prendre.

Le *commissaire central* n'est ordinairement chargé que de diriger la police de sûreté, sous l'autorité du préfet. Un accord entre le maire et le commissaire central pourrait lui donner les mêmes pouvoirs hiérarchiques, en matière de police municipale. Autrement, c'est le maire qui fait office de commissaire central, et qui est en rapport immédiat avec les commissaires de police.

Des *commissaires spéciaux* de police sont attachés aux chemins de fer, dont la surveillance leur appartient sous l'autorité du préfet. Le décret qui les nomme détermine ordinairement la section qui sera plus spécialement placée sous leur surveillance ; mais leur compétence s'étend à toute la ligne [1]. — A Paris, il y a un commissaire spécial de la Bourse.

Depuis l'annexion de la banlieue, le nombre des commissaires de police de Paris a été porté à quatre-vingts. Cependant, si tel est le cadre normal, un décret a provisoirement fixé à soixante-six le nombre des commissaires [2].

[1] Ord. du 15 nov. 1846 et décret du 22 février 1855.

[2] Le décret portant création des commissaires de police cantonaux est du 28 mars 1852. Ils devaient être répartis en cinq classes, suivant leur traitement. Cette disposition a été réalisée par le décret du 27 février 1855, qui fixe le traitement de la première à 4,000 fr., celui de la seconde à 3,000 fr., de la troisième à 2,000 fr., de la quatrième à 1,500 fr., et de la cinquième à 1,200 fr. Pour le département de la Seine, à l'exception de Paris, un décret des 11-28 mars 1874 a fixé le nombre et la répartition des commissaires de police. Au point de vue du traitement, il les a divisés en deux classes : la première classe à 4,000 fr. et la seconde à 3,000. Le commissaire de police de Saint-Denis est hors classe et reçoit un traitement de 5,000 fr. (Voir, notamment pour Paris, le décret du 17 septembre 1854, sur l'organisation de la *police municipale* à Paris, et celui du 23 novembre 1853, sur le traitement des commissaires et autres agents de police dans le

EMPLOYÉS.

Nous comprenons sous cette dénomination tous les auxiliaires qui servent à préparer les actes de l'administration, sans avoir aucun pouvoir propre de décision. Quelque élevée que soit la position qu'il occupe, est *employé* tout fonctionnaire qui n'a pas le pouvoir de décider. Le chef de division dans un ministère, est un employé supérieur ; il n'a que les attributions déléguées par le ministre, et sa signature, mise au bas d'un arrêté, sans mention expresse de délégation ministérielle, n'obligerait pas plus les administrés que la signature d'un expéditionnaire. Entre eux la différence d'autorité et de pouvoir est purement intérieure.

Les bureaux des ministères ne sont pas tous organisés de la même manière, mais, sauf quelques différences de détail, les mêmes principes se retrouvent dans tous les départements ministériels. Un *chef de cabinet*, investi de la confiance personnelle du ministre, travaille directement avec lui pour les affaires confidentielles et réservées. Un *secrétaire général* distribue les affaires entre les divisions ou directions, présente les projets de décision à la signature du ministre, appelle son examen sur celles qui demandent une attention particulière. Les directions ou divisions sont sous-divisées en bureaux, entre lesquels la répartition des dossiers est faite par les directeurs et chefs de division. Les *chefs de bureaux* ont pour auxiliaires des *sous-chefs*, des *commis* et des *expéditionnaires*. La nomination des employés appartient, en principe, au ministre, sauf quelques exceptions réservées au Président. C'est ce qui a lieu pour les *secrétaires généraux* et *directeurs*, dont la nomination est

département de la Seine). D'après le décret du 17 septembre 1854, la ville de Paris contribue pour les deux tiers et l'État pour le tiers. Pour les commissaires cantonaux, la répartition entre les communes est faite par le préfet, en conseil de préfecture. — En ce qui concerne la ville de Paris, voir décrets des 8 décembre 1859, 1er février 1860 et 16 décembre 1859, 18 1860.

faite par décret. D'un autre côté, la nomination de certains employés est déléguée aux directeurs généraux.

Toutes proportions gardées, les bureaux des préfectures sont établis sur les mêmes bases que les bureaux des ministères. Un *secrétaire particulier* remplit, auprès du préfet, des fonctions analogues à celles des chefs de cabinet. Le secrétaire général de la préfecture surveille les bureaux et s'assure que les registres sont constamment tenus à jour. Les affaires sont distribuées entre les divisions ; les chefs de division ont sous leurs ordres des chefs de bureau, commis et expéditionnaires.

Les employés des préfectures sont rétribués sur une partie du fonds d'abonnement, qui est alloué aux préfets pour les frais de personnel et de matériel. Le fonds d'abonnement se divise en deux parties, l'une affectée au personnel et l'autre au matériel de la préfecture. L'art. 7 du décret du 27 mars 1852 attribue les quatre cinquièmes de l'abonnement au personnel et le cinquième restant au matériel [1]. Sur la part du personnel il n'est pas permis au préfet de faire des économies et la loi veut qu'elle soit dépensée en totalité. Au contraire, il lui est permis de faire des économies sur la part du matériel. Si le préfet n'a pas le droit de réduire la portion affectée au personnel, il lui appartient d'en faire la distribution, à son gré, entre les employés. C'est cette faculté qui donne à la position de ces employés une instabilité propre à écarter de cette carrière les hommes capables. Si, nonobstant cette précarité, on a recruté convenablement les bureaux des préfectures, il est injuste de laisser sans garantie des hommes qui ont suivi cette voie malgré ses aspérités.

AGENTS D'EXÉCUTION.

Armée. — L'armée se recrute : 1° par recrutement forcé ; 2° par enrôlements volontaires. L'engagement volontaire

[1] Voir cependant l'art. 2 de la loi de finances du 3 août 1875.

n'est que l'exception tandis que le recrutement forcé est la règle. Une loi de 1818 avait tenté de renverser cet ordre en qualifiant d'*exception* le service obligatoire ; mais la loi du 21 mars 1832, réalisant une proposition qu'avait faite en 1818 le maréchal Gouvion Saint-Cyr, a rétabli un ordre plus conforme à la nature des choses. Cet ordre n'a pas changé depuis 1832, et c'est celui qui a toujours été suivi dans les lois postérieures.

La loi du 27 juillet 1872 a poussé plus loin la rigueur du service et disposé que tout Français doit le service militaire personnel, ce qui entraîne l'exclusion du remplacement militaire (art. 4). Les dispenses ne peuvent être accordées, qu'à titre temporaire et jamais à titre de libération définitive (art. 4, § 2). La durée du service est de vingt années, savoir : 1° cinq ans dans l'armée active, pour ceux qui sont désignés par le sort pour faire partie du contingent ; 2° quatre ans dans la réserve de l'armée active, dite aussi *première réserve* ; 3° cinq ans dans l'armée territoriale ; et 4° six ans dans la réserve de l'armée territoriale, dite aussi *deuxième réserve* (art. 36).

L'armée active est composée des contingents des cinq dernières classes. Le tirage au sort désigne les appelés qui feront partie de l'armée active.

Chaque année, la loi qui appelle un certain nombre de soldats sous les drapeaux, répartit le contingent entre les départements. Le tableau de la répartition est annexé à la loi. Le préfet, *en conseil de préfecture*, répartit ensuite le contingent départemental entre les cantons, et le contingent cantonal est rempli par un tirage au sort entre les jeunes gens qui ont accompli l'âge de vingt ans, dans le courant de l'année précédente, c'est-à-dire avant le 1er janvier de l'année courante. Tous les jeunes gens sont portés sur une liste ou *tableau de recensement* que les maires dressent dans chaque commune, soit d'office, soit sur la déclaration à laquelle sont tenus les jeunes gens, leurs pères ou tuteurs (art. 8). Les actes de l'état civil indiquent l'âge des conscrits qui sont nés dans la commune ; à défaut d'actes (ce qui arrivera pour les conscrits qui ne sont pas nés dans la commune), les maires pourront les inscrire d'après la notoriété publique. Le maire fait afficher le tableau de recensement dans la commune, avec indication du jour où il sera procédé à *l'examen du tableau* et au *tirage*.

Au jour indiqué, le sous-préfet se rend au chef-lieu de canton et procède aux opérations annoncées, avec le concours des maires du canton réunis, sous sa présidence, en *conseil de recensement* [1]. On commence par lire, à haute voix, le tableau de recensement et, à mesure que les jeunes gens inscrits sur la liste sont appelés, on entend les observations que chacun des intéressés peut avoir à faire. Quel peut être l'objet de ces réclamations ? Elles seront fondées, par exemple, sur ce que le conscrit n'avait pas vingt ans accomplis avant le 1er janvier, ou sur ce qu'il n'est pas domicilié dans le canton et qu'il a été porté sur la liste d'un autre canton. En un mot, il faut que la réclamation tende à démontrer que le conscrit a été indûment porté sur le tableau de recensement. Ces réclamations sont jugées par le sous-préfet, qui statue après avoir pris l'avis des maires ; le tableau ainsi rectifié est signé par chacun des membres du conseil de recensement et définitivement arrêté [2]. C'est ce qu'on appelle le *tableau de tirage*.

Un premier tirage détermine l'ordre dans lequel les communes seront appelées (art. 13, § dernier). Si l'ordre alphabétique n'a pas été adopté pour déterminer l'ordre du tirage entre les communes, c'est que le législateur a tenu compte d'un préjugé fort répandu parmi les habitants des campagnes. Cette erreur consistait à croire que les premiers qui étaient appelés à tirer prenaient tous les bons numéros, et n'en laissaient que de mauvais pour les derniers.

[1] Si la commune est divisée en plusieurs cantons, le sous-préfet est assisté du maire et des adjoints.

[2] Il faut remarquer que la décision n'appartient pas à la réunion des maires, mais seulement au *sous-préfet*, qui se borne à prendre l'avis des maires.

Ensuite les jeunes gens ou, en leur absence, leurs parents ou, à défaut, le maire de la commune, suivant le rang de la commune, tirent un numéro qui est proclamé et inscrit sur une liste appelée *liste de tirage*. A côté de chaque nom, on mentionne les motifs d'*exemption* ou de dispense, que les conscrits se proposent de faire valoir devant le conseil de révision (art. 15). Les opérations du tirage ne sont pas recommencées, quelles que soient les irrégularités commises par le sous-préfet : le législateur ne veut pas que l'attente de ceux qui ont obtenu de bons numéros puisse être trompée.

Le *conseil* de révision est une commission spéciale qui est chargée de désigner définitivement les jeunes gens qui feront partie du contingent cantonal pour l'armée active et, par conséquent, d'apprécier les motifs d'exemption ou de dispense. Il est composé de cinq membres :

1° Le préfet ou, en cas d'empêchement, le secrétaire général, ou conseiller de préfecture délégué par le préfet ;

2° Un membre du conseil de préfecture ;

3° Un membre du conseil général ;

4° Un membre du conseil d'arrondissement.

Ces deux derniers sont désignés par la commission départementale (art. 82 de la loi du 10 août 1871) et ne doivent jamais être les conseillers élus dans le canton.

5° Un officier général ou supérieur délégué par l'autorité militaire (art. 27).

Ces cinq membres sont les seuls qui aient voix délibérative ; mais il y a, auprès du conseil, des auxiliaires avec voix consultative. Ce sont : 1° un intendant ou sous-intendant militaire qui est entendu toutes les fois qu'il le demande, et dont les observations doivent, quand il l'exige, être consignées sur le registre des délibérations ; 2° le sous-préfet qui a présidé aux opérations du recensement et du tirage ; 3° un officier de santé ou docteur en médecine, qui doit être entendu sur toutes les exemptions ayant pour cause une maladie ou une difformité ; 4° les maires des communes; ils assistent aux séances et peuvent être entendus.

Si un membre était empêché, le conseil de révision pourrait siéger au nombre de quatre ; mais le président n'aurait pas voix prépondérante. Aucune décision ne pourrait être prise qu'à la majorité de trois voix contre une et, s'il y avait partage, la décision serait ajournée (art. 27 § dernier). Sur ce point la loi a consacré la solution à laquelle s'était arrêtée la jurisprudence dans l'application des lois antérieures qui gardaient le silence.

Le conseil de révision juge en appel toutes les réclamations qui avaient été jugées en première instance par le conseil de recensement ; enfin, il prononce en premier et dernier ressort sur les causes d'*exemption* ou de *dispense* admises par la loi.

Les cas d'exemption, fort nombreux d'après la législation antérieure, sont très-restreints d'après la loi actuelle. L'art. 16 n'exempte que les jeunes gens que leurs infirmités rendent impropres à tout service actif ou auxiliaire dans l'armée. Ainsi le défaut de taille réglementaire qui autrefois emportait exemption absolue, n'exempte plus des services auxiliaires.

Les dispenses de service sont de plusieurs sortes. La loi distingue : 1° Les dispenses *en temps de paix*, dans les cas énumérés par l'art. 17. En temps de guerre, les jeunes gens dispensés sont à la disposition du ministre de la guerre et, même pendant la paix, ils sont soumis à des exercices (art. 25 et 26) ; 2° Les *dispenses conditionnelles*, accordées aux jeunes gens qui se consacrent à certaines professions, telles que l'instruction publique, le clergé, l'académie de Rome (art. 20). Ces dispenses sont dites *conditionnelles* parce qu'elles ne sont accordées qu'à la condition de remplir l'engagement par ces conscrits de suivre leur carrière pendant le nombre d'années déterminé par la loi. S'ils quittent leur carrière avant l'expiration du temps voulu, ils sont tenus d'en faire la déclaration. La loi les oblige à faire leur service, mais déduction faite du temps qu'ils ont passé dans leurs fonctions (art. 21) ; 3° *dispenses provisoires*. Ces dispenses sont accordées à des jeunes gens qui n'étant dans aucun des cas d'exemption légale, sont cependant indispensables à leurs familles comme soutiens. Ces dispenses ne peuvent être acccordées que par le conseil de révision et à raison de 4 p. 100 du contingent. Encore faut-il que les jeunes gens soient désignés par les conseils municipaux ; la dispense n'est accordée qu'aux jeunes gens portés sur la liste du conseil municipal (art. 22).

4° Les *ajournements* et les *sursis*. Lorsqu'un jeune homme après examen a été trouvé actuellement impropre au service, il peut être ajourné à un ou deux ans, auquel cas il est de nouveau examiné et appelé à servir, pour le temps qui reste à courir jusqu'à la libération de sa classe, dans le cas où la cause de l'exemption aurait disparu (art. 18). D'un autre côté, les jeunes gens qui, avant le tirage, en ont fait la demande, peuvent obtenir un *sursis* pour continuer leur apprentissage ou parce que leur présence est indispensable à leur exploitation industrielle, agricole ou commerciale. Ce sursis est accordé pour un an et peut être renouvelé pour une seconde année (art. 23). Les concessions de sursis sont faites par le conseil de révision et ne peuvent être accordées qu'à raison de 4 p. 100 du nombre des jeunes gens reconnus propres au service (art. 24).

Le conseil de révision choisit, en remontant des numéros les plus faibles aux plus élevés, les jeunes gens qui n'ont aucune cause d'exemption à faire valoir, et lorsque le contingent est atteint, il clôt la liste et proclame la libération de ceux qui n'y sont pas inscrits ; sa décision est souveraine et ne peut pas être attaquée au fond [1]. Le législateur n'a pas voulu que les opérations fussent recommencées pour ne pas rappeler ceux qui avaient obtenu leur libération ; or, en cas d'annulation, il aurait fallu ou tromper leur

[1] Conseil d'État, arr. des 18 mai 1837, 5 juin 1838, 26 août 1842, 13 août 1852, 26 juillet et 27 novembre 1856.

attente ou enlever à l'armée une partie du contingent qui avait été reconnu nécessaire. Cette règle a cependant fléchi dans les cas où il y a excès de *pouvoir* ou *incompétence*. C'est ce qui aurait lieu, par exemple, si le conseil de révision avait prononcé sur une réclamation de droit commun qui aurait dû être renvoyée aux tribunaux ordinaires, à titre de question préjudicielle [1]. Lorsque le conseil de révision a fait une fausse application de la loi, le mal n'est pas sans remède; le ministre de la guerre a le droit de se pourvoir contre la décision du conseil pour violation de la loi; et l'annulation, si elle est prononcée sur la demande du ministre, profite à la partie, bien que celle-ci n'ait pas le droit d'agir (art. 30).

L'exonération du service militaire, avant la loi du 27 juillet 1872, s'obtenait au moyen :

1° Du *remplacement ;*

2° De la *substitution de numéros.*

Le remplacement et la substitution de numéros avaient lieu en vertu de conventions privées entre les parties et de la décision du conseil de révision. La substitution de numéros se faisait entre conscrits du même canton appartenant au même tirage et la seule condition exigée était que le substitué fût reconnu propre au service. Toute autre condition était inutile puisque le substitué aurait pu lui-même être appelé pour son propre compte. Quant au remplacement, la loi exigeait plusieurs conditions parce que le remplaçant pouvait être choisi en dehors des personnes appelées à faire partie de la classe (V. art. 19, 20 et 21 de la loi du 21 mars 1832). Les actes de remplacement et de substitution étaient reçus par les préfets dans la forme des actes administratifs; quant aux conventions entre les parties, pour la rémunération du remplacement ou de la substitution, elles étaient constatées suivant les règles du droit

[1] Le conseil de révision qui, sans la renvoyer aux tribunaux, juge une question préjudicielle de domicile commet un excès de pouvoir. Arr. cons. d'État du 12 décembre 1873 (*Vidal*).

commun en matière de preuve des contrats (art. 24 de la loi du 21 mars 1832).

La loi du 27 juillet 1872 a supprimé le remplacement (art. 4) et quant à la substitution de numéros, elle n'est autorisée qu'entre frères (art. 28 § 5). L'obligation du service personnel est tellement stricte que la substitution de numéros n'est même plus permise entre cousins.

La loi distingue plusieurs espèces d'engagements : 1° *L'engagement en temps de paix.* Tout Français peut être autorisé à contracter un engagement à la condition d'être âgé de seize ans pour la marine et de dix-huit ans pour l'armée de terre; de savoir lire et écrire ; de jouir de ses droits civils ; de n'être ni marié, ni veuf avec enfants ; d'être porteur d'un certificat de bonnes vie et mœurs et, si l'engagé a moins de vingt ans, de représenter le consentement de ses père, mère ou tuteur (art. 46). La durée de l'engagement est de cinq ans. Les années comptent pour le service dans l'armée active (art. 47) ; — 2° *L'engagement en temps de guerre.* Tout Français qui a accompli le temps de service prescrit pour l'armée active et la réserve de ladite armée, est admis à contracter un engagement pour la durée de la guerre. Le service fait en vertu de cet engagement n'emporte pas la dispense pour le frère de servir (art. 47 § dernier, cf. avec 17 § 4) ; — 3° Le *volontariat d'un an* ou engagement conditionnel. Les jeunes gens qui se destinent aux professions libérales sont admis, avant le tirage, à contracter un engagement d'une année dans l'armée de terre. Si, à l'expiration de l'année, il satisfait aux examens, il est libéré du service de l'armée active en temps de paix. En temps de guerre, il est maintenu au service et, en cas de mobilisation, il marche avec la première partie de la classe à laquelle il appartient par son engagement. Si, au contraire, il ne satisfait pas aux examens, il est obligé de faire une deuxième année et s'il échoue de nouveau à l'expiration de la deuxième année, il doit parfaire les cinq ans, le bénéfice du volontariat étant périmé. — Pour être admis au volontariat d'un an, deux conditions sont exigées : 1° Il faut que l'engagé produise les diplômes ou certificats d'étude énumérés dans les art. 53 et 54 de la loi du 27 juillet 1872 ; 2° qu'il supporte les dépenses de son équipement et de son entretien (art. 55). Toutefois le ministre de la guerre peut exempter de tout ou partie de cette obligation les jeunes gens qui ont donné, dans leur examen, des preuves de capacité et qui justifient être dans l'impossibilité de subvenir aux frais d'équipement ou d'entretien (art. 55 § 2).

Les jeunes gens qui ont commencé leurs études peuvent, pour ne les point interrompre, obtenir un sursis qui peut aller jusqu'à leur vingt-quatrième année révolue. Ils doivent, à cet effet, faire la demande dans l'année qui précède l'appel de leur classe et contracter, avant le tirage, l'engagement conditionel d'un an (art. 57).

Organisation militaire. La loi du 24 juillet 1873 divise le territoire de la France, tant au point de vue de l'armée active et de sa réserve que de l'armée territoriale et de sa réserve, en dix-huit régions dont les limites sont déterminées par décret. Dans chacune des régions un corps d'armée tient garnison ; il est composé de deux divisions d'infanterie, d'une brigade de cavalerie, d'une brigade d'artillerie, d'un bataillon du génie, d'un escadron du train des équipages, des états-majors et des différents services nécessaires (art. 6). Les conscrits sont versés, chaque année, dans les différents corps d'armée, sans tenir compte du département d'origine des soldats (*Système national*). Mais, en cas de mobilisation et pour plus de rapidité, les militaires en disponibilité sont versés dans le corps d'armée de la région où ils se trouvent au moment de la mobilisation (*Système régional*) (art. 11).

L'armée territoriale est composée des hommes domiciliés dans la région, qui ont fini le temps qu'ils devaient passer dans la première réserve. Les militaires qui la composent restent dans leurs foyers et ne sont réunis que sur l'ordre de l'autorité militaire (art. 30). En cas de mobilisation, l'armée territoriale peut être employée à la garnison des places fortes, aux postes et lignes d'étapes, à la défense des côtes, des points stratégiques; ils peuvent être formés en brigades, divisions et corps d'armée destinés à tenir campagne (art. 34). — En tout temps, l'armée territoriale a ses cadres entièrement constitués. Les officiers ne reçoivent cependant de solde qu'en temps de guerre. L'effectif soldé en temps de paix ne comprend que le personnel nécessaire à l'administration, à la tenue des contrôles, à la comptabilité et à la préparation des mesures qui ont pour objet l'appel des hommes à l'activité (art. 29).

L'armée active et sa réserve, l'armée territoriale et sa réserve, sont placées, dans chaque région, sous les ordres du commandant du corps d'armée (art. 14).

État des officiers. — L'avancement des militaires se fait au *choix* ou à *l'ancienneté*, dans des proportions déterminées par les lois; cette proportion est changée, en temps de guerre, de manière à restreindre les droits de l'ancienneté.

En temps de paix, le tiers des places de sous-lieutenant est donné aux sous-officiers; les deux tiers des places de lieutenant et de capitaine sont donnés à l'ancienneté du grade. Pour les grades de chef de bataillon ou d'escadron, la proportion de l'ancienneté n'est plus que de moitié. Au-dessus du grade de chef de bataillon, l'avancement n'a lieu qu'au choix.

En temps de guerre, les grades de chef de bataillon ou d'escadron ne sont eux-mêmes donnés qu'au choix et, pour les lieutenants et capitaines, la proportion de l'ancienneté n'est plus que de moitié, au lieu des deux tiers. L'avancement au choix est purement discrétionnaire; l'ancienneté confère un droit à celui qui a servi dans son grade pendant le temps voulu[1], lorsque son tour est arrivé.

Afin de concilier les besoins du service avec le droit individuel des officiers, la loi a distingué le *grade* et l'*emploi*. Le grade est une véritable propriété dont le militaire ne peut

[1] Loi du 14 avril 1832, art. 1, 2 et 3. — Art. 15 et 16.

être dépouillé que dans certains cas déterminés par la loi; l'emploi au contraire, est à la disposition du chef de l'État qui peut le retirer au titulaire, par décret rendu sur le rapport du ministre de la guerre.

Pour les militaires sans emploi, on distingue plusieurs situations :

1° La *non-activité* par suite de licenciement, suppression d'emploi, rentrée de captivité ou infirmités temporaires; les officiers reçoivent, en ce cas, la moitié de leur solde d'activité; par exception, les lieutenants et sous-lieutenants ont droit aux trois cinquièmes [1];

2° La *non-activité*, par retrait ou suspension d'emploi; la solde, en ce cas, est réduite aux deux cinquièmes.

Pour quelque motif que les officiers soient en non-activité, ils peuvent être rappelés à l'activité. Il en est autrement en cas de,

3° *Réforme* [2]. On appelle ainsi la position de l'officier sans emploi, qui, ne pouvant pas être rappelé à l'activité, n'a pas droit à la retraite. Elle peut être prononcée soit pour infirmités incurables, soit par mesure disciplinaire contre l'officier. Elle donne droit, non à une portion de la solde d'activité, mais à une part de la pension de retraite [3]. Après vingt ans de service effectif, l'officier en réforme a droit à une partie de la retraite de son grade, calculée à raison d'un trentième par année de service effectif. En ce cas, la pension de réforme est inscrite au grand-livre; elle est viagère. Si l'officier mis en réforme a moins de vingt ans de service, on lui paye, pendant un temps égal à la moitié des années de service effectif, les deux tiers du minimum de la retraite de son grade;

4° Enfin, la *retraite* : c'est la position de l'officier qui a obtenu une pension et ne peut plus être appelé à l'activité [4].

[1] Loi du 15 mai 1834, art. 4, 8 et art. 16 et 17.
[2] Art. 11, 12, 13 de la même loi.
[3] Art. 18 et 19 de la même loi.
[4] Art. 8 de la même loi.

Tous les officiers sans emploi ne sont pas en non-activité. Le premier cadre, en effet, comprend l'*activité* et la *disponibilité* : l'*activité* est l'état des officiers qui ont à la fois le grade et l'emploi ; la *disponibilité* est la position de ceux qui sont momentanément sans emploi, mais qui font toujours partie du cadre constitutif. La disponibilité est, du reste, une position particulière aux officiers généraux et d'état-major ; ce n'est pas le seul privilége dont les officiers généraux jouissent, bien qu'ils aient atteint l'âge de 65 ou de 62 ans. On a créé, pour eux spécialement, un deuxième cadre appelé *cadre de réserve*[1].

Les généraux de division à soixante-cinq ans, et les généraux de brigade à soixante-deux, passent du cadre d'activité dans le cadre de réserve. Une fois qu'ils sont passés dans ce dernier cadre, ils ne peuvent plus être rappelés à l'activité qu'en temps de guerre, et uniquement pour le commandement à l'intérieur.

Au contraire, les généraux en disponibilité peuvent être rappelés à l'activité tant pendant la guerre qu'en temps de paix, tant pour l'extérieur que pour l'intérieur.

Les généraux qui ont commandé en chef sont maintenus dans le cadre de disponibilité ou d'activité [2].

La distinction entre le grade et l'emploi a fait dire que le grade était une propriété et que l'officier est propriétaire de son grade. Cette proposition n'est vraie qu'en ce qui concerne les officiers qui ont été nommés conformément aux conditions prescrites par les lois des 14 avril 1832 et 19 mai 1834. Ceux qui tiendraient leurs grades d'un fait politique ou d'une faveur exceptionnelle du Souverain ne pourraient pas invoquer les lois qui protégent le droit au grade[3].

[1] Le cadre de réserve créé par la loi du 4 août 1839 avait été supprimé par décret du gouvernement provisoire du 11 avril 1848 ; il a été rétabli par un décret du 1er décembre 1852.

[2] C'est ce qui résulte du renvoi fait par le décret du 1er décembre 1852 à l'art. 72 de l'ord. du 16 mars 1838, sur l'avancement dans l'armée.

[3] Arr. conseil d'État du 19 février 1875 (*Prince Napoléon*). — Les grades

L'ancienneté fait partie de l'état de l'officier. On pourrait donc attaquer pour excès de pouvoir le décret qui, en dehors des conditions de la loi du 19 mai 1834, reporterait à une date plus récente le rang d'ancienneté résultant d'un décret antérieur [1].

Armée de mer. — Les règles sur le recrutement sont applicables presque toutes à l'armée de mer comme à l'armée de terre. L'enrôlement pour la marine est reçu à seize ans, et les enrôlés volontaires ne sont pas tenus d'avoir la taille réglementaire, au moment de l'engagement; seulement, ils ne sont pas reçus si, à dix-huit ans, cette condition n'est pas remplie (art. 46 de la loi du 27 juillet 1872). Autres différences et des plus importantes : 1° le volontariat d'un an n'est pas admis dans l'armée de mer ; 2° le temps passé dans la première réserve est pour l'armée de mer de deux ans seulement, tandis qu'il dure cinq ans pour l'armée de terre.

L'avancement des officiers, au choix et à l'ancienneté, est réglé par la loi du 20 avril 1832 ; la loi du 19 mai 1834, sur l'état des officiers, est applicable aux officiers de l'armée de mer comme aux officiers de l'armée de terre.

L'armée de mer est fournie par le recrutement ; mais les marins pour le service des navires ainsi que les ouvriers, employés à leur gréement, sont pris parmi les personnes soumises à l'*inscription maritime*. La loi du 3 brumaire an IV soumet à l'inscription maritime tous les individus, âgés de dix-huit à cinquante ans, qui se livrent à la navigation ou à la pêche de mer sur les côtes ou dans les rivières jusqu'où remonte la marée et, s'il n'y a pas de marée, jusqu'où peuvent remonter les bâtiments de mer. — On

conférés par le gouvernement ont été révisés par une commission de l'Assemblée nationale, et les décisions de cette commission étaient souveraines; aucun recours ne pouvait être formé contre ses actes. Arr. Conseil d'État du 15 novembre 1872 (*Carrey de Bellemare*) ; 25 novembre 1872 (*Piétry*) ; 3 janvier 1873 (*Lépaulle*) et 28 mars 1873 (*La Vieille*).

[1] Arr. Conseil d'État du 6 février 1874 (*Hounau*).

les divise en quatre classes dont la première comprend les célibataires ; la seconde, les veufs sans enfants ; la troisième, les hommes mariés sans enfants, et la quatrième les pères de famille. Tous les individus inscrits peuvent être requis pour le service de la flotte, en suivant l'ordre précédent ; la seconde classe n'est appelée qu'à défaut de la première et ainsi de suite. C'est une dure servitude, mais à laquelle on peut se soustraire en renonçant à la navigation ou à la pêche, et qui, d'un autre côté, confère des avantages en compensation ; car, 1° ceux qui sont inscrits se trouvent dispensés du service militaire (loi du 27 juillet 1872, art. 21) ; 2° quand ils ne sont pas employés pour le service de la flotte, ils peuvent s'embarquer à bord des bâtiments de commerce, et ce temps leur compte pour la retraite, à raison de six mois pour un an ; 3° ils ont droit aux prises maritimes ; 4° les enfants des marins en activité de service, sur les bâtiments et dans les ports de l'État, reçoivent un secours jusqu'à l'âge de dix ans[1].

Garde nationale mobile. — La loi du 1er février 1868 avait créé une garde nationale mobile qui était destinée à concourir, comme auxiliaire de l'armée active, à la défense des places fortes, des côtes et frontières de l'Empire et au maintien de l'ordre dans l'intérieur. Elle devait être composée de jeunes gens appartenant aux classes 1867 et suivantes qui n'avaient pas été compris dans le contingent à cause de leur numéro de tirage ; de ceux qui s'étaient fait remplacer ; de ceux qui étaient exempts en vertu des §§ 3, 4, 5, 6 et 7 de l'art. 13 de la loi du 21 mars 1832. Le rem-

[1] Les grades dans l'armée de mer sont les suivants : 1° amiral ; 2° vice-amiral ; 3° contre-amiral ; 4° capitaine de vaisseau ; 5° capitaine de frégate ; 6° lieutenant de vaisseau ; 7° enseigne de vaisseau ; 8° aspirant de première classe ; 9° aspirant de deuxième classe. Les *services administratifs* de la marine sont dans la compétence des *préfets maritimes* et du *commissariat de la marine*, qui se distinguent du commandement des forces navales à peu près comme l'intendance militaire se distingue de l'armée. Pour l'inscription maritime, les quartiers se divisent en un certain nombre de *syndicats ;* les syndics sont chargés de l'inscription, sous l'autorité des commissaires de la marine.

placement n'était pas admis pour le service de la garde mobile. Quant à la substitution de numéros, on ne l'autorisait qu'entre parents jusqu'au sixième degré inclusivement [1].

La garde nationale mobile ne pouvait être appelée qu'en vertu d'une loi spéciale. Cependant l'autorité militaire avait le droit de réunir les bataillons au chef-lieu dans les vingt jours qui précédaient la présentation de la loi de mise en activité (art. 3 et 4 de la loi du 1er février 1868).

La garde mobile a, dans le système de la loi du 27 juillet 1872, été remplacée par l'armée territoriale.

Garde nationale sédentaire. — Les gardes nationales ont été dissoutes, dans toutes les communes de France, par la loi du 25 août 1871. Pas plus que la garde mobile, la garde nationale sédentaire n'avait de raison d'être dans la nouvelle organisation militaire. L'expérience d'ailleurs avait démontrée que dans les villes il était dangereux d'armer tous les citoyens parce qu'on risquait, en donnant des armes aux partis, d'organiser la guerre civile. L'insurrection du 18 mars 1871 avait prouvé que cette institution était une force révolutionnaire et qu'elle n'était plus, si elle avait eu ce caractère à son origine, une garantie de liberté.

[1] L'art. 4 de la loi du 1er février 1868 énumère les cas d'exemption pour le service de la garde nationale.

COMPÉTENCE. — JURIDICTIONS. — PROCÉDURE.

Observation générale. — Pour compléter l'exposé de l'organisation administrative, nous terminerons en parlant des juridictions qui sont chargées de prononcer sur le contentieux administratif. Les mêmes autorités ont souvent des attributions d'administration pure et une compétence contentieuse. Nous avons cru cependant devoir séparer ce qui était distinct, et c'est pour cela que nous avons traité le contentieux dans une division spéciale.

CONTENTIEUX ADMINISTRATIF.

Nature du contentieux. — Il y a des cas où l'action administrative n'est limitée ni par des formes exigées à peine d'excès de pouvoir, ni par la loi reconnaissant certains droits, ni par un contrat passé entre l'administration et des particuliers ; elle est alors purement discrétionnaire, et aucun recours juridique n'est accordé aux personnes dont les intérêts seraient blessés par cette rencontre. Tout ce que les parties peuvent faire c'est, lorsque l'acte dont elles souffrent est émané d'un agent inférieur, de s'adresser à son supérieur hiérarchique par voie de supplique, et de lui en demander la réformation comme une faveur. Mais l'administration ne se meut pas toujours avec autant de liberté, et il est des circonstances, au contraire, où la loi l'oblige à s'éclairer au moyen de certaines formalités, et à respecter des droits consacrés par des dispositions législatives ou par des contrats régulièrement formés. Aussi la violation des formes, de la loi ou des conventions donne-t-elle lieu à recours par les parties intéressées, et c'est là ce qui constitue le contentieux administratif. « Le contentieux administratif, dit M. Vivien [1], se compose de toutes les réclamations fondées sur la violation des obligations imposées à l'administration par les lois et règlements qui la régissent ou par les contrats qu'elle souscrit; ainsi toute loi qui pose une règle de décision peut donner ouverture à un débat contentieux, s'il est allégué que la compétence soit intervertie, la forme inobservée ou la règle enfreinte. Tout contrat passé par l'administration a le même effet, si le sens ou l'exécution en sont contestés. L'ensemble de ces débats, considérés en masse, constitue le contentieux de l'administration; il se compose donc d'une nature de contestations, bien distinctes, comme on le voit, du contentieux judiciaire et de l'administration pure [2]. »

Nous avons, en exposant l'organisation administrative, posé des prémisses qui nous permettront ici de bien mettre en relief la distinction entre l'administration pure et le contentieux. La loi exige, en certains cas, des avis, des formalités qui servent de garantie aux particuliers. Précisément parce que, dans ces circonstances, l'administration est investie d'un pouvoir discrétionnaire, le législateur a voulu donner aux intérêts privés une sûreté qui prévienne l'arbitraire en éclairant l'administrateur. L'inobservation de ces formes produit l'*excès de pouvoir*, et du moment qu'il y a excès de pouvoir la matière donne lieu à recours alors même qu'elle serait de sa nature purement administra-

[1] *Études administratives*, 2e édition, t. I, p. 125.

[2] Un décret portant révocation de la nomination d'un membre de la légion d'honneur, en dehors des cas prévus par les lois et règlements, est entaché d'excès de pouvoir et peut être attaqué au contentieux. Arr. Conseil d'État du 30 mai 1873. — Un décret portant répartition entre les titulaires d'offices du paiement de l'indemnité due pour un titre supprimé au titulaire ou à ses héritiers ne peut pas être attaqué au contentieux. C'est un acte d'administration pure d'après la jurisprudence. Arr. Conseil d'État du 27 juin 1818 (*Fraohonez*).

tive. Si, par exemple, un préfet néglige, malgré les prescriptions de la loi, de consulter le conseil de préfecture, le conseil général, le conseil d'arrondissement ou le conseil municipal, l'arrêté qu'il rend est irrégulier et peut être attaqué devant le Conseil d'État.

Il ne suffit pas pour qu'un acte administratif soit attaquable au contentieux, qu'il froisse l'*intérêt* d'un particulier. On peut avoir grand intérêt à obtenir une place, ou la concession d'une mine, ou l'autorisation de construire une usine sur un cours d'eau navigable, etc., etc. Lorsque la demande est repoussée, le pétitionnaire peut-il se pourvoir contre ce refus? Il est évident que si les intérêts du demandeur ont souffert, nulle atteinte n'a cependant été portée à son droit; car, tout le monde a la faculté de *demander*, mais personne n'a le droit d'*obtenir* une faveur. D'un autre côté, si la juridiction contentieuse avait le pouvoir de vaincre les refus de l'administrateur, elle pourrait donc accorder l'autorisation demandée; mais a-t-elle les éléments de décision et d'appréciation pour juger de l'opportunité d'une semblable mesure? Une juridiction statuant suivant certaines formes, et sur la demande des intéressés, n'a pas, comme l'administrateur, le moyen de savoir si l'acte dont il s'agit ne présentera pas des inconvénients; en supposant qu'elle n'y découvre aucun péril, à l'examiner dans l'isolement où les parties l'ont présenté, rien ne garantit que par rapport à l'ensemble de l'administration il aura la même innocuité. L'administrateur, par la nature même de son office, a l'œil ouvert sur toutes les parties de l'administration; la juridiction contentieuse ne connaît que l'affaire qui lui est soumise, et c'est pour cela qu'elle ne doit pas se substituer à l'administrateur.

Lors, au contraire, que l'*acte administratif individuel* blesse un *droit acquis*, alors le recours contentieux est, en général, admis pour faire cesser cette violation. Le décret qui accorde une concession est un acte d'administration pure, et, par conséquent, inattaquable au contentieux;

mais celui qui en prononcerait le retrait donnerait lieu au recours, si la révocation était faite en dehors des cas où elle est admise par la loi. — Autre exemple: L'autorisation d'établir un atelier insalubre est, par sa nature, un acte d'administration pure puisqu'il se rattache à l'exercice du pouvoir de police en matière de salubrité. Cependant, comme le refus est une atteinte grave à la liberté de l'industrie, le législateur a exceptionnellement permis au demandeur de faire opposition contre le refus (art. 7 du décret du 15 octobre 1810). La loi permet aussi à l'administration de prononcer la suppression de l'établissement lorsqu'il est dommageable pour la salubrité publique (art. 12 du même décret). Si la suppression était ordonnée pour d'autres causes, et, par conséquent, d'une façon arbitraire, le recours par la voie contentieuse serait admissible. — Troisième exemple : Le décret qui concède une mine est un acte d'administration pure, mais la révocation de la concession peut être prononcée dans certains cas prévus par la loi et, par exemple, pour défaut de payement des dépenses contributives d'assèchement (loi du 27 avril 1838, art. 6) Si le retrait était prononcé en dehors des cas prévus par la loi, le concessionnaire pourrait faire prononcer l'annulation de l'arrêté de révocation par un arrêt contentieux. — Quatrième exemple : Quand le Gouvernement accorde un secours à la veuve d'un fonctionnaire qui est mort avant d'avoir le temps de service requis pour avoir droit à pension, il fait une faveur qu'il aurait pu refuser. Lorsqu'il refuse, la veuve ne peut pas agir au contentieux. Si nous supposons que le fonctionnaire soit mort ayant fait ses trente ans de service et que le ministre n'accorde à sa veuve qu'une pension inférieure au taux fixé par la loi, elle pourra réclamer contre la liquidation par la voie contentieuse.

Parmi les actes d'administration pure, les uns se distinguent facilement des matières contentieuses, et de ce nombre sont toutes les mesures qui constituent une concession, grâce ou faveur. D'autres peuvent être aisément confondus avec elles : par exemple les mesures de police. Sauf les exceptions qui pourraient résulter de dispositions spéciales, il est de principe que les mesures de police prises par l'autorité compétente ne donnent pas lieu à recours contentieux, même à la réclamation devant la juridiction contentieuse administrative d'une indemnité pour le préjudice souffert par les parties. Est-ce à dire que les parties n'aient aucun moyen d'atteindre les agents qui se rendent coupables d'abus d'autorité et qui, par des vexations inutiles, leur causeraient des dommages ou des atteintes à la liberté individuelle ? Si les parties ne peuvent pas attaquer l'acte lui-même, il leur est permis de poursuivre les agents devant les tribunaux ordinaires.

On trouve une application importante de cette doctrine dans la matière des *Règlements d'eau*. L'administration a reçu de la loi des 12-20 août 1790, chap. VI, le droit de prendre toutes les mesures qu'elle jugerait utiles pour assurer le libre écoulement des eaux, et même pour les diriger vers un *but d'utilité générale*, d'après les principes d'irrigation. Que ces règlements soient généraux et applicables à tout le cours du fleuve, ou qu'ils soient spéciaux à quelques usines, ce sont des actes de pure administration, inattaquables au contentieux, à la seule condition qu'ils aient été pris dans un intérêt public ou au moins dans l'intérêt collectif de plusieurs usiniers. S'il avait tranché des contestations privées, par application de titres du droit commun, il y aurait *excès de pouvoir* [1].

Telles sont les distinctions principales que M. de Broglie refusait d'admettre dans un article publié par la *Revue française* en 1828 ; il y soutenait que « le contentieux administratif ne devrait comprendre que les réclamations élevées sur

[1] V. sur cette question un exposé analytique de la doctrine et de la jurisprudence dans les *Principes de compétence et de juridiction*, par M. Chauveau (t. Ier, n° 154, p. 44, et t. II, p. 82 et suiv.). M. Chauveau combat la jurisprudence en ce qui concerne les règlements d'eau spéciaux à un ou quelques usiniers.

le mérite, la justice, l'opportunité d'une mesure prise par le Gouvernement *discrétionnairement*, et dans la limite de ses pouvoirs ; » en second lieu, qu'il faudrait attribuer aux tribunaux ordinaires « toute plainte qui se fonde sur les termes exprès d'une loi, d'un décret, d'une ordonnance, d'un arrêté. » Ce système consistait donc à ouvrir un recours contre les actes discrétionnaires ou de pure administration, c'est-à-dire précisément contre ceux qui ne sont pas attaquables par la voie contentieuse. Quant à la proposition de confondre le *contentieux administratif* avec le *contentieux judiciaire*, on pouvait et l'on pourrait encore invoquer l'exemple de plusieurs pays où les tribunaux de droit commun sont investis de la double compétence. Quels sont donc les motifs qui ont déterminé le législateur français à séparer ce que la plus grande partie des législations étrangères ont réuni [1] ?

1° Les questions administratives exigent des connaissances spéciales très-diverses, et, pour assurer une bonne administration de la justice, il était presque indispensable de constituer des juges spéciaux ; 2° quoique les juridictions contentieuses aient été établies pour garantir les droits individuels atteints par l'action administrative, il faut cependant que les débats soient jugés au point de vue de l'intérêt général et par des tribunaux pénétrés de cette pensée que, *dans le doute*, c'est l'intérêt général qui doit prédominer; il était à craindre que des tribunaux constamment occupés à régler les intérêts ou droits privés ne fussent trop disposés à leur sacrifier l'État ; 3° les débats administratifs sont presque tous urgents, et la célérité de leur expédition est mieux assurée avec les tribunaux spéciaux ;

[1] Parmi les législations étrangères, celles qui, sur ce point, diffèrent le plus de la nôtre n'ont cependant pas établi une assimilation absolue des deux compétences. Ainsi, en Belgique, le contentieux administratif est presque entièrement jugé par les tribunaux ordinaires. Mais les réclamations en matière de contributions directes et de service militaire sont portées devant la *députation provinciale*.

sinon, il faudrait faire statuer les tribunaux avec les formes brèves auxquelles ils ne sont pas habitués; 4° du mélange des deux juridictions il pourrait résulter que, dans les procès ordinaires, les tribunaux obéissent aux habitudes administratives; ainsi se pervertirait l'esprit des juges de droit commun; 5° on ne peut pas nier que la loi moderne n'ait obéi à la tradition de l'ancienne monarchie. Avant 1789, il y avait une foule de juridictions spéciales qui étaient chargées du contentieux administratif. Les bureaux d'élections statuaient sur le contentieux en matière de tailles; les intendants sur le contentieux en matière d'impôts nouveaux. La Cour des aides était le tribunal d'appel où ressortissaient les jugements des élections, et le conseil du roi connaissait des appels formés contre les décisions des intendants. — La Table de marbre était compétente en matière forestière, et la Cour des monnaies sur les questions qui lui avaient valu son nom.

JURIDICTIONS ADMINISTRATIVES.

Juges ordinaires et juges d'exception. — Ce serait une erreur de considérer les juridictions administratives comme des tribunaux d'exception, par rapport aux tribunaux ordinaires. Entre deux juridictions dont l'objet est complètement différent il ne peut pas y avoir la relation qui existe entre un *tribunal ordinaire* et un *tribunal d'exception*; car cette division implique que la comparaison s'établit entre les juridictions du même ordre. Les juges de paix et les tribunaux de commerce sont des juges d'exception, par rapport aux tribunaux civils de première instance, parce que tous ont à statuer sur des contestations entre particuliers. Mais la juridiction administrative s'applique à un autre ordre de différends auquel ne s'étend pas naturellement la compétence des tribunaux ordinaires, et elle n'est pas plus un démembrement de la juridiction civile que celle-ci n'est une délibation de la juridiction administrative.

Mais la juridiction administrative n'est-elle pas, comme certains le prétendent [1], une juridiction d'exception, en ce sens, du moins, qu'elle ne connaît pas de l'exécution de ses décisions? C'est encore une confusion. La juridiction administrative ne connaît pas des actes d'exécution qui se rattachent au droit commun, tels que saisies, commandements, radiations d'hypothèques; il en est autrement des voies d'exécution qui sont administratives par leur nature. Par exemple, un arrêté du conseil de préfecture annule une élection d'arrondissement ou municipale, et, en conséquence, l'administration procède à une nouvelle élection [2]. N'est-ce pas là une exécution administrative de l'arrêté d'annulation, et s'il s'élève des difficultés, le conseil de préfecture ne sera-t-il pas encore compétent pour connaître de la régularité des nouvelles opérations électorales? Ainsi, à quelque point de vue qu'on se place, de la *décision* ou de l'*exécution*, on verra que les deux espèces de justice ressemblent à deux fleuves qui, après avoir pris leur source au même point, se séparent à leur naissance, pour couler dans des lits différents et ne plus mêler leurs eaux.

Mais quel est, dans l'ordre des autorités administratives, le juge ordinaire du contentieux? La loi n'ayant pas toujours formellement désigné la juridiction, il est indispensable de savoir comment il faut suppléer à son silence.

En matière civile, il est incontestable que toute contestation qui n'a pas été expressément attribuée aux juges de paix, aux tribunaux de commerce ou aux conseils de prud'hommes, doit être portée devant le tribunal civil. En matière criminelle, il n'est pas moins certain que les contraventions, délits ou crimes, doivent être jugés par les juges de simple police, les tribunaux correctionnels ou les Cours d'assises, à défaut d'attribution à des tribunaux spéciaux tels

[1] M. de Cormenin, *Droit administratif*, 5e édition, t. II, chap. III.

[2] *Principes de compétence et de juridiction*, de M. Chauveau, t. Ier, p. 358, n° 1113.

que les conseils de guerre, les conseils de discipline. Mais il s'en faut de beaucoup que la même certitude existe en matière administrative.

A ne consulter que l'exposé des motifs qui précéda la loi du 28 pluviôse an VIII, organique de l'administration intérieure, et, en particulier, des conseils de préfecture, on serait tenté de croire que, dans la pensée des rédacteurs, ce conseil devait être le tribunal ordinaire en matière de contentieux administratif. « Remettre, y était-il dit, le contentieux de l'administration à un conseil de préfecture, a paru nécessaire pour garantir les parties intéressées de jugements rendus sur des rapports et des avis de bureaux, pour donner à la propriété des juges accoutumés au ministère de la justice, à ses règles, à ses formes. » Cette interprétation de la loi de pluviôse an VIII fut également adoptée par les considérants d'un décret, en Conseil d'État, du 6 décembre 1813, inséré au *Bulletin des lois*. Ce décret annulait un arrêté préfectoral et renvoyait les parties devant le conseil de préfecture. « Considérant, disait-il, que d'après la loi du 28 pluviôse an VIII, le préfet est seul chargé de l'administration, et que dès lors il doit seul statuer sur toutes les matières qui sont de pure administration, mais que les conseils de préfecture sont institués *pour prononcer sur toutes les matières contentieuses administratives*. »

Malgré ces deux arguments, l'opinion contraire a prévalu, et cela devait être ; car, 1° les termes de l'exposé des motifs, même en les supposant plus explicites qu'ils ne le sont, ne pouvaient pas l'emporter sur le texte de la loi qui a disposé par voie d'énumération limitative. L'art. 4, en effet, ayant énuméré avec soin les matières pour lesquelles le conseil de préfecture est compétent, n'en faut-il pas conclure qu'en dehors de ces cas formellement prévus, le conseil ne doit plus être saisi ? C'est avant tout au texte entendu conformément aux principes généraux en matière d'interprétation, qu'il faut s'en rapporter, et l'autorité d'un *exposé des motifs* ne doit pas être suivie lorsqu'elle est en sens inverse du sens naturel des termes de la loi ; 2° le décret du 6 décembre 1813 est un acte purement individuel, et l'on ne saurait trouver une interprétation générale et réglementaire dans une rédaction contestable des considérants. Il est vrai que ce décret a été inséré au *Bulletin des lois ;* mais encore faudrait-il savoir pour quel motif il a été publié, et spécialement si l'insertion a été faite pour donner à cette décision tout individuelle la valeur générale d'un décret interprétatif. Du moment qu'il y a incertitude sur ce point, le décret de 1813 n'a aucune *autorité*, et s'il a quelque efficacité, elle est restreinte aux limites d'une interprétation purement doctrinale ; c'est une citation, non un argument [1].

Quel est donc le juge ordinaire ? « On a toujours tenu pour certain, dit M. Boulatignier, que les conseils de préfecture n'avaient que des attributions spéciales et déterminées, et qu'en dehors des cas dont la connaissance leur était expressément réservée, il y avait lieu, dans le silence de la loi, et par application des principes généraux sur l'organisation administrative, de soumettre au préfet les litiges qui peuvent naître des réclamations contre les actes faits par les administrations municipales, et aux ministres (chacun selon ses attributions) les litiges qui résulteraient des réclamations contre les actes des préfets [2]. » L'histoire de la législation intermédiaire démontre la vérité de cette doctrine.

[1] M. Dufour qui, dans sa première édition, avait soutenu la compétence des conseils de préfecture comme juges ordinaires, s'est, dans la deuxième édition (t. II, p. 21), prononcé pour la compétence des ministres. Cette question a été mise dans tout son jour par le rapport de M. Boulatignier sur les *conseils de préfecture*. M. Laferrière (t. II, p. 515) formule ainsi son opinion sur cette question : « Comme tout le contentieux de l'administration ne lui a pas été (*au conseil de préfecture*) remis par les lois qui ont suivi celle du 28 pluviôse an VIII, il est plus exact de dire qu'il est *ordinairement* juge du contentieux, mais *notamment* dans les catégories suivantes (*suit l'énumération*).

[2] M. Boulatignier, *Rapport sur les conseils de préfecture*.

Les anciennes juridictions spéciales et le conseil du roi ayant été supprimés après 1789, il fallut les remplacer. On attribua d'abord le contentieux, non point à chaque ministre, mais à tous les ministres réunis en Conseil d'État ; c'était du reste le roi qui statuait par ordonnance et le conseil des ministres, réuni en Conseil d'Etat, n'avait que « *la discussion des motifs qui pouvaient nécessiter l'annulation des actes irréguliers des corps administratifs*[1]. » Mais la constitution du 5 fructidor an III ayant posé en principe que les ministres ne formeraient pas un Conseil, il fallut transporter à chaque ministre, dans son département, la compétence qui, d'après la législation de 1791, appartenait au cabinet réuni. Depuis lors, il s'est produit deux faits qui, sans détruire cet ordre de choses, l'ont modifié : 1° la loi du 28 pluviôse an VIII qui a institué les conseils de préfecture; mais cette juridiction n'ayant reçu que des attributions spéciales, limitativement énumérées, la compétence des ministres, quoique sensiblement diminuée, a subsisté pour tout ce qui ne leur était pas formellement enlevé; 2° l'institution du Conseil d'État; mais cette juridiction n'a reçu la qualité de juge ordinaire qu'au second degré, et sa création n'a eu aucun effet sur la compétence en premier ressort.

De ce que les ministres[2] rendent des jugements en matière contentieuse, il résulte : 1° que les règles de l'autorité de la chose jugée doivent être appliquées à leurs décisions contentieuses (art. 1351 C. civ.) ; 2° que la décision, une fois rendue, constitue pour la partie qui l'a obtenue un droit acquis, et que le ministre ne peut pas se rétracter comme il

[1] Loi des 27 avril-25 mai 1792, art. 17.

[2] Les décisions du grand chancelier sur les demandes formées par les légionnaires afin d'admission au traitement de la légion ne sont pas susceptibles d'un recours contentieux avant qu'elles aient reçu la confirmation du ministre supérieur hiérarchique du grand chancelier. — Commission faisant fonctions de Conseil d'État du 15 février 1872 (*Darnis*) et 6 décembre 1872 (*Quinquet*).

le peut faire pour le plus grand nombre des actes de gestion; 3° que l'arrêté ministériel, en matière contentieuse, emporte hypothèque judiciaire sur les immeubles de la partie condamnée (art. 2123 C. civ. [1]).

Tout acte d'un ministre cependant ne constitue pas un jugement et nous ne saurions attribuer ce caractère qu'aux décisions rendues sur la réclamation d'une partie intéressée : « Nous admettons, dit M. Aucoc [2], que les ministres ne sont pas juges, quand ils font des actes de commandement ou de gestion qui peuvent donner lieu à recours par la voie contentieuse. Mais, quand ils statuent sur une réclamation contre un acte qui a blessé un droit, ils font ce que fait le conseil de préfecture, ce que fait le Conseil d'État : C'est un jugement prononçant sur un litige. »

Maintenant que nous connaissons le juge ordinaire, en premier ressort, il nous faut consacrer quelques développements aux juridictions administratives d'exception ; ce sont : 1° le conseil de préfecture; 2° les préfets; 3° les sous-préfets; 4° les maires ; 5° la commission spéciale instituée par la loi du 16 septembre 1807; 6° la Cour des comptes.

Conseil de préfecture juge au contentieux. — En matière de contributions directes, il existe une diffé-

[1] M. Bouchené-Lefer, ancien conseiller d'État, a dernièrement combattu la doctrine admise par la jurisprudence. A ses yeux, les ministres, soit en matière contentieuse, soit en matière d'administration pure, font acte d'autorité et non point fonctions de juges. Ce n'est que par exception, dans des cas qu'il énumère, que les ministres sont de véritables juges (*Principes du droit public administratif*, p. 183, 611, 612 et 613). Les ministres ne seraient donc juges du contentieux que par exception, au lieu d'être les juges ordinaires. M. Bouchené-Lefer ne dit pas quel est le juge ordinaire ; il en résulte que c'est le Conseil d'État qui, dans les cas non énumérés par la loi, serait juge ordinaire du contentieux en premier et dernier ressort. La doctrine de M. Bouchené-Lefer conduit à une incohérence, puisque le Conseil d'État serait tantôt juge d'appel et tantôt juge unique. Comment certaines affaires, sans distinction de sommes, suivraient-elles deux degrés de juridiction, tandis que d'autres n'auraient qu'un juge ?

[2] *Conférences sur l'administration et le droit administratif*, par Léon Aucoc, t. Ier, p. 475, n° 323.

rence (qui sera développée plus bas) entre les demandes en *remise* ou *modération* et les demandes en *décharge* ou *réduction*. Celles-ci sont les seules qui soient de la compétence des conseils de préfecture ; celles-là rentrent dans les attributions du préfet. Le contribuable qui demande une décharge ou une réduction réclame en vertu d'un droit atteint par un acte administratif, tandis que le demandeur en remise ou modération sollicite une faveur ; aussi, dans le premier cas, il y a *contentieux*, et, dans le second, *acte d'administration pure*. Cette compétence du conseil de préfecture s'étend non-seulement aux contributions perçues par l'État et aux centimes additionnels départementaux ou communaux, mais encore aux taxes qui, par des lois spéciales, ont été assimilées pour leur perception aux impôts directs [1]. Le contentieux des contributions indirectes, au contraire, appartient aux tribunaux ordinaires [2], et les exceptions à cette règle introduite dans quelques lois ont peu à peu disparu [3].

En matière de travaux publics, les conseils de préfecture connaissent : 1° des contestations entre l'administration et les entrepreneurs sur le *sens* et l'*exécution* des clauses de leurs marchés ; 2° entre l'administration ou l'entrepreneur, subrogé à ses droits, et les tiers ; car les réclamations formées par ces derniers, à raison des dommages qu'ils auraient éprouvés par suite de l'exécution des travaux, donnent lieu à indemnité. C'est ici le lieu de faire remarquer que la rédaction de l'art. 4 de la loi du 28 pluviôse an VIII, sur ce point, a besoin d'être rectifiée. La loi parle du *dommage provenant du fait personnel de l'entrepreneur, non du fait de l'administration*. Est-ce à dire que si le tort avait été causé par l'administration elle-même lorsqu'elle fait exécuter les travaux en régie, il n'y aurait pas lieu à indemnité

[1] L'énumération en a été faite avec beaucoup de soin par M. Boulatignier, dans son *Rapport*, p. 28.

[2] Art. 2 de la loi des 7-11 septembre 1790.

[3] M. Boulatignier, *ibid.*, p. 29.

ou que le conseil de préfecture serait incompétent pour la fixer? Nullement; la loi, au contraire, a pensé qu'une disposition formelle n'était nécessaire que pour le fait des entrepreneurs, et qu'il était inutile de parler expressément de l'administration à laquelle la même disposition s'appliquait, *à fortiori*.

Que les dommages soient *permanents* ou *temporaires*, le conseil de préfecture est compétent; car la loi ne distingue pas. Vainement soutiendrait-on qu'une altération perpétuelle de la propriété équivaut à une véritable expropriation et que la dépréciation qui en résulte est souvent ou presque toujours plus grave que la dépossession d'un lopin de terre, qui peut être dénué de valeur. Ces considérations ne sauraient prévaloir contre l'argument qui s'évince 1° des textes et 2° de l'historique des lois sur l'expropriation d'utilité publique[1].

Nous avons déjà dit que le texte ne fait aucune distinction; l'induction historique n'est pas moins concluante. La loi du 28 pluviôse an VIII, après avoir attribué au conseil de préfecture la compétence en matière de dommages, ajoutait qu'il connaîtrait, en outre, des indemnités réclamées pour *terrains pris* ou *fouillés*, ce qui comprenait l'extraction des matériaux (*terrains fouillés*) et l'expropriation pour cause d'utilité publique (*terrains pris*). Les lois des 8 mars 1810, 7 juillet 1833 et 3 mai 1841 n'ont eu pour objet que l'expropriation pour cause d'utilité publique, et n'ont par conséquent enlevé au conseil de préfecture ni sa compétence en matière d'extraction de matériaux, ni celle qui concerne les dommages soit temporaires, soit permanents. *Inclusione unius fit exclusio alterius*[2]. (V. plus bas,

[1] Voir sur l'histoire de la compétence, en matière de *travaux publics* dans l'ancien droit, un article de M. R. Dareste, publié par la *Revue historique*, t. Ier, p. 47 et suiv.

[2] Que les lois de 1810, 1833 et 1841 n'aient eu en vue que l'expropriation, cela résulte de plusieurs articles. 1° Elles sont toutes intitulées : *loi sur l'expropriation pour cause d'utilité publique*. 2° D'un autre côté, les formalités exigées par ces lois impliquent la cession de la propriété, et non

dans la partie spéciale, l'*expropriation d'utilité publique*).

Le conseil de préfecture statue sur *les difficultés qui peuvent s'élever en matière de voirie*. La plus importante attribution que le conseil ait reçue, sous ce rapport, c'est la répression des contraventions de grande voirie; celles de petite voirie sont réprimées par le juge de simple police[1]. En matière d'infractions commises aux règlements sur l'alignement, les distinctions suivantes ont été admises par la jurisprudence: pour la *grande voirie*, le conseil de préfecture applique l'amende, peine de la contravention, et ordonne la démolition des travaux, mais seulement dans le cas où la construction empiète sur la voie publique, ou bien s'il s'agit de réparations confortatives faites au mur de face. En matière de *petite voirie*, le tribunal de simple police doit, d'après la jurisprudence de la Cour de cassation et lorsqu'il s'agit de travaux faits sans autorisation au mur de face, non-seulement prononcer l'amende, mais encore, dans tous les cas, ordonner la destruction *de la besogne mal plantée*, que les travaux faits au mur de face soient ou non confortatifs. Cependant en cas de construction sans délivrance d'alignement, le juge de simple police

un simple dommage, même permanent. Ainsi, d'après l'art. 5 de la loi de 1810, l'ingénieur doit dresser *un plan terrier ou figuré des propriétés dont la cession est reconnue nécessaire*. — L'art. 13 et quelques autres parlent de l'*arrêté du préfet indicatif des propriétés cessibles*. L'art. 4 de la loi du 3 mai 1841 charge les ingénieurs de dresser un *plan parcellaire* des propriétés à céder. Enfin 3° comment l'indemnité, qui doit être préalable d'après ces lois, en cas d'expropriation, le serait-elle quand il s'agit de dommages? L'indemnité ne peut être due qu'après le dommage causé, et, par conséquent, la fixation n'en pourrait être faite que postérieurement. Il est vrai que certains auteurs soutiennent, en ce cas, non la compétence du jury, mais celle du tribunal civil comme juge ordinaire. Cette solution est encore moins justifiable, puisque, l'argument tiré de l'assimilation du dommage permanent avec l'expropriation lui faisant défaut, elle se trouve manifestement en contradiction avec la loi du 28 pluviôse an VIII. La jurisprudence est fixée dans le sens énoncé au texte (Tribunal de conflits, 12 janvier 1850, 29 mars 1850, 18 novembre 1850, 23 décembre 1850, 2 juillet 1851. — Cour de cassation, 29 mars 1852. — Conseil d'État, 14 septembre 1853).

[1] Art. 479, n° 11, du Code pénal.

condamne à l'amende, mais n'ordonne la destruction de la besogne mal plantée qu'autant que la construction empiète sur le sol de la voie publique[1].

Les chemins vicinaux ne sont placés, sous le rapport de la répression des contraventions, ni dans la grande ni dans la petite voirie. D'après la loi du 9 ventôse an XIII, les poursuites en contravention étaient portées devant les conseils de préfecture [2]. Mais l'art. 479, n° 11, du Code pénal a, par une disposition générale qui ne contient aucune distinction, au moins formelle, attribué au juge de simple police *les dégradations aux chemins publics* et *les usurpations sur leur largeur*. Cette disposition s'appliquait donc par sa généralité tout aussi bien aux chemins vicinaux qu'aux autres voies de communication. Pour concilier la loi de l'an XIII avec le Code pénal, la jurisprudence administrative a distingué entre l'application de la peine et la suppression des travaux faits en contravention ; pour appliquer la peine, le juge de simple police est compétent, mais la suppression des constructions ou réparations appartient au conseil de préfecture.

Ce dédoublement de la compétence présente les plus grands inconvénients, surtout lorsqu'il s'applique à des affaires d'une faible importance, comme le sont la plupart de ces contraventions. Aussi la Cour de cassation a-t-elle mieux aimé décider que l'art. 479-11° du Code pénal avait abrogé l'art. 8 de la loi du 9 ventôse an XIII, et que le juge de simple police était compétent soit pour appliquer la peine, soit pour faire supprimer les travaux[3]. Nous sommes con-

[1] V. plus bas (*Alignement*).

[2] On avait d'abord jugé que l'art. 7 de la loi du 9 ventôse an XIII ne s'appliquait qu'aux contraventions prévues par la loi elle-même, c'est-à-dire aux plantations d'arbres. Bientôt la jurisprudence décida que la disposition devait être étendue à toutes les contraventions commises sur les chemins vicinaux (V. notamment ord. des 27 novembre 1821, 25 janvier 1831 et 23 décembre 1852).

[3] C'est ce qui résulte des motifs, sinon du dispositif, de l'arrêt du 2 mars 1837 (aff. *Boullay*).

vaincu des inconvénients qu'entraîne la division de la compétence ; mais il nous paraît préférable de les éviter en donnant aux *conseils de préfecture* la plénitude de juridiction pour la répression des contraventions, en matière de voirie vicinale. Cette solution est plus conforme aux principes d'interprétation d'après lesquels les dispositions générales ne dérogent pas aux lois spéciales, même antérieures ; or l'art. 479-11° est une loi générale, tandis que la loi du 9 ventôse an XIII est spéciale aux chemins vicinaux [1].

Les amendes prononcées par les anciens règlements (lesquels sont encore en vigueur) étaient généralement très-élevées, et la crainte de frapper trop sévèrement assurait l'impunité au contrevenant. Une loi du 23 mars 1842 a donné aux conseils de préfecture le droit de modérer ces amendes jusqu'au vingtième, sans qu'il leur soit permis de les abaisser au-dessous de 16 fr. Quant aux *amendes arbitraires*, la même loi a décidé que le juge serait désormais resserré entre un *minimum* de 16 fr. et un *maximum* de 300 fr. [2].

Les conseils de préfecture sont obligés de s'arrêter à ce minimum. Le Conseil d'État était également tenu de s'y conformer, lorsque, d'après la loi du 3 mars 1849, il était un véritable tribunal administratif rendant la justice par délégation. Lorsque le Conseil d'État eut en 1852 repris, même en matière contentieuse, son caractère consultatif, on lui reconnut le droit d'abaisser la peine au-dessous du minimum légal. Le motif en était que l'Empereur, qui prononçait en matière contentieuse, le Conseil d'État entendu, avait le droit de grâce et, en le combinant avec le droit de juger, on arrivait à donner toute latitude au chef de l'État. Il eut, en effet, été puéril d'exiger que le souverain condamnât d'abord

[1] V. en ce sens Cormenin, *Questions de droit administratif*, 4e édition, p. 483 du t. Ier.

[2] La loi sur la police du roulage du 30 mai 1851, art. 4, a fixé le *minimum* à 5 fr. et le *maximum* à 30 fr., pour les contraventions qu'elle prévoit.

au minimum et qu'ensuite il rendît un décret de grâce. La loi du 24 mai 1872, art. 9, a rétabli, pour le Conseil d'État, le droit de décision propre. « Il statue souverainement, dit cette disposition, sur les recours en matière contentieuse administrative et sur les demandes d'annulation pour excès de pouvoirs formées contre les actes des diverses autorités administratives. » Il résulte de là que le Conseil d'État n'a plus le droit de mêler son droit de juridiction avec le pouvoir de faire grâce, et que, par suite, il est tenu à observer le minimum de la peine des contraventions de grande voirie.

Enfin la loi du 28 pluviôse an VIII attribue au conseil de préfecture *le contentieux des domaines nationaux*. Une pensée politique a dicté cette disposition. La Révolution était à peine fermée, et les passions s'agitaient encore avec violence au fond de la société plutôt lasse que pacifiée. Si l'on avait remis à des tribunaux inamovibles le soin de juger les questions de propriété qui se rattachaient aux ventes de biens nationaux, la conscience des juges aurait souvent été troublée par le souvenir d'événements trop récents et présents à tous les esprits. C'est avec raison que les ventes nationales furent placées sous la protection de magistrats que leur amovibilité, la nature de leurs fonctions et leur origine administrative associaient à la pensée politique du gouvernement.

Cette disposition exceptionnelle avait un effet très-étendu ; car elle attribuait au conseil de préfecture : 1° les contestations entre les parties contractantes, c'est-à-dire entre l'acquéreur et la nation venderesse; 2° les actions en revendication totale ou partielle des tiers qui prétendaient être propriétaires. L'art. 94 de la constitution du 22 frimaire an VIII disposa que les acquéreurs de biens nationaux ne pourraient pas être dépossédés, et que les droits réels des tiers, dans le cas où leur existence serait démontrée, se résoudraient en une indemnité contre l'État. La jurisprudence a décidé que cette disposition a été abrogée par les lois et constitutions abolitives de la confiscation. Le recours contre l'État appartient aux acquéreurs évincés ; mais une vente faite par erreur ou même sciemment de la chose d'autrui ne peut pas enlever au propriétaire son droit de propriété. Les tiers peuvent donc revendiquer les choses en nature et, suivant le droit commun, leurs actions en revendication doivent être portées devant les tribunaux ordinaires. Le conseil de préfecture n'a plus à s'occuper que des contestations entre l'acquéreur et l'État. Le conseil de préfecture ne connaît même plus de l'*application* des actes de ventes nationales, mais seulement de leur *interprétation* en cas de doute ou d'obscurité. L'application des actes dont le sens n'est pas contestable appartient aux tribunaux ordinaires. Quelques lois spéciales ont, d'un autre côté, expressément réservé la compétence au conseil de préfecture, en matière de biens domaniaux; ainsi, pour les coupes dans les bois de l'État, ils connaissent des difficultés qui s'élèvent sur le *réarpentage* et le *récolement*[1]. Quant aux baux administratifs des biens domaniaux où l'État joue le rôle de bailleur, les contestations auxquelles ils donnent lieu sont portées devant l'autorité judiciaire[2]. Même l'interprétation de ces actes

[1] Voir l'énumération de ces lois dans le *Rapport* de M. Boulatignier, p. 31.

[2] *Quid* dans le cas où l'État joue le rôle de preneur ? Ordinairement l'État ne loue des locaux que pour établir un service public, tel que l'exercice du culte, l'exploitation des théâtres nationaux, etc., etc. — En ce cas, le bail ayant pour objet une opération administrative de sa nature, on pourrait soutenir qu'il devrait être considéré comme un acte administratif, non à cause de la forme employée pour le constater, mais en raison de son essence. — Cette doctrine n'est pas admise par la jurisprudence administrative, par la raison que la destination de l'immeuble loué ne peut pas changer la nature du contrat, d'autant que cette destination est susceptible de modifications ultérieures. — (V. décr. sur conflits du 8 juin 1851, et décision du tribunal des conflits du 23 mai 1851. — *Dictionnaire d'administration française* de M. Block, v° *Baux administratifs*.)

Dans les arrêts précités, les baux avaient été faits entre des particuliers bailleurs et l'administration de la guerre ou celle de la marine ; le Conseil d'État et le tribunal des conflits ont décidé qu'il « s'agissait d'un bail, c'est-« à-dire d'un contrat de droit commun, et qu'il appartenait, par consé-

n'appartient pas à la juridiction administrative[1]. Comment l'interprétation des baux de biens domaniaux est-elle portée devant l'autorité judiciaire, tandis que l'interprétation des ventes de ces mêmes biens est de la compétence du conseil de préfecture? — Cette différence tient à l'art. 4 de la loi du 28 pluviôse an VIII qui, au moins par l'esprit de sa disposition, n'a jamais été applicable aux *baux*, mais seulement aux *ventes*[2] des biens de l'État; car les motifs politiques qui ont fait établir la disposition de la loi du 28 pluviôse an VIII étaient spéciaux à la matière des ventes et ne concernaient aucunement les baux. Nous avons déjà vu, d'un autre côté, que l'interprétation des actes d'adjudication était la seule chose qui restât de la compétence générale que la loi de l'an VIII avait attribuée au conseil de préfecture sur le contentieux des ventes nationales, et c'est ainsi que s'explique logiquement la distinction entre les ventes et les baux.

Le conseil de préfecture cependant est compétent pour statuer sur l'interprétation des baux des droits de place dans les halles et marchés[3]. Mais c'est une exception qui est fondée sur ce que les droits de place dans les halles et marchés sont des taxes de même nature que les octrois et que d'après l'art. 136 du décret du 17 mai 1809 le conseil de préfecture est compétent pour statuer sur les contestations relatives ou sur des baux d'octroi (V. aussi art. 11 de la loi du 21 juin 1865).

« quent, aux tribunaux de prononcer non-seulement sur leur interpréta- « tion, mais encore sur l'effet des obligations qui en résultent. »

[1] Arr. du Conseil d'État du 12 mai 1853, et décision du tribunal des conflits, 29 mai 1851.

[2] La loi, en disant en termes généraux que le conseil de préfecture statuerait *sur le contentieux des domaines nationaux*, était par son texte tout aussi bien applicable aux baux qu'aux ventes. Mais la loi, interprétée par son esprit, ne pouvait pas être étendue aux *baux*, pour lesquels la dérogation n'aurait pas eu la moindre raison d'être.

[3] Arr. Conseil d'État du 3 avril 1872 (*Jugeat*) et tribunal des conflits, arr. du 28 mars 1874 (*Jamet*).

Des lois postérieures à celles du 28 pluviôse an VIII ont étendu la compétence des conseils de préfecture par des dispositions expresses. Ainsi ils statuent sur la demande en nullité des élections d'arrondissement et communales; lorsqu'elle a pour base l'incapacité légale du membre élu, le tribunal de première instance est compétent pour prononcer sur la question de capacité, s'il y a contestation sur ce point. La cause d'incapacité est-elle reconnue, le conseil de préfecture prononce l'annulation de l'élection ; est-elle contestée, il renvoie les parties devant l'autorité judiciaire pour faire vider la question de capacité [1] et surseoit à statuer, pendant le délai qu'il accorde aux parties, à l'effet de faire les diligences nécessaires.

La compétence du conseil de préfecture, en matière d'affouages et de partages de bois communaux, donne lieu à plusieurs difficultés : 1° à qui appartient-il de statuer sur la répartition des coupes affouagères faites par le conseil municipal? — 2° si l'*aptitude personnelle* est contestée, qui du tribunal ou du conseil de préfecture sera compétent? — 3° Lorsqu'il y a des *usages*, par quelle autorité l'existence en sera-t-elle constatée? — La jurisprudence a décidé que les questions d'*aptitude personnelle* doivent être jugées par les tribunaux ordinaires [2] qui prononcent spécialement sur le point de savoir si le réclamant est *habitant*, *Français* ou *chef de famille*. Quant à la répartition et à l'existence de l'usage, c'est le conseil de préfecture qui prononce sur ces

[1] Art. 51 et suivants de la loi du 22 juin 1833. — Art. 45-47 de la loi du 5 mai 1855.

[2] Décision du tribunal des conflits du 10 avril 1850. — Antérieurement, le Conseil d'État avait décidé que les questions d'aptitude personnelle devaient être jugées par le juge administratif; mais il s'est soumis à la jurisprudence du tribunal des conflits (V. décrets des 30 novembre, 21 décembre 1850 et 18 janvier 1851). Cette jurisprudence a été vigoureusement combattue par M. Serrigny (*Questions et traités*, p. 37). Il est en effet regrettable que la compétence soit divisée pour des affaires dont l'importance est ordinairement assez faible. Il aurait été plus simple de faire juger les questions d'aptitude personnelle par le conseil de préfecture qui les

deux points et, en général, sur tout ce qui touche au *mode de jouissance*[1]; or les contestations relatives à la qualité d'*habitant*, de *chef de famille*, de *Français*[2], n'affectent pas le mode de jouissance.

Le conseil de préfecture connaît des demandes en revendication ayant pour objet les *biens communaux usurpés*, à la condition: 1° qu'il s'agira de biens qui devaient être partagés entre les habitants d'après les lois révolutionnaires des 10 août 1792 et 10 juin 1793 ; 2° que l'usurpation ait été commise dans la période qui s'étend entre la loi du 10 juin 1793 et celle du 9 ventôse an XII abrogative de la précédente.

Nous avons déjà dit que, dans certaines matières contentieuses, le conseil de préfecture n'a que le droit d'émettre un simple avis, et n'a pas le pouvoir de décision propre. Mais, d'après l'art. 11 de la loi du 21 mai 1865, toutes les matières contentieuses qui, par erreur, avaient été attribuées au préfet en conseil de préfecture ont été restituées au conseil de préfecture.

En cas d'urgence, les parties peuvent s'adresser au conseil de préfecture par référé pour faire ordonner une expertise qui constate l'état des lieux en attendant que l'affaire puisse recevoir une solution définitive [3].

Préfets juges au contentieux. — Le préfet n'a que peu d'attributions en matière contentieuse. Ses attributions contentieuses sont les suivantes :

1° D'après l'art. 7 du décret du 15 octobre 1810, le préfet statue sur les demandes d'autorisation pour les éta-

aurait décidées uniquement au point de vue du partage de fruits communaux.

[1] Loi du 10 juin 1793, art. 2, sect. 5.

[2] Les étrangers n'ont droit à l'affouage que s'ils ont obtenu l'autorisation de fixer leur domicile en France conformément à l'art. 13 du Code civil (Loi du 25 juin 1874). La qualité de Français ou la question de savoir si la formalité de l'art. 13 du Code civil a été remplie sont des questions d'*aptitude personnelle*.

[3] Arr., Conseil d'État du 26 décembre 1873.

blissements insalubres et incommodes de première et de deuxième classe. A ne considérer que la nature de la décision, ce ne serait là qu'une matière de police et d'administration pure ; mais le décret, en ajoutant que le postulant peut, en cas de refus, porter le recours au Conseil d'État, a donné le caractère contentieux à une matière qui ne l'avait pas naturellement.

2° L'art. 76 de la loi du 30 avril 1806 donne au préfet le droit de frapper d'interdiction les moulins situés à l'extrême frontière, lorsqu'il est justifié qu'ils servent à la contrebande de grains et farines. L'arrêté peut être déféré au Conseil d'État par la voie contentieuse, mais il est provisoirement exécutoire.

3° D'après l'art. 2 de la loi du 11 juin 1817, lorsque l'acquéreur d'un bien de l'État néglige de payer le prix, la déchéance peut être prononcée par le préfet sur la demande des préposés de l'administration ; cependant ces arrêtés ne peuvent être mis à exécution qu'avec l'approbation du ministre des finances.

4° L'art. 64 de la loi du 21 avril 1810 sur les mines donne aux préfets, en cas de concurrence entre plusieurs maîtres de forges, le droit de déterminer la proportion dans laquelle chacun des concurrents pourra extraire le minerai de fer de la minière, que le propriétaire refuse d'exploiter ou qu'il exploite d'une manière insufisante. Le préfet statue, sauf le recours au Conseil d'État. Cette disposition a, il est vrai, été abrogée par la loi des 9-17 mai 1866 ; mais un article transitoire maintient cette mesure pendant dix ans (jusqu'au 1er mai 1876) pour les maîtres de forges établis regulièrement au moment où a été faite la loi nouvelle.

5° Si une concession de mines a été accordée à plusieurs concessionnaires, ils doivent justifier qu'il est pourvu, par une convention expresse, à ce que les travaux d'exploitation soient soumis à une direction unique et conduits vers un but determiné. Si cette justification n'est pas faite ou si les conventions faites ne sont pas exécutées, le préfet peut prononcer la suspension des travaux en tout ou en partie, sauf recours au ministre et plus tard au Conseil d'État, par voie contentieuse (art. 7 de la loi du 27 avril 1838).

6° Lorsque, dans une exploitation de mines, on ouvre un puits ou une galerie contrairement aux lois et règlements, la fermeture peut être ordonnée par arrêté du préfet, sauf recours au ministre et même au Conseil d'État par la voie contentieuse (art. 8 de la loi du 27 avril 1838).

7° Les entreprises pour la fabrication du sel marin, lorsqu'elles ont été formées sans autorisation préalable, peuvent être frappées d'interdiction par arrêté du préfet, sauf recours contentieux. L'arrêté serait cependant exécutoire provisoirement (art. 7 et 11 de la foi du 17 juin 1840).

8° Le décret du 4 juillet 1806, art. 28, donnait au préfet compétence pour statuer sur les difficultés en matière de courses de chevaux ; cette attribution a été transférée par un arrêté ministériel (du 17 février 1853) à une commission spéciale ; mais la légalité de cet arrêté a été contestée.

Le préfet statuait *en conseil de préfecture* sur plusieurs matières contentieuses, et notamment dans les trois cas suivants :

1° Sur les contestations relatives à l'administration et à la perception des droits d'octroi entre les communes et les régisseurs des octrois en régie intéressée, ou, en cas de bail, entre la commune et le fermier, sur le sens des clauses du bail (art. 136 du décret du 17 mai 1809).

2° Sur les contestations entre la régie des contributions indirectes et les débitants de boissons relativement à la sincérité des déclarations sur le prix du détail (art. 49 de la loi du 18 avril 1816). Le préfet était chargé de la décision définitive ; car le maire commençait par statuer provisoirement sur la difficulté.

3° Sur les contestations entre la régie des contributions indirectes et les débitants relativement au montant de l'abonnement pour remplacer le droit de détail (art. 70 et 78 de la loi du 28 avril 1816).

Ces affaires ont été rendues au conseil de préfecture par l'art. 11 de la loi du 21 juin 1865.

Sous-préfets juges au contentieux. — 1° Nous avons vu que les sous-préfets étaient incompétents pour donner ou refuser l'autorisation de former les établissements dangereux ou insalubres de troisième classe. Par sa nature, cette attribution devrait être considérée comme étant d'administration pure ; mais une disposition formelle du décret du 15 octobre 1810 n'a pas voulu que ce pouvoir fût discrétionnaire, et elle a permis aux parties de se pourvoir contre le refus du sous-préfet, devant le conseil de préfecture [1]. La nature du recours prouve que, par exception, le législateur a rendu contentieuse une matière de police et d'administration pure.

2° L'art. 15 de l'arrêté du 8 prairial an XI portait que les contestations relatives au payement de l'octroi de navigation intérieure seraient soumises au sous-préfet dans l'arrondissement duquel le bureau de perception est situé. Une loi du 9 juillet 1836, art. 21, a, sur ce point, démembré la compétence du sous-préfet en attribuant aux tribunaux ordinaires les contestations sur le *fond du droit*, c'est-à-dire sur l'application des tarifs. Elle a laissé subsister la compétence du sous-préfet en ce qui touche les difficultés relatives à la perception.

Maires juges au contentieux. — Les maires ont quelques atributions en matière contentieuse. Ainsi, lorsque les agents des contributions indirectes ne veulent pas, pour la perception du droit de détail (*ad valorem*), accepter le prix déclaré par le débitant, il est statué provisoirement par le maire, et c'est le conseil de préfecture qui prononce définitivement [2].

[1] Art. 8 du décret du 15 octobre 1810.

[2] Loi de 28 avril 1816, art. 49 et loi du 21 juin 1865, art. 11.

Autre exemple : les officiers qui marchent sans leurs troupes n'ont droit à être logés par les habitants, sur billets de logement, que moyennant indemnité; les contestations qui s'élèveraient sur le montant du prix sont jugées par le maire[1].

Troisième cas : les difficultés, en matière de courses de chevaux, sont provisoirement jugées par le maire et définitivement par le préfet[2].

Conseil départemental de l'instruction publique. — Le conseil départemental (art. 5 de la loi du 14 juin 1854) est compétent pour toutes les affaires disciplinaires et contentieuses relatives aux établisements particuliers d'enseignement libre secondaire et pour toutes les affaires de l'enseignement primaire, communal ou libre.

Conseil académique. — Le conseil académique (art. 10 et 11) de la loi de 15 mars 1850 instruit les affaires disciplinaires relatives aux membres de l'enseignement public secondaire ou supérieur qui lui sont renvoyées par le ministre ou le recteur. Il prononce, sauf recours, sur toutes les affaires contentieuses relatives à l'obtention des grades aux concours devant les facultés, à l'ouverture des écoles

[1] Loi des 23 mai 1792-18 janvier 1793, art. 26 et 52.

[2] Un arrêté du 17 février 1853 a institué des commissions composées de trois commissaires, qui statuent sans appel sur toutes les difficultés sauf une, auxquelles les courses peuvent donner lieu. — Cet arrêté a-t-il pu transférer à une commission la compétence spéciale qu'avait attribuée au maire le décret du 4 juillet 1806, art. 27, 28 ? — On a fait observer que la présence du préfet *juge définitif*, dessaisit le maire, *juge provisoire*. Mais, en l'absence du préfet, la délégation ne peut légalement être donnée qu'au maire, non à une commission (Trolley, t. II, p. 29, et Dufour, t. I, p. 516.) A ce raisonnement on peut répondre que les prix étant fondés par le gouvernement, l'institution des commissions spéciales doit être considérée comme une condition de la fondation. M. Bouchené-Lefer va jusqu'à dire qu'un simple particulier, en fondant des prix de courses, pourrait désigner le juge des contestations qui viendraient à s'élever. Cette proposition, en tout cas et en admettant qu'elle soit fondée, ne tranche pas la question de l'égalité pour les prix que des particuliers auraient institués sans désigner le juge.

libres, aux droits des maîtres particuliers et au droit d'enseigner, sur les poursuites contre les membres, et tendant à révocation (art. 14 de la loi du 15 mars 1850).

Conseil supérieur. — Le conseil supérieur (loi du 19 mars 1873, décret du 19 avril suivant) prononce en dernier ressort sur les jugements rendus par les conseils départementaux ou académiques dans les cas déterminés par les art. 14, 68 et 76 de la loi du 15 mars 1850. Toutefois il ne peut prononcer définitivement l'interdiction de l'enseignement libre que si sa décision est prise aux deux tiers des voix.

Commission spéciale. — En matière de *Dessèchement de marais* et autres cas prévus par la loi du 16 septembre 1807, une commission spéciale a été chargée de statuer sur plusieurs matières qui seraient de la compétence du conseil de préfecture. Ces cas sont énumérés dans la loi du 16 septembre 1807, art. 30, 31 et 46. La commission a été supprimée pour tous les travaux prévus par la loi du 21 juin 1865 sur les associations syndicales (V. art. 26, § 2, de cette loi). Mais comme cette disposition ne peut avoir aucun effet sur les matières qui sont en dehors de la loi qui la contient, on en a conclu, avec raison, que les commissions continueront à être instituées : 1° pour l'application des art. 30 à 33 de la loi du 16 septembre 1807; 2° pour l'application de la loi du 28 mai 1854 sur les inondations.

Cour des comptes. — Voir plus bas un article spécial.

PROCÉDURE A SUIVRE

DEVANT LES JURIDICTIONS ADMINISTRATIVES.

La procédure à suivre en matière administrative n'a été l'objet de dispositions complètes que pour les pourvois formés devant le Conseil d'État, par la voie contentieuse[1]. La loi n'ayant tracé qu'un petit nombre de règles pour la manière de procéder devant les juges du premier degré, il a fallu que la jurisprudence et la doctrine remplissent cette lacune, soit à l'aide du décret du 22 juillet 1806, par voie d'analogie, soit en appliquant le Code de procédure civile toutes les fois que ses dispositions n'étaient pas incompatibles avec la nature des affaires administratives ou avec la rapidité que leur expédition réclame.

Parmi les juridictions administratives du premier degré, il n'y a que les conseils de préfecture qui aient les caractères extérieurs de la justice régulière; quant aux ministres, préfets, sous-préfets et maires, la loi n'a que rarement distingué, au point de vue de la forme, les cas où ils agissent comme administrateurs de ceux où ils décident comme juges, et c'est même parce que le législateur n'a pas fait de distinction précise, sous le rapport de la procédure, que l'on a quelquefois confondu les deux attributions.

Procédure devant les ministres. — Devant le ministre, les actions sont introduites par une pétition sur papier timbré; en principe, la demande n'est assujettie à aucun délai de rigueur, et, par conséquent, la partie pouvant, quand elle le veut, renouveler la demande, n'a pas, sous ce rapport, d'intérêt à faire constater par acte authen-

[1] Décret du 22 juillet 1806. — V. le *Code d'instruction administrative*, par M. Chauveau.

tique la date de la réclamation. Mais toute action est prescriptible par trente ans, et quelques-unes le sont après un délai moindre; d'un autre côté, les créanciers de l'État doivent, à peine de déchéance, demander la liquidation de leurs créances dans les cinq ans. On comprend donc que les parties arrivées presque à la limite du temps qui leur est accordé, aient intérêt à s'assurer un moyen de preuve pour établir plus tard qu'elles ont reclamé dans le délai fixé par la loi. Un décret du 2 novembre 1864, art. 5, oblige les ministres à délivrer ou faire délivrer aux parties intéressées qui le demandent, un récépissé constatant la date de la réception et de l'enregistrement de leur réclamation dans les bureaux du ministère. Devant ce texte formel il n'est pas à craindre que le récépissé soit refusé; mais si le refus venait à se produire, les parties pourraient faire notifier leur demande par le ministère d'un huissier. L'affaire une fois introduite est instruite par les bureaux du ministère, et ordinairement le dossier est renvoyé au préfet pour avoir son avis. Mais cette marche n'a rien d'obligatoire, et si le ministre se trouvait éclairé, il pourrait statuer *de plano*. Il n'y aurait excès de pouvoir qu'autant qu'il aurait négligé de suivre une formalité prescrite par la loi ou les règlements.

Si la demande formée devant le ministre intéressait une partie telle qu'une commune ou un entrepreneur, le ministre ferait communiquer la pétition à l'intéressé. Cette notification peut être faite en la forme administrative, c'est-à-dire au moyen d'une simple lettre portée par un agent de l'administration. Le défaut de communication produirait de graves conséquences; la décision en effet serait, à l'égard du tiers non averti *res inter alios acta* ou *judicata*, et la partie à laquelle on l'opposerait pourrait la repousser par voie d'exception; elle aurait également le droit, pour éviter une exécution qu'elle jugerait lui être préjudiciable, de se pourvoir par tierce opposition *pendant trente ans;* car aucun délai, à peine de déchéance, ne peut être établi par voie d'interprétation, et d'ailleurs nous verrons que la tierce opposition même devant le Conseil d'État n'a été enfermée dans aucun délai spécial par le décret du 22 juillet 1806. Ainsi l'analogie corrobore l'application des principes généraux. Si elle a été appelée, la partie intéressée pourra donc interjeter appel au Conseil d'État dans les trois mois à partir de la notification ; sinon, elle aura le droit de former tierce opposition, et je n'hésite pas à penser que la décision qui interviendra sur la tierce opposition pourra, comme toutes celles que rendent les ministres en matière contentieuse, être déférée au Conseil d'Etat. Quant à la forme de la tierce opposition, elle est la même que celle de toutes les demandes adressées au ministre.

D'après le décret du 2 novembre 1864, art. 6, « les ministres statuent par des décisions spéciales sur les affaires qui peuvent être l'objet d'un recours par la voie contentieuse. » Il faut entendre par *décisions spéciales* des arrêtés motivés, les auteurs du décret ayant voulu exclure les décisions qui consistaient à mettre sur la demande les mots *adopté* ou *rejeté*, ordinairement sans motifs et quelquefois même sans signature.

L'expérience avait manifesté un abus très-grave, et que cependant il était impossible de combattre parce qu'il s'appuyait sur la force d'inertie. Les ministres saisis d'une réclamation contentieuse pouvaient indéfiniment garder le silence, et comme ils n'étaient soumis à aucun délai ni à aucune publicité, il en résultait que les parties n'avaient aucun moyen de vaincre le refus de prononcer. Le décret du 2 novembre 1864 a, partiellement du moins, corrigé ce défaut de la législation par l'art. 7 qui dispose en ces termes : « Lorsque les ministres statuent sur des recours contre les décisions d'autorités qui leur sont subordonnées, leur décision doit intervenir dans le délai de quatre mois, à dater de la réception de la réclamation au ministère. Si des pièces sont produites ultérieurement par le réclamant, le délai ne court qu'à dater de la réception de ces pièces. Après l'expiration de ce délai, s'il n'est intervenu aucune décision, les parties peuvent considérer leur réclamation comme rejetée et se pourvoir devant le Conseil d'Etat. »

Procédure devant les préfets et les maires. — Devant les préfets et les maires, comme devant les ministres, la demande est formée par une pétition écrite sur papier timbré. Si elle intéresse une partie adverse, elle est communiquée par le préfet ou par le maire, et moyennant ce la décision qui intervient est contradictoire. Il y a lieu seulement de faire observer que, pour ces derniers, il existe une voie de recours qu'on n'a pas contre les actes des ministres : c'est la demande en annulation adressée au supérieur hiérarchique.

Le recours est porté directement au Conseil d'Etat toutes les fois que la loi dit qu'il « *sera statué par le préfet sauf recours au Conseil d'Etat* ». Lorsque la loi n'a rien dit et que la partie se pourvoit pour *incompétence* ou *excès de pouvoir*, l'intéressé a le droit de choisir entre le recours direct au Conseil d'Etat et le pourvoi devant le supérieur hiérarchique. Dans tous autres cas, la partie ne peut pas agir devant le Conseil d'Etat, *omisso medio*, et elle doit passer d'abord par le pourvoi devant le supérieur hiérarchique.

Quoique le décret du 2 novembre 1864 ne parle que des ministres, et ne soit pas applicable textuellement aux préfets et aux maires, nous croyons cependant que, dans les matières contentieuses, les préfets et les maires doivent statuer par des décisions spéciales et motivées. Quant au délai de quatre mois fixé par l'art. 7 de ce décret, il est impossible de l'étendre par analogie, d'autant que l'article attache à l'expiration de ce temps des conséquences qui sont *strictissimæ interpretationis*. Nous nous bornerons à dire que les préfets doivent statuer sans retard, d'autant qu'en matière administrative, presque toutes les affaires ont un caractère urgent.

Aucune disposition n'oblige formellement les préfets et les maires à donner un récépissé des réclamations ormées devant eux. Mais cette formalité est tellement naturelle, qu'il serait déraisonnable de refuser le reçu demandé. En tous cas la partie pourrait, si elle éprouvait un refus, faire notifier par un huissier afin de constater la date de sa demande.

Les décisions des ministres, préfets, sous-préfets et maires, en matière contentieuse, ont l'autorité de la chose jugée quand toutes les voies de recours sont épuisées ou que les délais sont écoulés. Pour celui qui a obtenu gain de cause, elles constituent par conséquent un droit incontestable. Nous croyons cependant que les décisions pourraient être révisées dans les cas où le décret du 22 juillet 1806 admet la révision des arrêts rendus par le Conseil d'État en matière contentieuse. Si on peut réviser un arrêt rendu après débat contradictoire et public, à plus forte raison peut-on réviser un arrêté ministériel ou préfectoral rendu sur le rapport des bureaux (Décret du 22 juillet 1806, art. 32)

Procédure devant les conseils de préfecture. — L'art. 14 de la loi du 21 juin 1865 avait renvoyé à un règlement d'administration publique : « 1° les délais et les formes dans lesquels les arrêtés contradictoires ou non contradictoires des conseils de préfecture peuvent être attaqués ; 2° les règles de la procédure à suivre devant les conseils de préfecture, notamment pour les enquêtes, les expertises et les visites de lieux ; 3° ce qui concerne les dépens. » Ce règlement devait même être converti en loi dans le délai de cinq années.

Le règlement annoncé n'a pas encore été publié ; seulement, le 12 juillet 1865, a paru un décret, dont la préparation était même antérieure à la loi du 21 juin 1865, qui règle certains détails de procédure, mais qui cependant ne remplit pas les points renvoyés par l'art. 14 ci-dessus rapporté. Ce décret n'en est pas moins obligatoire pour les matières dont il s'occupe, et, quant aux questions qu'il ne prévoit pas, les lacunes doivent être comblées soit par l'analogie avec la procédure devant les tribunaux de droit commun, soit avec les procédures spéciales devant les autres juridictions administratives [1].

L'art. 1er de ce décret porte que les requêtes et mémoires introductifs d'instance, ainsi que les pièces à l'appui, doivent être déposés au greffe du conseil. Il faut conclure de là que la demande est introduite, non par une assignation à la partie adverse, mais par une requête, comme pour les pourvois au Conseil d'État. Cette requête est ensuite communiquée à la partie intéressée en la forme administrative, si l'adversaire est un particulier ou une personne morale. La requête est adressée au préfet, comme président du conseil de préfecture; il n'y aurait du reste pas d'irrégularité si la pétition portait en tête : à MM. les *membres du conseil de préfecture de tel département*. Si la partie avait intérêt à prouver qu'elle a réclamé avant l'expiration d'un certain délai, elle se ferait délivrer un récépissé du secrétaire général. Quoique le décret du 12 juillet 1865 n'ait pas créé cette obligation et se soit borné à dire que les pièces seront timbrées et enregistrées (art. 1, § 2), la partie a le droit de demander au secrétaire-greffier du conseil de préfecture ce que, d'après le décret du 2 novembre 1864, les ministres ne doivent pas lui refuser. Au reste, elle pourrait, en cas de refus, faire notifier sa demande à la préfecture par le ministère d'un huissier. Ainsi, en matière de contributions directes, la *décharge* et la *réduction* doivent être demandées dans le délai de trois mois à partir de la publication des rôles qui est faite tous les ans dans chaque commune. On conçoit qu'en pareil cas il puisse y avoir intérêt à bien établir qu'on s'est pourvu à temps.

La pétition doit être écrite sur papier timbré, même quand elle n'est pas notifiée par huissier; cependant, par

[1] Voir circulaire du ministre de l'intérieur du 21 juillet 1865.

exception en fait de contributions directes, les demandes en décharge ou réduction en sont dispensées quand il s'agit de cotes au-dessous de 30 fr. — Les réclamations en matière électorale sont toujours dispensées du timbre [1].

Celui qui plaide contre l'administration n'a pas d'autre formalité à remplir pour introduire régulièrement la demande ; le fait seul de la réclamation adressée au préfet, c'est-à-dire au représentant général de l'administration, est un avertissement suffisant. Mais celui qui aurait pour adversaire un particulier ou une commune, ou tout autre établissement public, devrait lui faire une communication directe [2].

Cette communication est régie par les art. 2, 3 et 4 du décret du 12 juillet 1865 :

Art. 2. « Immédiatement après l'enregistrement des requêtes et mémoires introductifs d'instance, le préfet ou le conseiller qui le remplace, désigne un rapporteur auquel le dossier de l'affaire est transmis dans les vingt-quatre heures. »

Art. 3. « Le rapporteur est chargé, sous l'autorité du conseil de préfecture, de diriger l'instruction de l'affaire; il propose les mesures et les actes d'instruction. — Avant tout, il doit vérifier si les pièces dont la production est nécessaire pour le jugement de l'affaire sont jointes au dossier. »

Art. 4. « Sur la proposition du rapporteur, le conseil de préfecture règle les communications à faire aux parties intéressées, soit des requêtes et mémoires introductifs d'instance, soit des réponses à ces requêtes et mémoires. — Il fixe, EU ÉGARD AUX CIRCONSTANCES DE L'AFFAIRE, le délai qui est

[1] Le Conseil d'État rejette comme irrecevables les demandes sur papier libre, par cette raison que la demande *est irrégulière en la forme*. Il aurait été, à notre avis, plus conforme aux principes et à la loi sur le timbre d'appliquer l'amende, qui est la peine normale de l'infraction aux lois sur le timbre. Mais la jurisprudence est établie en sens contraire.

[2] Conseil d'État, arr. des 11 juillet 1845 et 26 novembre 1839.

accordé aux parties pour prendre communication des pièces et fournir leurs défenses ou réponses. »

Les pièces sont communiquées au greffe et sans déplacement (art. 7 du décret du 12 juillet 1865). Lorsque les parties sont appelées à produire des défenses, elles doivent être invitées à faire connaître si elles ont l'intention d'user du droit de faire présenter des observations orales par un mandataire (art. 6, même décret).

Le conseil de préfecture, une fois saisi, peut ordonner, par des décisions préparatoires ou interlocutoires, toutes les mesures propres à éclairer la conscience de ses membres : une enquête, une expertise, une vérification des lieux, un interrogatoire sur faits et articles, l'avis des administrateurs les plus rapprochés des lieux. La forme de ces enquêtes, expertises et visites de lieux devait être fixée par le règlement auquel renvoyait l'art. 14 de la loi du 21 juin 1865; mais le décret du 12 juillet ne s'en est point occupé, de sorte que ces mesures d'instruction n'étant régies par aucune disposition formelle, il faut consulter l'analogie.

Devant les tribunaux, on distingue l'enquête sommaire et l'enquête ordinaire; la première, plus brève, moins coûteuse, serait mieux accommodée que l'enquête ordinaire à la nature presque toujours urgente des affaires administratives. Mais il y a une espèce d'enquête plus rapide encore que l'enquête sommaire, et c'est celle qui est faite par les juges de paix; non-seulement elle se fait plus brièvement, mais encore les nullités et déchéances n'y occupent que très-peu de place, et, à ce titre encore, cette espèce d'enquête conviendrait mieux aux affaires administratives.

L'expertise est le mode d'instruction le plus employé par les conseils de préfecture. Il y a d'abord certaines lois qui ont prescrit l'expertise, en déterminant les formes à suivre. Ainsi lorsqu'il s'agit de fixer l'indemnité due aux propriétaires, dans les cas prévus par la loi du 16 septembre 1807, l'art. 56 de cette loi dispose que l'estimation sera faite par trois experts, l'un nommé par le propriétaire et l'autre par le préfet. Quant au tiers expert, c'est de droit l'ingénieur en chef du département. Les travaux publics sont-ils entrepris par la commune, au lieu de l'être par l'État, un expert est nommé par le propriétaire, un autre par le maire et le tiers expert par le préfet.

Cette disposition, tout à fait spéciale, ne lie pas le conseil de préfecture dans les autres matières; il pourrait donc ne nommer qu'un expert au lieu de trois, et cela même quand les parties n'y consentiraient pas. Les experts, nommés par le conseil de préfecture, feront bien de suivre les formalités prescrites au titre correspondant du Code de procédure; mais leur inobservation n'entraînerait pas la nullité de l'expertise. Il en est une cependant que la jurisprudence considère comme substantielle : c'est la *prestation du serment* [1]. La prestation de serment est d'ailleurs applicable à toutes espèces d'expertises administratives, à celles qui sont facultatives aussi bien qu'à celles qui sont obligatoires. Mais pour les dernières se présente la question de savoir si l'ingénieur en chef est, comme tiers expert, dans le cas prévu par l'art. 56 de la loi du 16 septembre 1807, obligé de prêter un serment spécial, ou si le serment général qu'il a prêté de bien remplir ses fonctions est valable pour un acte qu'il fait, non en vertu d'un choix exprès, mais par suite de l'exercice de ses fonctions? — La jurisprudence décide avec raison qu'en ce cas il n'est pas tenu de prêter un serment spécial [2]. Mais il en serait autrement lorsque les travaux sont faits par une commune, si le préfet désignait l'ingénieur en chef comme tiers expert, parce qu'alors l'ingénieur ne procéderait pas de plein droit en vertu de la fonction pour laquelle il a prêté serment [3].

[1] Conseil d'État, arr. des 13 août 1824, 13 octobre 1828, 31 août 1849, 26 mars 1850 et 1er juin 1850. Le serment doit être prêté à peine de nullité à moins que les parties n'aient renoncé à la prestation. Arr. Conseil d'État du 10 janvier 1873.

[2] Conseil d'État, arr. du 8 décembre 1853.

[3] Conseil d'État, arr. du 21 juin 1854. Dans la pratique, l'ingénieur en

Le tiers expert n'est pas, en matière administrative, obligé de se rattacher à l'un des avis émis par les experts, et il a le droit d'adopter une troisième opinion sans que pour cela l'expertise puisse être arguée de nullité [1].

L'expertise est également obligatoire pour les contributions directes, en ce sens que si la partie la demande, elle ne peut pas lui être refusée; dans ce cas, on ne nomme que deux experts, dont l'un est choisi par le sous-préfet et l'autre par le réclamant [2].

L'art. 17 de la loi du 21 mai 1836 a aussi modifié la nomination des experts, lorsqu'il s'agit de fixer l'indemnité due pour terrains occupés temporairement, extraction de matériaux, dépôts ou enlèvements de terre, nécessités par la construction de chemins vicinaux. L'un des experts est désigné par le propriétaire, l'autre par le sous-préfet, et, en cas de désaccord, le tiers expert est nommé par le conseil de préfecture.

Pour les contraventions de grande voirie, il existe un moyen spécial d'instruction : ce sont les procès-verbaux des agents auxquels les lois ont donné compétence à cet effet [3]. Ces procès-verbaux ne font pas, en règle générale, foi jusqu'à inscription de faux, mais seulement jusqu'à preuve contraire [4]. Ils ne font preuve jusqu'à inscription de faux que s'ils ont été dressés par des agents auxquels la loi accorde formellement cette autorité.

D'après l'art. 8 du décret du 12 juillet 1865, lorsqu'il s'agit de contraventions, il est procédé comme il suit, à moins qu'il n'ait été établi d'autres règles par la loi. — Dans les cinq jours qui suivent la rédaction du procès-verbal de contravention et son affirmation, quand elle est exigée,

chef prête serment même lorsqu'il est tiers expert de droit en vertu de la loi. La jurisprudence décide seulement qu'il n'y a pas nullité si le serment n'a pas été prêté.

[1] Conseil d'État, arr. des 31 mai 1855 et 17 avril 1856.

[2] Arrêté du 24 floréal an VIII.

[3] Loi du 29 floréal an X et du 23 mars 1842.

[4] Art. 154 du Code d'instruction criminelle.

le sous-préfet doit faire au contrevenant notification de la partie du procès-verbal, ainsi que l'affirmation, avec citation devant le conseil de préfecture. — La notification et la citation sont faites dans la forme administative. — La citation doit indiquer au contrevenant qu'il est tenu de fournir ses défenses écrites, dans le délai de quinzaine à partir de la notification qui lui est faite, et l'inviter à faire connaître s'il entend user du droit de présenter des observations orales. — Il est dressé acte de la notification et de la citation; cet acte doit être envoyé immédiatement au sous-préfet; il est adressé par lui, sans délai, au préfet, pour être transmis au conseil de préfecture et y être enregistré comme il est dit en l'art. 1er. — Lorsque le rapporteur a été désigné, s'il reconnaît que les formalités prescrites dans les 3e et 4e alinéa du présent article n'ont pas été remplies, il en réfère au conseil pour assurer l'accomplissement de ces formalités. »

Lorsque l'affaire est en état de recevoir une décision, le rapporteur prépare le rapport et le projet de décision (article 9). Le dossier, avec le rapport et le projet de décision, est remis au secrétaire-greffier, qui le transmet immédiatement au commissaire du gouvernement (art. 10). Le rôle de chaque séance publique est arrêté par le préfet ou par le conseiller qui le remplace, sur la proposition du commissaire du gouvernement (art. 11).

Les parties ont le droit de remettre des mémoires par écrit et de présenter ou faire présenter des observations orales à l'audience publique (décret du 30 décembre 1862). Le décret porte que les parties peuvent se faire représenter par des mandataires. Ces mandataires doivent avoir un pouvoir écrit de la partie lorsqu'ils ne sont pas assistés de l'intéressé en personne. Cependant l'arrêté qui règle la procédure devant le conseil de préfecture de la Seine reconnaît aux avoués et aux avocats au Conseil d'État le pouvoir de se constituer pour les parties, sans mandat écrit. D'après l'art. 12 du décret du 12 juillet 1865, toute partie qui a fait connaître l'intention de présenter des observations orales doit être avertie, par lettre non affranchie, à son domicile ou à celui de son mandataire ou défenseur lorsqu'elle en a désigné un, du jour où l'affaire sera appelée en séance publique. Cet avertissement sera donné quatre jours au moins à l'avance.

Après les observations présentées par la partie ou en son nom, le commissaire du gouvernement donne ses conclusions. Les fonctions de commissaire sont remplies par le secrétaire général de la préfecture. Aux conseils de préfecture de la Seine, de Seine-et-Oise, du Nord, du Rhône, des Bouches-du-Rhône, etc., etc., elles ont été confiées à des auditeurs au Conseil d'État délégués spécialement pour les remplir. Partout où des auditeurs n'ont pas été envoyés, le secrétaire général fait les fonctions de commissaire. Même dans les conseils auxquels des auditeurs sont attachés, les fonctions n'appartiennent pas moins *de droit* au secrétaire général, quoique *en fait* les conclusions soient toujours données par les commissaires spéciaux.

Ordinairement, les arrêtés des conseils de préfecture sont divisés en trois parties :

1° Les *visa* où l'on relate, en les analysant, les principales pièces produites et les dispositions de la loi ; cette partie équivaut à un exposé des faits et tient la place de ce que, dans la procédure ordinaire, on appelle les *qualités;*

2° Les considérants ou motifs ;

3° Le dispositif.

Art. 13 du décret du 12 juillet 1865 : « Les arrêtés pris par les conseils de préfecture dans les affaires contentieuses mentionnent qu'il a été statué en séance publique. Ils contiennent les noms et conclusions des parties, le vu des pièces principales et des dispositions législatives dont ils font l'application. — Mention y est faite que le commissaire du gouvernement a été entendu. — Ils sont motivés. — Les noms des membres qui ont concouru à la décision y sont mentionnés. — La minute est signée par le président, le rapporteur et le secrétaire-greffier. »

Quant aux motifs, il est difficile de poser une règle générale qui permette de reconnaître dans quels cas ils seront suffisants et dans quels autres ils ne le seront pas. C'est une question de fait que le Conseil d'État appréciera, suivant les circonstances[1] ; le principe est que l'arrêté doit être motivé et que les motifs doivent être *sérieux*. On a, par exemple, considéré comme illusoires les motifs d'un arrêté qui, sur une demande de vingt-sept chefs, formée par des entrepreneurs de travaux publics, allouait aux demandeurs une somme de 5,000 francs : « Considérant que la majeure partie des pertes était due à l'inhabileté des entrepreneurs, mais que néanmoins il en était quelques-unes dont ils n'avaient pu se garantir [2]. »

Passons à la procédure devant le juge du second degré.

Procédure devant le Conseil d'État. — Nous avons vu que des maires aux préfets et de ceux-ci aux ministres, il n'y avait pas de délai pour l'appel, et que le pourvoi était recevable tant que la demande n'était pas prescrite ou éteinte d'une manière quelconque. Mais devant le Conseil d'État, il faut, à peine de déchéance, qu'il soit formé dans les trois mois à partir de la *notification* de l'arrêté attaqué (art. 11 du décret du 22 juillet 1806).

Comme la notification ne fait courir le délai de l'appel qu'en raison de la connaissance qu'elle donne à la partie intéressée, la jurisprudence du Conseil d'État a plusieurs fois tenu pour équivalant à notification des faits qui impliquent que la partie avait connu l'arrêté, et rejeté, comme tardifs, des pourvois formés plus de trois mois après la connaissance acquise. Cette doctrine devait conduire le Conseil d'État à décider que la notification de l'arrêté fait courir les délais de l'appel contre la partie qui notifiait ; car après un tel acte, elle ne pourrait pas prétendre ignorer

[1] Arrêts des 19 janvier 1832, 5 décembre 1837, et arrêt du 10 mai 1851.

[2] Cet exemple rappelle celui que cite Boitard dans son *Cours de procédure* : « *Attendu*, disait un conseil de révision de la garde nationale, *que la décision des premiers juges n'a pas le sens commun.* »

l'existence de l'arrêté[1]. — Toutes les difficultés auxquelles a donné lieu la théorie de la *connaissance acquise équivalant à notification* sont venues, non de la loi, mais de ce qu'on a voulu s'écarter de ses dispositions. L'art. 11 du décret du 22 juillet 1806 avait en effet résolu assez clairement la question, en disant : « Le recours ne sera pas recevable après trois mois, à partir du jour *où la décision aura été notifiée.* » Ces termes, aussi positifs que ceux dont se sert le Code de procédure, excluaient toute incertitude[2].

Le Conseil d'État, prenant en considération les difficultés auxquelles avait conduit l'équivalence de la connaissance acquise, a modifié la jurisprudence et décidé qu'en principe le délai ne courrait que du jour de la notification faite par une partie en cause[3].

De ce que l'appel n'est pas recevable, *après le délai de trois mois*, il faut conclure que le jour de l'échéance ou *dies ad quem* doit être compté, et que le pourvoi serait tardif s'il n'était fait que le jour qui suit l'échéance. Mais le jour de la notification n'est pas compris dans le délai, par application de la maxime consacrée par l'art. 1033 du Code de procédure civile : *Dies termini non computantur in termino.* Si cette règle n'est pas applicable au jour de l'échéance, c'est qu'il y est dérogé, en ce point, par les termes de l'art. 11 du décret du 22 juillet 1806[4].

[1] Cons. d'Ét., arr. des 14 décembre 1835 et 14 juillet 1842.

[2] V. une note de M. Lebon, dans le *Recueil des arrêts*, année 1851, aff. *Costes*. Jusqu'à 1839, la jurisprudence du conseil avait exigé la *notification*. — V. art. 443 du Code de procédure civile.

[3] Arr. Cons. d'Ét. du 19 décembre 1873. Cependant le Conseil d'État décide que le délai court contre une commune du jour où le conseil municipal a pris une délibération qui autorise le maire à former le pourvoi (Arr. Cons. d'Ét. du 15 juin 1870, *Catasse-Gros*), et du jour où la décision a été exécutée contre celui qui se pourvoit (Arr. Cons. d'Ét. du 11 juin 1868, *Coppens*).

[4] V. Cons. d'Ét., deux arrêts en date du 23 novembre 1851. C'est ainsi qu'en matière de droit commun, on compte le jour de l'échéance toutes les fois que le législateur a dit qu'un acte devrait être fait *dans* le délai de trois mois, ou qu'un acte ne serait plus recevable *après* le délai de trois mois.

L'appel peut être interjeté contre les arrêtés interlocutoires ou définitifs ; mais la partie a la faculté d'attendre l'arrêté définitif, avant de se pourvoir contre l'arrêté interlocutoire afin de joindre les deux arrêtés dans le même pourvoi. Quant aux arrêtés préparatoires qui ne préjugent pas le fond, ils ne peuvent pas être l'objet d'un pourvoi spécial, et les parties doivent attendre l'arrêté définitif ; la raison en est que si elles éprouvent quelque préjudice d'un arrêté interlocutoire qui préjuge le fond, un arrêté préparatoire ne leur cause aucun dommage. La partie qui aurait laissé passer le délai de trois mois sans se pourvoir contre un arrêté ministériel statuant définitivement sur le fond, serait forclose et elle ne pourrait pas se pourvoir ultérieurement contre une nouvelle décision qui confirmerait la première [1].

L'appel n'est pas suspensif, en matière administrative, comme il l'est devant les tribunaux ordinaires ; cela vient de ce que toutes les affaires administratives sont présumées urgentes, et c'est pour cela qu'en principe, la loi accorde l'exécution provisoire. La partie qui voudrait empêcher l'exécution devrait en faire la demande à la section du contentieux qui pourrait rendre un arrêt ordonnant la suspension avant faire droit.

Au Conseil d'État, la demande est introduite par une requête signée d'un avocat au Conseil et à la Cour de cassation. Cette règle générale admet deux espèces d'exceptions ; car il y a des affaires qui sont dispensées du ministère des avocats, en raison de leur nature, et d'autres à cause de la qualité des parties.

Sont exceptées, *en raison de leur nature*, les réclamations en matière de :

1° Contributions *directes*. Les pourvois relatifs aux contributions *indirectes* ne seraient pas dispensés du ministère des avocats au Conseil d'État ;

[1] Arr. Cons. d'Ét. du 23 janvier 1874 (*Fauchet*).

2° D'élections d'arrondissement (loi du 22 juin 1833, art. 53) et municipales (loi du 5 mai 1855, art. 45) et des conseils de prud'hommes (loi du 1er juin 1853, art. 8);

3° De contraventions de roulage (loi du 30 mai 1851, art. 25) et de grande voirie (loi du 21 juin 1865, art. 12);

4° De recours pour incompétence et excès de pouvoir (art. 1er du décret du 2 novembre 1864);

5° Liquidations de pension ou refus de liquidation (même article du même décret).

Sont exceptés, à cause de la *qualité des parties,* les pourvois formés par les représentants de l'administration, c'est-à-dire ordinairement les ministres agissant en cette qualité [1].

Les réclamations relatives aux contributions sont introduites par une requête signée de la partie et adressée au président du Conseil d'État par l'intermédiaire du préfet. En matière d'élections, la requête est adressée au Conseil d'État soit directement, soit par l'intermédiaire du préfet; mais, dans les deux cas, il faut qu'elle parvienne au Conseil d'État, avant l'expiration des trois mois. En matière de police de roulage, une disposition expresse de la loi du 30 mai 1851 porte qu'il suffit que la remise du mémoire soit faite au secrétariat de la préfecture, avant l'expiration des trois mois, quand même elle ne parviendrait que postérieurement au Conseil d'État.

En matière d'incompétence, d'excès de pouvoirs ou de liquidation de pension, l'art. 1er du décret du 2 novembre 1864 porte que les parties dispensées du ministère des avocats doivent elles-mêmes se conformer, comme y seraient tenus les avocats, aux dispositions de l'art 1er du décret du 22 juillet 1806. Quant aux pourvois formés par les ministres, ils résultent de l'envoi au président du Conseil d'État

[1] Les ministres peuvent se pourvoir contre les arrêtés et décisions où leur administration n'est pas intéressée, dans l'intérêt de la loi; mais ils n'ont pas cette faculté tant que les parties sont dans les délais du pourvoi Arr. Cons. d'Ét. du 29 avril 1872 (*Coulonges*).

d'un *rapport sur l'affaire.* — La requête introductive est enregistrée au secrétariat de la sectiou du contentieux. D'après la loi, cette requête doit contenir l'exposé *sommaire* des faits, les noms, qualités et demeure des parties, les moyens et les conclusions. Comme les parties ne se décident guère à se pourvoir qu'au dernier moment, et qu'il serait difficile, dans le peu de temps qui leur reste, de réunir tous les éléments d'une discussion complète, la loi permet de déposer une *requête sommaire* qui arrête la déchéance. Dans l'usage, cette requête sommaire est ensuite complétée par une *requête ampliative* (art. 1er du décret du 22 juillet 1806).

Le président de la section désigne un rapporteur, sur le rapport duquel la section du contentieux ordonne la communication à la partie adverse, ordonnance en vertu de laquelle le demandeur peut assigner le défendeur ; cette *ordonnance de soit communiqué* est accordée dans toutes les affaires et, depuis qu'elle n'est plus qu'une simple formalité, elle ressemble à un circuit inutile pour appeler l'adversaire devant le Conseil d'État.

Il n'est pas rendu d'*ordonnance de soit communiqué* pour les pourvois formés par les particuliers contre les ministres ; ces derniers sont considérés comme suffisamment avertis par le dépôt du pourvoi au conseil, et la communication au ministre compétent est faite administrativement ; en d'autres termes, l'envoi des pièces a lieu dans la forme ordinaire des relations entre les sections du Conseil d'État et les divers ministères.

Au contraire, quand il s'agit de communiquer à une partie adverse autre que le ministre, il n'y a pas d'autre voie à prendre que de faire notifier l'*ordonnance de soit communiqué*. Le demandeur a deux mois (décret du 2 novembre 1864, art. 3), sous peine de déchéance, pour faire signifier l'ordonnance, et ce délai court à partir du moment où elle a été rendue (art. 12 du décret du 22 juillet 1806). Le défendeur a, pour notifier la requête en défense, les délais suivants : quinzaine, s'il est domicilié à Paris ou dans un rayon de cinq myriamètres; un mois, s'il demeure à une distance plus éloignée, dans le ressort de la Cour de Paris ou dans les ressorts des Cours d'Orléans, Rouen, Amiens, Douai, Nancy, Metz, Dijon et Bourges; deux mois pour les autres Cours. Enfin, pour les colonies, c'est à la section qu'il appartient de fixer le délai, et il est fixé par l'*ordonnance de soit communiqué*. Tels sont les délais réguliers; mais, s'il y avait urgence, le président de la section pourrait fixer des délais plus courts dans lesquels le défendeur serait tenu de produire sa requête en défense.

Dans la quinzaine, après les défenses fournies, le demandeur est autorisé à notifier une nouvelle requête à laquelle le défendeur peut répondre dans la quinzaine suivante. On voit par là que les parties ont le droit de signifier deux requêtes chacune, et la loi déclare formellement qu'il n'en doit pas être fait un plus grand nombre; nous rappellerons seulement que, d'après l'usage reçu, le demandeur en peut donner trois : 1° la requête provisoire ; 2° la requête ampliative; 3° la requête en réponse aux défenses.

Si c'est un ministre, au nom de l'État, qui est *demandeur*, la notification de l'*ordonnance de soit communiqué* se fait en la forme administrative ; mais, dans tout autre cas, même quand l'affaire intéresse un département ou une commune, il faut employer le ministère des huissiers.

Pour les parties domiciliées à Paris, les huissiers au Conseil d'État doivent être employés comme ils le sont nécessairement pour les notifications d'avocat à avocat; celles qui ne sont pas domiciliées à Paris peuvent s'adresser à un huissier des lieux.

L'affaire est l'objet d'un premier examen, à huis clos, dans la section du contentieux. Un projet de décret conforme à l'avis adopté par la majorité de la section, est rédigé par le rapporteur, et c'est sur cette rédaction que doit s'ouvrir la discussion après la séance publique.

Toutes les affaires ne sont pas l'objet d'un débat public;

on ne porte à l'audience, d'après l'art. 21 du décret organique, que les affaires où il y a eu constitution d'avocat et, parmi celles qui ont été formées directement par les parties, les affaires dont le renvoi à l'audience est demandé par l'un des conseillers d'État de la section ou par le commissaire du Gouvernement[1].

L'assemblée du Conseil d'État délibérant au contentieux se compose : 1° de la section du contentieux; 2° de six membres adjoints, pris dans les autres sections, à raison de deux par chacune. — Trois maîtres des requêtes sont désignés pour remplir les fonctions de commissaires du Gouvernement[2]. L'assemblée ne peut délibérer qu'autant qu'il y a neuf conseillers présents (art. 21 de la loi du 24 mai 1872), et on ne doit pas compter ceux qui font partie de la *section administrative* par laquelle a été préparée la décision attaquée (art. 20 de la loi du 24 mai 1872). On peut, pour compléter l'assemblée du contentieux, appeler les conseillers qui font partie des autres sections (art. 21, *ibid.*).

3° L'assemblée du conseil, délibérant au contentieux, est ordinairement présidée par le président de la section; mais le vice-président du Conseil d'État a aussi le droit de la présider. Il n'y avait pas de président de section pour le contentieux d'après la loi du 24 mai 1872, et l'art. 10 disait expressément que la section du contentieux se composait de six conseillers et du vice-président. En créant un président pour la section du contentieux, la loi des 1er-4 août 1874 n'a pas modifié, sous ce rapport, la situation du vice-président du Conseil d'État, et ce der-

[1] Décret du 21 août 1872, art. 5, n° 28.

[2] Il faut supposer, pour comprendre cette élimination de quelques conseillers, que le ministre dont l'acte est attaqué, avait pris l'avis de la section du Conseil d'État correspondant à son administration. Les deux conseillers envoyés à l'assemblée du contentieux par cette section ont donc déjà connu l'affaire, et c'est pour cela que le législateur ne veut pas qu'on les compte ; ils n'ont pas *voix délibérative* sur cette affaire (art. 22 de la loi organique du Conseil d'État).

nier a le droit de présider, quand il le juge à propos [1].

En cas de partage, la voix du président n'est pas prépondérante et on appelle à voter les plus anciens des maîtres des requêtes présents à la séance (art. 15 de la loi du 24 mai 1872).

Les maîtres des requêtes ont voix consultative dans toutes les affaires et voix délibérative dans les affaires qu'ils rapportent.

Les auditeurs n'ont que voix consultative dans les affaires dont le rapport leur est confié [2].

Les affaires sont portées à l'audience, d'après un rôle qui est proposé par le commissaire du Gouvernement, et arrêté par le président de la section. Un ordre du jour imprimé est distribué d'avance aux membres de l'assemblée du conseil délibérant au contentieux, aux maîtres des requêtes, aux auditeurs et aux avocats dont les affaires sont discutées. — Les avocats obtiennent, quatre jours à l'avance, communication des questions qui sont posées par le rapport (art. 18 de la loi du 24 mai 1872).

C'est par la lecture du rapport que commence l'examen de l'affaire, en audience publique; ce rapport est fait par écrit (art. 15 2e § de la loi du 24 mai 1872) et ne contient aucune indication qui puisse faire pressentir quels sont l'opinion du rapporteur ou l'avis de la section. Le rapporteur se borne à exposer les faits et à poser les questions qui en résultent. — L'avocat est ensuite admis à présenter des *observations orales*, et enfin le commissaire du Gouvernement donne ses conclusions. Le président déclare qu'il en sera délibéré, et la délibération est renvoyée à la chambre du conseil; ordinairement on ne délibère pas après chaque affaire, et c'est à la fin de la séance qu'on reprend les affaires qui ont été plaidées.

[1] D'après la loi du 3 mars 1849, le vice-président de la République, qui était de droit président du Conseil d'État, pouvait présider toutes les sections, *hormis celle du contentieux* (art. 56).

[2] Décret du 26 janvier 1852, art. 17.

La délibération s'ouvre sur le décret préparé conformément à l'avis de la section : la rédaction définitive est arrêtée par la majorité des membres qui concourent à cette seconde délibération.

Les arrêts se composent de trois parties que nous avons déjà distinguées dans les arrêtés des conseils de préfecture :

1° Les visa ;

2° Les considérants ; et

3° Le dispositif.

Le procès-verbal dressé par le secrétaire de la section doit énoncer qu'on s'est conformé aux formalités prévues par les art. 15 et 18 à 22 de la loi du 24 mai 1872. Si elles n'avaient pas été remplies ou, ce qui serait la même chose, si la mention n'en était pas faite au procès-verbal, il y aurait ouverture au recours en révision dont nous parlerons bientôt[1].

Lorsque l'affaire a été portée à l'audience publique, le décret renferme la mention qu'il a été rendu : « *Le Conseil d'État délibérant au contentieux entendu...* » Si l'affaire a seulement été examinée en section, le décret porte : « *La section du contentieux entendue* » ou le « *Conseil d'État* (*section du contentieux*) *entendu*[2]. » Les arrêts sont rendus au nom du *Peuple français* et l'expédition délivrée par le secrétaire du contentieux porte la formule exécutoire (art. 26 du règlement du 21 août 1872).

Les voies de recours ouvertes contre les décrets rendus au contentieux sont *l'opposition*, *la tierce opposition* et *la révision*. — L'opposition peut être formée par toute partie défaillante, dans le délai de deux mois (décret du 2 novembre 1864, art. 4), à partir de la notification du décret rendu par défaut ; l'opposition n'est pas suspensive. Lorsque la section est d'avis que l'opposition doit être admise, rapport en est fait à l'assemblée du conseil délibérant au conten-

[1] Art. 23 § 2 de la loi du 24 mai 1872.
[2] Art. 25 du règlement du 21 août 1872.

tieux qui remet, s'il y a lieu, les plaideurs dans l'état où ils étaient avant le décret attaqué. Les règles du *profit-joint* ne sont pas applicables devant, le Conseil d'État, aux parties dont les unes comparaissent et dont les autres font défaut; car aux termes de l'art. 31 du décret du 22 juillet 1806, « l'opposition d'une partie défaillante à une décision rendue contradictoirement avec une autre partie, *ayant le même intérêt*, ne sera pas recevable. »

La tierce opposition est accordée à toute personne qui, n'ayant pas été appelée dans l'instance, a intérêt à empêcher l'exécution du décret. La loi n'ayant fixé aucun délai, la tierce opposition est recevable pendant trente ans. Elle est formée par une requête signée d'un avocat et déposée au secrétariat; il est ensuite procédé conformément aux règles ordinaires [1].

La révision est une sorte de requête civile applicable aux matières administratives; mais elle est ouverte dans des cas moins nombreux que la requête civile du droit commun; ces cas sont au nombre de trois:

1° Lorsque la décision a été rendue sur pièces fausses;

2° Lorsqu'une partie a été condamnée faute de représenter une pièce qui était retenue par son adversaire;

3° Lorsque le procès-verbal n'énonce pas qu'on s'est conformé aux dispositions des art. 15 et 17 à 22 de la loi du 24 mai 1872 [2] (V. Pr. civ., art. 480).

Le délai pour se pourvoir en révision est de deux mois (décret du 2 novembre 1864, art. 4) qui datent, dans le premier cas, du jour de la notification de la décision. Quant à la procédure à suivre, elle est la même qu'en cas d'opposition à un décret par défaut. Ainsi la section étant d'avis d'admettre la requête en révision, rapport en est fait à l'assemblée du conseil au contentieux qui, s'il y a lieu,

[1] Arr. Cons. d'Ét. du 13 décembre 1872 (*département d'Ile-et-Vilaine*).

[2] Les deux premiers ont été prévus par l'art. 32 du décret réglementaire du 22 juillet 1806, et le troisième par l'art. 23 du règlement du 21 août 1872.

remet les parties dans l'état où elles étaient avant le décret attaqué. C'est ce qu'on appelle *le rescindant*, dans la procédure civile. La décision qui admet la requête doit être signifiée à l'avocat de l'adversaire; mais, s'il s'était écoulé plus d'une année depuis le décret attaqué, c'est à la partie elle-même qu'il faudrait faire la notification. La loi présume qu'après un tel délai les relations entre l'avocat et le client ont cessé, et que ce serait un moyen inefficace d'avertir la partie que de signifier à son avocat. Le Conseil statue ensuite au fond, et c'est cette décision qui correspond à ce que, dans la procédure civile, on appelle *le rescisoire*. Lorsqu'un décret a été l'objet d'un premier recours en révision, les parties n'ont pas le droit d'en demander un second, même fondé sur une autre cause. *Révision sur révision ne vaut.*

C'est un principe de justice que toute partie qui succombe doit être condamnée aux dépens. Aussi, quoique le règlement du 22 juillet 1806 ne s'occupe que de la liquidation des frais, le Conseil d'État condamne aux dépens les parties qui perdent leur procès. D'après la loi du 3 mars 1849, art. 42, « étaient applicables à la section du contentieux l'art. 88 du Code de procédure sur la police des audiences, et l'art. 130 relatif à la condamnation aux dépens. » Tant que cette loi a été en vigueur, le Conseil d'État a condamné aux dépens les parties qui succombaient, même les ministres agissant au nom de l'État. Le décret-loi du 26 janvier 1852 abrogea la loi du 2 mars 1849, et le règlement des 30 janvier-18 février 1852, art. 19, ne déclara applicable à la section du contentieux que l'art. 88 sur la police des audiences ; il garda le silence en ce qui concerne l'art. 130 relatif à la condamnation aux dépens. Le Conseil d'État a vu, dans ce retranchement, la confirmation de la jurisprudence qui, avant la loi de 1849, ne condamnait jamais aux dépens l'État qui succombait. Les raisons de cette doctrine étaient les suivantes : 1° l'État plaide sans frais, puisqu'il est dispensé d'employer le ministère des avocats au Conseil d'État, et ce serait lui faire perdre le bénéfice de ce privilége que de le condamner aux dépens faits par l'adversaire; 2° le texte de l'art. 130 n'est pas applicable aux ministres; car l'art. 130 condamne aux dépens la *partie qui succombe;* or le ministre n'est pas une partie, puisque, même quand il agit au contentieux, il fait acte d'administrateur [1].

Après bien des controverses, la question a été tranchée par le décret du 2 novembre 1864, dont l'art. 2 est ainsi conçu : « Les art. 130 et 131 du Code de procédure civile sont applicables dans les contestations où l'administration agit comme représentant le domaine de l'État, et dans

[1] Cette doctrine a été réfutée par M. Reverchon, alors maître des requêtes, dans ses conclusions sur l'affaire *Niocel*, jugée contrairement à son avis, sur ce point, par décret du 27 février 1852. Ces conclusions ont été analysées dans le recueil de M. Lebon, volume de 1852, p. 13. — Voici en substance la réponse que fit le commissaire du gouvernement à ces deux arguments. Sur le premier point, après avoir reconnu que la partie adverse de l'État ne pourrait pas être condamnée aux dépens envers l'État qui n'est pas obligé d'en faire, il ajoutait : « Mais si l'État n'a pas souffert de la résistance ou des prétentions mal fondées d'une partie, il est tout simple que cette partie n'ait pas à répondre du dommage qu'elle n'a pas causé ; il ne suit nullement de là que, dans le cas inverse, l'État ne doive pas cette réparation. » — Sur le second argument, il disait : « Si la différence réelle qui existe entre l'État et une partie proprement dite devait faire affranchir l'État des dépens, cela ne serait pas moins vrai devant les tribunaux que devant la juridiction administrative. A l'exception des matières domaniales, l'État devant les tribunaux n'est pas une partie ; il y représente les droits de la puissance publique, tout aussi pleinement, tout aussi exclusivement que devant le Conseil d'État. »

M. Lebon rapporte qu'il fit à M. Reverchon l'objection tirée de la différence de rédaction entre la loi du 3 mars 1849, art. 42, et le règlement des 30 janvier-18 février 1852, art. 19. — M. Lebon demandait s'il ne fallait pas voir dans cette différence l'intention d'abroger le renvoi à l'art. 130 du Code de procédure, qui venait d'être pratiqué pendant trois années. M. Reverchon dit que si l'objection avait été faite, il aurait répondu que la loi du 26 janvier 1852 n'avait eu pour objet que d'abroger, d'une manière générale, le système établi par la loi du 3 mars 1849, et de restaurer celui qu'avait établi la loi de 1845 ; par conséquent, la question peut être posée et discutée comme elle l'aurait été sous la loi de 1845. C'est ce qui résulte du texte de la loi nouvelle, et l'on ne peut juger que d'après le texte, puisque ce décret n'a été précédé d'aucun exposé de motifs ni d'aucun rapport.

celles qui sont relatives, soit au marché de fournitures, soit à l'exécution des travaux publics, aux cas prévus par l'art. 4 de la loi du 28 pluviôse an VIII. » Il résulte *à contrario* de cette disposition que, dans les autres cas, l'administration qui succombe ne peut pas être condamnée aux frais, et que la partie est dans l'impossibilité de répéter les sommes qu'elle a été obligée de dépenser pour faire respecter son droit [1].

COUR DES COMPTES [2].

Histoire et compétence. — La suppression des anciennes Chambres des comptes, arrêtée par la loi des 6-7 septembre 1790, décrétée de nouveau le 4 juillet 1791, ne fut consommée que par la loi des 17-29 septembre 1791, qui organisa le *bureau de comptabilité générale.*

Le bureau n'avait aucun pouvoir de décision propre ; il examinait les comptes et présentait ses propositions à l'Assemblée nationale qui était chargée de l'apurement définitif. Du reste, au milieu des préoccupations politiques de l'Assemblée, les propositions du bureau étaient presque toujours adoptées. En cas de contestation sur un article, l'*agent du Trésor public* poursuivait devant les tribunaux de district la solution du procès.

La loi des 17-29 septembre 1791 ne fut pas mise à exécution avant d'être modifiée. Une loi du 12 février 1792 étendit les pouvoirs du bureau de comptabilité.

D'après cette loi, les commissaires du bureau de comp-

[1] Un arrêt du Conseil d'État du 22 avril 1865 (aff. *du canal de Craponne*) a refusé la condamnation aux dépens à une association d'arrosants contre le ministre demandeur en interprétation de l'acte de concession. Le Conseil a pensé que dans cette affaire le ministre avait agi en vertu de ses pouvoirs sur la police des eaux.

Le Conseil de préfecture pourrait-il condamner l'État aux dépens ? Oui, selon nous, dans les cas prévus par le décret du 2 novembre 1864. — C'est aussi l'opinion de M. Chauveau, *Instr. adm.*, t. II, p. 75, n° 882 *bis.*

[2] *Lois administratives*, p. 77 à 98.

tabilité étaient nommés par l'Assemblée ; leur division entre les cinq sections était décidée par un scrutin individuel entre les membres du bureau. Indépendamment des réunions des sections, les commissaires se réunissaient en comité général chaque semaine, ou même plus souvent si l'Assemblée nationale l'exigeait. La Chambre pouvait charger le bureau de lui présenter un plan général de comptabilité ou un plan sur quelque partie de ce service; en ce cas, la délibération était faite en comité général. Le comité général avait aussi pour mission de maintenir l'unité de principes entre les sections (art. 22 de la loi du 12 février 1792).

Le bureau ne fut pas cependant érigé en cour des comptes; comme sous la loi de 1791 sa mission continua d'être préparatoire et consultative, l'apurement définitif appartenant toujours à l'Assemblée nationale. Mais la disposition sévère de l'article 23 prouve que, dans la pensée des législateurs, l'Assemblée ne devait que rarement réformer le travail des commissaires. « Dans le cas, portait cet article, où l'Assemblée nationale décréterait une cause de responsabilité qui n'aurait pas été dénoncée par les commissaires de la comptabilité, les trois commissaires formant la section qui aurait vérifié le compte, *seront, de plein droit, déchus de leurs places* » (tit. Ier, art. 23).

Une loi du 28 pluviôse an III, sans augmenter le nombre des commissaires, porta celui des sections à sept, à raison de deux commissaires par section. Le quinzième commissaire était chargé de la direction du bureau central ; il était renouvelé tous les ans. La même loi instituait un *agent de comptabilité*, faisant fonctions de ministère public et chargé spécialement de poursuivre les comptables en retard de présenter leurs comptes.

La nomination des commissaires, en cas de vacance, était faite par l'Assemblée, sur la proposition du comité des finances. L'agent de la comptabilité était placé sous l'autorité des commissaires du bureau; tous les trois mois il avait à leur remettre un état des poursuites contre les comptables. Si le bureau jugeait que les poursuites avaient été trop mollement conduites, il donnait ordre à l'agent de les pousser ou d'en commencer de nouvelles.

La loi du 18 frimaire an IV substitua au bureau de comptabilité cinq commissaires élus par le Corps législatif, conformément à l'article 321 de la Constitution du 5 fructidor an III. Les nouveaux commissaires reçurent une compétence plus étendue que celle de l'ancien bureau ; ils prononcèrent définitivement sur les comptes. « Les arrêtés de comptes, disait l'art. 4 de la loi du 18 frimaire an IV, les décisions des commissaires et leurs certificats signés de trois certificateurs, *seront exécutoires*. Ils opéreront, sous la responsabilité des commissaires, la décharge définitive des comptables, la mainlevée de séquestre ou d'opposition, et leur serviront de titres pour le remboursement de leurs avances et le payement des intérêts ou pensions qui peuvent leur être dus par la République. » L'agent de la comptabilité étant supprimé, les poursuites étaient exercées par les commissaires établis près les administrations départementales. Tous les trois mois le bureau adressait au Corps législatif un état des comptes arrêtés, et cet état était imprimé à la suite du *Bulletin des lois*.

La loi du 7 vendémiaire an V mit la comptabilité sous la surveillance du Corps législatif. Mais les commissaires n'en conservèrent pas moins leurs attributions, et ce régime fut maintenu sous le Consulat et sous l'Empire, jusqu'à la loi du 16 septembre 1807 qui créa la *Cour des comptes*.

Le défaut des lois de 1791 et de 1792 venait de ce qu'elles n'avaient pas donné le caractère exécutoire aux arrêtés de comptes préparés par le bureau de comptabilité. La loi du 18 frimaire an IV avait fait disparaître ce vice, mais le personnel qu'elle avait chargé d'apurer les comptes, était insuffisant. En combinant ces législations, en prenant à l'une la force exécutoire des décisions, à l'autre le nombre des commissaires et l'agent de la comptabilité, en donnant aux premiers le nom de conseillers et au second celui de procureur général pour les environner du prestige des anciens titres, on aboutit à l'institution de la Cour des comptes [1].

Napoléon voulait que l'administration conservât une indépendance complète à l'égard de l'autorité judiciaire; c'était d'ailleurs un principe du nouveau droit public et, à plusieurs reprises, il avait été consacré depuis 1789, sous le nom de *séparation des pouvoirs*. L'article 75 de la constitution consulaire avait garanti cette règle en exigeant l'autorisation du Conseil d'État pour toute poursuite criminelle ou civile dirigée contre les fonctionnaires pour faits relatifs à l'exercice de leurs fonctions. Quoique la Cour des comptes fût une juridiction de l'ordre administratif, l'inamovibilité de ses membres aurait pu entraver la marche de l'administration si on n'avait pas séparé l'action administrative de la compétence spéciale de ce tribunal. C'est pour cela que les *ordonnateurs* furent soustraits à cette juridiction dont les attributions ne s'étendirent que sur les *comptables*. La loi de 1807 est encore aujourd'hui la loi fondamentale de cette institution; les modifications que les lois postérieures ont introduites n'ont pas altéré le principe et les comptables de deniers (ou de matières) sont toujours les seules personnes qui relèvent de la Cour des comptes. Cette règle sera facile à comprendre par l'exemple suivant : Un payeur refuse d'acquitter un mandat en se fondant sur ce que l'ordonnateur a dépassé ses crédits. Le ministre insiste, et envoie au payeur une réquisition par écrit d'acquitter le mandat. Le comptable de deniers doit obéir; la

[1] Thiers, *Histoire du Consulat et de l'Empire*, t. VIII, p. 111. « Il restait à créer une juridiction élevée, une magistrature apurant tous les comptes, déchargeant valablement les comptables, dégageant leurs personnes et leurs biens hypothéqués à l'État, affirmant après un examen fait en dehors des bureaux des finances l'exactitude des comptes présentés, et donnant à leur règlement annuel la forme et la solennité d'un arrêt de la Cour suprême. Il fallait enfin créer une Cour des comptes. Napoléon y avait souvent pensé, et il réalisa au retour de Tilsitt cette grande pensée. »

réquisition couvrira sa responsabilité et la Cour des comptes sera obligée de tenir la dépense pour régulièrement faite. Quelle sera donc la garantie du Trésor?

L'ordonnateur est responsable devant son supérieur et, s'il est ministre, devant le pouvoir législatif. Lorsqu'il rendra son *compte d'administration*, la chambre lui accordera ou refusera un bill d'indemnité, suivant que les circonstances expliqueront ou non cet ordonnancement irrégulier[1].

D'après la loi organique de 1807, la compétence de la Cour des comptes ne s'appliquait qu'aux comptables de deniers et laissait en dehors les *comptables de matières*. Pendant quarante années, d'incessantes réclamations ont signalé cette lacune qui mettait à la disposition de l'administration des valeurs considérables sans que leur emploi fût soumis au contrôle judiciaire. Les arsenaux de la guerre et de la marine étaient cependant autrement importants que la caisse d'un receveur général, et ils pouvaient fournir à la malversation des occasions plus faciles. L'article 14 de la loi du 6 juin 1843 posa le principe des *comptes de matières*, et une ordonnance du 26 août 1844 détermina les formes et les conséquences de cette espèce de comptes; ces dispositions ne furent déclarées applicables qu'à partir du 1er janvier 1845.

Entre les comptes de matières et les comptes de deniers, il existe une profonde différence; ceux-ci aboutissent à des arrêts exécutoires qui déclarent le comptable en débet ou lui donnent décharge. S'il obtient son *quitus*, le cautionnement lui est remboursé et ses biens sont affranchis d'hypothèque ou de privilége. S'il est déclaré reliquataire, l'arrêt de la Cour des comptes est exécutoire sur ses biens et sur sa personne. Pour les comptes de matières l'arrêt est simplement *déclaratif* (art. 10 de l'ordon. du 26 août 1844).

« La Cour des comptes procédera dans les formes déter-

[1] Décret du 31 mai 1862, art. 426, et loi du 16 septembre 1807, art. 18.

minées aux articles 359, 360, 361, 362, 363, 364, 365, 366 et 367 de notre ordonnance du 31 mai 1838, à la vérification des comptes individuels et *statuera sur lesdits comptes par voie de déclaration.*

« Une expédition de chaque déclaration sera adressée au ministre ordonnateur qui en donnera communication au comptable:

« Le ministre, sur le vu de cette déclaration et des observations du comptable, arrêtera définitivement le compte. »

Pourquoi l'examen de la Cour ne conduit-il qu'à un arrêt déclaratif pour les comptes de matières, tandis que pour les comptes de deniers il aboutit à un arrêt exécutoire? L'emploi des matières, et en particulier des matériaux de la guerre et de la marine, est trop intimement lié à l'action administrative et politique pour qu'on donne à une juridiction inamovible le pouvoir de constituer les comptables en débet. La transformation ou la dépense des matériaux est quelquefois soudaine, et le comptable n'a pas le temps de se procurer une réquisition écrite ni même un ordonnancement régulier. Il pourrait d'ailleurs se faire que les matières eussent péri dans les magasins par force majeure, et c'est là une question administrative dont l'appréciation n'appartient pas à la Cour des comptes, qui juge seulement les entrées, les sorties et la différence entre ces deux faits.

Le contrôle extérieur de la Cour des comptes est-il donc illusoire et n'ajoute-t-il rien au contrôle intérieur du ministre? Il est utile à deux points de vue. Il pourrait se faire que l'irrégularité du compte matière fût passée inaperçue dans les bureaux du ministère. D'un autre côté, le simple examen, même sans pouvoir propre de décision, est une garantie efficace parce que la crainte d'être vu suffit pour empêcher les mauvaises actions ou pour rendre difficile l'indulgence d'un ministre qui voudrait sauver un comptable infidèle.

Si les ordonnateurs ne sont pas soumis à la juridiction de la Cour des comptes, leurs actes n'échappent cependant pas entièrement à son examen. — L'article 12 de l'ordonnance du 26 août 1844 contient une disposition importante : « La Cour consignera dans son rapport annuel des observations auxquelles aurait donné lieu l'exercice de son contrôle tant sur les comptes individuels que sur les comptes généraux ainsi que ses vues d'amélioration sur la comptabilité en matière. »

Cette disposition n'est que l'application aux comptes de matières de l'art. 22 de la loi du 16 septembre 1807. Chaque année une commission présidée par le premier président discute les observations faites par les conseillers référendaires et arrête celles qui seront signalées à l'Empereur dans le rapport annuel.

La Cour ayant à l'égard des comptables de deniers le pouvoir de procéder par voie d'injonction, le droit de faire des observations, consacré par les deux dispositions précitées, ne s'applique pas aux faits de gestion. Si la Cour, au lieu de juger le comptable et de le déclarer en débet, se bornait à présenter de simples observations, elle abdiquerait sa compétence. Puisqu'elle peut condamner, il ne conviendrait pas qu'elle se bornât à des remarques. Les observations qu'elle est invitée à présenter ne peuvent donc être relatives qu'à l'ordonnancement et aux irrégularités qu'elle viendrait à découvrir. Ce droit d'examen, analogue à celui des arrêts déclaratifs, n'empêche pas l'action administrative ; comme il n'aboutit pas à un arrêt exécutoire, aucun obstacle réel n'en peut résulter. Son utilité est incontestable, parce que les observations d'un corps considérable ont une grande autorité, et que la crainte de les encourir est de nature à prévenir les abus. Cette censure (si on peut appeler ainsi un droit qui s'exerce avec une parfaite modération) ne réprime pas, mais elle prévient ; elle ne signale en fait que peu d'irrégularités, mais elle fait surtout le bien en empêchant le mal.

La Cour des comptes juge le plus souvent en premier et dernier ressort, et quelquefois en appel. Les comptes des receveurs municipaux sont examinés par le conseil de préfecture, lorsque les revenus ordinaires de la ville sont au-dessous de 30,000 fr. Le comptable peut appeler à la Cour des comptes de la décision du conseil de préfecture. Au-dessus de 30,000 fr., les comptes sont portés directement à la Cour, qui les juge en premier ressort comme ceux des comptables de l'État. Les communes qui ont 30,000 fr. de revenu, sont celles dont les recettes ordinaires ont, en moyenne, atteint ce chiffre dans les trois dernières années. Les recettes extraordinaires ne sont pas comptées, quelle que soit leur importance, pour déterminer le revenu moyen de la commune [1].

Voici l'énumération des préposés qui relèvent directement de la Cour des comptes :

Les trésoriers-payeurs généraux et le receveur central du Trésor ; — les receveurs de l'enregistrement, des domaines et les conservateurs des hypothèques ; les receveurs principaux des douanes ; — les receveurs principaux des contributions indirectes ; les directeurs des postes ; — les receveurs des différents droits à Alger ; les directeurs des monnaies ; — les économes des établissements d'instruction publique ; — le caissier-payeur central et les trésoriers à Alger ; les trésoriers des colonies ; — le trésorier de la caisse des Invalides de la marine ; le caissier de la caisse d'amortissement ; le caissier de la caisse des dépôts et consignations [2] ; le caissier de l'imprimerie nationale ; — le caissier de la Légion d'honneur ; — les agents de la dette publique au ministère des finances ; — les agents pour le service de la dette inscrite dans les départements (trésoriers-payeurs généraux).

[1] La question de savoir si un particulier est comptable occulte de deniers communaux est jugée par le conseil de préfecture et peut être portée en appel au Conseil d'État par la voie contentieuse ; mais tout ce qui est relatif au compte lui-même, à la recette et à la régularité des dépenses est de la compétence de la Cour des comptes en appel. — Arr. Cons. d'Ét. du 20 mars 1874 (*Duchemin*).

[2] V. décret du 22 décembre 1866 sur la comptabilité de la caisse d'amortissement.

Il faut ajouter à cette nomenclature les maires, les curés ou simples particuliers qui, n'étant pas comptables, reçoivent des deniers publics et les dépensent, catégorie nombreuse qu'on désigne sous le titre de *comptables occultes* [1].

[1] Il faut ajouter à cette nomenclature les personnes qui commettent des faits de *comptabilité occulte*. Nous ne pouvons mieux faire que de reproduire ici ce qu'a dit, sur ce point, M. Ducrocq dans une conférence qui a été imprimée :

« La jurisprudence offre des décisions pleines d'enseignements et qui vous crieraient bien haut, si je n'étais trop pressé par le temps pour vous les lire, que nul ne peut impunément ignorer ou méconnaître les lois protectrices de la comptabilité publique.

« Entre autres exemples, vous verriez ici un père de famille faisant aux noces de sa fille une quête pour les pauvres de la commune, la leur distribuant lui-même, au lieu de la verser dans la caisse du bureau de bienfaisance, obligé de rendre compte (Arrêté du conseil de préfecture de l'Indre du 9 mars 1866) ; — vous verriez ici un adjoint et un desservant recueillant des souscriptions pour achever la construction d'une église paroissiale, édifice communal au premier chef, et forcés de rendre compte, alors que le desservant a employé de son chef à des travaux d'embellissement, un prétendu excédant qui, par suite de circonstances imprévues, s'est trouvé nécessaire aux travaux de construction et dont le déficit donne lieu, à la charge de la commune, à de nouvelles dispositions (Arr. du Cons. d'Ét. du 12 août 1848, *Antony et Dumas contre la commune d'Arveyres*) ; — vous verriez ailleurs un desservant déclaré comptable de deniers communaux à raison de souscriptions par lui recueillies pour la reconstruction de l'église paroissiale de la commune, nonobstant l'intervention des souscripteurs soutenant devant le Conseil d'État qu'en souscrivant à la souscription ouverte par le succursaliste ils ont entendu le laisser libre de disposer, à son gré, des fonds qu'ils lui remettaient, sans qu'il eût à en rendre compte (Arr. du Cons. d'Ét. du 15 avril 1857, *Chervaux et Clermont-Tonnerre contre la commune de Vireaux*).

« Veuillez remarquer, Messieurs, qu'au cas de gestion occulte, le comptable de fait ne s'expose pas seulement à l'obligation, souvent bien difficile en pareils cas, de rendre compte ; il encourt aussi des poursuites pour immixtion dans l'exercice des fonctions publiques, aux termes de l'art. 258 du Code pénal, et l'hypothèque légale sur ses biens, aux termes de l'art. 2121 du Code Nap. et de la loi du 5 septembre 1807.

« Cette règle vous paraît-elle sévère ? Songez, Messieurs, que si, dans les espèces citées, la fidélité de ces comptables de fait ne paraît pas avoir été incriminée, parfois aussi le vol et la fraude pourraient se glisser sous le manteau des intentions les plus respectables ! Songez aussi que la loi est protectrice de l'intérêt général sans être draconienne, car elle permet au juge « à défaut de justifications suffisantes et lorsque aucune infidélité ne

On voit, par cette énumération, que ni les receveurs particuliers, ni les percepteurs, ne relèvent directement de la Cour des comptes; ils rendent leurs comptes à leurs supérieurs. Les percepteurs comptent au receveur particulier et celui-ci au trésorier-payeur général. Cependant dans les petites communes où le percepteur est, en même temps, receveur municipal, il doit, à ce dernier titre, présenter un compte de gestion au conseil de préfecture qui le juge en premier ressort, sauf appel à la Cour des comptes.

Le compte du trésorier-payeur général comprend celui des receveurs particuliers et des percepteurs, et nous avons vu que la loi déclare responsables des agents qui lui sont subordonnés médiatement ou immédiatement. La responsabilité est-elle encourue, non-seulement en cas de fraude ou de négligence, mais aussi en cas de force majeure? Le ministre des finances peut libérer le trésorier-payeur général lorsqu'il résulte des circonstances que la perte a été produite par une force majeure inévitable. Cette décharge est prononcée après avoir pris l'avis du Conseil d'État (section des finances). Il n'appartient pas à la Cour des comptes de juger si le receveur doit ou non être déchargé de la responsabilité. Lorsqu'il s'agit des préposés à la recette, elle n'a qu'à examiner si le comptable a fait rentrer le montant des rôles dans les délais voulus ; quant à la responsabilité, c'est une question administrative et d'appréciation sur laquelle le ministre des finances a seul le droit de statuer.

La Cour des comptes est associée au contrôle législatif pour les *déclarations de conformité.* Pour bien comprendre cette importante attribution, nous développerons préalablement quelques notions auxiliaires sans lesquelles la matière serait obscure [1].

« sera relevée à la charge du comptable de fait, de suppléer, par des considérations d'équité, à l'insuffisance des justifications produites. »

[1] *Lois administratives*, p. 1011 à 1100.

Les recettes et les dépenses d'un exercice se comptent du 1er janvier au 31 décembre. Après le 31 décembre on dit que *l'exercice est expiré*. Toutes les dépenses ou rentrées ne sont cependant pas toujours faites dans ce délai, et le législateur a pensé qu'il n'était pas possible d'exiger que les faits financiers fussent, sans exception, consommés exactement dans cette période. Jusqu'au 31 juillet, après l'expiration de l'exercice, les dépenses peuvent encore être liquidées et ordonnancées ; ce mois étant révolu, aucune ordonnance nouvelle n'est délivrée, mais les payements peuvent encore être effectués, en vertu des mandats antérieurement délivrés, jusqu'au 31 août. Après le 31 août, l'exercice est *clos*, et les ordonnances de payement qui auraient été délivrées sont *annulées*. Les crédits ou portions de crédits qui n'ont pas été employés au 31 août par des payements effectifs, sont définitivement annulés dans la comptabilité des ministères. Ces crédits sont reportés aux exercices suivants, et le ministre délivre aux créanciers de l'État des ordonnances qui sont imputées « sur un chapitre spécial, ouvert pour ordre et pour mémoire, du budget spécial de chaque ministère, sans allocation spéciale. Le montant des payements effectués, pour des exercices clos, est porté au crédit de ce chapitre et compris parmi les crédits législatifs lors du règlement de l'exercice [1]. » Le réordonnancement peut être fait jusqu'à ce que la créance soit périmée par l'expiration du délai de cinq ans, conformément à l'article 9 de la loi du 29 janvier 1831.

Les comptes d'administration que les ministres sont tenus de présenter, comprennent tous les faits qui se sont passés depuis l'ouverture de l'exercice jusqu'à sa clôture. Ils se composent : 1° d'un tableau général présentant, par chapitre législatif, les résultats de la situation de l'exercice expiré; 2° de développements destinés à expliquer, avec

[1] Art. 90-104 de l'ordonnance du 31 mai 1838 et décret du 31 mai 1862, art. 161 à 191. V. décret de prorogation du 10 octobre 1871.

les détails propres à chaque nature de service, les dépenses constatées, les payements effectués et les créances restant à solder à la clôture de l'exercice; 3° d'un état comparatif par chapitre des dépenses de l'exercice expiré avec celles du budget de l'exercice précédent, expliquant les causes des différences qui ressortent de cette comparaison ; 4° de la situation provisoire de l'exercice courant arrêté au 31 décembre de la première année; 5° du compte d'apurement pour les exercices clos, législativement arrêtés ; 6° des comptes en matière à publier pour les divers services; 7° de quelques documents spéciaux à chaque ministère, et dont l'énumération est faite dans les art. 137 et suivants de l'ordonnance du 31 mai 1838.

Indépendamment des comptes de chaque département ministériel, le ministre des finances dresse le *compte général de l'administration des finances*. Ce compte général comprend toutes les opérations de recette et de dépense au commencement et à la fin de l'année; il est appuyé des cinq comptes de développement suivants : 1° le *compte de contributions publiques* qui fait connaître par année, par exercice, par branches de revenus et par nature de perception : les droits constatés à la charge des redevables de l'État ; les recouvrements déjà faits et les recouvrements à faire ; 2° le *compte des dépenses publiques* qui récapitule les résultats développés dans les comptes des ministres et fait connaître les droits constatés au profit des créanciers, les payements déjà faits et ceux qui restent à faire ; 3° le *compte de trésorerie* qui présente : les mouvements de fonds opérés entre les comptables des finances; l'émission et le retrait des engagements à terme du Trésor et enfin l'excédant de recouvrements ou de payements provenant des revenus et des dépenses publiques ; 4° le *compte des budgets* qui se compose de la situation définitive de l'exercice expiré et de la situation provisoire de l'exercice courant; 5° le *compte des divers services publics* qui se rattachent directement ou indirectement à l'exécution de la loi de finances. Le compte spécial de la dette inscrite et des cautionnements est présenté distinctement en capital et intérêts.

Les comptes des ministres et le compte général des finances se composent des mêmes éléments que ceux des comptables, et de la relation des premiers avec les seconds pourrait résulter un précieux contrôle. La loi prescrit une double comparaison : 1° avec la comptabilité administrative ; 2° avec la Cour des comptes.

Une commission composée de neuf membres, nommés annuellement par le chef de l'État, compare les comptes des ministres avec les écritures de la *comptabilité générale.* Le procès-verbal où sont constatés les résultats de cette comparaison est remis au ministre des finances qui en donne communication aux Chambres. On met sous les yeux de la commission un tableau présentant, pour l'exercice clos dont le règlement définitif est proposé aux Chambres, la comparaison des comptes publiés par les ministres avec les résultats des jugements prononcés par la Cour des comptes. La commission vérifie ce tableau qui est communiqué aux Chambres avec son rapport [1].

La comparaison entre les comptes ministériels et les arrêts de la Cour des comptes est confiée à la Cour.

Art. 385 de l'ordonnance du 31 mai 1838 : « La Cour des comptes consacre et certifie, d'après le relevé des comptes individuels et les pièces justificatives que doivent lui produire les comptables, l'exactitude des comptes généraux publiés par le ministre des finances et par chaque ordonnateur. »

Art. 388. « La Cour des comptes constate par des *déclarations de conformité*, la concordance des résultats de ses arrêts sur les comptes individuels des comptables avec ceux de chaque résumé général, et confirme aussi

[1] Art. 164 et 165 de l'ordonnance du 31 mai 1838, 194 et 195 du décret du 31 mai 1862.

l'accord de ces mêmes arrêts avec les opérations correspondantes qui sont comprises dans le compte général de l'administration des finances[1]. »

La Cour doit rendre sa *déclaration générale de conformité*, sur les comptes de l'exercice clos, le 1er septembre de l'année qui suit la clôture, et sa déclaration générale sur les comptes de l'année avant la fin de l'année suivante. Les *déclarations générales* sont prononcées en audience solennelle par le premier président, imprimées et distribuées au Corps législatif. — Avant la déclaration générale, chacune des Chambres de la Cour rend une *déclaration partielle de confomité*, telle qu'elle résulte des arrêts qu'elle a rendus.

Telles sont les attributions principales de la Cour des comptes. Nous ne pouvons pas mieux les résumer qu'en reproduisant un passage du discours que prononça M. le premier président Barthe lorsque la Cour fut, en 1842, installée à l'hôtel du quai d'Orsay : « Dans l'administration des ètats, disait-il, il existe des principes qui répondent à des nécessités permanentes. Ce n'est pas d'aujourd'hui qu'on proclame que s'il est bon, utile que l'administration se surveille elle-même, ce contrôle ne peut exister seul : il faut un contrôle extérieur désintéressé, indépendant; c'est celui qu'exerçaient les anciennes Chambres des comptes, c'est celui qui vous appartient. La loi de notre institution, en nous donnant juridiction sur les comptables, devait nous refuser tout pouvoir sur les ordonnateurs. Nous avons soin de nous renfermer dans ces limites hors desquelles tout ne serait que confusion. Nous sommes pénétrés, autant que qui que ce soit, de cette vérité qu'il n'y aurait plus d'administration le jour où un tribunal pourrait traduire l'administration à sa barre dans la personne ou les arrêtés de ses agents. Mais si c'est au comptable seul, détenteur de deniers publics, que nous pouvons, par voie de juridiction,

[1] Art. 436 à 445 du décret du 31 mai 1862.

demander l'exécution rigoureuse des lois et règlements, l'administration est responsable devant le prince et devant les Chambres, et il nous appartient d'éclairer le prince et les Chambres sur les abus qui proviendraient des ordonnateurs et non des comptables [1]. »

Composition de la Cour des comptes. — La Cour des comptes est composée d'un premier président, de trois présidents de chambre, de dix-huit conseillers maîtres, de conseillers référendaires, divisés en deux classes, dont la première est de vingt-quatre et la seconde de soixante, en tout quatre-vingt-quatre [2]. Un décret a créé des auditeurs dont le nombre est de vingt [3]. Le premier président distribue les conseillers maîtres entre les trois Chambres de la Cour [4]. Quant aux référendaires, ils ne sont attachés à aucune Chambre, et ils rapportent auprès de toutes les trois les affaires qui leur sont distribuées par le premier président. La voix délibérative appartient exclusivement aux conseillers maîtres, et les référendaires ne l'ont même pas dans les affaires dont le rapport leur est confié. Chose digne de remarque ! dans l'ancienne Chambre

[1] *Moniteur* du 19 avril 1842.

[2] Le Gouvernement provisoire avait, par décret du 2 mai 1848, réduit le nombre des conseillers maitres de 18 à 12, celui des référendaires de première classe de 18 à 15, et ceux de deuxième classe de 62 à 55. Un décret du 15 janvier 1852 a abrogé purement et simplement le décret du 2 mai 1848. En même temps, il a institué une chambre temporaire, à l'effet de vider l'arriéré que les suppressions de personnel faites en 1848 avaient laissé accumuler pour l'examen des comptes des établissements communaux. Un décret du 12 décembre 1860 a porté le nombre des référendaires à 84.

[3] Décret du 23 octobre 1856. Les auditeurs sont adjoints aux conseillers référendaires pour la préparation des rapports. D'après le décret du 12 décembre 1860, les auditeurs, après quatre ans d'exercice, peuvent, au nombre de dix au plus, être chargés de présenter des rapports directement aux chambres de la Cour.

[4] La Cour est divisée en trois chambres entre lesquelles les affaires sont réparties suivant la lettre alphabétique des noms des départements ; cet usage n'est pas en harmonie avec les lois et règlements qui prescrivent une distribution fondée sur la nature des affaires. Mais il a été adopté comme plus commode.

des comptes, les auditeurs ou clercs du roi avaient voix délibérative sur les objets de leurs rapports et, malgré ce précédent, la loi nouvelle a refusé la voix délibérative au membre qui connaît le mieux l'affaire. Comme les conseillers référendaires ne sont attachés à aucune Chambre, on a craint que, sur les questions où la Chambre est presque partagée, leur voix délibérative ne donnât à la jurisprudence trop de mobilité.

La Cour est divisée en trois Chambres, dont chacune est composée de six conseillers maîtres et du président. D'après la distribution des matières qui a été faite par les décrets réglementaires, la première chambre jugeait les comptes relatifs aux recettes publiques; la seconde ceux relatifs aux dépenses et la troisième les comptes des communes et établissements publics. Cette division n'est pas suivie dans la pratique et chacune des chambres connaît des trois espèces d'affaires, sans distinction.

Procédure. — Le référendaire chargé du rapport examine d'abord si la ligne du compte est exacte, et secondement si les paiements ont été valablement faits, c'est-à-dire s'ils ont été faits à des parties ayant le droit de recevoir et, d'un autre côté, si le comptable qui a payé est resté dans les limites du crédit affecté à cette dépense.

Le rapport est ensuite remis à un conseiller maître qui en vérifie au moins une partie prise, au hasard, et qui ensuite expose à la Chambre les questions qui résultent du rapport.

Les premier président, présidents et conseillers maîtres ou référendaires sont inamovibles; mais il existe auprès de la Cour des comptes deux fonctionnaires révocables, un procureur général et un greffier. Le procureur général n'a, relativement à la police de la Cour et à la surveillance du service, que le droit d'adresser des réquisitions au premier président, à qui appartient l'action et la décision. Il fait dresser un état de tous ceux qui doivent présenter leurs comptes à la Cour, et lorsqu'un comptable n'a pas produit le sien dans le délai fixé par les lois et règlements, il requiert contre lui l'application des mesures disciplinaires.

Le procureur général a la faculté de prendre communication de tous les comptes, quand il le juge nécessaire. Mais il y a certaines affaires qui *doivent être communiquées* au ministère public. Ce sont : 1° toutes les demandes en mainlevée, radiation ou translation d'hypothèques prises sur les biens des comptables, pour garantir la fidélité de leur gestion ; 2° les demandes en révision formées contre les arrêts de la Cour des comptes ; 3° le procureur général doit être appelé et entendu toutes les fois qu'un référendaire élève contre un comptable une prévention de faux.

Enfin le procureur général doit adresser au ministre des finances les expéditions des arrêts de la Cour, et correspondre avec tous les ministres pour les renseignements dont ils pourraient avoir besoin relativement à l'exécution des arrêts, mainlevées, radiations ou restrictions de séquestres, saisies-oppositions ou inscriptions hypothécaires et remboursements d'avances.

Le greffier en chef assiste aux assemblées générales de la Cour et y tient la plume. Il veille à la garde et conservation des minutes et arrêts ; il fait enregistrer, par ordre de numéros et de dates, tous les comptes déposés au greffe de la Cour. C'est lui qui signe tous les certificats, expéditions et extraits des actes émanés de la Cour [1].

La Cour des comptes, dont la juridiction s'étend sur tout le territoire de la France, comme celle du Conseil d'État et de la Cour de cassation, est quelquefois juge d'appel et ordinairement juge unique en premier et en dernier ressort. Nuos avons déjà dit que les comptes des receveurs municipaux sont examinés en première instance, par les conseils de préfecture, sauf appel à la Cour, lorsque les revenus de la commune, de l'hospice ou établissement de bien-

[1] Tit V de la loi du 16 septembre 1807.

faisance ne dépassent pas 30,000 fr.[1]. A part cette exception, les comptes sont directement présentés à la Cour des comptes qui les juge souverainement. En cas d'erreur, le comptable lésé doit se pourvoir devant la Cour elle-même, en révision de son compte. La loi a tellement reconnu, en cette matière, la vérité de la maxime vulgaire, *erreur n'est pas compte*, qu'elle n'a fixé aucun délai pour former cette demande en rectification. Après s'être montré sévère envers les comptables, pour empêcher toute malversation, elle a voulu éviter d'être injuste, en créant des déchéances au profit du Trésor contre ceux qui servent l'État.

Une autre voie de recours est ouverte aux parties devant le Conseil d'État délibérant au contentieux; mais on n'en peut faire usage que pour *excès de pouvoir*, *incompétence ou violation de la loi*. Le Conseil d'État joue donc, à l'égard de la Cour des comptes, le rôle que la Cour de cassation remplit à l'égard des Cours impériales et autres tribunaux statuant en dernier ressort. Comme la Cour de cassation, il doit rester étranger à la connaissance du fond et, s'il casse, le compte revient à la Cour des comptes où la seconde vérification est faite par une autre Chambre que celle dont l'arrêt a été annulé [2].

[1] Pour juger si la commune ou l'hospice ont 30,000 fr. de revenus, on ne doit compter que les *revenus ordinaires*. On prend ensuite une moyenne des trois dernières années.

[2] L'art. 90 de la Constitution du 4 novembre 1848 attribuait au tribunal des conflits les recours pour incompétence et excès de pouvoir contre les arrêts de la Cour des comptes.

DEUXIÈME PARTIE

DROIT ADMINISTRATIF

SECTION Ire

DES PERSONNES MORALES.

L'État. — L'État acquiert les biens de son domaine privé par les moyens de droit commun tels que achat, donation, legs, échange ; et par des moyens qui lui sont propres, tels que l'acquisition des objets sans maître [1], des épaves [2], des amendes, des objets confisqués à titre de peine [3].

Les achats de *meubles* sont des marchés de fournitures qui doivent, en principe, être faits aux enchères, et, par exception, à l'amiable dans les cas déterminés limitativement par l'ordonnance du 4 décembre 1836, rendue en exécution de la loi du 31 janvier 1833, art. 12 [4].

Les achats *d'immeubles*, dans la mesure des crédits ouverts, sont ordonnés par le ministre et préparés par les agents de l'administration de l'enregistrement et des domaines. Le contrat est passé entre le vendeur et le directeur des domaines. Si le prix dépasse 25,000 fr., le contrat n'est par-

[1] Art. 539 et 713 C. civ. — Art. 768 C. civ. sur les successions en déshérence.

[2] Ordonnance de 1681, liv. V, sur les épaves de mer. — Pour les épaves des fleuves et certaines épaves de terre, V. décret du 13 août 1810 et ord. des 9 juin 1831 et 30 janvier 1833.

[3] Art. 11 du C. pénal.

[4] *Lois administratives*, p. 900-930.

fait qu'en vertu de l'approbation par décret. Au-dessous de 25,000 fr., l'approbation est valablement donnée par le préfet [1]. Que l'achat soit approuvé par le préfet ou par le chef de l'État, il faut que la convention se renferme dans la limite des crédits ouverts par la loi de finances ou par une loi spéciale.

L'échange constituant une aliénation en même temps qu'une acquisition, le ministre ne peut le consentir qu'en vertu d'une loi spéciale. Quant aux donations et legs, leur acceptation ne peut être faite qu'en vertu d'un décret en Conseil d'État.

La gestion des biens domaniaux est, en principe, confiée à l'*administration de l'enregistrement et des domaines*; il n'y a d'exception que pour les biens affectés à un service public, lesquels sont placés sous la surveillance du ministre dans le département duquel rentre le service. Les préposés de l'enregistrement et des domaines ne gèrent d'ailleurs pas directement les immeubles domaniaux. Pour éviter les fraudes, et par défiance d'une administration directe que ne stimulerait pas l'intérêt personnel, la loi des 23-28 octobre et 5 novembre 1790 et celle des 19 août-12 septembre 1791, qui sont toujours en vigueur, prescrivent le bail à ferme. Ce mode de gestion a aussi l'avantage de donner aux recettes un caractère fixe et de faciliter le calcul des dépenses [2]. Le bail est poursuivi et préparé par les receveurs de l'enregistremnet et des domaines ; il est annoncé par publications et affiches, et consenti devant le sous-préfet de l'arrondissemeut où les biens sont situés, au plus offrant et dernier enchérisseur. Le sous-préfet remplit ici l'office de notaire et le procès-verbal d'enchères, signé par lui, a tous les caractères d'un acte authentique ; il a date

[1] Décr. du 25 mars 1852, Tabl. D, § 10 et décr. du 13 avril 1861, Tabl. D, § 15.

[2] L'art. 19 de la loi des 23-28 octobre 1790 porte, en effet, qu'aucune diminution du prix du bail ne peut être demandée par le fermier, « même pour stérilité, inondation, grêle, gelée ou tous autres cas fortuits. »

certaine et emporte exécution parée, et la loi de 1790 lui attribue même le pouvoir de produire hypothèque sur les biens du fermier [1]. Dans certains cas prévus par la loi, le bail, au lieu d'être fait aux enchères, peut être consenti à l'amiable. Le bail amiable doit être approuvé par le ministre des finances lorsque le prix du fermage dépasse 500 fr. ; au-dessous, l'approbation peut être donnée par le préfet [2], *en conseil de préfecture.*

L'État joue quelquefois dans le bail le rôle de preneur, par exemple lorsqu'il loue des terrains, des magasins, etc., etc. Le tableau D, n° 10, annexé au décret du 25 mars 1852, accorde aux préfets le pouvoir d'approuver les dépenses pour loyers, quel que soit le prix de bail, à la charge seulement de ne pas dépasser les crédits ouverts.

Plusieurs lois ont successivement ordonné la vente des biens nationaux et d'autres ont déterminé les formes suivant lesquelles cette aliénation serait faite. Une jurisprudence bien établie avait décidé, en se fondant sur ces lois, que l'aliénation des biens domaniaux pouvait être ordonnée par un décret, et qu'une loi spéciale n'était pas nécessaire pour mettre en vente un bien déterminé. La jurisprudence n'admettait qu'une seule exception relativement aux forêts, en se fondant aussi, pour cette exception, comme pour le principe, sur le texte de la loi des 28 octobre-5 novembre 1790; car, après avoir dit dans l'art. 2 que tous les biens nationaux seraient vendus, l'art. 5 ajoute que les bois et forêts sont exceptés de la mesure. Cette solution a été

[1] La Cour de cassation (arr. des 3 mai 1843 et 9 juin 1847) décide que cette disposition spéciale aux biens domaniaux n'a pas été abrogée par la loi générale (Code civil) qui a retiré aux actes notariés l'effet d'emporter hypothèque générale de plein droit. Nous pensons que la disposition dont il s'agit n'a eu pour but que d'assimiler le bail en la forme administrative à ceux qui seraient faits par acte notarié. Or, d'après le Code civil, l'acte notarié ne produit pas une hypothèque générale. On y peut seulement stipuler une hypothèque spéciale. Ce serait dépasser le but de la loi que d'attribuer au bail administratif l'hypothèque générale, c'est-à-dire un effet que ne produit plus le bail par acte notarié.

[2] Tableau C-2° annexé au décret du 25 mars 1852.

confirmée par la loi des 14 mai-1er juin 1864. Le premier effet de cette loi a été de reconnaître la validité de toutes les ventes consenties dans le passé. Quant à l'avenir, elle a restreint les pouvoirs de l'administration en disposant que si la valeur estimative de l'immeuble domanial dépassait un million de francs, l'aliénation *totale* ou *partielle* ne pourrait avoir lieu qu'en vertu d'une loi spéciale[1]. Cette loi ne s'applique d'ailleurs pas aux biens dont la vente est régie par des lois spéciales, et notamment à la cession des lais et relais de mer, ni aux immeubles expropriés pour cause d'utilité publique (V. loi du 16 septembre 1807, art. 41 et la loi du 3 mai 1841, art. 13).

Les formes de la vente des biens domaniaux sont fixées par les lois des 15 et 16 floréal an X et par celle du 5 ventôse an XII, titre VII. Il résulte de la combinaison de ces lois que la vente doit être faite publiquement et aux enchères, devant le préfet assisté du directeur des domaines du département ou devant le sous-préfet assisté d'un préposé de l'administration des domaines désigné par le directeur. Ces enchères sont publiées d'avance et affichées pour provoquer la concurrence des enchérisseurs. Le procès-verbal dressé par le préfet ou le sous-préfet est un acte notarié, qui a date certaine et force exécutoire. En général, l'acte n'est pas subordonné à l'approbation du ministre et l'adjudicataire a immédiatement un droit acquis en vertu de son enchère ; il en serait autrement si l'approbation ministérielle avait été réservée par une clause du cahier des charges.

La vente aux enchères serait, dans certains cas, impossible ou accompagnée d'inconvénients. Elle est alors remplacée par la vente de gré à gré ; mais cette vente amiable ne peut être consentie qu'en vertu d'une loi spéciale d'intérêt privé ou d'une loi relative à une catégorie de biens[2].

[1] La portée de la loi des 14 mai-1er juin 1864 a été très-bien déterminée par M. Th. Ducrocq, professeur à la Faculté de droit de Poitiers. — *Des ventes domaniales avant et depuis la loi du 1er juin* 1864.

[2] La loi du 24 mai 1842 autorise la cession amiable des routes ou portions

Nous avons déjà dit que l'échange des biens domaniaux ne pouvait être consenti qu'en vertu d'une loi spéciale (loi des 22 novembre-1er décembre 1790, art. 18, et ord. du 12 décembre 1827). Cela tient à ce que l'échange est une aliénation *sui generis* qui ne peut pas être faite aux enchères; on a remplacé la garantie résultant de l'adjudication publique par celle de l'intervention législative.

L'État ne peut emprunter qu'en vertu d'une loi spéciale qui autorise formellement le ministre des finances à contracter l'emprunt et qui détermine les conditions auxquelles l'emprunt pourra être souscrit.

Les actions en justice intéressant l'État sont intentées par et contre les préfets devant les tribunaux et les conseils de préfecture. Devant le Conseil d'État, le domaine est représenté par le ministre des finances, tandis qu'à la Cour de cassation c'est le préfet qui continue à suivre l'instance[1]. L'administration des domaines prépare les éléments du procès et surveille tous les actes; mais il ne lui appartient pas de représenter l'État dans les actions domaniales. Par exception, lorsqu'il s'agit uniquement de poursuivre le *recouvrement d'un revenu*, les agents des domaines ont le pouvoir de procéder par voie de contrainte contre les débiteurs, et de suivre en justice le jugement des oppositions qui pourraient être élevées par les parties contre la contrainte[1]. L'État ayant pour défenseurs naturels de ses droits les magistrats du ministère public, il est dispensé du ministère des avocats et des avoués. Cette dispense est d'ailleurs purement facultative et le préfet peut, s'il le juge utile, désigner un avocat et un avoué sur la présenta-

de routes délaissées aux propriétaires riverains. On ne doit les vendre aux enchères qu'après avoir mis les propriétaires riverains en demeure de les acquérir.

[1] Avis du Conseil d'État, en date du 28 août 1823, qui décide que le préfet, pour agir au nom de l'État, n'a pas besoin d'obtenir l'autorisation du conseil de préfecture.

[2] Cette exception résulte de l'art. 4 de la loi des 19 août-12 septembre 1791.

tion du directeur de l'enregistrement et des domaines[1].

Département[2]. — Les biens qui composent le domaine départemental se divisent en deux catégories. Les uns sont affectés à des services généraux obligatoires; les autres à des services qui n'ont qu'un intérêt d'utilité départementale. Dans la première catégorie, nous trouvons les biens appartenant autrefois à l'État et dont l'abandon gratuit aux départements a été consacré par le décret du 9 avril 1811: ce sont les hôtels des préfectures, des sous-préfectures et des *cours d'assises* ou tribunaux. Les bâtiments où siégent les Cours d'appel sont demeurés la propriété de l'État de sorte que dans les villes où tous les services sont réunis dans le même édifice, une ventilation établit la proportion suivant laquelle l'entretien est à la charge de l'État, pour la Cour d'appel, et du département, pour la Cour d'assises. Les biens de la seconde catégorie sont les terrains plantés en pépinières, les fermes-écoles, quelques établissements d'eaux thermales, et enfin les édifices qui ont cessé d'être affectés à un service public obligatoire. — Le département a aussi des biens mobiliers : ce sont les meubles des préfectures et sous-préfectures et les biens incorporels, tels que certains droits de péage.

Il est rare que les départements aient des biens d'un caractère exclusivement privé ; le Code forestier ne parle même pas des bois départementaux, parce qu'il est peut-être sans exemple que des départements soient propriétaires de bois. Cependant si, par exception, il y en avait, le régime forestier leur serait applicable comme il l'est à tous ceux que possèdent *des établissements publics* (art. 90 et suiv. du Code forestier).

D'après l'art. 46 de la loi du 10 août 1871 le conseil général règle définitivement par des délibérations qui sont exécutoires, sans approbation préalable de l'autorité supérieure :

[1] Arrêté du ministre des finances du 3 juillet 1834.
[2] *Lois administratives*, p. 216-238.

1° Les acquisitions, aliénations et échanges des propriétés immobilières, quand ces propriétés ne sont affectées ni aux hôtels des préfectures et sous-préfectures, ni au service des Cours et tribunaux, ni au casernement des gendarmes ou aux prisons ;

2° Le mode de gestion des propriétés départementales ;

3° Les baux des biens donnés ou pris en ferme, quelle qu'en soit la durée ;

4° Le changement de destination des propriétés et des édifices départementaux autres que les hôtels de préfecture et de sous-préfecture, et les locaux affectés aux Cours d'assises, aux tribunaux, aux écoles normales, au casernement de la gendarmerie et aux prisons ;

5° L'acceptation ou le refus des dons et legs faits au département sans charge ni affectation immobilière, quand ces dons et legs ne donnent lieu à aucune réclamation. S'il y avait charge ou réclamation, l'acceptation ou le refus ne seraient exécutoires qu'en vertu de l'approbation par décret [1] ;

6° Les assurances des édifices départementaux (§ 14 de l'art. 46 de la loi du 10 août 1871) ;

7° Les transactions (§ 16 de l'art. 46) ;

8° Les actions à intenter [2] (§ 15 de l'art. 46) ;

Le préfet intente les actions au nom du département et, sur l'avis conforme de la Commission départementale ; il peut défendre à toute action intentée contre le département (art. 3, §§ 2 et 54 de la loi du 10 août 1871).

En cas de litige entre le département et l'État, le domaine est représenté par le préfet, et le département par

[1] L'arrêté du préfet ou la délibération du conseil général qui accepteraient nonobstant les réclamations de la famille, pourraient être attaqués pour *excès de pouvoirs*. Arr. du Conseil d'État des 9 et 16 mai 1873.

[2] Les autres matières énumérées dans l'art. 46 de la loi du 10 août 1871, et que le conseil général règle définitivement, n'intéressent pas le département, personne morale, et ne touchent pas à son patrimoine. Ce sont des questions qui sont relatives à des services publics.

un membre de la commission départementale désigné par elle (art. 54 de la loi du 10 août 1871).

Le préfet peut, même sans délibération du conseil général ou de la commission départementale, agir en justice à titre conservatoire, en cas d'urgence.

Le préfet peut également, à titre conservatoire, accepter une donation avant la réunion du conseil général, afin de prévenir la caducité qui résulterait du décès du donateur avant l'acceptation de la libéralité. Cet article ne parle que de l'acceptation conservatoire. Quant au refus, il n'implique pas l'urgence, et c'est pour cette raison qu'il ne peut être fait qu'en vertu d'une délibération du conseil général.

Les délibérations, dans les cas que nous venons d'énumérer, sont exécutoires si, dans les vingt jours, elles n'ont pas été attaquées par le préfet pour incompétence ou excès de pouvoir et si elles n'ont pas été annulées par décret dans les deux mois. Elles ne peuvent pas être annulées pour des motifs tirés du fond.

Le conseil général délibère sur le changement de destination des hôtels de préfecture et de sous-préfecture, des locaux affectés au service des tribunaux, aux écoles normales, aux prisons et au casernement de la gendarmerie ; sur l'acquisition, l'aliénation et l'échange des mêmes immeubles (art. 48, §§ 1 et 2 de la loi du 10 août 1871). Ces délibérations ne sont exécutoires qu'en vertu de l'approbation expresse ou totale de l'autorité supérieure. Elles sont exécutoires comme tacitement homologuées si, dans les trois mois, l'annulation n'a pas été prononcée par décret (art. 49). L'annexion peut, en ce cas, être prononcée non-seulement pour incompétence, excès de pouvoir ou violation de la loi, mais pour des motifs tirés du fond.

Budget du départemeut. — Le projet de budget est préparé et présenté par le préfet qui doit le communiquer à la commission départementale, dix jours avant la session d'août, avec les pièces à l'appui. Le budget voté par le conseil général est définitivement réglé par décret (art. 57 de la loi du 10 août 1871). Pour bien comprendre son mécanisme, il est utile d'exposer comment il était divisé d'après la loi du 10 mai 1838 et les modifications qu'y apporta la loi du 18 juillet 1866.

Le caractère du budget consistait, d'après la loi de 1838, dans la correspondance qu'elle établissait entre les recettes et les dépenses. La partie des dépenses et celle des recettes était subdivisée en sections de la manière suivante :

1° La première section comprenait les *dépenses ordinaires*. Elles étaient énumérées par l'art. 12 de la loi du 10 mai 1838. Si le conseil général ne les inscrivait pas au budget, le chef de l'État pouvait les y porter d'office, mais seulement jusqu'à concurrence des recettes qui étaient destinées à y faire face. Elles n'étaient donc pas absolument obligatoires puisqu'elles ne l'étaient que dans la mesure des ressources qui leur correspondaient au budget des recettes.

2° La deuxième section se composait des *dépenses facultatives* d'utilité départementale ; comme l'indique leur nom, ces dépenses ne pouvaient pas être inscrites d'office, si le conseil général refusait de les voter (art. 18 de la loi du 10 mai 1838).

3° Une troisième section comprenait les *dépenses spéciales* auxquelles il était pourvu au moyen de ressources particulières créées *ad hoc* par des lois générales, telles que les centimes spéciaux de l'instruction primaire (loi du 28 juin 1833 et art. 19 de la loi du 10 mai 1838) et des chemins vicinaux (loi du 21 mai 1836).

4° Enfin la quatrième section était relative aux *dépenses extraordinaires*, c'est-à-dire à celles qui étaient autorisées par des actes spéciaux, et couvertes au moyen des ressources créées par des lois d'intérêt départemental.

Les recettes se divisaient, comme les dépenses, en quatre sections. La ressource principale du budget départemental consistait dans les centimes additionnels, divisés en centimes additionnels ordinaires ou législatifs, centimes additionnels facultatifs, centimes additionnels spéciaux et centimes additionnels extraordinaires.

1° Les *centimes additionnels législatifs généraux* levés chaque année en vertu de la loi de finances et directement imposés par la loi du budget de l'Etat.

2° Les *centimes facultatifs* ne pouvaient être perçus qu'en vertu d'une délibération du conseil général, et le conseil général ne devait pas dépasser le maximum de centimes fixé annuellement par la loi de finances. Si elle ne dépassait pas cette mesure, sa délibération, ayant été d'avance approuvée par la loi, était exécutoire sans autre condition que l'approbation générale du budget départemental.

3° Les *centimes spéciaux* ne pouvaient également être perçus qu'en vertu d'une délibération du conseil général, prise dans la limite du maximum fixé par les lois qui avaient réglé les matières ou services auxquels le produit des centimes était destiné. La différence avec les centimes facultatifs tenait à ce que ces derniers n'avaient pas d'affectation spéciale, comme les centimes spéciaux, et que, d'un autre côté, le maximum, au lieu d'être fixé par la loi générale de finances, l'était par une loi relative à un service déterminé.

4° Enfin les *centimes extraordinaires* qui, n'étant prévus par aucune loi générale, ne pouvaient être levés qu'en vertu d'une délibération du conseil général approuvée par une loi spéciale.

Quoiqu'ils fussent la ressource principale du budget départemental, les centimes additionnels n'étaient cependant pas la seule. Le produit des biens non affectés à un service public général devait également être compté ; dans cette catégorie étaient classées les pépinières départementales[1]. Cer-

[1] Cette catégorie de biens départementaux est peu considérable. Leur

tains immeubles quoique affectés à un service public sont productifs de revenus. Ainsi les routes départementales sont ordinairement plantées d'arbres, dont l'émondage est un petit revenu; le prix des arbres morts ou arrachés est aussi, sinon un revenu périodique, au moins un produit accidentel. Enfin, l'art. 10 de la loi du 10 mai 1838 comptait, parmi les ressources départementales, le prix des expéditions d'anciennes pièces ou d'actes déposés aux archives et le revenu des péages.

Voici maintenant la correspondance que la loi du 10 mai 1838 établissait entre les recettes et les dépenses. Il était pourvu aux dépenses ordinaires avec le produit des centimes législatifs.

C'est le moment de faire observer qu'une partie des centimes législatifs était consacrée à former un *fonds commun*, qu'on répartissait entre les départements pour aider les moins riches à supporter leurs dépenses ordinaires. La section des recettes affectées aux dépenses ordinaires comprenait donc la part du département dans le fonds commun. La loi du 10 mai 1838, art. 17, permettait de consacrer une partie du fond commun aux dépenses facultatives des départements ; mais cette répartition, qui était connue sous le nom de *deuxième fonds coumun*, avait, depuis 1852, cessé de figurer dans nos lois de finances.

Le premier fonds commun a lui-même été supprimé par la loi du 18 juillet 1866, art. 7 [1].

Aux dépenses ordinaires était également consacré le produit des propriétés départementales, tant mobilières

revenu annuel, pour tous les départements de France, ne dépasse pas 400,000 fr. tandis que le produit des biens communaux est d'environ 35 millions.

[1] Cette loi, en supprimant le fonds commun, disposa qu'une somme de 4 millions prise sur les ressources générales du Trésor serait annuellement répartie entre les départements les moins riches. Cette somme n'est pas, comme le fonds commun, formée par le prélèvement de centimes spéciaux. Elle est prise sur les fonds généraux et n'a pas une origine particulière. La répartition est approuvée chaque année par une loi.

qu'immobilières, affectées à un service public, telles que les arbres des routes et le revenu du prix des expéditions et les péages. — Aux dépenses facultatives correspondaient le produit des centimes facultatifs et celui des immeubles du département non affectés à un service public, tels que les pépinières. Enfin les centimes spéciaux et extraordinaires correspondaient rigoureusement aux dépenses spéciales et extraordinaires en vue desquelles ils avaient été établis.

Les fonds destinés aux dépenses facultatives pouvaient être consacrés au payement des dépenses ordinaires. Art. 16 de la loi du 10 mai 1838 : « La seconde section comprend les dépenses facultatives. — Le conseil général peut aussi y porter les autres dépenses énumérées en l'art. 12, » c'est-à-dire les dépenses ordinaires. Mais la réciprocité était formellement interdite par la loi (art. 15 de la même loi). Le conseil général ne pouvait donc pas payer une dépense facultative avec les ressources destinées aux dépenses ordinaires.

D'après une innovation que nous trouvons, pour la première fois, dans la loi du 18 juillet 1866 et qui a été maintenue par la loi du 10 août 1871, le budget départemental se divise, tant pour les recettes que pour les dépenses, en *budget ordinaire* et *budget extraordinaire*. Les recettes ordinaires et les dépenses ordinaires sont ainsi nommées parce qu'elles se reproduisent périodiquement tous les ans, tandis que les recettes ou dépenses extraordinaires ont toutes un caractère accidentel.

Les recettes ordinaires se composent : 1° des centimes ordinaires dont le nombre est fixé annuellement par la loi des finances ; 2° des centimes spéciaux autorisés pour les dépenses des chemins vicinaux, de l'instruction primaire et du cadastre ; 3° du revenu et du produit des propriétés départementales ; 4° du produit des expéditions d'anciennes pièces ou d'actes déposés aux archives de la préfecture ; 5° du produit des droits de péage de bac sur les routes et chemins à la charge du département et de tous autres droits concédés au département par des lois ; 6° de la part allouée au département dans la répartition annuelle du fond de subvention inscrit annuellement au budget du ministère de l'intérieur pour venir en aide aux départements qui, à raison de leur situation financière, doivent être compris dans la distribution ; 7° du contingent de l'État et des communes pour le service des aliénés ; 8° du contingent des communes pour le service vicinal et pour les chemins de fer d'intérêt local (art. 58 de la loi du 10 août 1871).

Les recettes extraordinaires se composent :

1° Du produit des centimes additionnels extraordinaires votés par le conseil général dans la limite fixée par la loi de finances ou autorisés par des lois spéciales (V. art. 40 de la loi du 10 août 1871).

2° Du produit des emprunts. L'emprunt peut être voté par le conseil sans être soumis à approbation, s'il est remboursable en quinze années et payable sur les ressources ordinaires ou extraordinaires. Si le remboursement devait être plus éloigné ou s'il fallait créer des ressources extraordinaires en dehors du maximum fixé par la loi de finances, l'emprunt ne pourrait être autorisé que par une loi spéciale (art. 40).

3° Des dons et legs ;

4° Du produit des biens aliénés ;

5° Du remboursement des capitaux exigibles et des rentes rachetées et de toutes autres recettes accidentelles.

Les dépenses ordinaires sont énumérées par l'art. 60 de la loi du 10 août 1871. Ce sont : 1° les dépenses pour le loyer, le mobilier ou l'entretien des hôtels de préfecture et de sous-préfecture, du local nécessaire à la réunion du conseil départemental d'instruction publique et du bureau de l'inspection d'Académie ; 2° le casernement ordinaire des brigades de gendarmerie ; 3° le loyer, l'entretien et les menues dépenses des cours d'assises, des tribunaux civils et tribunaux de commerce, et les menues dépenses des justices de paix; 4° les frais d'impression et de publication des listes électorales et des listes du jury. Ces quatre espèces de dépenses ordinaires ont ce caractère commun que si un conseil général omettait ou refusait de les porter au budget, elles pourraient être inscrites d'office par décret. On pourrait même pourvoir à leur paiement par une imposition extraordinaire portant sur les quatre contributions directes et autorisée par décret si l'imposition était dans la limite du maximum fixé par la loi de finances ou par une loi spéciale, au-dessus de ce maximum. Si le département avait des ressources qui rendissent cette contribution extraordinaire inutile, on se bornerait à l'inscription d'office. Parmi les dépenses extraordinaires, il n'en est qu'une pour laquelle la loi permette l'inscription d'office; c'est le paiement des dettes exigibles. Pour toutes les autres dépenses, qu'elles soient ordinaires ou extraordinaires, les allocations qui sont portées par le conseil général ne peuvent être ni augmentées ni modifiées par le décret qui règle le budget (art. 61, § dernier de la loi du 10 avril 1871).

Est-ce à dire que l'autorité supérieure sera complétement désarmée et qu'il n'y aurait aucun remède aux délibérations par lesquelles un conseil général épuiserait les ressources du département en dépenses extraordinaires sans pourvoir aux dépenses ordinaires? Le Président de la République pourrait refuser son approbation au budget jusqu'à ce que les propositions eussent été modifiées. Une transaction ne tarderait pas à intervenir et la faculté de refuser en bloc, si ce moyen extrême était employé, aboutirait au même résultat que l'inscription d'office. Il est évident que ce moyen, par cela qu'il est extrême, ne devra être employé que rarement et dans des circonstances graves.

Le préfet rend son compte d'administration au conseil général. Ce compte doit être communiqué à la commission départementale, avec pièces à l'appui, dix jours au moins avant la session d'août. Les comptes provisoirement arrêtés par le conseil général sont réglés définitivement par décret. (art. 66).

Commune[1]. — La commune, personne morale, est représentée par le maire et le conseil municipal. Le maire agit au nom de la commune dans tous les actes qui concernent son patrimoine ; mais il ne peut faire de son propre mouvement que des actes conservatoires, tels qu'interruption de prescription et acceptation provisoire d'une libéralité, en attendant l'acceptation définitive. Tous les actes qui dépassent les limites d'un fait conservatoire ne peuvent être faits par le maire qu'en vertu d'une délibération en conseil municipal, *approuvée* par l'autorité supérieure ou, au moins, *non annulée.* En général, les délibérations du conseil municipal ne sont exécutoires qu'en vertu de l'approbation préalable de l'administration supérieure ; mais par exception il peut, dans certains cas dont il a été parlé plus haut, prendre des délibérations réglementaires exécutoires par elles-mêmes, lorsque le préfet ne les a pas annulées dans le délai de trente jours. D'après l'art. 17 de la loi du 18 juillet 1837, les matières à traiter par des délibérations réglementaires comprenaient :

1° Le mode d'administration des biens communaux ;

2° Les conditions des baux à loyer ou à ferme dont la durée n'excède pas dix-huit ans, pour les biens ruraux, et neuf ans pour les autres biens ;

3° Le mode de répartition et de jouissance des pâturages et fruits communaux, autres que les bois, ainsi que les conditions à imposer aux parties prenantes ;

4° Les *affouages*, en se conformant aux lois forestières, c'est-à-dire en prenant pour base, suivant l'art. 105 C. for., la division par feux au lieu de la répartition par tête, à moins qu'il n'y ait titre ou usage contraires.

A ces quatre cas, l'art. 1er de la loi du 24 juillet 1867 en a ajouté neuf autres, qui sont : « 1° les acquisitions d'immeubles, lorsque la dépense totalisée avec celle des autres acquisitions ne dépasse pas le dixième des revenus ordinaires de

[1] *Lois administratives*, 267-313.

la commune ; 2° les conditions des baux à loyer, des maisons et bâtiments de la commune, pourvu que la durée du bail ne dépasse pas dix-huit ans ; 3° les projets, plans et devis des grosses réparations et d'entretien, lorsque la dépense totale afférente à ces projets et aux autres projets de la même nature, adoptés dans le même exercice, ne dépasse pas le cinquième des revenus ordinaires de la commune ni, en tout cas, 50,000 francs ; 4° le tarif des droits de place à percevoir dans les halles, foires et marchés ; 5° les droits à percevoir pour permis de stationnement et de location sur les rues, places et autres lieux dépendant du domaine public communal ; 6° les tarifs de concessions dans les cimetières ; 7° les assurances des bâtiments communaux ; 8° l'affectation d'une propriété communale à un service communal, lorsque cette propriété n'est encore affectée à aucun service public, sauf les règles prescrites par des règles particulières ; 9° l'acceptation ou le refus de dons ou legs faits à la commune, sans charge ni affectation immobilières, lorsque les dons ou legs ne donnent lieu à aucune réclamation. »

Entre les neuf cas ajoutés par la loi du 24 juillet 1867 et les quatre cas dont s'occupait la loi de 1837, il y a cette différence que le désaccord du maire avec le conseil municipal rend nécessaire l'approbation de la délibération par le préfet, d'après la nouvelle loi, ce qui n'a pas lieu d'après la loi antérieure. Ainsi les délibérations réglementaires du conseil municipal ne sont jamais soumises à l'approbation préalable du préfet dans quatre cas, même y eût-il dissentiment entre le conseil municipal et le maire, tandis que dans neuf espèces d'affaires l'approbation préalable est indispensable s'il y a dissentiment entre le maire et le conseil municipal.

En dehors des énumérations ci-dessus, les délibérations du conseil municipal, qui sont relatives au patrimoine de la commune, doivent être revêtues de l'approbation préalable du préfet. Elles sont régies par la loi du 18 juillet 1837 et par les dispositions modificatives des décrets de décentralisation de 1852 et 1861.

Ce que nous avons dit du partage, en parlant de l'affouage, doit s'entendre des *fruits* et non du partage des biens communaux *en propriété*. Les partages de propriété sont interdits. Une loi du 14 août 1792 avait *ordonné* le partage des biens communaux; mais les inconvénients du partage obligatoire furent reconnus par la Convention, et une loi du 10 juin 1793 substitua le partage facultatif au partage obligatoire. La loi de 1793 a été abrogée par un décret du 9 ventôse an XII, après avoir été suspendue par une disposition transitoire du 21 prairial an IV, ce qui emporte l'abrogation du partage facultatif ou, en d'autres termes, l'interdiction. D'un autre côté, l'art. 92 du Code forestier a prohibé le partage des bois entre les habitants et la loi du 18 juillet 1837 a gardé le silence sur le partage des biens communaux, silence qu'ont imité les auteurs de toutes les lois sur les communes.

Comme les prohibitions doivent être rigoureusement renfermées dans les termes de la loi, il faut déterminer l'étendue du mot *partage*. Or le partage a pour objet de rendre chaque copartageant propriétaire de la part tombée dans son lot, et de lui conférer le droit d'en disposer. Toute division qui n'aurait pas pour effet de rendre le copartageant propriétaire absolu de son lot ne tomberait donc pas sous le coup de la prohibition. Ainsi l'on ne considère pas comme défendus : 1° les allotissements au profit des chefs de ménage les plus anciens, avec faculté de transmettre par testament à un de leurs enfants ; ce n'est là qu'une division de la jouissance puisque les chefs de ménage lotis n'ont pas le droit d'aliéner (*jus abutendi*), c'est-à-dire l'attribut principal de la propriété [1]; 2° les attributions de parcelles, en propriété, moyennant une somme d'argent payable à la commune par chaque copartageant;

[1] Cela est pratiqué en Lorraine, en Alsace et dans les trois évêchés.

en ce cas, il y a plutôt plusieurs ventes simultanées qu'un véritable partage. La ressemblance de cette opération avec le partage tient à ce que l'aliénation est limitée aux habitants de la commune; mais la différence résulte de ce que chaque copartageant paye un prix. Comme toutes les aliénations, un semblable partage ne serait régulier qu'en vertu de l'approbation du préfet.

Lorsque la délibération, en vertu de laquelle le maire agit, doit être approuvée, l'approbation est donnée tantôt par le préfet et tantôt par le chef de l'État; il ne faut recourir à ce dernier que dans certains cas exceptionnels, et la compétence du préfet est le droit commun en cette matière. Cette règle était déjà consacrée par l'art. 20 de la loi du 18 juillet 1837; elle est encore plus exacte depuis que les décrets sur la décentralisation ont diminué le nombre des exceptions.

L'origine des biens communaux a donné naissance, pendant le dix-huitième siècle, à un système historique dont l'inexactitude n'est plus douteuse aujourd'hui. D'après cette opinion, les communes avaient primitivement des biens sur lesquels la féodalité commit des empiétements; il résultait de là que la possession par les seigneurs des biens réclamés par les communes, devait être considérée comme une usurpation commise au détriment des habitants. Il est démontré aujourd'hui que les communes du Nord naquirent presque toutes d'un mouvement insurrectionnel contre les seigneurs, et, par conséquent, que les droits des seigneurs étant antérieurs, ne pouvaient pas être considérés comme une usurpation sur les biens communaux. Quant aux communes dont l'origine remontait aux anciens municipes romains, la doctrine historique n'était pas plus exacte. En effet, les municipes romains étant propriétaires au moment de l'invasion, les conquérants barbares confisquèrent sur eux la part de propriété qu'ils prirent à tous les propriétaires, et les municipes, comme les particuliers, conservèrent la propriété entière du reste. Quelque inexact qu'il soit, le système des histroiens du XVIIIe siècle a produit sur la législation une influence qui dure encore malgré la démonstration de l'erreur. La loi du 28 août 1792 disposa : 1° que la possession des communes prévaudrait contre tous actes de possession contraire des seigneurs, à moins que ceux-ci ne prouvassent leur acquisition par un titre authentique; 2° que les terres vaines et vagues appartiendraient aux communes, à moins que les seigneurs ne prouvassent leur acquisition par titre ou par la possession quarantenaire. La loi du 10 juin 1793 décida même qu'à l'avenir la possession de quarante ans ne suffirait pas pour établir le droit des seigneurs à la propriété des terres vaines et vagues, et qu'un titre serait indispensable. Quoique fondées sur une erreur historique, ces dispositions n'ayant pas été abrogées sont encore applicables.

L'aliénation par vente, échange ou transaction des biens communaux est approuvée par le préfet; il n'y a d'exception que pour les bois, en vertu, non du texte de la loi [1], mais d'une jurisprudence fondée sur un avis du conseil d'État du 11 novembre 1852. L'aliénation des bois communaux ayant pour effet de les convertir en propriétés privées, les affranchirait du régime forestier. Pour cette raison, le conseil d'État a décidé que l'aliénation des bois communaux ne peut être autorisée que par décret. L'art. 91 du Code forestier défend en effet aux communes de faire aucun défrichement sans une autorisation du gouvernement. L'aliénation aurait pour résultat de soustraire les bois communaux à l'application de cet article.

Les acquisitions d'immeubles, dans les cas où une délibération du conseil municipal n'est pas suffisante d'après l'art. 1er de la loi du 24 juillet 1867, sont valablement con-

[1] Le tableau A, n° 41, ne fait aucune distinction entre les forêts et les autres biens communaux. Au reste, l'avis du conseil d'État trace une forme obligatoire seulement pour l'administration ; mais les nullités ne pouvant pas être créées par l'interprétation doctrinale, le décret ne me paraît pas être exigé à peine de nullité de la vente d'un bois communal.

senties en vertu de l'approbation du préfet. — Quant aux dons et legs, il est statué définitivement sur le refus ou l'acceptation par le conseil municipal, s'il n'y a ni charge ni réclamation. En cas de réclamation de la famille l'approbation doit être donnée par décret, conformément au § 42 du tabl. A, annexé au décret de décentralisation du 25 mars 1852; s'il y avait charge ou affectation immobilière, l'approbation serait donnée par le préfet.

Les baux à *donner* ou à *prendre* sont approuvés par le préfet (n° 44 du tableau A annexé au décret du 25 mars 1852). Lorsque la commune donne à bail, les conditions de la location sont fixées par une délibération réglementaire du conseil municipal si le bail n'excède pas dix-huit ans. Au-dessus de cette durée, le bail n'est plus un acte d'administration et, comme s'il s'agissait d'une aliénation, la loi exige l'approbation préalable du préfet (art. 17 de la loi du 18 juillet 1837).

Les emprunts sont réglés définitivement par le conseil municipal s'ils sont remboursables en moins de douze années et sur les recettes ordinaires ou sur les centimes extraordinaires que le conseil municipal peut créer seul. Au-dessus de ce délai, il faut que l'emprunt soit approuvé par décret lorsque la ville a moins de 100,000 fr. de revenus ordinaires, et par décret en conseil d'État, dans les cas où la ville a plus de 100,000 fr. de revenus. Si la somme à emprunter dépasse un million de francs une loi spéciale est indispensable (art. 7 de la loi du 24 juillet 1867). La loi de 1867 n'a pas supprimé le concours des plus imposés qui doivent toujours être appelés dans les cas prévus par l'art. 42 de la loi du 18 juillet 1847.

Dans l'intervalle des sessions des assemblées législatives, un décret peut autoriser une commune ayant 100,000 fr. de revenus à emprunter jusqu'à concurrence du quart de ses revenus.

Budget de la commune. — Les dépenses des communes sont *obligatoires* ou *facultatives;* les premières sont énumérées par la loi, et les secondes comprennent toutes celles qui ne font pas partie de cette énumération [1]. Si le conseil municipal ne vote pas les dépenses obligatoires, le préfet les inscrit d'office au budget ; au contraire, les dépenses facultatives doivent être votées par le conseil, et, s'il refuse, nulle autorité ne peut légalement faire cette dépense [2].

Les recettes se divisent en *ordinaires* et *extraordinaires* suivant qu'elles sont de nature à se produire périodiquement ou seulement d'une manière accidentelle. Indépendamment du revenu des biens communaux, les ressources des communes se composent du produit des centimes additionnels. Les centimes additionnels communaux sont de trois espèces :

1° Les *centimes ordinaires*, qui sont levés annuellement en vertu de la loi de finances en addition au principal des contributions foncière et personnelle-mobilière.

2° Les *centimes spéciaux*, dont l'imposition est autorisée par certaines lois, telles que la loi sur l'instruction primaire (3 cent. en vertu de la loi du 15 mars 1850, art. 40, et 4 cent. en vertu de la loi du 10 avril 1867, art. 8), et la loi sur les chemins vicinaux.

La loi du 21 mai 1836 permet de lever 5 cent. additionnels, dont le produit peut être affecté aux dépenses de tous les chemins vicinaux, et l'art. 3 de la loi du 24 juillet 1867 autorise de plus la levée de 3 cent. additionnels pour les chemins vicinaux ordinaires, c'est-à-dire à l'exclusion des chemins de grande et de moyenne communication.

Les centimes spéciaux sont exigibles en vertu d'une délibération du conseil municipal, sans approbation de l'administration supérieure, pourvu que le conseil soit resté dans les limites du *maximum* fixé par ces lois ;

3° Les *centimes extraordinaires*, qui sont de deux espèces : premièrement ceux que le conseil municipal peut

[1] Art. 30 de la loi du 18 juillet 1837.
[2] Art. 2 de la loi du 24 juillet 1867.

établir par une délibération définitive à la condition de se renfermer dans la limite du *maximum* fixé par le conseil général, conformément à l'art. 4 de la loi du 18 juillet 1866, et de ne pas dépasser le nombre de 5 cent. additionnels. Au-dessus de 5 centimes, dans la limite du *maximum*, l'approbation du préfet serait indispensable. Deuxièmement, les centimes extraordinaires qui dépassent ce *maximum* et dont le vote doit être approuvé tantôt par un décret et tantôt par une loi spéciale (art. 7 de la loi du 24 juillet 1867). Lorsque la commune a plus de 100,000 fr. de revenus, il faut que le décret soit délibéré en conseil d'État. Une loi spéciale n'est pas nécessaire pour établir des centimes extraordinaires [1], à moins que l'opération ne soit mélangée d'un emprunt supérieur à la somme d'un million. A défaut d'emprunt, les centimes extraordinaires peuvent être établis en vertu d'un décret, sans intervention du contrôle législatif.

Que les recettes soient ordinaires ou extraordinaires, elles peuvent être employées aux dépenses obligatoires et aux dépenses facultatives, sans distinction. Les recettes ne sont pas affectées à une espèce particulière de dépenses, et il n'y a d'exception que pour les centimes spéciaux de l'instruction primaire et des chemins vicinaux, ou pour le produit des impositions extraordinaires destinées soit à l'exécution d'un travail [2], soit à une acquisition déterminée.

Le budget de la commune est proposé par le maire, voté par le conseil municipal et approuvé par le préfet, lorsque le revenu ne dépasse pas trois millions. Au-dessus de cette somme, l'approbation est donnée par un décret sur la pro-

[1] Les facilités données par la loi du 24 juillet 1867 aux conseils municipaux pour lever des centimes additionnels ont été vivement critiquées par M. Serrigny dans le numéro de juillet 1868 de la *Revue critique*.

[2] Art. 30, 31, 32, 33 et 34 de la loi du 18 juillet 1837. Le budget communal se distinguait autrefois du budget départemental en ce que la division en sections qui distinguait le second ne se trouvait pas dans le premier. La loi du 18 juillet 1866 a fait disparaître, à peu près complétement, cette différence en supprimant les sections dans le budget départemental.

position du ministre de l'intérieur (art. 15 de la loi du 24 juillet 1867)[1].

L'art. 2 de la loi du 24 juillet 1867 a restreint les pouvoirs qu'avait, d'après l'ancienne loi, l'autorité chargée d'approuver le budget communal. Tandis qu'auparavant le préfet ou le chef de l'État pouvaient rejeter et réduire les articles, les crédits ne peuvent pas être modifiés lors du règlement toutes les fois que le budget a pourvu aux dépenses obligatoires et qu'il n'applique aucune recette extraordinaire aux dépenses, soit obligatoires, soit facultatives.

Sections de commune. — La section est une partie de la circonscription communale, qui, bien que régie par les magistrats de la commune, possède cependant des droits propres appartenant exclusivement à ses habitants. Cette situation, qui se rencontre assez fréquemment, provient de causes diverses dont quelques-unes remontent à des époques fort anciennes[2]. La législation antérieure à 1789 reconnut fréquemment à des fractions du territoire, à des communautés, à des villages dépendant d'une paroisse, des droits d'usage et même des droits à la propriété des pâturages dont les habitants de ces villages jouissaient à l'exclusion des autres habitants de la paroisse. Ces droits provenaient soit des concessions des seigneurs, soit du fait des habitants qui avaient mis dans l'indivision des pâturages destinés à la nourriture de leurs bestiaux. La cause actuelle qui produit encore les sections se trouve dans la réunion de plusieurs communes sous une même administration, ou dans la dis-

[1] Art. 40 de la loi du 18 juillet 1837, remis en vigueur par la loi du 10 juin 1853, abolitive des n°s 36 et 37 du tableau A, annexé au décret du 25 mars 1852.

[2] Sur l'origine des biens des sections, V. *École des communes*, mars, avril et mai 1860. — Art. de M. Aucoc. — *Sections de communes*, par le même, 2e édition, p. 1-63. Le mot *section* est employé par la loi municipale du 5 mai 1855, art. 2 et 3, ainsi que par la loi du 14 avril 1871, art. 3 (*sections électorales*) et par les lois sur le cadastre (*sections cadastrales*). Mais, prises dans l'acception que ces lois leur donnent, les sections ne sont que des divisions administratives, et n'ont ni patrimoine, ni capacité d'acquérir.

traction qui détache une partie d'une commune pour la réunir à une autre. Aucun acte officiel n'est nécessaire pour constituer la section qui est formée, en quelque sorte, par la force même des choses.

Les édifices ou biens quelconques *affectés à un service public*, situés sur le territoire de la section, appartiennent à la commune; en cas de distraction, la section emporte la propriété de ces édifices situés sur son territoire, et la loi les attribue à la commune à laquelle la réunion est faite. Quant aux biens dont les habitants jouissent *en nature*, ils appartiennent, même après la réunion, exclusivement à la section dont les habitants ont seuls droit à la jouissance commune.

Si à la jouissance en nature l'administration jugeait à propos de substituer le fermage, l'argent provenant du bail devrait profiter à la section et servir à diminuer les charges de ses habitants. La justice veut que la situation et les droits des habitants ne soient pas atteints par l'adoption d'un meilleur mode d'administration. La solution contraire conduirait à rendre impossible la transformation, jugée plus commode, de la jouissance des fruits en revenu pécuniaire; car s'ils perdaient sans compensation le pâturage ou autres avantages, il est évident que les habitants de la section aimeraient mieux conserver la jouissance en nature avec ses inconvénients [1].

1 « En résumé, dit M, Aucoc, les sections conservent la propriété des biens meubles ou immeubles qui produisent des revenus.

« Quant aux revenus, il faut distinguer. S'il s'agit de biens qui produisaient déjà des revenus en argent avant la réunion de la section à la commune dont elle dépend, la jouissance n'en appartient pas exclusivement à la section. La commune peut en employer les revenus à la satisfaction de ses besoins généraux, sauf à accorder la préférence à la section, si celle-ci a des besoins particuliers. Mais l'emploi des sommes, dans ce cas, ne soulève que des questions de convenance et d'équité et non une question de droit.

« S'il s'agit, au contraire, des biens dont les habitants jouissaient en nature et que le conseil municipal juge convenable d'amodier, ou dont il croit devoir tirer un produit sous quelque forme que ce soit, par exemple au

Ordinairement la section est représentée par le maire et le conseil municipal de la commune ; elle n'a une représentation spéciale que lorsque ses intérêts sont en opposition avec ceux de la commune ou d'une autre section. Quoique la loi du 18 juillet 1837 n'organise cette représentation particulière qu'en cas de *procès*, nous pensons qu'il faut étendre sa disposition à tous les actes judiciaires ou extrajudiciaires dans lesquels le conflit d'intérêts se produira. La commune est, en ce cas, représentée par le maire et le conseil municipal. Seulement les membres qui sont domiciliés dans la section ne prennent pas part aux délibérations, et sont remplacés par un nombre égal d'électeurs étrangers à la section et, pour représenter la section, le préfet nomme une commission syndicale composée de trois ou cinq membres pris parmi les électeurs municipaux. La commission choisit un de ses membres pour agir et contracter au nom de la section. La commission syndicale remplace le conseil municipal et ses délibérations doivent être approuvées par les mêmes autorités et dans les mêmes cas que les délibérations des conseils municipaux. En cas d'opposition entre deux sections, il y aurait lieu de constituer deux commissions syndicales ; car l'impartialité veut qu'aucune d'elles ne soit représentée par le maire et le conseil municipal (art. 56 et 57 de la loi du 18 juillet 1837).

Fabriques. — La fabrique est une personne morale qui

moyen de l'établissement d'une taxe de pâturage, la section a droit à ce que les revenus résultant de ce changement dans le mode de jouissance tournent exclusivement à son profit.

« Seulement, elle ne serait pas fondée à exiger que les revenus soient dépensés exclusivement en travaux sur son territoire ou d'une manière quelconque à la satisfaction de ses besoins propres. Ses droits peuvent être respectés par l'affectation de tout ou partie des revenus au payement des dépenses générales de la commune, pourvu que ses habitants ne payent que leur part de ces dépenses, et qu'ils soient déchargés jusqu'à concurrence des contributions extraordinaires imposées, en vue d'y faire face, aux habitants de la commune.

« Enfin, le produit de la vente des biens des sections doit toujours être employé exclusivement au profit des sections propriétaires. » (*Sections des communes*, 2ᵉ édition, p. 274-275, n° 117.)

représente la *paroisse* pour tout ce qui est relatif aux intérêts pécuniaires. Elle est composée de neuf membres dans les paroisses qui ont 5,000 habitants, et de cinq dans toutes les autres [1]. Lors de la première organisation, l'évêque nomme cinq personnes pour les fabriques de neuf membres, ou trois membres pour celles qui n'en ont que cinq, et le préfet quatre ou deux; une fois composé, le conseil de fabrique se renouvelle par élection, d'après un ordre que le sort détermine. Le renouvellement a lieu au bout de trois ans; à la première période triennale, cinq ou trois membres sortent, et les quatre ou deux qui restent nomment aux places vacantes par suite du renouvellement partiel; à la période triennale suivante, le renouvellement porte sur ceux qui étaient restés et ainsi de suite. Les membres sortants sont rééligibles. Aux neuf ou cinq membres élus, il faut ajouter deux membres de droit, qui sont le maire et le curé ou le desservant. Le conseil nomme, au scrutin, son président et son secrétaire; chaque année, le premier dimanche d'avril, le président et le secrétaire sont soumis à réélection; mais la loi permet de réélire les mêmes personnes.

Le renouvellement doit être fait intégralement lorsque le ministre des cultes a prononcé la dissolution d'un conseil de fabrique, et il a le droit de la prononcer pour *cause grave*. La gravité des faits est une question d'appréciation qui appartient au ministre et ne peut pas donner lieu à recours contentieux [2].

Le conseil de fabrique tient des sessions *ordinaires* et des sessions *extraordinaires;* les premières sont au nombre de quatre, et doivent être tenues les premiers dimanches de janvier, avril, juillet et octobre; on y peut traiter de toutes matières intéressant la fabrique. Les secondes, au contraire, ne portent que sur des affaires déterminées, et ne sont tenues qu'avec l'autorisation de l'évêque ou du préfet, en cas d'urgence.

[1] Décret du 30 décembre 1809.
[2] Arr. conseil d'État du 30 janvier 1874 (fabrique de *Monségur*).

Le conseil de fabrique nomme également trois de ses membres qui, réunis au curé ou desservant, membre de droit, forment le *bureau des marguilliers*. A leur tour, ces derniers élisent un président, un secrétaire et un trésorier. Ce bureau est le pouvoir exécutif de la fabrique; c'est lui qui prépare le budget, fait les propositions sur lesquelles le conseil de fabrique doit délibérer, surveille les édifices consacrés au service divin, fait les fournitures nécessaires au culte. Tous les marchés sont arrêtés par le bureau ; mais c'est le président qui signe les conventions et les mandats (art. 28 du décret du 30 décembre 1809). En ce qui concerne les actions en justice, la fabrique est représentée par le trésorier qui est chargé de faire rentrer tous[1] les biens appartenant à la fabrique ; c'est aussi le trésorier qui accepte pour elle les dons et legs qu'elle est autorisée à recevoir par décret[2]. Ces dons peuvent être faits purement et simplement ou à charge de remplir certaines obligations. On avait pendant longtemps décidé que les fabriques ne pouvaient accepter aucune condition qui fût étrangère aux attributions de la fabrique et au but pour lequel les établissements ont été institués. Mais la dernière jurisprudence du conseil d'État admet la validité des dons et legs qui sont faits aux établissements ecclésiastiques ou religieux à la charge soit d'entretenir des écoles, soit de distribuer des secours aux pauvres. — L'approbation du chef de l'État est nécessaire pour les ventes, échanges et même pour les baux de biens immeubles, lorsqu'ils excèdent neuf années[3]. Les matières

[1] Art. 77 et 78. Le trésorier agit en vertu de la délibération des marguilliers. — Il peut faire seul les actes conservatoires.

[2] Art. 57 du décret. Avis du conseil d'État des 6 mars et 24 juillet 1873. Ces avis changent la jurisprudence qui était suivie depuis l'avis du 21 janvier 1863 qui exigeait l'acceptation par la fabrique et par le bureau de bienfaisance, ainsi que l'immatriculation des rentes au nom des deux établissements. Un avis du 15 février 1837 avait même décidé que les établissements religieux n'avaient pas capacité et que l'acceptation devait être faite uniquement par le bureau de bienfaisance.

[3] Art. 62 du décret.

de l'administration des cultes n'ayant pas été décentralisées, il faut encore recourir à l'autorité centrale dans les cas où cela était nécessaire avant le décret du 25 mars 1852.

Le budget présenté par le bureau des marguilliers est voté par le conseil de fabrique et approuvé par l'évêque[1]. Cette approbation est suffisante lorsque les dépenses sont couvertes par les revenus de la fabrique ; mais il y aurait des formalités particulières à remplir si, en raison de l'insuffisance des revenus de la fabrique, il était nécessaire de demander une subvention à la commune[2].

Bureaux de bienfaisance, hospices et autres établissements de bienfaisance. — Les *hospices* sont destinés à recevoir les pauvres malades et les aliénés indigents ou non indigents ; ces derniers ne sont admis que moyennant le payement d'une rétribution annuelle. Les *bureaux de bienfaisance* distribuent des secours à domicile aux personnes qui n'ont pas de moyens d'existence. Quoique, en général, les hospices ne distribuent pas des secours à domicile, il leur est permis d'affecter un quart de leurs ressources à l'assistance de vieillards laissés dans leurs familles (art. 7 de la loi du 21 mai 1873). Cette part peut même être portée au tiers avec l'approbation du conseil général. On distingue les hospices communaux, les hospices départementaux et les hospices appartenant à l'État ; les bureaux de bienfaisance sont toujours, au contraire, des établissements communaux. Un décret est nécessaire pour autoriser la création d'un hospice ou d'un hôpital. Quant aux bureaux de bienfaisance, ils peuvent être créés par arrêté du préfet sur l'avis des conseils municipaux (Loi du 24 juillet 1867, art. 14)[3].

En général, les hospices et les bureaux de bienfaisance sont administrés par des commissions ; c'est un des rares exemples, qu'offre notre administration, d'autorités agissant col-

[1] Art. 45 et suivants.
[2] Art. 92 et suiv.
[3] Décret du 25 mars 1852, tableau A, lettre Y.

lectivement. Les membres de la *commission administrative* sont nommés par arrêté du préfet [1]. Cette commission se compose ordinairement de cinq membres renouvelables, du maire et du plus ancien curé de la commune. Les cinq membres renouvelables sortent par cinquième tous les cinq ans et les quatre membres restants présentent trois candidats sur lesquels le préfet choisit pour compléter la commission (art. 1er de la loi du 21 mai 1873). S'il y a un conseil presbytéral ou un consistoire israélite, ils envoient chacun un délégué à la commission. Cependant dans les communes où il existe, soit pour les protestants, soit pour les Israélites, des hospices spéciaux avec une administration indépendante, ni les conseils presbytéraux ni les consistoires israélites n'envoient de délégués à la commission administrative des autres établissements de bienfaisance.

Exceptionnellement et en raison de l'importance de ces établissements ou de circonstances locales, le nombre des membres renouvelables peut être porté à plus de cinq, par décret rendu en conseil d'État (art. 2 de la loi du 21 mai 1873).

L'ordre du renouvellement est, pour la première fois, déterminé par un tirage au sort et, après les quatre premières années, c'est le plus ancien qui, de droit, est membre sortant.

Le préfet qui nomme les commissions administratives n'a pas le droit de les révoquer; la dissolution est prononcée par le ministre de l'intérieur, sur la proposition ou l'avis du préfet. Le ministre a également le droit de révoquer individuellement un membre de la commission. Il doit être pourvu à leur remplacement dans le délai d'un mois. Les membres révoqués ne peuvent être représentés qu'après le délai d'un an. Le préfet nomme les administrateurs, directeurs et receveurs des hospices, sur la présentation de la commission. Il n'y a lieu de nommer un receveur spécial qu'autant que le revenu de l'hospice excède 30,000 fr.; au-dessous de ce

[1] Même décret, art. 5, n° 9.

chiffre, c'est le percepteur ou le receveur municipal qui fait les fonctions de receveur.

A Paris, les hospices et hôpitaux appartenant à la ville sont administrés par un directeur responsable, sous le contrôle d'un conseil de surveillance[1]. Entre le conseil de surveillance et la commission administrative, il y a cette différence fondamentale que la commission administre et agit tandis que le conseil de surveillance ne fait que contrôler l'administration du directeur. L'importance des hospices de la ville de Paris a déterminé le législateur à rentrer dans le système général de l'autorité confiée à une seule personne.

Tous les hospices et établissements de bienfaisance de la ville de Paris sont soumis à l'autorité d'un *directeur général de l'assistance publique* sous la surveillance d'une commission, dont la composition est réglée par la loi du 10 janvier 1849. Le directeur général représente tous les hospices soit en contractant, soit en plaidant. Le conseil de surveillance donne son avis sur les affaires énumérées dans l'art. 5 de la loi du 10 janvier 1849, et ses membres visitent individuellement ou en corps les établissements de bienfaisance toutes les fois qu'ils le jugent convenable. Le directeur général est nommé par le ministre de l'intérieur, sur la proposition du préfet de la Seine; les membres du conseil de surveillance sont nommés par décret[2].

Les hospices communaux estent en justice par leurs *commissions administratives;* exceptionnellement, certaines poursuites sont intentées par les receveurs; mais ces derniers n'agissent pas en leur propre nom, et les assignations qu'ils donnent sont faites à la requête de la commission administrative[3].

Les aliénés sont à la charge des départements, et la loi veut qu'il y ait un établissement destiné à les recevoir dans

[1] Loi du 10 janvier 1849, art. 1.

[2] Même loi, art. 1 et 2, et décret du 24 avril 1849.

[3] « A la requête de la commission administrative, poursuites et diligences du receveur, etc., etc. »

chaque département ou que du moins il soit pourvu à ce service public par un traité avec un département voisin (Loi du 30 juin 1838, art. 1er). L'administration des hospices départementaux n'appartient pas, comme celle des hospices communaux, à une commission administrative. Le préfet nomme un directeur responsable et une commission de surveillance, qui contrôle sans agir[1].

C'est aussi par un directeur, avec une commission consultative, que sont administrés les hospices de l'État, des Quinze-Vingts, de Charenton, des Jeunes-Aveugles, des Sourds-Muets de Paris et des Sourds-Muets de Bordeaux. Pour chacun de ces hospices, il y a une commission consultative composée de quatre membres nommés par le ministre de l'intérieur; le directeur en fait partie et assiste à ses délibérations, avec voix délibérative.

Revenons aux commissions administratives.

La commission administrative prend deux espèces de délibérations : 1° les délibérations qui règlent certaines matières et dont l'exécution est de droit, à moins qu'elles ne soient annulées dans les trente jours par le préfet; 2° les délibérations qui ne sont exécutoires qu'en vertu de l'approbation préalable du préfet ou de l'administration centrale, suivant les distinctions admises pour l'approbation des délibérations du conseil municipal (art. 9 et 10 de la loi du 7 août 1851). Pour les délibérations de la deuxième catégorie, la loi veut que le conseil municipal soit consulté et, s'il s'agit de l'aliénation des biens des hospices, que l'avis du conseil municipal soit favorable à l'aliénation.

Les dons et legs faits aux hospices sont acceptés, dans

[1] La dépense des aliénés indigents est principalement à la charge du département; la *commune* du domicile de l'aliéné peut seulement être appelée à concourir à la dépense « d'après les bases proposées par le conseil général, sur l'avis du préfet, et approuvées par le gouvernement. » Le département qui donne le secours a un recours contre le département du domicile. Le *domicile de secours* est au lieu de la naissance jusqu'à vingt et un ans, et, après cet âge, dans le commune où l'indigent réside depuis une année (tit. IV du décret du 24 vendémiaire an II.)

les départements, par la *commission administrative* et, à Paris, par le directeur général de l'assistance ; l'acceptation est faite en vertu d'une délibération prise par la commission et, à Paris, par le conseil de surveillance. Cette délibération est approuvée par le préfet, lorsqu'il n'y a ni charge ou affectation immobilière, ni réclamation de la famille ; un décret serait nécessaire si le legs ou la donation étaient grevés d'une affectation immobilière ou s'il y avait réclamation de la famille. Les acquisitions, aliénations et échanges sont autorisés par le préfet, dans tous les cas. Par identité de raison, nous appliquerons aux hospices l'exception qui a été faite par la jurisprudence du conseil d'État relativement aux forêts et bois communaux. Leur aliénation ne pourrait être autorisée que par un décret (art. 91 du Code forestier).

Pour les hospices ainsi que pour les établissements publics, en général, la loi recommande le *bail à ferme* comme le meilleur mode d'administration, et ce bail doit être fait aux enchères publiques ; il n'y a d'exception à cette règle que pour les biens attenant aux hospices et pour les vignes et vergers qui ne seraient pas trop éloignés de l'établissement, de telle sorte que la jouissance en nature offrît des facilités. En général, les bois sont également dispensés de la ferme. L'exploitation directe, même dans ces cas exceptionnels, ne peut, d'ailleurs, être faite qu'avec l'autorisation du préfet[1].

Les marchés de fournitures, dont la durée n'excède pas une année, et les travaux de toute nature, dont la dépense ne dépasse pas 3,000 fr., sont décidés par la commission administrative au moyen d'une délibération réglementaire, qui est exécutoire par elle-même si elle n'est pas annulée par le préfet dans les trente jours ; au-dessus de ce chiffre, l'autorisation de l'administration supérieure est indispensable[2].

[1] Ordonnance du 31 octobre 1821 qui modifie l'avis du 7 décembre 1809.
[2] Loi du 7 août 1851, art. 9, et décret du 25 mars 1852, art. 1er.

Les emprunts des hospices et hopitaux sont autorisés par le préfet lorsqu'ils n'excèdent pas les revenus ordinaires et que le terme du remboursement ne dépasse pas douze ans; par décret, si la somme empruntée dépasse le chiffre des revenus ordinaires, ou si le terme du remboursement est plus long que douze années ; par décret dans la forme des règlements d'administration publique, si l'avis du conseil municipal est contraire ou si le revenu de l'établissement est supérieur à 100,000 francs; par une loi, lorsque la somme à emprunter est supérieure à 500,000 francs (art. 12 de la loi du 24 juillet 1867).

Sociétés de secours mutuels. — On peut ranger, parmi les personnes morales, les *Sociétés de secours mutuels*, qui ont pour objet de donner des secours aux sociétaires pauvres, malades ou infirmes et de fournir à leurs frais funéraires[1]. En général, il y a dans les sociétés de secours deux espèces d'associés: 1° les *membres honoraires* qui payent la cotisation sans participer aux secours; 2° les *membres participants* qui payent une cotisation sur les économies faites en santé et qui ont droit à être secourus, en cas de maladie. La loi veut qu'il soit établi une société, par les soins du maire, dans toute commune où l'utilité aura été reconnue par le préfet.

On distingue trois espèces de sociétés de secours mutuels : 1° les *sociétés libres;* 2° les *sociétés reconnues* comme établissements d'utilité publique (loi du 17 juillet 1851) et 3° les *sociétés approuvées.* — Les sociétés libres sont régies par les clauses de leurs statuts et par le droit commun en matière de société, de réunion et d'association. Les sociétés de secours mutuels reconnues sont constituées par un décret rendu dans la forme des règlements d'administration publique. Cette reconnaissance attribue à la société le caractère d'établissement d'utilité publique et, par conséquent, la capacité d'acquérir un patrimoine propre par

[1] Art. 6 du décret du 26 mars 1852.

donation, legs ou autrement. Les acquisitions sont, en principe, subordonnées à l'autorisation du gouvernement; mais, par exception, un arrêté du préfet suffit lorsque la valeur du don ou legs n'excède pas 5,000 fr. [1].

La loi du 17 juillet 1851 n'admettait que ces deux espèces de sociétés : les sociétés libres et les sociétés reconnues. Une espèce intermédiaire a été créée par le décret du 26 mars 1852 : ce sont les *sociétés approuvées*. Dans le département de la Seine, l'approbation est donnée par le ministre de l'intérieur et dans les autres départements par les préfets. La nomination des président, vice-présidents et trésorier est faite au scrutin secret par les membres de la société (Décret du 27 octobre 1870). Les sociétés approuvées ont la faculté de prendre des immeubles à bail, de posséder des objets mobiliers et de recevoir, avec l'autorisation du préfet, des dons et legs mobiliers dont la valeur n'excède pas 5,000 fr. La société approuvée est donc une personne morale, mais d'une capacité restreinte ; car elle ne peut pas acquérir des immeubles en propriété, et quant aux objets mobiliers, le droit de les acquérir à titre gratuit est limité en ce que chaque don ne peut pas excéder la somme de 5,000 fr. (art. 8 du décret du 26 mars 1852). La commune doit un local gratuit aux sociétés de secours mutuels approuvées et, par conséquent, aux sociétés reconnues, puisque le décret du 26 mars 1852 dispose que tous les avantages qu'il crée profiteront aux sociétés reconnues (art. 9 et 17 du décret du 26 mars 1852).

Les sociétés approuvées peuvent être suspendues ou dissoutes par le préfet pour mauvaise gestion, inexécution de leurs statuts ou violation du décret du 26 mars 1852 (art. 16).

Menses épiscopales, chapitres, cures et succursales. — Si un donateur voulait faire une libéralité

[1] Art. 8 du décret du 26 mars 1852. La loi du 17 juillet 1851 permettait aux sociétés de recevoir tous dons et legs; elle bornait la compétence du préfet aux dons et legs d'objets mobiliers d'une valeur ne dépassant pas 1,000 fr. Le préfet peut aujourd'hui autoriser jusqu'à 5,000.

avec affectation perpétuelle à une cure, à une succursale, à un chapitre ou réunion de chanoines, à un archevêché, ou évêché, son intention ne serait pas remplie par une donation faite aux titulaires actuels; car, le titulaire disparaissant, les effets de la libéralité le suivraient ou, en cas de mort, passeraient à ses héritiers. Pour échapper à ces inconvénients, la loi a donné le caractère de personne morale aux titres eux-mêmes. Une cure, une succursale [1], sont des personnes morales que représentent leurs titulaires; il en est de même des chapitres formés par la réunion des chanoines. On distingue les *chapitres cathédraux*, qui sont attachés aux églises cathédrales ou métropolitaines, et les *chapitres collégiaux*, qui siégent dans les villes où il n'y a ni évêché ni archevêché. Les évêques ou archevêques sont capables d'acquérir, en vertu de leur titre, et la personne morale qu'ils représentent s'appelle *mense épiscopale*.

L'évêque est aussi le représentant des séminaires diocésains; mais quoique représentés tous deux par l'évêque, le *séminaire* et la *mense* sont deux personnes distinctes [2].

On s'est demandé si le *diocèse* est une personne morale capable d'acquérir. Après avoir décidé pendant longtemps que ce n'était qu'une division administrative, le conseil d'État a été d'avis qu'il y avait lieu d'accepter des donations faites à un diocèse. Ces deux décisions ne sont pas inconciliables. Il y a une personne morale qui s'appelle l'évêché et c'est parler peu correctement que de faire une donation au diocèse. Cette incorrection ressemble à celle qu'on com-

[1] Lorsque plusieurs communes n'ont qu'une succursale ou qu'une cure, la dépense pour la construction de l'église peut être mise à la charge des communes intéressées. — Décret du 14 février 1810. L'arrêté par lequel le préfet, après avoir pris l'avis du conseil général et du conseil d'arrondissement, répartit entre les communes intéressées les frais de reconstruction, est un acte d'administration qui ne peut pas être déféré au conseil d'État devant la section du contentieux. Arr. cons. d'Ét. du 23 mars 1872 (*C. de Saint-Sauveur*).

[2] Décret du 6 novembre 1813, sur l'*administration des biens ecclésiastiques*.

mettrait en faisant une donation à la mairie au lieu de donner à la commune. Mais faut-il considérer comme une cause de nullité cette faute de langage? en tout cas, la question de nullité est de la compétence des tribunaux civils et le conseil d'État a pu être d'avis d'autoriser les donations faites en ces termes, la question de validité étant réservée.

Congrégations religieuses. — Le principe général posé par la loi du 2 janvier 1817 est qu'aucun établissement religieux, d'hommes ou de femmes, n'a la capacité d'acquérir qu'autant qu'il a été reconnu par la loi. Ces dispositions ne s'appliquent pas, à cause de la non-rétroactivité des lois, aux congrégations d'hommes qui furent autorisées avant 1814, et notamment aux lazaristes, aux missionnaires du Saint-Esprit, des missions étrangères et aux frères de la doctrine chrétienne.

La loi du 24 mai 1825 a spécialement exigé l'autorisation législative pour toutes les *congrégations de femmes*. Mais un décret du 31 janvier 1852 a disposé que, par exception, l'autorisation du chef de l'État suffirait, dans quatre cas seulement, de telle sorte que le principe est toujours resté le même, malgré les restrictions qu'il a éprouvées.

Il n'est pas nécessaire que la consécration par la loi ait été faite expressément; une reconnaissance implicite produirait autant d'effet qu'une autorisation expresse. Ainsi les frères de la doctrine chrétienne ont été tacitement reconnus par la loi qui les place sous la surveillance du ministre de l'instruction publique.

Les matières de l'administration des cultes n'ayant pas été décentralisées par le décret du 25 mars 1852, les biens des congrégations continuent à être régis par les règles qui étaient suivies antérieurement à ce décret. La loi du 2 janvier 1817 et celle du 24 mai 1825 reconnaissent aux congrégations religieuses légalement établies la capacité d'acquérir des meubles et des immeubles, à titre gratuit et onéreux, avec l'autorisation du chef de l'État. La loi de 1825 est cependant plus restrictive que celle de 1817, en ce qui concerne l'acquisition à titre gratuit. D'après la dernière, les établissements religieux peuvent recevoir tous dons et legs avec l'approbation par décret, tandis que celle de 1825 n'autorise les communautés religieuses de femmes qu'à recevoir des dons et legs à titre particulier, à l'exclusion des legs universels ou à titre universel. Une ordonnance du 14 janvier 1831, art. 4, porte que les donations faites *avec réserve d'usufruit* à des établissements ecclésiastiques ne seront pas autorisées. Cette prohibition ayant été établie par une simple ordonnance, ne peut être qu'une règle intérieure pour les autorités chargées d'accorder les autorisations. Elle ne serait pas obligatoire pour les tribunaux, puisque une simple ordonnance ne peut pas modifier la capacité des établissements soumis au régime de la loi. A notre avis, si malgré les dispositions de l'ordonnance du 14 janvier 1831, l'autorisation avait été donnée par le chef de l'État, l'acceptation serait régulière; et les parties intéressées ne pourraient pas soutenir, devant les tribunaux, la nullité de la donation en se fondant sur la transgression de l'ordonnance de 1831.

L'art. 5 de la loi du 24 mai 1825 limite la faculté de donner à la communauté religieuse de femmes à l'égard des membres dont elle se compose. Nul membre ne peut disposer, par donation entre-vifs ou par testament, au profit d'une communauté religieuse de femmes ou d'un autre membre de la communauté, au delà du quart de ses biens, à moins que le quart ne fût inférieur à 10,000 fr. Au-dessous de cette somme, la quotité dont le propriétaire pourrait disposer ne serait plus limitée au quart.

La suppression des communautés religieuses de femmes ne peut être ordonnée que par une loi. En cas de suppression, les biens donnés ou légués font retour aux donateurs ou à leurs héritiers; ceux qui avaient été acquis à titre onéreux sont partagés entre les hospices et les établissements ecclésiastiques. Les membres de la communauté supprimée ont droit à une pension prélevée : 1° sur les biens acquis à titre onéreux ; 2° et subsidiairement sur les biens acquis à titre gratuit. Ces derniers ne font donc retour aux donateurs ou testateurs que sous la charge de cette obligation subsidiaire (art. 7 de la loi du 24 mai 1825). Les mêmes règles seraient applicables au cas d'extinction de la communauté pour une cause quelconque.

Paroisses protestantes, synagogues et consistoires. — Dans les communions protestantes réformée et luthérienne, partout où il y a un pasteur, existe en même temps une paroisse, personne morale, capable d'acquérir et d'aliéner. A côté du pasteur, se trouve un *conseil presbytéral* composé de quatre membres au moins et de sept au plus, nommé par le suffrage des coréligionnaires paroissiaux et renouvelables, tous les trois ans, par moitié. Il est présidé par le pasteur ou l'un des pasteurs (Décret du 26 mars 1852). Les conseils presbytéraux sont chargés d'administrer les paroisses, sous l'autorité du *consistoire*. Chaque circonscription contenant six mille âmes de population protestante est le siége d'une assemblée appelée consistoire, et qui comprend : 1° le conseil presbytéral du chef-lieu, lequel a un nombre de membres double du nombre ordinaire; 2° de tous les pasteurs du ressort; 3° d'un membre délégué par chaque conseil presbytéral. Le consistoire est, comme le conseil presbytéral, soumis au renouvellement triennal et, après chaque renouvellement, il nomme son président parmi les pasteurs qui en font partie; cette élection n'est définitive qu'après avoir été agréée par le gouvernement.

Le consistoire représente les paroisses, accepte les dons et legs avec l'autorisation du chef de l'État, achète, aliène ou transige sous la même autorisation et enfin agit en justice [1] au nom des paroisses.

[1] C'est ce qui résulte de la loi du 2 janvier 1817 et de l'ordonnance du 2 avril 1817, portant que les dons et legs seront acceptés « par les consistoires, lorsqu'il s'agira de legs faits pour la dotation des pasteurs et l'entretien du culte. » Une ordonnance du 23 mai 1834, qui oblige les consistoires

Pour le culte israélite, il y a un *consistoire départemental* toutes les fois que la population juive atteint le chiffre de 2,000 habitants ; cependant, le même département n'a jamais plusieurs consistoires, quelque élevé que soit le nombre de ses habitants israélites. S'il y a moins de 2,000 habitants dans un département, on le rattache au consistoire le plus voisin. Le consistoire départemental se compose : 1° du grand rabbin de la circonscription consistoriale ; 2° de quatre membres laïques nommés, pour huit ans, par les notables [1] de la circonscription et soumis, par moitié, tous les quatre ans, à réélection, mais rééligibles (art. 4 du décret des 29 août 14 décembre 1862). Des quatre membres laïques, le règlement exige que deux au moins résident au chef-lieu de la circonscription.

Le consistoire départemental représente en justice et dans les actes juridiques toutes les synagogues du ressort [2]. Quant aux dons, legs, acquisitions et aliénations, il ne peut les accepter ou les contracter qu'avec l'autorisation du gouvernement [3]. Les consistoires israélites et protestants peuvent, comme les fabriques d'églises, recevoir des dons à charge d'entretenir des écoles ou de distribuer des secours aux pauvres [4].

à ne plaider qu'avec l'autorisation du conseil de préfecture, implique que c'est le consistoire qui représente les paroisses en justice.

[1] Art. 26 à 30 de l'ordonnance du 25 mai 1844. — On y trouve énumérées les catégories qui composent la liste de notables. Le décret des 29 août-14 décembre 1862 détermine les catégories des électeurs, dans son art. 5.

[2] Ordonnance du 25 mai 1844, art. 10, § 3.

[3] Même ordonnance, art. 64. — Cet article ne dit pas par qui sera donnée l'autorisation. Il faut conclure du silence de la loi que l'autorisation sera donnée par l'autorité compétente, d'après le droit commun, c'est-à-dire par le conseil de préfecture, pour l'autorisation de plaider et par le chef de l'État, pour les autres actes, conformément à la loi du 2 janvier 1817 et à l'ordonnance du 2 avril de la même année.

[4] Cette faculté avait été reconnue par un arrêt de la Cour de cassation du 18 mars 1872, avant que le changement de jurisprudence ne se fût produit en faveur des fabriques et autres établissements religieux, dans les avis des 6 mars et 24 juillet 1873. L'arrêt s'appuyait sur ce que les consistoires avaient le droit de veiller « *sur la discipline* » et que ces mots avaient toujours compris le droit d'ouvrir des écoles.

Établissements scientifiques et d'instruction publique. — L'Institut de France est une personne morale reconnue et capable d'acquérir. Ses recettes se composent des subventions qui lui sont allouées sur les fonds du trésor, et du revenu des fondations qu'il a été autorisé à accepter. Les subventions de l'État servent au payement des indemnités dues aux membres des Académies et à celui des prix annuels; le revenu des fondations est affecté à la destination déterminée par le fondateur, c'est-à-dire à l'accomplissement des charges de la donation. L'acceptation des dons et legs est faite en vertu d'une délibération de l'Académie approuvée par décret. L'Institut est partagé en cinq académies, dont chacune a ses ressources propres, et pour ainsi dire, son budget. On ne peut pourtant pas considérer chaque académie comme une personne morale distincte; seulement, l'Institut reçoit les fondations à charge de les affecter à telle ou telle de ses académies. De même, dans chaque académie l'affectation peut avoir été circonscrite par le fondateur à une section d'une manière exclusive [1].

Jusqu'en 1829, les établissements d'instruction publique avaient une existence et des ressources propres. A cette époque, ils perdirent leur individualité en s'absorbant dans l'université de France. Six ans après, l'Université elle-même fut rattachée au budget général de l'État.

Les lycées (anciens *collèges royaux*) ont conservé leur personnalité. Le lycée est représenté par le proviseur, à la requête duquel doivent être faits tous les actes judiciaires

[1] La fondation de l'Institut remonte à la loi du 3 brumaire an IV. L'Académie des sciences morales et politiques, qui formait une des classes d'après la loi de la fondation, fut supprimée par arrêté du 3 pluviôse an XI; elle n'a été rétablie qu'après la révolution de 1830 par ordonnance du 26 octobre 1832. — L'Institut, qui avait été distrait du ministère de l'instruction publique, pour être placé dans les attributions du ministère d'État, a de nouveau été rattaché au ministère de l'instruction publique par le décret du 25 juin 1862. — V. Arrêt du cons. d'Ét. du 21 juillet 1864 (*Académie des beaux-arts*).

et extrajudiciaires qui l'intéressent. Ces actes sont faits à la diligence de l'économe qui est le receveur du lycée, chargé de tout ce qui concerne la gestion matérielle de l'établissement, et justiciable de la Cour des comptes, soit en deniers, soit en matières[1]. Les acquisitions de rentes ou d'immeubles sont faites par le proviseur avec autorisation par décret; celles qui n'ont que des meubles pour objet peuvent être autorisées par le ministre de l'instruction publique. La même distinction s'applique aux aliénations. Les baux des portions d'immeubles qui peuvent être mises en location sont faits par le proviseur avec l'approbation du conseil académique.

Les facultés ne sont pas des personnes morales douées d'une existence propre. Pour faire une libéralité à une faculté, il faudrait donner au ministre sous la condition d'affecter la somme ou l'objet donné à la faculté qu'il s'agit de gratifier.

Associations syndicales. — On entend par associations syndicales des réunions de propriétaires qui contribuent à des travaux, faits dans leur intérêt commun, proportionnellement à la part d'utilité que chacun d'eux en retire. Les associations sont de deux espèces : 1° *libres;* elles ne peuvent être formées que du consentement unanime des parties intéressées; 2° *autorisées* par le préfet, à certaines conditions, avec des formalités préalables et une majorité déterminée (Loi du 21 juin 1865). Libres ou autorisées, elles ont la qualité de personnes morales; elles peuvent acquérir, même par expropriation pour cause d'utilité publique dans certains cas, vendre, emprunter et hypothéquer (art. 3 de la loi du 21 juin 1865). Elles peuvent aussi ester en justice par leurs syndics, droit qui n'était pas reconnu par la jurisprudence aux associations syndicales libres avant la loi du 21 juin 1865.

[1] Règlement du 16 décembre 1841 sur la comptabilité des lycées.

SECTION II

DIVISION DES CHOSES.

(V. à la partie spéciale l'art. VOIRIE).

Les divisions des choses admises par le droit commun, telles que la distinction des *meubles* et des *immeubles*, se retrouvent dans les lois administratives ; nous nous contenterons de renvoyer, sur ce point, aux traités de Code civil. La division capitale, en matière administrative, est celle qui divise le *domaine national* en *domaine public et domaine privé de l'Etat.* — Il y a, de plus, le domaine public et le domaine privé *des départements* et *des communes.*

Les biens qui composent le domaine public sont affectés à un service public, et ordinairement tous les citoyens en jouissent *ut singuli.* Ceux, au contraire, qui forment le domaine privé sont des propriétés productives de revenus dont les personnes morales jouissent, comme le ferait un propriétaire ; ils ne sont pas à la disposition des citoyens, et ceux-ci n'en retirent d'autre avantage que le soulagement que les contribuables peuvent attendre des ressources propres à l'État, aux départements ou aux communes ; c'est ce qu'on exprime en disant que les particuliers jouissent de ces biens *ut universi*[1]. Cette distinction a la plus grande importance, en pratique ; car le domaine public est inaliénable et imprescriptible comme toutes les choses qui sont hors du commerce (art. 2226 Code Nap.), tandis que le domaine privé est aliénable aux conditions déterminées

[1] On trouve, dans plusieurs textes, une confusion entre le domaine public et le domaine de l'État. Ainsi c'est à tort que l'art. 539 du Code Napoléon met dans le domaine public les biens vacants et les successions en déshérence. Mais il est facile de rectifier ces erreurs, par l'application des principes généraux de cette matière. Le texte primitif de l'art. 539 portait : *Domaine de la nation ;* on a cru, mais bien à tort, traduire exactement, dans les éditions nouvelles, par : *domaine public.*

par la loi et prescriptible comme les biens des particuliers (art. 2227 Code Nap.). Cette distinction n'avait pas, dans l'ancien droit, le même intérêt qu'aujourd'hui, en ce qui concerne l'État; car le domaine de la Couronne, qui comprenait le domaine public et le domaine privé, était, depuis l'ordonnance de Moulins en 1566, inaliénable sans distinction [1].

Les biens compris dans le domaine public conservent leur caractère tant qu'un acte administratif émané de l'autorité compétente ne les en a pas fait sortir. Le fait que ces choses ne seraient plus affectées à un service public ne suffit donc pas pour les rendre prescriptibles; ainsi, un

[1] L'inaliénabilité du domaine de la Couronne, proclamée à plusieurs reprises avant l'ordonnance de Moulins, ne passa définitivement dans notre droit public qu'en 1566. — La loi des 22 novembre-1er décembre 1790 disposa que les biens nationaux pourraient être vendus, mais « que les grandes « masses de forêts nationales ne seraient pas comprises dans la vente et « aliénation permise ou ordonnée par les décrets antérieurs. » L'art. 36 de la même loi portait que les biens nationaux ne seraient prescriptibles qu'à partir du moment où leur aliénation aurait été autorisée par un décret de l'Assemblée nationale. Cet article élevait à quarante années la durée de la prescription contre l'État. L'art. 2227 a soumis l'État au droit commun, pour les biens qui sont dans le commerce. Cette disposition générale a-t-elle abrogé les dispositions spéciales qui étaient relatives aux grandes masses de forêts? La Cour de cassation a décidé la question négativement, par application de la maxime : *Specialibus per generalia non derogatur* (arrêt du 17 juillet 1850). Cependant la loi des 22 novembre-1er décembre 1790 ne disait pas que les bois seraient inaliénables, mais seulement qu'il n'y *avait pas lieu de les aliéner quant à présent* (Serrigny, *Questions et traités*, p. 207 et suiv.). Or il y a une grande différence entre dire qu'un bien est inaliénable et dire que la vente n'aura pas lieu parce qu'elle est inopportune. — D'après un autre système, les grandes masses de forêts sont devenues prescriptibles à partir de la loi du 25 mars 1817, qui, en affectant les bois à la caisse d'amortissement, en a permis la vente jusqu'à concurrence de 150,000 hectares (arrêt de la Cour de Besançon, du 18 août 1817). Mais comment peut-on faire sortir une *solution générale* de la question d'une loi qui n'a permis l'aliénation que pour une *quantité déterminée* de bois et de forêts? Nous pensons donc que la prescription a dû commencer à courir du jour où le Code civil a été promulgué. 1° Cette opinion est favorable, parce qu'elle consacre un retour au droit commun : 2° elle est conforme au texte de l'art. 2227 du Code Napoléon; 3° elle n'est pas contraire au texte de la loi des 22 novembre-1er décembre 1790.

chemin devenu impraticable ou que les voyageurs ne fréquenteraient plus ne serait pas, selon nous, prescriptible, tant qu'un acte de déclassement ne l'aurait pas fait sortir du domaine public [1]. Cette proposition, contestée par plusieurs auteurs, nous paraît résulter de cela même que le domaine public a été déclaré imprescriptible. Dans quelle hypothèse, en effet, doit-on se placer pour qu'il y eût à établir l'imprescriptibilité de domaine public ? Il faut précisément supposer le *non-usage de fait*, puisque la possession exclusive, nécessaire pour prescrire, implique nécessairement que le service public a cessé et, lorsqu'il s'agit d'un chemin, qu'il n'est plus fréquenté. Si la fréquentation par le public continuait, il n'y aurait aucune utilité à disposer que le domaine public est imprescriptible ; en ce cas, c'est pour une autre cause qu'il ne pourrait pas être prescrit, car la possession serait promiscue et ne pourrait pas servir de base à la prescription. C'est donc en vue d'une hypothèse où l'affectation à l'usage public a *cessé de fait* que la loi déclare le domaine imprescriptible. Donc il ne suffit pas que l'immeuble ne soit plus affecté à l'usage public.

DOMAINE DE L'ÉTAT, DES DÉPARTEMENTS, DES COMMUNES ET AUTRES ÉTABLISSEMENTS PUBLICS.

Les biens compris dans le domaine de l'État sont immobiliers ou mobiliers. Dans la première catégorie rentrent les hôtels des ministres, les palais [2], les forêts, les forges et

[1] Voir Macarel et Boulatignier, *Fortune publique*, t. I, p. 86. — En sens inverse, Proudhon, *Traité du domaine public*, t. I, p. 289.

[2] Quoique ces édifices soient consacrés à un service public, on ne peut pas les ranger dans le domaine public inaliénable et imprescriptible ; car ils ne sont pas compris dans l'énumération de l'art. 538 du Code Napoléon. On ne pourrait les faire rentrer dans le domaine public qu'en leur appliquant la fin de cet article : « *et généralement toutes les portions du territoire français qui ne sont pas susceptibles d'une propriété privée.* » Mais les mots

fonderies, et les mines de sel. Dans la seconde, se trouvent les meubles et le matériel des diverses administrations, les papiers, titres, registres et livres contenus dans les archives ou bibliothèques appartenant à l'État, le matériel de l'imprimerie nationale, les armes, chevaux et harnais destinés aux différents services de la guerre et de la marine. Il y a aussi un *domaine de l'Etat incorporel*, qui se compose du droit de pêche dans les rivières navigables et flottables, des péages pour le passage des routes ou des rivières sur des ponts ou bacs et du droit de chasse dans les forêts [1].

Domaines engagés. — L'ordonnance de Moulins, de février 1566, n'avait prohibé, en consacrant le principe de l'inaliénabilité du domaine de la couronne, que l'aliénation irrévocable, et ne faisait pas obstacle à ce que le roi en abandonnât la jouissance à prix d'argent, sous la condition perpétuelle du rachat. Ce contrat s'appelait *contrat d'engagement*, et les biens qui en étaient l'objet, *domaines engagés*.

D'un autre côté, l'ordonnance n'empêchait pas que les biens de la couronne ne fussent échangés avec d'autres, pourvu que l'échange fût fait sans fraude, c'est-à-dire pourvu qu'il ne dissimulât pas une donation en prenant la forme d'un contrat à titre onéreux. Sous Louis XIV, Louis XV et Louis XVI, des édits prescrivirent des mesures sévères pour faire rentrer les domaines engagés; mais ces rois consentirent eux-mêmes de nouveaux engagements. Après la Révolution, la loi du 22 novembre 1790 (art. 14, 23 et suivants) disposa que les aliénations, faites avec clause expresse de

« territoire français » démontrent qu'il s'agit ici de propriétés non bâties. Nous n'admettons même par l'exception que proposent quelques écrivains relativement aux églises et cathédrales. Il est vrai que ces édifices étaient autrefois imprescriptibles ; mais cette imprescriptibilité tenait à la division, aujourd'hui supprimée, des *res divini juris* opposées aux *res humani juris*.

[1] *Lois administratives*, p. 893-930.

retour ou de rachat même antérieurement à 1566, seraient perpétuellement rachetables, et que celles dont la date était postérieure à 1566 seraient censées faites avec clause de retour, même quand elles étaient pures et simples. Une loi du 10 frimaire an II, plus radicale que la précédente, décida que toutes les aliénations de biens domaniaux, autres que les aliénations faites purement et simplement, antérieurement au 1er février 1566, seraient révoquées de plein droit, immédiatement et sans rachat. Cette loi dont les dispositions rigoureuses furent suspendues l'année suivante, et ne reçurent jamais d'exécution sérieuse que contre les émigrés, fut remplacée par la loi du 14 ventôse an VII, qui consacra une transaction entre les droits du trésor et ceux des engagistes. Tout en déclarant révoqués les contrats d'engagement et les échanges frauduleusement consommés, la loi du 14 ventôse an VII donna aux détenteurs un moyen de consolider leur possession aux conditions suivantes : 1° dans le mois qui suivrait la promulgation de la loi, déclaration à l'administration du département des biens faisant l'objet de leur engagement, échange ou autre concession ; 2° soumission, dans le mois suivant, devant la même administration, de payer en numéraire métallique le quart de la valeur des dits biens [1]. L'accomplissement de ces deux conditions les rendait propriétaires incommutables comme s'ils avaient été acquéreurs de biens nationaux. Les délais étant très-courts, beaucoup de détenteurs négligèrent de régulariser leur position, et demeurèrent placés sous le coup de la révocation. Une loi du 12 mars 1820 décida qu'après trente ans, à partir du 14 ventôse an VII, les engagistes ne pourraient plus être inquiétés ; mais le 4 mars 1829, avant l'expiration du délai, l'administration des domaines fit signifier environ 10,000 actes interruptifs de prescription. L'expiration d'une nouvelle période de trente

[1] La loi du 14 ventôse an VII, art. 5, maintenait exceptionnellement certaines aliénations, pour lesquelles les détenteurs n'avaient pas à remplir les conditions prescrites par les art. 13 et 14.

ans depuis l'acte interruptif de 1829 a épuisé la matière; il faudrait supposer, pour un procès de cette espèce, que l'action eût été introduite avant l'accomplissement de la prescription, et que le jugement eût longtemps été retardé par des incidents de procédure.

Les détenteurs à l'égard desquels la prescription n'a pas été interrompue au nom de l'État sont à l'abri de toute réclamation.

Domaine départemental. — Le domaine privé du département se compose des bâtiments destinés aux services publics, tels que tribunaux, préfectures, sous-préféctures, prisons, etc., etc.[1]. Un décret du 9 avril 1811 a fait passer, la plupart de ces édifices du domaine de l'État dans celui du département, avec le motif apparent de faire une libéralité aux départements, mais, en réalité, dans le but de dégrever le trésor public de l'entretien de ces bâtiments. Le département peut aussi avoir des biens comme propriétaire et jouir des loyers qu'ils rapportent; mais c'est bien rarement que les biens départementaux ont ce caractère[2].

Domaine communal. — Le domaine privé de la commune se compose : 1° des édifices employés aux services publics, tels que les mairies, maisons d'école, etc., etc.[3]; 2° des biens que la commune afferme et dont le prix tombe dans la caisse municipale, pour être employé aux dépenses obligatoires ou facultatives ; 3° des biens dont la jouissance est abandonnée aux habitants privativement[4]. Quand on emploie simultanément les deux mots *biens communaux*, on désigne

[1] Nous adoptons pour les édifices départementaux la solution que nous avons soutenue plus haut pour les édifices appartenant à l'État (V. *suprà*, p. 261, note 1).

[2] *Lois administratives*, p. 227.

[3] C'est toujours la même solution que nous appliquons aux édifices communaux comme aux édifices de l'État et du département. Nous adoptons le même système pour les *églises*, le Code civil n'ayant pas fait, comme la loi romaine, une division des *res divini et humani juris* (V. *suprà*, p. 261, note 1).

[4] V. *Lois administratives*, p. 267-313.

tous ceux qui composent le domaine privé de la commune; mais le mot *communaux*, employé seul, ne s'entend que des biens dont les habitants jouissent en nature.

DES BIENS QUI APPARTIENNENT TANTOT AUX PARTICULIERS TANTOT AUX PERSONNES MORALES.

Bois et forêts [1]. — Les bois et forêts appartiennent tantôt à l'État, tantôt aux communes ou autres établissements publics, tantôt enfin aux particuliers.

Les bois et forêts de l'État sont soumis au régime forestier, quels que soient leur étendue, la nature des essences qui les composent et le mode d'exploitation qu'ils comportent [2]. Les bois des communes et des établissements publics, au contraire, n'y sont assujettis qu'autant qu'ils ont été reconnus susceptibles d'aménagements ou d'une exploitation régulière par l'autorité administrative, sur la proposition de l'administration forestière et d'après l'avis des conseils municipaux ou des administrateurs des établissements publics [3]. Quant aux bois et forêts des particuliers, ils ne sont pas, en principe, soumis au régime forestier; il y a lieu seulement de leur appliquer les dispositions auxquelles la loi a formellement renvoyé [4]. Pour bien nous rendre compte de la différence qui existe entre ces diverses espèces de bois, il nous faut donc répondre à cette question : En quoi consiste le régime forestier ?

[1] Dans le langage des gens du monde, les bois se distinguent des forêts; celles-ci sont plus étendues que les premiers et croissent en *futaies*, tandis que les bois croissent en *taillis*. Dans la langue du droit, ces deux mots sont synonymes (Cour cass., 1er mai 1830). V. *Lois administratives*, p. 905.

[2] Code forestier, art. 1 à 90. — Les bois de l'État comprennent ceux qui font partie de la dotation de la Couronne et ceux qui dépendent des apanages réversibles.

[3] Art. 90 à 117 du Code forestier. — L'art. 90 parle, d'une manière générale, de l'*autorité administrative*, sans dire quel est le fonctionnaire qui statuera. Nous pensons qu'il doit être statué par le chef de l'État, duquel émanent toutes les autorités administratives (Meaume, sur l'art. 90, *Commentaire du Code forestier*).

[4] Art. 120 du Code forestier. Cet article est limitatif.

Le régime forestier consiste en ce que 1° l'*exploitation* des bois auxquels il s'étend, appartient aux agents de l'administration forestière [1]. Ainsi tous les bois soumis au régime forestier doivent être exploités suivant un aménagement régulier, déterminé d'avance. Cet aménagement fixe la durée des périodes; pour les bois résineux, qui ne peuvent être exploités qu'en *jardinant*, on désigne l'âge et la grosseur que les arbres devront avoir pour être coupés. Pour les bois-taillis, la durée de l'aménagement doit être d'au moins vingt-cinq années, sauf pour les bois où dominent les châtaigniers et les essences de bois blanc.

L'aménagement une fois fixé par décret, les agents mettent les coupes en adjudication, suivant l'ordre déterminé. L'adjudication ne doit pas comprendre les bois mis en réserve pour croître en futaie; ce serait une coupe extraordinaire, et la loi exige que toute coupe extraordinaire soit autorisée par un décret spécial. Un décret spécial est aussi exigé toutes les fois que la coupe extraordinaire consisterait à devancer les périodes de l'aménagement. Quant aux *massifs* et aux *quarts en réserve* destinés à croître en futaie, l'administration forestière ne peut en faire vendre les coupes qu'avec l'autorisation spéciale du chef de l'État [2].

2° Les propriétaires limitrophes des bois soumis au régime forestier ont le droit, suivant la loi commune, de demander le *bornage* devant les tribunaux. Mais ces actions doivent s'arrêter, du moment que l'administration déclare qu'elle fera procéder à la *délimitation générale* de la forêt, dans le délai de six mois [3].

3° Les bois soumis au régime forestier sont protégés par

[1] C'est sur les propositions de l'administration forestière que l'*aménagement* est réglé par décret. Une fois l'aménagement fait, les agents ont le droit de faire procéder aux coupes des portions non réservées.

[2] Art. 16 du Code forestier et 69 de l'ord. réglementaire pour l'exécution du Code.

[3] Art. 8-14 du Code forestier.

des mesures de police spéciales, par des servitudes légales et par des peines qui frappent certains délits ou contraventions. La loi punit également certaines contraventions commises dans les bois des particuliers; mais ces dispositions étant communes à tous les bois en général, il en résulte que les bois soumis au régime forestier sont couverts par des pénalités générales et par des pénalités spéciales, tandis que les bois des particuliers ne sont protégés que par des dispositions applicables à tous.

4° Les bois soumis au régime forestier ne peuvent pas être grevés de *droits d'usage* pour l'avenir, et il y a deux moyens de les libérer de ceux qui ont été constitués dans le passé : le *cantonnement* et le *rachat*. Le cantonnement est une opération qui consiste à convertir le droit d'usage portant sur le tout en un droit de propriété restreint à une portion. Ce moyen n'est applicable qu'au *droit d'usage en bois*, non aux droits de pâturage ou glandage; on comprend, en effet, qu'il n'y aurait pas le même avantage pour l'usager à faire pâturer sur un canton restreint dont il serait propriétaire, qu'à pouvoir conduire son troupeau sur toute l'étendue de la forêt. Aussi les droits de glandage et de pacage doivent-ils être rachetés en argent [1]. La faculté de cantonner et de racheter appartient aux particuliers comme à l'État et aux communes; mais ce qui les distingue, sous le rapport des droits d'usage, c'est que les bois des particuliers peuvent être, par des conventions, grevés de nouveaux droits d'usage, tandis que les bois soumis au régime forestier ne peuvent pas en être chargés. Les bois des particuliers sont aussi susceptibles d'affectations spéciales, soit au profit d'une commune, soit au profit d'un établissement industriel; de pareilles clauses seraient, au contraire, nulles s'il s'agissait des bois de l'État; quant aux biens des communes et des

[1] Les formes à suivre pour le cantonnement ont été réglées par décret du 12 avril 1854. Voir art. 1 à 6 pour l'affranchissement des *droits d'usage* à la charge des bois de l'État ; art. 6 à 8 pour les bois des communes et autres établissements publics.

établissements publics, il faut les assimiler, sous ce rapport, aux bois des particuliers. Le Code, en effet, qui défend de les grever de *droits d'usage*, ne fait aucune inhibition semblable en ce qui concerne les *affectations;* or, les deux espèces de droits se distinguent, non-seulement par le texte de la loi, mais encore par leur nature [1], car l'*usage* est établi pour les besoins personnels ou domestiques de l'usager, tandis que l'affectation a plus particulièrement en vue les besoins de l'industrie.

5° Les bois soumis au régime forestier supportent la servitude de *martelage* pour les arbres propres aux constructions de la marine [2]. Ce nom vient de ce que l'administration marque au marteau les arbres qu'elle veut acquérir. Cette charge fut maintenue provisoirement par le Code forestier sur les bois des particuliers ; mais aujourd'hui les agents de la marine n'ont plus le droit de marquer les arbres qu'ils jugent être propres aux constructions navales, que dans les bois de l'État, des communes ou des établissements publics.

Les bois communaux sont quelquefois affermés par baux, dont le prix tombe dans la caisse municipale; le plus souvent, les habitants en ont la jouissance en nature. Cette jouissance consiste tantôt dans le droit au bois de chauffage ou *affouage* [3], tantôt dans le droit au *bois de construction*

[1] Cette proposition nous paraît résulter de ce que l'art. 90, relatif aux biens des communes, renvoie seulement aux six premières sections du titre III, tandis que l'art. 112 ne renvoie qu'à la huitième section du titre III sur les droits d'usage. C'est précisément dans la septième section, à laquelle le Code ne renvoie pas, que se trouvent les art. 58 et suiv. sur les affectations.

[2] Art. 136 et suiv. du Code forestier. Les autres *affectations* ont été supprimées par le Code forestier, sous la distinction suivante, dans les bois de l'État : 1° celles qui étaient postérieures à 1566 ne devaient durer que dix ans, jusqu'en 1837 ; 2° celles qui étaient antérieures à 1566 devaient durer même après cette époque, pourvu que les ayants droit eussent fait constater leur droit, par une instance judiciaire, dans l'année après la promulgation du Code forestier.

[3] Affouage vient de *ad focagium*, et *focagium* de *focus*. La division par *feux* dans les anciens titres, coutumes et documents, est très-usuelle.

pour la réparation des maisons de la commune. Suivant quelle règle ce partage doit-il être fait?

Pour l'affouage, l'art. 105 du Code forestier dispose que le partage doit être fait *par feu*, c'est-à-dire par chef de maison ou de famille[1]. C'est l'abrogation de la règle fixée par la loi du 10 juin 1793, qui prescrivait le partage *par tête*. Cependant, le Code forestier a réservé les titres ou usages contraires, dans le cas où il en aurait survécu quelqu'un par suite de l'inexécution des lois révolutionnaires. Les lois révolutionnaires ayant établi d'une manière générale le partage par tête, il paraît, au premier abord, impossible qu'il y ait des usages contraires. Tous les titres et usages avaient été remplacés par la loi de 1793 et l'art. 105 du Code forestier ne les a pas fait revivre. Voici comment s'explique cette réserve. L'art. 105 maintient d'abord le partage par tête dans les communes où il se faisait d'après cette base antérieurement à la loi de 1793. D'un autre côté, dans certaines communes la loi révolutionnaire avait été inobservée; dans ces communes, l'art. 105 du Code forestier conserve les usages qui ont survécu à l'application de la loi égalitaire. Cet article, en effet, n'a pas eu pour objet de faire revivre les titres anciens dans les lieux où l'on s'était soumis à la loi du 10 juin 1793, mais seulement de maintenir des titres ou des usages qu'avait conservés la puissance des mœurs, dans un temps où le Gouvernement n'avait pas le loisir nécessaire

[1] Le projet primitif ne portait que les mots *chef de famille*. On y ajouta les *chefs de maison*, de peur que la première rédaction ne fût pas assez compréhensive, pour embrasser les prêtres et les célibataires. Dans certaines communes, l'école a une part indépendante de celle que prend l'instituteur comme chef de famille. — Les étrangers qui résident dans une commune dont les bois sont soumis à l'affouage ont-ils le droit de prendre part à la *coupe affouagère?* Oui, d'après la jurisprudence de la Cour de cassation (ch. civ., arr. du 31 décembre 1862). Non, d'après le Conseil d'État et la Cour de Colmar (arr. du 28 mai 1867). Un troisième système adopté par la chambre des requêtes de la Cour de cassation admet l'étranger à l'affouage seulement lorsqu'il a été autorisé à fixer son domicile en France (C. cass., ch. reb., arrêt du 26 décembre 1838). C'est ce dernier système qui a été adopté par la loi du 25 juin 1874.

pour tenir la main à l'exécution d'une loi dont l'intérêt était secondaire, si on la compare aux préoccupations politiques de cette époque [1].

Quant aux bois de construction, le même article du Code forestier dispose que la valeur des bois délivrés sera fixée à dire d'experts, et que le prix en sera versé à la caisse municipale; mais il réserve les titres et usages contraires, de sorte que les habitants y peuvent avoir droit gratuitement; c'est ce qui a lieu, par exemple, dans les communes de Franche-Comté, où les habitants prennent le bois de construction proportionnellement au *toisé des maisons* [2].

C'est aux règles que nous venons d'exposer, en matière de partage des produits forestiers, que la loi du 18 juillet 1837, art. 17, recommande de se conformer.

Quelle est la nature soit de l'affouage, soit, dans les communes où il y a titre ou usage, du droit au bois de construction? Des jurisconsultes l'ont confondu avec les droits d'usage dans les forêts [3]; mais cette doctrine est erronée, puisque les droits d'usage ne sont exercés que dans la mesure des *besoins de l'usager* qui est obligé d'user personnellement, tandis que, en matière d'affouage, les habitants ont le droit de vendre tout ou partie de leur lot [4]. L'affouage est

[1] Cette question est très-controversée. M. Curasson (*Code forestier*, t. I, p. 434 et 435) décide que les usages revivent nonobstant l'application de la loi de la Révolution, cette application n'ayant été que momentanée. Cette opinion est énergiquement combattue par M. Meaume, *Commentaire du Code forestier*, t. II, p. 100.

[2] Proudhon, *Traité des droits d'usage*, nº 923; Meaume, *oper. cit.*, t. II, p. 116 et suiv.; Migneret, *Traité de l'affouage*, nos 175 et 176. M. Proudhon a fait cette confusion, ainsi que M. Curasson son annotateur, et cependant il est incontestable que l'art. 83 du Code forestier applicable aux droits d'usage, ne l'est pas à l'affouage.

[3] Voici comment M. Favard de Langlade, rapporteur à la chambre des pairs, établissait la différence : « On doit faire une grande différence entre les droits d'usage qu'ont les habitants d'une commune dans les forêts de l'État et celui qu'ils ont dans leurs bois communaux. L'un est un droit sur une chose qui ne leur appartient pas, et l'autre un droit réel *qui n'est qu'un mode de jouissance de leur propre chose.* »

[4] Art. 118 du Code forestier pour le cantonnement, et 120 pour le rachat

plutôt le partage d'une chose *commune et indivise* qu'un droit d'usage sur la chose d'autrui.

Quant aux bois des particuliers, s'ils ne sont pas soumis au régime forestier, certaines dispositions leur sont communes avec les bois de l'État, des communes et des établissements publics. Ainsi les propriétaires peuvent s'affranchir des droits d'usage par la voie de *cantonnement* ou de *rachat.* Pour les bois des particuliers, comme pour ceux qui sont soumis au régime forestier, le rachat du pacage et autres droits rachetables ne peut pas être exigé toutes les fois que le droit de pâturage est nécessaire [1] aux habitants d'une ou plusieurs communes.

Les droits de pâturage, panage et glandée, n'y sont exercés que lorsque le bois a été déclaré *défensable* par l'administration forestière et suivant la *possibilité* du bois déclarée et reconnue par les agents de la même administration. Un bois est *défensable* lorsque la pousse est assez forte pour résister à la dent des troupeaux. On entend par *possibilité*, la situation, la richesse, l'abondance des pâturages et enfin l'ensemble de toutes les circonstances qui peuvent influer sur le nombre et la nature des troupeaux dont l'introduction dans le bois pourra être autorisée.

Les bois des particuliers diffèrent des bois soumis au ré-

[1] La *nécessité absolue* est jugée par les conseils de préfecture quand il s'agit de bois soumis au régime forestier. En est-il de même de la *nécessité absolue* appliquée aux bois des particuliers ? Cette question est très-controversée ; si l'art. 121 attribue aux tribunaux ordinaires les contestations relatives aux bois des particuliers, l'art. 120 du Code forestier déclare l'art. 64 applicable aux bois des particuliers ; or, l'art. 64, § 2, du Code forestier charge le conseil de préfecture de statuer sur *la nécessité* du pâturage. Il faut donc choisir entre l'art. 121 et l'art. 64, § 2. Un amendement proposé par M. de Kergariou, sur l'art. 121, dans le but de réserver l'art. 64, § 2, fut rejeté par le motif qu'il s'agissait de discussions relatives aux propriétés des particuliers et, par conséquent, rentrant dans le droit commun (Duvergier, t. XXVII, p. 224). — Mais la pratique est tout à fait contraire aux conclusions qui paraissent résulter du rejet de cet amendement. Le Conseil d'État décide constamment que le conseil de préfecture est compétent. (V. arrêts du 8 septembre 1846 et du 18 mai 1854. — *Recueil des arrêts*, 1846, p. 174, et 1854, p. 459).

gime forestier, au point de vue du défrichement. Ainsi 'art. 90 du Code forestier défend aux communes et établissements publics de défricher leurs bois sans autorisaion expresse du Gouvernement. Au contraire, d'après le itre XV du même Code, modifié par la loi du 18 juin 1859, es particuliers qui veulent défricher sont seulement tenus de faire une déclaration à la sous-préfecture, quatre mois l'avance. Pendant ce délai, l'administration a le droit de aire notifier une opposition au propriétaire. Cette opposiion peut être fondée seulement sur une des six causes uivantes : 1° lorsque la conservation du bois est nécessaire au maintien des terres sur les pentes des montagnes ° la défense du sol contre les érosions et les envahisseents des fleuves, rivières ou torrents ; 3° l'existence des ources et cours d'eau ; 4° la protection des dunes et des ôtes contre les érosions de la mer et l'envahissement des ables ; 5° la défense du territoire dans la partie de la zone rontière déterminée par un règlement d'administration ublique ; 6° l'intérêt de la salubrité publique.

Le préfet, en conseil de préfecture, donne son avis sur 'opposition, et il doit être statué par arrêté du ministre es finances, la section des finances du Conseil d'État préaablement entendue. Le ministre ne peut admettre l'oppoition que pour une des six causes énumérées par l'art. 220 u Code forestier. L'arrêté ministériel qui admettrait l'opposition en dehors de ces cas serait entaché d'excès de ouvoir, et pourrait être attaqué devant le Conseil d'État.

Le droit de former opposition ne s'applique pas : 1° aux eunes bois pendant les vingt premières années après leur emis ou plantation ; 2° aux parcs ou jardins attenant aux abitations ; 3° aux bois non clos d'une étendue au-desous de 10 hectares, lorsqu'ils ne font pas partie d'un autre ois qui compléterait une contenance de 10 hectares, ou u'ils ne sont pas situés sur le sommet ou la pente d'une iontagne (art. 224 du Code forestier).

Mais les différences les plus saillantes entre les bois des

particuliers et les bois soumis au régime forestier tiennent au système de l'exploitation. L'*aménagement* est fixé, dans les premiers, par le propriétaire, et dans les seconds, par l'administration forestière. D'un autre côté, l'*adjudication* et l'*exploitation* des coupes ont lieu suivant des formes spéciales dans les bois soumis au régime forestier, tandis que le particulier peut vendre de gré à gré, sans aucune formalité[1].

Marais[2]. — Les marais appartiennent, soit à l'État, soit aux communes, soit aux particuliers[3]. Cette espèce de propriété qui, en général, est soumise au droit commun, se rattache au droit administratif par le côté spécial du *desséchement*. D'après la loi du 16 septembre 1807, le gouvernement peut ordonner, dans l'intérêt de la salubrité et de l'agriculture, le desséchement d'un marais sans le consentement des propriétaires et sans recourir aux formalités ordinaires. Les lois sur l'expropriation pour cause d'utilité publique sont, en effet, des lois générales qui n'ont pas dérogé à la loi spéciale sur le *desséchement des marais*[4]. On ne recourrait à cette mesure extrême qu'autant qu'elle serait devenue nécessaire, par suite de l'opposition obstinée que les propriétaires feraient aux travaux de desséchement. En ce cas, on appliquerait la loi du 3 mai 1841 et non celle du 16 septembre 1807[5].

[1] Art. 17 et suivants du Code forestier.

[2] Rapport de M. Casabianca, sénateur, sur le projet du Code rural. — *Lois administratives*, p. 1101.

[3] « L'opération du desséchement entièrement accomplie en France, dit « M. Cotelle, équivaudrait à la conquête d'un département. » (Cotelle, t. II, p. 124.)

[4] *Specialibus per generalia non derogatur*. Cela résulte expressément des explications qui furent données à la Chambre, par M. Legrand, commissaire du gouvernement, dans la discussion de la loi du 7 juillet 1833.

[5] L'art. 24 de la loi du 16 septembre 1807 établit des règles spéciales à l'expropriation en cas de desséchement des marais, et l'application du principe d'interprétation *specialibus per generalia non deregatur* conduirait à décider que la loi générale sur l'expropriation n'a pas abrogé l'art. 24 de la loi du 17 septembre 1807. La solution contraire résulte de l'art. 27 de la loi du 8 mars 1810 portant : « Les dispositions de la loi du 16 septembre

Si les propriétaires veulent faire eux-mêmes le dessèchement, ils doivent être préférés pourvu qu'ils se soumettent aux conditions déterminées par le gouvernement. Dans la pratique on commence par les mettre en demeure, et ce n'est qu'à leur refus que la concession est accordée à un autre.

Entre les divers demandeurs en concession, le gouvernement a le choix et son pouvoir est discrétionnaire ; aucune voie de recours n'est ouverte contre l'usage qu'il en fait, à moins qu'il ne méconnût la préférence accordée par la loi au propriétaire, ce qui constituerait un *excès de pouvoir* (art. 3 de la loi du 16 septembre 1807).

Avant le commencement des travaux, on procède à l'évaluation des terrains en nature de marais. L'estimation est faite par trois experts dont l'un est nommé par le propriétaire, le second par le concessionnaire et le tiers expert par le préfet ; cette évaluation est ensuite soumise au conseil de préfecture (art. 27, § 2 de la loi du 21 juin 1865 sur les syndicats). Si le marais appartient à plusieurs propriétaires, le préfet nomme, parmi les propriétaires les plus intéressés au dessèchement, des syndics au nombre de trois au moins et de neuf au plus ; ces syndics sont chargés de nommer, dans l'intérêt commun, l'expert que choisit le propriétaire lorsqu'il n'y en a qu'un (art. 7 de la loi du 16 septembre 1867). Quand les travaux sont terminés, l'évaluation des terrains desséchés est faite, après une semblable expertise, par le conseil de préfecture.

Pour la première estimation, les experts commencent

« 1807 ou de toutes autres lois qui se trouveraient contraires aux présentes, « sont rapportées. » A la vérité la loi du 8 mars 1810 a été remplacée par celle du 7 juillet 1833 et celle-ci par la loi du 3 mai 1841 ; mais, en créant la compétence du jury, les lois de 1833 et 1841 lui ont attribué tout ce que la loi du 8 mars 1810 donnait aux tribunaux ordinaires. Les lois de 1833 et 1841 ont substitué le jury aux tribunaux ; rien ne serait plus contraire à leur esprit que de les considérer comme ayant rétabli l'expropriation spéciale établie par l'art. 24 de la loi du 16 septembre 1807. L'administration des travaux publics fait aujourd'hui rentrer le dessèchement des marais, en cas d'expropriation, sous l'autorité de la loi du 3 mai 1841. — (V. Cotelle, t. II, p. 175).

par diviser le marais en classes, suivant le degré d'inondation; le nombre des classes ne peut être ni au-dessus de dix ni au-dessous de cinq. Le périmètre de chacune de ces classes est tracé sur le plan cadastral par les ingénieurs et les experts réunis; on soumet ensuite le plan à l'approbation du préfet. En cas de réclamation par les parties intéressées, dans le délai d'un mois, elles sont déférées au jugement du conseil de préfecture. Les plans étant définitivement arrêtés, les deux premiers experts procèdent à l'estimation de chaque classe, en présence du tiers expert qui les départage, s'il y a désaccord. Le conseil de préfecture a le droit de statuer contrairement à l'avis des experts, d'après la règle de procédure : *Nunquam dictum expertorum in rem transit judicatam*. Après la réception des travaux de desséchement, les ingénieurs et les experts réunis procèdent à une nouvelle classification des terrains desséchés. La classification est suivie d'une estimation qui est vérifiée et arrêtée dans les mêmes formes que la première. — Le conseil de préfecture ne décide qu'en premier ressort, et l'appel est porté devant le conseil d'État[1].

En comparant les deux estimations, on connaît la plus-value résultant des travaux de desséchement, et l'on peut facilement déterminer ce qui est dû au concessionnaire. Le décret de concession fixe, en effet, d'avance la part qui doit leur revenir dans la plus-value. Pour se libérer, les propriétaires ont trois moyens à leur disposition :

1° Abandonner en payement une partie des terrains desséchés;

2° Payer en argent la partie de la plus-value à laquelle

[1] D'après le décret du 16 septembre 1807, ces contestations étaient jugées par une commission spéciale composée de sept membres. Mais cette attribution a été, pour la plupart des cas, transportée au conseil de préfecture par l'art. 26 de la loi du 21 juin 1865 sur les associations syndicales. D'après le § 2 de cet article, même dans les cas où les travaux de desséchement ne sont pas faits par des associations syndicales, libres ou autorisées, le conseil de préfecture remplace la commission spéciale.

les concessionnaires ont droit; cette libération peut même se faire d'une manière partielle, pourvu que les fractions ne descendent pas au-dessous du dixième;

3° Constituer au profit du concessionnaire une rente foncière, à raison de 4 p. 100.

Tant de facilités s'expliquent, il est vrai, par le respect dû à la propriété privée, à laquelle le législateur n'a voulu porter qu'une atteinte aussi modérée que possible; mais elles rendent également compte de l'inefficacité du décret sur le *desséchement des marais*. Comment trouver, en effet, des compagnies qui soient disposées à faire l'avance de capitaux dont la rentrée sera si lente[1]?

Dans la prévision que des entrepreneurs manqueraient peut-être à de semblables entreprises, le décret de 1807 a disposé que le desséchement pourrait être fait par l'État. L'indemnité doit alors être fixée de manière à rembourser le gouvernement des dépenses faites pour le desséchement, sans aucune part dans les bénéfices. Dans ce cas, comme dans celui de concession, la plus-value est déterminée au moyen de deux estimations, l'une antérieure et l'autre postérieure aux travaux; seulement, il y a ceci de particulier, que le tiers expert est nommé par le ministre des travaux publics, et les deux autres experts par les syndics, pour les propriétaires, et par le préfet pour l'État[2]. Le propriétaire ne paye que la plus-value, dans le cas où les dépenses dépassent la valeur des améliorations. Si, au contraire, la plus-value était supérieure aux frais, le propriétaire ne devrait que le remboursement des dépenses. L'État agit dans l'intérêt de la salubrité, et ne doit pas gagner, tandis qu'il est naturel de réserver un bénéfice aux concessionnaires qui entreprennent le desséchement à leurs risques et périls.

Mines, minières et carrières[3]. — La loi du 21 avril 1810 distingue les mines, les minières et les carrières. On

[1] Rapport au Sénat, par M. Casabianca, sur le projet de Code rural.
[2] Art. 8, dernier alinéa, du décret du 16 septembre 1807.
[3] *Lois administratives*, p. 1243-1268.

entend par *mines* des gisements en couches, amas ou filons : 1° de métaux ou de substances métalliques ; 2° de charbons, bois fossiles, bitumes, aluns et sulfates à base métallique[1]. Les *minières* comprennent les minerais de fer, dits d'alluvion, les terres pyriteuses propres à être converties en sulfate de fer, les terres alumineuses et les tourbes. Enfin, les *carrières* renferment les ardoises, les grès, pierres à bâtir et autres matières semblables. Quoique la loi du 21 avril 1810 ait procédé, dans ses définitions, par voie d'énumération scientifique, nous ne pensons pas qu'elle soit limitative dans toutes ses parties. Voici, selon nous, la distinction qu'il y a lieu de faire sur ce point. La définition des minières étant une création artificielle de la loi, nous la considérons comme exclusive, tandis que la distinction entre les mines et les carrières étant tracée par la nature des choses, l'énumération, en ce qui les concerne, est, à nos yeux, purement énonciative.

Il y a grand intérêt à distinguer les mines, les minières et les carrières à cause du régime administratif auquel elles sont soumises. Les mines ne peuvent être exploitées qu'en vertu d'une concession par décret, dans la forme des règlements d'administration publique[2]. Le chef de l'État l'accorde discrétionnairement à celui des demandeurs qui paraît lui offrir les meilleures garanties pour une bonne exploitation ; la qualité de propriétaire du sol où le gisement est situé n'est même pas une cause de préférence devant laquelle le gouvernement soit tenu de s'arrêter, si le pro-

[1] D'après les termes de l'art. 2 du décret du 21 avril 1810, on commence par compter au nombre des mines certains métaux nominativement désignés, avec cette addition : « *et toutes autres substances métalliques.* » On y ajoute ensuite le soufre, le charbon, les aluns, les bitumes, sulfates et bois fossiles.

[2] Il ne peut être statué que par un décret sur les demandes en concession de mines, soit qu'on accorde, soit qu'on refuse. Il y aurait donc *excès de pouvoir* si le ministre prononçait par arrêté le rejet d'une demande en concession. Arr. cons. d'Ét. du 24 janvier 1872. En effet l'art. 28 de la loi du 21 avril 1810 porte qu'il *sera statué définitivement par un décret sur la demande en concession.*

priétaire ne lui paraît pas être dans les conditions de fortune, d'intelligence ou d'activité favorables à l'exploitation de la mine. Seulement, lorsque la concession est accordée à un étranger, le décret de concession attribue, à titre d'indemnité, au propriétaire qu'on dépouille de la propriété du dessous une certaine part dans les produits de la mine.

Sous ce rapport, la loi du 21 avril 1810 a consacré une innovation importante; car la loi des 12-28 juillet 1791 donnait au propriétaire, qui en faisait la demande, un droit de préférence à obtenir la concession. L'administration devait même, avant de concéder à un tiers, mettre le propriétaire en demeure d'exploiter. Les propriétaires de la surface avaient un droit exclusif à profiter des mines dont l'exploitation n'allait pas au delà de 100 pieds de profondeur.

Après la concession, il y a, pour ainsi dire, deux propriétés superposées, mais complétement distinctes l'une de l'autre. Comme elles appartiennent à des propriétaires différents, elles sont aussi le gage exclusif des créanciers de chacun d'eux, et la loi dispose formellement que les deux immeubles pourront être grevés séparément d'hypothèques[1]. Quant à la propriété du dessus, on y réunit la redevance fixée à titre d'indemnité par le décret de concession, et la propriété, ainsi augmentée, demeure affectée à la sûreté des créanciers ayant hypothèque sur la surface[2].

Les formes à suivre pour obtenir la concession d'une mine sont déterminées par les art. 22 à 31 de la loi du 21 avril 1810. Le demandeur en concession doit adresser sa demande au préfet du département; la demande est inscrite sur un registre particulier et le secrétaire général en doit délivrer récépissé au demandeur qui le requiert. Elle est ensuite affichée pendant quatre mois dans les chefs-lieux du département et de l'arrondissement, ainsi que dans

[1] Art. 19 de la loi du 21 avril 1810.
[2] Art., *ibid.*

toutes les communes sur le territoire desquelles doit s'étendre le périmètre de la concession. La loi veut, en outre, qu'elle soit insérée dans les journaux du département. Cette double publication a pour but de provoquer les demandes en concurrence et les oppositions. En effet, pendant les quatre mois, les demandes en concurrence et les oppositions peuvent être notifiées à la préfecture, où elles sont inscrites sur le registre particulier dont nous venons de parler. A l'expiration du délai, le préfet, après avoir consulté l'ingénieur des mines et pris tous les renseignements, adresse le dossier au ministre de l'agriculture et du commerce en y joignant son avis. Il est statué par un décret rendu après examen par la section des travaux publics, de l'agriculture et du commerce et délibération en assemblée générale du conseil d'État. Jusqu'à l'émission du décret, les oppositions peuvent être présentées devant le conseil d'État ; mais tandis qu'elles sont notifiées à la préfecture pendant les quatre mois de l'instruction, elles doivent, devant le Conseil, être présentées par le ministère d'un avocat[1].

Une fois accordées, les concessions ne peuvent pas être retirées arbitrairement par le gouvernement ; mais il y a certains cas, prévus par la loi, où elles deviennent révocables. Ainsi, d'après la loi du 27 avril 1838 sur l'*asséchement des mines*, le concessionnaire qui ne paye pas, dans le délai de deux mois, sa part contributive dans les frais communs, est réputé faire l'abandon de sa concession, et le ministre peut en prononcer le *retrait*[2]. Les travaux d'asséchement sont entrepris dans le cas où plusieurs mines

[1] L'art. 27 dispose que les *demandes en concurrence* et les *oppositions* peuvent être notifiées à la préfecture pendant les quatre mois. Au contraire l'art. 46 ne parle que des *oppositions*, lorsqu'il s'agit des réclamations à former devant le conseil d'État. En ne parlant pas des demandes en concurrence, l'art. 46 semble indiquer, *à contrario*, qu'elles ne peuvent pas être portées devant le conseil, et qu'elles sont tardives si elles ne sont pas notifiées à la préfecture dans le cours de l'instruction.

[2] Art. 6 de la loi du 27 avril 1838.

étant sujettes à inondation, il est indispensable de procéder, avec ensemble, à leur desséchement; car, si l'eau restait sur un point, elle se répandrait sur les parties asséchées de manière à rendre inutile, les travaux exécutés sur les mines contiguës. Cette *résolution*, qui permet de procéder à l'adjudication publique de la concession résiliée, ne doit pas être confondue avec la *suspension simple* prononcée par le préfet, en vertu du pouvoir de surveillance et de police qui lui a été conféré par la loi, dans l'intérêt de la sécurité publique[1].

Le *retrait* ne pouvant être prononcé que dans les cas déterminés par la loi, il donne ouverture au recours contentieux lorsqu'il est prononcé en dehors des termes où la loi l'autorise; la suspension, en vertu du droit de police, est, au contraire, une mesure d'*administration pure*.

Quant aux *minières*, la loi du 21 avril 1810 distingue : 1° celles qui contiennent du minerai de fer d'alluvion d'avec celles qui se composent de terres pyriteuses ou alumineuses; 2° celles qui sont exploitées à *ciel ouvert* d'avec celles qui nécessitent des *galeries souterraines*.

Les minières contenant du minerai de fer pouvaient, d'après la loi de 1810, être exploitées par le propriétaire du terrain en vertu d'une simple déclaration à la préfecture[2]. Si le propriétaire n'exploitait pas la minière, les maîtres de forges avaient le droit, après l'avoir mis en demeure, de se mettre en son lieu et place, avec l'autorisation du préfet[3]. Lorsque le propriétaire n'exploitait pas en quantités suffisantes, les maîtres de forges avaient également le droit de se faire mettre en son lieu et place, pour extraire les quantités nécessaires. S'il y avait concurrence entre plusieurs maîtres de forges, la répartition entre les concurrents était faite par le préfet, sur l'avis de l'ingénieur

[1] Décret du 3 janvier 1813 et ordonnance du 23 mars 1843.
[2] Art. 59 de la loi du 21 avril 1810.
[3] Art., *ibid.*

des mines, et sauf recours au conseil d'État (art. 64 de la loi du 21 avril 1810). En ce cas, le prix des minerais extraits par d'autres que le propriétaire était réglé à dire d'experts (art. 66).

Pour les terres pyriteuses et alumineuses, l'exploitation ne pouvait être faite qu'avec la permission du préfet. La loi ne faisait d'ailleurs aucune distinction entre les propriétaires et les tiers, l'autorisation étant nécessaire aux uns et aux autres. Cependant le propriétaire avait droit à la préférence ; car l'art. 71 ne permettait de donner la permission aux tiers que dans le cas où le propriétaire ne voulait pas exploiter.

Ce qui précède ne s'appliquait qu'à l'exploitation des minières par tranchée ou à ciel ouvert ; car lorsque l'exploitation était faite par *galeries souterraines*, une concession était nécessaire, et elle s'obtenait en suivant les mêmes formes qu'en matière de mines[1].

La législation que nous venons d'analyser a été modifiée sur plusieurs points par la loi des 9-17 mai 1866. 1° Le concessionnaire d'une minière ne peut être tenu de fournir aux propriétaires d'usines des quantités suffisantes de minerai ; 2° le propriétaire peut exploiter par galeries souterraines avec l'autorisation du préfet ; 3° l'établissement des forges et usines n'est soumis à aucune autorisation préalable.

Les *tourbières* (on appelle ainsi des gisements de matières végétales à l'état de détritus qui, après avoir été convenablement séchées, servent de combustible) ne peuvent être exploitées que par le propriétaire ou de son consentement. Le propriétaire lui-même est tenu d'obtenir l'autorisation du préfet sous peine d'amende ; mais s'il ne veut pas exploiter la tourbière, l'administration n'a pas le pouvoir d'accorder la permission d'exploiter à un tiers qui n'aurait pas obtenu l'assentiment du propriétaire.

[1] Art. 68 de la loi du 21 avril 1810.

L'exploitation des *carrières* n'est soumise à aucune permission, et le propriétaire a seul le droit d'exploiter, à l'exclusion de tout autre, sauf les entrepreneurs de travaux publics qui, en vertu d'une subrogation aux droits de l'État, peuvent prendre des matériaux sur les propriétés voisines des travaux [1]. Les carrières sont seulement soumises à la surveillance de la police, et, sous ce rapport, il y a une distinction à faire. La carrière est-elle exploitée à *ciel ouvert*, la surveillance à laquelle elle est soumise est celle des autorités ordinaires, générales ou locales. Que si, au contraire, elle est exploitée par des *galeries souterraines*, la police et la surveillance s'exercent comme en matière de mines (tit. V de la loi du 21 avril 1810).

Ateliers et établissements dangereux, incommodes ou insalubres. — Le voisinage de certains établissements est tellement dangereux ou incommode que le législateur en a soumis la formation tantôt à l'autorisation préalable, tantôt à la surveillance de l'administration. On en distingue trois classes :

1° Ceux qui doivent être éloignés des habitations, parce qu'aucune précaution ne peut leur enlever leur insalubrité ou incommodité ;

2° Ceux qui peuvent être rapprochés des habitations, mais en prenant certaines mesures qui leur font perdre ou du moins atténuent sensiblement leurs inconvénients ;

3° Ceux qui peuvent être établis dans l'intérieur des villes, même sans précautions, mais qui cependant doivent être soumis à une surveillance spéciale.

Un tableau annexé au décret du 15 octobre 1810 énumérait les diverses espèces d'établissements, avec indication de la classe à laquelle ils appartiendraient. Depuis lors, plusieurs décrets ou ordonnances ont complété l'énumération (art. 10 du même décret). Si un établissement d'une nouvelle espèce, non prévu par les ordonnances, venait à être

[1] Loi du 28 pluviôse an VIII, art. 4. — Art. 81 et suiv. de la loi du 21 avril 1810.

fondé, le préfet pourrait, en vertu de ses pouvoirs généraux de police, suspendre son exploitation, si elle est dangereuse, faire un classement provisoire et en référer au ministre. Celui-ci ferait rendre un décret qui classerait cette espèce d'établissement, de telle sorte que désormais l'industriel serait obligé d'obtenir l'autorisation [1]. Le décret de classement est rendu en conseil d'État après examen en assemblée générale (Décret du 21 août 1872, art. 5, § 26). Le classement des établissements est remanié de temps en temps et, suivant les changements de l'industrie, les mêmes fabrications sont haussées ou diminuées de classe. Le dernier remaniement a été fait par le décret portant règlement d'administration publique du 31 janvier 1872 (art. 5 de l'ord. du 14 janvier 1815).

A chacune de ces classes d'établissements correspondait, avant le décret de décentralisation du 25 mars 1852, une autorité chargée de donner l'autorisation. Pour la première classe, un décret en Conseil d'État était nécessaire ; pour la seconde, le préfet était compétent, et pour la troisième, la permission était délivrée par le sous-préfet qui devait prendre préalablement l'avis du maire [2].

Le décret du 25 mars 1852 a changé cette législation, mais seulement en ce qui concerne la première classe ; il a donné compétence au préfet pour autoriser les établissements de première classe, comme il l'avait déjà fait pour ceux de deuxième. Est-ce à dire pour cela que la distinction entre les deux classes n'ait plus aucun intérêt ? Nullement ; car, si l'intérêt a disparu au point de vue de la compétence, il s'est conservé en ce qui concerne l'*instruction* de la demande. Avant 1852 la forme de procéder à l'instruction n'était pas la même pour la première que pour la deuxième

[1] Cons. d'Ét. arr. du 8 mars 1866 (Aff. *Yvosse*).

[2] Décret du 16 octobre 1810 et ordonnance du 14 janvier 1815. D'après le décret du 15 octobre 1810, l'autorisation pour la troisième classe devait être donnée par le maire. C'est l'ordonnance du 14 janvier 1815 qui a fait passer la compétence du maire au sous-préfet.

classe, et cette différence subsiste malgré l'unité de la compétence. Anisi la demande doit, pour la première classe, être affichée pendant un mois, dans les communes à cinq kilomètres de distance, condition qui n'est point exigée pour la deuxième classe. Si cette formalité n'était pas remplie, il y aurait *excès de pouvoir* et les intéressés pourraient demander l'annulation du décret d'autorisation [1]. D'un autre côté, pour les ateliers de première classe le conseil de préfecture est appelé à donner son avis, formalité qui n'est pas exigée pour les établissements de deuxième classe (art. 4 du décret du 15 octobre 1810) [2].

En donnant au préfet le pouvoir d'autoriser les établissements de première classe, le décret du 25 mars 1852 a disposé qu'il serait statué sur les oppositions, pour les établissements de première classe, dans la même forme que sur les oppositions aux établissements de deuxième. Or, l'art. 7 du décret du 15 octobre 1810, après avoir dit que la demande serait adressée au sous-préfet, qu'elle serait transmise au maire de la commune, avec charge de procéder à une enquête *de commodo et incommodo*, et que le sous-préfet donnerait son avis en forme d'arrêté, ajoute : « Le « préfet statuera, sauf recours à notre conseil d'État par « toutes les parties intéressées. — S'il y a opposition, il y « sera statué par le conseil de préfecture, sauf recours au « conseil d'État. » Conformément à l'interprétation qui a été donnée à cet article par une jurisprudence bien établie, la première partie de la disposition s'applique aux demandeurs en autorisation et la seconde aux tiers opposants. En cas de refus par le préfet, la partie qui demandait l'autorisation a le droit de se pourvoir au conseil d'État pour faire annuler l'arrêté qui interdit d'établir l'atelier. Quant aux oppositions des tiers, elles sont portées devant le conseil de préfecture, sauf appel au conseil d'État. Comme la loi

[1] Instruction ministérielle du 22 novembre 1811 et arr. Cons. d'Ét. du 9 avril 1873 (*Barbe*).

[2] Cons. d'Ét., arr. du 28 mars 1862 (Aff. *Mosnier*).

ne fait aucune distinction au point de vue du temps, on en a conclu que les oppositions pouvaient être formées soit avant, soit après l'arrêté qui accorde la permission. Il n'est donc pas nécessaire, à peine de forclusion, de former opposition dans l'enquête *de commodo et incommodo*. On comprend cependant que le conseil de préfecture mettra plus de réserve à recevoir les oppositions qui ne se produiront qu'après la permission et la création de l'établissement. Alors, en effet, l'opposition tendrait à ruiner un industriel en lui faisant perdre ses avances, tandis que les oppositions produites dans l'enquête *de commodo et incommodo* n'auront pour effet que de l'empêcher de gagner. L'opposition antérieure à la permission serait une cause de *lucrum cessans*, tandis que l'opposition postérieure serait une cause de *damnum emergens* [1].

D'après l'art. 12 du décret du 15 septembre 1810, « en « cas de graves inconvénients pour la salubrité publique, « la culture ou l'intérêt général, les fabriques ou ateliers « de première classe qui les causent pourront être supprimés en vertu d'un décret rendu en notre conseil d'État, « après avoir entendu la police locale, pris l'avis du préfet « et reçu la défense des manufacturiers ou fabricants. » Cette disposition n'a pas été modifiée par le décret de décentralisation. Si donc le préfet est compétent pour autoriser l'établissement des ateliers de première classe, leur suppression par mesure de police ne peut être ordonnée que par le chef de l'État [2].

L'autorité locale municipale pourrait cependant prescrire quelques mesures dans l'intérêt de la salubrité publique, telles que la défense de faire écouler dans un cours d'eau des eaux infectes ou des matières nuisibles, à la condition cependant que les mesures n'équivaudront pas à la suppression de l'autorisation [3].

[1] C. d'Ét., arr. des 10 mars 1854, 11 mars 1862, 5 août 1868 et 24 juin 1870.
[2] Cons. d'Ét., arr. du 14 mars 1867 (Aff. *Michaud*).
[3] C. cass., 15 mars 1861, *Hénécart*; 1er août 1862, *Renard*; et 7 février

L'autorisation accordée fait-elle obstacle aux demandes en dommages-intérêts formées par les tiers que léserait le voisinage de cet établissement ? On dit, dans un premier système, que le fabricant, une fois qu'il a obtenu l'autorisation, n'a pas à répondre des conséquences produites par l'exercice de son droit : *neminem lœdit qui jure suo utitur.* On invoque aussi l'art. 11 du décret du 15 octobre 1810, qui, en maintenant les établissements existants, réserve le droit pour les tiers de demander des dommages-intérêts devant les tribunaux. En réservant l'indemnité pour les établissements préexistants (et seulement pour ceux-là), le décret n'a-t-il pas exclu le droit à indemnité pour ceux qui seraient créés à l'avenir sous la garantie de la permission administrative ? D'ailleurs, les tiers peuvent former opposition devant le conseil de préfecture, même après la permission. Ce recours ne rend-il pas inutile l'action devant les tribunaux ordinaires ? Voici comment on peut répondre à l'argumentation que nous venons d'exposer. Le droit de chacun est limité par le droit d'autrui, et c'est en se fondant sur ce principe d'équité que la jurisprudence a toujours décidé que l'autorisation administrative est accordée *sauf la réserve des droits des tiers*. L'argument *à contrario* tiré de l'art. 11 du décret du 15 octobre 1810 est sans force, puisqu'il tend à nous éloigner du droit commun, au lieu de nous ramener à un principe général. Quant à l'opposition devant le conseil de préfecture, elle a un tout autre caractère que l'action en dommages portée devant les tribunaux ordinaires, pour préjudice à la propriété privée. Elle tend à empêcher la formation de l'établissement, tandis que l'action en dommages a pour but d'obtenir la réparation du préjudice. Il se peut que le conseil de préfecture ou n'ait pas trouvé l'insalubrité et l'incommodité assez marquée pour empêcher la création de l'atelier, ou que la pratique ait mis

1863, *Blanchard;* et arr. Cons. d'Ét. du 18 janvier 1873 (*Pujos*). Le préfet aurait seulement, si les précautions prescrites n'étaient pas remplies, d'ordonner la fermeture provisoire de l'établissement insalubre.

en relief des inconvénients qui n'avaient pas suffisamment frappé l'attention de l'administration. De même que l'autorisation ne fait pas obstacle à la suppression de l'établissement par mesure administrative (art. 12 du décret du 15 octobre 1810), il n'y a pas de raison pour qu'elle empêche la condamnation par les tribunaux.

Quand est-ce que l'atteinte à la propriété privée sera suffisante pour servir de fondement à une action en dommages-intérêts? C'est une question de fait qui doit être jugée suivant les circonstances; seulement, comme règle servant de guide dans l'appréciation des affaires, on peut dire qu'une indemnité sera due, toutes les fois que le dommage souffert par le propriétaire voisin dépassera les limites de ce qu'imposent les bonnes relations de voisinage [1].

Nous avons rangé les ateliers insalubres et incommodes parmi les choses de l'ordre administratif qui appartiennent soit aux particuliers, soit aux établissements publics. Si la plupart appartiennent à des particuliers, il en est qui appartiennent à l'État et d'autres aux communes. Ainsi les abattoirs sont des établissements insalubres communaux. D'après le décret du 1er décembre 1864, les préfets statuent sur les propositions d'établir des abattoirs [2].

CHOSES QUI APPARTIENNENT AUX PARTICULIERS.

Brevets d'invention. — La matière des brevets d'in-

[1] Jurisprudence de la Cour de cassation, arrêt du 20 février 1849. — M. Dufour (t. II, p. 695 et suiv., 2e édit.) combat la doctrine consacrée par la Cour de cassation. Il n'accorde de dommages-intérêts que pour le préjudice *direct et matériel*, tel que la perte de récolte, et cite comme favorable à son opinion un arrêt de la Cour de cassation du 27 novembre 1844. A ses yeux, l'autorisation administrative a jugé, pour toute autre espèce de dommage, la question de savoir si l'atelier est ou non conforme aux relations de bon voisinage.

[2] Les taxes d'abatage ne peuvent pas dépasser un centime et cinq millièmes par kilogramme de viande de toute espèce. S'il y a des emprunts à rembourser, la taxe peut être élevée jusqu'à deux centimes par kilogramme (art. 2 et 3 du décret du 1er décembre 1864).

vention est régie par la loi du 5 juillet 1844, qui a remplacé celle du 7 janvier 1791. — Toute nouvelle découverte ou invention, dans les divers genres d'industrie, donne à son inventeur le droit exclusif d'exploitation pendant un certain temps, à la condition de demander un brevet; le privilége appartient à quiconque fait à la préfecture de son département une déclaration dont il lui est donné acte. Cette demande est transmise par le préfet au ministère de l'agriculture et du commerce avec : 1° la description des procédés qui constituent la découverte; 2° les dessins ou échantillons propres à faciliter l'intelligence de la demande; 3° un bordereau des pièces produites. Le brevet est délivré par le ministre de l'agriculture et du commerce, *sans examen préalable*. Aussi n'est-il pas garanti par le gouvernement, et la loi exige même, sous certaines pénalités, que toute publication du brevet par affiches ou annonces soit accompagnée de la mention : *Sans garantie du Gouvernement* [1].

Le principe du non-examen préalable n'a pas cependant été admis d'une manière absolue, et la loi a déterminé deux espèces d'inventions pour lesquelles la déclaration ne doit pas être reçue : ce sont les *remèdes*, et les *combinaisons financières*. L'équité de cette exception est fort contestable en ce qui concerne les *remèdes*, et il n'y avait réellement aucune bonne raison pour enlever le stimulant de l'intérêt à ceux qui cherchent des préparations utiles à la santé publique [2]. Aussi faut-il, autant que possible, restreindre cette

[1] Art. 33 de la loi du 5 juillet 1844. La peine consiste en une amende de 50 à 1,000 fr.

[2] Si l'opération est ouvertement qualifiée de remède ou de combinaison financière, le brevet peut et même doit être refusé. Le ministre aurait également le droit de refuser le brevet s'il lui apparaissait, d'après les circonstances de l'affaire, que la découverte, quoique tout autrement qualifiée, n'est au fond cependant qu'un remède ou qu'une combinaison financière. Mais il y aurait excès de pouvoirs dans l'arrêté portant refus d'accorder le brevet toutes les fois que la découverte ne serait ni un remède, ni une combinaison financière (Cons. d'Ét., arr. du 14 avril 1864, aff. *Laville*).

disposition. Ainsi un remède pouvant être et étant ordinairement un aliment, nous pensons que si l'inventeur s'est borné, dans la description du brevet à, qualifier sa découverte de produit alimentaire, la matière deviendra brevetable. Il serait difficile de dire, sauf la règle tirée des énonciations du brevet, à quels caractères on reconnaîtra le remède non brevetable d'avec le produit alimentaire brevetable; aussi la jurisprudence n'a-t-elle pas posé de principes. On ne trouve dans les recueils que des arrêts d'espèces.

Toutes les autres découvertes sont brevetables en ce sens que la déclaration doit être reçue et le brevet délivré; seulement, la validité du privilége pourra être contestée par les parties intéressées devant les tribunaux ordinaires [1].

Pour que le brevet soit valable, il faut qu'il ait pour objet une *invention* ou une *découverte nouvelle*, et l'on considère comme telles :

1° L'invention de nouveaux produits industriels ;

2° L'invention de nouveaux moyens ;

3° L'application nouvelle de moyens connus, pour l'obtention d'un résultat ou d'un produit industriel.

Ces termes excluent d'abord toutes les inventions *négatives* et ne permettent d'accorder le privilége qu'aux découvertes *positives* consistant en un *produit*, un *résultat* ou un *moyen*. Le *produit* est l'objet matériel obtenu par l'inventeur et destiné à entrer dans le commerce, tels qu'une étoffe, une machine, un instrument. Ce *résultat* diffère du produit en ce qu'il ne donne pas un objet matériel, mais seulement un effet nouveau ou un meilleur usage dans l'emploi d'un moyen connu. Ainsi la substitution de l'air chaud à l'air froid, pour activer la combustion, est un *résultat* et non un *produit*. Sous le nom de *moyen*, on désigne tout procédé capable d'amener un résultat industriel.

[1] Art. 1er de la loi du 5 juillet 1844.

Pour que la découverte soit valablement brevetée, deux conditions sont exigées : 1° qu'elle soit nouvelle. Si elle était déjà connue, elle serait dans le domaine public, et la demande d'un brevet ne pourrait pas la faire rentrer dans la propriété privée. Mais pour que cette condition soit remplie, il n'est point nécessaire que les éléments de la découverte soient complétement nouveaux ; il suffirait que la combinaison fût nouvelle, alors même qu'elle réunirait des moyens déjà connus. La découverte ne cesserait pas d'être nouvelle si elle n'était connue que par suite des essais faits par l'inventeur ou d'une divulgation frauduleuse répandue par les ouvriers qu'il emploie. 2° La seconde condition, c'est que la découverte doit avoir un caractère industriel. La découverte d'une loi physique, fût-elle la plus féconde en conséquences, ne donnerait pas lieu à un brevet valable. Il se peut que plus tard la découverte de cette vérité scientifique soit utilisée par quelque industriel qui, avec une médiocre intelligence, s'enrichira tandis que l'homme de génie demeurera pauvre ; la loi n'a pas entendu juger le mérite et assigner un rang au savant et à l'industriel. Tout ce qu'elle a voulu faire, c'est de provoquer par un encouragement l'application de l'activité des hommes à des procédés utiles, dans l'ordre des intérêts industriels.

Tout individu peut demander un brevet de perfectionnement ; mais le législateur a trouvé qu'il était juste d'accorder au premier inventeur le délai d'un an, pour qu'il eût le temps de donner à sa découverte tous les développements qu'elle comporte. Il est à présumer que l'inventeur, tout entier à son invention, a été absorbé par le soin d'exécuter son idée et qu'il n'a pas eu le loisir de chercher les perfectionnements dont elle est susceptible. Afin de concilier, autant que possible, les droits du premier inventeur avec le mouvement de l'industrie, la loi veut que, pendant l'année qui suit la délivrance du brevet (ou au moins le dépôt des pièces) [1], les demandes pour les brevets de perfectionne-

[1] V. E. Blanc, *Contrefaçon*, p. 422.

ment soient remises sous cachet, et qu'on ne les ouvre qu'à l'expiration de l'année; une demande faite par l'inventeur, dans ce délai, serait préférée à une demande même antérieure.

L'inventeur a le droit de demander, à son choix, pour le perfectionnement, un brevet nouveau ou une addition au brevet primitif. S'il ne prend qu'une addition, le privilége pour le perfectionnement ne durera pas plus que le brevet principal. Que si, au contraire, il demande un brevet nouveau, il pourra s'assurer le monopole du perfectionnement pendant cinq, dix ou quinze ans, à son gré. N'y aura-t-il pas dès lors toujours avantage à prendre un nouveau brevet, au lieu de se borner à une simple addition? — Le certificat d'addition ne donne lieu qu'au payement d'un droit fixe de 20 fr. tandis que le nouveau brevet serait payé à raison de 100 fr. par an.

Les étrangers sont admis à demander des brevets pour des industries nouvelles découvertes et appliquées en France comme le peuvent les nationaux. Ils pourraient aussi obtenir des brevets d'importation pour les industries brevetées à l'étranger. Entre le système de la loi du 5 juillet 1844 et celui de la loi du 7 janvier 1791 il y a, sous ce rapport, une différence radicale. Celle-ci accordait le brevet à celui qui importait l'industrie étrangère, alors même qu'il n'était pas le titulaire du brevet. La loi nouvelle, au contraire, n'accorde le brevet d'importation qu'à celui qui est, à l'étranger, titulaire du brevet, et seulement pour la durée que le monopole peut avoir dans son pays. Les brevets accordés dans ce cas portent le nom générique de *brevets d'invention* et non celui de *brevets d'importation.*

Lorsque l'inventeur prend le brevet, il doit déclarer s'il entend lui assigner une durée de cinq, dix ou quinze ans. Quel peut être l'intérêt de cette déclaration puisque les droits ne sont payés que par annuité de 100 fr., que le breveté a toujours la faculté de réduire la durée en discontinuant de payer le droit? Le breveté n'aura-t-il pas toujours intérêt à fixer la durée la plus longue, sauf à laisser périmer son brevet? Il n'y a pour l'inventeur avantage à fixer un délai plus court qu'en prévision de la *cession* du brevet[1]. En effet, la première condition de la transmission consiste dans l'acquittement de toutes les annuités, et c'est d'après la déclaration primitive que leur nombre est fixé.

Les brevets d'invention peuvent être attaqués soit par voie d'action, soit par voie d'exception pour cause de *nullité* ou de *déchéance*. La nullité est concomitante de la délivrance du brevet et se fonde sur des circonstances qui, dès l'origine, ont affecté le prétendu droit de l'inventeur. Ainsi le brevet est nul si la découverte n'était pas nouvelle, si l'invention était dangereuse pour l'ordre public, si elle avait déjà été publiée à l'étranger, etc., etc. [2]. — La déchéance, au contraire, résulte d'un fait postérieur à la délivrance du brevet; par exemple, le breveté qui ne paye pas les annuités avant le commencement de chaque année[3], ou celui qui aura tardé

[1] La cession du brevet ne peut être faite que par acte notarié ; il faut, en outre, pour être valable à l'égard des tiers, qu'elle soit enregistrée au secrétariat de la préfecture du département dans lequel l'acte de cession a été fait (art. 20 de la loi du 5 juillet 1844). De la contexture de cet article il résulte que l'acte notarié est exigé pour que la cession soit valable entre les parties contractantes (*inter partes*), puisque la loi ajoute que c'est par l'enregistrement à la préfecture qu'il produit des effets « *à l'égard des tiers* ». Il faut conclure de là que la loi a créé ici un contrat solennel dans lequel les formalités extrinsèques sont exigées *ad solemnitatem non ad probationem tantum*. Il se peut que le législateur n'ait pas eu tout à fait cette pensée; mais cette conclusion résulte de la rédaction de l'art. 20 soumis aux règles d'interprétation juridique.

[2] Art. 30. Lorsque le produit ou résultat industriel est breveté à l'étranger, l'inventeur étranger est le seul qui puisse obtenir un brevet en France. Si la découverte a été publiée à l'étranger sans que l'inventeur ait pris de brevet, nul ne peut être breveté en France ; car, 1° les Français ne peuvent pas obtenir de brevet pour un produit ou un résultat connu à l'étranger (art. 31 de la loi du 5 juillet 1844) ; 2° les étrangers ne peuvent obtenir de brevet en France qu'à la condition d'être brevetés dans leur pays (art. 29 de la même loi).

[3] Art. 46 de la loi du 5 juillet 1844. Le jour du dépôt à la préfecture de la demande d'un brevet ne doit pas être compté dans le calcul de chaque année de la durée du brevet. Ainsi, lorsque le dépôt a été fait le 29 décembre, le paiement de l'annuité peut être fait utilement le 29 décembre

à exploiter son brevet plus de deux ans, depuis la signature, ou celui qui aurait introduit de l'étranger en France des produits semblables à ceux pour lesquels il a obtenu son brevet en France, peuvent être déclarés déchus à partir du moment où est survenu le fait productif de la déchéance (Loi du 31 mai 1856 qui modifie l'art. 32 de la loi du 5 juillet 1844).

Les parties intéressées ont le droit de demander la *nullité* ou la *déchéance*, par voie d'action principale, devant le tribunal civil de première instance qui déclare le brevet nul ou périmé. Ces deux moyens sont également opposables par voie d'exception, soit à une demande civile en dommages-intérêts contre le fabricant de produits similaires, soit dans une instance correctionnelle en contrefaçon ; le défendeur ou l'accusé repousseront la demande en dommages-intérêts ou l'action correctionnelle en invoquant la nullité ou la déchéance [1]. Les actions en nullité ou déchéance appartiennent aux parties intéressées ; le ministère public peut, dans tous les cas, se porter partie intervenante et, dans quelques-uns, la loi lui donne le pouvoir d'agir directement en nullité contre le breveté.

Propriété littéraire. Toute publication scientifique ou littéraire peut donner lieu à des bénéfices résultant de l'exploitation, c'est-à-dire de la vente des exemplaires. Toute composition artistique peut également être la source de profits, même de profits considérables, par suite de la reproduction ou de la représentation scénique. Le législateur a attribué aux auteurs le droit exclusif à ce bénéfice pendant un certain nombre d'années, et c'est ce droit exclusif qu'on a nommé la *propriété littéraire*. Ce mot, employé par la loi du 19 juillet

de l'année suivante. La déchéance prononcée par l'art. 32 de la loi de 1844 ne serait encourue qu'après l'expiration du 29 décembre suivant. Cour cass., ch. crim., arr. du 20 janvier 1863.

[1] Art. 37 de la loi du 5 juillet 1844. Il peut agir par action principale dans les cas prévus aux n°s 2, 4 et 5 de l'art. 30. Dans les cas prévus aux n°s 1, 3, 6 et 7, il ne peut agir qu'à titre de partie intervenante.

1793, a été l'origine d'un système qui consistait à demander la *perpétuité* du droit ou au moins le droit à une redevance perpétuelle au profit de l'auteur et de ses héritiers. La perpétuité est, en effet, un des caractères de la propriété. La loi du 14 juillet 1866 s'est bornée à prolonger jusqu'à cinquante ans la durée du droit qui n'était que de vingt ans d'après la loi de 1793. La nouvelle loi évite, avec soin, d'employer le mot *propriété* et, pour éloigner l'argument qu'on en pourrait tirer, dit : « la durée des droits accordés « par les lois antérieures aux héritiers des auteurs et com- « positeurs est portée à cinquante ans à partir du décès de « l'auteur. »

Marques de fabrique. — La marque de fabrique est, en quelque sorte, la signature du fabricant mise sur les produits. Elle est facultative et ceux qui ne trouvent pas avantage à signer leurs produits peuvent les mettre en circulation sans indication d'origine (Loi du 23 juin 1857 et règlement du 26 juillet 1858). La contrefaçon des marques, l'usage des marques contrefaites ou même l'imitation frauduleuse de la marque d'autrui sont punis de l'amende et de l'emprisonnement (art. 423 C. pénal et loi du 23 juin 1857). Pour donner de l'authenticité à leur marque, les fabricants ont le droit de faire apposer sur leurs produits un poinçon de l'État (Loi du 26 novembre 1873 et décrets du 3 août 1874).

SERVITUDES D'UTILITÉ PUBLIQUE.

Servitudes défensives. — Cette matière est aujourd'hui régie par la loi du 10 juillet 1851, qu'a complétée le décret du 10 août 1853. On distingue les *places de guerre* et les *postes*. Les places de guerre se subdivisent en trois classes, suivant les distinctions consacrées par la loi du 10 juillet 1791. Un tableau annexé au décret du 10 août 1853 partage toutes les fortifications en deux séries, dont l'une comprend les places de guerre de la première et de la deuxième catégorie; l'autre comprend tous les postes et les places de la troisième classe. Ce classement est important au point de vue de l'application des servitudes défensives; comme il est fait dans un tableau annexé à un décret, il ne peut être modifié que par un décret. Lorsqu'une place nouvelle ou un nouveau poste sont construits, le décret qui en ordonne la construction détermine en même temps la catégorie à laquelle appartiendra la fortification. Le décret de classement est accompagné d'un plan indiquant, avec le tracé de la fortification, les limites des terrains qui doivent être soumis aux servitudes. La loi veut que les décrets relatifs aux constructions nouvelles, ou aux modifications de classement, soient insérés au *Bulletin des lois* et immédiatement publiés, à la diligence du préfet, dans les communes intéressées[1].

Autour des places de guerre le rayon de défense est divisé en trois zones. La première zone est de 250 mètres; la deuxième zone s'étend à 487 mètres; et la troisième à 974. Autour des postes, la troisième zone n'a qu'une étendue de 584 mètres; mais les deux autres zones ont la même largeur qu'autour des places de guerre. La distance assujettie peut d'ailleurs être réduite par décret, auprès des villes, lorsqu'il n'en doit pas résulter d'inconvénient pour la défense de la place ni d'atteinte aux intérêts du trésor. Cette réduction a quelquefois été prononcée par la loi elle-même, et c'est ce qui a été fait notamment pour les fortifications de Paris[2].

Les servitudes qu'impose aux propriétaires le voisinage des places de guerre sont moins lourdes à mesure que les

[1] Art. 1 à 5 du décret du 10 août 1853.

[2] Art. 6 du décret du 10 août 1853 et loi du 3 avril 1841. Voir aussi l'art. 3 de la loi du 27 mars 1874 sur les nouveaux forts de Paris. Cette disposition confirme, en l'appliquant aux nouveaux forts, l'art. 6 du décret du 10 août 1853. La loi du 17 juillet 1874 sur les nouvelles fortifications de l'Est ne contient pas la même restriction. Voir cependant, en ce qui concerne la place de Belfort, un décret du 23 juin 1874.

zones s'éloignent de la ligne des fortifications. Ainsi, dans la première zone, la servitude légale emporte défense de construire et d'élever une clôture autre qu'une clôture à haie sèche ou en planches à claire-voie; les haies vives et les plantations d'arbres et d'arbustes sont spécialement interdites dans cette zone.

Dans la deuxième zone, les propriétaires ne peuvent élever que des constructions ou des clôtures en terre ou en bois sans y employer ni pierre, ni brique ni chaux autrement que pour crépissage; il leur est interdit d'élever des constructions en maçonnerie ou en pisé. Cette prohibition ne s'applique qu'aux places de la première série. Dans la deuxième zone, autour des postes et des places de la deuxième série, les propriétaires peuvent élever toutes constructions, à la charge de démolir sans indemnité.

Enfin, dans la troisième zone, il est défendu d'établir un chemin, une chaussée, une levée, un dépôt de matériaux ou de décombres dont la position et l'alignement n'auraient pas été concertés avec les officiers du génie.

Ces servitudes comportent quelques exceptions : 1° Lorsque les constructions existaient avant la fixation du rayon militaire, elles sont provisoirement conservées, et la suppression n'en est ordonnée que moyennant une indemnité. La reconstruction totale est, à ce point de vue, assimilée aux constructions neuves, et la loi considère comme reconstruction totale la réparation tendant à empêcher la chute par vétusté (art. 10 du décret du 10 août 1853). 2° Les moulins et usines peuvent être établis avec l'autorisation du génie militaire; mais ce n'est là qu'une tolérance, et la suppression ne donne pas lieu à indemnité.

Lorsqu'une place de guerre est établie, les propriétaires que grèvent les servitudes défensives sont-ils fondés à réclamer une indemnité? — Les servitudes légales d'utilité publique ne donnent lieu à indemnité qu'autant qu'un texte formel le décide; or, en matière de servitudes défensives, il n'existe aucune disposition expresse et il faut, par conséquent, s'en tenir au principe général [1].

Voisinage des cimetières. — D'après le décret du 23 prairial an XII [1] (12 juin 1804), il doit y avoir, hors de chaque ville ou bourg, à une distance de 35 à 40 mètres au moins de leur enceinte, des terrains spécialement consacrés à l'inhumation des morts. Les terrains les plus élevés et exposés au nord doivent être choisis de préférence. On les clôt de murs de 2 mètres au moins d'élévation et l'on y fait des plantations, de manière cependant à ne pas gêner la circulation de l'air. Si dans une commune il y a plusieurs cultes reconnus, chaque culte doit avoir son cimetière séparé. Dans le cas où il n'y aurait qu'un seul cimetière, on le partagera par des murs, haies ou fossés en autant de parties qu'il y a de cultes différents, et en proportionnant cet espace au nombre des habitants de chaque culte [2]. Chaque personne a du reste le droit de se faire inhumer dans sa propriété, à la seule condition d'observer la distance de 35 à 40 mètres des villes et bourgs [3].

Il est interdit de faire des inhumations dans les synago-

[1] Jousselin, *Servitudes d'utilité publique*, t. Ier, p. 63 et suiv. La majorité des auteurs, la jurisprudence administrative et la jurisprudence judiciaire reconnaissent la vérité de ce principe. Elle a même été, à plusieurs reprises, reconnue dans les chambres, notamment dans les discussions de la loi du 3 avril 1841, sur les fortifications de Paris, à la Chambre des pairs. — M. Serrigny (*Droit public*, t. II, p. 465) veut qu'on distingue entre « les *servitudes positives* qui obligent le propriétaire du fonds servant à souffrir l'exercice d'actes qui diminuent sa jouissance, et les servitudes purement *négatives* qui empêchent le propriétaire d'avoir le libre usage de son fonds. » Il accorde une indemnité pour les premières, non pour les secondes. Cette distinction n'a été admise que dans les cas où la servitude implique une *occupation matérielle* du fonds servant. Il y aurait lieu à indemnité, par exemple, pour l'établissement d'un aqueduc public à travers le fonds d'un particulier (ord. des 27 oct. 1819 et 5 sept. 1835).

[1] Art. 2 du décret et ordonnance du 6 décembre 1843, qui le rend applicable à toutes les communes.

[2] Art. 15 du décret du 23 prairial an XII.

[3] Art. 11 du même décret.

gues, églises, temples ainsi que dans l'intérieur des églises et bourgs.

Il appartient à toute famille de mettre sur les tombes des pierres tumulaires et des inscriptions funéraires ; ces inscriptions et pierres ne font pas obstacle à ce que, à l'expiration de toute période de cinq ans, on ne rouvre les fosses pour y faire de nouvelles sépultures. Mais lorsque l'étendue du cimetière le permet, l'administration peut concéder des terrains aux personnes qui désirent y posséder une sépulture et celle de leurs parents, et y construire des caveaux, monuments ou tombeaux [1].

Les lieux de sépulture, qu'ils appartiennent aux communes ou aux particuliers, sont placés sous l'autorité et la surveillance des maires qui sont chargés de veiller à l'exécution des lois [2].

Le voisinage d'un cimetière emporte prohibition d'élever aucune construction ou de creuser aucun puits à une distance de moins de 100 mètres des cimetières transférés hors des communes [3]. Les réparations aux bâtiments existants sont soumises à une autorisation préalable et les puits peuvent, après expertise contradictoire, être comblés en vertu d'un arrêté du préfet pris sur la demande de l'autorité locale [4].

[1] Art. 10 du même décret.

[2] Art. 16 du même décret.

[3] Décret du 7 mars 1808, art. 1 et 2. La question de savoir si les servitudes résultant du voisinage des cimetières donnent droit à indemnité s'est présentée devant les tribunaux, qui ont repoussé la demande d'indemnité. Voir arrêt de la Cour de Nancy, du 30 mai 1843.

[4] La ville de Paris peut-elle pour le cimetière qu'elle possède dans une autre commune, par exemple pour le cimetière qu'elle se propose d'établir à Méry-sur-Oise, réclamer, sans indemnité, la servitude *non ædificandi* qui a été établie par le décret du 7 mars 1808 ? — La question s'est déjà présentée pour le cimetière de Saint-Ouen. Le conseil municipal a pris une délibération qui rejette la réclamation des propriétaires voisins. L'affaire est encore pendante. Nous avons, dans l'affaire du cimetière de Saint-Ouen, signé une consultation où sont établis les droits des riverains contre la ville de Paris.

Il est difficile de concilier la prohibition de construire à une distance de 100 mètres avec la prescription de porter les cimetières seulement à 35 ou 40 mètres de l'enceinte des villes ou bourgs. Cette sorte de contradiction s'explique par la différence des époques auxquelles les deux dispositions ont été faites ; elle a pour effet de grever d'une servitude négative les maisons de la ville ou du bourg sur un espace de 60 ou 65 mètres, et de faire obstacle, soit aux réparations des maisons, soit au creusement des puits. Il serait facile de mettre ces deux dispositions en harmonie par un article qui ordonnerait le transfèrement des cimetières à 100 mètres de l'enceinte des villes ou bourgs.

Servitudes de voirie. Nous parlerons de ces servitudes, qui sont nombreuses, dans un chapitre spécial que nous consacrerons à la *Voirie*.

SECTION III

DES DIFFÉRENTES MANIÈRES D'ACQUÉRIR.

Les manières d'acquérir ordinaires s'appliquent aux matières administratives, sauf quelques modifications de forme, qui ont été apportées au droit commun dans l'intérêt de l'administration générale et des personnes morales. Nous avons déjà vu, en traitant de la capacité des personnes morales, quelles précautions le législateur avait prises pour prémunir les établissements publics contre les chances de lésion. Spécialement nous avons vu que les ventes et les baux concernant le domaine de l'État se font en la forme administrative, par voie d'adjudication publique, aux enchères, devant le préfet. Nous ne nous occuperons ici que des manières d'acquérir spéciales au droit administratif ; les unes sont tellement propres aux matières administratives qu'elles ne se trouvent pas dans les institutions de droit civil. De ce nombre sont : 1° l'impôt ; 2° l'expropriation pour cause d'utilité publique. D'autres, au contraire, ont leurs analogues dans le droit commun. Ainsi, d'après l'art. 711 du Code Napoléon, la propriété s'acquiert *par l'effet des obligations*. Il existe aussi, en matière administrative, des contrats et obligations *sui generis*, dont l'effet conduit l'administration ou les particuliers à l'acquisition de la propriété. Tels sont : 1° les adjudications de *travaux publics ;* 2° les *marchés de fournitures ;* 3° les constitutions de *rentes perpétuelles* ou *consolidées ;* 4° les *rentes viagères* ou *pensions de retraite* ; 5° les prescriptions et déchéances qui sont le couronnement des matières administratives comme des matières de droit commun. Reprenons ces divisions.

IMPÔTS [1].

Les contributions peuvent être comparées à la cotisation payée par les membres d'une société pour couvrir les dépenses de l'association.

Cette prime, moyennant laquelle le Gouvernement assure les personnes et les propriétés contre les risques du désordre, n'est pas volontaire, comme la prime d'assurance payée aux compagnies ; c'est une dette qui est contractée ar quiconque participe aux avantages de la vie sociale, sous un gouvernement protecteur de la paix publique. On distingue les contributions *directes* et les contribuions *indirectes*. Au point de vue de l'économie politique, lles sont directes quand elles sont payées par le contriuable qui doit en définitive les supporter ; indirectes, uand celui qui les paye en fait seulement l'avance et se embourse sur d'autres, au moyen d'une élévation du prix es denrées. Dans cette classification, la patente payée par e commerçant serait un impôt indirect, parce que, selon

[1] *Lois administratives*, p. 337-352.

l'expression de Franklin, « *le négociant met la patente dans sa facture.* » En d'autres termes, les économistes disent que l'impôt est direct ou indirect, suivant que son *incidence* a l'un ou l'autre caractère [1]. Mais, au point de vue administratif, on appelle *contributions directes* celles qui sont exigibles au moyen de rôles nominatifs et par voie de contrainte, saisie et vente, contre un contribuable déterminé ; aussi l'impôt des patentes est-il placé dans cette catégorie. On nomme indirectes celles qui sont perçues sur l'achat, la vente, la consommation, la circulation ou l'entrée de marchandises et ne sont payées qu'au fur et à mesure que les faits se produisent. Les premières ont l'avantage de pouvoir être établies proportionnellement, tandis que les secondes sont payées en vertu d'un tarif uniforme pour tous, quelle que soit la fortune des contribuables. Les impôts de consommation sont, à un autre point de vue, préférables, parce que : 1° pour les denrées qui ne sont pas de première nécessité, l'impôt est facultatif comme la consommation, et qu'on peut s'y soustraire en ne consommant pas ou en consommant moins ; 2° même lorsqu'il est assis sur des objets utiles ou nécessaires à la santé, le payement ayant lieu par fractions très-faibles est bien plus approprié aux habitudes des classes pauvres qu'un impôt payable à échéance fixe, par sommes assez fortes, et qui implique, de la part du contribuable, une prévoyance trop peu répandue.

Les impôts se divisent, d'un autre côté, en impôts de *répartition* et impôts de *quotité*. Le produit total que doivent donner les premiers est fixé d'avance, et les cotes individuelles sont déterminées au moyen de divisions et subdivisions successives entre les départements, les arrondisse-

[1] On entend par *incidence* la direction que l'impôt tend à prendre pour aller frapper celui qui, en définitive, doit le supporter, les contribuables qui en font l'avance ayant le moyen de le rejeter sur d'autres. Déterminer l'incidence de l'impôt, c'est répondre à cette question : *Sur qui doit-il tomber définitivement ?*

ments, les communes et les contribuables. Les impôts de quotité sont, au contraire, perçus en vertu de tarifs, et le revenu total qu'ils donnent varie suivant l'étendue de la consommation dans l'année. Tous les impôts indirects sont de quotité. Parmi les impôts directs, les uns sont de répartition, les autres de quotité, comme nous le verrons par les développements qui vont suivre.

On distingue quatre espèces de contributions directes : 1° l'impôt foncier ; 2° l'impôt personnel et mobilier ; 3° l'impôt des portes et fenêtres ; 4° l'impôt des patentes. Les trois premiers sont des impôts de répartition ; le dernier est un impôt de quotité.

CONTRIBUTIONS DIRECTES.

Impôt foncier [1]. — Cette matière est réglée principalement par la loi du 3 frimaire an VII, qui est demeurée la loi fondamentale. L'impôt foncier est assis sur le *revenu* des propriétés, tant bâties que non bâties. On distingue le *revenu brut*, le *revenu net* et le *revenu imposable*. Le revenu brut comprend tous les produits d'un fonds, sans aucune déduction pour les dépenses et frais de culture. Le revenu net, au contraire, se compose des produits du fonds, déduction faite des dépenses nécessitées par la production. Le revenu net se calcule par année et peut varier d'une année à l'autre. Le revenu imposable, au contraire, est une moyenne établie d'après quinze années, période sur laquelle on déduit les deux années les plus productives et les deux années qui l'ont été le moins.

L'impôt foncier grève toutes les propriétés, sans exception ni privilége, à quelque propriétaire qu'ils appartiennent. On impose même les biens domaniaux, quoique l'É-

[1] *Lois administratives*, p. 352.

tat soit à la fois créancier et débiteur. Il n'y a d'exception que pour les bois et forêts qui forment la plus grande partie des biens domaniaux (L. du 19 ventôse an IX). La loi exempte également tous les *bâtiments dont la destination a pour objet l'utilité publique*, que ces biens appartiennent à l'État, aux départements, aux communes, ou même aux particuliers, quand leurs bâtiments sont gratuitement affectés à un *service public* [1]. Quant aux biens des communes, des départements ou de l'État (sauf les bois et forêts de l'État), même servant à l'utilité générale, ils ne sont exemptés qu'autant qu'ils sont non *productifs de revenus ;* ainsi un abattoir communal serait imposable, si les bouchers n'y avaient accès que moyennant le payement de taxes d'abatage [2].

Les exemptions relatives aux bâtiments dont la destination a pour objet l'utilité publique sont *permanentes ;* il en est d'autres que la loi accorde pour un certain temps seulement, afin de favoriser l'agriculture ou l'industrie du bâtiment ; on les appelle, à raison de leur durée, *exemptions temporaires* [3]. Ainsi, d'après l'art. 226 du Code forestier modifié par la loi du 18 juin 1859, les semis et plantations de bois sur le sommet et le penchant des montagnes, sur

[1] Art. 103 et 105 de la loi du 3 frimaire an VII, et décret du 11 août 1808. Ce décret, qui n'a jamais été promulgué officiellement, a développé l'exemption portée dans l'art. 105 de la loi du 3 frimaire an VII (*Recueil des lois et instructions pour les contributions directes*, p. 74). — Le Conseil d'État ne vise jamais le décret du 11 août 1808.

[2] Arr. du C. du 12 décembre 1851. — Il en serait de même, d'après ce décret, si les taxes d'abatage avaient été remplacées par une augmentation du droit d'octroi sur les viandes de boucherie.

[3] Art. 111 à 116 de la loi du 3 frimaire an VII. L'art. 88 dispense les propriétés bâties pendant trois ans. — Art. 226 du Code forestier. — Loi du 13 juillet 1848. — Instruction du ministre des finances, en date du 29 juillet 1848. — Décret du 3 mai 1848. — Loi du 4 août 1851, art. 3. — Cette dernière loi exempte, pendant vingt ans, de la contribution foncière, les maisons construites en façade sur la rue de Rivoli, prolongée du Louvre à l'Hôtel de ville. Le décret du 3 mai 1848 avait exempté, pour sept ans, les maisons nouvelles qui seraient construites sur le prolongement de la rue de Rivoli jusqu'à la rue Saint-Antoine.

les dunes et les landes, sont exempts de tout impôt pendant trente ans. Les marais desséchés sont affranchis de toute augmentation pendant vingt ans (art. 111 de la loi du 3 frimaire an VII). D'un autre côté, plusieurs lois ont successivement accordé des exemptions aux propriétaires de maisons nouvellement bâties.

L'impôt foncier est un impôt de répartition ; la somme qu'il doit rapporter au trésor est fixée chaque année par une loi qui détermine, en même temps, le contingent à fournir par chaque département. Le conseil général est chargé de répartir entre les arrondissements le contingent du département. Comme il prononce sur les réclamations élevées par les conseils d'arrondissement, la session ordinaire de ces derniers conseils a été divisée en deux parties, dont la première se tient avant et l'autre après la réunion du conseil général. Dans la session antérieure, le conseil d'arrondissement formule ses réclamations ; la session postérieure est consacrée à répartir, entre les communes, le contingent de l'arrondissement fixé par le conseil général. Dans cette sous-répartition, le conseil d'arrondissement est également obligé de se conformer aux décisions du conseil général sur les réclamations élevées par les communes contre la répartition qui jusqu'alors les a surtaxées [1].

Dans la commune, la répartition est faite entre les contribuables par une *commission de répartiteurs*, composée de sept membres. Parmi ces sept membres, il y a cinq contribuables dont la désignation est faite par le sous-préfet. Deux au moins doivent être pris parmi les personnes domiciliées hors de la commune, s'il y a des contribuables non domiciliés. Aux répartiteurs nommés par le sous-préfet s'ajoutent deux commissaires que la loi désigne ; ce sont le maire et l'adjoint, dans les communes au-dessous de 5,000 habitants, ou des conseillers municipaux dans les autres. La répartition de l'impôt foncier entre les contribuables

[1] Art. 40, 45, 46 et 27 la loi du 10 mai 1838.

n'est du reste pas faite arbitrairement ; elle doit avoir lieu au marc le franc des évaluations cadastrales.

Cadastre [1]. — Le cadastre est l'état descriptif et estimatif des parcelles qui composent la propriété foncière en France, commune par commune, avec l'estimation du revenu imposable que produit chacune d'elles. Cette expression vient de *capitastrum*, mot latin de la décadence qui dérive lui-même de *capita*, *caput* ou tête. L'empire romain était divisé en districts financiers, et chaque district ou *civitas* se partageait en un certain nombre de sous-divisions qui formaient l'unité imposable. Cette unité imposable s'appelait *caput*, *capita*, d'où est venu le mot latin du Bas-Empire : *capitastrum* [2]. Avant 1789, il y avait, dans certaines provinces, des *cadastres* ou *péréquaires* qui servaient à la répartition des tailles ; mais, outre que ces registres étaient fort incomplets, leur institution n'était pas générale, et ils ne pouvaient pas servir sous le régime qui donna au pays une administration uniforme.

La Constituante et la Convention votèrent successivement [3] la confection d'un cadastre général ; mais les agitations révolutionnaires ne permirent pas de mener à sa fin une entreprise qui demandait plus de calme dans les esprits.

On reprit le projet sous le Consulat [4] et une commission fut chargée de donner à cette grave question une solution aussi prompte que possible. Un instant, on s'arrêta à l'idée de procéder par *grandes masses de cultures*, et de cadastrer 1,800 communes disséminées dans toute l'étendue de la France, pour déterminer par analogie le revenu des autres

[1] Lois des 21 août-16 septembre 1791 et du 21 mars 1793.

[2] C'est ce qu'ont démontré MM. Walter (de Bonn) et Baudi di Vesne (de Turin).

[3] *Lois administratives*, p. 414-423.

[4] Instruction du 22 janvier 1801 et arrêté du 20 octobre 1803. Cette instruction prescrivait la refonte générale des matrices, sans arpentage préalable. Sur les réclamations qui s'élevèrent contre ce mode de procéder, fut instituée la commission qui proposa le cadastre par grandes masses de culture.

communes [1]. Mais le projet fut abandonné bientôt après, sur la demande des préfets eux-mêmes et sur l'insistance du duc de Gaëte, ministre des finances, qui proposa l'exécution d'un *cadastre parcellaire*. En conséquence, la loi du 15 septembre 1807 prescrivit la confection de cet immense travail qui n'a été terminé qu'en 1852.

Dans la pensée des législateurs de 1807, cette évaluation générale devait servir de base aux quatre degrés de répartition; mais il a été impossible de fonder la division des contingents entre les départements, les arrondissements et les communes, sur les évaluations faites à des époques diverses et par des agents qui n'avaient pas la même commune mesure, de telle sorte que l'application du cadastre a toujours été limitée, dans la commune, à la détermination des cotes individuelles à payer par les contribuables. Dans chaque commune, les parties qui ont concouru à la confection du cadastre ont tendu constamment à atténuer le revenu imposable, et comme la proportion d'atténuation n'a pas été partout la même, le cadastre ne peut pas servir de base aux trois premiers degrés de répartition. Dans la commune, au contraire, l'erreur sur l'estimation n'a pas d'inconvénient, parce que, ayant été commise à la même époque et par les mêmes agents, elle porte sur tous les revenus proportionnellement, et ne peut pas vicier la répartition [2]. C'est par des lois successives que les évaluations cadastrales ont été

[1] Arrêt des consuls du 12 brumaire an XI, art. 22, qui ordonne l'arpentage dans chaque arrondissement de deux communes au moins et de huit au plus. « Cet arpentage devait présenter non toutes les propriétés en détail; mais directement les masses des différentes cultures. Ainsi, une terre labourable de 30 arpents, quoique partagée entre dix propriétaires, ne devait former qu'une figure ou qu'un polygone du plan. L'expertise ou évaluation du revenu devait également s'opérer par grandes masses. » (Diction. de M. Block, v° *Cadastre*.)

[2] Voir les Mémoires du duc de Gaëte, t. II, p. 256 à 324. Gaudin expose, dans ce passage, comment il entendait faire de l'impôt foncier un impôt de quotité, en prélevant annuellement, au profit du trésor public, un *tantième du revenu net* porté à la matrice cadastrale. — Voyez la loi du 31 juillet 1821, art. 19 et 20.

réduites à n'être plus que la base de la répartition individuelle. La loi du 20 mars 1813 disposa que le cadastre n'aurait de valeur que dans le département pour la répartition entre les arrondissements, les communes et les particuliers. La loi du 15 mai 1818 décida que les évaluations cadastrales seraient restreintes à l'arrondissement et serviraient de fondement à la répartition entre les communes. Enfin la loi du 31 juillet 1821 réduisit le cadastre à la répartition individuelle, entre les contribuables de la même commune.

Les opérations cadastrales sont de deux sortes : 1° celles qui, confiées à des géomètres, ont pour but d'arriver à un état descriptif exact des parcelles et à la fixation de leur contenance ; 2° celles qui ont pour objet l'estimation du revenu de chaque parcelle.

Les premières ou *opérations techniques* sont au nombre de trois :

La *délimitation ;*

La *triangulation ;*

Et l'*arpentage*.

Il faut d'abord bien établir les limites de la commune. Les bornes une fois déterminées, un agent est chargé de la triangulation. On entend par là une opération qui consiste à couvrir de triangles tout le territoire de la commune ; ces triangles sont des points de repère qui dirigent les géomètres dans la levée des plans parcellaires et servent à contrôler l'arpentage, au point de vue de la contenance. On verra par la contenance qu'a trouvée le triangulateur, si les arpenteurs ont exactement mesuré les parcelles dont les contenances additionnées doivent donner un résultat égal [1].

Lorsque la délimitation a été approuvée par le préfet et que la triangulation a été vérifiée, on procède à l'arpentage des parcelles et à la levée des plans. Après avoir terminé le

[1] Règlement du 15 mars 1827, art. 8.

plan parcellaire, le géomètre construit d'après la triangulation et en réduisant les feuilles du parcellaire à l'échelle de 1 à 10,000 mètres, un tableau d'assemblage présentant la circonscription de la commune, la division en sections, les principaux chemins, les montagnes, les rivières, la position des chefs-lieux, et les forêts de l'État et des communes [1]. Chaque parcelle porte un numéro qui est indiqué sur le plan cadastral de la commune. Le résultat des opérations géométriques donne la situation et la contenance de la parcelle.

Les opérations de la seconde espèce, ou *opérations administratives*, ont pour objet l'estimation du revenu imposable, et sont confiées à des personnes qui représentent les contribuables. Elles sont également au nombre de trois :

La *classification ;*

Le *classement ;*

Et le *tarif des évaluations.*

La *classification* a pour but de déterminer en combien de classes chaque nature de propriété sera divisée, à raison du degré de fertilité du terrain. Cette division ne doit pas dépasser le nombre de cinq classes pour les propriétés non bâties, et de dix pour les propriétés bâties. Celles-ci ne sont même divisées en classes que dans les communes très-peuplées, il n'y a pas lieu à classification des maisons, et chacune doit être estimée séparément. En quelque lieu qu'elles soient situées, les manufactures et usines reçoivent aussi une évaluation particulière.

Les classificateurs (au nombre de cinq dont, autant que possible, deux forains, c'est-à-dire non domiciliés dans la commune) sont choisis parmi les propriétaires par le conseil

[1] Règlement du 15 mars 1827, et *Recueil méthodique*. En cas de contestation sur les limites entre deux communes, le différend est vidé par le préfet si les communes sont du même département, ou par le chef de l'État si elles appartiennent à des départements différents. Ordonnance du 3 octobre 1821, art. 3.

municipal, augmenté des plus fort imposés en nombre égal à celui des membres qui le composent. Avant de procéder à la classification, il sont tenus de faire une reconnaissance générale du territoire de la commune avec l'inspecteur des contributions directes. Les règlements [1] veulent aussi que les classificateurs et inspecteurs indiquent nominativement les deux fonds qui, dans chaque classe, ont été pris pour types supérieur et inférieur, et dont ils prennent la moyenne pour déterminer la relation entre les classes, sous le rapport de la fertilité.

Le *classement* détermine la classe à laquelle chaque propriété doit être rattachée ; c'est une opération en quelque sorte concrète, tandis que la classification est la fixation abstraite d'un certain nombre de classes. Il est fait par les propriétaires classificateurs, assistés du contrôleur, qui opèrent successivement sur chaque parcelle du territoire communal. On peut se faire une idée de la différence qui sépare la classification du classement en les comparant à la disposition des ouvrages dans une bibliothèque. Les sections avec la mention, en forme d'étiquettes, de l'espèce d'ouvrages qu'elles sont destinées à recevoir (histoire, poésie, philosophie, législation, sciences, etc., etc.) représentent la *classification*, tandis que le triage des livres et leur insertion dans les cases, destinées à les recevoir, correspondent au *classement* [2].

Lorsque les parcelles ont été classées, le conseil municipal, avec les plus imposés en nombre égal à celui de ses membres, fixe le *tarif des évaluations*. Cette opération consiste à attribuer un revenu proportionnel aux diverses classes de chaque nature de propriétés. Pour bien établir la relation qui existe entre les différentes espèces de culture, la loi veut que l'assemblée municipale commence par faire l'évaluation de la première classe dans chaque nature

[1] Règlements du 10 octobre 1821, art. 20, et du 15 mars 1827, art. 66.
[2] Ord. du 3 octobre 1821, art. 4 et 5.

de propriété, et qu'elle ne passe aux classes inférieures qu'après avoir établi le rapport entre les terres labourables, les prés, les vignes et les bois par l'évaluation de la première classe. Ce revenu est calculé sur une moyenne de quinze années, déduction faite des deux meilleures et des deux plus mauvaises.

Le tarif est soumis à la Commission départementale, qui l'approuve ou le modifie (art. 87 de la loi du 10 août 1871).

Avec ces éléments, il est facile de déterminer le revenu de chaque propriété, puisqu'on sait quelle est sa contenance, à quelle classe elle appartient, et quel est le revenu par hectare de la classe à laquelle cette parcelle se rattache. Il ne reste qu'à coordonner tous ces faits, et ce soin est confié aux agents de la direction des contributions directes [1]. Le directeur dresse : 1° les *états de sections;* 2° la *matrice du rôle.*

Les *états de sections* contiennent les parcelles comprises dans la section, avec indication du nom du propriétaire, du numéro, de la situation et du revenu des propriétés. Pour connaître la totalité des biens qu'un propriétaire possède dans la commune, il faut relever, sur les états de sections, les parcelles portées sous son nom; c'est là l'objet de la *matrice du rôle*, espèce de grand-livre [2] où chaque contribuable est porté par ordre alphabétique, où toutes les parcelles sont désignées avec leur numéro, leur contenance, leur classe, leur revenu imposable, et où l'on additionne, sous le nom de contribuable, les parcelles dont il est pro-

[1] Il suffit de multiplier la contenance de la parcelle par le revenu à l'hectare de la classe à laquelle elle appartient.

[2] La matrice présente la plus grande analogie avec le grand-livre des commerçants. On sait, en effet, que les commerçants commencent par porter leurs opérations, jour par jour, sur leur *livre-journal*, et qu'ensuite, dans le *grand-livre*, ils ouvrent, par ordre alphabétique, à chacune des personnes, avec lesquelles ils ont des relations d'affaires, un article particulier qui leur permet d'embrasser d'un regard la situation de la maison avec cette personne.

priétaire dans chaque section. On peut ainsi facilement connaître la contenance des biens qu'un contribuable possède dans la commune, et celle des parcelles qu'il a dans chaque espèce de culture. Deux chiffres placés dans les deux dernières colonnes indiquent, l'un la somme du *revenu imposable* et l'autre la *contenance totale* des parcelles[1].

Le contingent de la commune étant déterminé ainsi que le revenu foncier de chaque contribuable, la répartition n'est plus qu'une simple opération d'arithmétique. Le directeur dresse, chaque année, le *rôle cadastral*, c'est-à-dire un état nominatif des contribuables de la commune, avec l'indication de la cote d'impôts incombant à chacun d'eux. C'est le préfet qui l'approuve et le rend exécutoire.

On voit par les développements précédents que le cadastre est une opération fort complexe, et qu'il ne peut être remanié qu'à des époques éloignées. La fixité du cadastre a même été considérée comme la meilleure condition où puisse se trouver la propriété foncière, soit parce qu'elle éloigne la crainte de l'arbitraire, soit parce qu'il importe au propriétaire de connaître à l'avance l'impôt qui sera exigé de lui, soit enfin parce qu'il ne faut pas décou-

[1] La matrice est certifiée par le directeur, vérifiée et arrêtée par le préfet (*Recueil méthodique*, art. 811). Nous donnons ici un spécimen qui facilitera l'intelligence des explications données au texte :

M. AMÉ (Charles-Hippolyte).

NUMÉROS.	CULTURE.	CLASSE.	CONTENANCE.	REVENU.	TOTAL de la contenance.	TOTAL du revenu.
			hect.	fr.	hect.	fr.
Section A. 167	Vigne.	3e	99,65	14,50	18,84,37	506,10
168	Terre.	2e	1,50,25	20,75		
169	Pré.	1re	2,28,72	120,10		
170	Bois.	4e	10,50,25	200,50		
Section B. 280	Terre.	1re	3,55,20	150,25		

rager les agriculteurs en frappant, dès qu'elle se produit, la plus légère amélioration dans la culture. A ce dernier point de vue, la fixité du cadastre équivaut à une exemption prolongée pour l'augmentation du revenu provenant du progrès agricole. Les contribuables ne peuvent se pourvoir contre le classement que dans les six mois qui suivent la mise en recouvrement du premier rôle cadastral [1]. Les réclamations fondées sur un défaut de contenance doiven également être formées dans le même délai de six mois, à peine de déchéance.

Mais la fixité cadastrale n'est relative qu'aux propriétés non bâties; elle est étrangère aux propriétés bâties. Pour les premières, le contribuable ne peut pas, après l'expiration des six mois, se pourvoir en surtaxe pour erreur dans le classement, fausse évaluation ou exagération de contenance; et, d'un autre côté, les répartiteurs ne peuvent pas élever le revenu imposable. Pour les secondes, au contraire, le contribuable est recevable, chaque année, à réclamer contre la surtaxe dont il se prétendrait grevé, en raison de ses propriétés bâties, et les répartiteurs ont aussi le droit d'augmenter la cote en raison des nouvelles constructions. Mais, entre le contribuable et les répartiteurs, il y a cette différence que le premier peut réclamer tous les ans, même pour erreur dans l'ancienne évaluation cadastrale, tandis que les seconds ne peuvent élever la cote qu'à raison des constructions nouvelles [2].

[1] Loi du 15 septembre 1807, art. 37 et 38, et ordonnance du 10 octobre 1810. Ces articles prévoient cependant certaines réclamations fondées sur des causes postérieures à la mise en recouvrement du premier rôle cadastral.

[2] Le conseil d'administration des contributions directes a soutenu que le contribuable n'avait le droit de se pourvoir annuellement dans les trois mois de la publication du rôle, que pour la part de cotisation relative aux constructions nouvelles, et qu'il ne peut pas plus réclamer, pour les anciennes constructions cadastrées, que s'il s'agissait de propriétés non bâties. Cette opinion a été constamment repoussée par le Conseil d'État. Voir notamment l'arrêt du 21 mai 1847. Le Conseil d'État décide également que les répar-

En présence du principe de la fixité du cadastre, que signifient les exemptions temporaires accordées par la loi du 3 frimaire an VII ? Les art. 111 à 116 en disant que, dans les cas qu'ils prévoient, l'impôt foncier ne pourra être augmenté pendant dix, vingt ou trente ans, semblent dire une chose évidente, puisque déjà la fixité cadastrale mettait obstacle à toute augmentation. Ces exemptions ont d'abord été applicables dans les communes où le cadastre a été fait lorsque le propriétaire était encore dans les délais fixés par ces dispositions ; en ce cas, l'estimation du revenu imposable serait faite d'après la valeur actuelle ; mais l'impôt ne frapperait les propriétées exemptés qu'après l'expiration de la période d'exemption. Les exemptions d'augmentation, pendant une période déterminée, seraient encore applicables si l'on venait à refaire le cadastre, soit intégralement, soit partiellement. Ainsi, le principe de la fixité conduit à exempter le contribuable des augmentations de contribution, non pas pendant dix ou vingt ans, mais jusqu'à la reconfection du cadastre [1].

C'est ici la place de quelques observations sur une question qui a fait grand bruit, et qui n'est pas encore résolue,

titeurs n'ont pas le droit, en ce qui concerne les constructions cadastrées, d'augmenter le revenu (arr. du 7 septembre 1848) et qu'ils n'ont ce droit qu'en matière de constructions nouvelles.

[1] L'art. 226 du Code forestier ne se borne pas à dire que l'impôt foncier ne pourra pas être augmenté, mais que les *semis et plantations de bois sur les montagnes ou les dunes seront exempts de tout impôt pendant trente années*. Toutes les communes étant cadastrées depuis 1852, il faut admettre de deux choses l'une : ou que l'art. 226 n'est plus susceptible de recevoir d'application qu'en cas de reconfection du cadastre, ou que la fixité cadastrale ne fait pas, dans la pensée de la loi, obstacle à ce qu'exceptionnellement la décharge soit accordée en cas de semis ou de plantation de bois. C'est à ce dernier parti qu'il faut s'arrêter, parce que c'est le seul qui assure aux plantations forestières un encouragement sérieux ; or la loi ayant accordé l'exemption d'impôt à titre d'encouragement, ce serait méconnaître sa pensée et sa volonté que de la paralyser par la fixité du cadastre. Par conséquent les semis et plantations de bois sur les montagnes ou les dunes ne seront pas, pendant trente années, comptés pour la répartition de l'impôt foncier.

la *péréquation de l'impôt.* Elle est relative à la fixation du contingent des départements, des arrondissements et des communes. On sait que le cadastre ne sert de base qu'à la répartition individuelle, et que la répartition aux trois premiers degrés a été faite d'après des actes de vente ou des baux. Mais les déplacements de richesse ont fait disparaître la proportionnalité en admettant qu'elle ait jamais été rigoureusement assurée, et il est certain qu'aujourd'hui il y a des parties surchargées, et d'autres qui sont légèrement imposées. On entend *par péréquation* une opération qui aurait pour but de rétablir l'égalité entre les départements, les arrondissements et les communes, soit en faisant disparaître les erreurs commises dans l'évaluation primitive, soit en tenant compte des déplacements de richesse qui se sont produits postérieurement à la clôture des opérations cadastrales. Cette opération a été blâmée par quelques économistes sur ce fondement que, les propriétés ayant à peu près toutes été vendues au moins une fois depuis cinquante ans, l'impôt avait été calculé dans le prix et que le réduire ce serait faire à l'acquéreur une pure libéralité [1]. Mais ce raisonnement spécieux n'est autre chose que la négation de l'impôt proportionnel et la consécration des erreurs qui ont été commises ; si on le suit, il n'y a plus d'impôt foncier établi d'après le revenu net, mais suivant une répartition de hasard. L'inégalité est cependant choquante ; car le département le plus ménagé (l'Ardèche) ne paye, en moyenne, que 3,74 p. 100 du revenu, tandis que les départements les plus atteints supportent 9,07 p. 100 (Tarn-et-Garonne). Les mêmes inégalités, quelquefois poussées à un plus haut degré, se retrouvent dans la répartition entre les arrondissements et les communes [2].

[1] Hipp. Passy, *Dictionnaire d'économie politique*, v° *Impôt*, et d'Hauterive, *Considérations sur la dette et l'impôt*, p. 22-23.

[2] *Journal des Économistes*, de mars 1859, article de M. Parieu. V. aussi le *Bulletin des contributions directes*, janvier et février 1861, deux articles de M. R. V., ancien chef de bureau au ministère des finances.

Des travaux faits en 1821 prouvèrent que la proportion entre le revenu et l'impôt foncier variait du sixième au dix-septième. Malgré l'énormité de la disproportion, le gouvernement ne procéda pas à une répartition nouvelle des contingents, mais à une réduction, par voie de dégrèvement, au profit des départements les plus imposés. C'est depuis cette époque une idée fort répandue, parmi les financiers, que la péréquation par voie de meilleure répartition aurait de graves inconvénients ; car elle équivaudrait, pour les départements faiblement imposés, à une aggravation considérable d'impôt. En conséquence, et pour éviter les inconvénients qui proviendraient du mécontentement des contribuables surtaxés, les plus prudents, parmi les hommes d'État, sont d'avis que la péréquation ne doit être faite que par voie de dégrèvement au profit des contribuables trop imposés, sans augmentation contre les contribuables moins imposés. Le dégrèvement (toutes les fois que la situation des finances permettra de procéder ainsi) aura l'avantage de satisfaire les uns sans irriter les autres, tandis que la péréquation par meilleure répartition mécontenterait plus d'un côté qu'elle ne satisferait de l'autre[1].

La question soulevée plusieurs fois n'a pas encore reçu de solution en ce qui concerne les propriétés non bâties. Mais relativement aux propriétés bâties, elle a été tranchée par la loi du 27 août 1835, d'après laquelle les *nouvelles constructions* sont cotisées, en dehors du contingent communal, de manière que l'augmentation de la matière imposable profite au trésor. Réciproquement, lorsque des propriétés bâties sont démolies, la part d'impôt foncier qui était afférente à leur revenu est déduite du contingent communal, afin que le rejet de ces portions de la taxe ne grève

[1] La loi du 31 juillet 1821 procéda par voie de dégrèvement. Cinquante-deux départements qui payaient plus du dixième du revenu obtinrent une diminution. Ceux qui payaient au-dessous du dixième du revenu n'obtinrent pas de diminution. Le montant total du dégrèvement s'éleva à 13,529,000 fr. V. Ed. Vignes, *Traité élémentaire des impôts*, p. 24 et 25.

pas les propriétés non bâties. Avant la loi, au contraire, une double injustice était commise : 1° dans les pays riches, les propriétés non bâties étaient dégrevées à mesure que les constructions nouvelles prenaient de l'extension ; 2° dans les contrées pauvres, où l'on démolissait plus qu'on ne construisait, le contingent restant le même, la taxe des maisons démolies retombait sur les propriétés non bâties. En d'autres termes, l'augmentation de la matière imposable ne profitait pas au trésor, et elle retombait sur les contribuables les moins en position de la supporter.

Taxe des biens de mainmorte[1]. — On appele biens de mainmorte ceux qui, appartenant à des personnes morales, n'acquittent aucun droit de mutation, parce que leurs propriétaires ne meurent pas et que les aliénations entre-vifs sont fort rares. Pour remplacer les droits auxquels leur amortissement les soustrait, une loi du 20 février 1849 a imposé sur les immeubles *cotisables à la contribution foncière* et appartenant à ces personnes, 62 centimes 1/2 pour 100 par addition au principal de l'impôt foncier. Le nombre des centimes a été porté à 70 par la loi du 30 mars 1872. La même loi a disposé que cette taxe serait soumise aux décimes auxquels sont assujettis les droits d'enregistrement.

Trois conditions sont exigées pour qu'il y ait lieu à percevoir cette taxe :

1° Qu'il s'agisse d'immeubles ;

2° Que ces immeubles soient cotisables à la contribution foncière ;

3° Qu'ils appartiennent à une des personnes énumérées par la loi, savoir : les départements, communes, hospices, séminaires, fabriques, congrégations religieuses, consistoires, établissements de charité, bureaux de bienfaisance, sociétés anonymes, et *tous établissements publics légalement autorisés*[2].

[1] *Lois administratives*, p. 476.

[2] Conseil d'État, arrêt du 11 janvier 1866. (Aff. *Chemin de Lyon*) Art. 1er de la loi du 20 février 1849. — Les auteurs de la loi sont partis de

L'immeuble est soumis à la taxe de main morte, même lorsqu'il n'appartient à l'établissement qu'en nue propriété. Seulement, comme les droits de mutation sur les transmissions de la nue propriété ne sont que de la moitié, les 70 centimes ne s'ajoutent, en ce cas, qu'à la moitié du principal de la contribution foncière. Quant aux biens dont les établissements n'ont que l'usufruit, il n'y a pas lieu de les imposer, parce que ces biens n'appartiennent pas aux personnes de mainmorte. C'est aussi parce que les chemins de fer n'appartiennent pas aux compagnies, mais au domaine public, qu'elles ne sont pas de ce chef passibles de la taxe de mainmorte ; elles ne la doivent que pour les immeubles qui leur appartiennent en dehors de la voie publique et des maisons servant à l'exploitation du chemin, telles que les gares et leurs dépendances [1].

cette idée que les immeubles changeaient de main tous les vingt ans et que les droits de mutation étaient, en moyenne, du vingtième du capital ou d'une fois le revenu d'une année. La taxe annuelle devait donc être fixée au vingtième du revenu de l'année. Le revenu des biens de mainmorte est de 66 millions dont le vingtième est de 3,300,000 fr. Pour obtenir cette somme, il fallait ajouter au principal de la contribution foncière 62 centimes 1/2, et c'est là l'origine de ce chiffre.

[1] Cette jurisprudence du Conseil d'État est vivement combattue par M. Serrigny, *Questions et traités*, p. 296. Suivant lui, le chemin de fer n'est dans le domaine public qu'au point de vue de la police, de l'inaliénabilité et de l'imprescriptibilité. La compagnie en devient propriétaire au point de vue des *droits utiles*. La preuve en est, ajoute-t-il, qu'une loi du 15 juillet 1840, en autorisant des prêts faits, au nom de l'État, à des compagnies concessionnaires, a déclaré que la compagnie affectait hypothécairement, à la sûreté de la dette, le chemin de fer lui-même et toutes ses dépendances. Art. 11 et 20 de la loi du 15 juillet 1840.

L'application de la loi du 20 février 1849 soulève d'autres questions : 1° la taxe est-elle due pour les immeubles que la compagnie achète avec intention de les revendre ? — Oui, car la loi ne fait aucune distinction (Cons. d'Ét., arr. des 12 décembre 1851 et 7 mai 1852).

2° La loi s'applique-t-elle aux sociétés autres que les *sociétés anonymes*, quand elles ont un caractère purement privé et ne constituent pas des *établissements publics* ? — Non ; quelle que soit leur durée, ces sociétés sont en dehors du texte de l'art. 1er de la loi du 20 février 1849 (V. Cons. d'Ét., arr. des 15 avril, 14 juin et 15 décembre 1852.)

3° Lorsque la question de propriété est contestée, le conseil de préfecture

Contribution personnelle et mobilière[1]. — L'impôt mobilier établi par la loi du 13 janvier 1791 fut créé en vue d'atteindre les revenus mobiliers ; la somme qu'on lui demanda fut fixée à 60 millions, c'est-à-dire au quart de ce que l'impôt foncier devait produire. Le contribuable avait le droit d'exiger la déduction de la part pour laquelle il justifiait avoir acquitté la contribution foncière, et, sur le reste, il payait le vingtième à titre d'impôt mobilier. Comment le revenu imposable était-il fixé? Une échelle progressive déterminait le revenu d'après le chiffre du loyer, et c'est sur le revenu auquel on arrivait par cette induction que le vingtième était prélevé. A cette taxe s'ajoutaient trois autres : l'une à raison des domestiques ; la seconde à raison des chevaux et voitures ; la troisième était fixée à trois journées de travail pour tout individu non réputé indigent. La taxe personnelle, celle qui était établie sur les domestiques, et celle qui portait sur les chevaux et voitures, étaient perçues comme impôts de quotité. Quant à la taxe mobilière, quoiqu'elle fût exigée en vertu d'un tarif, la proportion, qui était *ordinairement* du vingtième, pouvait être élevée ou diminuée de manière à produire la somme fixée pour le contingent de la commune[2]. Après plusieurs remaniements, les principes de la matière furent établis par la loi du 26 fructidor an VI, qui fixa la taxe personnelle à trois journées

doit-il surseoir jusqu'à ce que la question ait été résolue par l'autorité judiciaire? — C'est ici le cas d'appliquer la maxime que *le juge de l'action est en même temps juge de l'exception*. Il ne s'agit pas d'examiner la question de propriété entre deux parties contendantes; mais uniquement au point de vue de la perception de la taxe; la décision à intervenir n'aura l'autorité de la chose jugée qu'au point de vue de l'impôt. Comment exiger, d'ailleurs, que le percepteur ou le préfet soutiennent un procès devant les tribunaux ordinaires, uniquement pour arriver à la solution d'une question d'impôt et du payement d'une taxe qui, relativement, est assez faible? La question de compétence n'a pas encore été soulevée, du moins à ma connaissance.

[1] *Lois administratives*, p. 441-447.

[2] *Id.*, p. 428.

de travail entre 50 c. et 1 fr. 50 c., et par celle du 3 nivôse an VII portant que « ce qui resterait sur le contingent de « la commune, déduction faite de la contribution person- « nelle, serait réparti, en contribution mobilière, *au marc « le franc de la valeur du loyer d'habitation personnelle*, « de chaque habitant déjà porté à la contribution person- « nelle. » A partir de ce moment, le caractère de l'impôt mobilier disparut ; il devint désormais un impôt assis sur toutes les facultés mobilières ou foncières du contribuable ; car le loyer se paye tout aussi bien avec les ressources provenant des revenus fonciers qu'avec celles provenant des revenus mobiliers. Une loi du 26 mars 1831 sépara les deux contributions, fit de l'impôt personnel une taxe de quotité et conserva l'impôt mobilier comme impôt de répartition. Ils furent de nouveau réunis par la loi du 21 avril 1832 qui les régit encore aujourd'hui.

La contribution personnelle est une imposition fixe égale à la somme de trois journées de travail dont la valeur, par journée, est fixée entre un *minimum* de 50 c. et un *maximum* de 1 fr. 50 c. ; elle est due par tout habitant, français ou étranger, de quelque sexe qu'il soit, jouissant de ses droits, non *réputé indigent*[1]. Sont considérés comme jouissant de leurs droits, au point de vue spécial de cet impôt, les veuves et les femmes séparées de corps, les garçons et filles majeurs ou mineurs ayant des *moyens suffisants d'existence*, soit par leur fortune personnelle, soit par leur profession, lors même qu'ils habitent avec leur père, mère, tuteur ou curateur. Quant à l'indigence, le conseil municipal est juge souverain de la question, et l'exemption ne s'applique qu'à ceux qui ont été portés sur sa liste[2]. Le conseil municipal désigne ceux qu'il entend exempter entièrement tout l'impôt personnel et mobilier ou qu'il juge convenable de n'imposer qu'à la taxe personnelle. Il

[1] Loi du 21 avril 1832, art. 10, 12, 15 et 16.
[2] Art. 17 et 18 de la loi du 21 avril 1832.

n'appartient qu'au conseil municipal de porter un habitant sur la liste des indigents; ni le maire, ni le percepteur, ni les répartiteurs ne pourront, sans excéder leurs pouvoirs, porter sur la liste des contribuables que le conseil municipal n'y aurait pas mis. Aussi celui qui prétendrait avoir été omis indûment pourrait se pourvoir en remise ou modération et non en décharge ou réduction[1].

La contribution personnelle est une *capitation*, c'est-à-dire un impôt établi par tête, d'une manière égale pour tous et sans proportion avec la fortune des contribuables; d'un autre côté, c'est un impôt de *quotité*, puisqu'il est fixé d'après un tarif et que la somme de son produit n'est pas connue à l'avance. Mais elle est alliée à l'impôt mobilier qui est un impôt de répartition. Comment se combinent, dans une seule contribution, deux impôts dont l'un est de quotité et l'autre de répartition? Un exemple le fera comprendre :

Supposons que la somme à fournir, pour le contingent de la commune, soit de 40,000 fr. dont 10,000 fr. pour la contribution personnelle et mobilière. Le nombre des personnes non indigentes qui doivent la contribution est de 400, et la valeur de la journée de travail dans la commune a été fixée à 1 fr. par le conseil général. En multipliant 400, nombre des contribuables, par 3, nombre des journées, on obtient 1,200 fr. pour produit de la contribution personnelle; on les déduit du contingent de 10,000 fr. et les 8,800 fr. qui restent, après cette déduction, sont demandés à l'impôt mobilier, par voie de répartition proportionnellement à la *valeur locative*.

L'impôt mobilier est assis sur la *valeur locative;* le législateur a pensé que, d'après ce signe extérieur, on peut conclure le chiffre probable du revenu mobilier, parce qu'ordinairement on se loge d'une manière appropriée aux

[1] Commission faisant fonction de conseil d'État. Arr. du 10 décembre 1870 (*Boulzecourt*) et du 24 janvier 1872 (*ministre des finances*).

rentes dont on jouit. Il est vrai que cette relation n'est pas infaillible, et que l'habitation n'est pas le signe certain du revenu, parce que l'avarice ou la prodigalité dérangent cette proportion; mais, à moins de rechercher les fortunes à l'aide d'intolérables vexations, il fallait s'arrêter à un signe apparent et appuyer la présomption sur le fait le plus ordinaire. Ce serait donc dépasser et violer la loi que d'aller au delà du signe apparent, tel qu'il résulte de la valeur locative, et d'établir l'impôt mobilier d'après les *facultés présumées* du contribuable. Ce mode, qui a été suivi quelquefois, ne repose que sur des données purement hypothétiques, et le contribuable surtaxé pourrait se pourvoir avec la certitude du succès, contre une répartition établie d'après cette base [1].

Les locaux destinés à l'habitation personnelle doivent seuls être considérés pour l'assiette de l'impôt mobilier; il ne faut donc pas imposer les magasins, boutiques, ateliers et autres locaux servant à l'industrie. Par la même raison, il ne faudrait pas tenir compte du cabinet d'un avocat, et c'est assurément ce qu'on déciderait si ce cabinet était séparé de l'habitation personnelle, comme dans le cas où l'avocat logeant à la campagne n'aurait en ville qu'un cabinet de consultation. Si l'on a quelquefois jugé autrement, cela tient à ce que dans les cas dont il s'agissait, le cabinet faisait partie de l'appartement, et qu'il était impossible de le considérer comme ne servant pas à l'habitation personnelle [2].

Le principe de *l'annalité* est suivi en matière d'impôt

[1] La répartition d'après les facultés présumées a été constamment condamnée par la jurisprudence du Conseil d'État (V. notamment arr. du Cons. d'Ét. des 22 juillet 1848 et 8 avril 1852).

[2] Les fonctionnaires, ecclésiastiques et employés logés gratuitement dans les bâtiments de l'État ou des communes payent l'impôt mobilier d'après la valeur locative de la portion affectée à leur habitation personnelle. Les habitants qui n'occupent que des appartements garnis payent d'après la valeur locative de leur logement évalué comme logement non meublé (art. 15 et 16 de la loi du 21 avril 1832).

personnel et mobilier, ce qui signifie d'abord qu'en cas de décès, les héritiers du contribuable mort ne sont pas recevables à demander la décharge des douzièmes non encore échus. C'est en vertu de la même règle que les fonctionnaires révoqués doivent l'impôt personnel et mobilier pour toute l'année, alors même qu'ils auraient été imposés dans la commune où ils se sont retirés après leur révocation. Mais dans ce dernier cas, ils auraient le droit de demander leur décharge dans la nouvelle commune[1]. C'est le contraire qui a lieu, lorsqu'il y a double imposition, par suite de changement de domicile; le contribuable doit demeurer imposé au lieu de la nouvelle résidence et peut demander la décharge de la cote de son ancien domicile[2].

En cas de déménagement, le propriétaire est responsable des termes échus de l'impôt mobilier dû par ses locataires lorsqu'il n'a pas averti à temps le percepteur ou, en cas de déménagement furtif, s'il n'a pas fait constater le déménagement dans les trois jours qui ont suivi, par le juge de paix, le maire ou le commissaire de police.

Dans les villes où il y a un octroi, la contribution personnelle et mobilière peut être convertie en une somme payable par la caisse municipale. Cette conversion n'a lieu qu'autant qu'il y a une délibération du conseil municipal qui en fasse la demande et un décret qui l'approuve. Elle est totale ou partielle; quand elle est partielle, la portion non couverte doit être répartie au prorata des loyers d'habitation, après exemption des faibles loyers que les conseils municipaux croiront devoir exempter de la cotisation : elle peut

[1] Décisions des 22 février et 15 mars 1850. Le Conseil d'État a décidé, dans la première, que l'imposition était due pour toute l'année, même par le fonctionnaire révoqué, qui avait été imposé dans sa nouvelle résidence.

[2] Une circulaire du ministre de l'intérieur, en date du 17 septembre 1852, a décidé, pour les préfets et sous-préfets, que le fonctionnaire révoqué et son successeur devaient payer la contribution mobilière au *prorata* du temps pendant lequel ils restent en fonctions.

aussi, aux termes de la loi du 3 juillet 1846, art. 3, être faite *d'après un tarif gradué en raison de la progression ascendante de ces loyers;* c'est ce dernier système qu'on suit à Paris, où la progression s'élève de 3 p. 100 à 12 p. 100 suivant le chiffre du loyer [1].

La question de péréquation s'est présentée, en matière de contribution *personnelle et mobilière* comme en matière *d'impôt foncier sur les propriétés bâties;* car les déplacements de population que le mouvement industriel produit fréquemment chez nous, font varier les forces contributives des départements, arrondissements et communes. Pour s'en rendre compte, on eut d'abord recours à des recensements quinquennaux et, plus tard, décennaux. Mais on y renonça à cause des troubles qu'amena le recensement de 1841, et on les remplaça par un système qui conduisait à peu près au même résultat, sans causer autant d'émotion. Une loi du 4 août 1844 disposa qu'à partir du 1er janvier 1846, le contingent des communes serait diminué des cotes afférentes aux maisons détruites, et augmenté proportionnellement à la valeur locative des maisons nouvellement construites. — Cependant, ce moyen de procéder ne résout la question de la péréquation qu'au point de vue de la taxe mobilière, nullement en ce qui concerne les variations de population, ou du moins elle n'atteint ces changements que d'une manière indirecte et éloignée.

Contribution des portes et fenêtres [2]. — La contribution des portes et fenêtres a été établie par la loi du 4 frimaire an VII, à l'imitation d'une taxe analogue qui existait en Angleterre. Elle fut destinée à servir de supplément à l'impôt mobilier, et c'est à cela qu'il faut attribuer la disposition en vertu de laquelle l'impôt des portes et fenêtres n'est exigible contre le propriétaire que sauf recours

[1] Voir Serrigny, *Questions et traités*, p. 327. D'autres villes, environ au nombre de dix, telles que Lyon, Bordeaux, Marseille ont profité de cette faculté.

[2] *Lois administratives*, p. 447-452.

contre les locataires. L'impôt des portes et fenêtres fut, à l'origine, une taxe de quotité; mais la négligence que les pouvoirs locaux apportèrent à l'assiette de la taxe détermina le Gouvernement à convertir cet impôt en contribution de répartition. Cette conversion, opérée en l'an X, conserva ses effets jusqu'à la loi du 26 mars 1831, qui donna de nouveau à la contribution des portes et fenêtres le caractère d'impôt de quotité. La réforme dura peu; car la loi du 21 avril 1832 rétablit la répartition pour les portes et fenêtres, comme elle l'avait déjà fait pour la contribution personnelle mobilière [1].

Il est certain que les maisons étant recherchées par les locataires en raison directe des agréments qu'elles procurent, la taxe des portes et fenêtres est un moyen d'atteindre, d'après des signes extérieurs, la fortune présumée des contribuables; elle conduit au même but que l'impôt personnel et mobilier. Il y a entre les deux cette différence, au point de vue de l'incidence, que l'impôt personnel et mobilier est exigible contre les locataires, tandis que l'impôt des portes et fenêtres est payable par le propriétaire, sauf recours contre les locataires. La répétition n'est cependant admise que relativement aux ouvertures dont chaque locataire profite spécialement; quant aux ouvertures dont l'usage est commun à tous ceux qui habitent la maison, la taxe est définitivement supportée par le propriétaire. Aussi, quoiqu'à l'origine la contribution des portes et fenêtres ait été considérée comme un supplément à l'impôt mobilier, il est plus juste d'y voir tantôt une addition à l'impôt personnel et mobilier, tantôt une augmentation de l'impôt foncier.

Pour fixer le tarif des portes et fenêtres, le législateur a pris en considération trois éléments :

[1] La conversion de l'impôt des portes et fenêtres en taxe de quotité eut pour effet en 1831 d'augmenter le produit de l'impôt dans une proportion considérable. Des départements payèrent trois fois plus et des communes jusqu'à six fois plus que leurs anciens contingents. L'accroissement de l'impôt excita contre le nouveau système des mécontentements qui déterminèrent le retour au système de la répartition.

La *population*,
Le *nombre* des ouvertures,
Et leur *qualité*[1].

Il est évident, en effet, que la richesse prouvée par les ouvertures est d'autant plus grande que la population est plus nombreuse, la quantité des ouvertures plus étendue et leur situation plus commode. Une porte ne paye pas comme une fenêtre, et une mansarde n'est pas taxée comme une fenêtre du premier. L'étage où elles sont situées doit entrer dans les éléments qui servent à déterminer la qualité des ouvertures. Toutes ces distinctions sont raisonnables, et cependant elles sont loin d'être complètes; car leur application conduit à établir le même tarif pour tous les quartiers de la même ville, tandis que la valeur des maisons et des loyers varie de rue à rue, de place à place. Un décret spécial a, pour remédier aux inconvénients qu'offre cet état de choses, autorisé la commission municipale de la ville de Paris à établir un tarif spécial, combiné de manière à tenir

[1] Tableau des tarifs fixés par l'art. 24 de la loi du 21 avril 1835 :

POPULATION DES VILLES ET DES COMMUNES.	POUR LES MAISONS à					MAISONS à six ouvertures.		
	une ouverture.	deux ouvertures.	trois ouvertures.	quatre ouvertures.	cinq ouvertures.	Portes cochères, charretières et de magasins.	Portes ordinaires et fenêtres du rez-de-chaussée, de l'entresol et des 1er et 2e.	Fenêtres du 3e étage et des étages supérieurs.
	fr.	fr.	fr.	fr.	fr.	fr.	fr.	fr.
Au-dessous de 5,000 âmes.....	0,30	0,45	0,90	1,60	3,50	1,60	0,60	0,60
De 5,000 à 10,000............	0,40	0,60	1,35	2,20	3,25	3,50	0,75	0,75
De 10,000 à 25,000...........	0,50	0,80	1,80	2,80	4,00	7,40	0,90	0,75
De 25,000 à 50,000...........	0,60	1,00	2,70	4,00	5,50	11,20	1,20	0,75
De 50,000 à 100,000..........	0,80	1,20	3,60	4,20	7,00	15,00	1,50	0,75
Au-dessus de 100,000.........	1,00	1,50	4,50	6,40	8,50	18,50	1,80	0,75

compte à la fois de la valeur locative et du nombre des ouvertures[1].

L'inégalité consacrée par la législation actuelle a, du reste, été reconnue officiellement à plusieurs reprises, et des lois ont ordonné des mesures en vue d'amener un changement dans les bases du tarif[2].

De ce que l'impôt des portes et fenêtres est perçu d'après un tarif, faut-il conclure que c'est un impôt de quotité? Nullement. On commence par déterminer ce que donne l'application du tarif aux ouvertures de la commune, et si cette somme n'est pas égale au contingent, la différence s'obtient au moyen d'une augmentation proportionnelle. Si, au contraire, elle dépasse le contingent, les cotes sont également réduites *pro rata parte* (art. 24 de la loi du 21 avril 1832).

Trois espèces d'exemptions ont été consacrées par la loi. Elle excepte : 1° les portes et fenêtres servant à aérer les granges, bergeries, caves et autres *locaux non destinés à l'habitation des hommes;* 2° les portes et fenêtres des maisons employées à un *service public* civil, militaire ou d'instruction, ou aux hospices[3]; la loi du 4 frimaire an VII allait jusqu'à dispenser de l'impôt les portes et fenêtres des bâtiments destinés à l'habitation personnelle des fonctionnaires; mais la loi du 21 avril 1832, art. 27, a fait cesser ce privilége qui ne s'applique plus qu'aux ouvertures des portions

[1] Décret du 17 mars 1852. Pour appliquer cette disposition, la commission municipale de Paris a, le 11 août suivant, adopté une proposition qui consiste à établir deux droits : 1° un droit fixe multiplié par le nombre des ouvertures ; 2° un droit proportionnel plus ou moins élevé, suivant l'importance du revenu cadastral.

[2] Lois du 4 août 1849, art. 2, et du 7 août 1850.

[3] La première de ces trois exemptions est écrite dans la loi du 4 frimaire an VII, art. 5, qui l'avait « étendu à toutes les ouvertures du comble ou de la toiture des maisons habitées. » Mais, sur ce dernier point, la loi a été corrigée par celle du 21 avril 1832, art. 27, § 4, qui soumet à l'impôt les *mansardes* et généralement toutes les ouvertures du toit ou comble « *lorsqu'elles éclairent des appartements habitables.* » — Sur la seconde exemption il faut remarquer que les ouvertures employées aux *établissements d'instruction* ne sont dispensés qu'autant qu'il s'agit d'un *service public* (Cons. d'Ét., arr. du 15 décembre 1852).

destinées à un service public ; 3° les portes et fenêtres des *manufactures*[1] qui ne servent pas à l'habitation personnelle des propriétaires, de leurs concierges ou de leurs commis. — Indépendamment de ces causes d'exemption permanentes, plusieurs lois ont consacré des exemptions temporaires[2]. Ainsi la loi du 13 avril 1850, sur l'assainissement des logements insalubres, dispense (art. 8) de l'impôt des portes et fenêtres pour trois ans les ouvertures pratiquées pour les travaux d'assainissement.

Patentes[3]. — Les patentes sont une contribution directe *de quotité*, exigible de toutes les personnes qui exercent un négoce, une industrie, un état ou un métier; c'est un prélèvement pris par le trésor sur les bénéfices présumés de la profession qu'exerce le contribuable. On voit par là combien il est inexact de considérer l'imposition à la patente comme le signe et la preuve de la qualité de *commerçant;* cette idée est tellement fausse, que certaines professions (par exemple, celles d'avocat et de notaire) sont imposables à la patente quoiqu'elles soient, d'après les règlements, incompatibles avec le négoce.

En proclamant la liberté du travail et de l'industrie, la loi des 2-17 mars 1791 imposa seulement à quiconque voudrait exercer une profession l'obligation de se munir d'une

[1] Loi du 4 germinal an XI, art. 9. Quant à cette troisième espèce d'exemption, on se demande ce qu'il faut entendre par *manufactures*. La jurisprudence de la section du contentieux entend par là les établissements où le *travail humain* est prédominant ; le mot *usine* désigne ceux où les *moteurs mécaniques* sont la principale force employée. Cette distinction est assez conforme à l'esprit de la loi, qui a voulu, dans un intérêt d'humanité et de salubrité, dispenser les ouvertures servant à l'aération des locaux où se font de grandes agglomérations d'ouvriers. En imposant les *manufacturiers* à raison de ces ouvertures, elle aurait craint de les pousser à une économie meurtrière (arrêts du 24 mars 1849, du 29 juin 1850, et décret du 11 janvier 1858). La différence entre les usines et les manufactures sera faite par le conseil de préfecture et le Conseil d'État suivant les caractères de chaque établissement.

[2] Décret du 3 mai 1848, art. 6 ; lois des 13 juillet 1848 et 4 août 1851.

[3] *Lois administratives*, p. 465.

patente [1]. La patente n'étant refusée à personne, cette obligation n'était autre chose qu'un impôt. Cet impôt fut assis proportionnellement à la valeur locative des locaux occupés par les patentables. Le 21 mars 1793 la patente fut supprimée par le motif que cette contribution faisait double emploi avec l'impôt mobilier. Elle ne tarda pas à être rétablie pour certaines professions, par la loi du 4 thermidor an III et plus tard, d'une manière générale, par celle du 6 fructidor an IV qui combina le système des *droits fixes* avec celui des *droits proportionnels*. Elle reçut, à plusieurs reprises, des modifications qui furent réunies dans la loi du 1er brumaire an VII [2]. Cette dernière loi a, pendant longtemps, été la loi fondamentale de la matière; elle a été remplacée par la loi du 25 avril 1844 qui est toujours en vigueur, au moins pour la plus grande partie de ses dispositions; elle a été successivement modifiée, sur quelques points, par les lois des 18 mai 1850, 10 juin 1853, 4 juin 1858, 26 juillet 1860, 29 mars et 16 juillet 1872.

Afin de suivre, autant que possible, les bénéfices des contribuables et de proportionner l'impôt avec l'importance de ces revenus, la loi a établi deux espèces de droits :

1° Le *droit fixe ;*

2° Le *droit proportionnel.*

Le premier de ces droits est déterminé d'après la nature des opérations et le chiffre de la population ; la même profession, en effet, est plus ou moins lucrative suivant l'importance des villes où le patentable réside. Cette proposition n'est cependant pas vraie dans tous les cas, et il y a des industries qui ne peuvent prospérer qu'à la campagne, soit parce que leur établissement dans les villes présenterait des dangers, soit parce que les matières premières et surtout les salaires des ouvriers coûtent plus cher dans les grands centres; de ce nombre sont les forges et hauts fourneaux, et c'est pour cela que le législateur les a tarifés,

[1] *Lois administratives*, p. 452.
[2] *Id.*, p. 457.

avec quelques autres industries analogues, sans tenir compte de la population.

Le législateur a établi, pour le droit fixe des patentes, trois espèces de tarifs : 1° un *tarif général* qui comprend le plus grand nombre des professions, divisées en huit classes suivant leur importance. Le droit varie d'après la population sur une échelle de huit degrés, entre un minimum de 2 fr. et un maximum de 300 fr. (Tableau A, annexé à la loi de 1844) ; 2° un *tarif exceptionnel* applicable à quelques professions, telles que celles du banquier, agent de change. Le droit fixe varie, *pour chacune de ces professions*, en raison de la population, sur une échelle dont les degrés sont plus ou moins nombreux selon la profession dont il s'agit (Tableau B, annexé à la loi de 1844) ; 3° un *tarif spécial* aux fabriques, manufactures et établissements industriels (Tableau C, annexé à la loi de 1844). Ce tarif est établi, sans égard à la population ; on tient seulement compte du nombre des ouvriers, métiers, fours et autres moyens de production. Les ouvriers au-dessous de seize ans et au-dessus de soixante-cinq ne comptent que pour la moitié de leur nombre [1].

Lorsque la même personne cumule plusieurs professions, il est de principe qu'elle ne doit que le droit fixe le plus élevé. Si l'on n'a pas exigé autant de droits que le patentable fait d'espèces de profits, cela tient à ce que, pour atteindre les propriétaires des grands bazars où sont réunies plusieurs espèces de marchandises, on aurait écrasé du même coup les petits commerçants qui, dans les villages, sont obligés, pour vivre, de cumuler plusieurs professions. Ce principe a cependant reçu un tempérament d'après lequel les patentables qui exercent plusieurs professions dans des *établissements séparés* sont tenus de payer un droit fixe

[1] Loi du 4 juin 1858. — Les lois antérieures à 1872 fixaient un maximum que la patente ne devait pas dépasser, quels que fussent le nombre des ouvriers et la puissance des moyens mécaniques. Ce maximum a été supprimé par la loi du 29 mars 1872, art. 2.

entier, en raison du commerce, de l'industrie ou de la profession exercée dans chacun de ces établissements, boutiques, ou magasins. — Les droits fixes sont imposables dans les communes où sont situés les établissements, boutiques ou magasins qui y donnent lieu (Loi du 29 mars 1872, art. 1er).

Le droit fixe pèse uniformément sur tous les patentables qui appartiennent à la même industrie ou profession ; il est donc sans proportion avec l'importance des affaires ; la mesure est rétablie par le *droit proportionnel*, qui est assis sur la valeur locative des locaux destinés à l'exercice de la profession et même de l'habitation personnelle ; car, il est naturel de présumer que la richesse des magasins et appartements est le signe des bénéfices que fait le patentable.

Ce n'est, il est vrai, qu'une présomption, et souvent les faits se chargent de la démentir ; mais il vaut mieux s'exposer à quelques erreurs en suivant une présomption, fondée sur les signes apparents de la fortune, que d'arriver à un résultat plus exact en employant des recherches inquisitoriales. Le droit fixe n'est, en principe, dû qu'une fois ; quant au droit proportionnel, il est exigible en raison de tous les locaux servant à l'exercice de la profession, en quelques lieux qu'ils soient situés. En ce qui concerne l'habitation du patentable, on calcule le droit proportionnel seulement sur la maison où il fait sa résidence principale et habituelle. Si le même local sert à l'exercice de plusieurs professions, le patentable est imposé au droit proportionnel qui correspond à l'industrie pour laquelle il paye le droit le plus élevé. Il existe des professions pour lesquelles il n'est pas dû de droit proportionnel, et telles sont celles qui forment les septième et huitième classes du tableau A, dans les villes au-dessous de 20,000 âmes. Enfin, il y a des patentables, comme les avocats, les médecins, etc., etc., qui sont imposés au quinzième de la valeur locative des locaux destinés à l'exercice de leur profession ; mais cette élévation du droit proportionnel est la compensation du droit fixe que ces contribuables n'ont pas à payer [1] (Tableau D et G).

L'assiette du droit de patente, en cas de société, a donné lieu à plusieurs dispositions exceptionnelles, suivant les diverses espèces d'association. Dans les sociétés en *nom collectif*, l'associé principal paye le droit fixe en entier. Quant aux associés secondaires, la loi de finances des 26-27 juillet 1860, art. 19, dispose que le droit fixe sera divisé en autant de parts que d'associés et que chacun supportera une de ces parts. S'il y a deux associés, la société supportera un droit et demi ; s'il y en a trois, un droit et deux tiers ; s'il y en a quatre, un droit et trois quarts. Dans celles de dix personnes, la patente sera de un droit et neuf dixièmes. Il résulte de là que plus il y aura de membres, moins forte sera la part due par chaque membre, mais plus s'élèvera aussi la somme totale due par la société. Par suite d'une disposition bienveillante, les associés secondaires ne payent qu'un vingtième du droit fixe, dans les sociétés ouvrières. Dans les sociétés en *commandite* ou *anonymes*, les commanditaires ne sont pas imposables à la patente ; car, en réalité, ils ne sont pas associés et ne représentent que des capitaux. Le gérant de la société anonyme paye seul un droit qui est supporté par la société elle-même ; quant aux associés solidaires de la société en commandite, ils sont tenus, comme s'ils étaient associés en nom collectif.

Dans ces divers cas, le droit proportionnel est assis sur les locaux employés par la société et le logement de l'associé principal ; on ne fait pas entrer en ligne de compte les appartements occupés par les associés secondaires à moins que ces appartements ne soient employés à l'exercice de l'industrie sociale.

En principe, toutes les professions donnent lieu au droit de patente, et cette règle est tellement étendue, que les métiers ou industries non énumérés dans la loi, doivent être

[1] Loi du 18 mai 1850, Tableau G annexé à cette loi.

imposés au droit de la profession dont elles se rapprochent le plus, en vertu d'un *arrêté de classement* rendu par le préfet. Quelque absolue qu'elle soit, cette disposition a cependant reçu plusieurs restrictions. Sont exempts :

1° Les fonctionnaires et employés salariés, soit par l'État, soit par les administrations départementales ou communales, en ce qui concerne seulement l'exercice de leurs professions [1]. La raison de cette exemption est que la patente appliquée aux fonctions équivaudrait à une diminution de traitement, et qu'il serait plus économique de procéder par voie de réduction sur les salaires, puisqu'on éviterait ainsi les frais de perception ;

2° Certaines *professions libérales*. Cette catégorie comprenait autrefois des états qui ont été soumis à la patente par la loi du 18 mai 1850 : ce sont les avocats, les médecins, les vétérinaires, les architectes, les maîtres de pension, les officiers ministériels. Mais cette loi n'a pas fait disparaître toutes les causes d'exemption de ce chef, et il y a des professions libérales qui, à ce titre, sont encore dispensées : tels sont les professeurs libres de belles-lettres, sciences et arts d'agrément, les instituteurs primaires, les éditeurs de feuilles périodiques et les artistes dramatiques [2] ;

3° Les laboureurs et cultivateurs seulement pour la vente

[1] Un facteur de ventes à la criée, lorsqu'il est rémunéré au moyen de droits payés par les acheteurs, n'est pas un employé municipal et doit payer patente. Cons. d'Ét., arr. du 9 janvier 1874 (*Jahan*).

[2] L'impôt des patentes, qu'on a critiqué comme frappant la richesse en voie de formation, peut se défendre par cette raison qu'il est assis sur un capital industriel *actuel et transmissible* par cession ou autrement (Dupuynode, *Du crédit, de la monnaie et de l'impôt*, t. II, p. 219, et David (du Gers), *Journal des économistes*, 15 mai 1850). On comprend, dès lors, qu'on ait exempté les professions libérales qui consistent uniquement dans l'exercice d'un talent personnel intransmissible, et ne supposent pas un *capital industriel*. Mais alors quelle raison plausible y a-t-il pour imposer les avocats, les médecins et les officiers de santé ? Ont-ils un capital industriel, et ne sont-ils pas restreints, comme les professeurs de belles-lettres, sciences et arts, aux produits de leur talent ? Nous n'apercevons pas la cause de cette différence.

et la manipulation des récoltes et fruits provenant des terrains qui leur appartiennent ou par eux exploités, et pour le bétail qu'ils y élèvent, qu'ils y entretiennent ou qu'ils y engraissent. Les concessionnaires de mines pour le seul fait de l'extraction et de la vente des matières par eux extraites ; — les propriétaires ou fermiers des marais salants ; — les propriétaires ou locataires louant acidentellement une partie de leurs habitations personnelles ; — les pêcheurs, même lorsque la barque qu'ils montent leur appartient [1]. Quant à la manipulation des produits agricoles, l'exemption est absolue ; elle s'appliquerait alors même qu'elle aurait lieu au moyen d'agents chimiques, de machines ou d'ustensiles autres que ceux qui servent aux travaux habituels de l'agriculture (Loi du 27 juillet 1870).

4° D'autres exemptions fondées sur l'exiguïté des bénéfices que produisent certaines industries sont écrites dans l'art. 13, n° 6, de la loi du 25 avril 1844 ; nous citerons, parmi ceux que la loi dispense, les commis et toutes les personnes travaillant à gages, à façon ou à la journée dans les magasins et ateliers des personnes de leur profession.

La même exemption peut être réclamée par les ouvriers travaillant chez eux, avec des matières leur appartenant, sans compagnon ni apprenti, alors même qu'ils auraient une enseigne (Loi du 4 juin 1858, art. 11 et loi du 2 juillet 1862, art. 3). La femme travaillant pour son mari et les enfants non mariés travaillant pour leur père ne sont pas considérés comme des apprentis ou compagnons, et ne font pas obstacle à ce que l'ouvrier jouisse de l'exemption. L'exemption profite aussi à l'ouvrier travaillant avec un apprenti de moins de seize ans (Loi du 22 août 1868, art. 3).

L'impôt des patentes est dû pour toute l'année par les patentables qui exerçaient la profession sujette le 1er janvier de l'année, alors même que le contribuable cesserait l'exercice de sa profession ; c'est ce qu'on appelle le principe de

[1] Loi du 25 avril 1844, art. 13, n° 4.

l'*annalité de la contribution*. Cette règle établie au profit du Trésor ne peut pas lui être opposée par les patentables. Aussi ceux qui s'établissent dans le cours de l'année peuvent-ils être repris par un rôle supplémentaire, et obligés de payer les douzièmes à échoir. D'un autre côté, le patenté qui entreprend une profession soumise à un droit plus élevé ou qui transporte son industrie dans une commune dont la population est plus considérable, doit payer au prorata un supplément du droit fixe. Un supplément au droit proportionnel est également dû toutes les fois que l'industrie ou la profession est transportée dans des locaux plus étendus. Enfin ceux qui avaient été omis dans les rôles primitifs peuvent être, par des rôles supplémentaires, poursuivis en payement des droits de patente à partir du 1er janvier, s'ils exerçaient à cette époque la profession sujette à la taxe (art. 13 de la loi du 4 juin 1858).

Des exceptions ont cependant été faites, et il est certains cas de force majeure où la cessation de l'industrie ou métier emporte libération du droit de patente pour l'avenir ; c'est ce qui arrive lorsque les magasins sont fermés pour cause de *faillite déclarée* ou de *décès*. Il ne suffit pas qu'il y ait décès ou faillite, et la loi veut, en outre, que la cessation effective de la profession ait suivi.

En cas de cession, la patente est transférée sur la tête du cessionnaire et payable proportionnellement au temps pendant lequel le cédant et le cessionnaire sont restés à la tête des affaires[1]. Mais comme le successeur n'est imposa-

[1] Le cabaretier qui cesse son commerce parce qu'il est suspendu peut-il réclamer la décharge des douzièmes à échoir ? Il y a assurément dans ce cas force majeure; mais comme il est de principe que l'impôt est annuel et qu'aucune exception n'a été faite pour la suspension par mesure de police, le Conseil d'État décide que l'impôt est dû pour toute l'année. Il en serait de même de l'avocat qui, au milieu de l'année, viendrait à être rayé du tableau par mesure disciplinaire. En supposant même que le cabaretier ou l'avocat fussent victimes d'une décision injuste, ils n'en devraient pas moins la patente pour toute l'année; l'administration des finances n'est pas compétente pour reviser les décisions disciplinaires (Cons. d'Ét., arr. dés 11 janvier 1853 et 7 avril 1866).

ble au droit proportionnel que d'après la valeur locative des appartements ou magasins qu'il occupe, il en résulte que si le cédant avait des locaux plus considérables et plus chers, il ne serait pour l'année libéré à l'égard du Trésor que jusqu'à concurrence du droit payable par le cessionnaire ; c'est là une conséquence du principe de l'annalité de l'impôt des patentes.

La patente n'étant pas un impôt de répartition, le recensement des contribuables est fait par les agents des contributions directes, sans le concours des commissaires répartiteurs. Le maire a cependant le droit d'assister aux opérations, et, en cas de réclamation et de désaccord avec les contrôleurs, le préfet est chargé de prononcer après avoir pris l'avis du directeur des contributions. En cas de désaccord entre le directeur et le préfet, c'est le ministre des finances qui prononce (Loi du 18 mai 1850, art. 21).

Impôt sur le revenu des valeurs mobilières. — La loi du 29 juin 1872 a établi une taxe de 3 p. 100 par an : 1° sur les intérêts, dividendes, revenus et tous autres produits des actions de toute nature, des sociétés, compagnies ou entreprises quelconques, financières, industrielles, commerciales ou civiles ; 2° sur les arrérages et intérêts annuels des emprunts et obligations des départements, communes et établissements publics, ainsi que des compagnies et entreprises ci-dessus désignées ; 3° sur les intérêts, produits et bénéfices annuels des parts d'intérêts et commandites dans les sociétés, compagnies et entreprises dont le capital n'est pas divisé en actions (art. 1er et 3). On avait proposé d'ajouter à cette énumération les rentes sur l'État ; mais cette proposition a été écartée comme contraire à la foi des contrats. L'État puissance publique ne pourrait pas, sans méconnaître les engagements de l'État emprunteur, supprimer l'exemption d'impôts qui a été consentie au profit des porteurs de rente.

Pour l'assiette de la taxe de 3 p. 100, le revenu imposable est déterminé : 1° pour les actions, par le dividende fixé d'après les délibérations des assemblées générales d'actionnaires ou des conseils d'administration, les comptes rendus ou autres documents analogues ; 2° pour les obligations ou emprunts, par l'intérêt ou le revenu distribué dans l'année ; 3° pour les parts d'intérêt et commandites, soit par les délibérations des conseils d'administration désintéressés, soit à défaut de délibérations, par l'évaluation à raison de 5 p. 100 du montant du capital social ou de la commandite, ou du prix moyen des cessions de parts d'intérêts consenties pendant l'année précédente (art. 2).

Les titres étrangers sont soumis à cette taxe comme les valeurs françaises (art. 4).

Impôt sur les voitures[1]. — La loi de finances du 2 juillet 1862 avait établi sur les voitures attelées et sur les chevaux affectés au service personnel du propriétaire ou au service de sa famille, une taxe directe d'après un tarif qui s'élevait avec la population de la commune et se composait de trois parties : l'une pour les voitures à quatre roues ; l'autre pour les voitures à deux roues, et la troisième pour les chevaux de selle et d'attelage [2].

Étaient dispensés : 1° les voitures et les chevaux employés en partie au service de la famille et en partie au service de l'agriculture ou d'une profession sujette à patente ; 2° les chevaux et voitures possédés en conformité des règlements du service militaire ou administratif et par les ministres des différents cultes ; 3° les juments et étalons exclusivement consacrés à la reproduction ; 4° les chevaux et voitures exclusivement employés aux travaux de l'agri-

[1] *Lois administratives*, p. 477-480.

[2] Art. 5 de la loi du 2 juillet 1862.

	Voitures à 4 roues.	Voitures à 2 roues.	Chevaux de selle ou d'attelage.
aris..............................	60 fr.	40 fr.	25 fr.
ommunes, autres que Paris, ayant 40,000 habitants................	50	25	20
ommunes de 20,001 à 40,000.......	40	20	15
ommunes de 3,001 à 20,000......	25	10	10
ommunes de 3,000 et au-dessous..	10	5	5

culture ou d'une profession quelconque donnant lieu à l'application de la patente (art. 6 et 7 de la loi du 2 juillet 1862).

Si le contribuable avait plusieurs résidences, il était, pour les chevaux et voitures qui le suivaient habituellement, imposé dans la commune où il était soumis à la contribution personnelle ; mais la contribution était établie suivant la taxe de la commune dont la population était la plus élevée. Pour les chevaux et voitures attachés à l'une de ces résidences, le contribuable était imposé dans la commune de cette résidence, et suivant la taxe afférente à la population de cette commune[1].

Le produit de l'impôt des voitures ne tombait pas tout entier dans la caisse du trésor. Le dixième était attribué à la commune, et les neuf dixièmes profitaient à l'État[2]. Ce dixième tombait dans la caisse de la commune dans laquelle le contribuable payait la contribution personnelle, conformément à l'art. 13 de la loi du 21 avril 1832[3].

L'impôt des chevaux et voitures a disparu du budget à partir de 1866, la loi de finances du 8 juillet 1865 n'ayant plus autorisé sa perception. Il avait été combattu à deux points de vue : 1° comme taxe somptuaire ; 2° comme contribution improductive à cause des nombreuses exemptions qui tarissaient la source à peine ouverte.

Il a été rétabli par la loi du 16 septembre 1871 et remanié pour la loi du 23 juillet suivant. La taxe s'applique : 1° aux voitures suspendues destinées au transport des personnes ; 2° aux chevaux servant à atteler les voitures imposables ; 3° aux chevaux de selle. Le droit est réduit à moitié lorsque les chevaux ou voitures sont employés exclusivement au service de l'agriculture ou à l'exercice d'une profession soumis à patente. Cette réduction ne pourrait cependant pas êt réclamée par les patentables qui sont énumérés dans le tableau G, c'est-à-dire par les avocats, avoués, médecins, etc

[1] Art. 10 de la même loi.
[2] Art. 8 de la même loi.
[3] Art. 10 de la même loi.

Ne sont pas soumis à la taxe les chevaux employés au service des voitures publiques, ceux qui sont en la possession de marchands de chevaux, ni enfin les chevaux que leurs propriétaires possèdent conformément à des règlements militaires.

Taxe sur les billards et les cercles. — La loi du 16 septembre 1871 a soumis les billards publics et privés à la taxe suivante : Paris... 60 fr. — Ville au-dessus de 50,000 habitants, 30 fr... au-dessous de 50,000 habitants jusqu'à 10,000 habitants.. 15 fr. Au-dessous de 10,000 habitants... 5 fr. — La même loi (art. 9, § 2) soumet les abonnés des cercles au paiement d'une taxe de 20 p. 100 de leurs cotisations. Cette mesure n'est pas applicable aux sociétés de bienfaisance ou de secours mutuels ni aux sociétés exclusivement littéraires, scientifiques, agricoles, musicales dont les réunions ne sont pas quotidiennes.

Réclamations en matière de contributions directes ; — fonds de secours et non-valeurs. — On distingue les demandes en *décharge* ou *réduction*, et les demandes en *remise* ou *modération*. Les premières sont fondées sur la violation d'un droit, et les secondes tendent à l'obtention d'un secours ou d'une faveur. Un contribuable prétend-il qu'il a été imposé indûment, soit parce qu'il n'est pas propriétaire du fonds sur lequel le droit est assis, soit parce qu'on lui a attribué une profession qu'il n'exerce pas, il agit par voie de demande en décharge. Soutient-il que la valeur locative de son appartement a été exagérée par rapport aux locations voisines, il demande une réduction et un rappel à l'égalité proportionnelle ; ainsi, entre la *décharge* et la *réduction* il y a la différence du tout à la partie. Ces deux espèces de réclamations sont portées devant le conseil de préfecture, et, en appel, au Conseil d'État ; elles doivent être formées dans le délai de trois mois à partir de la *publication des rôles*, dans la commune. Lorsque la décharge est fondée, comme en matière de patentes, sur la fermeture des magasins pour cause de faillite ou de décès, le délai ne court qu'à partir de l'événement qui donne lieu à la libération des douzièmes à échoir.

Les demandes en *remise* ou *modération* sont formées par ceux qui ayant, à la suite d'un sinistre, perdu leur récolte, font un appel à l'administration pour obtenir le dégrèvement total ou partiel de l'impôt ; c'est le préfet qui est compétent pour statuer en cette matière, et les décisions qu'il rend sont des actes de pure administration.

Puisque le produit des contributions directes de répartition est connu d'avance et qu'elles doivent produire une somme déterminée, comment peut-on concilier ce caractère avec les demandes en décharge, réduction, remise ou modération ? — Pour l'impôt foncier et l'impôt personnel-mobilier, comme ils sont des contributions de répartition, les cotes dont les contribuables obtiennent la décharge ou la réduction sont, l'année suivante, réimposées par voie de répartition entre les autres imposables. En effet, si un contribuable a été trop imposé, cela prouve que les autres l'ont été trop peu. On aurait pu procéder de la même manière en ce qui touche l'impôt des portes et fenêtres, puisqu'il est assis par répartition ; mais comme il fut à l'origine une taxe de quotité, on ne put pas l'assimiler, sous le rapport qui nous occupe, aux deux autres impôts, et cette différence a subsisté après qu'il a été transformé en impôt de répartition. Les cotes dont la décharge ou la réduction sont prononcées s'imputent donc sur les *fonds de non-valeurs* pour l'impôt des portes et fenêtres.

Les *fonds de non-valeurs* s'obtiennent au moyen de centimes additionnels aux quatre contributions directes, en raison de 1 centime pour l'impôt foncier et l'impôt personnel-mobilier, de 3 centimes pour les portes et fenêtres, et de 5 centimes pour les patentes. D'après l'art. 13 de la loi du 2 juillet 1862, on doit ajouter au principal de l'impôt sur les voitures, 5 centimes additionnels pour couvrir les décharges, réductions, remises, modérations et frais de recouvrement. Pour les portes et fenêtres et pour les patentes, les cotes dont la décharge ou la réduction est prononcée par le conseil de préfecture sont imputables sur les fonds de non-valeurs, ainsi que les remises et modérations, et c'est à cause de la réunion de ces deux espèces de réclamations que le législateur a augmenté le nombre des centimes additionnels destinés à former les fonds de non-valeurs. Pour la contribution foncière et la contribution personnelle-mobilière, on n'impute sur les fonds de non-valeurs que les remises ou modérations et les cotes irrécouvrables ; aussi n'ajoute-t-on, pour les former, qu'un centime au principal des deux contributions.

Il ne faut pas confondre le fonds de non-valeurs avec le *fonds de secours*, qui est également formé par l'addition d'un centime au principal de l'impôt foncier et de l'impôt personnel-mobilier (loi du 1er mai 1822). Cette institution est tout à fait étrangère aux portes et fenêtres et aux patentes. Ce n'est pas la seule différence qui existe entre ces deux espèces de fonds ; ainsi : 1° dans la distribution du fonds de secours, on tient compte non-seulement des pertes éprouvées, mais encore de la fortune du réclamant, tandis que pour la répartition du fonds de non-valeurs l'administration ne considère que le préjudice souffert. 2° De même, celui qui a obtenu d'une compagnie d'assurance l'indemnité de ses pertes n'a pas droit au fonds de secours ; il est, au contraire, compris dans la répartition du fonds de non-valeurs. 3° La distribution des secours est dans les attributions du ministre de l'agriculture, et celle du fonds de non-valeurs dans la compétence du ministre des finances.

Ordinairement, le tiers du fonds de non-valeurs est mis à la disposition du préfet, et les deux autres tiers forment un fonds commun que le ministre répartit entre les départements, suivant l'étendue des malheurs qui les ont frappés[1].

« [1] Le fonds de non-valeurs, dit M. Serrigny, forme donc une espèce de *société d'assurances mutuelles* pour laquelle les contribuables se garantis-

Recouvrements des contributions directes. — Le service central de l'administration des contributions directes se compose d'un directeur général et de deux administrateurs, qui forment ensemble le conseil d'administration ; ils sont nommés par décret. Leurs auxiliaires sont des chefs de bureau nommés par le ministre des finances sur la proposition du directeur général, et d'employés de diverses classes que choisit le directeur général. Le *conseil d'administration* délibère sur les mises à la retraite, sur les contentieux des contributions directes et sur toutes les questions que le ministre juge à propos de lui soumettre. — Dans chaque département on trouve un service local qui se compose, de 1° un directeur, chef du service ; 2° un inspecteur ; 3° un premier commis de direction et 4° plusieurs contrôleurs. — Les *contrôleurs* font le recensement des imposables, préparent les matrices, font le travail annuel des mutations et instruisent toutes les demandes et réclamations en matière de contributions directes. Leur travail est révisé par les *inspecteurs*. Le directeur surveille toutes les parties du service, prépare les documents et renseignements pour la répartition entre les arrondissements et les communes ; il fait aussi préparer les rôles et donne son avis sur toutes les réclamations[1].

Les rôles préparés par la direction des contributions directes sont rendus exécutoires par un arrêté du préfet. Ils sont ensuite envoyés aux percepteurs, qui doivent en recouvrer le montant. Un avis du maire de la commune avertit

sent les pertes éprouvées par grêle, inondation ou autres cas de force majeure, dans une limite restreinte ; c'est-à-dire que le maximum de l'indemnité ne dépasse pas le chiffre de l'impôt de ceux des associés qui ont éprouvé des sinistres. Il suffirait d'augmenter la mise de fonds pour que la société devînt une *association* parfaite *d'assurances mutuelles* par actions, couvrant tous les sinistres et indemnisant les assurés de toutes pertes. » (*Questions et traités*, p. 410).

[1] Les directeurs de département sont nommés par décret, les inspecteurs par le ministre des finances, le premier commis et les contrôleurs par le directeur général.

d'abord les contribuables que les rôles sont arrivés et qu'ils en peuvent prendre connaissance. Cet avertissement, qu'on appelle la *publication des rôles*, a une très-grande importance puisqu'il est le point de départ du délai de trois mois accordé au contribuable pour se pourvoir en décharge ou réduction.

Les percepteurs sont rétribués au moyen de primes proportionnelles à la quantité de fonds qui rentrent par leurs soins[1]. Tous les dix jours, les percepteurs versent à la caisse du receveur particulier de l'arrondissement, et celui-ci, à son tour, verse chez le trésorier-payeur général du département. Le receveur particulier et le trésorier-payeur général reçoivent à titre de rétribution : 1° un traitement fixe; 2° la *bonification des intérêts* en matière de contributions directes[2]. Comme les échéances où l'impôt sera exigible sont connues d'avance, on peut fixer aux receveurs une époque après laquelle ils seront tenus de payer les intérêts des sommes qui ne seraient pas rentrées. Mais réciproquement si, par leur zèle et leur activité, les receveurs parviennent à faire rentrer les impôts avant l'époque assignée, la loi les considère comme étant en avance, et leur accorde les intérêts de ces sommes pendant tout le temps de l'anticipation. Ainsi, le traitement éventuel des receveurs est, en même temps, une prime d'encouragement offerte à leur diligence, et un moyen de les intéresser à la rentrée régulière des contributions.

Les contributions directes étant payables par douzièmes, le percepteur pourrait, après chaque échéance, commencer les poursuites contre les retardataires. Ordinairement, les

[1] Les percepteurs sont, en général, nommés par le ministre des finances. Cependant le décret du 13 avril 1861, art. 5, n° 6, donne aux préfets la nomination du tiers des percepteurs de la dernière classe.

[2] Les trésoriers-payeurs généraux ajoutent à ces avantages le bénéfice des opérations qu'ils peuvent faire par des remises de fonds sur les diverses places. — Le traitement fixe est de 2,400 fr. pour les receveurs particuliers, et de 6,000 fr. pour les trésoriers-payeurs généraux.

contribuables prennent des dispositions pour payer en quatre termes, et les voies de rigueur ne sont employées qu'autant qu'ils sont en retard sur ces termes principaux. En quoi consistent ces voies d'exécution ? Il y en a de spéciales à la matière et dont le caractère est administratif ; il y en a d'autres qui sont réglées par les principes du droit commun, et qui s'emploient pour toutes sortes de créances ; nous n'avons à nous occuper que des premières.

Le percepteur qui veut agir contre un contribuable en retard est obligé de faire remettre une sommation gratuite, huit jours avant le premier acte de poursuite donnant lieu à des frais. Si, dans les huit jours qui suivent la sommation gratuite, les contribuables ne se sont pas libérés, le percepteur peut commencer les poursuites avec frais ; mais il doit auparavant fait délivrer une *contrainte générale* contre tous les contribuables en retard. Cette contrainte générale est décernée par le receveur de l'arrondissement et visée par le sous-préfet. Elle suffit pour que le percepteur puisse poursuivre par garnison collective et individuelle.

La garnison est une poursuite qui consiste dans l'envoi d'un *garnisaire*, sorte d'agent spécial à la matière des contributions directes. Cet agent ayant droit à un salaire qui est dû par les contribuables en retard, la coaction résulte de l'obligation de payer ce salaire.

La *garnison collective* s'exerce contre tous les contribuables en retard de la commune, en même temps. Chaque redevable reçoit un bulletin séparé par lequel la garnison lui est notifiée et paye une somme fixe par bulletin ; cette somme, exigible de chaque redevable pour salaire du garnisaire, est fixée par arrêté du préfet.

La *garnison individuelle* est celle qui est exercée contre un seul contribuable en retard par un garnisaire établi dans la commune à ses frais. Elle ne peut être employée que trois jours après la garnison collective, pour les cotes au-dessus de 40 fr., et lorsque les arrérages dus s'élèvent à un *minimum* fixé d'avance par le préfet. Le garnisaire à domicile a droit à une somme par jour, d'après le tarif du prix de journée fixé par le préfet.

Généralement on commence par la garnison collective et l'on a recours ensuite à la garnison individuelle. Cependant le percepteur a la faculté d'employer tout d'abord la garnison individuelle lorsque la cote et l'arriéré s'élèvent à une somme qui est fixée, dans chaque département, par le préfet. S'il a commencé par la garnison individuelle, le percepteur ne peut plus se servir de la garnison collective, ce qui est bien naturel puisque la garnison individuelle est une voie de coercition plus rigoureuse que la garnison collective. Que pourrait être l'effet de celle-ci lorsque l'autre a été inutile ?

Lorsque la garnison est demeurée inefficace, le percepteur peut, trois jours après, faire au contribuable un commandement qui ouvre la série des poursuites judiciaires ; avant de commencer ces poursuites, le percepteur a dû obtenir du receveur particulier une *contrainte* où le contribuable à poursuivre soit désigné nominativement, et qui contienne l'ordre de procéder à la saisie, si le débiteur ne s'est pas libéré dans les trois jours à partir de la signification du commandement. Cette contrainte est individuelle et nominative, tandis que celle en vertu de laquelle on procède à la garnison collective ou individuelle est générale contre tous les contribuables en retard dans la commune. Elle est, comme la contrainte générale, délivrée par le receveur particulier et visée par le sous-préfet. Les voies d'exécution qui suivent sont la saisie et la vente des meubles ; la saisie immobilière ne peut être poursuivie, pour le payement des impôts, qu'avec une autorisation du ministre des finances [1].

Des agents spéciaux ont été créés pour le recouvrement des impôts directs : les *porteurs de contraintes* et les *garnisaires*. Les premiers sont habiles à instrumenter dans le

[1] Règlement du 21 décembre 1839, art. 20, 23, 24, 25, 26, 27, 28, 44-48, 49-53, 54-60.

cas où l'on emploie les seconds ; mais la réciproque n'est pas admise, et les garnisaires ne rempliraient pas valablement le rôle de *porteurs de contraintes*. Le tarif des frais à leur payer est fixé par le préfet, dans chaque département ; cette taxe n'est obligatoire que pour les agents spéciaux des contributions directes ; si donc les huissiers étaient requis pour faire des significations en cette matière, ils devraient prêter leur ministère ; mais on ne pourrait pas les forcer à subir le tarif du préfet, et ils auraient le droit d'exiger les émoluments du tarif ordinaire en matière civile.

Privilége du trésor. — Les droits du trésor sont garantis par un privilége spécial qui porte, savoir : 1° pour la contribution foncière de *l'année échue* et de *l'année courante* sur les récoltes, fruits, loyers et revenus des biens immeubles sujets à la contribution ; 2° pour l'année échue et l'année courante des autres contributions directes générales et spéciales sur les autres effets mobiliers appartenant aux redevables, *en quelque lieu qu'ils se trouvent*[1]. Mais quelle que soit l'étendue de ces dernières expressions, il faut toujours, pour que le privilége existe, que les meubles soient la propriété du redevable ; lorsqu'ils ont été aliénés sans fraude, ils sont affranchis du privilége du trésor, et l'acquéreur peut invoquer la maxime : *en fait de meubles possession vaut titre* à l'égard de l'État, comme il le pourrait envers un particulier. Quant au privilége affecté à la garantie de la contribution foncière, remarquons qu'il ne porte pas sur l'immeuble lui-même, mais seulement sur les fruits, récoltes et revenus ; si donc le fonds était vendu, le trésor ne serait pas colloqué par préférence sur le prix d'adjudication[2].

[1] C'est le texte de la loi du 12 novembre 1808 qui a développé et organisé l'art. 2098 du Code Napoléon.

[2] On s'est demandé si le trésor aurait privilége sur les fruits et récoltes de l'immeuble vendu lorsqu'il est entre les mains de l'acquéreur. La Cour de cassation a décidé que ce droit appartient au trésor *pour l'année échue et*

CONTRIBUTIONS INDIRECTES.

Les impôts indirects comprennent les droits sur les boissons, sur les sels, sur les sucres, les douanes, les droits sur les cartes à jouer, quelques autres moins importants que nous passerons sous silence, et les monopoles des postes, des tabacs, des poudres et salpêtres. — Quant à l'impôt de l'*enregistrement et du timbre*, sa classification est rendue difficile par la nature mixte des caractères qui le distinguent ; aussi figure-t-il toujours au budget des recettes sous une rubrique spéciale. En effet, s'il est vrai que le droit d'enregistrement n'est exigible qu'au fur et à mesure des mutations ou actes à enregistrer, s'il est vrai que le contribuable peut s'y soustraire en restreignant ses transactions, il est incontestable aussi que certains faits venant à se produire (et parmi eux il y en a d'inévitables, comme les mutations par décès), le droit d'enregistrement est dû nominativement par le contribuable et exigible par voie de contrainte, ce qui le fait ressembler à une contribution directe de quotité.

Boissons[1]. — La manière, en apparence la plus simple d'atteindre cette denrée consisterait à faire inventorier les caves, quelque temps après la récolte, et à imposer

pour l'année courante (arrêt du 6 juillet 1852), de telle sorte que, d'après cette jurisprudence, le privilége du trésor produit non-seulement le droit de préférence contre les autres créanciers, mais encore le droit de suite contre le tiers acquéreur. — Cette doctrine est combattue par M. Serrigny, qui propose de distinguer entre *l'année échue* et *l'année courante*. Il accorde le droit de suite pour *l'année courante*, parce que l'acquéreur en est personnellement tenu ; mais il le refuse pour *l'année échue* qui n'est due personnellement que par le vendeur. Il est vrai que les priviléges sur les immeubles produisent le droit de suite ; mais il ne s'agit pas ici d'un privilége sur les immeubles, puisqu'il ne porte que sur les revenus en provenant. D'un autre côté, le droit de suite ne se comprend qu'avec la faculté de purger. Comment l'acquéreur pourrait-il purger un privilége réel donné au trésor, non sur l'immeuble, mais sur les revenus ? (Serrigny, *Questions et traités*, p. 430.)

[1] *Lois administratives*, p. 702-719.

chez le propriétaire les quantités constatées, déduction faite d'une partie pour la consommation de famille. L'inventaire pouvant facilement être fait avec estimation, on arriverait, par ce moyen, à imposer les boissons proportionnellement à leur qualité et à leur valeur vénale (*ad valorem*). Mais ce procédé n'aurait pas en pratique le mérite qu'il paraît avoir en théorie et il a été condamné par l'expérience comme vexatoire [1]. Le législateur, au lieu de rechercher les boissons dans les caves des propriétaires, a mieux aimé les saisir au moment où elles sortent pour aller du producteur au consommateur, et les attendre à leur entrée dans les villes. Telle est la base du droit de *circulation* et du droit d'*entrée*.

Le droit de circulation est dû à chaque enlèvement ou déplacement du liquide avec destination quelconque ; la loi fait cependant un petit nombre d'exceptions. Ainsi le droit de circulation n'est pas dû lorsque le vin est transporté du pressoir au cellier, d'un cellier à un autre cellier appartenant au même propriétaire, ou d'un magasin à un autre magasin appartenant au même marchand [2]. D'un autre côté, le droit de circulation ne frappe que la consommation domestique, et c'est pour cela qu'il n'est dû que pour les expéditions adressées à un particulier. S'il avait été exigible pour les expéditions faites à un débitant, il se serait cumulé avec le droit de dé-

[1] C'est le système qui fut établi par la loi du 5 ventôse an XII (25 février 1804) qui établit une taxe assez légère, sur les quantités récoltées ou fabriquées, sous le nom de *droit d'inventaire* pour les vins et cidres et de *droit de fabrication* pour les bières (*Lois administratives*, 702). La loi du 24 avril 1806 ajouta à cette taxe deux droits *ad valorem :* 1° un droit d'un vingtième du prix sur chaque vente et revente en gros, exigible toutes les fois que la denrée était déplacée, même quand elle ne changeait pas de possesseur ; 2° un droit du sixième sur la vente en détail. La loi du 25 décembre 1808 remplaça le droit d'inventaire et le droit du vingtième par un droit de circulation, éleva le droit sur la vente en détail de 10 à 15 p. 100, et créa un droit d'entrée dans les grandes agglomérations de population. Quant aux bières, les droits du vingtième et du dixième furent remplacés par une augmentation du droit de fabrication. C'est à peu près le système qui a été adopté dans la loi du 28 avril 1816.

[2] Loi du 17 juillet 1819.

tail, et c'est ce que le législateur n'a pas voulu [1]. Enfin comme à Paris tous les droits sont remplacés par une taxe unique payable à l'entrée, les vins expédiés des départements à Paris ne sont pas sujets au droit de circulation. Au contraire, le droit est exigible toutes les fois qu'il y a expédition de Paris sur les départements.

Le droit de circulation est perçu, d'après un tarif gradué suivant les départements, de manière à frapper la denrée proportionnellement à sa valeur établie par des présomptions. Dans ce but, les départements sont divisés en quatre classes, et dans chacun le droit est d'autant plus élevé qu'on s'éloigne davantage des pays viticoles. La règle se justifie par cette considération que la qualité des vins expédiés est d'autant plus élevée qu'on s'éloigne davantage des lieux de production, et que, par conséquent, il faut élever le droit si l'on veut atteindre la valeur de la denrée et la fortune probable du consommateur [2].

Le droit de circulation est perçu, en général, au moment de l'enlèvement ; car le liquide imposable ne peut pas voyager sans être accompagné d'un *congé* que les receveurs des

[1] Loi du 25 mars 1817. Le système du cumul était autorisé par la loi du 28 avril 1816.

[2] Loi du 28 avril 1816, art. 19.

		Taxe par hectolitre.
Vins en cercles et en bouteilles à destination des départements	1re classe	0f 60
	2e —	0 80
	3e —	1 00
	4e —	1 20

(Loi du 12 décembre 1830, tarif y annexé).

Ce tarif a été modifié par la loi du 1er septembre 1871 dont l'article 1er distingue les vins en cercles des vins en bouteilles :

		Taxe par hectolitre.
Vins en cercles	1re classe	1f 20
	2e —	1 60
	3e —	2 00
	4e —	2 40

	Taxe par hectolitre.
Vins en bouteilles, quelque soit le département	15 fr.
Cidres, poirés et hydromels	1

contributions indirectes délivrent moyennant l'acquittement préalable de la taxe. Lorsque le droit n'est exigible qu'à l'arrivée, le chargement voyage avec un *acquit-à-caution*. Ce titre contient l'engagement par l'expéditeur que le chargement sera représenté au lieu de destination, que les droits seront payés par le destinataire ou, à son défaut, par le souscripteur de l'acquit-à-caution. L'engagement de l'expéditeur doit être cautionné par un tiers ou accompagné de la consignation des droits [1]. — Si le déplacement était dans un cas d'exemption, par exemple en cas de transport du pressoir au cellier, le propriétaire se munirait d'un *passavant* délivré gratuitement par le receveur.

Il pourrait se faire qu'il n'y eût pas de bureau au point de départ, et qu'on ne pût pas se procurer un titre d'expédition ; alors la denrée voyagerait avec un simple *laissez-passer*. La régie confie aux expéditeurs des formules sur lesquelles ils peuvent se délivrer des *laissez-passer*, qui sont valables jusqu'au premier bureau ; là elles sont changées contre un congé, un acquit-à-caution ou un passavant, suivant le cas.

Le *droit d'entrée*, qui n'est perçu que dans les villes ayant au moins 4,000 habitants de population permanente (c'est-à-dire la population flottante non comprise), s'élève, comme le droit de circulation, suivant la classe du département ; mais il est gradué d'après un second élément qui est le chiffre de la population de la ville. La loi a présumé, avec raison, que les avantages de la vie commune augmentant en proportion du nombre des habitants, elle pouvait frapper des droits d'autant plus élevés sur les objets de consommation [2].

[1] La loi du 31 décembre 1873, art. 1er, fixe à 50 centimes le prix des acquits-à-caution et passavants, le timbre compris.

[2] Tarif établi par la loi du 12 décembre 1830. L'art. 14 du décret du 17 mars 1852 réduit de moitié les articles du tarif. Voici le tableau qui est annexé à ce décret :

Il serait injuste de soumettre au droit d'entrée les boissons qui entrent pour ressortir, au lieu de passer dans la consommation locale. C'est pour cela qu'ont été créés le *passe-debout* et le *transit*. Le passe-debout a lieu lorsque le séjour dans la ville ne doit pas durer plus de vingt-quatre heures ; en ce cas, le conducteur n'a pas le droit de décharger. S'il veut prolonger son séjour au delà de vingt-quatre heures, il est tenu de faire une déclaration de *transit*. A la sortie, les quantités sont vérifiées et les droits restitués, si l'on ne trouve pas de manquants ; au cas où l'on

POPULATION DES COMMUNES (Paris excepté).	TAXE PAR HECTOLITRE (en principal). Vins en cercles ou en bouteilles dans les départements de				
	1re classe.	2e classe.	3e classe.	4e classe.	HYDROMELS, CIDRES, POIRÉS.
Communes de 4,000 à 6,000 hab.	0f,30	0f,40	0f,50	0f,60	0f,25
— 10,000 à 6,000 —	0 ,45	0 ,60	0 ,75	0 ,90	0 ,40
— 10,000 à 15,000 —	0 ,60	0 ,80	1 ,00	1 ,20	0 ,50
— 15,000 à 20,000 —	0 ,75	1 ,00	1 ,25	1 ,50	0 ,65
— 20,000 à 30,000 —	0 ,90	1 ,20	1 ,50	1 ,80	0 ,75
— 30,000 à 50,000 —	1 ,05	1 ,40	1 ,75	2 ,10	0 ,90
— 50,000 et au-dessus.	1 ,20	1 ,60	2 ,00	2 ,40	1 ,00
Remplacement aux entrées de Paris.	8 fr.				4f,00

Ce tarif a été relevé par la loi du 31 décembre 1873 :

POPULATION DES COMMUNES (Paris excepté).	TAXE PAR HECTOLITRE (en principal). Vins en cercles, dans les départements de				
	1re classe.	2e classe.	3e classe.	4e classe.	CIDRES, POIRÉS ET HYDROMELS.
Communes de 4,000 à 6,000 hab.	,45	0f,60	0f,75	0f,90	0f,40
— 6,001 à 10,000 —	,70	0 ,90	1 ,15	1 ,35	0 ,60
— 10,001 à 15,000 —	,90	1 ,20	1 ,50	1 ,80	0 ,75
— 15,001 à 20,000 —	1 ,15	1 ,50	1 ,90	2 ,25	1 »
— 20,001 à 30,000 —	1 ,35	1 ,80	2 ,25	2 ,70	1 ,15
— 30,001 à 50,000 —	1 ,60	2 ,10	2 ,65	3 ,15	1 ,35
— 50,001 et au-dessus.	,80	2 ,40	3 ,00	3 ,60	1 ,50

La taxe de remplacement des droits perçus à l'entrée de Paris est de 9 fr. 50 par hectolitre pour les vins en cercles et de 16 fr. pour les vins en bouteilles. Pour les cidres, poirés et hydromels, elle est de 4 fr. 75 sans distinguer entre les boissons en cercles et les boissons en bouteilles.

constaterait des manquants, la restitution n'aurait lieu que sous la déduction des droits dus pour la différence. Si, au lieu de consigner les droits, le conducteur avait donné une caution pour en garantir le payement, cette caution serait libérée par la sortie sans fraude.

Le payement définitif de l'impôt retombe ordinairement sur le consommateur ; car le marchand cherche à s'indemniser par une élévation dans le prix de la denrée. Mais comme l'obligation d'en faire l'avance est par elle-même une lourde charge, le législateur a donné aux marchands la faculté de s'en affranchir, au moyen de l'*entrepôt*. L'entrepôt est *réel* ou *fictif*. Le premier n'est autre chose que le dépôt des marchandises dans un magasin public à ce destiné où les matières sujettes se trouvent placées sous la clef de la régie ; le droit est perçu à mesure qu'on les enlève, pour les verser dans la consommation. Dans les villes où il n'y a pas d'établissement public, les magasins privés peuvent être fictivement considérés comme des lieux d'entrepôt, à la condition qu'ils seront soumis à l'*exercice*, c'est-à-dire que les agents de la régie y pourront entrer à volonté, pour constater les quantités et exiger les taxes sur les manquants.

Droit de détail. — La vente en gros des vins, cidres, poirés et hydromels ne donne lieu qu'au droit de circulation et d'entrée : mais la *vente au détail* est frappée d'un droit de 15 pour 100 par hectolitre sur la valeur vénale. Le législateur qui, pour les droits de circulation et d'entrée, avait adopté la taxe à tant par mesure sans tenir compte des prix, a établi le droit de détail proportionnellement à la valeur vénale (*ad valorem*). Cette différence tient à ce que, pour le droit de détail, on pouvait exiger des débitants que leurs prix fussent affichés constamment dans le lieu le plus apparent de leur débit. Au contraire, pour les droits de circulation et d'entrée, on n'aurait pu connaître la valeur vénale qu'en recourant au procédé, fort sujet à erreur, de la dégustation. La perception du droit de détail ne peut être assurée qu'au moyen de l'*exercice*, c'est-à-dire des visites des agents de l'administration; car si la régie n'avait pas le droit de descendre, à chaque instant, dans les caves du débitant, il serait aisé de soustraire à la perception du droit la plus grande partie des quantités consommées. C'est pour éviter les inconvénients et vexations des visites domiciliaires que les détaillants ont été admis à la faculté de l'*abonnement*, moyennant une somme déterminée. L'abonnement est *individuel* ou *collectif ;* celui-ci peut avoir lieu *par commune* ou *par corporation.*

1° *Abonnement individuel.* — L'abonnement individuel est fait tantôt pour une somme fixe, tantôt à tant par hectolitre. Dans le premier cas, si la régie et le débitant ne sont pas d'accord sur la somme, il est statué par le conseil de préfecture, sauf recours au Conseil d'État; la taxe est payable par mois et d'avance. Cet abonnement ne peut pas être fait pour plus d'une année. Dans le second cas, le débitant n'est affranchi que de l'obligation de déclarer son prix et demeure soumis à l'*exercice*, en ce qui touche la vérification des quantités. Cette espèce d'abonnement ne peut être faite que pour deux trimestres au plus.

2° *Abonnement par commune.* — L'abonnement *par commune* substitue aux droits de détail et de circulation dans l'intérieur de la commune, le payement d'une somme payable, par vingt-quatrièmes, de quinzaine en quinzaine par la caisse municipale. En cas de retard, la commune est poursuivie par voie de contrainte sur le receveur municipal et de saisie des revenus communaux. Cet abonnement est consenti par la régie sur la demande du conseil municipal, mais le traité entre la commune et la régie n'est définitif qu'autant qu'il a été approuvé par le ministre des finances, sur l'avis du préfet et le rapport du directeur général des contributions indirectes.

3° *Abonnement par corporation.* — L'*abonnement par corporation* ne remplace que le droit de détail et laisse subsister le droit de circulation. Quand il a été voté par les deux tiers des débitants, l'abonnement approuvé par le ministre des finances est obligatoire pour tous, même pour les opposants. Si la régie et la corporation ne sont pas d'accord, le différend est vidé par le conseil de préfecture, sauf recours au Conseil d'État [1]. Le traité n'est obligatoire que pour une année ; mais, pendant ce délai, il confère aux abonnés une espèce de monopole commercial, nul détaillant ne pouvant s'établir avant l'expiration de l'année. Comment sera déterminée la part due par chaque débitant dans la somme totale portée au traité ? Au moyen d'une répartition confiée à un syndicat, qui fixe la cote de chaque contribuable. La perception a lieu ensuite en vertu d'un rôle, dressé par le syndic des débitants, rendu exécutoire par le maire et remis au receveur de la régie [2].

Puisque les marchands en détail sont soumis à ce rigoureux régime, il importe de bien déterminer en quoi consiste cette qualité. Il faut distinguer d'abord certaines professions qui emportent d'elles-mêmes la présomption que ceux qui les exercent font le métier de débitants, tels que les cabaretiers, restaurateurs, maîtres d'hôtels, etc., etc., etc. Aucune preuve n'est exigée, en ce qui les concerne, pour démontrer qu'ils font le commerce de boissons en détail [3]. Quant à ceux qu'aucune présomption semblable ne caractérise, on les considère comme marchands en détail lorsqu'ils vendent par cercles ou paniers contenant moins de 25 litres.

[1] V. loi du 21 juin 1865, art. 11.

[2] En cas de difficulté sur la répartition entre un débitant et le syndic, le conseil de préfecture est-il compétent? — Le Conseil d'État qui l'avait décidé depuis 1822 jusqu'à 1848 s'est écarté de sa jurisprudence par décision du 24 juillet 1848. — Cette décision porte annulation de l'arrêté du conseil de préfecture, pour incompétence, sur ce fondement que la loi du 28 avril 1816 ne donne compétence au préfet, en conseil de préfecture, que pour fixer le montant général de l'abonnement. Qui donc est compétent ? — La décision est muette sur ce point. Mais les syndics soutenaient que la décision sur la répartition était souveraine, et c'est probablement le système qui a été accueilli par le conseil, quoiqu'il ne le soit pas *in terminis*. M. Foucart combat le nouveau système du Conseil d'État (t. II, p. 505).

[3] Loi du 23 avril 1836.

Droit de consommation sur les spiritueux. — Les alcools, les eaux-de-vie, les spiritueux en général sont sujets à un droit de consommation qui est de 125 fr. en principal par hectolitre d'alcool pur contenu dans les eaux-de-vie et esprits en cercle, et de 175 fr. en principal par hectolitre d'alcool pur contenu dans eaux-de-vie et esprits en bouteilles et dans les liqueurs, fruits à l'eau-de-vie et absinthes, quelle que soit la nature du contenant (Lois des 1er septembre 1871, et 26 mars 1872). Les alcools et eaux-de-vie doivent également, dans les villes dont la population dépasse 4,000 habitants, acquitter des droits d'entrée qui s'élèvent d'après la gradation suivante :

					Taxe par hectolitre.
Communes de	4,000	à	6,000	habitants..........	6 fr.
—	4,001	à	10,000	—	9
—	10,001	à	15,000	—	12
—	15,001	à	20,000	—	15
—	20,001	à	30,000	—	18
—	30,001	à	50,000	—	21
Au-dessus de	50,000			....	24

A Paris le droit de consommation et le droit d'entrée sont remplacés par une taxe unique qui est de 149 fr. par hectolitre d'alcool pur pour les eaux-de-vie et esprits en cercles, et de 199 fr. pour les eaux-de-vie et esprits en bouteilles, les liqueurs, les fruits à l'eau-de-vie et les absinthes.

La difficulté de pratiquer l'exercice et la facilité de frauder ont fait établir des dispositions spéciales à la ville de Paris. Le droit de détail est réuni au droit d'entrée, et il se perçoit aux barrières au moyen d'une taxe unique qui comprend les deux taxes. Des lois postérieures ont permis d'étendre aux villes de 4,000 habitants ce régime exceptionnel que la loi du 28 avril 1816 avait créé pour la capitale. Mais les villes autres que Paris ne sont pas soumises, de plein droit, à cette conversion, qui ne peut être faite que sur la demande de leurs conseils municipaux [1].

[1] Loi du 28 avril 1816, art. 92 et 93.

Droits de fabrication sur les bières. — Le droit de fabrication sur les bières, à Paris et dans les départements, est de 3 fr. 60 par hectolitre pour les bières fortes et de 1 fr. 20 pour les petites bières [1] (Loi du 1er septembre 1871, art. 4). Afin d'en assurer la perception, les brasseurs sont tenus, à Paris comme partout ailleurs, de laisser vérifier la contenance de leurs vaisseaux, et chaque fois qu'ils veulent mettre le feu sous une chaudière, d'en faire la déclaration vingt-quatre heures à l'avance. La loi a cependant apporté un tempérament à ce régime rigoureux en permettant aux brasseurs de faire avec la régie un traité d'*abonnement par corporation* ; cette convention n'est valable qu'après avoir reçu l'approbation du ministre des finances, et le législateur n'a pas permis qu'elle durât plus d'une année, parce qu'elle confère une espèce de monopole commercial à ceux qui étaient en exercice au moment où elle a été faite. Aucune brasserie nouvelle ne peut, en effet, être fondée pendant l'année, et celles qui existaient au commencement ne doivent pas augmenter leurs moyens d'action. L'abonnement est autorisé non-seulement à Paris, mais encore dans les villes de 30,000 habitants [2].

Le droit sur les bières n'est pas un droit de consommation, mais un droit de fabrication. Il en résulte qu'il est exigible sur les quantités fabriquées ; seulement on accorde une déduction de 20 p. 100 pour ouillage, coulage et autres déchets. Les droits sont payables immédiatement sur les quantités constatées ou réglées en obligations payables de trois en trois mois et par sommes d'au moins 300 fr. — Le payement immédiat donne lieu à un escompte dont la quotité, fixée par décision ministérielle, est variable.

[1] Pour comprendre la différence entre les *bières fortes* et les *petites bières*, il faut connaître le procédé de fabrication. On jette de l'eau sur les mêmes matières à plusieurs reprises, et l'on obtient ainsi des *trempes* dont la force diminue à mesure qu'on s'éloigne de la première. C'est après la troisième trempe que commence la fabrication de la *petite bière*.

[2] Loi du 21 avril 1832, art. 44.

Les marchands bouilleurs et distillateurs doivent, à peine d'amende, se munir d'une *licence* pour chaque établissement qu'ils dirigent ; ce droit ne se confond pas avec la patente [1].

Sel. — Le sel provient :

1° Des marais salants ;

2° Des mines et sources d'eau salée ;

Et 3° de l'importation étrangère.

Pour les fabriques à l'intérieur, le droit est perçu sur les quantités vendues ou expédiées. En conséquence, les fabri-

[1] Loi du 28 avril 1816, art. 130 et suiv. Le droit de licence a été tarifé par l'art. 6 de la loi du 1er septembre 1871 de la manière suivante :

Débitants de boissons.

Communes au-dessous de 4,000 à	habitants..........	12 fr.
— 4,001 à 6,000	—	16
— 6,001 à 10,000	—	20
— 10,001 à 15,000	—	24
— 15,001 à 20,000	—	28
— 20,001 à 30,000	—	32
— 30,001 à 50,000	—	36
Communes au-dessus de 50,000 (Paris excepté)............		40

Brasseurs.

Dans les départements de l'Aisne, des Ardennes, de la Côte-d'Or, de la Meurthe, du Nord, du Pas-de-Calais, du Rhône, de la Seine, de la Seine-Inférieure, de Seine-et-Oise et de la Somme..........	100 fr.
Dans les autres départements..........	60

Bouilleurs et distillateurs.

Dans tous les lieux.......... 20

Marchands en gros de boissons.

Dans tous les lieux.......... 100

Fabricants de cartes.

Dans tous les lieux.......... 100

Fabricants de sucres et glucoses.

Dans tous les lieux.......... 100

(Art. 6 de la loi du 1er septembre 1871).

ques sont soumises à l'exercice afin de constater les manquants sujets au droit. Quant aux droits perçus à l'importation, ce sont des droits de douane exigibles à l'entrée des produits. La perception du droit à l'intérieur est confiée à l'administration des contributions indirectes; celle des droits à l'importation appartient aux agents de douanes. La taxe qui avant 48 était de 30 fr. par 100 kilog. ou de 0f,30 par kilog., a été fixée par la loi du 28 décembre 1848 à 10 fr. par 100 kilog. ou à un décime par kilogramme. Ce droit est applicable aux sels français de toute origine et à ceux qui viennent des colonies ou de l'Algérie. La loi fait cependant quelques exceptions à cette règle. Ainsi : 1° les sels destinés à l'étranger sont affranchis de tous droits (art. 54 de la loi du 24 avril 1806); 2° le droit sur le sel destiné à l'alimentation des bestiaux est réduit de moitié, c'est-à-dire à 5 cent au lieu de 10 cent. par kilogramme, lorsqu'il a été mélangé avec d'autres substances (ord. du 26 février 1846 et art. 1 de la loi du 17 juin 1840); 3° le sel destiné à la pêche de la morue est employé en franchise. Quant aux sels étrangers ils acquittent, à leur introduction en France, un droit de douane qui varie, suivant la zone par laquelle ils pénètrent sur notre territoire[1].

Sucres[2]. — Les sucres ont une triple provenance, et à ce point de vue, on distingue :

1° Les sucres des colonies;

2° Les sucres étrangers ;

3° Les sucres indigènes.

L'industrie indigène des sucres de betterave fut protégée, à l'origine, par l'exemption de la taxe qui frappait les sucres des colonies. A la faveur de cette protection, la fabrique du sucre de betterave, qui avait d'abord été dédaign

[1] Loi du 10 juillet 1850. — Les sels bruts qui arrivent par les ports de l'Océan ou de la Manche acquittent la taxe de 1 fr. 75. Les sels blancs raffinés qui viennent par la frontière de Belgique ou par les ports de l'Océan et de la Manche, payent 2 fr. 75 par 100 kilog.

[2] *Lois administratives*, p. 761-770.

comme une industrie à peine viable, prit tant d'extension que les colonies s'émurent et réclamèrent l'établissement d'un droit sur le sucre français. Plus tard, l'émancipation des noirs fit renchérir la production aux colonies à ce point ue, par une remarquable interversion de rôles, il fallut rotéger l'industrie coloniale contre sa rivale. Le décret du 7 mars 1852 avait fixé à 45 fr. par 100 kilogr. le droit sur es sucres indigènes et accordé aux sucres des colonies un égrèvement de 7 fr. Quant aux sucres étrangers, ils étaient u contraire grevés d'une surtaxe de 12 fr. qui portait le roit à 57 francs par 100 kilog. [1]. La loi du 23 mai 1860 éduisit le droit à 25 fr. pour les sucres indigènes et pour eux venant des colonies françaises ; à 28 fr. pour ceux arivant hors d'Europe et à 34 pour ceux provenant des enrepôts. Les mélasses des colonies étaient tarifées à 7 fr. par 00 kilogr. La surtaxe établie au profit de notre navigation levait à 39 fr. le droit exigible sur les sucres arrivant par avires étrangers. L'art. 15 de la loi de finances du 2 juilet 1862 a augmenté d'une taxe supplémentaire de 10 fr. ar 100 kilogr. les droits établis par la loi de 1860 sur les ucres bruts de toute origine et d'une taxe supplémentaire e 2f,80 par 100 kilog. les droits sur les mélasses des coloies françaises. Aujourd'hui le droit est fixé, par les lois es 19 avril-7 mai 1864 à 42 fr. par 100 kilogr. pour les ucres bruts de toute origine au-dessous du n° 13, et 44 fr. u n° 13 au n° 20. Une détaxe de 5 fr. est accordée jusqu'à 870 aux sucres de la Réunion et des Antilles.

Ces droits ont été élevés de trois dixièmes par la loi du juillet 1871 et de deux autres dixièmes, par la loi du 22 nvier 1872, en tout cinq dixièmes ou moitié en sus.

Le droit sur les sucres étrangers et coloniaux est un droit

[1] La loi du 23 mai 1860 maintenait pour les sucres provenant de nos co ies au delà du cap de Bonne-Espérance jusqu'au 30 juin 1864, la taxe fférentielle de 3 fr. établie par l'art. 9 de la loi du 13 juin 1851. A partir 1er juillet 1864 la taxe différentielle devait être réduite à 1 fr. 50 jus'au 30 juin 1865, époque à laquelle était fixée la suppression.

de douane. Quant à celui qui grève les sucres indigènes, c'est un impôt de *consommation* qui est dû à la sortie de la fabrique, ou, s'il est dirigé sur un entrepôt, à la sortie de l'entrepôt ; aussi les fabriques sont-elles, pour en assurer la perception, soumises à l'*exercice* des agents de la régie [1].

La raffinerie des sucres est une industrie qui mérite d'être favorisée ; dans ce but, les droits perçus sur les sucres bruts étaient autrefois restitués à la sortie des sucres raffinés (*drawback*). Seulement, à cause du déchet que produit l'opération du raffinage, on avait établi la proportion du rendement. La loi du 3 juillet 1840 l'avait fixée à 75 kilogr. de sucre raffiné pour 100 kilog. de sucre brut, s'il s'agissait de sucres mêlis, et à 78, s'il s'agissait de sucres lumps. — Comme les procédés de fabrication permettaient d'extraire une quantité plus grande que celle qui avait été officiellement arrêtée, les raffineurs obtenaient, par la restitution de ce qu'ils avaient payé, une véritable prime sur la différence entre le rendement effectif et le rendement officiel. Cette prime n'étant accordée que sur les sucres exportés, on s'explique comment le sucre français était moins cher à l'étranger qu'en France, malgré les frais de transport [2]. C'est pour remédier à cet inconvénient que la loi du 23 mai 1860, avait élevé le chiffre du rendement à 76 p. 100 pour les sucres mêlis et à 80 p. 100 pour les sucres lumps.

La loi des 19 avril-7 mai 1864, art. 5, a substitué l'admission temporaire en franchise au système de la restitu-

[1] Règlement du 1er septembre 1852, relatif à la perception du droit sur les sucres. Avant que le jus extrait de la betterave soit soumis à la défécation, on calcule sa richesse à raison de 1,425 grammes par 100 litres de jus et le volume du jus est déterminé d'après la contenance des chaudières, déduction faite de 10 p. 100. — Comme cette évaluation est un *minimum*, on dresse après la défécation un inventaire des quantités fabriquées, et le droit est perçu sur les manquants. La loi du 23 mai 1860 permet cependant aux fabricants de faire un abonnement en s'obligeant à payer le montant des droits sur la prise en charge avant la défécation.

[2] Cette anomalie a été signalée, à plusieurs reprises, par la presse périodique. — V. le mot *Sucres*, par M. Horace Say, dans le *Dictionnaire d'économie politique*.

tion des droits ou *Drawback*. Les taxes ne sont pas acquittées pour les sucres destinés au raffinage, mais seulement cautionnées et les cautions sont déchargées en justifiant de la sortie d'une quantité correspondante de sucre raffiné. La loi fixe aussi la proportion du rendement au raffinage sur 100 kilogr. de sucre brut.

Jusqu'à 1864, l'importation du sucre raffiné était prohibée; elle n'est soumise aujourd'hui qu'à un droit d'entrée

Enfin, tout fabricant de sucre ou de glucose est soumis un droit de licence de 100 fr. en principal (loi du 1er septembre 1871, art. 6).

Droit sur la chicorée. — La racine de chicorée préparée est soumise à un droit de 30 centimes par kilogramme (loi du 4 septembre 1871 et décret réglementaire du 30 novembre suivant).

Droit sur les savons. — Les savons fabriqués en France sont passibles d'un droit d'accise de 5 p. 100 et ceux qui sont importés de l'étranger d'un droit de douane compensateur de même somme (loi du 30 décembre 1873).

Droit sur les huiles. — Les huiles, autres que les huiles minérales, ont été imposées par la loi du 31 décembre 1873, à une taxe qui s'élève avec le chiffre de la population de 6 fr. par 1,000 kilogr. à 12 fr. Les huiles minérales sont régies par la loi du 29 décembre 1873, qui varie le droit suivant la densité du liquide [1].

Droit sur les bougies. — La loi du 30 décembre, art. 9, a établi sur l'acide stéarique et autres matières à l'état de bougies ou de cierges un droit de *consommation intérieure* de 25 fr. par 100 kilogr. Il est perçu dans les fabriques pour les bougies et cierges fabriqués en France; et à l'entrée, comme droit de douanes, sur les bougies et cierges importés.

[1] Essence à 700° de densité, à la température de 15° par kilogr.	44 fr. 50
Huiles à 800° de densité, à la température de 15°............	34 fr. 50
Huiles brutes..	32 fr. 00

Douanes[1]. — On entend par douanes des droits qui sont perçus aux frontières à l'importation ou à l'exportation de certaines denrées ou marchandises; je dis *certaines denrées* parce que tous les produits ne sont pas tarifés, et que ceux qui ne sont pas formellement imposés entrent ou sortent en franchise.

Cette taxe a un double caractère : 1° c'est un impôt; 2° c'est une mesure qui, dans certains cas, a pour objet de protéger l'industrie nationale, en éloignant de notre marché les produits de l'étranger, ou en ne leur permettant de s'y présenter que dans des conditions égales de concurrence. Les matières premières qui n'ont pas de similaires en France acquittent des droits de douane dont le caractère est exclusivement financier; dans cette catégorie se trouvent les cafés, les cacaos, etc., etc. La taxe ne peut avoir la protection pour objet que lorsqu'elle grève l'importation de matières dont les similaires sont produits en France. Comme impôt, les douanes ont tous les défauts et aussi toutes les qualités des contributions indirectes; aussi n'ont-elles pour adversaires que les partisans systématiques de l'impôt unique sur le capital ou le revenu ; mais comme droit protecteur, les douanes sont attaquées par tous les économistes, par beaucoup de publicistes, et il faut reconnaître que, dans la pratique, elles tendent à disparaître par l'abaissement insensible des tarifs. Depuis quelques années, le droit a été atténué en plusieurs points, et le traité de commerce que nous avons conclu avec l'Angleterre, le 23 janvier 1860, a porté un rude coup à l'ancien régime des douanes. Malgré ces modifications, le droit protecteur est encore une branche importante de notre système financier, et il faut en faire connaître les bases.

Certaines industries ont pour objet de transformer des produits qui sont, à leur égard, considérés comme des *matières premières*. Un tarif qui éloignerait les matières pre-

[1] *Lois administratives*, p. 633-702.

mières venant de l'étranger ne protégerait donc l'industrie nationale, qui produit de semblables matières premières, qu'en frappant d'autres industries occupées à les transformer; un pareil droit favoriserait les uns en opprimant les autres, et la loi ne pourrait pas l'établir sans s'éloigner de l'impartialité qu'elle doit avoir à l'égard de tous les nationaux. C'est pour cela que, depuis Colbert, il est de principe qu'un tarif protecteur doit épargner, autant que possible, les *matières premières* venues de l'étranger et ne frapper que les *produits fabriqués*[1]. Quant à ces derniers, les uns sont écartés de notre marché par des droits prohibitifs, les autres ne payent que des droits protecteurs.

Les *droits prohibitifs* sont ceux qui, par leur élévation, équivalent à une sorte de prohibition, parce qu'ils rendent impossible à l'industrie étrangère la concurrence contre nos produits similaires. Cependant le droit prohibitif et la prohibition sont choses différentes, puisque le premier fait seulement plus coûteuse l'introduction que la seconde rend tout à fait impossible ; aussi les marchandises frappées de taxes prohibitives sont-elles présumées avoir acquitté les droits lorsqu'elles ont franchi le *rayon-frontière*, tandis que les marchandises prohibées ne sont pas couvertes par une semblable présomption, et que la saisie peut en être faite partout où on les trouve ; car il est certain qu'elles sont entrées en contrebande[2].

[1] Ce principe, vrai en général, n'a cependant pas été appliqué d'une manière absolue. Ainsi les laines, matière première des fabriques de drap, sont encore frappées d'un droit de 3 p. 100 *ad valorem*. Encore cette taxe a-t-elle été réduite par le décret du 19 janvier 1856, avant lequel elle s'élevait à 20 p. 100. De même, les cotons en laine, matière première de la filature et de la fabrique d'étoffes, payent encore 20 fr. par 100 kilog. Il n'y a d'exception que pour les cotons d'Inde ou d'Égypte, qui, d'après le décret du 5 janvier 1859, ne payent que 5 fr. par 100 kilog. La loi du 23 mai 1860 a réduit les droits sur le café de 60 fr. à 30 fr. par 100 kilog. ; pour les cafés étrangers elle a abaissé le droit de 95 à 42. Les droits sur le thé ont été réduits de 100 ou 150 fr. au taux uniforme de 75 fr. pour 100 kilogr.

[2] Loi du 28 avril 1816, tit. VI, art. 59 et suivants.

Les droits simplement *protecteurs* ont pour objet d'établir des conditions égales de concurrence entre les produits fabriqués de deux pays, de manière que l'invasion des marchandises du dehors n'ait pas pour effet d'éteindre notre industrie. Parmi ces droits, les uns sont établis sur la valeur des marchandises (*ad valorem*); l'estimation des objets se fait sur la déclaration des parties; mais les agents de la régie ont le droit, s'ils soupçonnent que la déclaration est frauduleuse, de prendre la marchandise au prix indiqué. Ce droit de *préemption* doit être exercé dans les trois jours pour les laines, et, dans les quinze jours, pour les autres matières; les délais passés, la perception du droit ne peut être faite que d'après la valeur déclarée. La denrée préemptée est vendue au compte de l'État[1]. Les agents de l'administration des douanes avaient autrefois droit à une part dans le bénéfice résultant de la préemption (loi du 4 floréal an IV); mais depuis l'arrêté du 10 juin 1848, la préemption s'exerce uniquement au profit de la régie.

Tous les droits ne sont pas établis *ad valorem;* le plus grand nombre sont établis sur des quantités, sans distinction de valeur vénale; quelques-uns sont perçus au poids. Les animaux, par exemption, supportent un droit par tête, suivant l'espèce à laquelle ils appartiennent, quels que soient leur poids et leur prix. C'est ce qu'on appelle les *droits spécifiques* par opposition aux droits *ad valorem.*

Enfin, certaines denrées payaient autrefois un droit presque insignifiant qui n'était ni un impôt ni une protection, mais seulement une manière de constater la quantité des importations et des exportations; c'est ce qu'on appelait un *droit de balance*, par allusion à la théorie célèbre connue sous le nom de *balance du commerce*[2]. Il était fixé à 25 cen-

[1] Lois du 4 floréal an IV et du 2 juillet 1836.

[2] Cette théorie aujourd'hui abandonnée ou à peu près, et connue aussi sous le nom de *système mercantile*, considérait comme une cause d'enrichissement national la supériorité des exportations sur les importations, parce que la différence était soldée en numéraire; or, le numéraire passait

times par 100 kilogrammes; mais aujourd'hui ce droit de balance n'existe plus. Il a été remplacé par un droit de statistique fixé à 10 centimes par colis sur les marchandises en futailles, caisses, sacs, ou autres emballages; à 10 centimes par 1,000 kilogrammes ou par mètre cube sur les marchandises en vrac et à 10 centimes par tête sur les animaux vivants ou abattus des espèces chevaline, bovine, ovine, caprine et porcine. Ce droit est indépendant de toute taxe et se perçoit à l'entrée et à la sortie même des matières non soumises aux droits de douane (loi du 22 janvier 1872).

Les marchandises importées doivent être déclarées au bureau de la douane où elles sont vérifiées; après la vérification, le conducteur des objets reçoit, contre payement des droits, une quittance avec laquelle les denrées peuvent librement voyager; cependant, le récépissé indique le bureau où le porteur devra se présenter pour faire contrôler son acquit.

Afin de prévenir, autant que possible, la fraude aux lois douanières, le législateur a déterminé une zone de quatre lieues qui s'étend parallèlement à la frontière, et qu'on appelle *rayon-frontière*. Cette partie du territoire est soumise à plusieurs règles spéciales; ainsi, aucune marchandise portée au tarif d'importation ou d'exportation ne peut circuler dans cet intervalle, sans être accompagnée d'un *congé* délivré par les agents de la douane. Lorsque les objets tarifés voyagent dans le *rayon-frontière*, avec destination sur

pour être la richesse par excellence. A beaucoup de points de vue, cette théorie était erronée. Il est cependant tel concours de circonstances où elle serait exacte. Que l'on suppose, par exemple, que par suite d'un énorme excédant d'importations, la sortie du numéraire soit tellement considérable, que ce qui en resterait dans le pays ne fût pas suffisant pour former le fonds de roulement nécessaire aux transactions de notre commerce, il en résulterait une gêne très-préjudiciable à notre industrie. Il est vrai que le numéraire ne tarderait pas à rentrer ramené par sa cherté même; mais, en attendant, il y aurait une crise commerciale et financière. — En Angleterre, on perçoit un droit de balance de 0 fr. 11 sur le blé ; quelque faible qu'il soit, ce droit produit 12 millions au trésor anglais par suite du nombre considérable des importations.

une localité située en France, il est délivré aux conducteurs des *passavants*, sans acquittement de droits. Du côté de la mer, le rayon-frontière appelé *maritime* s'étend le long de la côte à une distance déterminée; dans cet intervalle, les agents ont le droit de monter à bord et d'exiger des capitaines de vaisseaux la production de leur manifeste.

Comme pour les droits *d'entrée* le législateur a établi, en matière de douanes, la faculté d'*entrepôt* et de *transit*.

La faculté d'entrepôt consiste en ce que les marchandises sont déposées, en franchise provisoire, dans des magasins où elles sont placées sous la surveillance de l'administration ; l'entrepôt est *réel* ou *fictif*, suivant qu'il est fait dans les édifices publics sous la clef de l'administration, ou à domicile dans les magasins privés soumis à l'exercice des agents de la douane. La durée de l'entrepôt réel est de trois ans et celle de l'entrepôt fictif d'une année. Il faut que, dans ce délai, les marchandises soient réexportées ou que les droits soient acquittés. Sinon, les droits sont liquidés d'office et l'entrepositaire est sommé de retirer les marchandises. Si l'entrepositaire ne les retire pas, les denrées sont vendues et le prix est déposé à la caisse des dépôts et consignations, déduction faite des droits de douane.

Les denrées qui passent *en transit* empruntent seulement le territoire de la France pour se rendre à l'étranger ; comme elles ne font pas concurrence à notre industrie et qu'elles peuvent, au contraire, servir à développer notre *commerce des transports*, la loi serait faite bien aveuglément si elle frappait les marchandises en *transit* [1]. Aussi s'est-elle bornée à prendre des précautions pour éviter la fraude. Les conducteurs des denrées ou marchandises doivent se munir à l'entrée d'un *acquit-à-caution*, qui leur est donné moyennant l'engagement qu'ils contractent de faire sortir les marchandises par le point indiqué, et de représenter

[1] La loi du 9 février 1832 frappait le transit d'un droit de 25 centimes par 100 kilog. ou de 15 centimes par 100 fr. de la valeur, au choix du déclarant. Ce droit a été supprimé par l'ord. du 10 décembre 1842.

l'acquit-à-caution à peine de payer un droit quadruple et une amende [1].

Fabrication des cartes à jouer [2]. — Le droit sur les cartes était, d'après la loi du 7 août 1850, de 25 centimes par jeu de cartes à portrait français et de 40 centimes par jeu de cartes à portrait étranger. La loi du 4 septembre 1871, art. 5, a substitué à ces deux espèces de taxes un droit uniforme de 50 centimes par jeu, quel que soit le nombre des cartes, et quels que soient aussi la forme et le dessin des figures. L'importation des cartes étrangères est prohibée. — La fabrication des cartes françaises a été abandonnée à l'industrie privée ; les fabricants sont seulement tenus de faire déclaration à la régie, et ne peuvent s'établir que dans les villes où il existe une direction des contributions indirectes. L'administration leur délivre une *licence* qui donne lieu au payement d'un droit analogue à celui que payent les marchands de boissons (100 fr.) L'enveloppe de chaque jeu doit porter la marque du fabricant et le *contrôle* des agents de la régie, contrôle qui consiste dans l'apposition d'une bande à timbre sec. Les cartes qui ne portent pas ces marques et bandes ne peuvent pas circuler sous peine de contravention. Lorsque la vente n'est pas faite par le fabricant lui-même, elle ne peut être faite que par des agents commissionnés.

Le gouvernement s'est réservé la fourniture des moules et celle du papier filigrané ; à ce point de vue, c'est un véritable monopole et un impôt qui consiste dans la différence entre le prix de vente et le prix de revient.

Monopole du tabac [3]. — Ce monopole ne repose que sur des lois transitoires, dont la dernière a fixé le 1er janvier de l'année 1883 pour terme à ce régime ; mais on

[1] Voir, sur toute cette matière, la *Douane française*, par T. Duverger, ancien directeur des douanes, et spécialement le chapitre sur les *prohibitions*, pages 67 et suiv.

[2] *Lois administratives*, p. 790.

[3] *Id.*, p. 772.

peut, sans trop de hardiesse, prédire que de nouvelles prorogations seront accordées, ou peut-être qu'une loi mettra définitivement ce monopole parmi nos institutions financières [1]. La consommation de cette substance est tellement peu digne d'intérêt que, malgré les vices de l'impôt par voie de monopole, aucune réclamation sérieuse ne s'est élevée contre la vente des tabacs par l'État. Indépendamment de l'intérêt du trésor, les consommateurs n'ont eu jusqu'à présent qu'à se louer du monopole de la fabrication ; car l'expérience des pays où la fabrication est abandonnée à l'industrie privée a prouvé que les acheteurs n'avaient rien à attendre de la liberté de cette industrie, au point de vue de la bonté de la consommation.

Voici quels sont les caractères qui distinguent cet impôt : 1° L'importation des tabacs étrangers est, en général, prohibée, à moins qu'elle ne soit faite pour le compte de la régie ; une loi a même disposé que les quatre cinquièmes au plus de l'approvisionnement seraient demandés à la production indigène, de telle sorte qu'un cinquième, au moins, doit être fourni par la production exotique. Quelques exceptions permettent aussi l'importation pour les particuliers, à la charge par eux d'acquitter les droits d'importation. 2° La culture du tabac n'est permise que dans certains départements déterminés ; elle est autorisée provisoirement et à titre d'essai sur quelques autres points. Les produits doivent en être vendus à la régie ou exportés. La vente est faite par des agents commissionnés aux prix fixés par l'administration. Quant à l'impôt, il consiste dans la différence entre le prix de vente et le prix de fabrication, déduction faite d'une somme représentant le bénéfice probable que ferait l'industrie privée, si la fabrication du tabac était libre [2].

Le prix de vente a été fixé, par la loi du 29 février 1872,

[1] Loi du 22 décembre 1872.

[2] Il y a, en France, 14 manufactures qui alimentent 359 entrepôts ; la vente au détail est faite dans plus de trente mille débits. Les débitants achètent leurs approvisionnements aux entreposeurs.

à 12 fr. 50 par kilogr. pour les tabacs ordinaires que la régie vend aux consommateurs. — La même loi, art. 2, fixe le prix des scaferlati et rôles de cantine et des tabacs à fumer ou mâcher destinés aux troupes de terre et de mer.

Poudres et salpêtres [1]. — Appliqué à la fabrication de ce produit, le monopole se justifie principalement par des raisons tirées de la sûreté publique et très-accessoirement par des motifs de fiscalité (loi du 13 fructidor an V). En effet le produit de la fabrication et de la vente privilégiée de ces matières est à peu près insignifiant, si on le compare à celui des tabacs et des postes. La fabrication est dans les attributions du ministère de la guerre; la vente des poudres de chasse et de mine est confiée à l'administration des contributions indirectes [2].

Postes. — Le transport des dépêches est tellement lié à l'ordre public et aux besoins essentiels d'une société civilisée, que le monopole soit directement par les agents de l'État, soit indirectement par une compagnie concessionnaire et privilégiée, sera considéré comme une nécessité par tout esprit pratique. Sans cela, jamais un service régulier ne serait assuré avec des entreprises commerciales, exposées aux hasards de la concurrence. Continu sur les grandes lignes, le transport des dépêches serait délaissé sur les voies qui conduisent aux hameaux isolés; c'est grâce au monopole de l'État que le service rural a pu être organisé ; il ne l'aurait jamais été par l'industrie privée, qui ne dépasse pas les limites de l'intérêt personnel et ne s'élève pas aux considérations d'ordre et d'intérêt général.

[1] *Lois administratives*, p. 782-790 et 1300 à 1305.

[2] La loi du 7 août 1850 a fixé le prix des poudres de la manière suivante :

Poudre de chasse fine,	le kilogr	....	9 fr. 50
— superfine,	—	....	12
— extra-fine,	—	....	15 fr. 50

L'art. 11 de la loi du 4 septembre 1871 porte : « Le prix actuel des diverses espèces de poudres de chasse est doublé. » Cette loi a été abrogée par celle du 25 juillet 1873.

Le droit sur les dépêches consiste dans une taxe uniforme, quelle que soit la distance entre le lieu d'expédition et le lieu de la destination ; il s'élève seulement avec le poids de la dépêche ; en outre, les lettres non affranchies payent une surtaxe. Celles qui portent un timbre insuffisant sont considérées comme non affranchies ; on précompte cependant, sur le prix à payer, la valeur du timbre. Soit une lettre pesant plus que le poids réglementaire, non affranchie, elle payerait 60 centimes. En déduisant 25 centimes, prix du timbre insuffisant, le destinataire aura à payer 35 centimes [1].

Le monopole du transport par l'administration des postes s'applique à tous les écrits, sauf les exceptions énumérées dans la loi. Les exceptions sont assez nombreuses ; mais le principe du privilége n'en est pas moins la règle à suivre pour tous les cas qui n'ont pas été formellement exceptés par la loi [2].

La conversion de l'ancienne taxe *proportionnelle à la distance* en une taxe uniforme a été critiquée comme contraire à l'équité qui demande que la rémunération soit proportionnée au service. Mais cette objection tombe devant l'observation bien simple que chacun expédie des lettres à des distances fort diverses, et que la même personne qui aujourd'hui paye trop cher se rédimera demain en ne payant pas assez [3].

[1] Le tarif postal actuellement en vigueur a été établi par la loi du 24 août 1871. Il vient d'être modifié en quelques points à la suite et comme conséquence du traité postal conclu entre les grandes puissances après les conférences de Berne (Loi et décret du 3 août 1875).

[2] Voir l'art. 1217 de l'instruction générale du ministre des finances sur le service des postes, du 20 décembre 1855. La loi du 25 juin 1858, art. 2, a excepté du monopole de la poste les journaux, recueils, annales, mémoires et bulletins périodiques, uniquement consacrées aux lettres, aux sciences, aux arts, à l'agriculture, à l'industrie lorsqu'ils sont réunis en paquets dont le poids dépasse 1 kilog.

[3] M. Clément, *Revue européenne* du 15 juin 1858. La loi du 15 mars 1827 avait établi la progression suivante du prix de transport d'après la distance kilométrique :

Si une dépêche vient à s'égarer, l'administration n'est pas, en général, responsable de la perte ; elle ne l'est que si la lettre a été chargée, et encore la loi a limité sa responsabilité à 50 francs, quelle que soit la valeur des papiers que contient l'enveloppe [1]. La loi ne faisant aucune différence entre la perte simple et la perte provenant d'une soustraction frauduleuse, une jurisprudence administrative constante a décidé que la responsabilité de l'administration n'était pas plus étendue en cas *d'infidélité* qu'en cas de *négligence* de ses agents. La loi du 4 juin 1859 a permis le transport par lettres recommandées ou chargées des billets de banque, coupons et autres effets. Si la lettre est recommandée ou chargée, mais sans déclaration de la valeur incluse, l'administration ne doit, en cas de perte, qu'une indemnité de 50 fr. Elle doit, au contraire, toute la somme, si déclaration a été faite sur la lettre ; mais la valeur déclarée ne peut pas dépasser 2,000 fr. Si la lettre n'était pas recommandée, l'insertion des billets constituerait une contravention punissable.

Impôt sur les allumettes chimiques. — La loi du 2 août 1872 a créé, au profit de l'État, un nouveau monopole ; c'est celui qui a pour objet l'achat, la fabrication et la vente des allumettes chimiques dans toute l'étendue du territoire. La loi ne s'est pas bornée à créer le monopole ; elle a de plus donné à l'État le choix entre l'exploitation directe en régie et l'exploitation par concession à une compagnie. C'est

Jusqu'à 40 kilom. inclusivement	0f,20
De 40 à 80	0,30
De 80 à 150	0,40
De 150 à 220	0,50
De 220 à 300	0,60
De 300 à 400	0,70
De 500 à 500	0,80
De 500 à 600	0,90
De 600 à 750	1,00
De 750 à 900	1,10
Au-dessus de 900	1,20

[1] Loi du 5 nivôse an V, art. 14.

le dernier système qui a été adopté et à la suite d'enchères par soumissions cachetées, le monopole a été conféré à une compagnie qui s'est engagée à payer au Trésor une somme de 16 millions par an. Nous sommes ainsi rentrés dans le système qui avait été tant blâmé au dix-huitième siècle, de la *ferme des impôts* [1].

Voitures publiques. — La loi du 9 vendémiaire an VI avait établi sur les voitures publiques partant à jour et à heures fixes, pour des lieux déterminés, une taxe équivalant au dixième du prix des places, sous déduction d'un quart pour indemnité des places vides. Une loi du 5 ventôse an XII avait étendu le droit du dixième aux marchandises transportées par les voitures. Ce droit a été maintenu par la loi du 25 mars 1871. Quant aux voitures publiques qui ne font pas un service régulier, elles ont été, pour tenir lieu du dixième, assujetties à une taxe fixe dont le tarif gradué, d'après le nombre des roues et des places, varie entre un minimum de 40 fr. et un maximum de 150. La taxe est due pour toutes les voitures publiques qu'elles soient suspendues ou non suspendues.

Indépendamment de cette taxe, dont le produit revient au Trésor, les voituriers doivent aux maîtres de poste dont ils n'emploient pas les chevaux, un droit de 25 centimes par poste et par cheval [2].

Les chemins de fer payent le dixième du prix des places des voyageurs et du transport des marchandises lorsqu'elles

[1] Maximum du prix des allumettes chimiques fixé par la loi du 2 août 1872.

Allumettes en bois.

Par kilogramme	2f,20
Par boîte de 150	0,10
Par boîte de 60	0,05

Allumettes en cire.

Par boîte de 40	0,10

[2] Loi du 5 ventôse an XII. Cette obligation n'incombe pas à ceux qui voyagent à petites journées avec les mêmes chevaux, des voitures de place ou des voitures non suspendues (art. 1er de la loi). V. *Lois administratives*, p. 90.

sont transportées par la grande vitesse (Loi du 15 juillet 1855, art. 3).

La loi du 16 septembre 1871 a établi une taxe additionnelle de 10 p. 100 sur le transport des voyageurs, et sur le transport des marchandises par grande vitesse, et la loi du 21 mars 1874 a créé une taxe de 5 p. 100 sur le transport des marchandises par petite vitesse. Il y a exemption pour les marchandises qui passent en transit d'une frontière à l'autre et pour celles qui sont directement expédiées à l'étranger (V. décret du 22 mai 1874).

Navigation [1]. — Le droit de navigation est perçu sur les fleuves, rivières et canaux navigables d'après la loi du 9 juillet 1836 et le décret du 9 février 1867. Une première distinction établit deux catégories de voies navigables : 1° les rivières et canaux assimilés aux rivières ; 2° les canaux et rivières assimilées aux canaux. Une deuxième distinction sépare les marchandises en deux classes, de sorte que le tarif varie suivant la classe de la voie navigable et celle de la marchandise transportée.

MARCHANDISES	FLEUVES, RIVIÈRES ET CANAUX assimilées aux rivières — Par kilomètre.	CANAUX ET RIVIÈRES assimilées aux canaux — Par kilomètre.
De 1re classe, par tonne....	Deux millimes.	Cinq millimes.
De 2e classe, par tonne.....	Un millime.	Deux millimes.
Bois, par mètre cube d'assemblage, sans déduction du vide................	Deux millimes.	Deux millimes.

Les marchandises de première classe sont énumérées dans l'art. 2 du décret du 9 février 1867. Toutes celles qui ne font pas partie de cette énumération composent la deuxième classe.

[1] *Lois administratives*, p. 806.

Droit sur les papiers. — La loi du 4 septembre 1871 a établi un droit sur les papiers de toutes sortes, droit qui est payable à l'enlèvement. L'art. 7 distingue trois espèces de papiers et à ces trois espèces de papiers correspondent trois tarifs. 1° Un droit de 15 fr. p. 100 kilogr. sur les papiers à cigarettes, papiers-soie, papiers-pelure, papiers parchemin, papiers à lettres, en toute qualité et de tout format; 2° 10 fr. par 100 kilogr. sur les papiers à écrire, à imprimer, à dessiner, papiers à musique et assimilables; 3° 5 fr. par 100 kilogr. sur les papiers d'enveloppe, d'emballage, cartons, papiers-cartons, tentures, papiers buvards [1].

Enregistrement [2]. — L'enregistrement est une formalité qui consiste dans la mention du jour où un acte a été présenté au receveur; il donne date certaine aux actes sous seing privé. Les actes notariés ont date certaine par eux-mêmes, et les officiers ministériels seraient seulement passibles d'une amende s'ils négligeaient de faire enregistrer les actes par eux reçus. Il ne faudrait pas dire cependant, comme on le fait souvent, que, dans ce dernier cas, l'enregistrement est un simple prétexte à impôt, puisqu'il n'est d'aucune utilité. Cette formalité est un contrôle qui empêche les fraudes et antidates postérieures à la présentation de l'acte notarié et, par conséquent, elle rend un service, sinon identique, du moins analogue à celui de la date certaine qu'elle donne aux autres actes.

Les taxes d'enregistrement ne sont pas, à la vérité, uniquement la rémunération d'un travail pour un service rendu; elles ont aussi le caractère d'un impôt. Si elles n'étaient que le prix d'une formalité utile, le tarif serait le même, quelle que fût l'importance des valeurs puisque la mention de l'enregistrement ne coûte pas plus de travail pour un acte portant sur une somme énorme que pour un acte relatif au plus mince intérêt; or la loi distingue trois

1 Décret portant règlement d'administration publique du 28 novembre 1871 pour la perception du droit sur les papiers.

2 *Lois administratives*, p. 483-633.

espèces de droits : 1° les *droits fixes ;* 2° les *droits fixes gradués ;* 3° les *droits proportionnels.* Jusqu'à la loi du 28 février 1872, on ne distinguait que les droits fixes et les droits proportionnels, les premiers uniformes, quelle que fût la somme et les autres à raison de tant pour cent des valeurs qui faisaient l'objet de l'acte. C'est la loi du 28 fevrier 1872 qui, pour certains actes, a élevé le tarif du droit fixe, à mesure que la somme s'élève. Mais comme il n'est pas établi à tant pour cent on ne peut pas le confondre avec les *droits proportionnels.* Les droits fixes, même ceux qui ne sont pas gradués, quoiqu'ils puissent, à plus juste titre, être considérés comme le prix d'un service, ne sont pas exempts du caractère fiscal, puisqu'ils ne sont pas uniformes, et qu'ils s'élèvent ou s'abaissent suivant la *nature de l'acte.*

La loi ne soumet qu'au droit fixe les actes qui ne portent ni mutation, ni obligation, ni libération, ni condamnation, ni collocation ; en général, au contraire, les actes qui produisent un de ces effets sont tarifés proportionnellement. Mais il y a cette différence entre le droit proportionnel et le droit fixe que le premier n'est dû qu'autant qu'il a été établi par une disposition expresse, tandis que le second est toujours exigible soit en vertu de l'article du tarif où il est *nommément* porté, soit en vertu d'une disposition générale qui taxe à un droit uniforme les *actes innommés* [1].

Quant aux droits fixes gradués ils ne sont dus que sur les actes énumérés dans l'art. 1er de la loi du 28 février 1872 et ne sont pas exigibles dans les cas où la loi garde le silence.

[1] La loi du 22 frimaire an VII (art. 68, § 1, n° 51) soumettait au droit fixe de 1 fr. tous le s*actes innommés* civils, administratifs, judiciaires ou extrajudiciaires. Mais la loi du 18 mai 1850 (art. 8) l'a élevé à 2 fr. pour les actes *civils* et *administratifs*. Il résulte de là que les actes *judiciaires* innommés et *extrajudiciaires* étaient demeurés soumis à l'ancien tarif de 1 fr. La loi du 28 février 1872, art. 4, a doublé les droits fixes pour tous les actes judiciaires, civils et administratifs. La loi du 19 février 1874, art. 2, a également doublé les droits fixes sur les actes extrajudiciaires,

Tantôt le droit n'est dû qu'autant que l'acte est présenté à l'enregistrement, de telle sorte que si les parties le retiennent, les agents de l'administration ne peuvent pas le rechercher ; tantôt, au contraire, le droit est exigible même lorsque les parties ne présentent pas l'acte au receveur, et celui-ci a le droit de faire la preuve de l'opération qui est sujette à la taxe. Dans le premier cas, la taxe s'appelle *droit d'acte*, et dans le second, droit de *mutation ;* celui-ci n'est en effet exigible, comme l'indique son nom, qu'en cas de transmission entre-vifs, soit à titre onéreux, soit à titre gratuit ou de mutation par décès, soit *testamentaire*, soit *ab intestat.*

Pour la perception des droits proportionnels, il ne suffit pas de connaître le tarif fixé par la loi ; il faut encore savoir sur quelle somme la taxe doit être *assise.* La loi du 22 frimaire an VII a tracé à ce sujet des règles nombreuses dont l'étude exigerait des développements considérables; nous ne rappellerons que les principales.

En matière d'obligation, la taxe est due sur les sommes portées dans l'acte. Si l'engagement était de payer une rente perpétuelle ou viagère, elle serait perçue sur le capital *constitué* ou *aliéné* dans les contrats de constitution à titre onéreux. On voit que, malgré la différence qui sépare ces deux espèces de rentes, le législateur a établi une règle qui leur était commune ; il n'y avait pas d'inconvénient à disposer ainsi, puisque le capital exprimé aura été fixé par les parties d'après la valeur de la rente viagère, c'est-à-dire d'après les chances de mortalité ; la loi ne pouvait prendre pour base de liquidation du droit que l'estimation faite par les intéressés eux-mêmes. Mais il était impossible d'adopter la même règle, dans le cas où le capital de la rente n'est pas exprimé, comme cela se fait ordinairement pour les constitutions à titre gratuit. L'impôt alors a pour base un capital égal à vingt fois la prestation annuelle pour les rentes perpétuelles, et à dix fois pour les rentes viagères[1].

[1] Art. 14, nos 6 et 7, de la loi du 22 frimaire an VII.

En matière d'aliénations immobilières à titre onéreux, la taxe est exigible sur les prix et les charges accessoires qui en sont considérées comme une augmentation [1]. Si le prix était inférieur à la valeur réelle, les agents de la régie auraient le droit de demander une expertise pour établir la véritable valeur vénale ; le supplément de droit pour la différence établie par l'estimation serait dû, alors même que le prix véritable aurait été déclaré, en cas de vente faite à vil prix. Quoique rigoureuse, cette disposition était cependant indispensable, parce qu'il n'y a aucun moyen de savoir si l'acquéreur a ou n'a pas reçu, de la main à la main, la différence entre le prix réel et le prix déclaré ; comme c'est là une opération mystérieuse dont il ne reste aucune trace, il fallait prendre pour base l'évaluation par experts : *dura lex, sed necessaria lex.*

Si la vente a des meubles pour objet, le droit n'est dû que sur le prix déclaré, et cette déclaration n'admet pas le contrôle de l'expertise (art. 15, 16 et 17 de la loi du 22 frimaire an VII).

[1] Le droit proportionnel est de 4 p. 100. Mais il y faut ajouter le droit de transcription (1 fr. 50 p. 100 en sus) lorsque l'acte de vente est de telle nature que l'acquéreur avait, antérieurement à la loi du 23 mars 1855 sur la transcription, intérêt à faire transcrire l'acte. D'après l'art. 12 de la nouvelle loi, les actes qui n'étaient pas, avant sa promulgation, soumis au droit proportionnel de transcription, doivent être enregistrés au droit fixe de 1 fr. Au point de vue fiscal, elle a donc conservé l'ancien état de choses ; or d'après l'art. 54 de la loi du 28 avril 1816, le droit de transcription était exigible, même quand l'acquéreur ne faisait pas transcrire, s'il avait intérêt à faire transcrire, spécialement toutes les fois qu'il était l'ayant cause d'un acquéreur qui avait pu valablement constituer des hypothèques sur l'immeuble et qu'il y avait lieu d'en poursuivre la purge. Exemple : Primus vend à Secundus l'immeuble A, et l'acquéreur se met en possession. Il est dû 4 + 1 fr. 50 = 5 fr. 50 p. 100 pour droit de mutation et de transcription. Secundus ne paye pas son prix, et Primus obtient la résolution fondée sur l'art. 1184 du Code civil. D'après l'art. 12 de la loi du 27 ventôse an IX, interprété par la jurisprudence, il est dû un nouveau droit de mutation de Secundus à Primus. Mais ce droit de 4 p. 100 ne sera pas augmenté de 1 fr. 50 pour transcription ; car la résolution ayant lieu rétroactivement emporte l'extinction de tous les droits conférés par Secundus, et rend la purge inutile.

Une exception à cette règle a été faite par la loi du 28 février 1872, art. 7 et 8 pour les cessions de fonds de commerce. Les mutations à titre onéreux des fonds de commerce ou de clientèle sont soumises à un droit d'enregistrement de 2 francs p. 100. A défaut d'acte de mutation il y est suppléé par la déclaration des parties et à défaut de déclaration par expertise. L'insuffisance du prix de vente peut également être constatée par expertise.

Quant aux transmissions à titre gratuit, par décès ou entre-vifs, l'assiette du droit varie suivant qu'il s'agit de mutations mobilières ou de mutations immobilières. Pour celles-ci, le droit est perçu sur un capital égal à vingt fois le revenu de l'immeuble, quelle que soit la valeur vénale. Le revenu, en cas de contestation, est fixé par experts, d'après tous les moyens de preuve, et non d'après les mentions de la matrice cadastrale, dont chaque jour les chiffres sont de plus en plus en disproportion avec le revenu réel; le cadastre n'est donc qu'un des éléments d'appréciation à consulter. Il résulte de là que des terrains ayant une valeur vénale considérable, à cause de leur situation, ne seraient taxés, en cas de donation ou de succession, que sur un faible capital déterminé d'après le revenu, tandis que s'ils étaient vendus, le droit serait proportionnel au prix d'achat.

Pour les transmissions mobilières à titre gratuit, le droit est perçu sur la valeur en capital d'après la déclaration des parties.

Si la déclaration relative à une succession mobilière était fausse, l'administration aurait-elle le droit de démontrer la fraude ? — Il faut décider qu'elle le pourrait, puisque la loi prononce des peines fiscales ; mais comment la fraude sera-t-elle établie ? (art. 39 de la loi du 22 frimaire an VII). La preuve de la fraude résulterait suffisamment de mentions ou évaluations faites par les parties elles-mêmes dans d'autres actes. La Cour de cassation a, dans plusieurs arrêts, décidé qu'il fallait admettre les preuves du droit commun, tels que preuve testimoniale, interrogatoire sur faits et articles, etc., etc. Mais l'administration ne fait pas usage de ces moyens, qui ne sont pas conformes à l'esprit des lois fiscales. Elle ne recherche les contribuables que dans les cas où les parties, se trahissant elles-mêmes, contredisent leur déclaration par des mentions portées dans d'autres actes. La jurisprudence de la Cour de cassation elle-même décide aujourd'hui que la preuve testimoniale et autres moyens de droit commun ne sont pas applicables [1].

Les dons manuels n'étaient soumis à aucun droit avant la loi du 18 mai 1857, et les parties pouvaient en faire la déclaration dans un acte authentique sans qu'il y eût lieu à la perception *ex post facto* du droit de mutation ; mais la loi du 18 mai 1857 a soumis le don manuel, une fois déclaré, au droit qui aurait été exigible s'il avait été fait primitivement d'une manière ouverte.

Cette même loi a fait disparaître, en matière de donations ou de successions, la différence de tarif qui distinguait antérieurement les meubles des immeubles, pour la plupart des transmissions à titre gratuit.

Par une disposition favorable au mariage, le législateur a voulu que le tarif fût réduit de moitié pour les donations faites par contrat de mariage ; d'un autre côté, par une gradation conforme à la nature des choses, il a élevé le droit à mesure que le degré de parenté s'éloignait, frappant avec modération sur la ligne directe, plus fort sur la ligne collatérale, avec moins de ménagement encore sur les étrangers.

Aux termes de l'art. 60 de la loi du 22 frimaire an VII, « tout droit d'enregistrement *régulièrement perçu* ne pourra « être restitué, quels que soient les événements ultérieurs. » C'est de toutes les dispositions celle qui donne lieu aux plus graves difficultés ; elle touche à toutes les parties du droit,

[1] M. Gabriel Demante (*Exposition raisonnée*, p. 729 de la 2e édition). La Cour de cassation qui, par un arrêt du 24 mars 1846, admettait les preuves de droit commun, a, dans un arrêt postérieur du 29 février 1860, adhéré à la doctrine énoncée au texte.

et un commentaire complet de cet article serait un véritable traité d'enregistrement.

Si l'acte est non existant, par exemple, s'il s'agit d'une donation non acceptée ou irrégulière en la forme, il n'y a pas lieu d'exiger le droit, et les sommes payées doivent être restituées. Mais en serait-il de même si l'acte était seulement entaché d'une nullité provenant, par exemple, du défaut de capacité ou d'un vice du consentement pour erreur, dol ou violence ? — Nullement. Quoique affecté d'un vice irritant, le contrat produit ses effets tant qu'il n'est pas annulé, et il dépend de l'une des parties de le maintenir, en n'agissant pas par voie d'action en nullité ; le droit a donc été régulièrement perçu et, par conséquent, l'annulation est un de ces événements ultérieurs qui n'entraînent pas, aux termes de l'art. 60, la restitution des sommes payées.

La nullité relative et la nullité absolue, quoique différentes, ont ce caractère commun qu'elles sont *radicales*, c'est-à-dire qu'elles anéantissent le contrat radicalement ou *à principio*, de sorte que l'annulation rétroagit au moment où l'acte a été fait et ne se borne pas à produire des effets du jour où elle a été prononcée. Cette observation est importante, parce que l'art. 68 § 3, n° 7 de la loi du 22 frimaire an VII ne soumet qu'à un droit fixe les jugements qui prononcent la *nullité radicale* d'un acte. Si donc il s'agissait d'une nullité non rétroactive, le jugement serait considéré comme créant un état de choses nouveau et, par conséquent, paisible du droit proportionnel. La rescision pour cause de lésion de plus des 7/12 sur une vente immobilière devrait être considérée comme une *nullité radicale* puisque cette cause de rescision produit rétroactivement ses effets à l'encontre des tiers. Cependant la pratique contraire, appuyée sur une jurisprudence fort ancienne de la Cour de cassation, est constamment suivie par l'administration. Cette doctrine se fonde sur ces deux motifs principaux : 1° Il n'y a ni nullité radicale ni même nullité quelconque, puisqu'on est obligé d'arguer l'acte de lésion ; 2° l'acte n'est pas nul, puisque aux termes de l'art. 1681 C. Civ. l'acquéreur peut garder la chose en payant le supplément du prix [1].

Si l'événement ultérieur qui anéantit l'acte consiste dans la résiliation d'un contrat valable, non-seulement le droit perçu à l'origine n'est pas restituable, mais encore il peut y avoir lieu, suivant les cas, à la perception d'un nouveau droit de mutation.

Pour savoir quand le nouveau droit sera dû, il faut distinguer entre le cas où la résolution restaure l'aliénateur dans son droit primitif (*ex causâ primævâ et antiquâ*) et celui où il redevient propriétaire à partir du jour de la résolution seulement (*ex causâ novâ*) ; dans la première hypothèse, le premier droit n'est pas restituable, à la vérité ; mais comme il n'y a pas retranslation, un nouveau droit proportionnel n'est pas exigible ; dans la seconde, la mutation est conservée et il s'en opère une nouvelle qui est passible du droit proportionnel. — Le donateur qui fait résoudre sa donation pour inexécution des conditions ou pour survenance d'enfants ne doit pas un second droit de mutation, puisque la résolution s'opère rétroactivement (*ex tunc*). Que si, au contraire, elle était prononcée pour ingratitude, il y aurait véritablement retranslation en vertu du jugement et, par conséquent, nouveau droit proportionnel.

La résolution qui a lieu en vertu d'une clause expresse insérée au contrat, produit son effet rétroactivement, et par conséquent ne donne pas lieu à la perception d'un second droit de mutation. Il en devrait être de même de la condition résolutoire tacite qui est sous-entendue dans tous les contrats synallagmatiques (art. 1184 C. Civ.), et spécialement de la résolution de la vente pour défaut de payement

[1] Arrêts des 5 germinal an XIII, 17 décembre 1811, 11 novembre 1833 ; tribunal de la Seine, 7 décembre 1848. Merlin (*Répert.*, v° *Enregist.*, § 2) et M. Laferrière (t. II, p. 117) se prononcent dans le sens de cette jurisprudence qui est combattue par MM. Championnière et Rigaud, ainsi que par M. Demante (*Exposition raisonnée*, 2° édit., t. I, p. 206 et suiv., n°s 239 et suiv.).

du prix. Mais cette conséquence n'a pas été adoptée parce que, sous la forme d'une action en résolution pour défaut de payement de prix, il serait facile aux parties de connivence de dissimuler la *résiliation d'une vente consommée*. Or le résiliement volontaire est considéré comme une seconde mutation sujette au droit proportionnel de mutation, lorsqu'il n'est pas fait dans les vingt-quatre heures en vertu d'une clause expresse par laquelle l'acquéreur se réserve la faculté d'élire command [1]. Cependant, dans le cas de résolution prévu par l'art. 1184 du C. Civ., le nouveau droit proportionnel ne serait pas dû si l'acquéreur n'avait pas été mis en possession, exception qui peut sembler être en contradiction avec le principe que la propriété se transfère par le seul consentement, mais qui résulte de l'art. 11 de la loi du 27 ventôse an IX [2].

La *folle enchère* et la *surenchère* ont pour effet de résoudre la première adjudication ; en cas de folle enchère, l'adjudicataire fol enchérisseur demeure obligé envers la régie jusqu'à concurrence d'une somme égale aux droits exigibles pour le prix de l'adjudication par lui faite ; si la nouvelle adjudication dépasse la première, le supplément du droit de mutation est dû par le nouvel adjudicataire, et les sommes payées par le fol enchérisseur étant imputables sur les taxes exigibles, le fol enchérisseur peut répéter ce qu'il

[1] Pour qu'un deuxième droit de mutation ne soit pas dû en cas d'élection de command, les conditions suivantes sont nécessaires : 1° que la faculté d'élire ait été réservée dans l'adjudication ou le contrat de vente ; 2° que l'élection ait été déclarée dans un acte public ; 3° que cette déclaration ait été notifiée dans les vingt-quatre heures à l'administration. Le délai de vingt-quatre heures se compte d'heure à heure. Les avoués qui se portent adjudicataires dans les ventes judiciaires sont censés enchérir pour des commands. Ils peuvent élire command, pendant les trois jours qui suivent l'adjudication, par déclaration au greffe. Cette faculté leur appartient de plein droit, sans qu'il soit nécessaire d'insérer une réserve expresse dans l'adjudication. La loi n'exige pas non plus que la déclaration de l'avoué soit notifiée à l'administration.

[2] Cette disposition pouvait se concilier avec un état du droit où la tradition était indispensable à la translation de propriété.

a versé contre l'acquéreur définitif, à la décharge duquel il se trouve avoir payé. On voit par là qu'il n'est perçu qu'un seul droit proportionnel quoiqu'il y ait deux adjudications ; cela tient à ce que les enchères nouvelles ne sont pas la source d'une acquisition nouvelle, et qu'on les a considérées plutôt comme la continuation des premières.

Il en est de même en cas de surenchère ; la nouvelle adjudication couvre la précédente et, si les droits avaient été acquittés par l'adjudicataire primitif, il pourrait les répéter contre l'acquéreur définitif au profit duquel ils seraient imputés par la régie. Mais le surenchéri, qui n'aurait pas payé, ne serait pas, comme le fol enchérisseur, tenu envers la régie des taxes dues pour le premier prix. La raison de cette différence tient à ce que le fol enchérisseur est en faute d'avoir acheté, sachant qu'il ne pourrait pas payer, tandis que le surenchéri n'a rien à se reprocher.

Une autre règle très-importante, en matière d'enregistrement, consiste en ce que toutes les clauses portées dans le même acte doivent être taxées, lorsqu'elles sont indépendantes. Que si, au contraire, elles dépendaient les unes des autres, le droit ne serait exigible que sur la convention principale, non sur la clause dépendante accessoire. Exemple : une vente est faite à crédit et le payement du prix n'a lieu que plus tard; le droit de libération sera dû sur la quittance, indépendamment du droit de mutation pour vente. Que si, au contraire, l'acte de vente portait quittance, le droit de mutation serait seul dû, la libération étant une opération accessoire *dépendante* de la vente. Cet exemple peut faire saisir l'esprit de la règle; quant au point de savoir comment une clause dépendante se distinguera d'une clause *indépendante*, il serait difficile d'établir des principes certains, et c'est une matière qui est livrée au discernement des administrateurs et des juges[1].

[1] Art. 10 et 11 de la loi du 22 frimaire an VII. Cf. Gabr. Demante (*Exposition raisonnée*, 2e édit., t. I, p. 70 et suiv.).

Les règles générales sur la matière de l'enregistrement comportent trois espèces d'exceptions; on distingue en effet :

1° Les *actes exempts* de la formalité;

2° Les actes à *enregistrer gratis;*

3° Les actes à *enregistrer en débet.*

Certains actes ont été *exemptés* de la formalité de l'enregistrement, parce que les officiers dont ils émanent présentent assez de garanties pour qu'il n'y ait pas lieu de les contrôler, ou parce que leur importance n'est pas assez grande, ou enfin parce que leur nombre est tellement considérable, qu'il en résulterait de l'encombrement dans le service. De ce nombre sont les actes des assemblées législatives, les actes d'administration publique non formellement soumis au droit, les quittances des contributions directes, etc.[1].

D'autres actes doivent être *enregistrés gratis*, lorsqu'on les présente au receveur; cette exemption est fondée sur des considérations d'un autre ordre et ordinairement tirées de la faveur que méritent ou les parties ou les opérations dont il s'agit. Ainsi, les actes d'acquisition ou d'échange entre l'État et les particuliers, tous les actes faits pour arriver à l'expropriation pour cause d'utilité publique (art. 58 de la loi du 3 mai 1841), les actes d'exécution tendant au recouvrement des contributions publiques, etc., sont enregistrés gratis.

L'enregistrement gratis ne doit pas être confondu avec l'*enregistrement en debet*, qui donne naissance à une troisième catégorie d'actes traités exceptionnellement. Les droits pour l'enregistrement en débet sont dus conditionnellement, tandis que, dans le cas de l'enregistrement gratis, ils ne sont jamais exigibles. Ainsi, pour les procès d'assistance judiciaire, les actes présentés par le demandeur sont enregistrés en débet, et la régie peut en recouvrer le mon-

[1] Art. 70 de la loi du 22 frimaire an VII.

tant contre la partie qui succombe[1]. La partie poursuivante qui a obtenu l'assistance judiciaire est dispensée de faire l'avance des frais.

RÉSUMÉ DU TARIF :

Vente mobilière........................	2 fr. 0/0
Vente immobilière (droit de transcription compris)..............................	5 fr. 50 0/0
Rétrocession et *cession*.................	4 fr. 0/0
Le droit de transcription ne se confond plus ici avec le droit de mutation et n'est exigible que sur les actes de cession ou de rétrocession qui sont de nature à être transcrits.	
Réméré exercé dans le délai (quittance).....	0 fr. 50 0/0
Après le délai.........................	4 fr. 0/0
Résolution pour défaut de payement du prix.	
Avant la mise en possession............	Droit fixe.
Après la mise en possession............	4 fr. 0/0
Marché-Vente de meubles................	2 fr. 0/0
Marché-Vente d'immeubles................	2 fr. droit fixe.
Échange sans soulte.....................	2 fr. 50 0/0
Le droit est assis sur la valeur de l'un seulement des objets échangés.	
Avec soulte...........	4 fr. 0/0
Plus le droit de transcription sur le montant de la plus-value.	
Le droit de soulte n'est que de 1 0/0 dans les échanges qui sont faits aux conditions déterminées par l'art. 4 de la loi du 27 juillet 1870.	
Échange de meuble contre un meuble......	2 fr. 0/0
Échange de meuble contre un immeuble....	5 fr. 50 0/0
Dans le cas où l'opération paraîtra n'être au fond qu'une vente.	
Transactions..........................	
Si elles ne contiennent aucune stipulation de sommes ou de valeurs..............	Droit fixe.
Si elles contiennent une stipulation de sommes ou de valeurs....................	1 fr. 0/0
Si la condition est la translation d'une propriété mobilière.....................	2 fr. 0/0
— d'une propriété immobilière..........	4 fr. 0/0

[1] Loi du 22 janvier 1851 sur *l'assistance judiciaire*, art. 14.

Et de plus de 1 fr. 50 si l'acte est de nature à être transcrit.	
Société....................................	
Si l'acte de société ne contient ni obligation, ni libération, ni transmissions de biens meubles ou immeubles................	Droit fixe.
Baux....................................	0 fr. 20 0/0
Sur le total des loyers.	
Si le bail est illimité quant à la durée, le droit est de...........................	2 fr. 0/0
Si c'est un bail d'immeubles à rente perpétuelle, le droit est de..................	4 fr. 0/0
L'art. 11 de la loi du 23 août 1871 soumet au droit les locataires par bail verbal et exige la déclaration de la location par le preneur et, à son défaut, par le bailleur.	
Emphytéose................................	5 fr. 50 0/0
Marchés de travaux......................	1 fr. 0/0
Marchés de transports. — Lettres de voiture.	Droit fixe.
Bail de nourriture. — Limité..............	0 fr. 20 0/0
— Illimité..............	2 fr. 0/0
Antichrèse................................	2 fr. 0/0
Obligations................................	1 fr. 0/0
Cessions, transports et délégations..........	1 fr. 0/0
Constitution de rente à titre onéreux.......	2 fr. 0/0
Cautionnement............................	0 fr. 50 0/0
En sus du droit principal d'obligation fixé à 1 0/0.	
Effets négociables.........................	0 fr. 50 0/0
Lettre de change, si elle est irrégulière et réputée simple promesse................	1 fr. 0/0
Actions nominatives.......................	0 fr. 50 0/0
Actions au porteur........................	0 fr. 20 0/0 droit annuel[1]
Assurances maritimes.....................	0 fr. 50 0/0
Sur le montant des primes et accessoires de la prime.	
Assurances contre l'incendie, annuellement, 8 0/0 du montant des primes............ (Loi du 23 août 1871, art. 6).	8 fr. 0/0
Libération de sommes et valeurs...........	0 fr. 50 0/0
Décharge.................................	Droit fixe.
Quittance avec subrogation................	1 fr. 0/0
Atermoiements............................	0 fr. 50 0/0
Concordats...............................	Droit fixe.
Condamnation, collocation ou liquidation...	0 fr. 50 0/0

[1] Loi du 29 juin 1872, art 3.

Partage sans soulte...................... Droit fixe.
Avec soulte, on ajoute le droit de transmission mobilière ou immobilière.
Partage d'ascendant sans soulte............ 1 fr. 0/0
Avec soulte on ajoute le droit de transmission mobilière ou immobilière.
Le droit de transcription des partages, anticipés quand ils ont des immeubles pour objet, a été réduit à 0 fr. 50 p. 100 par la loi du 21 juin 1875.

Actes à titre gratuit. — Quant aux donations et successions, le droit est exigible d'après les tarifs portés au tableau suivant, que nous empruntons à l'ouvrage de M. Gabriel Demante :

LIGNE DIRECTE.

Donations entre-vifs :	1° par contrat de mariage.....	meubles..........	1 f. 25 p. 100
		immeubles........	1 25 + 1 50 = 2 75 p. 100
	2° hors contrat de mariage.....	meubles..........	2 50 p. 100
		immeubles........	2 50 + 1 f. 50 = 4 » —
	3° portant partage	meubles..........	1 » p. 100
		immeubles........	1 » p. 100 + 50 = 1 f. 50
Mutations par décès :	Quelconques (sans distinction de meubles ou d'immeubles		1 » —
	Dispositions testamentaires, avec charge de restitution (art. 1069 C. Nap.)...........	meubles......	1 » —
		immeubles....	1 » + 1 f. 50 = 2 f. 50

ÉPOUX.

Futurs par contrat de mariage, donations entre-vifs de biens présents...		meubles.....	1 f. 50
		immeubles...	1 50 + 1 50 = 3 f.
Donations entre époux pendant le mariage (art. 1096 C. Nap.).........		meubles.....	3 »
		immeubles...	3 » + 1 50 = 4 50 p. 100
Mutations par décès :	résultant de donations éventuelles ou de testament..........................	(sans distinction de meubles ou d'immeubles).	3 » —
	résultant de la loi (art. 767 C. Nap.)...	(sans distinction de meubles ou d'immeubles).	9 » —

COLLATÉRAUX.

N. B. Il n'y a désormais aucune distinction à faire, quant *à la fixation* des droits entre les meubles et les immeubles (loi du 21 avril 1832, art. 33, combinée avec celle du 18 mai 1850).

Frères et sœurs, oncles et tantes, neveux et nièces....	Donation *entre-vifs* par contrat de mariage.	4 f. 50 p. 100
	Autres transmissions....................	6 50 —
Grands-oncles et grand'-tantes, petits-neveux et petites nièces, cousins germains.	Donations *entre-vifs* par contrat de mariage.	5 » —
	Autres transmissions....................	7 » —
Parents au delà du 4e degré jusqu'au 12e degré.........	Donation *entre-vifs* par contrat de mariage.	5 50 —
	Autres transmissions....................	8 » —

PERSONNES NON PARENTES.

Donation *entre-vifs* par contrat de mariage......................	6 f. » p. 100
Autres transmissions..	9 » —

(*Expos. raisonnée*, 2e édit., p. 540, n° 575).

Une explication est nécessaire pour comprendre comment nous comptons le droit de transcription séparément pour les donations en ligne directe, tandis qu'il est confondu dans le droit de mutation pour les donations entre-vifs entre collatéraux et personnes non parentes. La loi du 23 mars 1855 est étrangère à la transcription des donations, puisque l'art. 939 du Code Napoléon exigeait déjà cette formalité ; il en résulte que la transcription des donations étant nécessaire *à l'égard des tiers*, avant la loi du 28 avril 1816, la donation d'immeubles a été comprise dans les actes de *nature à être transcrits*, d'après l'art. 54 de cette loi, et pour lesquels conséquemment le droit de 1 fr. 50 est exigible, même quand la partie néglige de remplir la formalité. « Mais postérieurement à la loi de 1816, dit M. Demante, le tarif des donations a été élevé par la loi du 21 avril 1832, et il a été reconnu que, pour toutes les donations comprises dans la loi de 1832, le droit proportionnel de transcription se trouvait fondu dans le droit d'enregistrement.

« L'art. 54 de la loi de 1816 se trouve donc écarté quant à ces donations, mais il reste applicable aux donations que n'a point touchées la loi de 1832, c'est-à-dire : 1° aux donations en ligne directe ; 2° aux donations entre-vifs que peuvent se faire les époux pendant le mariage, ou les futurs époux par contrat de mariage. — Il s'ensuit que pour ces deux dernières classes de donations, nonobstant la loi du 18 mai 1850 (art. 10), il subsiste encore une différence de tarif entre les meubles et les immeubles, puisque, en matière d'immeubles, le droit d'enregistrement doit être augmenté de 1 1/2 p. 100, en vertu de l'art. 54 de la loi de 1816. — Ne cherchez aucune explication rationnelle de ces incohérences, elles sont dues aux remaniements partiels de la législation en matière de transcription. « *Exposition raisonnée*, 2ᵉ édit., p. 562 et n° 601 *bis*.

Le droit fixe gradué est déterminé par l'art. 2 de la loi du 28 février 1872 : 5 fr. jusqu'à 5,000 fr., 10 fr. de 5,000 à 10,000 fr.; 20 fr. de 10,000 à 20,000 fr., et 20 fr., par chaque somme de 20,000 fr. ou fraction de 20,000. Le droit gradué ne s'applique pas à tous les actes, mais seulement à ceux qui sont compris dans l'énumération de l'art. 1ᵉʳ. Ces actes sont, savoir : 1° les actes de formation et de prorogation de société qui ne contiennent ni obligation, ni libération, ni transmission de biens meubles ou immeubles entre les associés ou d'autres personnes ; 2° les actes translatifs de propriété ou d'usufruit de biens immeubles dans les colonies ou dans les pays où le droit d'enregistrement n'est pas établi ; 3° les actes ou procès-verbaux de vente de marchandises avariées par suite d'événements de mer et de débris de navires naufragés ; 4° les contrats de mariage soumis actuellement au droit fixe; 5° les partages de biens meubles et immeubles entre copropriétaires, co-éritiers et associés; 6° les délivrances de legs; 7° les consentements à main levées d'hypothèques; 8° les prorogations de délais; 9° les adjudications et marchés dont le montant est payable par le Trésor public; 10° les titres nouvels et reconnaissances de rentes [1].

Timbre. — Le timbre est une taxe assise sur l'emploi du papier, et, en particulier, du papier destiné aux actes. On distingue le *timbre de dimension* et le *timbre proportionnel.* Le premier est fixé de la manière suivante d'après la grandeur du papier employé dans les actes :

Demi-feuille de petit papier........................	0f,50
Feuille de petit papier............................	1 ,00
Feuille de moyen papier............................	1 ,50
Feuille de grand papier............................	2,00
Feuille de grand registre..........................	3 ,00[2]

Ces droits ont été augmentés de deux décimes par l'art. 2 e la loi du 23 août 1871.

L'emploi de ce papier est obligatoire pour un grand nomre d'actes, et c'est dans cette obligation que consiste l'impôt du timbre. Sauf les exceptions formellement écrites dans a loi, le timbre est exigé pour les actes publics, — pour les ctes sous seings privés dont on veut faire usage, — pour les ettres de voiture, — les bordereaux du commerce, — les olices d'assurance, — les affiches et les passe-ports [3].

Le droit de timbre proportionnel est dû pour les effets de

[1] C'est par une déclaration estimative des parties et non d'après les règles péciales établies pour l'assiette du droit proportionnel d'enregistrement que valeur de la nue propriété ou de l'usufruit doit être déterminée pour la erception des droits gradués sur les contrats de mariage. Décision du onseil d'administration des 26 novembre et 17 décembre 1873.

[2] Loi de finances du 2 juillet 1862, art. 17.

[3] Loi du 13 brumaire an VII et du 16 juin 1824. L'art. 12 de la loi du 3 brumaire an VII énumère les actes sujets au timbre, et l'art. 16 ceux qui n sont exempts.

commerce, d'après la progression établie par la loi du 5 juin 1850. Voici les tarifs sur les effets de commerce.

A 0f,05	pour les effets	de	100	fr.	et au-dessous.
A 0,10	—	de	100	à	200 fr.
A 0,15	—	de	200	à	300
A 0,20	—	de	300	à	400
A 0,25	—	de	400	à	500
A 0,50	—	de	500	à	1,000
A 1,00	—	de	1,000	à	2,000
A 1,50	—	de	2,000	à	3,000
A 2,00	—	de	3,000	à	4,000

Et ainsi de suite, en suivant la même progression et sans fraction, à raison de 50 cent. par 1,000 fr. ou fraction de 1,000 fr. Ces droits ont été portés au double par l'art. 2 § 1 de la loi du 23 août 1871 et par l'art. 3 de la loi du 19 février 1874. Aussi, à raison de cette augmentation, les effets dont il s'agit ne sont pas soumis aux deux décimes d'augmentation qui a haussé tous les droits de timbre.

En cas de contravention, une double peine est encourue 1° l'amende [1] ; 2° le porteur d'une lettre de change no timbrée ou sur timbre insuffisant, perd tout recours contr les endosseurs et n'a d'action que contre le souscripteur[2]

La même loi établit un droit de timbre proportionne sur les titres ou certificats d'actions dans les compagnie ou sociétés, à raison de 50 cent. p. 100 pour les société ayant une durée de dix ans, et de 1 fr. pour 100 pour cel les dont la durée dépasse ce délai. Au moyen de cette taxe dont la compagnie est tenue de faire l'avance et qu'elle la faculté de remplacer par un abonnement annuel, l'ac tion pouvait, d'après la loi du 5 juin 1850, circuler et s transmettre sans qu'il y eût lieu d'acquitter aucun droit d

[1] Art. 4 de la loi du 5 juin 1850. L'amende est de 6 p. 100. — Pour l journaux périodiques, l'amende est de 50 fr. par feuille et de 100 fr. cas de récidive.

[2] Malgré la sévérité de cette disposition, la loi française est encore moi rigoureuse que la loi anglaise, d'après laquelle l'effet non timbré est n (V. art. 5 de la loi du 5 juin 1850).

cession. Mais une mesure postérieure, tout en maintenant le timbre proportionnel sur les actions, a frappé leur circulation; le droit sur la transmission est de 50 cent. p. 100 fr. pour la transmission ou la conversion des titres nominatifs, et de 20 cent. p. 100 fr. et par an pour les titres au porteur (Loi du 29 juin 1872, art. 3). Lorsque les titres sont nominatifs, la taxe de la transmission est exigible au moment où le transfert s'opère sur les registres de la société. Ce mode de perception n'étant pas applicable aux actions au porteur, le législateur a disposé que le droit, en ce qui concerne cette espèce de titres, serait converti en une taxe annuelle de 20 c. 100 du capital évalué par leur cours moyen, pendant l'année précédente (Loi du 29 juin 1872, art. 3).

Les titres d'obligations souscrits par les départements, les communes, les établissements publics et les compagnies, lorsqu'ils sont négociables sans application des art. 1690 et suiv. du C. civ. payent un droit de 1 pour 100 sur le capital. L'avance en est faite par la compagnie ou l'établissement public [1].

Comme en matière d'enregistrement, on distingue :

1° Les actes timbrés en débet. — Exemple, ceux qui doivent être produits dans un procès engagé par une personne pourvue de l'assistance judiciaire.

2° Les actes timbrés gratis. Dans cette catégorie se trouvent les actes d'acquisition ou d'échange faits par l'État, les actes nécessaires pour l'expropriation d'utilité publique (art. 58 de la loi du 3 mai 1841), les actes nécessaires au mariage des indigents, les actes nécessaires à la légitimation de leurs enfants.

3° Les actes exempts du timbre. De ce nombre sont les avis, prospectus et annonces, les feuilles et écrits périodiques consacrés aux sciences et aux arts.

[1] Loi du 5 juin 1850, art. 27.

IMPÔTS DÉPARTEMENTAUX ET COMMUNAUX.

Les impôts départementaux consistent uniquement dans l'addition de quelques centimes additionnels au principal des contributions directes. Au contraire, l'impôt communal présente une variété qui, toutes proportions changées, le fait ressembler à l'impôt général de l'État. Nous y trouvons en effet comme contributions directes : 1° Les centimes additionnels communaux ; 2° les prestations pour les chemins vicinaux ; 3° la taxe des chiens ; 4° quelques autres taxes, telles que celle du pavage. Les contributions indirectes y sont représentées par les taxes d'octroi sur les objets de consommation locale, et par quelques autres droits tels que ceux de voirie.

Centimes additionnels départementaux. — Les centimes additionnels départementaux sont de plusieurs espèces, car on distingue :

1° Les centimes additionnels ordinaires ou législatifs ;

2° Les centimes spéciaux ;

3° Les centimes extraordinaires.

Les centimes ordinaires sont *établis* chaque année par la loi générale des finances, et perçus sans que le conseil général ait eu à délibérer à ce sujet. La loi de finances les ajoute, chaque année, au principal des deux contributions foncière et personnelle mobilière. Leur produit est porté au budget des recettes du département, et le conseil général vote sur leur emploi [1]. Les centimes extraordinaires ne peuvent, au contraire, être levés qu'en vertu d'une délibération formelle. Si le nombre des centimes additionnels ne dépasse pas le maximum fixé par la loi annuelle de finances, la délibération est exécutoire sans qu'aucun acte d'homologation soit nécessaire. Que si, au contraire, il faut dépasser l

[1] Lois des 18 avril 1831, art. 14 et du 20 juillet 1837, art 3.

maximum, la délibération du conseil général doit être approuvée par une loi spéciale.

Sur les centimes additionnels ordinaires, une partie (7 centimes additionnels) avait, avant la loi du 18 juillet 1866, pour objet la constitution du *fonds commun*. Le fonds commun était destiné à venir en aide aux départements les moins riches, dont quelques-uns ne pouvaient pas couvrir leurs *dépenses ordinaires* sans voter un nombre écrasant de centimes additionnels. Sa répartition était faite par décret, rendu sur la proposition du ministre de l'intérieur. Son produit était exclusivement affecté aux dépenses ordinaires. La loi du 10 mai 1838, art. 17, 2e §, permettait de consacrer aux travaux extraordinaires des départements une partie du fonds commun dans la mesure fixée annuellement par la loi de finances; c'est ce qu'on appelait le *second fonds commun*, qui a disparu de notre législation depuis 1853 [1]. Le deuxième fonds commun n'a jamais été supprimé d'une manière absolue. Seulement les lois de finances ont cessé d'en faire mention et ce fonds commun a été supprimé par omission. La loi du 18 juillet 1866, art. 8, a supprimé le premier fonds commun et disposé qu'il serait créé, sur les ressources générales du budget de l'État, un fonds de 4 millions destiné à fournir des allocations aux départements dont la situation l'exigerait. La répartition de cette somme est, chaque année, soumise au pouvoir législatif.

Enfin, certaines lois ont établi des centimes additionnels spéciaux : 1° pour les *chemins vicinaux* (art. 8 de la loi du 21 mai 1836), dans les limites du *maximum* fixé par la loi; 2° pour l'*instruction primaire*; la loi du 28 juin 1833 a autorisé le vote de 2 centimes additionnels affectés aux dépenses départementales de l'instruction primaire; ces centimes peuvent même être imposés d'office par décret, d'après l'art. 13 de cette loi ; elle s'ajoute au principal des quatre contributions directes, depuis la loi du 15 mars 1850.

[1] Loi de finances du 8 juillet 1853.

La loi des 10-16 avril 1867, art. 14, autorise l'établissement d'un troisième centime additionnel départemental ; 3° pour le cadastre, le conseil général en peut voter jusqu'à cinq, par addition au principal de la contribution foncière seulement [1].

Centimes additionnels communaux. — Les distinctions que nous avons rencontrées dans le budget départemental se retrouvent à peu près dans le budget municipal. Chaque année, la loi de finances autorise l'addition au principal des contributions foncière et personnelle-mobilière de 5 centimes additionnels appelés *ordinaires*, et dont le produit forme un article du revenu ordinaire de la commune.

Des centimes spéciaux ont été créés : 1° pour l'instruction primaire ; 2° pour le traitement du garde champêtre ; 3° pour les chemins vicinaux. Dans le premier cas, l'addition porte sur le principal des quatre contributions directes : dans le second, l'addition ne porte que sur la contribution foncière ; dans le troisième, l'addition est faite au principal des quatre contributions directes [2].

Quand ils sont votés dans la limite du maximum fixé par les lois, la délibération du conseil municipal n'est pas soumise à une approbation expresse et spéciale ; elle sera seulement sujette à l'homologation générale qui résultera de l'approbation du budget de la commune.

Enfin la commune peut s'imposer des *centimes extraordinaires*, soit pour subvenir à l'insuffisance des revenus ordinaires et spéciaux, soit pour accomplir des travaux extraordinaires [3]. Le vote des centimes additionnels extraordi-

[1] Loi du 31 juillet 1821.

[2] Loi du 28 juin 1833, art. 13, et loi du 21 mai 1836, art. 2. — Art. 49 de la loi du 15 mars 1850. C'est cette disposition qui a fait ajouter aux quatre contributions directes les centimes additionnels qui, d'après la loi du 28 juin 1833, ne devaient porter que sur les impôts foncier et personnel-mobilier.

[3] La loi n'a pas déterminé les travaux pour lesquels des centimes extraordinaires peuvent être établis ; aussi n'avons-nous jamais compris que la jurisprudence de la section de l'intérieur du Conseil d'État ait refusé

naires n'est soumis à *aucune autorisation*, si leur nombre ne dépasse pas cinq, si la durée de leur perception ne va pas au delà de cinq années et si le maximum fixé par le conseil général a été observé (art. 3 de la loi du 24 juillet 1867).

D'après l'art. 5 de la loi du 24 juillet 1867 les conseils municipaux votent, avec *l'approbation du préfet*, les centimes additionnels extraordinaires aux conditions suivantes : 1° qu'on ne dépassera pas le maximum fixé par le conseil général (art. 42 de la loi du 10 août 1871) ; 2° que le nombre des centimes ne sera pas supérieur à cinq ; 3° que leur durée n'ira pas au delà de douze années. A défaut de ces conditions l'approbation ne pourrait être donnée que par un décret ou par une loi suivant ces distinctions que font la loi du 18 juillet 1837, art. 40 et la loi du 24 juillet 1867, art. 7. Lorsque l'imposition extraordinaire concerne une ville ayant plus de cent mille francs de revenu, le décret qui autorise doit être délibéré en conseil d'État. Une loi spéciale est nécessaire si l'opération contient un emprunt dépassant un million (V. circulaire du ministre de l'intérieur du 27 août 1867 et surtout le tableau annexé à la circulaire).

Prestations pour les chemins vicinaux. — D'après l'art. 2 de la loi du 21 mai 1836, tout habitant inscrit à la contribution foncière, mâle, valide, âgé de dix-huit à soixante ans, peut être imposé à trois journées de travail payables, à son choix en nature ou en argent [1]. En

d'approuver les centimes extraordinaires applicables à la réparation des *chemins ruraux* lorsque ces chemins ont un caractère d'utilité générale. (Cette doctrine a été developpée dans un avis de la section de l'intérieur de 1850, dont la rédaction fut confiée à M. Herman.) D'après la loi du 21 juillet 1870, les communes qui ont entièrement terminé leurs chemins vicinaux peuvent, avec l'autorisation du conseil général, porter sur les chemins ruraux les prestations disponibles après avoir assuré l'entretien des chemins vicinaux et le paiement des subventions pour les chemins de grande communication et d'intérêt commun. Cette disposition laisse subsister la question de savoir si les communes peuvent s'imposer extraordinairement pour leurs chemins ruraux.

[1] Pour être imposé aux prestations, il faut être inscrit au rôle de la contribution foncière ; les contribuables de petites cotes foncières, qui sont

second lieu, tout chef de famille ou d'exploitation, à titre de propriétaire, fermier, colon ou régisseur, doit la prestation : 1° pour lui-même, s'il est inscrit au rôle de la contribution foncière, mâle, valide, âgé de dix-huit à soixante ans; 2° pour tout individu membre de sa famille ou *serviteur permanent* mâle, valide et âgé de dix-huit à soixante ans ; 3° enfin, pour chaque bête de somme, de trait ou de selle, et pour chaque charrette attelée, au service de la famille ou de l'établissement dans la commune. Les prestations pour les domestiques, les animaux et les charrettes sont dues, pour ainsi dire, par l'établissement ou l'exploitation ; il importe donc peu que le chef de famille ou d'exploitation soit ou non dans les conditions voulues, pour être personnellement imposé aux prestations ; il les devra, qu'il soit ou non valide, du sexe féminin, âgé de moins de dix-huit ans ou de plus de soixante.

Les prestations en nature, comme les centimes additionnels spéciaux pour les chemins vicinaux, ne peuvent être imposés qu'en cas d'insuffisance des revenus ordinaires de la commune (art. 2 de la loi du 21 mai 1836).

On a élevé plusieurs objections contre les prestations. La plus raisonnable est tirée de ce que la prestation est une capitation égale pour tous, quelle que soit la fortune des contribuables, ce qui est contraire au principe de la proportionnalité de l'impôt. Ce vice, réel sans doute, est cependant atténué par la combinaison de la prestation avec les centimes additionnels ; si la première est une capitation, les seconds sont proportionnels.

Qu'est-ce qui est dû principalement de l'argent ou du travail ? La capacité de travailler est considérée pour arriver à l'assiette de l'impôt ; car ceux-là seuls doivent la prestation, qui, à raison de leur âge, sont légalement présumés

dispensés *comme indigents* de la taxe personnelle et mobilière, doivent les prestations (Cons. d'Ét., arr. du 30 décembre 1869).

capables de fournir des journées de travail. L'assiette de l'impôt une fois fixée, la prestation en nature n'est qu'une facilité donnée au contribuable pour se libérer ; ce qu'il doit principalement, c'est la valeur en argent des trois journées. En d'autres termes, le payement en argent est *in obligatione* et la prestation est seulement *in facultate solutionis* [1].

La valeur en argent de la journée de travail est fixée, sur les propositions du conseil d'arrondissement, par le conseil général, qui peut soit établir un tarif uniforme pour toute la circonscription, soit diviser l'arrondissement en plusieurs sections, avec un tarif pour chacune d'elles. — Quoique les prestations soient un impôt de quotité, l'intervention des répartiteurs est nécessaire pour dresser les états matricules du rôle, parce que ceux-là sont *prestataires* qui figurent au rôle de la contribution foncière ; ces états, qui comprennent les noms des propriétaires, sont formés concurremment par le contrôleur, le maire et les répartiteurs. Quant au recouvrement et aux réclamations en matière de prestations, il faut appliquer ici ce que nous avons dit sur les contributions directes [2].

[1] Les conditions de l'option sont déterminées par le règlement départemental (art. 21 de la loi du 21 mai 1836).

[2] Les prestations ont été à tort comparées aux *corvées* de l'ancien régime. Celles-ci étaient odieuses, parce que : 1° elles frappaient surtout les cultivateurs et n'atteignaient pas le plus grand nombre de ceux qui profitaient des chemins ; 2° parce que les *grandes routes* auxquelles on les consacrait étaient ordinairement très-éloignées des corvéables, qui ainsi contribuaient d'une manière d'autant plus pénible qu'ils profitaient moins de la voie publique. Si l'on n'appelait pas les corvéables éloignés, on tombait dans une autre injustice, puisqu'on surtaxait les corvéables rapprochés des travaux ; 3° les personnes exemptées de la corvée étaient fort nombreuses et le privilége retombait lourdement sur les personnes non exemptées. La prestation pour les chemins vicinaux, au contraire, est exigible de tous ceux qui remplissent les conditions légales, sans exception ni privilége, et, comme elle est affectée aux chemins vicinaux, les prestataires sont rapprochés des chantiers; il n'y a pas déperdition de travail en voyages, et, d'un autre côté, les prestataires ressentant immédiatement l'utilité de leur travail trouvent cet impôt d'autant moins lourd.

L'art. 14 de la loi du 21 mai 1836 établit une *subvention spéciale* pour la réparation des chemins vicinaux qui sont extraordinairement dégradés par le voisinage d'une exploitation de mines, de carrières, de forêts ou de tout autre établissement industriel appartenant à l'État, à la Couronne, à des établissements publics ou à des particuliers. Ces subventions sont fixées par les conseils de préfecture, après expertise contradictoire, et recouvrées comme en matière de contributions directes. Les propriétaires de ces établissements peuvent s'exonérer par abonnement ; le montant de l'abonnement est alors, en cas de difficulté, fixé par le conseil de préfecture (Loi du 21 juin 1865, art. 11).

Les prestations en nature sont dues pour toute l'année, d'après l'état des faits au 1er janvier. Les changements survenus postérieurement ne modifieraient pas la dette du contribuable[1].

Part des communes dans le produit des patentes. — Cette portion est fixée à 8 centimes par franc du principal de la contribution.

Taxe de pavage et des trottoirs. — Dans les villes où les ressources de la commune ne suffisent pas, un arrêté du préfet peut mettre à la charge des propriétaires une partie des frais de pavage, d'établissement et d'entretien des trottoirs (Loi du 11 frimaire an VII)[2].

Taxe de balayage. Taxe spéciale à la ville de Paris (Loi du 26 mars 1873 et décret du 24 mai 1874).

Taxe des chiens. — D'après la loi du 2 mai 1855,

[1] Cons. d'Ét., arr. des 28 février 1870 (*Sabathier* et *Capman*).

[2] Pour la ville de Paris, V. art 2 de la loi du 3 juin 1845. Cette loi met à la charge de la ville la moitié de la dépense pour l'établissement des trottoirs. L'autre moitié serait à la charge des propriétaires. Des conventions amiables ont souvent diminué la part contributive de la ville de Paris. La loi ne parle que de l'établissement des trottoirs et ne dit rien des frais d'entretien. On décide cependant que les propriétaires peuvent être tenus de contribuer à l'entretien des trottoirs aussi bien qu'à celui du pavage, les trottoirs n'étant autre chose qu'un pavage perfectionné. La taxe de pavage est donc applicable à l'entretien des trottoirs.

cette taxe, établie exclusivement au profit de la commune, ne peut dépasser 10 fr. ni descendre au-dessous de 1 fr. Entre ce *minimum* et ce *maximum*, le tarif est arrêté, dans chaque commune, par délibération du conseil municipal homologué par décret, après avoir pris l'avis du conseil général. A défaut de présentation par le conseil municipal, il est statué d'office sur la proposition du préfet. Le tarif ne peut pas contenir plus de deux taxes : 1° la plus élevée, pour les *chiens de luxe ;* 2° la moins élevée, pour les *chiens de garde.* — L'impôt est dû pour tout chien que le contribuable possède au 1er janvier de chaque année (sauf les chiens qui, à cette époque, sont nourris par la mère); il est perçu d'après sa déclaration. Le redevable est passible d'un impôt triple, en cas de non déclaration, et d'un impôt double en cas de déclaration insuffisante. La déclaration des propriétaires doit être faite du 1er octobre au 15 janvier. Un décret du 3 août 1861 porte que les propriétaires qui ont fait la déclaration dans les délais ne sont pas tenus de renouveler annuellement leur déclaration; il suffit qu'ils déclarent les changements survenus dans le nombre et la destination de leurs chiens. Au contraire, d'après le décret du 4 août 1855, il fallait que chaque année la déclaration fût renouvelée.

Octrois [1]. — L'art. 147 de la loi du 28 avril 1816 porte que « lorsque les revenus d'une commune seront insuffi« sants, il pourra y être établi, *sur la demande du conseil* « *municipal*, un droit d'octroi sur les consommations. » La taxe d'octroi est donc un impôt municipal indirect sur les consommations locales. L'origine est fort ancienne. Les communes affranchies obtenaient du roi, en sa qualité de seigneur suzerain de toutes les villes libres, la permission (d'où le mot *octroi*) d'établir des droits sur l'entrée des denrées aux barrières. Cette autorisation n'était pas ordinairement *octroyée* gratis, et le roi réservait un prélèvement

[1] *Lois administratives*, p. 864-892.

au profit du trésor. Le mauvais état des finances fit même qu'en 1647 un édit attribua au trésor royal tout le produit des octrois établis, en permettant aux communes de doubler leurs taxes locales. Un édit de 1663, régularisant cette mesure d'expédient, disposa d'une manière permanente que la moitié des droits d'octroi serait versée dans les caisses de l'État. Les droits d'octroi furent supprimés après la révolution avec toutes les douanes intérieures que l'ancienne législation avait établies [1]. Ils furent rétablis pour Paris d'abord [2] et puis pour quelques autres villes, par des mesures spéciales [3]. Leur rétablissemen par mesure générale ne tarda pas à suivre [4]. Cette création impopulaire fut dissimulée sous la couleur de l'intérêt des hospices. — La législation actuelle, en cette matière, se compose : 1° de la loi du 21 avril 1816, art. 147 ; 2° de la loi du 8 décembre 1814; 3° de l'ordonnance royale du 9 décembre 1814, qui reproduit toutes les dispositions des lois et règlements antérieurs qui n'avaient pas été abrogés par la loi du jour précédent.

L'art. 147 de la loi du 28 avril 1816 permet d'établir des octrois sur les *consommations*, en employant une expression aussi générale que possible ; elle ne distingue donc pas entre la *consommation personnelle* et la *consommation industrielle*, et il n'y aurait, par conséquent, rien d'illégal dans un décret qui autoriserait la taxe des charbons ou autres matières servant à la fabrication de produits manufacturés destinés au commerce général. A la vérité, le Conseil d'État, quand il exerce, en cette matière, son droit de tutelle, excepte ordinairement du tarif la consommation industrielle par une clause ainsi conçue : « Ne seront pas « soumis aux droits établis par les présentes les matières « destinées à entrer dans la fabrication de produits manu« facturés pour le commerce général. » Mais autre chose

[1] Loi des 2-17 mars 1791.
[2] Loi du 27 vendémiaire an VII.
[3] Loi du 27 frimaire an VIII.
[4] Loi du 5 ventôse an VIII.

est de juger l'opportunité de la taxe, autre chose est de prononcer sur sa légalité[1]. Si donc la réserve n'avait pas été faite, la perception pourrait valablement porter sur la consommation industrielle tout aussi bien que sur la consommation domestique.

De la généralité des expressions employées dans l'art. 147 précité, il faut aussi conclure que tous les objets de consommation peuvent être légalement imposés, sans qu'il y ait lieu de distinguer entre les matières alimentaires ou de première nécessité, et celles qui n'auraient pas ce caractère. Ainsi, quoique en général les blés ne soient pas taxés, aucune disposition ne s'oppose à ce que cette denrée soit comprise dans le tarif[2]. A la vérité, la loi du 11 frimaire an VII disposait formellement qu'on ne pourrait pas imposer le beurre, le lait, les fromages, les légumes et autres menues denrées servant habituellement à la nourriture de l'homme, les grains et farines. Cette exception fut reproduite dans le décret du 17 mai 1809 et dans l'ordonnance du 9 décembre 1814; mais la loi du 28 avril 1816 s'est servie d'expressions générales qui peuvent être considérées comme emportant abrogation des restrictions écrites dans les dispositions antérieures.

On peut encore tirer des termes de l'art. 147 la solution d'une autre question. La loi disant que la taxe d'octroi peut être établie, *sur la demande du conseil municipal*, nous en concluons que l'initiative doit partir de l'autorité locale, et que le gouvernement ne pourrait pas imposer,

[1] La jurisprudence de la Cour de cassation s'est fixée dans ce sens (Arrêts des 8 mars 1847, 20 mai et 6 décembre 1848, 18 février 1852).

[2] Les blés sont imposés à l'octroi de Marseille ; mais la position de cette ville fait de la taxe locale une espèce de droit de douane (*Observ.* de M. Thiers dans l'*enquête sur l'impôt des boissons*, p. 201). Avant la loi de 1816, les grains et farines étaient, par une disposition expresse, exceptés de l'octroi ; cette restriction n'ayant pas été reproduite par l'art. 147 de la loi du 28 avril 1816, la Cour de cassation en a conclu avec raison que ces denrées pouvaient désormais être également imposées (Arrêts du 18 juillet 1834, du 18 février 1852 et du 19 juillet 1854).

malgré le conseil municipal, cette taxe à une commune, même quand il serait démontré que ses revenus sont insuffisants [1].

La législation antérieure à 1816 [2] prescrivait la division des articles du tarif en cinq catégories, qui étaient : 1° les boissons et liquides ; 2° les comestibles ; 3° les combustibles ; 4° les fourrages ; 5° les matériaux. Cette division est encore suivie dans l'usage, et on la retrouve dans presque tous les tarifs approuvés ; mais ce qui est un simple usage n'est pas une obligation et, en présence des termes de l'art. 147 qui ne prescrivent pas les catégories, il nous paraît impossible de décider qu'elles sont une condition de légalité, dont l'absence entraînerait la nullité de la perception [3].

Comme les octrois ne doivent être établis qu'en cas d'insuffisance des revenus communaux, il faut que leur établissement soit d'abord examiné au point de vue de la situation financière de la commune. Les formes suivantes avaient été adoptées avant la loi du 24 juillet 1867 sur les conseils municipaux. La délibération du conseil municipal était transmise par le préfet au ministre de l'intérieur qui en soumettait l'examen à la section de l'intérieur du Conseil d'État. S'il y avait lieu, le conseil municipal était autorisé à voter le tarif, et la nouvelle délibération était transmise au ministre des finances. La section des finances du Conseil d'État était appelée à examiner l'affaire au point de vue des tarifs, comme celle de l'intérieur l'avait étudiée sous le rapport des ressources de la commune ; enfin, l'as-

[1] La loi du 5 ventôse an VIII, art. 2, autorisait l'imposition d'office ; mais nous pensons que cette disposition a été abrogée par les termes formels de l'art. 147 de la loi du 28 avril 1816. — La jurisprudence du Conseil d'État est fixée en ce sens (Arrêt du 16 décembre 1842).

[2] Décret du 17 mai 1809, art. 16, et ordonn. du 9 décembre 1814, art. 11 à 24.

[3] C'est en sens que la Cour de cassation a fixé sa jurisprudence (Arr. des 18 février 1852 et 19 juillet 1854). — Voir, sur toutes ces questions, le *Dictionnaire de l'administration française* de M. Block, v° *Octrois*, article par M. Vuatrin.

semblée générale arrêtait la rédaction définitive du projet du décret qui devait être présenté par le ministre des finances au chef de l'État[1].

La loi du 24 juillet 1867, sur les conseils municipaux, avait modifié les formes à suivre pour la création, la modification et la suppression des octrois dans certains cas qu'elle déterminait. En règle générale, un décret était nécessaire toutes les fois qu'il s'agissait : 1° d'établir un octroi dans une commune où cette taxe n'existait pas ; 2° de modifier les périmètres existants ; 3° d'établir ou de renouveler une taxe sur des objets non compris dans le tarif général ; 4° d'établir ou de renouveler une taxe excédant le maximum fixé par le *tarif général.* — L'approbation de la délibération du conseil municipal par le préfet était suffisante : 1° pour la prorogation des taxes additionnelles existantes ; 2° pour l'augmentation des taxes principales au delà d'un décime, à la condition de ne pas dépasser le maximum fixé par le *tarif général.* — Enfin la délibération du conseil municipal était exécutoire par elle-même, sauf le droit d'annulation par le préfet, mais sans être soumise à l'approbation préalable, dans les cas suivants : 1° la suppression ou la diminution des taxes d'octroi ; 2° la prorogation des taxes principales d'octroi pour cinq ans au plus ; 3° l'augmentation des taxes jusqu'à concurrence d'un décime, pour cinq ans au plus. En cas de désaccord entre le maire et le conseil municipal, la délibération n'était exécutoire qu'en vertu de l'approbation préalable du préfet.

La loi du 10 août 1871, sur les conseils généraux, a de nouveau modifié la législation sur l'établissement des droits d'octroi. D'après l'art. 46, § 25, le conseil général statue définitivement : « 1° sur les délibérations des conseils municipaux ayant pour but la prorogation des taxes additionnelles d'octroi actuellement existantes ou l'augmentation des taxes

[1] Ordonnance du 9 décembre 1814. — Décret du 25 mars 1852, tableau A 7. — Décret du 30 janvier 1852, art. 13, n° 17.

principales au delà d'un décime, le tout dans les limites du maximum des droits et de la nomenclature des objets fixés par le *tarif général* établi conformément à la loi du 24 juillet 1867. » Aux termes de l'art. 48-4°, le conseil général délibère « sur les demandes des conseils municipaux : 1° pour l'établissement ou le renouvellement d'une taxe d'octroi sur des matières non comprises dans le tarif général ; 2° pour l'établissement ou le renouvellement d'une taxe excédant le maximum fixé par ledit tarif ; 3° pour l'assujettissement à la taxe d'objets non encore compris dans le tarif local ; 4° pour les modifications aux règlements ou aux périmètres existants. » Ces dispositions n'ont pas modifié la compétence des conseils municipaux dans les cas où leurs délibérations n'étaient soumises à aucune approbation.

Les pouvoirs du gouvernement, en matière d'octroi, consistent à donner ou à refuser l'approbation ; il peut aussi réduire un article ou le supprimer, le reste demeurant approuvé ; mais il ne pourrait pas substituer un article nouveau à un article rejeté ou ajouter aux propositions du conseil municipal un article sur lequel il n'aurait pas été délibéré. L'initiative du conseil est avant tout exigée, tant pour la partie que pour le tout.

Les droits d'octroi sur les vins, cidres, poirés et hydromels ne peuvent pas dépasser d'un tiers les droits d'entrée qui sont perçus au profit du trésor d'après le tarif annexé au décret du 17 mars 1852. La limite du tiers ne pourrait être dépassée qu'en vertu d'une loi spéciale. Dans les communes qui, en raison de leur population, ne sont pas soumises au droit d'entrée, la taxe municipale ne peut pas dépasser la limite fixée pour les villes de 4,000 âmes à 6,000 habitants (Loi du 31 décembre 1873). — Les bestiaux peuvent être frappés de taxes d'octroi. D'après une loi du 10 mai 1846, les droits sur les animaux doivent être établis au poids et non par tête ; il n'y a d'exception à cette règle que pour les taxes qui n'excéderaient pas 8 francs, auquel cas le droit peut être établi par tête.

Quatre combinaisons peuvent être adoptées pour la perception des taxes d'octroi : 1° *le bail à ferme*, qui consiste dans l'adjudication des produits de l'octroi, moyennant un prix fixe, aux enchères publiques, devant le sous-préfet ou le maire, à l'extinction des bougies, au plus offrant et dernier enchérisseur. Ne sont admises à enchérir que les personnes d'une moralité, d'une solvabilité et d'une capacité reconnues par le maire, sauf recours au préfet. L'adjudicataire n'est d'ailleurs définitivement en possession de son droit qu'autant que l'adjudication a été approuvée par le ministre des finances, qui a le droit discrétionnaire d'accorder ou de refuser l'approbation [1]. La ferme ne peut être consentie que pour trois ans, et le droit au bail n'est cessible qu'avec le consentement de l'administration [2]. Pour éviter les collusions entre les enchérisseurs, on pourrait substituer à *l'enchère publique* l'adjudication par *soumissions cachetées*. La surenchère est admise si elle est faite dans les vingt-quatre heures, par acte d'huissier, avec offre du douzième en sus ; 2° la *régie simple*, qui consiste dans la perception directe des droits d'octroi par des agents de la commune, sous l'autorité du maire ; 3° la *régie intéressée*. C'est une espèce de bail à ferme, dont le fermier est désigné par le résultat des enchères ou des soumissions cachetées ; mais le régisseur intéressé diffère du fermier en ce que, au delà d'une certaine somme, égale au prix du bail et aux frais de perception, il doit faire participer la commune aux bénéfices. La somme qui représente les frais est fixée par le cahier des charges et ne doit pas, *autant que faire se peut*, dépasser 12 p. 100 (décret du 17 mai 1809, art. 105). — Ainsi, la régie intéressée est « *un bail mélangé de société* [3] ». Chaque année on fait un partage entre l'adjudicataire et la commune, mais ce partage n'est que provi-

[1] Arr. du Cons. d'Ét. du 16 janvier 1828.
[2] Décret du 17 mai 1809, art. 102 et suiv.
[3] V. M. Vuatrin, v° *Octrois*, *Dictionn. de l'adm. franç.* de M. Block, 1183.

soire, et, à la fin du bail, on compose une année moyenne d'après laquelle s'établit la répartition définitive ; 4° l'*abonnement avec la régie des contributions indirectes*. Si le conseil municipal vote que la perception de l'octroi sera confiée à l'administration des contributions indirectes, les propositions sont transmises par le préfet au ministre des finances, dont l'approbation est exigée. Ces propositions sont d'ailleurs purement relatives au traitement des employés ; car tous les autres frais sont supportés par la commune sur le produit brut des octrois.

Le voisinage d'une banlieue attenant à une *grande ville* est propre à faciliter l'introduction en fraude des matières taxées à l'octroi. C'est pour détruire ou au moins affaiblir cet inconvénient que l'art. 152 de la loi du 28 avril 1816 a permis de comprendre les banlieues dans le rayon de l'octroi, quoique la commune qui forme la banlieue soit soumise à une administration propre et qu'elle soit contraire à l'adoption de la mesure [1].

Le règlement de l'octroi fixe les bureaux de perception. Aucune introduction ne peut être faite que par ces bureaux. Les voitures publiques peuvent être visitées par les préposés de l'octroi ; autrefois les voitures des particuliers étaient exemptées de cette perquisition ; mais la loi du 24 mai 1834 les a soumises à la visite des préposés comme les voitures publiques. L'exemption n'existe plus que pour les personnes voyageant à pied ou à cheval. Celles mêmes qui sont soupçonnées de faire la fraude ne peuvent pas être fouillées par les employés ; ces derniers n'ont que le droit de les arrêter et de les conduire devant un officier de police ou devant le maire qui, s'il y a lieu, autorisent la visite.

Les objets qui ne font que traverser la commune ne sont

[1] L'extension de la ligne d'octroi à la banlieue n'est autorisée qu'autant qu'il s'agit d'une *grande ville*. Il y aurait excès de pouvoir si l'extension était faite au profit d'une ville qui n'aurait pas cette qualité. C'est ce qui a été jugé pour la ville de Mont-de-Marsan, qui n'avait pas 4,000 habitants. (Arrêt du 23 août 1836.)

pas soumis au droit d'octroi, puisqu'ils n'entrent pas dans la consommation locale. Ils voyagent dans l'intérieur du rayon de l'octroi avec un *passe-debout*, titre qui est délivré au conducteur moyennant le cautionnement ou la consignation des droits. Les sommes consignées à l'entrée sont restituées au bureau de sortie. Si, au lieu de passer seulement, le conducteur veut séjourner dans la commune, il doit faire une déclaration de *transit*, avec indication des lieux où les objets seront déposés. A toute réquisition des employés, les objets déclarés devront être représentés.

Comme pour le droit d'entrée et le droit de douane, la faculté d'entrepôt a été admise en matière d'octroi. Le commerçant, l'industriel et le propriétaire ne sont de cette manière obligés d'acquitter les droits qu'au fur et à mesure de la consommation ou vente des objets. On distingue l'*entrepôt réel* ou l'entrepôt dans les magasins de l'administration, et l'*entrepôt fictif* ou l'entrepôt à domicile dans les magasins du contribuable avec soumission à l'exercice par les agents de la régie [1].

Droits de voirie. — Les anciens règlements sur la voirie fixaient des droits qui étaient exigibles contre ceux auxquels on accordait la permission de bâtir. Ces taxes ont été supprimées, par la législation nouvelle, pour la grande voirie; mais elles ont été conservées pour la voirie urbaine [2]. Les droits de voirie, pour la délivrance des alignements et des permissions de bâtir, varient suivant les localités; les tarifs qui, avant 1852, devaient être approuvés par le chef de l'État, sont homologués par arrêté du préfet depuis le décret de décentralisation [3].

[1] Art. 72 et 90 du décret du 17 mai 1809 et 42-45 de l'ord. du 9 décembre 1814.

[2] Loi du 18 juillet 1837, art. 30, n° 8, et loi de finances du 21 avril 1832, art. 8, § 1er.

[3] Décret du 25 mars 1852, tableau A, n° 53. Le tarif des droits de voirie pour la ville de Paris a été modifié par le décret des 28 juillet-3 août 1874.

DETTES DE L'ÉTAT [1]

Les dettes de particulier à particulier sont de trois sortes. Tantôt, en effet, le débiteur est obligé de payer le capital à une certaine époque et les intérêts jusqu'à l'échéance; tantôt, au contraire, il ne doit que des arrérages, et ne peut être forcé au remboursement du principal. Quant à la dette d'intérêts, elle se présente sous deux combinaisons différentes, suivant qu'elle survit à la personne du créancier ou qu'elle s'éteint avec lui. Dans le premier cas, elle prend le nom de *rente perpétuelle* ou *constituée*, et dans le second, de *rente viagère*. Le crédit public a employé les mêmes procédés que le crédit privé, et, quelles que soient les différences résultant de la proportion des opérations, nous retrouvons au passif de l'État les mêmes espèces d'obligations que les particuliers ont pratiquées.

Le trésor a des dettes dont le capital est exigible, et c'est l'ensemble de ces obligations qu'on appelle *dette flottante*, par opposition avec la *dette consolidée*, qui comprend les rentes. La source la plus abondante de la dette flottante se trouve dans l'institution des *bons du trésor*; on appelle ainsi des titres donnés aux prêteurs qui livrent leurs fonds à l'État, sous la double condition : 1° du payement de l'intérêt au taux du jour où ils livrent l'argent ; 2° du remboursement à l'échéance. D'un autre côté, nous avons vu que l'État est une personne morale, et qu'à ce titre il peut être condamné à payer certaines sommes, soit par les tribunaux ordinaires, soit par les tribunaux de l'ordre administratif [2]. Les cautionnements des comptables et des officiers

[1] *Lois administratives*, p. 945.

[2] C'est une question très-controversée que celle de savoir s'il appartient aux tribunaux ou à l'autorité administrative de déclarer l'État débiteur. La jurisprudence du Conseil d'État décide qu'il faut distinguer entre l'État *puissance publique* et l'État *personne privée* ; dans le premier cas, c'est l'au-

ministériels font également partie de la *dette flottante* ; mais comme les agents qui cessent leurs fonctions sont remplacés par des successeurs astreints à la même obligation, les remboursements sont plutôt des changements de créanciers [1].

torité administrative qui est compétente ; dans le second, c'est l'autorité judiciaire. Cette distinction résulte du principe de la séparation des pouvoirs consacré par le droit public moderne, et c'est en ce sens qu'il faut interpréter l'arrêté dictatorial du 2 germinal an V. Dans plusieurs affaires, le Conseil d'État a consacré la compétence administrative, même quand il s'agissait de déclarer débiteur l'État *personne privée* (1er mai 1822, 4 février 1824, 8 mai 1841) ; mais, dans d'autres affaires plus nombreuses, il a renvoyé aux tribunaux des demandes qui n'intéressaient pas l'État *puissance publique* (23 janvier 1814, 15 mars 1826, 28 mars 1838, 16 mars 1839, 7 décembre 1844, 19 décembre 1843, 20 mai 1850. — *Junge* 8 mai 1822 et 13 septembre 1833). — A plusieurs reprises, la Cour de cassation a décidé que les tribunaux ordinaires sont compétents pour statuer sur des demandes formées contre l'État, comme responsable du fait de ses agents (30 janvier 1833, 22 janvier 1835, 19 février 1836, 30 janvier 1843, 1er avril 1845) ; cependant la Cour de cassation n'admet pas cette compétence lorsque, pour juger la question, les tribunaux auraient à s'occuper d'un préjudice causé par l'exécution de mesures administratives ou par l'absence de mesures que l'administration aurait dû prendre (arr. du 3 juin 1840). La distinction entre l'État *puissance publique* et l'État *personne privée* a été soutenue par M. Vuitry, séance publique du Conseil d'État du 22 mars 1850 ; elle est enseignée par M. Jousselin, *Revue critique*, 1852, p. 428, et par M. Chauveau, *Principes de compétence*, t. III, p. 525. — On peut aussi considérer M. Dufour comme partisan de cette opinion (t. IV, p. 613). La distinction a été admise par le tribunal des conflits dans les arrêts des 8 février 1873 (*Bransiet*), 8 février 1873 (*Blanco c. l'État*), 25 février 1873 (*Masson c. l'État*) et 17 janvier 1874 (*Paris-Lyon-Méditerranée*). Cette doctrine est fondée sur ce que pour juger la responsabilité de l'État, il faut apprécier la conduite des agents et l'application des règlements administratifs pour savoir s'il y a eu faute. C. pr. fais. fonct. du Conseil d'État, déc. du 11 mai 1870.

[1] Le titulaire qui cesse ses fonctions doit faire au greffe une déclaration de cessation de fonctions. Trois mois après, le propriétaire du cautionnement peut se faire rembourser moyennant qu'il produise un certificat du greffier, visé par le président et constatant que la cessation des fonctions ayant été affichée pendant trois mois, il n'a été formé aucune opposition à la délivrance du certificat ou que les oppositions sont levées. (Loi du 25 nivôse an XIII, art. 5 et 7.) Comment établit-on qu'on est propriétaire du cautionnement ? par un certificat du notaire, s'il existe un acte de transmission notarié ; sinon, par un acte de notoriété du juge de paix, dressé sur l'attestation de deux témoins. (Décret du 18 septembre 1806.)

L'administration est-elle tenue, envers les tiers lésés, de réparer le préjudice qui leur a été causé par les délits ou quasi-délits des agents administratifs ? — L'art. 1384 du Code civil déclare les *commettants* responsables du dommage causé par leurs *préposés*, dans les fonctions auxquelles ils sont employés, et il s'agit de savoir si le droit commun est applicable à l'État ; il devrait l'être, à plus forte raison, puisque les services administratifs sont monopolisés et que les particuliers ne sont pas libres de choisir d'autres agents. Mais la jurisprudence administrative tend à ne reconnaître cette responsabilité que dans le cas où l'agent a causé le préjudice en agissant dans les limites de ces attributions ; s'il en est sorti, les tiers n'ont de recours que contre l'auteur du fait dommageable. Ainsi il a été jugé que l'État, *puissance publique*, n'était pas responsable des suites pécuniaires d'un crime de faux commis par un employé de l'administration des postes [1].

En cas de guerre, l'État ne doit pas d'indemnité pour les dommages provenant de faits de défense accomplis pendant qu'une ville était assiégée effectivement ou lorsqu'il

[1] Cons. d'Ét., arr. du 29 mars 1853. « Décision rendue, il est vrai, à l'occasion d'un service pour lequel le législateur a clairement manifesté l'intention de restreindre, dans les plus étroites limites, la responsabilité de l'État. » (Lois des 6 messidor an IV et 5 nivôse an V. M. Leviez, art. *Dettes de l'État*, dans le Dictionnaire de M. Maurice Block.) Nous avons déjà fait observer que cette jurisprudence ne s'appliquait pas aux envois de billets et coupons d'intérêts autorisés par la loi du 4 juin 1859. — La Cour de cassation admet, au contraire, que l'art. 1383 du Code Napoléon est applicable à l'État ; c'est ce qu'elle a décidé : 1° le 30 janvier 1833, dans une espèce où il s'agissait d'un employé des contributions indirectes qui avait tué un fraudeur d'un coup de pistolet ; 2° le 22 janvier 1835, contre l'administration des douanes, dont un agent avait mal à propos saisi des marchandises ; 3° le 29 février 1836, contre le trésor, dont un agent avait soustrait une inscription de rente et l'avait fait négocier par un agent de change ; 4° le 1er avril 1845, contre l'administration des postes, pour réparation d'un préjudice causé par la chute d'une malle-poste. — L'autorité judiciaire est compétente pour connaître des réclamations contre un employé des lignes télégraphiques, pour défaut de renvoi d'une dépêche à destination, si l'agent a déclaré couvrir la responsabilité de l'État, le dommage provenant de sa faute personnelle. Trib. des conflits, arr. du 7 juin 1873 (*Godart*).

était devenu certain que le siége aurait lieu. Il en est autrement des précautions prises préventivement pour la défense d'une place alors qu'il n'est pas certain qu'elle sera assiégée. En ce cas il est dû une indemnité à ceux dont la propriété a été supprimée ou seulement occupée[1].

L'Etat n'est lié que par les conventions faites avec les préposés et n'est point engagé par les traités passés avec des pouvoirs insurrectionnels, par exemple, avec les agents de la commune. Cependant, s'il prenait des fournitures ayant acquis une plus-value, il serait tenu de payer la différence de valeur, *in quantum locupletior factus est*. C'est un exemple de l'action *de in rem verso*[2].

Les rentes sur l'État proviennent des emprunts successifs qui ont été autorisés par des lois, pour faire face aux besoins extraordinaires ou pour couvrir les déficits des budgets antérieurs. Jusqu'à ces derniers temps, l'État négociait l'emprunt pour un taux déterminé à des banquiers qui gagnaient la différence de ce chiffre avec celui auquel ils obtenaient l'argent des capitalistes. Aujourd'hui, le gouvernement s'adresse directement aux capitaux, sans employer l'intermédiaire des banquiers, et l'esprit public est tellement habitué aux institutions de notre crédit, que les sommes demandées par l'État, sous cette forme, ont toujours été dépassées dans une proportion considérable. L'État a même imité le système des obligations adopté pour les emprunts des grandes compagnies. La loi du 23 juin 1857 a autorisé l'émission d'*obligations du trésor* remboursables par voie de tirage au sort, en trente années, et qui, pour ce motif, ont été appelées *obligations trentenaires*.

La rente perpétuelle se divise en rente 5 p. 100, rente 4 1/2 p. 100 et 3 p. 100. A l'effet de réduire à l'unité ces diverses espèces de titres, une loi du 12 février 1862 a of-

[1] Arr. C. d'État du 9 mai 1873 (*Pesty-Rémond*), 23 mai 1873 (*Lamotte*), et 1er mai. V. loi du 10 juillet 1791, art. 36.

[2] Arr. Cons. d'Ét. du 30 janvier 1874.

fert aux porteurs une conversion facultative, c'est-à-dire l'option entre la conversion du titre primitif et son changement contre un titre 3 p. 100, à la condition de payer une soulte qui représentât la différence entre les taux des deux valeurs. Cette loi n'a encore produit son effet que pour la plus grande somme des rentes ; mais il reste encore des titres 4 1/2 p. 100 et des obligations trentenaires qui probablement disparaîtront dans un avenir prochain.

Non-seulement les rentiers ne peuvent pas exiger le remboursement du capital ; on s'est demandé si l'État a le droit d'offrir le payement. Cette question, après avoir été longtemps agitée dans les chambres de la Restauration et du gouvernement de Juillet, a été tranchée par un décret du 14 mars 1852 ou décret de *conversion ;* on a offert aux créanciers le choix entre le remboursement de leur capital, suivant le principe de droit commun, qui permet au débiteur de se libérer, ou la réduction de la rente 5 p. 100 à 4 1/2. Une disposition expresse porte cependant que pendant dix ans l'État s'interdit le droit d'offrir le remboursement ; mais cette disposition, inspirée par la pensée d'adoucir ce que la mesure pouvait avoir de rigoureux, loin d'être une négation du principe, en était plutôt une confirmation : *exceptio firmat regulam*.

Avant 1789, l'État se procurait des ressources non-seulement par des rentes perpétuelles, mais aussi par des rentes viagères ; ce moyen aléatoire a été abandonné dans le système de nos finances, et, en fait de rentes viagères, on ne compte plus guère que les pensions.

Pensions [1]. — Les pensions de retraite accordées aux fonctionnaires vieux ou infirmes doivent être considérées, non comme une grâce ou faveur, mais comme une véritable dette contractée par l'État envers ceux qui le servent ; elles remplacent les économies que peuvent faire, pour leurs vieux jours, ceux qui suivent les carrières libres, ordi-

[1] *Lois administratives*, p. 972.

nairement plus lucratives que les fonctions publiques, et elles ont pour effet d'attirer au service de l'État, par la sécurité de la vie, des hommes distingués et dignes de la confiance publique ; c'est ainsi, du reste, que les pensions furent considérées par la loi qui les institua au commencement de la Révolution. Du principe que nous venons de poser découle cette conséquence, qu'une liquidation inexacte ou le refus de pension à un ayant droit qui remplit les conditions exigées par les lois et règlements constituent la violation d'un droit.[1]

Avant la loi du 9 juin 1853, on distinguait deux espèces de pensions : 1° celles qui étaient payables sur fonds généraux, et qui elles-mêmes se subdivisaient en deux variétés. La première comprenait les *pensions civiles*, à la charge du Trésor public, liquidées par application de la loi du 3 août 1790 et du décret du 13 septembre 1806 ; la seconde, les *pensions militaires*, réglées par la loi du 11 avril 1831 pour l'armée de terre, et par la loi du 18 avril 1831 pour l'armée de mer ; 2° les pensions payables sur fonds de retenue par la caisse de l'administration à laquelle appartenait l'employé dont il s'agissait. Chaque caisse avait son règlement particulier, et les conditions d'admission à la pension variaient, ainsi que le chiffre des retenues à faire, non-seulement de ministère à ministère, mais, dans plus d'un ministère, d'une catégorie d'employés à l'autre. Les retenues faites sur le traitement des fonctionnaires étaient loin de suffire au service des pensions, et l'État était obligé d'intervenir par voie de subvention aux caisses de retraite; les choses en étaient même venues au point que la subvention était le principal et que, dans certaines

[1] Cette doctrine n'a pas prévalu sans difficulté, et, pendant longtemps, le Conseil d'État a rejeté comme irrecevables des pourvois tendant à une rectification de la liquidation. (Ord. des 17 juin 1820, 20 juin 1821, 7 mars 1821, 31 juillet 1822, 26 mars 1823, 6 décembre 1826.) Aujourd'hui le Conseil d'État statue sur ces demandes au fond et reconnaît qu'elles ont un caractère contentieux.

administrations, elle concourait pour les deux tiers au payement des pensions.

Du moment que l'institution des caisses ne déchargeait pas le Trésor du service des retraites, il était impossible de conserver cette foule de règlements qui, outre la difficulté de la liquidation, offraient l'inconvénient de distribuer les fonds du Trésor suivant des conditions inégales, sans qu'il y eût d'autres raisons que l'existence de ces règlements spéciaux. Aussi demanda-t-on de bonne heure la substitution d'une loi unique, pour toutes les pensions civiles, à la variété des règlements, et ce problème, après avoir été agité à plusieurs reprises et plusieurs fois renvoyé, a été résolu par la loi du 9 juin 1853. Aujourd'hui, les pensions civiles sont payables sur les fonds du Trésor.

La loi de 1853 n'est pas applicable aux pensions qui autrefois étaient réglées par la loi du 3 août 1790 et le décret du 13 septembre 1806; elle ne concerne que les fonctionnaires qui étaient soumis à retenue d'après la législation antérieure ou qui y ont été soumis par la loi nouvelle. Les anciennes catégories ne sont donc pas entièrement effacées, et nous allons reprendre successivement : 1° les retraites payables sur fonds généraux liquidées en vertu de la loi du 3 août 1790 et du décret du 13 septembre 1806; 2° les pensions civiles régies par la loi du 9 juin 1853; 3° les pensions militaires.

Fonctionnaires non soumis à la retenue. — A quels fonctionnaires s'applique la liquidation de la pension de retraite, conformément à la loi de 1790? — Il était impossible, avant 1853, de répondre à cette question d'une manière précise, la loi n'ayant pas statué formellement et la pratique administrative s'étant montrée incertaine.

L'art. 32 de la loi du 9 juin 1853 a tranché cette question en déterminant les fonctionnaires auxquels continueraient de s'appliquer la loi de 1790 et le décret de 1806. Ce sont : les ministres, les sous-secrétaires d'État, les membres du Conseil d'État, les préfets et les sous-préfets. Tous ceux qui ne sont pas compris dans cette énumération sont régis par la loi de 1853.

Pour quelle raison a-t-on dispensé ces fonctionnaires de la retenue pour leur accorder gratuitement des pensions, que d'autres acquièrent par des sacrifices pécuniaires prolongés ?

Ces fonctions, à cause de leur caractère politique, sont tellement fragiles que la plupart du temps la retenue, si elle leur était appliquée, équivaudrait à un sacrifice sans compensation, c'est-à-dire à une véritable diminution de traitement. Il est donc naturel que la loi n'ait pas exigé de retenue de fonctionnaires qui arrivent rarement au temps de service voulu pour leur retraite, et que cependant elle accorde pension à ceux d'entre eux qui, exceptionnellement, gardent assez longtemps leurs fonctions.

Le droit à pension n'est ouvert qu'après trente ans de *service effectif* et à soixante ans d'âge ; elle est liquidée au sixième du traitement moyen des quatre dernières années, et chaque année de service au-dessus de trente ans donne droit à l'augmention d'un trentième des cinq sixièmes restants jusqu'à concurrence du *maximum* fixé par le décret de 1806 [1].

Que signifient les mots *service effectif* ? D'après une disposition de la loi du 3 août 1790 [2], les années de service passées hors d'Europe comptent double ; c'est là une fiction favorable qui peut sans doute donner lieu à l'augmentation de la pension, mais qui ne fait pas acquérir le droit ; il faut trente ans de service effectif, et les années passées hors d'Europe, qui comptent double au point de vue de la liquidation, ne comptent que pour leur *durée réelle* en ce qui touche l'ouverture du droit. En d'autres termes, cette fiction

[1] Les *maxima* sont de 1,200 francs pour les traitements qui n'excèdent pas 1,800 francs, des deux tiers du traitement, au-dessus de 1,800 et de 8,000 francs, à quelque somme que le traitement s'élève.

[2] Loi du 3 août 1790, tit. 2, art. 5.

ne sert pas pour créer les droits mais pour augmenter le chiffre de la pension.

Une disposition expresse de la loi du 3 août 1790 dispense des conditions d'âge et de service les fonctionnaires qui, par suite de blessures ou d'infirmités provenant de l'exercice de leurs fonctions, sont mis hors d'état *de continuer à servir*. Il faut à la fois que les blessures proviennent des fonctions et s'opposent à leur continuation : l'une de ces conditions ne serait pas suffisante.

Fonctionnaires soumis à la retenue. — La loi du 9 juin 1853 soumet les fonctionnaires dont les caisses ont été supprimées, et ceux qui sont expressément régis par elle, quoiqu'ils n'eussent pas de caisse avant cette époque, à la retenue, 1° de 5 p. 100, chaque année, sur le montant du traitement ; 2° du premier douzième de toute augmentation provenant, soit d'une élévation du traitement, soit d'une promotion à un grade supérieur ; 3° des sommes retenues pour congés ou absences. A ce produit l'État ajoute une somme, à titre de subvention, et c'est par la réunion de ces deux espèces de ressources qu'est formé le crédit sur lequel les pensions sont payables. Les ministres ne peuvent liquider de pensions que dans la limite des extinctions réalisées sur les pensions inscrites ; pour dépasser cette mesure, ils devraient obtenir un crédit nouveau[1].

Le droit à pension est acquis après trente ans accomplis

[1] Art. 20 de la loi du 9 juin 1853 ; il n'est que la reproduction de l'art. 46 de la loi du 15 mai 1850. — Les retenues portent non-seulement sur le traitement fixe, mais encore sur tous les *émoluments personnels* que reçoivent les fonctionnaires sous le nom de prime, remises ou de traitement. On ne doit pas considérer comme émoluments personnels les frais de bureau, de tournées, indemnités de logement et autres dépenses de ce genre ; ce sont des indemnités, et la loi ne peut pas tenir compte des économies que certains employés parviennent à faire sur le matériel. Les receveurs généraux, les receveurs particuliers et les percepteurs ne subissent la retenue que sur les trois quarts des émoluments de toute nature ; le dernier quart est considéré comme indemnité de logement et de frais de bureau. — Art. 3 de la loi du 9 juin 1853.

de services et soixante ans d'âge ; pour ceux qui ont passé quinze ans dans la partie active de leur administration, les conditions sont réduites à cinquante-cinq ans d'âge et à vingt-cinq ans de services. Comment la partie active se distingue-t-elle de la partie sédentaire ? La loi a procédé par voie d'énumération, et le tableau n° 2, annexé à la loi du 9 juin 1853, a fixé la différence entre les services actif et sédentaire.

Les trente ans ne courent qu'à partir du moment où le fonctionnaire a touché son premier traitement d'activité et atteint l'âge de vingt ans accomplis [1]. Le temps de services même rétribués ne compte qu'autant que le fonctionnaire se trouve dans les cadres réguliers de l'administration ; il faut exclure les services des surnuméraires, même quand ils sont rémunérés, par exemple, pendant qu'ils sont chargés de faire l'*interim* des agents suspendus ou empêchés. J'en dirai autant des attachés au ministère de l'intérieur qui reçoivent des allocations avant d'être pourvus d'un titre régulier.

Le temps passé dans les bureaux de préfectures et sous-préfectures, quoique les employés soient rétribués sur le fonds d'abonnement accordé aux préfets et sous-préfets, compte à ceux qui passent plus tard dans un des services rémunérés conformément à la loi du 9 juin 1853 ; il faut cependant que la durée du service dans ces derniers emplois soit de douze ans pour la partie sédentaire et de dix ans pour la partie active. S'ils sont encore employés dans les bureaux de la préfecture ou de la sous-préfecture lorsque le droit à pension s'ouvre pour eux, elle est payable sur la caisse spéciale de ces employés qui n'a pas été supprimée [2].

[1] Le temps du surnumérariat n'est jamais compté, même quand le fonctionnaire a reçu une indemnité annuelle mais non sujette à retenue. Arr. Cons. d'Ét. du 15 novembre 1872 (*Bluchart*).

[2] Art. 9 de la loi du 9 juin 1853. — Cette question avait été décidée dans le même sens par un avis du Conseil d'État du 7 juin 1819.

Pour fixer le chiffre auquel la pension doit être liquidée, on commence, s'il s'agit d'un service sédentaire, par établir le traitement moyen des six dernières années pendant lesquelles l'ayant droit est resté en fonctions, et pour chaque année de services civils, on compte un soixantième de ce traitement moyen. Pour le service actif, après vingt-cinq ans, on accorde la moitié du traitement avec une augmentation d'un cinquantième par année. La pension ne doit d'ailleurs pas dépasser le maximum fixé par le tableau n° 3, annexé à la loi du 7 juin 1853. — La condition d'âge est exigée moins rigoureusement que le temps de service; car le titulaire qui a trente ans de services peut obtenir la retraite avant soixante ans, s'il est reconnu par le ministre compétent qu'il est hors d'état de continuer ses fonctions (art. 5 de la loi du 9 juin 1853).

Les infirmités et blessures ouvrent exceptionnellement le droit à pension de deux manières : 1° lorsque par suite d'un acte de *dévouement* ou d'une *lutte engagée* dans l'exercice de ses fonctions, il a été mis hors d'état de les continuer, le fonctionnaire a droit à une pension fixée à la moitié du traitement, quel que soit le temps du service, toujours en restant dans la limite du maximum fixé par les tableaux annexés à la loi. A aussi droit exceptionnel à pension, celui qui, par suite d'un *accident grave* résultant notoirement de l'exercice de ses fonctions, a été mis hors d'état de les continuer; la pension, en ce cas, est liquidée à raison d'un soixantième ou d'un cinquantième par année de service civil et ne doit pas être inférieure au sixième du traitement (art. 11 et 12 de la loi du 9 juin 1853); 2° lorsque le fonctionnaire peut seulement se prévaloir *d'infirmités graves* contractées dans l'exercice de ses fonctions et qui le mettent hors d'état de les continuer, il n'a pas droit à pension s'il ne compte pas vingt ans de services et n'a pas cinquante ans d'âge; il suffit qu'il ait quarante-cinq ans d'âge et quinze ans de services dans la partie active.

Ces dispositions sont applicables aux employés dont l'emploi est supprimé [1].

Pensions militaires. — Pour les pensions de l'armée de terre, le temps requis par la loi est de trente ans de *service effectif*. Ce délai a été réduit à vingt-cinq pour les sous-officiers, brigadiers, caporaux et soldats [2]; de sorte que les trente années ne sont applicables qu'aux officiers. Les années de campagne ne comptent double que pour la liquidation et ne font pas, en principe, acquérir le droit à pension. Le temps ne commence, du reste, à courir qu'à partir de l'âge où les militaires ont pû contracter un engagement volontaire [3]. Quant aux blessures ou infirmités,

[1] La loi du 9 juin 1853 contient plusieurs dispositions transitoires dont nous nous bornerons à donner un résumé. 1° Les fonctionnaires qui, pour la première fois, ont été soumis à retenue par la loi du 9 juin 1853, et qui subissent les retenues sans pouvoir atteindre le temps de service effectif nécessaire pour la pension normale, en reçoivent une qui est liquidée à raison de : 1° un 120e du traitement moyen par chaque année de service ; 2° un 30e de la pension ainsi liquidée aussi par chaque année de service ; exemple : traitement moyen de 6,000 francs et cinq années de services. Un 120e multiplié par cinq années donne 250 francs, et le 30e de cette somme étant de 8 fr. 33 cent. produit pour cinq années 41 francs, en tout 291 fr. 65 cent. 2° Ceux qui avant la loi nouvelle avaient un temps de services assez long pour demander la liquidation de leur pension, en peuvent exiger le calcul conformément aux anciens règlements. Il en est résulté des avantages énormes pour les fonctionnaires qui ne subissent de retenue que sur leur traitement fixe et dont le traitement éventuel y a été soumis par la loi nouvelle. Ceux qui avaient déjà le temps de services voulu ont eu la double faveur de demander l'application des anciens règlements, en écartant le *maximum* de la loi nouvelle, et de faire compter, pour la fixation du traitement moyen des dernières années, tant le fixe que l'éventuel. D'un autre côté cependant, le maximum des anciens règlements leur est applicable, alors même qu'il serait moins avantageux que le maximum de la loi nouvelle ; car, l'art. 18, § 3, ne fait pas de distinction. 3° Pour ceux qui, avant la loi nouvelle, n'avaient pas acquis le droit à pension, et qui l'ont acquis postérieurement, on fait une double liquidation. Les services antérieurs à 1854 sont liquidés d'après l'ancienne législation, et ceux qui sont postérieurs d'après la loi nouvelle. 4° Les magistrats qui sont mis à la retraite en vertu du décret du 1er mars 1852 peuvent obtenir une pension, s'ils ont quinze ans de services, lorsque d'ailleurs ils ont été nommés avant le 1er janvier 1854.

[2] Loi du 26 avril 1855.

[3] Des dispositions exceptionnelles permettent de compter les services dans

elles donnent droit à pension, sous les distinctions suivantes. Ont-elles occasionné la cécité, l'amputation ou la perte absolue de l'usage d'un membre, elles ouvrent un droit immédiat à pension, et la pension est liquidée comme si elle était acquise par trente ans de services. Dans les autres cas, il faut que la blessure ou infirmité ait eu pour résultat, en ce qui concerne les officiers, de les mettre hors d'état de continuer leurs fonctions, et, à l'égard des sous-officiers, caporaux et soldats, de les rendre en outre incapables de pourvoir à leur subsistance. La loi du 27 novembre 1872 a élevé à 600 francs le taux de la pension des sous-officiers, caporaux et soldats des armées de terre et de mer admis à la retraite pour blessures reçues devant l'ennemi ou pour infirmités contractées en campagne, ayant entraîné : l'amputation, la perte de l'usage d'un membre [1].

Les militaires qui ont occupé le même grade pendant douze ans ont droit à l'augmentation d'un cinquième de leur pension [2].

Dans la marine, le droit à pension est acquis pour les officiers et marins de tout grade à vingt-cinq ans de service effectif. Les agents des autres corps de la marine ne l'acquièrent qu'après trente ans, à moins qu'ils ne soient assimilés aux marins, ce qui arrive lorsqu'ils ont navigué six ans sur les vaisseaux de l'État ou qu'ils ont neuf ans, soit de navigation, soit de service dans les colonies. — Pour la pension exceptionnelle, en cas de blessures ou infirmités, la loi du 18 avril 1831 a reproduit les mêmes distinctions que la loi sur l'armée de terre ; il faut donc que les blessures proviennent d'événements de guerre ou d'ac-

la marine à partir de l'âge de seize ans, et quant aux élèves de l'École polytechnique, il leur est compté quatre ans pour le temps d'études avant leur entrée dans l'un des services spéciaux.

[1] Art. 11 de la loi du 11 avril 1831.

[2] Le service de ces pensions est fait par la caisse des offrandes nationales créée en 1860 par décret du 18 juin 1860 et réorganisée par décret du 9 janvier 1873.

cidents éprouvés dans un service commandé, et, s'il s'agit d'infirmités, qu'elles soient le résultat d'accidents ou de fatigues éprouvés dans le service. Cela établi, si les blessures ou infirmités ont occasionné la *cécité*, l'*amputation* ou la *perte absolue* d'un membre, le droit est immédiatement ouvert, quelles que soient les conséquences ultérieures de la blessure ou de l'infirmité. Dans tout autre cas, la pension n'est acquise qu'autant, pour les officiers, qu'ils sont mis hors d'état de servir, et, pour les sous-officiers et marins, qu'autant qu'ils ont été mis hors d'état de *servir* et en outre *de pourvoir à leur subsistance*[1].

Les services civils doivent-ils être comptés pour les pensions militaires ? On les fait entrer en ligne de compte dans une certaine mesure. Les deux lois veulent que, soit dans l'armée de terre, soit dans l'armée de mer, celui qui réclame une pension pour ancienneté ait au moins quinze ans de service militaire ou, pour la marine, dix ans de service dans les colonies. Réciproquement les services militaires s'ajoutent aux services civils pour la pension civile, pourvu que la durée des services civils ait été de douze années dans la partie sédentaire et de dix années dans la partie active (art. 8 de la loi du 9 juin 1853).

Réversion sur les veuves et les enfants. — Lorsque le titulaire d'une pension ou même celui qui seulement réunissait toutes les conditions exigées par les lois et règlements pour avoir droit à pension, vient à décéder, la réversion a lieu pour partie sur la veuve, non séparée de corps. Si la veuve est morte ou vient à mourir postérieurement, la part dont elle aurait profité est distribuée aux enfants, à titre de secours, jusqu'à ce que le plus jeune

[1] Les lois des 11 et 18 avril 1831 ont été modifiées par les lois des 25 et 26 juin 1861 ; mais la modification n'a porté que sur le taux de la pension qui a été augmenté et a laissé subsister les bases du droit et de la liquidation.

[2] Le *convol à un second mariage* ne fait pas perdre le droit à pension, à moins que la veuve n'épousât un étranger. Alors elle deviendrait elle-même

ait atteint sa majorité avec réversion des plus âgés sur les plus jeunes, au fur et à mesure que les premiers arrivent à vingt et un ans accomplis. Quelle est la portion qui est accordée à la veuve et aux enfants? Pour répondre à cette question, il faut reprendre les diverses espèces de pensions que nous avons distinguées.

D'abord les veuves des pensionnaires sur fonds généraux, en vertu de la loi du 3 août 1790 et du décret du 13 septembre 1806, n'ont pas droit à pension ; car le texte de la loi se borne à dire que le Gouvernement *peut* leur accorder une pension alimentaire, et que leurs enfants *pourront* être élevés aux frais de la nation, ce qui constitue une simple faculté. Il faut conclure de là, comme l'a fait la jurisprudence du Conseil d'État, que la décision portant refus de liquider une pension aux veuves de ces pensionnaires n'est pas attaquable par la voie contentieuse.

D'après la loi du 9 juin 1853, au contraire, ainsi que d'après les lois sur les pensions militaires, les veuves peuvent réclamer, non une faveur simple, mais un véritable droit. Aux termes de la première, la pension de la veuve et des enfants est du tiers de celle que le mari avait ou aurait obtenue pour ancienneté ou pour infirmités graves survenues dans l'exercice de ses fonctions. Elle s'élève aux deux tiers, lorsque les fonctionnaires ont été mis hors d'état de continuer leur service, soit par suite d'un acte de dévouement dans un intérêt public, ou en exposant leurs jours pour sauver un de leurs concitoyens, soit par suite de lutte ou de combat soutenu dans l'exercice de leurs fonctions[1].

La quotité, pour les veuves de militaires ou marins, est fixée au quart du *maximum* d'ancienneté. Exceptionnellement elle est de 6,000 francs pour les veuves de maréchaux

étranger par suite de son mariage, et cette qualité est incompatible avec le droit à pension.

[1] Art. 11, § 1er, de la loi du 9 juin 1853.

et amiraux, et de 100 francs pour les veuves de soldats et marins. Sur ce point, les dispositions de deux des lois des 11 et 18 avril 1831 sont identiques. La pension de la veuve a été élevée à la moitié de la pension du mari par la loi du 26 avril 1856 en cas, 1° de mort sur le champ de bataille ; 2° de mort à l'armée par suite d'événements de guerre, et 3° de mort dans le délai d'une année par suite de blessures reçues dans les mêmes circonstances.

La loi, pour prévenir les unions intéressées qui seraient formées, au dernier moment, en vue de la réversion, a voulu que le mariage fût contracté quelque temps avant la cessation des fonctions. D'après la loi du 9 juin 1853, ce délai est de six ans pour les fonctionnaires civils ; pour les militaires ou marins, il est de deux ans[1]. Quand le mari est mort à la suite d'un accident ou d'une blessure, il n'est pas nécessaire que le mariage ait été contracté un certain nombre d'années auparavant ; il suffit que l'union soit antérieure à l'événement.

Liquidation et payement des dettes de l'État. — Il ne suffit pas d'être créancier de l'État, et il ne servirait de rien d'avoir un titre, si l'on n'obtenait pas la *liquidation* et l'*ordonnancement*. Les voies d'exécution que la loi a organisées entre particuliers ne sont pas praticables à l'égard de l'État, sous peine de déranger toutes les prévisions et de troubler l'économie des services publics. C'est pour cela que le créancier doit s'adresser au ministre compétent pour faire reconnaître et fixer son droit, c'est-à-dire pour arriver à la liquidation de sa créance. Les créances sur l'État, lorsqu'elles résultent d'un versement en numéraire ou valeurs, doivent en outre être soumises au contrôle administratif. Dans les vingt-quatre heures qui suivent le versement des deniers, la partie versante présente le récépissé à talon qu'elle a reçu, au contrôleur central à Paris et aux préfets ou sous-préfets, dans les départements. Le

[1] Lois des 25 et 26 juin 1861, art. 6 et 2.

contrôle consiste à viser le récépissé et à le séparer du talon[1].

En matière de pensions, la liquidation est un préalable d'autant plus nécessaire qu'elles ne sont accordées qu'au fur et à mesure des extinctions. En conséquence, l'ayant droit est tenu d'adresser sa demande de liquidation, dans un certain délai, avec l'appui des pièces exigées par les règlements[2]. La liquidation préparée par le ministre compétent doit être soumise à la section des finances du Conseil d'État, avec l'avis du ministre des finances. Cette révision est du reste purement consultative, et elle ne fait nullement obstacle, même quand elle est suivie par le ministre, à ce que la décision ministérielle portant liquidation soit attaquée par la voie contentieuse, suivant les règles ordinaires du pourvoi au contentieux.

La pension, une fois liquidée et inscrite, constitue un titre irrévocable ; cette règle ne souffre exception que dans le cas où il s'agit de fonctionnaires en déficit, pour cause de détournement de deniers ou de matières, ou convaincus de malversations ; il en est de même de ceux qui seraient convaincus de s'être démis d'un emploi à prix d'argent ou qui auraient été condamnés à une peine afflictive infamante. En ce cas, la perte de la pension est encourue alors même qu'elle serait liquidée et inscrite[3].

Comme les pensions ont un caractère alimentaire, elles ont été déclarées par la loi *incessibles* et *insaisissables*. L'insaisissabilité n'est cependant pas absolue ; ainsi le cinquième de la retraite peut être retenu pour débet envers l'État, ou pour une des créances privilégiées aux termes de l'art. 2101 du Code civil. Cette proportion est portée jusqu'au tiers au profit des créanciers d'aliments en

[1] Loi du 24 avril 1833. — Décret du 4 janvier 1808, et ordonnance du 18 novembre 1817 et décret sur la comptabilité du 31 mai 1862.

[2] Règlement du 9 novembre 1853, qui complète la loi du 9 juin précédent ; — et pour les pensions militaires, ordonnance du 2 juillet 1831.

[3] Art. 27, § 2, de la loi du 9 juin 1853.

vertu des art. 203, 205, 206 et 207 du même Code[1]. Pour les pensions militaires, l'exception est moins étendue ; car la retenue n'est jamais que du cinquième, et elle ne peut être faite que dans deux cas : 1° pour débet envers l'État ; 2° pour cause d'aliments, fondée seulement sur les art. 203 et 205 du Code civil[2].

De ce que la pension est une sorte de dette alimentaire, payable à celui qui ne peut pas continuer à rester en activité de service, il résulte qu'elle ne peut pas être cumulée avec un traitement d'activité. D'un autre côté, comme les pensions sont présumées suffisantes et justement fixées par la loi, une double retraite dépasserait le but qu'on s'est proposé en assurant une dette alimentaire aux employés vieux ou infirmes. D'où la conséquence qu'en principe la pension ne peut pas plus être cumulée avec une autre pension qu'avec un traitement d'activité. Cette double règle n'est cependant pas absolue, et elle admet quelques exceptions. Ainsi une pension militaire peut être cumulée avec un traitement civil[3]. De même on peut cumuler une pension et un traitement quelconque jusqu'à concurrence de 1,500 fr., pourvu que le service dans lequel on reçoit le traitement soit différent de celui où la pension a été acquise[4]. Enfin le cumul de deux pensions est autorisé jusqu'à concurrence de 6,000 fr., pourvu qu'il n'y ait pas double emploi dans les services qui forment la base de la liquidation (art. 31 de la loi du 9 juin 1853) ; cette limite est tellement large, que l'exception absorbe presque le principe.

Toutes les allocations qui ne constituent pas, à proprement parler, des traitements, mais des indemnités ou dota-

[1] Art. 26 de la loi du 9 juin 1853.

[2] On décide cependant que cette exception doit être étendue aux cas prévus par les art. 206 et 207, quoique la loi de 1831 ne renvoie qu'aux art. 203 et 205.

[3] Loi du 25 mars 1817, art. 27.

[4] Loi du 9 juin 1853, art. 28 et 31.

tions ne sont pas soumises à la prohibition du cumul. Ainsi, un ancien secrétaire général qui avait obtenu la liquidation de sa pension de retraite, ayant été nommé conseiller d'État, le payement des arrérages fut suspendu à son égard ; le jour où il fut nommé sénateur, il reprit la jouissance de sa pension, quoique les sénateurs reçussent annuellement une somme plus forte que les conseillers d'État. Mais ceux-ci ont un *traitement*, tandis que les autres touchent une *indemnité*, ou une *dotation*. Il en serait de même de l'indemnité allouée aux députés.

PRESCRIPTIONS ET DÉCHÉANCES [1].

Les créances contre l'État ont été soumises à des déchéances spéciales ; c'est avec raison que le législateur n'a pas voulu maintenir longtemps des droits dont la réclamation inattendue pourrait troubler le service des finances. Je ne dirai rien des lois relatives à l'arriéré antérieur à 1816; l'effet de ces dispositions est aujourd'hui consommé, et leur étude ne pourrait, à peu près, offrir qu'un intérêt de curiosité historique [2]. Mais il existe une déchéance dont l'effet est permanent et qui se trouve inscrite dans une loi du 29 janvier 1831, art. 9. Cet article déclare prescrites et définitivement éteintes les créances qui n'auraient pu, « à « défaut de justifications suffisantes, être *liquidées*, *ordon-* « *nancées et payées* dans un délai de cinq années, à par- « tir de l'ouverture de l'exercice pour les créanciers domi- « ciliés en Europe, et de dix années pour les créanciers « résidant hors du territoire européen. » Cette déchéance n'est applicable, d'après les termes mêmes de la loi de

[1] *Lois administratives*, p. 1018.

[2] Loi du 9 vendémiaire an VI qui imposa aux créanciers de l'État le remboursement des deux tiers en papier (papier presque sans valeur) et consolida l'autre tiers. Cette disposition équivalait à peu près à une réduction pour deux tiers de la dette publique. Lois des 24 frimaire an VI et du 4 mars 1834 qui déclarent définitivement éteintes les créances antérieures à l'an V et à 1816.

1831, qu'à la *liquidation*, à l'*ordonnancement* et au *remboursement* des créances. Il résulte de là qu'elle doit être opposée par le ministre liquidateur et ordonnateur et qu'elle pourrait l'être même contre le porteur d'un jugement ou d'un arrêté qui déclarait l'existence de la créance contre l'État. Les créances, en effet, appartiennent à l'exercice pendant lequel elles sont nées, et non à celui pendant lequel elles ont été reconnues par la justice ordinaire ou administrative ; en principe, les jugements sont *déclaratifs* et non *constitutifs* [1]. Il pourrait donc arriver que la déchéance fût encourue avant que le créancier eût agi. Mais le délai de cinq ans ne commence pas à courir avant que le droit soit devenu exigible, soit par l'arrivée du terme, soit par la réalisation de la condition [2]; car, si l'on peut reprocher au créancier d'avoir négligé d'agir quand l'action était ouverte, on ne saurait lui imputer son inaction lorsqu'il était retenu par l'impossibilité légale d'agir ; on sait que c'est en cas d'*impossibilité de droit* que s'applique la maxime : *Contrà non valentem agere non currit præscriptio.* Reconnaissons cependant que toutes les causes qui suspendent la prescription ne s'appliquent pas à la déchéance. Ainsi le délai de cinq ans serait opposable aux mineurs et autres incapables, nonobstant l'art. 2252 du Code Napoléon. Il n'y a pas là de contradiction ; car, d'autres courtes prescriptions de droit commun, que la minorité ne suspend pas, cessent cependant de courir lorsqu'il y a impossibilité légale d'agir [3].

Pour interrompre la déchéance quinquennale, il n'est pas nécessaire d'agir en justice ; il suffit d'adresser une

[1] Cons. d'Ét., arr. des 19 mai 1853, 8 février 1855 et 28 mai 1866. L'art. 6 du décret du 31 mai 1862, sur la comptabilité publique, considère comme appartenant à un exercice les *services faits* et les *droits acquis* depuis le 1er janvier jusqu'au 31 décembre de l'année qui lui donne son nom.

[2] Arr. du 12 janvier 1854.

[3] Art. 2277 et 2278 du Code Napoléon. L'art. 2278 dit seulement que la prescription de l'art. 2277 court contre les mineurs.

demande à l'administration, soit au ministre, soit au préfet suivant les cas. L'action devant une juridiction incompétente devrait, selon nous, interrompre la déchéance comme elle interrompt la prescription (art. 2246) ; mais la jurisprudence du conseil d'Etat est contraire à cette opinion [1].

La déchéance ne serait pas encourue si le retard venait du fait de l'administration ou avait été occasionné par des pourvois formés devant le Conseil d'Etat (art. 10 de la loi du 29 janvier 1831).

Les lois de déchéance ne s'appliquent ni au remboursement des cautionnements ni à celui des dépôts, parce que ces créances sont payables sur des fonds spéciaux que le Gouvernement est censé garder disponibles. La solution résulte aussi implicitement de la loi du 9 juillet 1836, art. 16, qui donne à l'état le droit de se libérer en déposant un an après le terme fixé pour la retraite du cautionnement, ce qui exclut implicitement de la déchéance les capitaux de cautionnement [2]. Mais la prescription quinquennale s'appliquerait au payement des arrérages de cautionnements, parce que c'est une dette ordinaire du trésor public, sans imputation sur un fonds particulier.

En matière de pensions, il y a déchéance après cinq ans contre celui qui n'a pas réclamé la liquidation dans ce délai, à partir du moment où il a été admis à faire valoir ses droits à la retraite [3]. L'expiration de ce délai n'est pas la seule cause qui rende l'ayant droit irrecevable. Ainsi tout fonctionnaire démissionnaire, révoqué ou destitué, perd ses droits ; il en est de même de celui qui a perdu la qualité de Français.

La déchéance quinquennale ne s'applique pas aux dépenses départementales ni aux dépenses communales [4].

[1] V. arr. Cons. d'Ét. du 19 mai 1853, C. pr. avec celui du 21 décembre 1854.

[2] Arr. Cons. d'Ét. du 4 mai 1854.

[3] Art. 22 de la loi du 9 juin 1853.

[4] Art. 480 du décret du 31 mai 1862 sur la comptabilité publique.

PARTIE SPÉCIALE

ARRÊTÉ DU 31 DÉCEMBRE 1862 : NOTIONS APPROFONDIES SUR LA VOIRIE ET LES ALIGNEMENTS ; — L'EXPROPRIATION POUR CAUSE D'UTILITÉ PUBLIQUE ; — LA SÉPARATION DES POUVOIRS PUBLICS ; — JUDICIAIRE, — ADMINISTRATIF — ET ECCLÉSIASTIQUE ; — CONFLITS ; — APPELS COMME D'ABUS ; — MISES EN JUGEMENT ; — AUTORISATION.

I

VOIRIE [1].

On entend par voirie l'ensemble des voies de communication. Elle se divise en *grande* et *petite voirie ;* dans la première sont compris les routes, les chemins de fer, les canaux, les rivières navigables et flottables, et les rues des villes dans la partie où elles sont traversées par des routes. Rentrent dans la petite voirie, les rues ou places de villes, dans les portions qui ne se confondent pas avec la traverse des grandes routes.

L'intérêt de la distinction entre la grande et la petite voirie tient à la différence du régime administratif auquel l'une et l'autre est soumise et à la compétence des autorités. Ainsi, pour les contraventions de grande voirie, c'est le conseil de préfecture qui applique la peine et qui ordonne le rétablissement des lieux ; pour la petite voirie, la même attribution appartient au juge de simple police. D'un autre côté, les alignements sont donnés par le préfet pour la grande voirie et par le maire pour la petite. Les chemins

[1] *Lois administratives*, p. 1149-1213.

vicinaux forment une catégorie spéciale de voies de communication qui se distingue de la grande aussi bien que de la petite voirie et leur ensemble est souvent désigné sous le nom de *voirie vicinale.*

Routes nationales et départementales [1]. — Avant 1811, on distinguait trois classes de routes nationales, d'après l'importance et la largeur de ces voies de communication. Cette classification, dont l'origine remontait à un arrêt du conseil de 1776, ne fut pas sensiblement modifiée par le décret du 16 décembre 1811, qui distingua :

1° Les routes nationales de première classe allant de Paris à l'étranger et aux grands ports militaires ;

2° Les routes nationales de deuxième classe, *d'une largeur moindre*, se dirigeant également de la capitale vers les frontières ou les ports ;

3° Les routes nationales de troisième classe, communiquant de Paris à certaines villes de l'intérieur ou reliant entre elles les villes les plus importantes.

Telles sont du moins les idées qui paraissent servir de base aux tableaux joints au décret du 16 décembre 1811; car le décret lui-même ne contient aucune définition générale qui distingue les trois classes. Pour soulager le Trésor public, on ne comprit pas dans le tableau n° 3 plusieurs routes qui, d'après l'arrêt de 1776, appartenaient à la troisième classe, et leur entretien fut mis à la charge des départements. A partir de ce moment, on distingua deux espèces de routes départementales : 1° celles dont l'État avait mis l'entretien à la charge des départements et qui, avant 1811, étaient au nombre des routes nationales de troisième classe ; 2° les routes départementales construites avec les ressources du département. Pour ces dernières, il est certain que le département qui a acheté le sol et fait tous les frais de construction en est propriétaire. Quant

[1] *Lois administratives*, p. 1149-1160.

aux autres, la disposition qui mettait leur entretien à la charge du département n'entraînait pas l'abandon de la propriété au département. On ne pouvait pas plus conclure l'abandon intégral de ce que l'État avait mis les dépenses d'entretien à la charge du département, qu'on ne pouvait induire l'abandon partiel de ce que, d'après l'art. 9 du même décret, le département était tenu de contribuer aux frais de construction et d'entretien des routes nationales de troisième classe[1]. Mais la question, après avoir été longtemps controversée, a été tranchée par la loi du 10 août 1871, art. 59, 6° : « Sont comprises définitivement parmi les propriétés départementales les anciennes routes impériales de troisième classe, dont l'entretien a été mis à la charge des départements par le décret du 16 décembre 1811 ou postérieurement. »

L'ouverture et le classement des routes nationales et départementales sont faits par un décret ou par une loi suivant les distinctions écrites dans la loi sur l'expropriation pour cause d'utilité publique du 27 juillet 1870. Le déclassement se fait toujours par décret. Quant aux conséquences du déclassement, elles sont déterminées par la loi du 24 mai 1842, qui ouvre plusieurs partis. On peut d'abord transformer les routes nationales déclassées en routes départementales ou en chemins vicinaux, avec l'assentiment des conseils généraux et municipaux. Si l'on prend le parti de faire un déclassement pur et simple, le sol est mis à la disposition de l'administration des domaines, pour être vendu. Mais, dans l'intérêt des propriétaires de maisons ayant issue sur la voie publique, deux tempéraments ont été apportés à la faculté d'aliéner : 1° le préfet, *en conseil de préfecture*, peut décider qu'on réservera un chemin d'exploitation dont la largeur n'excédera pas 5 mètres; 2° les propriétaires doivent être mis en demeure d'ac-

[1] Avis du Conseil d'État du 27 août 1834. — Cet avis, quoique antérieur à la loi du 10 mai 1838, conserve toute son autorité, parce que les rédacteurs de la loi ne se sont pas occupés de la question.

quérir, chacun en droit soi, les parcelles qui attiennent à leur propriété, et ce n'est qu'après cette mise en demeure que l'administration des domaines a le droit de procéder à la vente aux enchères.

A qui appartiennent les arbres plantés le long des routes? Après plusieurs changements, la législation s'est arrêtée à la distinction suivante : les arbres plantés sur le sol des propriétaires riverains appartiennent à ces derniers, sans qu'il y ait à distinguer entre les arbres plantés par les soins de l'administration et ceux qui l'auraient été par les propriétaires eux-mêmes. Quant aux arbres plantés sur le sol de la voie publique, la loi présume qu'ils appartiennent au département ou à l'État; mais ce n'est là qu'une présomption, et le propriétaire peut la détruire en prouvant que l'arbre a été planté par lui ou par son auteur, ce qui est suffisant pour établir son droit à la propriété [1].

Quoiqu'ils appartiennent aux particuliers, ces arbres ne peuvent être abattus que lorsqu'ils dépérissent et avec l'autorisation de l'administration.

Chemins de fer [2]. — D'après la loi du 15 juillet 1845, les chemins de fer font partie de la grande voirie et, par conséquent, du domaine public [3]. Il n'y a d'ailleurs aucune distinction entre les chemins de fer construits par l'État et ceux qui auraient été faits par une compagnie concessionnaire, avec ou sans subvention. Le système de l'exploitation en régie par les agents de l'État n'a pas été adopté chez nous, et l'administration s'est adressée à des compagnies auxquelles elle a concédé le chemin pour un temps plus ou moins long; après ce délai, le chemin doit faire retour à l'État qui optera, suivant les circonstances, entre

[1] Telles sont les dispositions de la loi du 12 mai 1825. Pour la législation antérieure, voyez édit de janvier 1583, ordonnance de 1720, loi du 9 ventôse an XIII et le décret du 16 décembre 1811.

[2] *Lois administratives*, p. 1161-1172.

[3] Art. 1er de la loi du 15 juillet 1845.

l'exploitation directe et une nouvelle concession [1]. D'après la loi des 12-19 juillet 1865, les chemins de fer d'intérêt local sont soumis au régime de la loi du 15 juillet 1845; ils font donc partie de la grande voirie.

Quelle est la nature du droit résultant de la concession? — Plusieurs lois en ont fait, par des dispositions formelles, un droit réel susceptible d'être hypothéqué; car elles ont constitué des hypothèques au profit de l'État, pour la garantie des prêts consentis par le Trésor aux compagnies, et chargé l'agent judiciaire du Trésor de prendre inscription. Ce droit d'hypothèque ne peut naturellement être qu'un droit *sui generis* et considérablement modifié par la nature de la concession, en raison du service public qui en dépend. Il est impossible, en effet, de décider que la transmission des dépêches ou le transport des voyageurs et des marchandises pourra être arrêté par les poursuites d'un créancier dans un intérêt privé [2]. Les compagnies ne sont, du reste, pas propriétaires du chemin, mais seulement de la voie de fer, du matériel d'exploitation et du droit de concession [3].

Cours d'eau [4]. — Les cours d'eau se divisent en *ri-*

[1] A l'expiration du délai de la concession, l'État prend le matériel et la voie de fer au prix fixé par l'estimation.

[2] La compagnie pourra hypothéquer le chemin à d'autres créanciers qui viendraient après l'État premier créancier inscrit. Mais cette hypothèque ne donnerait pas aux tiers le droit d'exproprier le chemin, parce qu'il est impossible d'admettre que l'exercice de l'action hypothécaire pourra interrompre un service public; ils auraient seulement le droit de se faire payer par préférence, suivant leur rang, dans le cas où le Gouvernement ferait vendre la concession. En d'autres termes, le créancier hypothécaire n'aurait pas un titre exécutoire, mais un *droit de préférence* qui recevra son exécution lorsque la vente sera faite à la requête du Gouvernement.

[3] C'est parce qu'elles ne sont pas propriétaires du sol que les compagnies ne payent pas la taxe de mainmorte. — Il est vrai qu'elles sont soumises à l'impôt foncier, mais seulement par une disposition expresse des cahiers de charge. On a voulu que, sous ce rapport, les compagnies de chemins de fer fussent dans la même position que les *concessionnaires des canaux*, qui doivent l'impôt foncier d'après la loi du 5 floréal an XI.

[4] *Lois administratives*, p. 1197-1213.

vières navigables ou flottables et rivières qui ne sont *ni navigables ni flottables*. Une rivière est navigable quand elle est capable de porter bateaux, et flottable quand elle peut transporter des radeaux et trains de bois. Les rivières navigables sont, du reste, soumises aux mêmes règles que les rivières flottables. Il y a des rivières qui ne portent pas des trains de bois, mais qui sont seulement capables de charrier des bûches isolées ; ces cours d'eau qu'on appelle *flottables à bûches perdues* sont, en général, soumis au même régime que les rivières non navigables ni flottables. Les rivières non navigables ni flottables sont appelées *petites rivières*, et on nomme *ruisseaux* des cours d'eau moins importants. Entre les petites rivières et les ruisseaux la loi n'a pas, formellement du moins, tracé une distinction précise. C'est d'après les circonstances de fait que la différence peut être faite dans chaque affaire. Quant aux cours d'eau navigables ou flottables, leur navigabilité est déclarée par décret après enquête de *commodo et incommodo*. (Voir la nomenclature contenue dans l'ord. du 10 juillet 1839).

L'art. 538 du Code civil a mis les rivières navigables et flottables parmi les dépendances du domaine public. Le mouvement des eaux n'est pas toujours régulier ; il se porte tantôt vers un côté, tantôt vers l'autre, et d'ailleurs le volume du fleuve étant susceptible d'accroissement, il se peut que des deux côtés les rives soient couvertes par les eaux. A quelle autorité appartient-il de déterminer la largeur et de fixer les limites qui séparent le domaine public fluvial de la propriété privée ? — Cette attribution est de la compétence du préfet qui détermine la largeur du lit de la rivière. Une divergence persistante s'est, dans ces dernières années, élevée entre la Cour de cassation et le Conseil d'État sur la nature des arrêtés qui fixent les limites des cours d'eau. D'après la jurisprudence du Conseil d'État, les arrêtés sont déclaratifs et le riverain dont les eaux auraient pris une parcelle de propriété ne pourrait demander ni la possession ni une indemnité. C'est le mouvement des eaux qui fait le lit de la rivière et aucun recours ne peut être formé contre l'arrêté du préfet, s'il se borne à constater ce qui existe. Mais si le préfet avait englobé une propriété privée, son arrêté pourrait être attaqué pour excès de pouvoirs et l'administration serait obligée de relâcher la parcelle indûment comprise dans la délimitation. Si elle était indispensable pour l'agrandissement du lit, il faudrait recourir à l'expropriation pour cause d'utilité publique. D'un autre côté, le caractère déclaratif de l'arrêté ne serait pas inconciliable avec l'existence de droits acquis sur le cours d'eau antérieurement à l'ordonnance de Moulins de 1566. Une indemnité pourrait donc être réclamée de ce chef si l'arrêté emportait suppression ou diminution de ces droits [1].

La Cour de cassation de son côté, a jugé que les propriétaires dont le fonds a été englobé dans la délimitation par l'arrêté du préfet ne pouvaient pas obtenir des tribunaux d'être remis en possession, mais faire établir par les tribunaux leur droit à une indemnité [2].

Les défenseurs de la jurisprudence du Conseil d'État faisaient valoir qu'elle protégeait la propriété privée mieux que celle de la Cour de cassation; que celle-ci en effet ne donnait pas le moyen de faire relâcher les parcelles indûment comprises dans la délimitation tandis qu'on pouvait obtenir du Conseil d'État la mise en possession au moyen d'un pourvoi pour excès de pouvoirs. C'était une garantie sérieuse assurément; mais la jurisprudence du Conseil d'État avait pour effet de faire juger administrativement des

[1] Cons. d'Ét. 6 août 1861, *Renel*; 23 mai 1861, *Cocquart*; 6 juillet 1865 *Ménard*; 3 mars 18.6, *Jollain*; 13 décembre 1866, *Richet*; 13 décembre 1866, *Coicaud*; 9 janvier 1868, *Archambault*. — Commission provisoire 7 mai 1871, *Ozanneau*.

[2] Cour cass., arr. des 23 mai 1849, *Combalot*; 20 mai 1862, *Parsachon*; 21 novembre 1865, *Hédouville*; 14 mai 18.6, *Aurousseau*. — Lyon, 11 février 1848; Dijon, 15 novembre 1863; Bourges, 8 juillet 1863; Paris, 7 avril 1868. — Serrigny, *Organis. et compét.*, 2e édit., t. II, nos 716 et et 758; Mazeau, *Bulletin des tribunaux* du 13 avril 1863.

questions de propriété et de les enlever aux tribunaux qui sont les juges naturels de ces litiges.

Le tribunal des conflits a tranché la question en ajoutant les garanties que les deux jurisprudences accordaient aux propriétaires. Ceux-ci pourront donc se pourvoir administrativement, devant l'autorité supérieure, pour faire réformer l'arrêté de délimitation, ou l'attaquer devant le Conseil d'État pour *excès de pouvoirs;* mais, « il appartient « à l'autorité judiciaire, ajoute le tribunal des conflits, « lorsqu'elle est saisie d'une demande en indemnité formée « par un particulier qui soutient que sa propriété a été « englobée dans le domaine public par une délimitation « inexacte, de reconnaître le droit de propriété invoqué « devant elle, de vérifier si le terrain litigieux a cessé, par « le mouvement naturel des eaux, d'être susceptible de « propriété privée et de régler, s'il y a lieu, une indem- « nité de dépossession dans le cas où l'administration « maintiendrait une délimitation contraire à sa décision[1]. »

La compétence du préfet pour la délimitation du domaine fluvial est, à l'embouchure des fleuves, en contact avec celle du chef de l'État. Aux termes d'un décret du 21 février 1852, les limites de la mer sont fixées par décrets du chef de l'État, rendus dans la forme des règlements d'administration publique sur le rapport du ministre des travaux publics, lorsque cette délimitation a lieu à l'embouchure des fleuves et rivières, et sur le rapport du ministre de la marine lorsqu'elle a lieu sur un autre point du littoral. La compétence du chef de l'Etat s'étend aussi loin que la mer; mais, à l'embouchure des fleuves, il est difficile quelquefois de distinguer la mer du fleuve. La mer s'étendra-t-elle jusqu'au point où cesse la salure des eaux? Le mouvement de la marée se fait sentir très-loin et dure encore lorsqu'il est évident que l'on est entré dans le fleuve. Quant à la salure des eaux, elle

[1] *Trib. des conflits*, arr. du 11 janvier 1873, *Pâris-Labrosse* et 1er mars 1873, *Gaillé*.

n'a jamais servi qu'à fixer la limite de l'inscription maritime. Ce n'est donc ni par le mouvement de la marée ni par la salure des eaux que doit être fixée l'étendue de la mer ; il faut s'attacher à la configuration extérieure du terrain pour distinguer les côtes maritimes des rives du fleuve.

Si les limites de la mer sont fixées d'une manière générale par le chef de l'État, il appartient aux préfets de prononcer par des *arrêtés déclaratifs* sur la domanialité de *portions* de territoire maritime (art. 2, dernier paragraphe, du décret du 21 février 1852). Le décret réserve les droits des tiers formellement en ce qui concerne la limitation de la mer par le président de la République. Cette réserve s'applique aussi à la déclaration faite par le préfet, et les mêmes motifs veulent que l'on étende au domaine maritime la jurisprudence qui a été adoptée pour le domaine fluvial.

Parmi les rivières navigables ou flottables, il y en a qui ne le sont que dans une partie de leur cours ; aussi n'appartiennent-elles au domaine public que pour la portion capable de porter bateaux ou radeaux. Il ne suffirait du reste pas que la rivière fût navigable ou flottable sur un point où l'on pourrait amarrer un bateau unissant les deux rives ; il faut qu'elles puissent servir de voie de communication, ce qui implique la navigabilité entre deux points assez éloignés, d'amont en aval.

L'administration peut, sur les cours d'eau navigables ou flottables, ordonner toutes les mesures qu'il lui convient de prendre, même arbitrairement, sans qu'il y ait ouverture à recours pour excès de pouvoir. Les intéressés ne pourraient pas se pourvoir au Conseil d'État, section du contentieux, alors même que leurs usines éprouveraient le plus grand préjudice. Elles n'auraient droit à indemnité que si leurs usines étaient d'une date antérieure à 1566 [1].

[1] Cons. d'Ét. du 23 janvier 1874 (*Jamet*).

Quant aux cours d'eau non navigables ni flottables, même à l'égard des simples ruisseaux, il est incontestable que l'administration a sur eux un droit de police pour assurer le libre écoulement des eaux; car les lois des 22 décembre 1789 et 20 août 1790, qui sont encore en vigueur, chargeaient les administrations départementales de « *veiller à la conservation des rivières et au libre écoulement des eaux*, » sans distinguer entre les cours d'eau navigables ou flottables et ceux qui ne le sont pas. Mais c'est une question fort controversée que celle de savoir si les rivières non navigables ni flottables font partie du domaine public.

Faisons remarquer d'abord, quelle que soit la solution qu'on adopte sur ce point, que l'autorité administrative ne s'est jamais arrogé le droit de fixer les limites d'une rivière non navigable ni flottable, par simple arrêté déclaratif, et que lorsqu'elle en veut ordonner l'élargissement, elle se soumet aux formes de l'expropriation pour cause d'utilité publique[1]. Enfin, le curage qui, pour les rivières navigables et flottables, est à la charge de l'État est, au contraire, supporté par les propriétaires riverains, en ce qui touche les rivières non navigables ni flottables[2]. On

[1] Cour de cassation, arrêt du 10 juin 1846 et ordonnance du Conseil d'État du 25 mars 1846. M. Serrigny (*Questions et traités*, p. 494) soutient, au contraire, que l'autorité administrative peut ordonner, sans expropriation d'utilité publique, l'élargissement d'une rivière non navigable ni flottable.

[2] La loi du 16 septembre 1807 met à la charge de l'État le curage des rivières navigables et flottables. Celui des petites rivières est supporté par les propriétaires riverains en vertu de la loi du 14 floréal an XI. S'il existe un ancien règlement ou des usages locaux, ils doivent être appliqués et le préfet a le droit de faire des règlements ou de prescrire annuellement des mesures en se conformant à ces dispositions ou usages (Décret du 14 avril 1861, tableau D, n° 6). Mais s'il n'existe ni règlement ni usage, les règlements en cette matière ne peuvent être faits que par décret en Conseil d'État (règlement d'administration publique). Quant à la contribution des parties, la loi du 14 floréal an X dispose qu'elle doit être fixée proportionnellement à l'utilité que chacun des intéressés doit retirer des travaux. — Les taxes de curage sont recouvrées comme les contributions directes et les

voit par là que si ces cours d'eau, comme le soutiennent plusieurs jurisconsultes, faisaient partie du domaine public, cette opinion ne produirait pas toutes les conséquences qu'entraîne le caractère domanial des rivières navigables et flottables.

La jurisprudence de la Cour de cassation et celle du Conseil d'État ont admis une doctrine mixte, d'après laquelle les cours d'eau non navigables sont des choses communes, qui ne peuvent pas être l'objet d'une *appropriation privée*. Ils n'appartiennent ni à l'État ni aux particuliers [1], et sont au nombre des choses dont parle l'art. 714 du Code civil, lesquelles n'étant la propriété de personne, sont seulement soumises à des mesures de police qui en règle l'usage. Les riverains, à la vérité, peuvent se servir des eaux à leur passage; mais l'art. 644 du Code civil ne leur donne qu'un *droit d'usage*, ce qui exclut tout droit de propriété. Les conséquences pratiques qui résultent de cette doctrine sont les suivantes : 1° les propriétaires n'ont pas droit à indemnité pour expropriation [2]

réclamations sont portées au conseil de préfecture et, en appel, au Conseil d'État. — Au lieu d'exécuter les travaux, sauf à en recouvrer le montant sur les contribuables, l'administration peut réunir les propriétaires en syndicats (Décr. du 13 avril 1861, tableau D, n° 6). C'est une des matières pour lesquelles les intéressés peuvent être réunis même en *syndicat forcé*, par arrêté du préfet (Loi du 21 juin 1865, sur les *associations syndicales*, art. 1 et 9). Ces associations qu'on appelle *autorisées* sont fondées sur l'initiative soit de l'un des propriétaires soit du préfet, après enquête faite suivant les formes du décret du 17 novembre 1865.

[1] Arrêts de la Cour de cassation, en date des 10 juin 1846, 17 juin 1850 et 6 mai 1861. — Cons. d'Ét., arr. des 17 décembre 1845 et 13 août 1851.

[2] L'arrêt du 10 juin 1846 fut rendu par la Cour de cassation dans un cas où un propriétaire riverain demandait une indemnité pour une prairie que traversait la rivière d'Étreux, et prétendait que le sol du lit de la rivière non navigable ni flottable devait compter pour l'indemnité. M. Devilleneuve, dans une note sur cet arrêt, réfute la doctrine de l'arrêt, comme si la Cour de cassation avait attribué la propriété du lit à l'État. Cette erreur ne peut manquer d'étonner ceux qui connaissaient le caractère attentif et consciencieux de cet arrêtiste; car, à plusieurs reprises, l'arrêt déclare que la propriété *n'appartient à personne*.

du lit du fleuve non navigable; 2° en cas de suppression de la force motrice d'une usine, les propriétaires ne peuvent que réclamer une indemnité pour atteinte portée à leur *droit d'usage*, et non une expropriation d'utilité publique pour dépossession d'une propriété privée.

D'après cette jurisprudence mixte, les cours d'eau se diviseraient en trois espèces dont chacune serait soumise à un régime spécial. Les rivières navigables ou flottables appartiendraient au domaine public; les petites rivières ne seraient la propriété de personne et les ruisseaux seraient des propriétés privées.

On voit par là que cette question a fait naître trois systèmes; le premier attribue la propriété des cours d'eau non navigables à l'État, sans que ses partisans indiquent si elle dépend du[1] domaine public ou du domaine privé. Le second en fait une chose commune n'appartenant à personne[2], et dont l'État peut s'emparer, lorsque le lit est à sec, sans que les riverains aient droit à indemnité; enfin, une troisième opinion en fait la propriété des riverains, soit quant au lit du fleuve, soit quant à la chute d'eau[3]. Sans vouloir placer ici une discussion complète de cette question, nous dirons les raisons qui nous déterminent à suivre la dernière de ces trois opinions.

Nous ne comprendrions pas, d'abord, pourquoi les rivières non navigables, qui ne peuvent servir de voie de communication, seraient rangées parmi les choses du domaine public dont la nature est d'être affecté, d'ordinaire, à un service d'utilité générale. Elles ne ressemblent pas davantage aux biens du domaine de l'État, puisqu'elles ne peuvent être, comme ces derniers louées et amodiées, et que le seul droit susceptible de rapporter quelque revenu, le droit de pêche, appartient aux riverains. Si une rivière non navigable ni flottable est déclarée navigable ou flot-

[1] M. Rives, *Propriété des cours d'eau non navigables ni flottables.*
[2] Cour de cassation et Conseil d'État.
[3] Championnière, *De la propriété des eaux courantes.*

table, la loi sur la pêche fluviale accorde aux riverains une indemnité pour la perte de leur droit de pêche. Ainsi tous les droits utiles appartiennent aux propriétaires riverains ; n'est-ce pas la preuve que, dans la pensée de la loi, la propriété leur est attribué ? A quelles incohérences n'est-on pas condamné avec les autres systèmes ? D'un autre côté, si les rivières non navigables étaient des choses communes n'appartenant à personne, les îles devraient être la propriété du premier occupant, comme celles qui s'élèvent dans la mer ; car ne serait-il pas contradictoire d'attribuer le dessus aux riverains, tandis que le dessous n'appartient draient à personne ou appartiendrait à l'État[1] ? Enfin la loi n'a établi, nulle part, la différence légale entre les rivières non navigables et les simples ruisseaux, et il faudrait, dans les deux premières doctrines, mettre au nombre des propriétés de l'État ou parmi les *res nullius*, les plus petits filets d'eau qui coulent dans les propriétés privées[2]. A la vérité, sur ce dernier point, la jurisprudence reconnaît que les simples ruisseaux sont des propriétés privées, et qu'ils n'ont jamais grammaticalement été assimilés aux cours d'eau non navigables[3]. Mais si, grammaticalement, la différence est incontestable, il est impossible de dire quels sont les caractères auxquels on distinguera légalement un *ruisseau* d'un *cours d'eau non navigable*. Les degrés qui

[1] Art. 560 du Code civil.

[2] L'art. 563 du Code Napoléon fournit aux partisans de la propriété de l'État ou à ceux du système de la jurisprudence un argument sérieux. Mais il est manifeste que cet article, qui attribue le lit abandonné aux propriétaires envahis par le changement survenu dans le cours des eaux, est une de ces dispositions comme on en trouve plus d'une dans les lois, que le législateur a admises *contra rationem juris* pour se montrer équitable. Sans blâmer les dispositions de cette nature, il ne faut pas oublier qu'on ne doit pas argumenter de ces articles-là : *Quod contra rationem juris receptum est non est producendum ad consequentias.* Dans le projet de Code rural, qui a été soumis aux délibérations du Conseil d'État sous l'Empire, un article tranche formellement la question au profit des propriétaires riverains.

[3] Arrêt de la Cour de Bordeaux du 7 août 1862. Merlin (*Questions*, v° *Cours d'eau*, § 2, et *Répertoire*, v° *Rivière*, § 2, n° 4).

séparent le ruisseau d'une rivière sont tellement nombreux et suivent une progression tellement insensible que toute distinction précise à ce sujet est impossible en fait et en droit. La jurisprudence sur les ruisseaux est la condamnation de celle qui a prévalu sur les rivières non navigables.

Usines. — La distinction entre les rivières navigables ou flottables et les petites rivières a une très-grande importance au point de vue du régime légal *des usines* qu'elles font mouvoir.

L'autorisation d'établir des usines sur les cours d'eau navigables ou flottables doit, en principe, être accordée par décret; mais d'après le décret de décentralisation du 25 mars 1852, le préfet est compétent pour autoriser : 1° des établissements temporaires; 2° des prises d'eau au moyen de machines lorsqu'elles ne doivent pas modifier sensiblement le régime des eaux. Pour les cours d'eau non navigables ni flottables, le préfet peut autoriser tout établissement temporaire ou permanent, qu'il modifie ou non le régime des eaux [1].

La permission du chef de l'État ou du préfet est exigée non-seulement pour l'établissement d'une usine, mais encore pour tous les *changements extérieurs* que l'usinier voudrait faire, lorsque ces modifications sont de nature à exercer quelque influence sur le régime ou l'usage des eaux [1]. Il y aurait donc lieu de suivre toutes les formalités

[1] Tableau D, n° 3 « Autorisation sur les cours d'eau non navigables ni flottables de tout établissement nouveau, tel que moulin, usine, barrage, prise d'eau d'irrigation, patouillet, bocard, lavoir à mines.

N° 4, « Régularisation de l'existence desdits établissements lorsqu'ils ne sont pas encore pourvus d'une autorisation régulière ou modification des règlements déjà existants. »

[2] La réparation d'un clayonnage, l'entretien d'une digue peuvent être faits sans autorisation. Une autorisation nouvelle serait au contraire indispensable s'il s'agissait d'un changement de place, de la substitution d'un appareil à roues avec barrage à une roue placée au fil de l'eau sans chute ni barrage, d'une augmentation de tournants. Le changement de destination de l'usine, par exemple la substitution d'une fabrique de papier à une minoterie, si la force motrice était laissée dans l'état, pourrait avoir lieu sans

que les lois et règlements ont prescrites pour arriver à l'autorisation du chef de l'État ou du préfet, quelque petite que fût la modification faite à l'usine et au régime des eaux. C'est évidemment là une lacune dans la loi ; car ces formalités sont tellement nombreuses et tellement lentes, que les usiniers, plutôt que de s'astreindre à les remplir, préféreront ou renoncer au changement ou le faire en contravention [1]. L'autorisation est encore exigée toutes les fois qu'il s'agit de reconstruire une usine détruite [2].

Une autre différence, au point de vue des concessions ou permissions pour usines, entre les deux espèces de cours d'eau consiste en ce que, pour une rivière navigable ou flottable, la permission peut être accordée à titre onéreux et, par exemple, moyennant une redevance tandis que sur les petites rivières les autorisations sont nécessairement gratuites.

L'administration a le droit d'ordonner la suppression d'une usine. Si une usine établie sur un cours d'eau navigable ou flottable était supprimée dans l'intérêt de la navigation ou dans tout autre intérêt, le propriétaire ne pourrait pas réclamer une indemnité ; car l'établissement n'existait qu'en vertu d'une tolérance sujette à révocation,

autorisation (voir *Répertoire d'administration municipale*, t. I, p. 650, v° *Cours d'eau*, article de M. de Saint-Malo, avocat au Conseil d'État).

[1] Arrêté du 19 ventôse an VI. — Cette instruction est double. La première partie est faite au point de vue des parties intéressées et pour provoquer leurs réclamations. Quand elle est terminée, les pièces sont transmises à l'ingénieur qui soumet la demande à un nouvel examen fait au point de vue des travaux d'art et du mouvement des eaux. — Si le préfet est compétent, il rend un arrêté pour autoriser ; sinon, il transmet les pièces au ministre des travaux publics, qui les envoie au Conseil d'État avec un projet de décret, et l'empereur prononce par un décret rendu *dans la forme des règlements d'administration publique*. Les formalités de la double instruction se trouvent dans l'arrêté du 19 ventôse an VI et dans l'instruction du 19 thermidor de la même année.

[2] Il en serait autrement d'une *usine abandonnée*, pourvu qu'il ne fût pas nécessaire de refaire les travaux régulateurs. Autrement, la mise en activité serait considérée comme une véritable reconstruction et, par conséquent, soumise à l'autorisation.

le domaine public étant inaliénable et imprescriptible tant qu'il ne cesse pas d'être affecté à un service public [1]. Le droit à indemnité n'existe que pour les usines établies antérieurement à l'ordonnance de Moulins de 1566. — Quant aux usines supprimées sur les cours d'eau non navigables ni flottables, le retrait de l'autorisation donne, en général, lieu à indemnité. Il y a cependant controverse dans le cas où, dans les clauses de l'acte d'autorisation, on a inséré la réserve que la suppression pourrait être ordonnée sans indemnité. Cette clause a été en usage de 1810 à 1829, abandonnée de 1829 à 1841 et puis reprise à partir de cette dernière année : elle était conçue en ces termes : « le concessionnaire ou permissionnaire ne pourra réclamer aucune indemnité si pour l'exécution de travaux dont l'utilité publique aura été légalement reconnue, l'administration prend des mesures qui le privent des avantages de l'autorisation.

La jurisprudence avait longtemps décidé que le préfet ayant le droit de refuser l'autorisation pouvait, à plus forte raison, ne l'accorder que sous certaines conditions et spécialement sous la réserve de la suppression sans indemnité. Mais ce raisonnement dépassait les prémisses dans les conclusions. A la vérité, le préfet a le droit de refuser la permission, mais seulement en se fondant sur des raisons de police. Or la faculté de supprimer sans indemnité est une réserve qui n'aurait pas ce caractère, et l'on ne pourrait voir là que l'application d'une volonté absolue et arbitraire. Le Conseil d'État s'est rendu à cette argumentation après avoir longtemps résisté [2]. Il se pourrait, cependant,

[1] Toutes les autorisations données sur un cours d'eau navigable ou flottable peuvent être révoquées, sans indemnité. Elles peuvent être retirées sans que le retrait donne lieu à indemnité, même lorsque la permission a été donnée à titre onéreux, si la révocation est motivée sur l'intérêt général. Mais il a été jugé qu'une autorisation, moyennant redevance, par exemple celle de prendre des phosphates sur le rivage de la mer, ne peut pas être rétractée sans indemnité, si le retrait n'est pas fondé sur des motifs d'intérêt général. Arr. C. d'Ét. du 14 novembre 1873.

[2] Arr. du 13 juin 1860. V. le *Traité des travaux publics*, par M. Alb. Cristophle, t. II, p. 242 et suiv., V. spécialement les p. 293 et suiv.

qu'en certains cas, la réserve d'ordonner la suppression sans indemnité se rattachât à l'exécution d'un travail projeté dans l'intérêt du libre écoulement ou de la répartition des eaux ; la clause serait alors valable étant stipulée dans un intérêt relatif à la police des eaux ; ce qui est nul, c'est la réserve pure et simple et arbitrairement imposée. Aussi les préfets ont-ils été invités par une circulaire du 20 avril 1865 à ne stipuler la non-indemnité que pour le cas où les travaux seraient faits dans l'intérêt *de la police et de la répartition des eaux.*

L'autorisation d'établir une usine est toujours donnée, *sauf les droits des tiers*. En général, le droit de ces derniers se résout en une indemnité pour le dommage que leur fait éprouver le voisinage de cet établissement ; ainsi les tribunaux ordinaires ne pourraient pas en ordonner la suppression, pour empêcher le renouvellement du préjudice [1]. Car, une fois autorisé, l'usinier a un droit que l'autorité judiciaire ne peut atteindre que dans ses effets dommageables. Cependant si l'usinier avait, dans un acte privé, pris l'engagement de ne pas construire une usine rivale, celui envers lequel il a contracté pourrait demander aux tribunanx d'ordonner la suppression, en exécution d'une obligation de droit commun [2].

Règlements d'eau. — L'art. 645 du Code civil porte que les tribunaux, s'il s'élève des contestations entre des propriétaires auxquels les eaux peuvent être utiles, doivent en se prononçant concilier, autant que possible, les intérêts de l'agriculture avec le respect dû à la propriété. Mais le règlement fait par le tribunal n'a d'effet qu'entre les parties en cause ; il ne saurait avoir un caractère général, car d'après l'art. 5 du Code civil il est interdit aux tribunaux de prononcer sur les causes qui leur sont soumises par voie de disposition règlementaire. Aussi l'art. 645,

[1] Cons. d'Ét., arr. des 30 juin 1860 ; 16 août 1862 ; 10 septembre 1861 ; 9 janvier 1867.
[2] Art. 1143 du Code Napoléon.

ajoute-t-il, que dans tous les cas les règlements locaux sur les cours d'eau doivent être observés. C'est à l'autorité administrative en effet qu'il appartient de faire des *règlements d'eau.* Elle règle la direction, la hauteur des eaux dans les divers bassins, les conditions de l'irrigation, de la construction des usines, des barrages pour pêche, des digues, des plantations sur les berges, du curage, la prohibition des usages industriels qui corrompent les eaux, la police des bains, lavoirs et abreuvoirs publics.

A quelle autorité appartient le droit de faire des règlements d'eau ? — Sous l'empire des lois des 12-20 août 1790 et 6 novembre 1791 et de l'arrêté du 19 ventôse an VI les règlements ayant un caractère général ne pouvaient, tant sur les cours d'eau navigables et flottables que sur les rivières non navigables ni flottables, être faits que par décret du chef de l'État [1]. Ce principe a été plus d'une fois violé et les préfets ont souvent exercé le pouvoir réglementaire sur les cours d'eau ; mais cette pratique n'a jamais prévalu d'une manière définitive. Elle a même été condamnée implicitement par les décrets des 25 mars 1852 et 13 avril 1861 qui ont attribué ce pouvoir aux préfets, mais seulement dans une certaine mesure. D'après le tableau D, n° 7 annexé au dernier de ces décrets, le préfet règle la répartition entre l'industrie et l'agriculture des eaux des rivières non navigables ni flottables en se conformant aux anciens règlements et usages locaux. Comme pour le curage, l'autorité départementale est incompétente s'il s'agit de former un règlement général nouveau et il faut recourir au règlement d'administration publique. Ce qui appartient surtout aux préfets c'est l'application des règlements généraux ou usages anciens aux cas individuels. Ils peuvent faire cette application par des mesures générales d'exécution, ce qui constituera en quelque sorte un règlement

[1] Avis du Conseil d'État des 2 nivôse an XIV et 31 octobre 1817 et arr. Cons. d'État du 26 août 1867.

d'eau du deuxième degré. Ils peuvent aussi procéder par des arrêtés individuels ; mais dans l'un comme dans l'autre cas ils doivent se placer au point de vue de l'intérêt général.

D'après une jurisprudence concordante du Conseil d'État et de la Cour de cassation, les préfets commettraient un excès de pouvoirs s'ils faisaient usage de leur pouvoir de police pour trancher, par un règlement, des discussions privées entre usiniers. Supposons, par exemple, que les réclamations des usiniers s'appuient sur des conventions qui déterminent la distribution des eaux entre les ayants droit. Le préfet ne pourrait pas, sans excès de pouvoirs, régler les eaux par application des titres, le débat ainsi posé étant essentiellement privé et de la compétence des tribunaux ordinaires [1]. Mais lorsqu'il se place au point de vue de l'intérêt général, le préfet peut procéder par voie de *règlements individuels* applicables à des usiniers déterminés et dénommés.

Les règlements d'eau ont pour sanction l'art. 471, n° 15, du Code pénal. Ils peuvent être pris pour les rivières non navigables tout aussi bien que sur les cours d'eau navigables. Les empiétements sur un cours d'eau navigable sont, par eux-mêmes et en vertu de la loi, une contravention de grande voirie, tandis que les empiétements sur une rivière non navigable ne sont punissables qu'autant qu'il existe un règlement d'eau. La différence vient de ce que les cours d'eau navigables ou flottables appartiennent à la grande voirie, tandis que les cours d'eau non navigables ni flottables ne sont même pas des voies de communication de petite voirie.

Irrigation et drainage. — Les propriétaires riverains d'un cours d'eau navigable ou flottable ne peuvent prendre l'eau pour irriguer leurs fonds, qu'avec l'autorisa-

[1] Arr. du Cons. d'Ét. des 24 mai et 19 juillet 1860. — Arr. de la Cour de cassation du 15 février 1860.

tion de l'administration ; l'administration qui a le droit de refuser purement et simplement a aussi le pouvoir d'accorder la permission sous certaines conditions, notamment à charge de payer une redevance pour prise d'eau. Le long des rivières non navigables ni flottables, au contraire, les propriétaires ont le droit de se servir des eaux pour irriguer leurs propriétés aux conditions déterminées par le Code civil (art. 644 et 645 C. C.). Ils n'ont pas besoin d'autorisation, et ne sont obligés de se soumettre à aucune autre condition que d'observer les règlements d'eau faits par l'administration dans l'intérêt général ou par les tribunaux civils dans l'intérêt des propriétaires (art. 645). L'administration ne pourrait pas, pour l'irrigation, imposer au riverain le payement d'une redevance. Nous pensons cependant qu'une rémunération pourrait être exigée si le volume du cours d'eau avait été augmenté par des travaux de dérivation d'un autre cours d'eau, et que l'État qui a fait cette dépense aurait le droit de faire payer par les riverains le surcroît d'avantages qu'elle leur procure soit en rendant possible l'irrigation qui auparavant n'avait pas lieu, soit en rendant plus féconde celle qui existait déjà.

Pour favoriser l'irrigation, la loi des 29 avril-1er mai 1845 a créé au profit du riverain la servitude d'aqueduc sur les fonds intermédiaires, à la charge d'indemnité pour le propriétaire du fonds servant [1]. Incontestablement cette disposition s'applique au cas où le propriétaire se propose de conduire les eaux dans une propriété riveraine aussi en passant, pour abréger, sur un fond intermédiaire. L'art. 3 de la même loi astreint les propriétaires des terrains inférieurs à recevoir les eaux qui découlent des fonds arrosés ; mais cette servitude ne peut être réclamée que moyennant une indemnité, et d'ailleurs elle ne peut pas être exigée à travers les jardins, parcs, cours et enclos attenant aux habitations.

[1] Art. 1, § 2, « Sont exceptés de cette servitude les maisons, cours, jardins, parcs et enclos attenant aux habitations. »

Une loi du 11 juillet 1847 a aussi, dans l'intérêt de l'irrigation, créé la servitude d'appui sur la propriété du riverain située en face, lorsque la situation exige qu'on élève le niveau des eaux pour les répandre sur un terrain élevé. Le droit d'appuyer les travaux d'art ne peut être exercé que moyennant une juste et préalable indemnité. Les bâtiments, cours, jardins, parcs et enclos attenant aux habitations sont dispensés de cette servitude.

Le propriétaire d'un fonds où jaillit une source a le droit d'user de la source *à sa volonté* (art. 641 C. civ.), sauf le droit des propriétaires inférieurs qui auraient acquis le droit à se servir de l'eau en faisant des travaux destinés à faciliter la chute de l'eau dans leurs fonds (art. 642 C. civ.). Lorsque cette source alimente un cours d'eau, le propriétaire de la source pourra-t-il céder son droit sur la source à une compagnie ou à une commune qui se proposerait de dériver les eaux dans un canal? N'y aurait-il pas au moins lieu de payer une indemnité aux usiniers qui seraient condamnés à chômer par suite de la diminution ou de la suppression de la force motrice? La solution dépend de la question de savoir si l'art. 642 exige que les travaux soient appuyés sur le fonds supérieur ou s'il suffit que les travaux destinés à faciliter la chute soient faits sur le fonds inférieur. Dans le système adopté par la jurisprudence, il est indispensable que les travaux soient faits sur le fonds supérieur. Aussi a-t-elle décidé plus tard qu'il n'y avait pas lieu d'accueillir les réclamations des propriétaires inférieurs qui se trouvaient privés du cours d'eau par suite de la cession de la source à une commune [1].

[1] Dans une dissertation insérée au *Bulletin des tribunaux* du 29 juin 1863, M. Serrigny combat la jurisprudence adoptée par la Cour de Paris (arr. du 15 mai 1858, Sirey, 1858, 2, 75) et par la Cour de cassation (arr. du 8 février 1858, Sirey, 1858, 1, 193) dans l'affaire de la ville du Havre. La Cour de Rouen, dont l'arrêt avait été cassé, s'était prononcée en faveur des propriétaires inférieurs. Un décret du 4 mars 1862 a déclaré d'utilité publique le canal pour la dérivation des eaux de la Dhuys.

Le *drainage* a pour objet d'assainir le sol en faisant écouler les eaux qui entretiennent l'humidité du sol et arrêtent la production par la corruption des germes. Il y a longtemps que les agriculteurs pratiquent un drainage rudimentaire au moyen de fossés ou de rigoles ; mais la pose des tuyaux ou *drains* n'est usitée que depuis quelques années. Le drainage exige d'abord des avances assez considérables, et l'obligation de cette avance pouvait arrêter le progrès de ces améliorations. C'est pour cela que l'Etat est venu en aide aux agriculteurs par des prêts. Les sommes ont d'abord été avancées par le Trésor, en vertu de la loi des 17-23 juillet 1856 ; mais une loi postérieure des 28 mai 5 juin 1858 a substitué le *Crédit foncier* à l'Etat pour le service de ces prêts.

Il ne suffit pas de drainer une propriété, il faut encore assurer le libre écoulement des eaux provenant du drainage; or, ce résultat aurait souvent été impossible en présence de l'art. 640 C. N. qui n'oblige le propriétaire du fonds inférieur à recevoir les eaux du fonds supérieur qu'autant qu'elles s'écoulent naturellement, sans que le *fait de l'homme y ait contribué*. Pour obvier à cet inconvénient, la loi des 10-15 juin 1854 permet au propriétaire qui veut assainir son fonds par le drainage ou par tout autre mode d'assèchement de conduire les eaux, moyennant juste et préalable indemnité, sur les propriétés qui séparent ce fonds d'un cours d'eau ou de toute autre voie d'écoulement. Les eaux peuvent être conduites à ciel ouvert ou souterrainement suivant les cas.

Nous avons vu plus haut que les propriétaires qui s'associent pour procéder, avec ensemble, à des travaux de drainage peuvent être constitués en associations syndicales par des arrêtés préfectoraux. L'art. 4 de la loi des 10-15 juin 1854 a disposé que les travaux de drainage, que veulent exécuter les associations syndicales, les communes ou les départements, peuvent être déclarés d'utilité publique. Cette disposition est remarquable en ce que, dans ce cas, l'utilité publique peut être déclarée dans l'intérêt de la propriété privée. Le drainage est au nombre des matières que la loi du 21 juin 1865 énumère comme pouvant être l'objet d'associations syndicales. Sous ce rapport, la loi du 10 juin 1854 est absorbée par la loi générale du 21 juin 1865. L'expropriation, dans les cas où elle sera nécessaire, aura lieu conformément aux règles de la loi du 21 mai 1836 sur les chemins vicinaux (art. 18 de la loi du 21 juin 1865).

Chemins vicinaux [1]. — Les chemins vicinaux sont des voies publiques qui mettent les communes en communication. On en distingue trois espèces :

1° Les *chemins vicinaux de grande communication* qui traversent plusieurs communes ou même plusieurs cantons et vont ordinairement se relier, comme des routes départementales, avec les voies de communication des départements voisins. Ces chemins sont construits et entretenus par les communes traversées ; mais le conseil général du département peut accorder une subvention tant pour leur entretien que pour les travaux extraordinaires. Le classement parmi les chemins vicinaux de grande communication est une des matières sur lesquelles le conseil général statue définitivement (art. 46, § 7 de la loi du 10 août 1871). Dans le langage de la pratique administrative, on appelle *grande vicinalité* l'ensemble des chemins vicinaux de grande communication.

2° Les *chemins vicinaux d'intérêt commun*. Lorsqu'un chemin vicinal intéresse plusieurs communes, le conseil général peut désigner les communes qui contribueront à

[1] *Lois administratives*, p. 1179-1184. Une instruction ministérielle du 6 mars 1869 (exécutoire à partir du 1er janvier 1871) a développé, en 319 articles, le sens des articles de la loi du 21 mai 1836 et servi de modèle aux règlements départementaux en exécution de l'art. 21 de la loi organique. Cette instruction a été modifiée par les instructions des 23 septembre 1871 et 10 janvier 1872 qui ont mis l'instruction de 1869 en harmonie avec la loi du 10 avril 1871 sur les conseils généraux. Ces instructions ont remplacé celle de 1854.

la dépense de construction ou d'entretien, et fixer la part que chacune d'elles supportera (loi du 18 juillet 1866, art. 1er, § 7 et loi du 10 août 1871). Ces chemins forment la *moyenne vicinalité*, d'après l'expression employée dans la pratique (art. 46, § 7) [1].

3° Les *chemins vicinaux ordinaires*, qui vont d'une commune à une autre et qu'on appelle, dans l'usage, de *petite communication* ou de *petite vicinalité*. Ceux-ci ne traversent pas, comme les précédents, les bourgs et les villages qu'ils mettent en communication ; ils finissent aux portes de la commune. Pour qu'un chemin soit compté au nombre des chemins vicinaux de cette catégorie, il faut qu'il ait été classé par la commission départementale (art. 86, §§ 1 et 2 de la loi du 10 août 1871); s'il ne l'a pas été, il est un simple chemin rural, et les ressources spéciales créées par la loi du 21 mai 1836 ne sont applicables à son entretien qu'après l'achèvement des chemins classés (Loi du 21 juillet 1870). Le classement résulte soit d'un arrêté portant *déclaration de vicinalité*, soit d'un arrêté ordonnant l'*ouverture* d'un nouveau chemin vicinal ou le redressement d'un chemin déjà classé. — Quelle différence y a-t-il entre la déclaration et l'ouverture ?

La *déclaration* implique que le chemin était antérieurement ouvert au public ; elle ne peut mettre dans la vicinalité qu'un véritable chemin. L'allée où l'on ne passe que pour aller au château n'est pas un chemin, et la commission départementale, si elle déclarait cette allée vicinale, commettrait un *excès de pouvoirs*. Il faudrait, pour en faire un chemin vicinal, remplir les formalités exigées en cas d'ouverture d'un chemin nouveau, et, par conséquent, exproprier avec indemnité préalable [2].

[1] Art. 6 de la loi du 21 mai 1836.

[2] Cons. d'Ét., arr. des 25 février 1864 et 1er février 1866. Dans l'espèce du premier de ces arrêts il s'agissait d'une affaire qui s'était produite sous la législation de 1836, et dans l'espèce, du second d'un arrêté qui avait été pris en 1827, c'est-à-dire sous l'empire de la loi du 28 juillet 1824.

Les arrêtés de la commission départementale portant reconnaissance ou déclaration attribuent immédiatement à la voie publique et, par conséquent, au domaine public de la commune, la propriété du *sol* compris entre les limites fixées par le préfet ; le droit des propriétaires se change en une indemnité qui n'est fixée que postérieurement à l'expropriation par le juge de paix de la situation, sur le rapport d'experts dont l'un est à la nomination du sous-préfet et l'autre à la nomination du propriétaire ; en cas de désaccord, le conseil de préfecture nomme un tiers expert [1]. De même les arrêtés portant élargissement attribuent à la voie publique les portions prises sur les propriétés riveraines, sauf indemnité postérieure également fixée par le juge de paix, après expertise faite dans la même forme que pour la déclaration de vicinalité. Du mot *sol*, qui est employé par la loi, on avait conclu que cette expropriation, sans formes, sans indemnité préalable, n'est pas applicable aux *maisons* ou *constructions* situées le long de la voie publique, et que l'élargissement d'un chemin vicinal ne pourrait pas être fait sans expropriation, s'il comprenait un bâtiment [2]. Cette solution a été formellement consacrée par la loi du 8 juin 1864, art. 2, § 2. Il y a lieu, dans ce cas, à procéder conformément à la loi du 3 mai 1841, combinée avec les cinq derniers paragraphes de l'art. 16 de la loi du 21 mai 1836.

Pour l'*ouverture* et le *redressement* d'un chemin vicinal, il est indispensable de recourir aux formalités de l'expro-

[1] Art. 15 de la loi du 21 mai 1836. D'après la jurisprudence administrative, cet article s'applique : 1° à la déclaration de vicinalité relative à un chemin qui appartient à un particulier, mais livré au public ; 2° aux arrêtés d'élargissement pour les parcelles ajoutées au sol de la voie publique (décret du 24 janvier 1848). — Voir, en sens inverse, arrêt de la Cour de cassation du 6 mars 1847. D'après cet arrêt, l'art. 15 de la loi du 21 mai 1836 n'est applicable qu'aux arrêtés *d'élargissement* d'un chemin appartenant à la commune ; il faudrait, d'après cette jurisprudence, recourir à l'expropriation pour rendre vicinaux les chemins appartenant aux particuliers.

[2] Cons. d'Ét., arr. des 24 janvier 1856 et 18 mars 1858.

priation pour cause d'utilité publique. Mais l'expropriation est, en ce cas, soumise à quelques règles particulières. Ainsi l'utilité publique est déclarée en cette matière, par la commission départementale ; l'indemnité, au lieu d'être fixée par un jury composé de douze membres, l'est par un jury de quatre personnes sous la direction d'un membre du tribunal ou du juge de paix (le tribunal a le droit de déléguer l'un ou l'autre) ; ajoutons cette particularité que le magistrat-directeur a voix délibérative, en cas de partage [1].

Entre les chemins vicinaux de grande communication et les chemins vicinaux ordinaires, la différence consiste moins dans la destination que dans le régime administratif. La preuve en est que le classement d'un chemin vicinal ordinaire parmi les chemins vicinaux de grande communication modifie leur régime administratif sans rien changer à leur nature. Au point de vue administratif, voici les différences qu'on peut signaler : 1° le classement des chemins vicinaux de grande communication et d'intérêt commun est fait par le conseil général, tandis que pour les chemins vicinaux ordinaires, le classement est fait par la commission départementale ; 2° le conseil général ne peut, pour la vicinalité moyenne et petite, accorder de subvention que pour les travaux extraordinaires, tandis que pour la grande vicinalité, il peut accorder des subventions destinées soit à l'entretien, soit aux travaux extraordinaires ; 3° l'alignement le long des chemins de grande communication est donné par le préfet, tandis qu'il est donné par le maire le long des autres chemins vicinaux [2].

[1] La prescription de deux ans établie par la loi du 21 mai 1836 ne s'applique qu'aux indemnités dues pour terrains pris ou fouillés (extraction de matériaux et expropriation). Elle ne s'applique pas aux demandes d'indemnité pour exécution de travaux publics. Arr. du 13 mars 1874 (*commune de Presles*).

[2] Les commissions départementales ne peuvent prononcer le redressement d'un chemin vicinal qu'après avoir pris l'avis du conseil municipal et à défaut de cet avis, il y a *excès de pouvoir*. Arr. Cons. d'Ét. du 14 novembre 1873 (*C. d'Olmeta*).

Tous les chemins vicinaux classés dans la grande, dans la moyenne ou dans la petite vicinalité appartiennent au domaine public de la commune et, comme tous les biens hors du commerce, ils sont imprescriptibles (art. 2226 C. C.). L'art. 10 de la loi du 21 mai 1836 le déclare formellement. Comme les exceptions doivent être limitées rigoureusement aux termes de la loi qui les consacre, il en résulte que les chemins non classés ne peuvent être mis au nombre des choses imprescriptibles. Ces chemins, appelés *ruraux*, sont de deux espèces. Les uns servent seulement à quelques propriétaires pour l'exploitation de leurs champs, les autres sont d'une utilité générale, ce qui a lieu, par exemple, lorsqu'ils conduisent à une fontaine ou à un abreuvoir. Que les chemins ruraux soient affectés à l'utilité privée ou à l'utilité générale, nous décidons qu'ils sont prescriptibles par un argument *à contrario* tiré de l'art. 10 de la loi du 21 mai 1836[1].

La dépense des chemins vicinaux est obligatoire; elle l'est incontestablement dans la mesure des ressources spécialement créées par la loi du 21 mai 1836 et des fonds disponibles sur les revenus ordinaires de la commune. C'est grâce à cette obligation que les chemins vicinaux ont été exécutés dans notre pays; car, sous l'empire de la loi du 28 juillet 1824, qui déclarait facultative cette espèce de

[1] Cet argument *à contrario* a une grande valeur, parce qu'il consacre le retour à un principe de droit commun. Arrêts de la Cour de cassation des 6 février 1845, 1er mars 1849, 13 novembre 1849 et 3 juillet 1850. Arr. du Conseil d'État du 26 janvier 1850, et arrêt du tribunal des conflits du 27 mars 1851. — Conclusions conformes de M. Vuitry, commissaire du gouvernement (Dufour, t. III, p. 400 et suiv.). — J'ai enseigné le contraire dans le *Journal de droit administratif*, 1re année, p. 518, en me fondant sur l'art. 479, n° 11, du Code pénal, qui punit d'une amende de 11 à 15 fr. l'*usurpation sur les chemins publics*, sans distinguer entre les chemins classés et ceux qui ne le sont pas (Faustin Hélie et Chauveau, *Théorie du Code pénal*, 3e édit., sur l'art. 479 du Code pénal). — Or, comment, disais-je, un fait qui est puni comme une contravention peut-il être une *manière d'acquérir la propriété ?* Un nouvel examen de la question m'a conduit à changer de système et à me prononcer pour le retour au droit commun.

dépense, l'incurie et l'avarice des conseils municipaux avaient laissé dans un déplorable état le plus utile des services. Le préfet aurait même le droit, si les ressources ordinaires ou spéciales étaient insuffisantes, d'imposer extraordinairement la commune pour faire face à cette dépense[1].

Pour les ressources affectées aux chemins vicinaux, V. plus haut, au chapitre des *Impôts*.

L'art. 63 de l'instruction ministérielle résume en ces termes tout ce qui est relatif aux voies et moyens. « Les ressources applicables aux dépenses des chemins vicinaux se composent : 1° de ressources ordinaires et de ressources extraordinaires créées par les communes; 2° de ressources éventuelles. — Elles se divisent comme il suit :

- 1° Ressources créées par les communes.
  - Ressources ordinaires (Loi du 21 mai 1836, art. 2).
    - Revenus ordinaires.
    - Prestations.
    - Centimes spéciaux ordinaires.
  - Ressources extraordinaires.
    - Centimes spéciaux extraordinaires (Loi du 24 juillet 1867, art. 3).
    - Quatrième journée de prestations (Loi du 11 juillet 1868, art. 3).
    - Impositions extraordinaires autorisées par des lois spéciales.
    - Emprunts à la caisse des chemins vicinaux ou à d'autres caisses.
    - Allocations sur ressources extraordinaires, telles que coupes de bois ou ventes de biens.
- 2° Ressources éventuelles.
  - Souscriptions particulières.
  - Subventions industrielles (Loi du 21 mai 1836, art. 14).
  - Subventions départementales.
  - Subventonsi de l'État.

Les subventions du département peuvent être allouées

[1] Cela résulte d'une circulaire du 29 avril 1839 appuyée sur un avis conforme du Conseil d'État. La répartition entre les communes intéressées de la dépense pour un chemin de grande communication est un acte d'administration qui ne peut pas être attaqué au contentieux. Arr. Cons. d'Ét. du 14 novembre 1873 (*C. d'Olmeta*) ; 27 juin 1873 (*C. de Villers*) ; 26 décembre 1873 (*C. d'Ambarès*) et 14 février 1873 (*C. de Saint-Pierre*).

sur centimes spéciaux ou sur centimes facultatifs (loi du 21 mai 1836, art. 8) ou enfin sur centimes extraordinaires et emprunts autorisés soit par des lois spéciales soit par la loi du 11 juillet 1868.

Les subventions de l'État peuvent être accordées soit sur les fonds créés par la loi du 11 juillet 1868, soit sur d'autres fonds. »

Places, rues et passages[1]. — Lorsqu'une place ou une rue est la continuation d'une route nationale ou départementale, la grande voirie absorbe la petite, dans la partie qui traverse la ville ou le village. Mais cette règle n'est applicable que dans la mesure de ce qui est nécessaire; aussi, quand une place est traversée, les portions non comprises dans la route continuent-elles à faire partie de la voirie urbaine. Les mêmes règles sont applicables aux chemins vicinaux de grande communication[2]. Quant aux autres chemins vicinaux, il est impossible d'établir une règle invariable pour reconnaître, avec certitude, où commence la rue et où finit le chemin vicinal; c'est là une question de fait dont la solution dépend des circonstances et de l'appréciation des juges. D'après l'art. 1er de la loi du 8 juin 1864 « toute rue qui est reconnue, dans les formes légales, être le prolongement d'un chemin vicinal en fait partie intégrante et est soumise aux mêmes lois et règlements[3].

[1] *Lois administratives*, p. 1173-1179.

[2] Avis du Conseil d'État du 25 janvier 1837.

[3] La propriété de la rue appartient à la commune quand la rue est la continuation d'un chemin vicinal, car les chemins vicinaux font eux-mêmes partie du domaine public communal. Si la rue était le prolongement d'une route nationale ou départementale, le sol appartiendrait à l'État ou au département. Cependant il a été décidé équitablement que les portions de routes départementales ou nationales retranchées par alignement appartiennent à la commune s'il est démontré qu'elles ont fait autrefois partie de la voirie municipale (Avis du Conseil d'État du 22 juillet 1858). La propriété de l'État et du département cesse avec l'affectation et la commune reprend la propriété des parcelles qui avaient été enlevées à son domaine par l'incorporation à la route.

L'ouverture des rues doit être proposée par l'autorité locale et approuvée par celle qui est compétente pour homologuer les plans d'alignement. Depuis le décret du 25 mars 1852, le préfet peut donc autoriser l'ouverture d'une rue nouvelle. L'utilité publique, s'il y a lieu de recourir à cette voie de coaction, est déclarée par un décret ou une loi, suivant les cas. Les particuliers ne pourraient pas, même à leurs frais, ouvrir des rues sans autorisation de l'administration. La raison en est que l'ouverture d'une rue nouvelle étend l'action de la police, la nécessité de paver et celle d'éclairer, et qu'il ne peut pas dépendre des particuliers de mettre ces obligations à la charge de l'administration, sans son consentement. L'autorisation n'est d'ailleurs accordée ordinairement qu'à la charge par les propriétaires d'abandonner le sol à la voie publique, de faire les premiers frais pour l'établissement de l'éclairage et du pavage, de faire de chaque côté des trottoirs en pierre dure. Ces conditions sont imposées presque toujours d'une manière uniforme, mais elles peuvent être modifiées suivant les circonstances.

Quant aux simples *passages*, il faut, pour les ouvrir, obtenir à Paris l'autorisation du préfet de police (ord. du 22 août 1811). Dans les autres villes, aucun texte n'exige une autorisation préalable, mais l'administration a le droit de veiller sur ces lieux, comme sur tous ceux que le public fréquente, et de prescrire les précautions qu'exigent les besoins de la sécurité. Le maire peut même prescrire toutes les précautions qui lui paraissent être nécessaires dans l'intérêt de la circulation, et le propriétaire du passage est tenu de s'y conformer.

II

SERVITUDES DE VOIRIE.

Fossés, curage et rejet des terres. — Les fossés le long des routes sont faits par l'administration et, par conséquent, censés appartenir à l'État, au département ou à la commune, suivant qu'il s'agit d'une route nationale, d'une route départementale ou d'un chemin vicinal. Ce n'est là cependant qu'une présomption *juris tantum*, et la preuve contraire pourrait être faite. Si un propriétaire avait, pour sa convenance, creusé, le long de la route, un fossé sur son fonds, ce fossé lui appartiendrait ; il ferait tomber la présomption favorable à l'administration en prouvant que le fossé a été creusé par lui et sur son terrain. Quant aux arbres qui se trouvent dans le fossé, ils appartiennent au propriétaire du fossé, à moins que les riverains, dans le cas où le fossé est la propriété de l'État, ne prouvent qu'ils les avaient plantés. En ce cas, ils en auraient la propriété comme ils ont celle des arbres qui sont plantés sur le sol de la route dont au reste le fossé fait partie.

Les propriétaires riverains du fossé ont, à une certaine époque, eu à supporter trois servitudes d'utilité publique au sujet des fossés :

1° L'établissement du fossé sur leur terrain. Aujourd'hui cette charge est, tout entière, supportée par l'État, le département ou la commune [1].

La largeur des fossés était déterminée par les anciens règlements, et cette disposition était nécessaire lorsque l'établissement des fossés était à la charge des propriétaires pour bien fixer l'obligation de ces derniers. Aujourd'hui ces règles ne sont plus en vigueur, et c'est l'administration qui, suivant les besoins, fixe quelle doit être la largeur des fossés.

2° La deuxième servitude consistait en ce que les propriétaires riverains étaient obligés de pourvoir au curage des fossés. Cette charge, que la loi du 9 ventôse an XIII faisait supporter par l'État, était redevenue une obligation des particuliers en vertu de l'art. 109 du décret du 16 décembre 1811 ; mais la loi du 12 mai 1825 en exonéra les

[1] Arrêt du conseil, du 3 mai 1720.

riverains, et l'administration a depuis lors été obligée d'y pourvoir.

Le curage des fossés le long des chemins vicinaux n'est pas non plus à la charge des propriétaires riverains, et il y est pourvu avec les ressources qui ont été créées pour l'établissement et l'entretien des chemins [1].

3° Les riverains étaient obligés de supporter le rejet des terres provenant du curage des fossés. La loi du 12 mai 1825 garde le silence sur cette troisième servitude, ce qui soulève la question de savoir si elle a été maintenue ou si son abrogation ne résulte pas de la suppression de l'obligation du curage. Si les rédacteurs de la loi du 12 mai 1825 avaient entendu abroger la servitude du rejet des terres, ils l'auraient dit, et jamais application plus décisive n'a pu être faite de la maxime : *Qui dicit de uno negat de altero.* Il est vrai que cet argument n'est qu'une raison *à contrario*; mais cette manière de raisonner a une grande force toutes les fois qu'il conduit soit à l'application d'un principe soit, comme dans l'espèce, au maintien d'une disposition en vigueur et non abrogée formellement. Cette servitude, au reste, est dans la pratique moins lourde qu'on ne le croit : car on ne fait supporter aux riverains que le rejet des terres végétales, de celles, par conséquent, qui sont utiles à la fertilité du sol. Quant aux cailloux, ils sont employés à fermer les ornières des routes, et les terres graveleuses servent à réparer les accotements [2]. Ce n'est là cependant qu'un tempérament de fait ; car, en droit, le propriétaire riverain est obligé de supporter le rejet de tout ce qui vient du curage, même les cailloux et graviers [3].

[1] Le propriétaire riverain serait tenu au curage des fossés qu'il aurait ouverts le long du chemin vicinal. Ces fossés ne peuvent pas être creusés à moins de cinquante centimètres de la limite du chemin. V. *Instruction ministérielle*, art. 296 à 298.

[2] *Annales des ponts et chaussées de* 1839, article de M. Boyat.

[3] En 1840, les habitants d'Anacourt (Vosges) présentèrent à la Chambre une pétition par laquelle ils demandaient la suppression de la servitude du rejet des terres. La Chambre, sur la proposition de la commission, ordonna

Écoulement des eaux des routes. — D'après l'art. 640 C. civ., le propriétaire du fonds inférieur est tenu de recevoir les eaux qui découlent du fonds supérieur naturellement et *sans que la main de l'homme y ait contribué.* La route étant construite de la main de l'homme, et sa chaussée étant disposée à dos d'âne pour faciliter l'écoulement des eaux, l'art. 640 C. civ. n'obligerait pas les riverains à recevoir les eaux de la voie publique ; mais ils en sont tenus en vertu d'anciens règlements, et notamment de l'ordonnance des bureaux des finances, du 29 mars 1754, art. 6, dont la disposition a été reproduite par l'art. 8 d'une autre ordonnance du même bureau, en date du 17 juillet 1781. Ces ordonnances sont encore en vigueur par suite de la sanction qui a été donnée, après 1789, aux anciens règlements sur la voirie.

Quant aux chemins vicinaux, l'art. 21 de la loi du 21 mai 1836 donne aux préfets le droit de régler tout ce qui concerne l'écoulement des eaux [1].

L'administration a le droit de prendre les mesures qui seront propres à assurer le libre écoulement des eaux de la route ; mais si la disposition qu'elle donne aux lieux avait

le renvoi de la pétition aux ministres des travaux publics et de l'intérieur (*Moniteur* des 8 février et 30 mai 1840). V. dans le sens enseigné au texte : Cotelle, t. III, n° 218, § 13 ; Husson, t. II, p. 9 ; Jousselin, *Servitudes d'utilité publique*, t. II, p. 327 ; Duvergier, *Recueil des lois*, 1825, note sur l'art. 2 de la loi du 12 mai 1825 ; Féraud-Giraud, *Servitudes de voirie*, t. II, p. 240. — V. *contrà*, Dufour, 1re édit., t. IV, n° 2898, et *Journal des Communes*, t. X, p. 356.

[1] *Instruction ministérielle de* 1869, art. 307 et 308.

Art. 307. « Les propriétés riveraines situées en contre-bas des chemins vicinaux sont assujetties, aux termes de l'art. 640 du Code civil, à recevoir les eaux qui découlent naturellement de ces chemins. — Les propriétaires de ces terrains ne pourront faire aucune œuvre qui tende à empêcher le libre écoulement des eaux qu'ils sont tenus de recevoir et à les faire séjourner dans les fossés ou refluer sur le sol du chemin. »

Art. 308. « L'autorisation de transporter les eaux d'un côté à l'autre d'un chemin vicinal ne sera donnée que sous la réserve des droits des tiers. Il y sera toujours stipulé, pour l'administration, la faculté de faire supprimer les constructions faites, si elles étaient mal entretenues ou si elles devenaient nuisibles à la viabilité du chemin. »

pour effet d'aggraver la servitude, le riverain pourrait réclamer une indemnité, et comme le préjudice résulterait de l'exécution des travaux publics, la question d'indemnité serait de la compétence du conseil de préfecture. Le conseil appréciera, suivant les circonstances, si la charge imposée aux propriétaires n'est que l'exercice normal du droit d'écoulement des eaux ou si elle constitue une aggravation qui donne droit à une indemnité.

Le propriétaire riverain qui veut conduire les eaux de son fonds à travers la voie publique doit en obtenir l'autorisation. L'autorité qui est chargée de prononcer sur la demande fixe les conditions auxquelles cette permission sera donnée. Ordinairement elle prescrit l'établissement d'un aqueduc en maçonnerie. C'est ce qu'ordonnait spécialement, pour les chemins vicinaux, l'art. 346 du règlement-modèle de 1854 : « Cette autorisation pourra être accordée à la « charge d'établir, dans toute la largeur du chemin, un « aqueduc en maçonnerie, qui devra être construit suivant « les indications qui seront données dans l'arrêté d'autori- « sation. »

Les art. 299 à 302 de l'instruction ministérielle de 1869 ne sont pas aussi formels; ils se bornent à dire que l'arrêté d'autorisation prescrira les mesures à prendre dans l'intérêt général, pour la sûreté de la voie et provisoirement pour assurer la circulation pendant l'exécution des travaux.

Essartement des bois. — La contiguïté des chemins avec les bois a l'inconvénient : 1° d'entretenir une humidité contraire à la conservation de la voie ; 2° de fournir aux malfaiteurs des facilités pour tendre des embûches aux voyageurs. Aussi l'essartement, c'est-à-dire l'arrachage du bois le long de la route, des deux côtés, est-il réclamé par l'intérêt de la sécurité et de l'entretien des chemins. Il a été prescrit par l'art. 3 de l'ordonnance d'août 1669. L'ord. de 1669 ne parle que des *grands chemins* servant au passage des coches et carrosses publics. Il en résulte que cette servitude ne s'applique pas aux chemins vicinaux qui ne rentrent pas dans l'expression de *grands chemins*. La servitude n'est pas non plus due par les propriétaires d'un chemin de fer : 1° parce que l'ordonnance n'a pas pu prévoir l'établissement de cette espèce de voie publique; 2° parce que le voisinage du bois n'offre pas, du moins au point de vue de la sûreté, les mêmes inconvénients pour un chemin de fer que pour une voie publique fréquentée par les piétons.

On a longtemps controversé la question de savoir comment doit se calculer la distance de 60 pieds dont parle l'ordonnance de 1669. D'après un avis du Conseil d'État, du 18 novembre 1824, avis qui fut délibéré par les comités réunis du contentieux, de l'intérieur et des finances, et confirmé par une ordonnance du 9 novembre 1828, il fallait prendre 60 pieds de chaque côté à partir de l'arête extérieure du fossé, ce qui aurait donné un total de 120 pieds. En y ajoutant la chaussée et les fossés l'essartement aurait compris un espace de 180 pieds. Dans un deuxième système on soutenait que le point de départ des 60 pieds devait être pris au milieu de la chaussée, de sorte que l'essartement n'aurait porté, en tout et la voie comprise, que sur un espace de 120 pieds [1]. Une troisième opinion adoptée par un nouvel avis du Conseil d'État, en 1850, et exposée par une circulaire du ministre des travaux publics, du 31 janvier 1850, consiste à dire que l'essartement ne portera que sur 60 pieds, la chaussée comprise. Si la route n'a pas une largeur de 60 pieds, on prendra le surplus sur chaque côté de la voie, de manière à dégager ses abords, dégagement qui peut suffire pour écarter l'humidité et rendre la circulation plus sûre.

Extraction de matériaux. — Cette servitude est établie par l'arrêt du conseil, du 7 septembre 1755 [2], qui autorise les entrepreneurs à prendre la pierre, le grès, le

[1] Isambert, *Voirie*, t. I, p. 265.

[2] Cet arrêt du Conseil d'État rappelle l'exécution des arrêts des 3 octobre 1667, 3 décembre 1672 et 22 juin 1706.

sable et les autres matériaux dans les lieux qui leur seront indiqués par les actes administratifs. Le Code rural de 1791, tit. I, sect. VI, art. 1er, autorise les agents de l'administration à fouiller dans un champ pour y chercher des pierres, de la terre ou du sable nécessaire à l'entretien des grandes routes. Enfin les art. 55 et suivants de la loi du 16 septembre 1807 fixent les bases à prendre et la procédure à suivre pour déterminer l'indemnité qui sera due aux riverains à raison du préjudice causé par l'extraction des matériaux.

L'arrêt du conseil de 1755 est toujours en vigueur en vertu de la disposition générale qui a maintenu les anciens règlements de voirie et de l'article précité du Code rural. La même confirmation résulte de la loi du 16 septembre 1807, dont les art. 55 et suivants impliquent le droit d'ordonner l'extraction puisqu'ils s'occupent de la manière dont l'indemnité sera réglée.

De l'arrêt du conseil du 7 septembre 1755, il résulte que le droit de fouiller les propriétés privées pour en extraire des matériaux n'appartient qu'aux *entrepreneurs de travaux publics*. Les *fournisseurs de matériaux* ne pourraient donc pas l'exiger, la servitude ne devant pas être étendue au delà des termes formels de la loi qui les établit[1]. Quoique les matériaux que cherche le fournisseur soient destinés, comme ceux qu'emploie directement l'entrepreneur, à la construction ou à l'entretien de la voie publique ou à la confection d'autres travaux publics, il y a entre l'entrepreneur et le fournisseur une différence assez marquée pour qu'on ne puisse pas, en matière de servitudes, conclure de l'un à l'autre : *Odia restringenda.* Il faut reconnaître cependant qu'il y a de l'incohérence dans une loi qui n'accorde le bénéfice de la servitude qu'aux entrepreneurs alors que presque toujours les entrepreneurs sous-

[1] Arr. Cons. d'Ét. des 16 août 1843 (aff. *Lemoyne*) ; 5 juin 1848 (aff. *Savalette*) ; 13 avril 1850 (aff. *Aniorrant*) et 3 mai 1850 (aff. *Baron*).

traitent avec des fournisseurs qui s'obligent à fournir les matériaux dont les premiers ont besoin. Lorsque fut fait l'arrêt du 7 septembre 1755, le sous-traité de fournitures n'était point pratiqué ; il était même à peine connu, et c'est ce qui explique pourquoi le texte ne parle que des entrepreneurs. Aujourd'hui que le sous-traité est fort usité, une interprétation conforme à l'esprit, sinon à la lettre de la loi, appliquerait aux fournisseurs ce qui a été dit formellement pour les entrepreneurs de travaux publics[1].

Les entrepreneurs ne peuvent exercer le droit d'extraction que dans les lieux désignés par des actes administratifs. Ceux qui, de leur autorité privée, occuperaient, sans le consentement du propriétaire, des terrains non désignés, commettraient une violation de la propriété qui serait punissable si elle rentrait dans un des cas prévus par les art. 434 et suiv. du Code pénal. En tout cas, elle donnerait lieu à une action civile en dommages-intérêts fondée sur les art. 1382 et suiv. du Code civ.

L'administration ne peut pas désigner pour l'extraction des matériaux « *les lieux qui sont fermés de murs ou autres « clôtures équivalentes suivant les usages du pays.* » Un arrêt du conseil du 20 mars 1780, *interprétant en tant que de besoin les dispositions de l'arrêt du 7 septembre* 1755, dit que la dispense ne doit s'entendre que « des cours, jar- « dins, vergers et autres possessions de ce genre et *non des « terres labourables, prés, bois, vignobles et autres terres de « même nature quoique closes.* » Il est vrai que l'arrêt du 29 mars 1780 a été rendu dans une affaire spéciale ; mais sa valeur comme disposition générale résulte de ce que l'arrêt porte cette mention : « *Interprétant, en tant que de be- « soin, l'arrêt du* 7 *septembre* 1755 [2]. »

Nous avons vu que si l'entrepreneur se met en possession

[1] C'est l'opinion de M. Serrigny, *Questions et traités*, p. 620 et suiv.

[2] Un fossé large de deux mètres avec berges et palissades, alimenté par un cours d'eau, constitue une clôture équivalente dans le sens de l'arrêt du 20 mars 1780. Arr. C. d'Ét. du 8 août 1872.

d'un terrain sans désignation administrative, le propriétaire peut agir devant les tribunaux civils en dommages-intérêts. Qu'arriverait-il si le préfet désignait des lieux exempts? Le propriétaire pourrait réclamer, devant le conseil de préfecture, une indemnité pour dommages résultant de l'exécution de travaux publics. En effet la loi du 28 pluviôse an VIII, art. 4, attribue au conseil de préfecture la connaissance de toutes les réclamations pour terrains fouillés [1]. La jurisprudence du Conseil d'État n'accorde pas au propriétaire, dont le terrain aurait été désigné malgré l'exception, le droit de se pourvoir au contentieux contre l'arrêté du préfet directement au Conseil d'État, pour *cause d'excès de pouvoirs* [2].

L'extraction des matériaux donne lieu à une indemnité. Comme le dommage n'est évaluable qu'après qu'il a été causé, l'indemnité ne peut être préalable, et c'est le conseil de préfecture qui la fixe *ex post facto* après expertise. D'après l'art. 2 de la loi des 12-18 juillet 1791 (ou Code rural), cette indemnité devait être égale à la réparation « *tant du dommage fait à la surface que de la valeur des* « *matières extraites.* » L'art. 55 de la loi du 16 septembre 1807 a modifié, sur ce point, la disposition du Code rural; il n'accorde d'indemnité que pour le dommage fait à la surface, et non pour la valeur des matières extraites. La jurisprudence du Conseil d'État décide même que si une première fouille a été faite pour laquelle le dommage causé à la surface aurait été payé, une seconde fouille par un autre entrepreneur pourrait être faite sans indemnité. Cette décision est conforme à l'esprit de l'art. 55 de la loi du 16 septembre 1807, puisque la seconde entreprise ne cause aucun préjudice nouveau à la surface [3]. Les rédacteurs de la loi ont considéré que l'extraction des matériaux,

[1] Arr. Cons. d'Ét. du 7 janvier 1864 (aff. *Guyot de Villeneuve*). — V. les conclusions de M. l'Hôpital, C. du Gouv., dans Lebon, 1864, p. 26.

[2] V. l'arrêt cité à la note précédente.

[3] Arr. Cons. d'Ét. du 4 juillet 1838 (aff. *Imbert*).

loin d'enlever une valeur réelle au propriétaire, lui rendait un vrai service, parce qu'elle débarrassait la terre de pierres, cailloux et autres substances nuisibles à l'agriculture. Cette présomption pourrait cependant n'être pas fondée, et alors la disposition serait injuste à raison même de son inflexibilité. Il peut se faire que le propriétaire destine ces matériaux à un emploi, qu'il se propose de faire sabler les allées d'un jardin, qu'il ait besoin de paver sa cour et, dans certains pays où le caillou est employé à défaut de pierre, de bâtir une maison. Est-il juste de lui enlever ces matériaux sans indemnité, alors qu'on l'oblige à s'en procurer d'autres peut-être à un prix élevé? Admettons qu'il ne soit pas obligé de payer les matériaux, il n'en aura pas moins à supporter des frais de transport pour aller chercher au loin ce qu'il avait près. Il aurait été plus équitable, au lieu d'enfermer le conseil de préfecture dans un texte inflexible, de lui laisser un pouvoir d'appréciation qui permît d'approprier l'indemnité au préjudice suivant les circonstances de chaque affaire.

La valeur des matériaux extraits doit cependant être payée lorsqu'ils sont pris dans une *carrière en exploitation*, d'après l'art. 55 de la loi du 16 septembre 1807 [1]. Il faut que l'exploitation ait commencé avant l'extraction; mais aucune disposition n'exige que l'exploitation soit régulière et, alors même qu'il y aurait interruption des travaux, l'indemnité devrait comprendre la valeur des matériaux extraits [2].

L'arrêt de 1755 n'accorde que le droit *d'extraire des matériaux* et, comme la servitude ne doit pas être étendue en

[1] La valeur des matériaux extraits serait due si l'entrepreneur ouvrait les travaux d'extraction à quelques mètres d'une carrière en exploitation, sur un terrain appartenant au propriétaire de la carrière et dans un gisement qui serait le prolongement du banc exploité. Arr. Cons. d'Ét. du 8 mai 1866 (aff. *Jany*).

[2] Il en serait autrement si l'exploitation avait été abandonnée. Arr. Cons. d'Ét. du 8 mai 1866 (*Thébault*). Voir aussi deux arrêts Cons. d'Ét. du 17 mars 1864 (*chemin de fer de l'Ouest contre Auvray et contre Delange*).

dehors des termes de la loi qui l'établit, nous concluons que l'administration ne pourrait pas s'emparer, pour l'exécution des travaux publics, de matériaux antérieurement approvisionnés par un propriétaire. Que ces matériaux aient été achetés au dehors ou qu'ils viennent de la propriété, ils ne sont pas dans les conditions prévues par l'arrêt du conseil du 7 septembre 1755, et l'administration ne pourrait pas s'en emparer sans violer la propriété privée [1].

D'après l'art. 17 de la loi du 21 mai 1836, la servitude d'extraction peut être exercée pour la construction et l'entretien des chemins vicinaux dans les lieux désignés par arrêté du préfet. L'indemnité est fixée par le conseil de préfecture après expertise. L'un des experts est nommé par le propriétaire, l'autre par le sous-préfet, et, en cas de discord, le tiers expert est désigné par le conseil de préfecture. L'action tendant à faire fixer l'indemnité ne dure que deux ans (art. 18 de la loi du 21 mai 1836); mais l'indemnité une fois fixée, l'action en payement, d'après le droit commun, ne s'éteindrait qu'après trente ans.

Le conseil de préfecture n'est compétent que si la servitude a été légalement exercée, c'est-à-dire dans les conditions fixées par les lois de 1807 et de 1836. En l'absence de ces conditions, les dommages-intérêts seraient fixés par le tribunal civil [2].

Alignement. — L'alignement, délimitation entre les voies publiques et les propriétés privées, est régi par deux anciens règlements qui ont été maintenus, comme tous les règlements de voirie, par la loi des 19-22 juillet 1791, dont l'art. 29 porte : « Sont confirmés provisoirement les règle-« ments qui subsistent touchant la voirie, ainsi que ceux « actuellement existant à l'égard de la construction des bâ-« timents et relatifs à leur solidité et sûreté, sans que de « cette disposition il puisse résulter la conservation des at-

[1] Féraud-Giraud. *Servitudes de voirie*, t. I, p. 304.
[2] V. l'arrêt du Cons. d'Ét., déjà cité du 7 janvier 1864 (*Guyot de Villeneuve*).

« tributions faites à des tribunaux particuliers. » Quoique cette disposition n'eût qu'un caractère transitoire, elle est devenue définitive, d'abord parce qu'elle n'a jamais été abrogée et, en second lieu, parce que les anciens règlements ont été visés postérieurement par d'autres lois qui n'ont plus répété le mot *provisoire*. Tel est particulièrement l'art. 484 du Code pénal qui prescrit aux cours et tribunaux d'observer, dans les matières non réglées par ce code, les lois et règlements particuliers qui les régissaient antérieurement.

Le premier de ces règlements, celui qui est fondamental, date du mois de décembre 1607. L'art. 4 est ainsi conçu :

« Deffendons à nostre dict grand-voyer ou ses commis de permettre qu'il soit fait aucunes saillies, avances et pans de bois aux bastiments neufs et mesme à ceux où il y en a à présent, de contraindre les réédifier, n'y faire ouvrages qui les puissent conforter, conserver et soutenir, n'y faire aucun encorbellement en avance pour porter aucun mur, pan de bois ou autres choses en saillie, et porter à faux sur lesdites rues, depuis le rez-de-chaussée; et pourvoir à ce que les rues *s'embellissent et élargissent au mieux que faire se pourra*, et en baillant par lui les alignements, redressera les murs *où il y aura pli ou coude*, et de tout sera tenu de donner par écrit son procès-verbal de luy signé ou de son greffier, portant l'allignement desdits édifices de 2 toises en 2 toises, à ce qu'il n'y soit contrevenu, pour lesquels allignements nous lui avons ordonné soixante sols parisis par maison, payables par les particuliers qui feront faire lesdites édifications sur ladite voyrie, encore qu'il y eût plusieurs alignements en icelle, n'estant compté que pour un seul. »

Pour l'application de cet édit le bureau de finances de la généralité de Paris fit, le 29 mars 1754, une ordonnance dont l'art. 4 était ainsi conçu :

« Faisons défense à tous habitants, propriétaires, locataires ou autres ayant maisons ou héritages le long de nos rues, grandes routes et autres grands chemins, de construire ou reconstruire, soit en entier, soit en partie, aucuns bâtiments sans en avoir pris alignements ni de poser échoppes ou choses saillantes, sans en avoir obtenu la permission, lesquels alignements seront donnés par ceux de nous, commissaires du pavé de Paris et des ponts et chaussées, chacun en leur département, ou en leur absence, par un autre de nous, conformément aux plans levés et arrêtés et déposés au greffe du bureau, ou qui le seront dans la suite; et lesdits alignements seront donnés sans frais, ainsi qu'il s'est toujours pratiqué; à peine contre les particuliers contrevenants de trois cents livres d'amende, de démolition des ouvrages faicts et de confiscation des matériaux, et contre les maçons, charpentiers et ouvriers de pareille amende et même de plus grande peine, en cas de récidive. Défenses expresses sont faites à tous officiers de justice et aux prétendus voyers, si aucuns y a, de donner aucun desdits alignements. »

Ces défenses étaient renouvelées par l'arrêt du 27 février 1765, qui en généralisait l'application : elles étaient aussi textuellement reproduites dans l'ordonnance du bureau des finances du 30 avril 1772 [1]. Ainsi la loi dispose de deux manières : 1° *préventivement*, puisqu'elle exige que, pour construire le long d'une voie publique, les riverains demandent l'alignement à l'autorité compétente et 2° *répressivement*, la loi ordonnant la destruction de tout ouvrage qui empiète sur la voie publique.

Des termes de l'édit de décembre 1607, il résulte qu'entre le *bornage* et l'*alignement* il y a une grande différence. Le bornage est fait par l'autorité judiciaire en appliquant les titres et en suivant les limites fixées par les actes, quelle que soit d'ailleurs l'irrégularité de la ligne séparative. Le redressement des sinuosités ne pourrait être exigé par aucune des parties séparément, et le consentement des intéressés serait indispensable. L'alignement, au contraire, est

[1] Féraud-Giraud, *Servitudes d'utilité publique*, t. I, p. 24.

un bornage *sui generis* qui donne à l'une des parties intéressées le droit de faire le redressement et même l'élargissement de la voie. Ainsi l'administration, afin de procurer l'embellissement et l'élargissement des chemins, peut *redresser les murs pertout où il y a* PLY ET COUDE. Au reste, le mot *alignement* par lui-même emporte l'idée d'un redressement, et il y aurait contradiction entre la chose et son nom si on disait que l'alignement sera fait suivant les règles ordinaires du bornage.

On distingue l'alignement général et l'alignement individuel. Le premier détermine la direction et la largeur du chemin ; c'est un plan qui embrasse l'ensemble de la voie publique. L'autre est donné à un riverain qui le demande sur un point déterminé. Il doit être demandé même quand il y a un plan général, et la partie serait en contravention, alors même qu'elle se conformerait spontanément au plan général, si elle construisait sans prendre un alignement individuel. Le plan général une fois régulièrement approuvé est obligatoire pour tous et l'administration est tenue de l'observer pour la délivrance des alignements individuels.

Les règles ne sont pas identiques dans tous les cas ; les règlements distinguent suivant qu'il s'agit de grande voirie, de voirie vicinale et de voirie urbaine.

Voirie urbaine. — Le plan général d'alignement comprend l'ensemble des rues d'une ville, et fixe la ligne de chacune d'elles, tantôt marquant les limites d'une rue à ouvrir, tantôt redressant, élargissant ou même rétrécissant, en quelques points, les voies déjà ouvertes. Ce plan a l'avantage d'éloigner le hasard de la direction des travaux à faire pour l'embellissement et la circulation. Surtout il arrête les caprices des administrateurs qui se succèdent aux affaires, et forme une tradition qui donne de l'unité à la marche de l'administration.

D'après l'art. 52 de la loi du 16 septembre 1807, « *dans* « *les villes*, les alignements pour l'ouverture de nouvelles « rues, pour l'élargissement des anciennes ou pour tout

« autre objet d'utilité publique, seront donnés par les mai-
« res, *conformément au plan dont les projets auront été*
« *adressés aux préfets, transmis avec leur avis au ministre*
« *de l'intérieur et arrêtés en Conseil d'État.* » Cette disposition ne parlant que des villes, on avait mis en doute que le plan d'alignement fût exigé pour les communes d'une population inférieure à 2,000 habitants. L'opinion affirmative a été adoptée, dans la pratique administrative, par ce motif que l'art. 30, § 18, de la loi du 18 juillet 1837 met les frais du plan d'alignement au nombre des dépenses communales obligatoires, sans distinguer entre les villes et les communes. Il faut remarquer cependant que si la disposition est générale, en fait son application n'a pas été généralisée, et que dans beaucoup de communes il n'y a pas de plan d'alignement. L'administration supérieure ne force pas la main à toutes les communes et laisse à l'initiative municipale le soin d'agir suivant les besoins des localités.

Avant le décret de décentralisation du 25 mars 1852, la jurisprudence administrative faisait une distinction entre les plans dans les villes et les plans dans les autres communes, au point de vue de leur approbation. Pour les premiers, elle exigeait l'homologation par décret en Conseil d'État, l'art. 52 de la loi du 16 septembre 1807 prescrivant cette formalité. Quant aux secondes, la jurisprudence n'appliquait pas la loi de 1807, qui ne parle *que des alignements dans les villes;* elle se contentait d'une délibération du conseil municipal, approuvée par le préfet. Car l'art. 19, § 7, de la loi du 18 juillet 1837 appelle le conseil municipal à délibérer sur les plans d'alignement, et, d'après l'art. 20, les délibérations du conseil sont en général exécutoires en vertu de l'approbation préfectorale. Cette distinction n'a plus le même intérêt depuis que le décret du 25 mars 1852 a mis dans les attributions des préfets les plans d'alignement des *villes* et, conséquemment *à fortiori* les plans d'alignement dans les communes ayant moins de 2,000 habitants. En n'attribuant aux préfets que les plans d'alignement dans les villes, le décret de décentralisation suppose même et reconnaît qu'avant 1852, l'homologation des plans, pour les petites communes, appartenait au préfet et que, sur ce point, il n'y avait pas à décentraliser [1].

Recherchons maintenant quels sont les effets d'un plan général d'alignement. Il arrivera souvent que, d'après le plan, le propriétaire riverain sera obligé de reculer ou d'avancer, de céder du terrain au domaine public ou d'en prendre. Cette cession ne sera pas gratuite, et le propriétaire riverain paiera ou recevra une indemnité. Par qui l'indemnité sera-t-elle déterminée ? D'après l'avis précité du Conseil d'État, en date du 1er avril 1841, l'indemnité serait fixée dans les deux cas, conformément à la loi générale sur l'expropriation pour cause d'utilité publique sous les distinctions suivantes.

Dans les parties de la ville où le plan d'alignement trace les lignes d'une rue nouvelle, l'ouverture de cette voie projetée ne peut être faite qu'en remplissant les formalités de l'expropriation, avec décret déclarant l'utilité publique, jugement ordonnant la cession des terrains, fixation de l'indemnité par le jury et payement préalable. En cas d'élargissement d'une rue ancienne, les deux premières formalités ne sont pas exigées. Mais la fixation de l'indemnité par le jury et le payement préalable n'ont rien d'inconciliable avec l'alignement, et c'est pour cela qu'elles doivent être appliquées.

Si les lignes tracées par le plan d'alignement atteignent les propriétés riveraines, on dit que ces propriétés sont, pour portion ou pour le tout, situées sur la *partie retranchable*. Cette position assujettit les propriétaires à une servitude fort onéreuse, par suite de laquelle ils ne peuvent faire au mur de face aucune réparation sans demander l'autorisation au maire. Le maire a la faculté d'autoriser les répa-

[1] Quant aux formalités à observer pour la préparation des plans d'alignement, voir un avis du Conseil d'État en date du 1er avril 1841 et une circulaire du 23 août suivant.

rations qui ne sont pas confortatives. Il ne doit pas permettre celles qui, en prolongeant la durée du mur de face, perpétueraient l'existence d'un bâtiment dont la suppression est nécessaire à l'élargissement de la voie publique. Quant à la question de savoir si une réparation est confortative ou non, c'est un point de fait à juger suivant les circonstances. L'exemple suivant montre bien que cette distinction dépend des circonstances de chaque cause. On s'est demandé si une réparation faite au premier étage peut être confortative, lorsque, du reste, elle ne touche pas au rez-de-chaussée. Au premier abord il semble (et on l'a décidé plus d'une fois) qu'elle ne peut pas réconforter le mur de face, puisque la réparation au premier étage ne prolongera pas la durée du rez-de-chaussée et que le mur ne durera pas plus que sa base. Cependant il pourrait se faire que le rez-de-chaussée fût en bon état et que le délabrement du premier étage rendît nécessaire la réfection du mur en entier. En cas pareil, la réparation au premier aurait un caractère confortatif puisqu'elle prolongerait la durée du mur de face. Nul exemple mieux que celui-là ne prouve que la distinction est tout entière dans le fait, et qu'il est impossible d'établir une règle invariable. Du moins il n'y en a pas d'autre que celle-ci : on recherchera dans les circonstances de la cause si la réparation aura pour effet de prolonger la durée du mur de face.

Les réparations ne seront interdites qu'autant qu'elles auraient pour effet de consolider la façade ; il est donc permis au propriétaire de faire toutes les réparations au dedans, à la condition cependant qu'elles ne soient pas faites frauduleusement en vue de soutenir le mur de face.

Quelle que soit la réparation au mur de face, elle ne pourra être faite qu'avec l'autorisation du maire, et la contravention, soit que la réparation ait un caractère confortatif soit qu'elle ne l'ait pas, sera punie de l'amende. D'après la jurisprudence de la Cour de cassation, les tribunaux de traventions de petite voirie, doivent aller plus loin et ordonner la destruction de tous les travaux confortatifs ou non. Ainsi la destruction de la *besogne mal plantée* serait ordonnée dans tous les cas, en même temps que l'amende serait prononcée[1]. Cette jurisprudence s'explique par la faiblesse de l'amende que prononce l'art. 471, n° 5 (de un à 5 fr.). La Cour de cassation a pensé que la loi serait inexécutée par suite de l'insuffisance de sa sanction.

Si nous supposons d'un autre côté qu'un propriétaire riverain d'une voie publique a, sur un emplacement non sujet à retranchement, construit sans demander l'alignement individuel, la Cour de cassation fait la distinction suivante. Dans tous les cas l'amende doit être prononcée ; mais la destruction de la besogne mal plantée ne doit être ordonnée que s'il y a empiétement sur le domaine public. Exiger la suppression de la construction, ce serait prescrire la réparation d'un préjudice qui n'a pas été causé et imposer une peine qui serait hors de proportion avec la contravention.

En résumé, la Cour de cassation décide : 1° qu'en cas de réparations, faites sans autorisation, à un mur de face situé sur la partie retranchable fixée par un plan général d'alignement, le juge de paix doit prononcer l'amende et dans tous les cas ordonner le rétablissement des lieux ; 2° lorsque le riverain a construit sans alignement le long d'une rue, le juge de paix prononce l'amende ; mais il ne doit ordonner la destruction des travaux que s'il y a empiétement.

Après avoir exposé les formalités qu'il faut remplir pour arrêter un plan général d'alignement et recherché les effets que produit le plan une fois arrêté, examinons quelles voies de recours sont ouvertes aux parties qui se croient atteintes. L'arrêté préfectoral qui homologue le plan d'ali-
simple police, qui sont compétents pour connaître des con-

[1] C. cass., ch. cr., arr. des 26 juin 1845 ; 17 décembre 1847 ; 6 mai 1848, 14 octobre 1853 ; 23 août 1860 ; 8 décembre 1860 ; 14 février 1863.

gnement peut d'abord être attaqué par la voie hiérarchique, en vertu de l'art. 6 du décret du 25 mars 1852 sur la décentralisation.

L'art. 52 de la loi du 16 septembre 1807 ouvrait une voie de recours au Conseil d'État contre le plan d'alignement : « En cas de réclamations des parties intéressées, il « sera statué en Conseil d'État, sur le rapport du ministre « de l'intérieur. » Ce n'était pas un recours contentieux, mais un recours administratif *sui generis*. C'est ce que signifiaient ces mots : *sur le rapport du ministre de l'intérieur*. Aussi l'affaire n'était-elle pas portée à la section du contentieux, mais à la section de l'intérieur du Conseil d'État. Cette voie de recours est-elle ouverte depuis que la compétence pour approuver les plans d'alignement a été transférée au préfet ? Le décret du 25 mars 1852 ne contient aucune disposition qui abroge le deuxième paragraphe de l'art. 52 de la loi du 16 septembre 1807. Le pouvoir d'homologuer et le pouvoir de statuer sur les réclamations sont choses distinctes. Or la loi nouvelle n'a transféré aux préfets que le pouvoir d'homologation, d'où nous concluons que la compétence pour statuer sur les réclamations est restée à l'autorité qui en était investie auparavant. Il n'y avait d'ailleurs aucune raison pour diminuer les garanties accordées aux tiers lorsque le pouvoir d'homologuer passait du chef de l'État à son subordonné [1].

L'alignement individuel est donné par le maire au riverain qui veut construire le long de la rue. S'il y a un plan général, le maire doit s'y conformer, parce que ce plan est la loi de tous les intéressés. En ne le suivant pas, le maire violerait un droit acquis fondé sur un titre. Par conséquent, le tiers lésé pourrait se pourvoir au contentieux contre l'arrêté ministériel qui aurait refusé de réformer l'alignement délivré par le maire, en dehors des lignes tracées sur le plan général [2].

[1] V. Serrigny, *Questions et traités*, p. 87.

[2] Le maire ne peut pas refuser de délivrer l'alignement qui lui est de-

S'il n'y avait pas de plan général, les parties intéressées ne seraient pas moins tenues de demander au maire l'alignement individuel. Le maire pourra-t-il, en ce cas, forcer les riverains à reculer ou avancer ? La jurisprudence du Conseil d'État avait d'abord décidé que, même en l'absence d'un plan général, un maire pouvait forcer un riverain de la voie publique à reculer ou à avancer. En 1834, cependant, le Conseil d'État avait admis ce tempérament que le maire ne pouvait pas forcer à reculer si l'alignement traçait une ligne qui forcerait plus tard plusieurs propriétaires à reculer [1]. La jurisprudence a fait un pas de plus. Elle a décidé qu'à défaut de plan général, le maire doit délivrer un alignement conforme à l'état des lieux [2] ou faire approuver pour cette rue spécialement un plan général. Si l'alignement modifiait l'état des lieux, l'arrêté du maire pourrait être déféré au préfet et, si celui-ci le confirmait, la partie intéressée pourrait se pourvoir devant le ministre et au Conseil d'État par la voie contentieuse. Elle pourrait aussi agir directement *omisso medio* devant le Conseil d'État pour *excès de pouvoirs* [3].

La loi n'astreint à l'alignement que les propriétaires joignant les chemins publics. Ceux qui bâtissent en retraite ne sont pas sujets à la servitude ; puisqu'ils ne vont pas jusqu'à la limite de leur propriété, il n'y a pas lieu de les

mandé en alléguant des projets de travaux. Son refus, même non écrit, constituerait un excès de pouvoir. Arg. d'analogie tiré du décret du 2 novembre 1864. V. arr. Cons. d'Ét. du 11 janvier 1866.

[1] Arr. du 25 juillet 1834 (aff. *Deshayes et Gressent*).

[2] Arr. Cons. d'Ét. du 5 avril 1862 (aff. *Lebrun*), 10 février 1865 et 5 mai 1865 (aff. *Gibaud*). Cette jurisprudence du Conseil d'État a été exposée avec beaucoup de netteté par M. L. Aucoc dans la *Revue critique* (t. XXI, p. 97-109).

[3] D'après un décret du 27 juillet 1808, le pourvoi en matière d'alignement partiel devait, pour la voirie urbaine, être porté par la voie administrative au Conseil d'État qui statuait sur le rapport du ministre de l'intérieur. Le Conseil d'État a décidé que cette voie de recours avait été implicitement supprimée par la disposition du décret qui a transporté au préfet le pouvoir d'homologuer les plans généraux. Arr. Cons. d'Ét. du 19 juillet 1855 (*Crouzet et Sensalva*).

obliger à demander le bornage. Si l'on exigeait l'alignement pour une distance en retraite de quelques lignes, la logique conduirait à la même solution pour une distance de plusieurs mètres. A quelle distance de la voie publique le propriétaire serait-il maître chez lui ?

Il pourrait se faire qu'au lieu de forcer à reculer, le plan d'alignement eût pour effet de rétrécir la voie publique sur un point déterminé. En ce cas, l'article 53 de la loi du 16 septembre 1807 donne aux propriétaires riverains le droit d'avancer et de requérir l'acquisition des terrains qui sont en dehors du nouveau tracé de la voie. L'administration peut même, mais indirectement, forcer les propriétaires à faire cette acquisition. Elle a en effet le droit, en cas de refus d'acquisition par le propriétaire, d'exproprier le riverain de sa propriété bâtie, en lui payant le prix de sa maison d'après la valeur qu'elle avait antérieurement aux travaux. Comme leur exécution augmentera presque toujours la valeur de la construction, cette dépossession renferme une action indirecte pour forcer le propriétaire à faire l'acquisition.

Voirie vicinale. — Le plan général, en matière de voirie civinale, n'est pas autre chose que la reconnaissance et la fixation de la largeur du chemin ; ce que nous avons dit plus haut, en nous occupant des chemins vicinaux, sur la reconnaissance et la déclaration, doit être rappelé ici et nous nous contenterons d'y renvoyer. D'après les articles 15 et 21 de la loi du 21 mai 1836 combinés avec l'article 86 de la loi du 10 août 1871, la commission départementale est compétente pour fixer la largeur des chemins de petite vicinalité, et l'art. 15 particulièrement attribue à la voie publique les parties des propriétés riveraines qui sont atteintes par l'arrêté de la commission départementale. Le classement, dans tous les cas, déterminera la largeur du chemin suivant les indications portées au plan annexé. Quant aux chemins vicinaux de grande et de moyenne communication, leur largeur est fixée en même temps que leur classement est fait par le conseil général (L. du 10 août 1871, art. 46, § 7).

L'art. 21 de la loi du 21 mai 1836, qui charge le préfet de faire un règlement pour assurer l'exécution de la loi, comprend au nombre des matières qui peuvent être l'objet de ces règlements : « les alignements, les autorisations de « constructions le long des chemins, l'élagage, les fossés et « leur curage, et tous autres détails de surveillance et de « conservation. » Ce règlement doit, aux termes de l'art. 21, être communiqué au conseil général et transmis avec ses observations au ministre de l'intérieur pour être approuvé, s'il y a lieu [1]. Quant aux chemins ruraux, l'alignement, en ce qui les concerne, n'est régi ni par les édits de 1607 et 1765 ni par le règlement départemental sur les chemins vicinaux. Le maire a seulement le droit de faire, pour les chemins ruraux de sa commune, un règlement qui aura pour sanction l'amende prononcée par l'art. 471, n° 15 du Code pénal [2]. A défaut de règlement, les parties agiront prudemment en demandant l'alignement avant de construire, mais elles n'encourraient pas l'amende si elles avaient, sans autorisation, bâti le long du chemin rural, à la condition de ne pas empiéter sur la voie publique. En cas d'empiétement il y aurait lieu d'appliquer l'art. 479, n° 11 du Code pénal; car l'art. 479, n° 11 ne distingue pas les diverses espèces de chemins et s'applique, par suite de la généralité de ses termes, aussi bien aux chemins ruraux qu'aux chemins vicinaux classés. Il s'en faut d'ailleurs de beaucoup que le pouvoir réglementaire du maire soit aussi étendu que celui du préfet, non-seulement au point de vue du territoire, mais encore au point de vue des attributions. Le préfet ayant reçu de la loi une délégation a, en quelque sorte, les pouvoirs du législateur. Le maire, au contraire, agit en vertu de ses pouvoirs généraux et est li-

[1] V. pour l'alignement le long des chemins vicinaux, l'instruction ministérielle de 1869, art. 278 à 283.

[2] C. Cass., ch. crim., arr. du 28 juin 1861.

mité par les lois qui protégent les droits des particuliers. Ainsi il ne pourrait pas faire un règlement qui modifierait l'état des lieux et forcerait les riverains à reculer.

L'alignement individuel est donné par le préfet le long des chemins vicinaux de grande communication et par le maire le long des chemins vicinaux ordinaires. S'il y a un plan d'alignement, c'est le sous-préfet qui donne l'alignement partiel le long des chemins de grande communication (loi du 4 mai 1864, art.). Le sous-préfet et le maire doivent se conformer au plan général sous peine de recours contentieux. A défaut de plan, le préfet et le maire ne peuvent pas modifier l'état des lieux [1].

Grande voirie. — Lorsqu'il s'agit d'une voie nouvelle à créer, le plan d'alignement se confond avec celui de la route elle-même. La loi du 3 mai 1841, avec toutes les formalités exigées pour l'expropriation, doit être appliquée. Aucune parcelle de propriété ne pourra donc être prise, pour la confection de la route, sans une juste et préalable indemnité.

Supposons, au contraire, qu'une route étant déjà ouverte, il s'agisse d'arrêter le plan général de son alignement. La loi est muette sur ce point, et il y a là une lacune à combler par le raisonnement et l'analogie. On décidait, avant le décret de décentralisation, que le plan général, en matière de grande voirie, devait, comme le plan général en matière de voirie urbaine, être homologué par décret, en Conseil d'État. Il y avait même, ce semble, une raison plus forte de décider, puisque les grandes routes sont d'un intérêt plus général que les rues des villes. Seulement une circulaire du 3 août 1833 prescrivait de remplir, pour un plan général d'alignement en matière de grande voirie, toutes les formalités préparatoires qui précèdent la déclaration d'utilité en cas d'expropriation.

Le décret du 25 mars 1852, tabl. A, n° 50, n'a transféré

[1] V. *Instruction ministérielle*, art. 277-283 et 299-302.

l'homologation du Conseil d'État au préfet que pour les *plans d'alignement des villes*. La décentralisation ne s'applique donc qu'à la voirie urbaine, et la grande voirie demeure sous l'empire de l'ancienne pratique.

L'alignement partiel, en matière de grande voirie, est délivré par le préfet [1] lorsqu'il n'y a pas de plan général, et par le sous-préfet partout où il y a un plan général (loi des 4-11 mai 1864):

S'il y a un plan général d'alignement, le sous-préfet doit l'appliquer. S'il ne s'y conformait pas, il violerait un droit acquis, et la partie intéressée pourrait se pourvoir devant le ministre des travaux publics et au Conseil d'État par la voie contentieuse.

A défaut de plan général, l'alignement ne doit pas moins être demandé au préfet, qui est compétent en vertu des dispositions générales qui lui attribuent la surveillance et la conservation des routes [2], et en vertu de la loi des 7-14 novembre 1790, qui comprend spécialement dans les attributions des corps administratifs « *l'alignement des « rues, des villes, bourgs et villages qui servent de grandes routes.* » Le préfet aurait, suivant quelques écrivains [3], le pouvoir de forcer les propriétaires à reculer, parce qu'il lui appartient de fixer les limites du domaine public, sauf à faire régler postérieurement l'indemnité. Mais le Conseil d'État étendant à la grande voirie la doctrine qu'il avait adoptée pour la voirie urbaine et pour les rues de Paris [4], a décidé qu'il y avait excès de pouvoir si le préfet, à défaut de plan

[1] Loi des 4-11 mai 1864.

[2] Loi des 22 décembre 1789-janvier 1790, section III, art. 2, et loi des 7-14 septembre 1790, art. 6.

[3] M. Boulatignier, *École des communes*, 1846, p. 206 et 208, a soutenu que le recours contentieux doit être admis en matière de grande voirie, même en l'absence d'un plan général. — V. *contrà*, Serrigny, *Questions et traités*, p. 149, et Chauveau, *Journal de droit administratif*, 1862, p. 394.

[4] Arr. Cons. d'Ét., 5 avril 1862.

[5] Arr. Cons. d'Ét., 2 mai 1861 et 22 janvier 1863.

général, donnait un alignement qui ne serait pas conforme à la configuration actuelle de la voie publique [1].

Le riverain dont la propriété est située sur la partie retranchable, en vertu du plan d'alignement, est soumis à une servitude qui l'oblige, comme en matière de voirie urbaine, à ne faire au mur de face aucune réparation sans en avoir obtenu l'autorisation du préfet. Le préfet autorisera les réparations non confortatives et interdira les réparations qui auraient pour effet de consolider le mur de face. Quant à la distinction à établir entre ces deux espèces de réparations, nous répéterons ici que c'est une question de fait à juger d'après les circonstances de chaque affaire, et qu'il est impossible d'établir sur ce point une règle invariable.

La jurisprudence du Conseil d'État décide que le propriétaire qui a construit, sans demander d'alignement, le long de la voie publique doit, dans tous les cas, être puni de l'amende, mais qu'il ne doit être condamné à la destruction des travaux faits que si la construction empiète sur la voie publique, ou si la réparation est confortative [2]. Ainsi, entre la jurisprudence de la Cour de cassation pour la petite voirie et celle du Conseil d'État pour la grande, il y a une ressemblance et une différence. La ressemblance consiste en ce que la suppression d'une *construction* faite sans alignement n'est ordonnée, suivant les deux, que s'il y a empiétement sur le sol de la voie publique. La différence tient à ce que, pour les *réparations* faites au mur de face sans autorisation, la Cour de cassation ordonne la destruction de la besogne mal plantée sans distinguer entre les réparations confortatives et non confortatives, tandis que le Conseil d'État fait cette distinction. La divergence s'explique par deux causes. Premièrement, la Cour de cas-

[1] Arr. Cons. d'Ét. du 10 février 1865. (*Danmartin*). V. les conclusions de M. L'Hopital, commis. du gouv. Lebon, 1865, p. 201.

[2] Arr. du Cons. d'Ét. des 4 février 1824 (*Legros*) ; 2 avril 1828 (*d'Autry*) ; 21 juin 1844 (*Sollet*) et 6 décembre 1844 (*Taque*).

sation s'est décidée sans doute et principalement par le motif que les tribunaux de police n'ont pas les éléments suffisants pour juger si une réparation est ou non confortative, tandis que le Conseil d'État croit que les juridictions administratives sont en position de décider cette question. En second lieu, la Cour de cassation a pensé que l'amende de 1 à 5 francs que peuvent prononcer les tribunaux de police est trop faible pour assurer l'exécution de la loi. Au contraire, le Conseil d'Etat peut, en matière de grande voirie, prononcer une amende de 300 fr., et cette pénalité est suffisante pour prévenir, au moins dans la plupart des cas, les infractions à la loi sur les alignements.

Chemins de fer. — Nous avons vu plus haut que, d'après la loi du 15 juillet 1845, les chemins de fer font partie de la grande voirie (art. 1er). L'art. 3 s'occupe des servitudes d'utilité publique qui sont applicables aux chemins de fer. Toutes ne le sont pas, et il y a dans l'art. 3 une énumération qui doit être considérée comme limitative :

« Sont applicables aux propriétés riveraines des chemins de fer les servitudes imposées par les lois et règlements sur la grande voirie — et qui concernent — l'alignement, — l'écoulement des eaux, — l'occupation temporaire des terrains, en cas de réparation, — la distance à observer pour les plantations et l'élagage des arbres plantés, — le mode d'exploitation des mines, minières, tourbières, carrières et sablières, dans la zone déterminée à cet effet. — Sont également applicables à la confection et à l'entretien des chemins de fer les lois et règlements sur l'extraction des matériaux nécessaires aux travaux publics. »

Indépendamment des servitudes de grande voirie qui sont déclarées applicables aux chemins de fer, la loi a créé un certain nombre de charges spéciales à raison du voisinage des chemins de fer. D'après l'art. 5 de la loi du 15 juillet 1845, « aucune construction, autre qu'un mur de clôture, ne peut être établie dans une distance de 2 mètres d'un chemin de fer. » Il est naturel que la loi ait fait exception pour les murs de clôture, puisque d'après l'art. 4 tout chemin de fer doit être clos des deux côtés et sur toute l'étendue de la voie. Le mur de clôture satisfait à cette prescription mieux qu'une haie sèche ou une palissade. Si la loi écarte les constructions autres que les murs de clôture, c'est de crainte que par les ouvertures des maisons habitées ne soient jetées des matières qui encombreraient la voie. Quant au point de départ qui doit servir à calculer la distance de 2 mètres, il est fixé par l'art. 5 de la loi du 15 juillet 1845 : « Cette distance sera mesurée soit de l'arête supérieure du déblai, soit de l'arête inférieure du talus du remblai, soit du bord extérieur des fossés du chemin, et, à défaut, d'une ligne tracée à 1 mètre 50 centimètres à partir des rails extérieurs du chemin de fer. »

L'interdiction s'applique-t-elle aux constructions qui existaient déjà au moment où le chemin de fer a été établi? L'art. 5 a prévu le cas dans le § 3, qui porte : « Les constructions existantes au moment de la promulgation de la présente loi, ou lors de l'établissement d'un chemin de fer, pourront être entretenues dans l'état où elles se trouvaient à cette époque. »

Le propriétaire ayant le droit d'entretenir les constructions dans l'état où elles étaient avant l'établissement du chemin de fer, comment constatera-t-on l'état des constructions et fixera-t-on le droit du propriétaire ? L'art. 5, dernier paragraphe, dispose que les formalités à remplir par le propriétaire pour déterminer l'état dans lequel les constructions pourront être entretenues, seront déterminées par un règlement d'administration publique.

Une autre disposition de la loi du 15 juillet 1845 (art. 7) défend d'établir à une distance de 20 mètres d'un chemin de fer desservi par des machines à feu, des dépôts de matières inflammables, à l'exception seulement des récoltes pendant la moisson. Cette servitude a pour but de prévenir les incendies qui n'auraient pas manqué d'arriver fréquemment, notamment dans les pays où il existe encore des couvertures en chaume.

L'interdiction de construire dans les 2 mètres et celle de déposer des matières inflammables à moins de 20 mètres sont absolues ; le préfet ne pourrait pas par un arrêté spécial dispenser de leur observation. Les distances déterminées pour ces deux servitudes, comme pour celles dont nous allons parler, peuvent être réduites mais seulement par décrets rendus après enquête (art. 9). Indépendamment de la réduction des distances, les servitudes dont nous allons parler ont ce caractère que le préfet peut, par un arrêté, lever les interdictions d'une manière complète.

Ainsi l'art. 6 dit que dans les localités où le chemin de fer se trouvera en remblai de plus de 3 mètres au-dessus du terrain naturel, il est interdit aux riverains de pratiquer, *sans autorisation préalable*, des excavations dans une zone de largeur égale à la hauteur verticale du remblai mesurée à partir *du pied du talus*. L'excavation pourrait donc être faite moyennant une autorisation préalable. Cependant l'art. 6 ajoute que cette autorisation ne pourra pas être accordée sans que les concessionnaires ou fermiers de l'exploitation aient été entendus ou dûment appelés.

D'un autre côté, d'après l'art. 8 de la loi du 15 juillet 1845, dans une distance de moins de 5 mètres, aucun dépôt de pierres ou objets non inflammables ne peut être établi *sans l'autorisation du préfet*. L'autorisation une fois accordée est toujours révocable. La prohibition établie par cet article comporte deux exceptions. L'autorisation n'est pas nécessaire : 1° pour former, dans les localités où le chemin est en remblai, des dépôts de matières non inflammables, dont la hauteur n'excède pas celle du remblai du chemin. En ce cas, il n'y a pas à craindre que le dépôt de pierres s'écroule et encombre la voie publique ; 2° pour former, que le chemin soit en remblai ou en déblai, des *dépôts temporaires* d'engrais et autres objets nécessaires à la culture des terres. Cette seconde exception est faite dans l'intérêt de l'agriculture comme celle que l'art. 7 fait à la prohibition de déposer des matières inflammables. Il faut remarquer que l'exception ne s'applique qu'aux *dépôts temporaires* et que, s'il était permanent, le dépôt à moins de 5 mètres des fumiers ou autres objets nécessaires à la culture ne pourrait être fait qu'avec *l'autorisation du préfet.*

Au reste, il pourrait se faire que la sûreté publique exigeât la suppression d'une construction, d'un dépôt, d'une excavation, de couvertures en chaume, et que la loi des 16-24 août 1790 ne donnât pas des pouvoirs suffisants à l'administration. En effet, cette loi n'a pas pu prévoir les précautions que rendrait nécessaires le voisinage d'un chemin de fer. Aussi la loi du 15 juillet 1845 a-t-elle, par son art. 10, armé l'administration de pouvoirs qu'elle n'aurait pas trouvés dans la loi générale sur la police.

« Si, hors des cas d'urgence prévus par la loi des 16-24 « août 1790, la sûreté publique ou la conservation du chemin « de fer l'exige, l'administration pourra faire supprimer, « *moyennant une juste indemnité,* les constructions, planta- « tions, excavations, couvertures en chaume, amas de ma- « tériaux ou autres existant dans les zones ci-dessus spéci- « fiées. »

L'indemnité est fixée par le jury toutes les fois qu'il s'agit de *suppression de constructions.* La loi du 3 mai 1841 n'est au reste applicable que pour la partie qui est relative au règlement de l'indemnité, et il n'y a ni décret déclarant l'utilité publique ni jugement qui prononce l'expropriation. La suppression est ordonnée par un arrêté du préfet. Lorsqu'il n'y a pas suppression de construction, mais seulement suppression d'un dépôt, d'une excavation ou d'une plantation, le jury n'est pas compétent pour régler l'indemnité; elle est fixée conformément à la loi du 16 septembre 1807, c'est-à-dire par le conseil de préfecture.

Les contraventions à la loi du 15 juillet 1845 sont constatées, poursuivies et réprimées comme en matière de grande voirie. Elles sont punies d'une amende de 16 à 300 fr., sans préjudice de l'application des peines portées au Code pénal et au titre III de la loi de 1845. Le contrevenant est de plus condamné à la suppression des travaux faits en contravention et, s'il n'obéit pas à cette condamnation, la destruction est faite d'office à ses frais. Le montant de la dépense est ensuite recouvré contre lui par voie de contrainte, comme en matière de contributions publiques (art. 11 de la loi du 15 juillet 1845).

Aucun article de la loi de 1845 ni des lois postérieures n'attribue aux concessionnaires de chemins de fer le droit de poursuivre la répression des contraventions. Comme ces compagnies n'ont qu'un caractère purement privé, la poursuite ne pourrait leur appartenir qu'en vertu d'une disposition formelle. Du silence de la loi il faut donc conclure que cette faculté ne leur appartient pas en principe, sauf, par exception, les concessionnaires qui, par une disposition analogue à celle du décret du 22 février 1815, art. 67, relatif aux compagnies des canaux d'Orléans et du Loing, ont été investis du droit de poursuivre les contrevenants. Ce décret fournit même un raisonnement *à contrario* pour établir que le droit de poursuite n'appartient pas aux concessionnaires s'il ne leur a pas été formellement conféré. Ici l'argument *à contrario* a une grande force parce qu'il corrobore le principe général, en vertu duquel le droit de poursuite est l'attribution normale de l'autorité publique[1]. Nous croyons cependant qu'il y a, sur ce point, une lacune dans la loi, et que la collation du droit de poursuite aux compagnies n'aurait eu que des avantages pour l'intérêt général. Elle aurait assuré plus efficacement la répression des contraventions et mieux garanti la sûreté publique. La

[1] Arr. du Cons. d'Ét., des 12 janvier 1850 (*Tourblain*), 18 août 1862 (*Duval*) et 20 décembre 1872. — Elles n'ont même pas le droit d'intervenir dans les instances engagées par l'administration. Arr. du Cons. d'Ét., des 12 mai 1853 (*Chauvin*); 14 mars 1863 (*chemin de fer de ceinture*).

loi aurait pu généraliser ce qui n'est que l'exception, d'autant plus que l'exception ne s'explique par aucune raison spéciale[1].

Chemin de halage, Marchepied et Passage. — Le chemin de halage et de marchepied est une servitude de passage sur les héritages riverains des cours d'eau navigables ou flottables à trains ou radeaux.

Pour les rivières navigables, la servitude est établie par l'ordonnance du 12 août 1669 (tit. XXVIII, art. 7), qui n'est du reste que la reproduction, avec quelques changements dans la rédaction, de dispositions antérieures :

« Les propriétaires des héritages aboutissant aux rivières « navigables laisseront le long des bords 24 pieds (7^m,80) au « moins de place en largeur pour chemin royal et trait de « chevaux, sans qu'ils puissent planter arbres ni tenir clôture « ou haies plus près de 30 pieds (9^m,75), *du côté que les ba- « teaux se tirent*, et 10 pieds (3^m,25) de l'autre bord, à peine « de 500 livres d'amende, confiscation des arbres et d'être les « contrevenants contraints à réparer et remettre les chemins « en état à leurs frais. »

Il faut donc distinguer, d'après cet article :

1° La servitude de passage sur une largeur de 24 pieds, ou 7^m,80 ;

2° La servitude qui prohibe de planter plus près que 30 pieds, ou 9^m,75 ;

3° La servitude de marchepied sur le bord opposé à celui par lequel se tirent ou halent les bateaux (10 pieds ou 3^m,25).

La distinction entre le marchepied et le chemin de halage suppose qu'il y a un côté par lequel se fait exclusivement le service de la navigation. Qu'arriverait-il si les besoins de la navigation exigeaient que le halage se fît sur les deux côtés? Pourrait-on prendre bilatéralement un chemin de 24 pieds? Au premier abord, il semble que ni l'un ni

[1] Jousselin, t. II, p. 398.

l'autre des propriétaires n'aurait à se plaindre d'avoir été désigné pour supporter la servitude de halage, attendu que l'administration avait la faculté de choisir. Cet argument, très-spécieux assurément, est cependant loin d'être décisif. D'abord il n'est pas opposable au propriétaire traversé qui serait chargé des deux côtés d'une servitude portant sur 24 pieds, tandis que le texte de la loi ne grève que 24 pieds d'un côté et 10 pieds de l'autre. Même quand les deux bords appartiennent à des propriétaires différents, l'argument ne prouverait rien, si ces propriétaires se concertaient pour réclamer une indemnité à partager entre eux. Ils pourraient dire à l'administration : « L'un ou l'autre de nous supporte « certainement une aggravation de servitude, et cette « aggravation ne peut pas être exigée sans indemnité. « Si l'administration est embarrassée pour dire quel est « celui qui se trouve grevé, nous nous mettons d'accord « pour partager l'indemnité ; de cette manière, celui de « nous qui n'aurait été désigné que pour supporter le mar- « chepied ne perdra pas tout. » Mais ce raisonnement écarté, il reste d'autres motifs de décider qui conduisent à la même conclusion. On peut d'abord argumenter du texte de l'ordonnance de 1669 qui oblige les riverains à laisser une place de 24 pieds *du côté que les bateaux se tirent.* Or si les bateaux se tirent bilatéralement, il faut que le chemin de halage soit établi sur les deux bords. Si le texte parle du côté opposé, c'est en vue du cas ordinaire : *de eo quod plerumque fit.* Mais pas un mot ne fait obstacle à ce qu'on exige le halage sur les deux rives si les bateaux se tirent des deux côtés. Cette interprétation est confirmée par un arrêt du conseil du 24 juin 1777, relatif à la navigation de la Marne et autres rivières et canaux navigables. Cet arrêt, en prescrivant de nouveau l'exécution des anciennes ordonnances, et notamment celle de 1669 sur les eaux et forêts, exprime très-formellement que les largeurs de 24 et de 30 pieds peuvent être exigées sur les deux rives, même être prises sur les îles partout où il sera besoin. Il est vrai que cet arrêt du conseil n'a pas le caractère d'une disposition générale, qu'il est particulier à des rivières ou canaux déterminés ; mais il a une autorité interprétative très-grande, d'autant plus que l'explication rationnelle du texte de l'ordonnance de 1669 conduit à la même conclusion.

Un certain nombre de rivières, au reste, sont régies par des dispositions spéciales ; quelques-unes même de ces dispositions dérogent à l'ordonnance de 1669, qui, par rapport à ces exceptions, constitue un véritable droit commun.

La servitude grève les *héritages aboutissants.* Il faut entendre par ces mots les héritages situés dans les zones de 24, 30 ou 10 pieds fixés par l'ordonnance de 1669. Ainsi, lorsque près de la rivière se trouve un propriétaire contigu qui ne possède qu'une lisière de 5 à 6 pieds de largeur, le propriétaire qui suit est obligé de supporter la servitude pour le reste de la largeur, quoiqu'il *n'aboutisse* pas à la rivière dont il est séparé par la langue de terre appartenant à son voisin. — Les îles sont des héritages aboutissant à la rivière puisqu'elles se trouvent dans son lit. Elles seraient donc soumises à la servitude de halage en vertu de la disposition générale ; mais elles y sont en outre assujetties par une disposition spéciale, par l'art. 2 de l'arrêt du conseil du 24 juin 1777, d'après lequel le chemin de halage doit être livré sur les « *îles où il en sera besoin.* »

L'ordonnance de 1669 établit la servitude de halage pour les *rivières navigables* sans distinguer entre celles qui sont navigables *de leur propre fond* ou naturellement, et celles qui ont été rendues navigables artificiellement. Toute distinction a d'ailleurs été repoussée par le décret du 22 janvier 1808, d'après lequel « les dispositions de l'art. 7 du titre XXVIII de l'ordonnance de 1669 sont applicables à toutes les rivières navigables de France, soit que la navigation y fût établie à cette époque, soit que le gouvernement se soit déterminé depuis, ou se détermine aujourd'hui et à l'avenir à les rendre navigables. »

Il y a cependant, sur un point, une grande différence entre les rivières navigables de leur propre fonds et celles qui sont rendues navigables artificiellement. L'art. 3 du décret du 22 janvier 1808 porte « qu'il sera payé une indemnité aux riverains des fleuves et rivières où la navigation n'existait pas. » Cette supposition implique qu'il n'est pas dû d'indemnité pour le chemin de halage le long des rivières qui sont navigables de leur propre fonds. Cette conclusion *à contrario* est d'autant plus sûre, dans cette espèce, qu'elle coïncide avec le principe général d'après lequel, sauf les exceptions qui seraient faites formellement, les servitudes légales ne donnent pas lieu à indemnité. La pratique administrative accorde cependant *benigniter* une indemnité dans un cas déterminé, même lorsqu'il s'agit d'une rivière navigable de son propre fonds : c'est celui où le mouvement des eaux forçant à reporter le chemin de halage il y aurait lieu d'exiger la suppression d'une *maison*. En ce cas, le préjudice a paru tellement grand que l'administration accorde une indemnité, et cette décision est d'autant plus fondée que la servitude dégénérerait en une véritable suppression d'une propriété bâtie.

Lorsqu'une rivière est rendue navigable artificiellement, l'indemnité, à laquelle les riverains ont droit pour le chemin de halage, est proportionnée au préjudice qu'ils éprouvent, et la fixation est faite conformément à la loi du 16 septembre 1807, c'est-à-dire par le conseil de préfecture après expertise, suivant les formes prescrites par les art. 56 et suiv. de cette loi.

La largeur fixée par l'ordonnance de 1669 pourrait être restreinte par l'administration, si le service de la navigation le permettait. Cette concession ne serait, d'ailleurs, qu'une tolérance purement facultative, et aucun recours contentieux ne porrait être formé en cette matière (Décret du 22 janvier 1808, art. 4). Si elle est susceptible de restriction, la servitude de halage ne peut pas être aggravée. Il y a donc lieu de se demander qu'elle est son étendue naturelle.

Le propriétaire est tenu de laisser sur le fonds servant un passage de 24 pieds pour le service de la navigation. Il ne pourrait donc pas, nonobstant les injonctions et prohibitions de l'ordonnance de 1669 :

Élever des constructions [1], planter [2], labourer [3], déposer des matériaux [4], faire des travaux défensifs [5], sous peine de commettre une contravention de grande voirie [6].

On voit par ce qui précède que le propriétaire riverain est tenu de laisser son terrain libre pour la navigation; mais il ne doit le passage que pour ce service et, par conséquent, les navigateurs ne pourraient pas établir un port d'abordage sur le terrain grevé de servitude [7]. Les pêcheurs ne peuvent se servir du chemin de halage qu'en qualité de navigateurs, non en qualité de pêcheurs pour retirer et asséner leurs filets [8]. Par la même raison, tous ceux qui sont étrangers au service de la navigation ne peuvent, même pour passer, se servir du chemin de halage qu'en vertu d'une tolérance expresse ou tacite du propriétaire riverain [9].

De ce que la propriété du chemin de halage appartient

[1] Arr. Cons. d'Ét., des 10 juin 1829 (*Winter*); 15 juillet 1841 (*Noirot-Chambosse*).

[2] Arr. Cons. d'Ét., du 6 décembre 1844 (*Eyriaud*).

[3] Arr. *Ibid.*, du 1er juin 1843 (*Caignet*).

[4] Arr. *Ibid.*, du 4 mai 1843 (*Grenet*).

[5] Arr. *Ibid.*, du 1er août 1834 (*Labbé*).

[6] Les conseils de préfecture sont compétents pour la répression des contraventions commises sur les chemins de halage, francs bords, fossés et ouvrages d'art des rivières navigables. Ils peuvent seuls ordonner la destruction des travaux, et le préfet commettrait un excès de pouvoir si par l'arrêté qui met le propriétaire en demeure de détruire les obstacles il ordonnait que faute par lui de s'y conformer, il y serait procédé par l'administration. Arr. Cons. d'Ét., du 12 février 1863 (*Audebert*).

[7] Arr. Cons. d'Ét., du 22 septembre 1818 (*Périer*).

[8] Même arrêt. — Loi du 15 avril 1829, art. 35, et discussion à la Chambre des pairs. Duvergier, *Recueil des lois*, p. 100 et suiv.

[9] Le propriétaire riverain pourrait conférer sur le chemin de halage des droits spéciaux, pourvu qu'il n'en résultât aucun obstacle pour le service de la navigation. Sauf la servitude, il a tous les droits inhérents à la qualité de propriétaire.

au propriétaire du fonds servant, il résulte que celui-ci a droit aux alluvions qui se forment le long du chemin. Cependant les alluvions étant placées entre le chemin et la rivière, le riverain est tenu de ne rien faire sur ces terrains qui soit de nature à nuire à la navigation. Toute construction ou plantation qui entraverait le halage constituerait donc une contravention de voirie[1].

Le chemin de halage et le marchepied ne peuvent être établis le long des canaux de navigation qu'en suivant les règles de l'expropriation d'utilité publique; car les canaux sont creusés par la main de l'homme, et la loi n'a établi la servitude légale que le long des *rivières*. Aussi les chemins et marchepieds le long de ces canaux appartiennent-ils à la compagnie concessionnaire du canal, à moins qu'elle n'eût traité avec tous les riverains pour l'établissement d'une servitude de passage. En ce cas, les riverains seraient propriétaires, et leurs fonds seraient affectés d'une servitude conventionnelle au lieu d'une servitude légale d'utilité publique.

A ne consulter que le texte de l'ordonnance de 1669, la servitude de halage ne serait établie que pour les rivières navigables, à l'exclusion des rivières flottables par trains et radeaux. Cependant le flottage est une espèce de *navigation*, et il résulte de plusieurs documents que le mot navigable doit s'entendre, dans les anciennes ordonnances, des rivières flottables, *tant par trains que par radeaux*[2]. Au reste, en règle générale, le régime administratif des rivières flottables est le même que celui des rivières navigables, et il y aurait ici une exception ou anomalie si, au point de vue particulier du chemin de halage, il y avait une diffé-

[1] Arr. Cons. d'Ét., des 2 février 1825 (*Chavagnac*); 1er août 1834 (*Sutaine*) et 17 janvier 1838 (*Bruno-Lemarchand*). Dans les deux premières espèces, il s'agissait de plantations, et dans la seconde d'un dépôt de fumiers.

[2] Arrêt du conseil, du 9 novembre 1694; arrêt du conseil, du 23 juillet 1783 et avis du Conseil d'État, du 21 février 1822.

rence de régime entre les rivières navigables et les rivières flottables.

Que faut-il décider à l'égard des rivières flottables à bûches perdues? Quoiqu'elles soient, en général, assimilées aux cours d'eau non navigables ni flottables, leurs riverains sont soumis à une servitude particulière de passage sur une étendue de 4 pieds ($1^m,30$) pour le passage des ouvriers chargés de diriger les bûches flottantes et de repêcher les bûches submergées (ord. de décembre 1672, ch. XVII, art. 7; arrêté du 13 nivôse an V et avis du Conseil d'Etat du 21 février 1822) [1]. Quant aux rivières et ruisseaux qui ne supportent aucune espèce de navigation ni de flottage, ils ne donnent lieu à aucune servitude de halage, ni de marchepied, à moins cependant que des règlements spéciaux ne l'ordonnassent par quelque disposition spéciale et obligatoire [2]. Mais il n'existe aucune disposition générale qui grève de servitude les propriétés riveraines de ces cours d'eau. Aussi le préfet qui, en l'absence d'un règlement spécial, prendrait un arrêté pour ordonner aux propriétaires de laisser un chemin de halage ou un marchepied, commettrait un excès de pouvoirs qui donnerait ouverture au recours immédiat au Conseil d'Etat [3].

Nous terminerons en posant la question de savoir si les propriétaires riverains sont tenus, pour construire ou planter, le long du chemin de halage, de demander l'alignement à peine de contravention ou s'il suffit qu'ils respectent la limite posée par l'édit de 1669. Dans le sens de l'obligation, on fait valoir que le chemin de halage est une

[1] Les tribunaux ordinaires sont compétents pour connaître des contraventions aux règlements sur les rivières flottables à bûches perdues. La loi du 29 floréal an X n'attribue au conseil de préfecture que les contraventions de grande voirie, et ces cours d'eau n'appartiennent pas à la grande voirie. Arrêt du Cons. d'Ét. du 13 décembre 1866 (*Courot-Bigé*). V. les conclusions de M. de Belbœuf, commissaire du gouvernement. Lebon, 1866, p. 1132.

[2] V. notamment l'art. 42 de l'arrêt du conseil du 26 février 1732, relatif à la rivière de Bièvre et aux cours d'eau y affluant.

[3] Arr. Cons. d'Ét. du 12 mai 1847 (*Desgrottes*).

voie publique et que les contraventions aux lois et règlements snr le halage sont réprimées comme en matière de grande voirie, ce qui paraît emporter logiquement la nécessité de l'alignement. Nous déciderons cependant le contraire par les raisons suivantes. Le chemin de halage n'est qu'assujetti à une servitude de passage pour la navigation et, par conséquent, ne fait pas partie du domaine public. Or l'alignement n'est qu'une délimitation particulière, un bornage *sui generis* entre les propriétés privées et les dépendances du domaine public. Par conséquent, il n'est pas applicable au chemin de halage, car ce serait suivre les règles de l'alignement pour séparer en deux parties[1] une propriété privée. Au reste, l'alignement est une servitude fort rigoureuse et, d'après les règles d'une bonne interprétation juridique, le moindre doute doit suffire pour conclure à la liberté des propriétés privées.

III

Expropriation pour cause d'utilité publique[2].

L'expropriation est l'application directe du principe social que l'intérêt particulier est subordonné à l'intérêt général. Sans elle, toute entreprise publique serait impossible, et le caprice d'un particulier malveillant ou aveugle pourrait arrêter les travaux les plus féconds. Aussi a-t-on de la peine à se faire l'idée d'une société régulière où le pouvoir n'aurait pas, pour l'exécution de travaux d'intérêt général, le moyen de vaincre légalement les résistances du droit privé. On peut donc affirmer *à priori* que, sous une forme ou sous une autre, cette institution a existé partout où les

[1] Arr. du Cons. d'Ét. du 20 novembre 1822, qui déclare les lois sur lalignement applicables aux chemins de hallage (*Pagès-Hoyes*). Le Conseil d'État est revenu sur cette jurisprudence, arr. Cons. d'Ét. des 17 juillet 1843 (*Comman*) ; 28 août 1844 (*Jourdain*) ; 19 décembre 1848 (*Bataille*).
[2] *Lois administratives*, p. 1125-1147.

hommes ont vécu soumis à des lois et que si les codes sont muets, il y a une lacune dans les textes[1]. Aussi quel a été notre étonnement lorsque nous avons lu un passage où Proudhon enseigne que l'expropriation était inconnue des Romains[2] ! Ce qui n'est admissible pour aucune société organisée l'est encore moins pour le peuple romain qui fut le plus grand constructeur de l'antiquité. Il est vrai qu'Auguste (et non Commode comme le dit Proudhon) renonça, d'après le récit de Suétone, au projet qu'il avait d'agrandir le forum pour ne pas faire violence à un propriétaire qui résistait. Mais cet acte de modération, que l'historien raconte à la louange du souverain, n'implique-t-il pas le droit de faire céder la propriété privée à l'intérêt général? Si le pouvoir n'avait pas appartenu à l'empereur y aurait-il eu là une occasion de vanter la prudence d'Auguste?

Ce n'est pas seulement par une raison *à priori* qu'on peut affirmer que les Romains ont employé l'expropriation pour cause d'utilité publique. Des textes formels viennent à l'appui de cette proposition rationnelle. Ces textes sont peu nombreux au Digeste; mais on en trouve plusieurs au Code Théodosien, et spécialement au titre *De operibus publicis*. Quelques-uns prouvent même qu'à Rome on expropriait les meubles comme les immeubles, même les choses incorporelles, telles que les servitudes prédiales et les droits d'usufruit. Au nombre des choses mobilières se trouvaient les esclaves qui pouvaient être mis à la torture, à la charge d'indemniser le propriétaire de l'esclave[3]. La loi romaine

[1] Merlin (*Répertoire*, v° *Retrait d'utilité publique*) retrouve l'origine de l'expropriation pour cause d'utilité publique jusque dans l'Écriture sainte.

[2] Suétone, *Vie d'Octave Auguste*, ch. 29 et 46. La réfutation du passage de Proudhon a été faite par M. de Fresquet, professenr de droit romain à la faculté de droit d'Aix, *Revue historique*, mars et avril 1860, et par M. Garbouleau, *Thèse pour le doctorat*, p. 18 et 124. L'opinion de MM. de Fresquet et Garbouleau a depuis lors été développée par deux autres docteurs dans leurs thèses, MM. Saint-Raymond, p. 7, et Auvray, p. 12.

[3] Dig., l. 27, *De adulteriis* (lib. XLVIII, tit. V) ; l. 1, §§ 18 et 19, et l. 6, *De quæstionibus* (lib. XLVIII, tit. XVIII).

affranchissait aussi les esclaves qui dénonçaient les faux-monnayeurs[1] et les déserteurs[2]. Or cet affranchissement qui était prononcé par la loi dans un intérêt général n'était accordé que moyennant indemnité.

La vérité est qu'à Rome cette matière n'était pas réglementée par une loi complète et générale; que, si le droit était reconnu, il était diversement appliqué; que, dans chaque affaire, se présentaient des particularités; qu'enfin il n'y avait aucune règle sur la nature de l'indemnité, sur la manière dont elle était fixée[3], sur les autorités préposées à l'expropriation[4], pas plus que sur le moment où l'indemnité était payable.

Nous trouvons dans notre ancien droit un état de choses semblable, et cette analogie s'explique par l'identité du régime. Le roi puisait dans sa toute-puissance le moyen de faire céder le droit privé et, en ordonnant ces mesures, il fixait les conditions auxquelles les propriétés seraient prises. Aussi ne trouvons-nous dans l'ancien droit que des édits spéciaux et point d'ordonnance générale sur la matière.

[1] L. 2 et 4 C. Just., *Pro quibus causis servi*, etc., etc. (liv. VII, tit. XIII).

[2] L. I, *De desertoribus* (C., lib. XII, tit. XLVI).

[3] C'est l'opinion de M. Serrigny, *Droit public et adminitratif romain*, t. II, p. 257. M. de Fresquet, *loc. cit.*, soutient que l'indemnité était *fixée judiciairement* et *payée préalablement*. Mais il ne cite que quelques textes desquels il est, à notre avis, impossible de tirer une proposition générale.

[4] Les travaux publics dont l'exécution donnait lieu à l'expropriation étaient ordonnés par une loi : sous la République par les comices, et sous l'Empire par une constitution impériale. La loi spéciale désignait les autorités qui seraient chargées de faire exécuter les travaux. C'étaient ordinairement les censeurs sous la République, et le préfet de la ville sous l'Empire. Les travaux étaient adjugés à des entrepreneurs qui devaient s'entendre avec les particuliers à exproprier. En cas de résistance, on en référait aux censeurs et au préfet de la ville, dont l'autorité était assez grande pour vaincre, au moins indirectement, cet obstacle. Les censeurs particulièrement, sous la République, étaient, par la nature de leur charge, tellement puissants, que les particuliers ne devaient pas facilement résister à leur intervention en matière de travaux publics.

Avant 1789 on se servait, pour désigner cette institution, de l'expression *Retrait d'utilité publique.*

L'inviolabilité de la propriété privée était réclamée par un grand nombre de cahiers, et l'opinion publique demandait généralement qu'elle fût entourée de garanties qui la missent à l'abri des actes arbitraires. Aussi la déclaration des droits de l'homme, votée le 26 août 1789, annexée plus tard à la Constitution du 14 septembre 1791 dont elle forma la préambule, posa-t-elle ce principe : « la propriété étant inviolable et sacrée, nul ne peut en être privé si ce n'est lorsque la *nécessité publique* légalement constatée l'exige évidemment, et sous la condition d'une juste et préalable indemnité. » Ce principe fut reproduit, même sous une forme plus énergique, par l'art. 19 du préambule de la Constitution du 24 juin 1793 : « Nul ne peut être privé de la *moindre* portion de sa propriété sans son consentement, si ce n'est lorsque la *nécessité publique* légalement constatée l'exige, et sous la condition d'une juste et préalable indemnité. » On retrouve une disposition semblable dans l'art. 358 de la Constitution directoriale du 5 fructidor an III.

Pas un article, au contraire, de la Constitution du 22 frimaire an VIII ne s'occupe de la question, et c'est seulement dans le Code civil, art. 545, que la règle est reproduite avec un changement notable. Au lieu de la nécessité publique qu'avaient exigée les Constitutions de 1791, 1793 et de l'an III, le Code civil permet d'exproprier pour raison d'*utilité publique*. Depuis lors on n'a pas cessé d'exproprier pour use d'utilité, et cette notion a été fort élargie puisqu'on a compris sous ce mot les embellissements et ornements.

En vertu de ces dispositions le propriétaire pouvait exiger une indemnité préalable, mais l'administration désignait les terrains à céder sans que la régularité de ses ordres fût contrôlée par les tribunaux qui sont les gardiens naturels de la propriété privée. D'après la loi du 28 pluviôse an VIII, l'administration déterminait les parcelles et le conseil de préfecture fixait l'indemnité (art. 4 de la loi du 28 pluviôse an VIII). Ainsi la propriété était livrée à l'administration, et le principe de la juste et préalable indemnité n'était plus qu'un principe abstrait. La loi du 16 septembre 1807 sur le dessèchement des marais ne changea pas cet état de choses ; elle étendit même, à quelques égards, les pouvoirs de l'administration.

La réclamation énergique d'un citoyen contre la législation en matière d'expropriation émut Napoléon, et c'est à cette occasion qu'il écrivit de Schœnbrunn, le 29 septembre 1809, à Cambacérès une note brève et lucide qui a fixé les bases des lois postérieures sur la matière :

« D'abord, dit-il, il faut définir quelles sont les formes qui constatent l'utilité publique. Il faudrait que ce fût un sénatus-consulte, une loi ou un décret délibéré en Conseil d'État. S'il prend fantaisie à un préfet d'augmenter d'une aile ou d'un jardin la préfecture, la prison ou l'hôpital, ce ne doit pas être une raison pour exproprier aucun citoyen; il faut qu'un acte de l'autorité supérieure dise que cela est utile. — Si le propriétaire n'est pas d'accord, la cause de sa discordance peut venir de deux raisons différentes : ou il croit que ce n'est pas le cas d'utilité. Le préfet doit alors l'appeler au tribunal de première instance. Si le procureur impérial peut établir que la dépossession est dans le cas d'utilité publique, le juge ordonne que le propriétaire ait à céder sa propriété, à nommer des experts et à se mettre en règle pour le contrat... Si le propriétaire refuse, parce que l'évaluation lui paraît insuffisante, alors les formes sont claires et le juge, prononçant sommairement, ordonne l'expropriation à telles conditions. Alors l'expropriation n'a plus lieu par consentement mutuel, mais par sentence [1]. »

Cette note distinguait avec beaucoup de netteté les trois périodes principales qui doivent être distinguées et qui l'ont été en effet par les lois subséquentes : 1° la déclaration

[1] *Correspondance de Napoléon Ier*, t. XIX, p. 623.

d'utilité publique ; 2° la translation de propriété de l'exproprié à l'expropriant, et 3° la fixation de l'indemnité.

Les principes exposés dans la note de Schœnbrunn furent convertis en loi dès l'année suivante. L'art. 1er de la loi du 8 mars 1810 disposa que l'expropriation s'opérerait par l'*autorité de la justice*, et d'après l'art. 2, les tribunaux ne pouvaient prononcer l'expropriation qu'autant que l'utilité avait été constatée dans les formes établies par la loi. « Ces « formes consistent, disait l'art. 3, dans le décret qui seul « peut ordonner des travaux publics ou achats de terrains ou « édifices destinés à des objets d'utilité publique. » L'indemnité était fixée par le tribunal eu égard « aux baux actuels, « aux contrats de vente passés antérieurement et néanmoins « aux époques les plus récentes, soit des fonds voisins « et de même qualité, aux matrices des rôles et à tous les « autres documents qu'il pourra réunir » (art. 16). Si ces documents étaient insuffisants pour l'éclairer, le tribunal pouvait nommer d'office un ou trois experts, dont le rapport, conformément aux principes généraux, ne liait pas les juges et *ne valait que comme renseignement* (art. 17). Quant au payement de l'indemnité, il devait se faire préalablement à la prise de possession, ainsi que le prescrivait l'art. 545 C. civ. (art. 20). Le § 2 de l'art. 20 portait cependant que dans le cas où des *circonstances particulières* rendaient impossible le payement préalable de l'indemnité, l'expropriant devait les intérêts de la somme, et que les intérêts seraient payables de six en six mois, sans que le payement du capital pût être retardé plus de trois ans, à moins que les propriétaires n'y consentissent. Les mots *circonstances particulières* étaient tellement élastiques que l'exception pouvait dévorer le principe de l'indemnité préalable ; car il était facile de trouver une circonstance particulière qui servît de motif pour renvoyer le payement du capital à trois ans après la prise de possession. Cependant l'article 545 C. civ. était considéré comme l'expression de la règle générale, et la loi du 8 mars 1810 rendait hommage au principe dans l'article même qui fournissait le moyen de l'anéantir par les exceptions.

La division des périodes est fixée par la loi de 1810 d'une manière en quelque sorte définitive, et nous la trouvons reproduite, dans le même ordre, par les lois postérieures : 1° acte qui déclare l'utilité publique; 2° arrêté du préfet qui détermine les parcelles à exproprier ou *arrêté de cessibilité;* 3° jugement qui prononce l'expropriation, à défaut de cession amiable par les propriétaires ; 4° fixation de l'indemnité ; 5° payement préalable à la prise de possession.

Cette loi attribuait au chef de l'État le pouvoir d'ordonner tous les travaux ou achats par décrets ; mais, d'un autre côté, elle donnait des garanties à la propriété privée, puisqu'elle attribuait à la justice ordinaire l'expropriation et la fixation de l'indemnité. Au point de vue politique, on se plaignit, sous la Restauration, du pouvoir accordé au chef de l'État pour déclarer l'utilité publique ; mais l'administration, de son côté, ne manqua pas de faire observer que les tribunaux donnaient des indemnités excessives, et qu'à force de protéger la propriété privée, ils rendaient impossibles les entreprises les plus utiles. C'était une réaction exagérée contre la jurisprudence qu'avaient suivie les conseils de préfecture au temps où ils étaient chargés de fixer l'indemnité par l'art. 4 de la loi du 28 pluviôse an VIII. La législation ne fut cependant pas retouchée sous la Restauration ; mais après 1830 on reprit la question. Le 29 avril 1832, le nouveau gouvernement présenta un projet à la Chambre des pairs, et le 7 juillet 1833 fut promulguée une loi qui modifiait celle de 1810 principalement en ce que : 1° l'art. 3 exigeait, en règle générale et sauf quelques exceptions, une loi spéciale pour déclarer l'utilité publique ; 2° la fixation de l'indemnité était attribuée à un jury dont l'impartialité était garantie par la double qualité des personnes dont il se composait. Car, *comme propriétaires*, ils étaient intéressés à ne pas commettre des injustices qui auraient créé des précédents contre eux, et *comme contribuables*, ils avaient intérêt à ne pas grossir les indemnités qui étaient payables avec les fonds provenant de l'impôt.

La loi du 7 juillet 1833 ne prévoyait pas le cas où l'urgence ne permettrait pas de remplir les formalités de l'expropriation. L'art. 66 renvoyait à la loi du 30 mars 1831 qui avait édicté quelques dispositions exceptionnelles pour les travaux de fortifications, en ajoutant seulement que si l'indemnité fixée provisoirement et consignée n'était pas acceptée par le propriétaire, elle serait définitivement réglée par le jury, conformément à la nouvelle loi. Mais l'expropriation d'urgence demeurait spéciale aux travaux de fortifications, et pour les travaux ordinaires il n'existait aucun moyen d'abréger les formes prescrites par la loi du 7 juillet 1833. Cette lacune fut comblée par la loi du 3 mai 1841, dont les art. 65 à 74 déterminèrent les formes à suivre lorsque, par exception, il y aurait urgence dans l'exécution des travaux autres que ceux des fortifications. Indépendamment de cette importante innovation, la loi du 3 mai 1841 modifia, sur quelques points de détail, la loi du 7 juillet 1833. Celle-ci est aujourd'hui remplacée, et la loi du 3 mai 1841 est le véritable code de la matière (art. 77). Les lois de 1810 et de 1833 ne sont plus que des documents à consulter pour l'interprétation de la nouvelle loi ; car celle de 1810 a été formellement abrogée par l'art. 67 de la loi de 1833, et, quant à cette dernière, toutes ses dispositions ont été reprises une à une par la loi de 1841 qui forme un travail complet, ce qui emporterait abrogation virtuelle par voie de remplacement alors même que l'art. 77 n'aurait pas prononcé l'abrogation formelle. Depuis 1841, la législation sur cette matière n'a reçu de modification grave que par le sénatus-consulte du 25 décembre 1852, dont l'art. 4 disposait que tous les « travaux d'utilité publique, notamment ceux désignés « par l'art. 10 de la loi du 21 avril 1832 et l'art. 3 de « la loi du 3 mai 1841, toutes les entreprises d'intérêt « général sont ordonnés ou autorisés par décrets de l'Em-

« pereur, rendus dans la forme des règlements d'adminis-« tration publique. » Mais ce sénatus-consulte a été remplacé par la loi du 27 juillet 1870 qui a remis, à peu de chose près, en vigueur les dispositions de la loi de 1841 sur la déclaration d'utilité publique.

La loi du 3 mai 1841 n'embrasse cependant pas tous les cas d'expropriation. Il existe des dispositions exceptionnelles qui règlent quelques situations spéciales. Ainsi la loi du 21 mai 1836, sur les chemins vicinaux, art. 15, attribue à la voie publique, sans expropriation ni payement préalable de l'indemnité, les portions de terrains non bâtis qui sont pris sur les côtés par les arrêtés d'élargissement ; nous disons *terrains non bâtis*, parce que la suppression d'une construction ne pourrait pas être ordonnée sans remplir les formalités de l'expropriation (loi du 8 juin 1864, art. 2). L'indemnité pour les terrains non bâtis qui sont atteints par l'arrêté d'élargissement est fixée par le juge de paix, sur un rapport d'experts nommés contradictoirement. Si, au lieu d'un simple élargissement, nous supposons des travaux faits pour l'ouverture ou le redressement d'un chemin, il y a lieu à expropriation avec indemnité préalable ; mais la loi de 1836 a organisé les formes particulières, et notamment réduit de douze à quatre le nombre de personnes dont le jury sera composé (art. 16 de la loi du 21 mai 1836). Cette forme particulière d'expropriation a été appliquée aux *associations syndicales* par la loi du 21 juin 1865.

La salubrité publique a donné lieu à quelques dispositions particulières en matière d'expropriation. Sous la Restauration, une ordonnance du 27 septembre 1821, relative aux mesures sanitaires à prendre contre le progrès de la fièvre jaune, donnait à l'administration le droit de s'emparer de toute maison reconnue nécessaire et propre à l'établissement d'un lazaret. Cette ordonnance, qui dérogeait à la loi, était fondée, pour couvrir son illégalité, sur le trop fameux art. 14 de la Charte qui chargeait le roi de « *pour-*

voir à la sûreté de l'État. » Au reste, l'ordonnance de 1821 était faite en vue d'une circonstance exceptionnelle et d'un péril qui ne tarda pas à disparaître. Récemment des lois ont été faites dans l'intérêt de la salubrité normale et pour l'établir dans des conditions permanentes. En vertu de ces nouvelles dispositions, l'administration a le pouvoir non-seulement d'exproprier les terrains dont elle a besoin pour des travaux d'utilité publique, mais encore d'acquérir les emplacements qui portent des constructions malsaines ou sur lesquels ne pourraient pas être élevées des constructions salubres. Cette faculté a été consacrée, à plusieurs reprises: par le décret du gouvernement provisoire du 3 mai 1848, par les lois des 13 avril 1850 et 4 août 1851 sur les logements insalubres, par le décret-loi du 26 février 1852 et par le décret du 27 décembre 1858.

Enfin des dispositions spéciales ont été faites relativement à quelques travaux déterminés. Ainsi le décret du 15 novembre 1853, relatif aux travaux de la place Saint-Germain-l'Auxerrois, et la loi du 22 juin 1854, relative aux travaux de l'avenue de l'Impératrice, ont permis quelques dérogations au droit commun dans l'intérêt, non-seulement de l'utilité générale, mais de la beauté de la voie publique.

A quelles choses peut s'appliquer l'expropriation d'utilité publique? — La loi du 3 mai 1841 ne s'occupe que des immeubles. L'administration peut se procurer, du moins en général, des meubles semblables à ceux qu'un propriétaire refuse de céder, et il n'y a pas lieu à combattre la ésistance d'un particulier lorsque la *nécessité* ou l'*utilité* peut être remplie d'une autre manière. Quelques dispositions cependant ont prévu des cas où il serait impossible de remplacer des meubles déterminés. Ainsi les lois des 3 vendémiaire an V et 14 messidor an VII règlent les réquisitions des moyens de transport d'armes, de fournitures et de vivres de guerre. La loi du 19 brumaire an III permet de faire des réquisitions de substances et autres fournitures pour cause de nécessité publique. La loi du 13 fructidor an V oblige les propriétaires qui font des démolitions à prévenir les salpêtriers commissionnés qui ont le droit d'enlever les vieux matériaux à la charge d'en payer la valeur ou, si le propriétaire l'exige, de les remplacer par d'autres matériaux rendus sur place. La loi du 3 mars 1822, sur la police sanitaire, permet de détruire, même sans donner d'indemnité, les animaux et autres objets susceptibles de transmettre la contagion. En cas d'impossibilité, dit l'art. 5 de cette loi, de purifier, de conserver ou de transporter sans danger des animaux ou des objets susceptibles de transmettre la contagion, ils pourront être, *sans obligation d'en rembourser la valeur*, les animaux tués et enfouis, les autres objets détruits et brûlés.

La loi du 1er août 1874 sur la conscription des chevaux est un exemple plus important que tous ceux qui précèdent.

La loi du 3 mai 1841 ne s'applique même pas à toutes les espèces d'immeubles. Elle a surtout pour objet les terrains bâtis ou non bâtis, c'est-à-dire les immeubles par nature. Quant aux immeubles par destination, ils ne seraient régis par cette loi qu'autant qu'ils feraient corps avec le fonds auquel ils sont attachés à perpétuelle demeure. S'ils pouvaient en être détachés sans détérioration matérielle, il n'y aurait pas lieu de les comprendre dans l'expropriation.

Les concessions de canaux, de havres, de chemins de fer, ont pour objet de conférer aux concessionnaires le droit de percevoir certaines taxes et, à plusieurs égards, elles ont un caractère emphytéotique. Pourront-elles être expropriées? Une loi spéciale du 29 mai 1845 a déterminé les conditions auxquelles serait effectué le *rachat pour cause d'utilité publique* des concessions de canaux. L'art. 1er porte que ce rachat ne pourra être ordonné que par une loi spéciale. Il faudrait adopter la même solution pour les chemins de fer. Le rachat en vertu d'une loi est le seul parti qu'il soit possible de prendre, d'autant plus que l'étendue du parcours sur un grand nombre d'arrondissements rendrait, sinon impraticable, au moins très-difficile l'accomplissement des formalités prescrites par la loi de 1841.

Les concessions de mines créent une propriété distincte de la surface, et l'administration ne pourrait en prendre possession qu'en remplissant les formalités de la loi du 3 mai 1841. Mais si, au lieu d'une dépossession, le concessionnaire avait à subir une interdiction d'exploiter par mesure de police, il ne pourrait demander qu'une indemnité pour dommages. Encore faudrait-il que l'interdiction fût prononcée, non par des raisons de police uniquement, mais aussi dans l'intérêt d'une autre entreprise, par exemple d'une compagnie de chemin de fer [1].

Les usiniers ont un droit acquis à leur concession : 1° sur les cours d'eau navigables ou flottables, lorsque l'acte de concession est antérieur au 1er avril 1566 [2]; 2° sur les cours d'eau non navigables ni flottables, par cela seul que l'autorisation leur a été donnée en suivant les formes légales.

La jurisprudence du Conseil d'État décide que l'évaluation de la force motrice n'est pas comprise dans l'expropriation lorsque l'utilité publique demande la prise de possession des bâtiments qui renferment l'usine. Il en résulte que l'usinier étant exproprié pour les constructions qu'on lui prend, le jury doit fixer une indemnité corres-

[1] La construction des chemins de fer a fait naître la question de savoir si, pour les tunnels, l'administration était obligée d'exproprier la superficie. Le tribunal de la Seine et la cour d'appel de Paris avaient jugé que le sous-sol et la superficie ne formaient qu'une propriété et qu'on ne pouvait pas les exproprier l'un sans l'autre. Mais la Cour de cassation, partant de cette disposition qui permet d'acquérir un souterrain par prescription (art. 553, C. civ.), a décidé que le sous-sol pouvait être exproprié indépendamment de la superficie. Arr. du 1er avril 1866 (*Delamarre.*)

[2] M. Duwarnet a soutenu, dans la *Revue critique*, t. II, p. 744, que même après 1566, les concessions sur les cours d'eau navigables purent être faites valablement par les rois. Il en donne pour raison que les rivières navigables furent classées dans le *petit domaine*, lequel demeura constamment aliénable. En tout cas, ajoute-t-il, ces concessions auraient été rendues incommutables par la loi du 12 mars 1820 sur les *domaines engagés*, et par l'expiration du délai de trente ans à partir du 14 ventôse an VII.

pondante à la valeur de l'édifice sans égard à la force motrice, et qu'à ce dernier point de vue l'usinier n'a qu'à s'adresser, par une action distincte, au conseil de préfecture pour obtenir la réparation du préjudice qu'il éprouve de ce chef [1].

Après avoir énuméré les biens qui peuvent être expropriés, nous avons à rechercher dans quels cas on ne doit pas procéder par expropriation. En règle générale (et sauf ce qui a été dit plus haut relativement à l'usufruit), il n'y a lieu à suivre les formalités de la loi du 3 mai 1841 qu'autant qu'il y a cession de propriété à l'expropriant. Cette proposition résulte de l'économie générale de la loi et des travaux préparatoires; elle est également confirmée par les discussions d'où étaient sorties les lois antérieures de 1810 et de 1833 [2].

La cession de la propriété privée pour cause d'utilité publique a, dans certains cas, lieu sans que les formalités de la loi du 3 mai 1841 aient été remplies. Nous avons déjà vu, en nous occupant de l'alignement, que les plans généraux coupent souvent les maisons et qu'au moment de la démolition le terrain sur lequel s'élevait la partie retranchable est ajouté à la voie publique. Réciproquement le riverain peut être obligé, au moins indirectement, d'avancer sur la voie publique en acquérant les parcelles qui sont

[1] Cons. d'Ét., arr. des 20 juin 1848 (*Chevalier*); 22 juin 1850 (*Rambaud*); 29 mars 1851 (*Chevalier et Truchon*); 13 août 1851 (*Rouxel*); 28 mai 1852 (*Nedal*) et 27 août 1857 (*Robo et Méhéreuc de Saint-Pierre*). — V. dans le même sens Jousselin, *Revue critique*, livraison de janvier 1852. *Contrà*, Delamarre et Peyronny, p. 99, n° 106.

[2] V. exposé fait au Corps législatif en 1810 par Riboud (Locré, t. IX, p. 744) et discours de M. Laplagne-Barris dans la discussion de la loi de 1845 sur les chemins de fer (*Moniteur* de 1844, p. 840 et 893). — La cour d'Agen a décidé, le 22 novembre 1861, qu'il n'y avait pas lieu de procéder par voie d'expropriation lorsqu'il s'agit d'établir un tunnel de chemin de fer. La conséquence de cet arrêt serait qu'il y aurait lieu seulement à indemnité pour dommages causés par l'exécution de travaux publics. Mais il y a plus que dommage, car l'administration prend possession et devient propriétaire du sous-sol dans la partie traversée. C'est ce qui rend l'expropriation indispensable.

devenues disponibles par suite du rétrécissement de la rue ou du déplacement de son axe. L'indemnité dans ces deux cas sera fixée par le jury. Il y a cession d'une propriété immobilière pour cause d'utilité publique dans le premier cas [1], et dans le second il s'agit d'une espèce de droit de préemption analogue à celui qui est consacré par l'art. 60 de la loi du 3 mai 1841 [2].

En sens inverse, quelques dispositions plus exceptionnelles encore ont étendu les formes du règlement de l'indemnité à des cas où il n'y avait pas cession de la propriété privée. C'est ce qui a été ordonné :

1° Pour l'évaluation du droit de pêche dans les rivières qui sont rendues navigables (L. du 15 avril 1829, art. 3);

2° Pour la fixation de l'indemnité due aux propriétaires dont les maisons sont détruites dans la zone de servitudes auxquelles donne lieu le voisinage d'un chemin de fer (L. du 15 juillet 1845);

3° La fixation de l'indemnité due aux propriétaires pour suppression de leurs maisons autour des magasins de poudre, conformément à la loi du 22 juin 1854. — Mais ces exceptions sont écrites dans des textes formels, et elles ne font que confirmer le principe général d'après lequel « *il* « *n'y a lieu à expropriation d'utilité publique que dans les* « *cas où il y a cession amiable ou forcée, soit par juge*- « *ment, soit par la vertu de la loi, d'une propriété privée* « *immobilière.* »

Qui peut exproprier ? — Le droit d'exproprier appartient incontestablement à l'État, au département et à la commune. Plusieurs articles de la loi du 3 mai 1841 le supposent, et notamment l'art. 3, dont la terminologie s'accorde avec celle de l'art. 30 de la loi du 16 septembre 1807. L'État, le département et la commune ne pourraient cependant exproprier que pour des entreprises ayant pour

[1] Avis du Conseil d'État des 1er avril 1841 et 13 juin 1850.

[2] Delamarre et de Peyronny, p. 83, n° 84.

objet des services publics. Ainsi ce moyen ne pourrait pas être employé pour augmenter le domaine privé de l'État, du département ou de la commune; car, sous ce rapport, ces personnes morales ne sont que des propriétaires ordinaires, et les affaires qui concernent leur domaine privé n'ont pas le caractère d'utilité publique qu'implique l'expropriation. Le même art. 3 suppose que l'expropriation peut être poursuivie par des *compagnies particulières;* mais ces compagnies ne procèdent qu'en vertu d'une subrogation aux pouvoirs de l'État, du département ou de la commune. Il est cependant des sociétés qui ont un droit propre d'expropriation : ce sont les *associations syndicales autorisées,* dont nous avons déjà parlé, conformément à la loi du 21 juin 1865, art. 18.

Le Conseil d'État a consacré le droit d'expropriation au profit des fabriques d'églises et la loi du 24 juillet 1873 a autorisé, pour la construction de l'église de Montmartre, l'expropriation d'utilité publique par l'archevêque de Paris représentant l'archevêché, personne morale. L'extension du nombre des personnes qui peuvent exproprier n'a pas d'inconvénients sous un régime qui exige, dans presque tous les cas, une loi spéciale [1].

Déclaration d'utilité publique. — Les lois de l'an VIII, de 1807 et de 1810 attribuaient au chef du pouvoir exécutif la déclaration d'utilité publique, et la législa-

[1] Dans la discussion que souleva la loi sur l'église de Montmartre, on cita contre ma proposition un passage de mon ouvrage où je ne reconnaissais le droit d'expropriation qu'à l'État, au département et à la commune. J'avais en effet soutenu cette opinion dans mon livre (*Précis,* p. 573 de la 3e édition). Mais la pratique s'était prononcée contre mon sentiment en autorisant l'expropriation par une fabrique d'église. Les mêmes motifs pouvaient être invoqués en faveur de l'archevêché, personne morale. Dans le doute et ne pouvant pas trancher la question, je présentai un projet de loi pour faire vider le débat par la chambre. Le projet était conforme à la doctrine qui paraissait prévaloir dans la pratique. Il arrive tous les jours que les praticiens agissent d'après la jurisprudence qui prévaut et ne soutiennent plus les thèses qu'ils n'ont pas pu faire triompher. D'ailleurs, quand mon ouvrage parut, l'utilité publique pouvait être déclarée par dé-

tion ne fut pas modifiée, sur ce point, jusqu'à la loi du 21 avril 1832. Un amendement introduit dans la loi du budget et qui devint l'art. 10, consacra le principe que, pour autoriser les travaux publics, une loi serait nécessaire. Cette règle spéciale fut reproduite dans l'art. 3 de la loi du 7 juillet 1833, qui prescrivit l'autorisation par une loi spéciale dans tous les cas. Ce principe fut restreint par la loi nouvelle qui, suivant l'importance des travaux, tantôt exigeait une loi et tantôt seulement un décret. D'après l'art. 3 de la loi du 3 mai 1841, une loi spéciale était nécessaire pour déclarer l'utilité publique des grands travaux entrepris par l'État, les départements, les communes ou les compagnies. — Par exception une ordonnance du chef de l'État suffisait pour les routes départementales, pour les ponts et pour l'exécution des embranchements n'excédant pas 20,000 mètres de routes, de canaux ou de chemins de fer.

Le sénatus-consulte du 25 décembre 1852 modifia, sur ce point, la loi du 3 mai 1841 : « Tous travaux d'utilité publique, disait l'art. 4, notamment ceux désignés par l'art. 10 de la loi du 21 avril 1832 et l'art. 3 de la loi du 3 mai 1841, toutes les entreprises d'intérêt général sont autorisées ou ordonnées par décret de l'Empereur. — Ces décrets sont rendus dans les formes prescrites pour les règlements d'administration publique. » Ainsi, un décret suffisait désormais pour déclarer l'utilité publique; mais l'examen en Conseil d'État était exigé comme pour les règlements d'administration publique, ce qui impliquait la nécessité de la délibération en assemblée générale.

La loi du 27 juillet 1870 a rétabli à peu près complétement le système de la loi du 3 mai 1841. Tous les grands travaux publics entrepris par l'État ou par les compagnies

cret dans tous les cas; quand je soutins la discussion devant l'Assemblée nationale, une loi spéciale était exigée dans presque toutes les circonstances.

concessionnaires, avec ou sans péage, avec ou sans subside du Trésor, avec ou sans aliénation du domaine public, ne peuvent être autorisés que par une loi rendue après une enquête administrative. Un décret rendu dans la forme des règlements d'administration publique et également précédé d'une enquête pourra autoriser l'exécution des canaux et chemins de fer d'embranchement de moins de vingt kilomètres, les ponts et tous autres travaux de moindre importance. Nous avons vu plus haut que des dispositions spéciales attribuent la déclaration d'utilité publique aux conseils généraux pour les chemins vicinaux de grande communication et aux commissions départementales pour les chemins vicinaux ordinaires.

La loi du 27 juillet 1870 dit que la déclaration d'utilité publique, qu'elle soit faite par une loi ou par un décret, doit être précédée d'une enquête administrative. Les formes de cette enquête ont été déterminées, en ce qui concerne les travaux de l'État et des départements, par une ordonnance du 18 février 1834 qu'a complétée l'ordonnance du 15 février 1835 pour les cas où les travaux s'étendent sur plusieurs départements ; et relativement aux travaux communaux par une ordonnance du 23 août 1835.

Supposons que le décret qui déclare l'utilité publique ait été rendu sans que les formalités de l'enquête administrative aient été observées, quelles seraient les conséquences de cette omission ? C'est une règle générale que dans les cas où certaines formalités sont prescrites pour la garantie des particuliers, leur inobservation emporte un excès de pouvoirs qui donne ouverture au recours devant le Conseil d'État. Faisant ici l'application de ce principe, nous décidons que le décret qui déclare l'utilité publique [1] pourra être attaqué pour excès de pouvoirs, si les formalités de l'enquête administrative n'ont pas été rem-

[1] Cette doctrine a été consacrée par le Conseil d'État dans trois arrêts rendus le 27 mai 1856 (*de Pommereu, Camuzat-Russeroles et Audiffred*). Arr. du 26 décembre 1873 (*Garret*).

plies. Il y aurait également lieu à recours pour la même cause, si le décret n'avait pas été rendu dans la forme des règlements d'administration publique lorsque cette garantie est exigée par la loi.

Mais faut-il aller plus loin et donner à l'autorité judiciaire le droit de refuser l'expropriation par la raison que le décret déclarant l'utilité publique n'aurait pas été précédé d'une enquête? l'art. 14 de la loi du 3 mai 1841 dit que le « tribunal prononce l'expropriation sur la production des pièces constatant que les formalités prescrites « par l'art. 2 du titre Ier et par le titre II de la présente loi « ont été remplies. » Or l'enquête n'a été prescrite que par l'art. 3 du titre Ier, et puisque l'administration n'est pas obligée de justifier de l'enquête devant l'autorité judiciaire, le tribunal ne peut pas rechercher si cette formalité a été, oui ou non, remplie [1].

En ce qui concerne le fonds, aucun recours ne peut être élevé par les parties intéressées contre le décret qui déclare l'utilité publique. L'utilité est une question d'administration pure, et elle ne peut être l'objet d'aucun débat contentieux.

La déclaration d'utilité publique doit être expresse et faite par un décret spécial. Ainsi, on ne pourrait pas induire cette déclaration de l'approbation donnée par décret au budget d'une commune, quoique dans ce budget il y eût des crédits ouverts pour les travaux d'utilité communale qui rendraient l'expropriation nécessaire.

Le décret qui déclare l'utilité publique s'étend à tous les travaux qui sont une dépendance de l'entreprise autorisée. Mais qui jugera si les expropriations sont nécessaires à l'exécution des travaux, en d'autres termes, si les travaux

1 La doctrine contraire a été consacrée par un arrêt de la Cour de cassaion du 13 janvier 1840, qui a rejeté un pourvoi du préfet de la Drôme contre un jugement par lequel le tribunal civil de Montélimart avait refusé d'ordonner l'expropriation par la raison que l'enquête n'avait pas eu lieu. Mais V. C. cass., arr. du 14 décembre 1842 (*Maillier*).

sont compris dans la déclaration d'utilité publique? Nous décidons, sans hésitation, que cette question est de la compétence des tribunaux civils. La mission qui leur est confiée d'examiner si les formalités prescrites par la loi ont été remplies, emporte le pouvoir d'examiner si les travaux pour lesquels l'expropriation est requise ont été compris dans la déclaration d'utilité publique. Autrement l'administration, par une extension abusive du décret, pourrait aisément se soustraire au contrôle de l'autorité judiciaire [1]. Au point de vue qui nous occupe, la question n'est pas administrative; car la loi a formellement donné aux tribunaux le pouvoir de vérifier si des formalités administratives ont été remplies, et pour décider cette question il faut évidemment que l'autorité judiciaire puisse décider où finit l'effet de la déclaration d'utilité; car, suivant que les travaux seront compris ou non dans le décret, les formalités nécessaires auront été remplies ou omises.

Qu'arriverait-il si l'administration, sans décret qui déclare l'utilité publique, sans aucune formalité préalable, se mettait en possession de la propriété privée et y faisait exécuter des travaux? D'abord l'art. 438. C. pénal ne serait pas applicable au propriétaire qui, par des voies de fait, s'opposerait aux travaux; car cet article suppose que les travaux ont été *autorisés par le gouvernement*. En outre, les agents d'exécution qui auraient envahi les terrains illégalement pourraient être condamnés à des dommages-intérêts pour violation de la propriété privée. Ordinairement aussi les faits accompagnant cette invasion illicite renfermeront quelques-uns des délits prévus par les art. 434 et suiv. du Code pénal sous la rubrique : *Destruction, dégradations, dommages*.

Arrêté de cessibilité. — Le décret qui déclare l'u-

[1] En ce sens : C. cass., arr. des 8 avril 1835 (*préfet des Ardennes*) et 21 novembre 1836 (*préfet du Puy-de-Dôme*). — V. *contrà*, Delalleau et Jousselin, n°s 74 et 75, et Delamarre et de Peyronny, p. 120, n° 120.

tilité publique ne désigne que l'ensemble du travail, et, s'il s'agit d'une route, d'un canal, d'un chemin de fer, fixe les points extrêmes avec quelques points intermédiaires principaux. Il reste à déterminer les parcelles dont la cession est nécessaire pour l'exécution de l'entreprise, et cette désignation est faite par un arrêté du préfet qu'on appelle *arrêté de cessibilité* (art. 11 de la loi du 3 mai 1841). Mais cet arrêté est préparé par des mesures qui sont énumérées dans les art. 4 à 10. D'abord les ingénieurs ou autres gens de l'art lèvent, dans chaque commune, le plan des parcelles des terrains ou édifices, dont la cession leur paraît nécessaire pour l'exécution des travaux. Il n'est pas indispensable que le plan parcellaire soit conforme à celui qui accompagnait l'avant-projet ; car il pourrait se faire que des études nouvelles eussent déterminé les ingénieurs à suivre un nouveau tracé. Quoique le plan parcellaire doive, autant que possible, se rapprocher du plan cadastral, la loi n'exige pas une entière conformité ; mais elle veut que les propriétaires des parcelles soient désignés comme ils le sont à la matrice cadastrale. C'est une facilité accordée à l'administration, qui, sans cette disposition, aurait été obligée (chose qui aurait souvent été longue et difficile) de rechercher les véritables propriétaires. Le plan indique aussi la section où est située la parcelle et le numéro de la matrice cadastrale [1].

Le plan reste déposé pendant huit jours à la mairie de la commune où les parcelles sont situées, afin que chacun puisse en prendre connaissance (art. 5). Ce délai est franc, ainsi que cela fut reconnu dans la discussion de la loi [2]. Mais quel est son point de départ? Il est, d'après l'art. 6, fixé par l'avertissement donné collectivement aux parties intéres-

1 Les extraits de la matrice réclamés par les ingénieurs pour la levée du plan sont visés pour timbre *gratis*. Décis. du ministre des finances du 20 octobre 1838.

2 Observations présentées par M. Gillon à la Chambre des députés (Duvergier, 1841, p. 126).

sées de prendre communication du plan déposé à la mairie. Cet avertissement est publié à son de trompe ou de caisse dans la commune, et affiché tant à la principale porte de l'église du lieu qu'à celle de la mairie. Il est en outre inséré dans l'un des journaux publiés dans l'arrondissement, ou, *s'il n'en existe aucun*, dans l'un des journaux du département. La loi prescrit de faire un avertissement collectif. Il y aurait donc irrégularité si les parties substituaient à cette forme des avertissements individuels. Vainement soutiendrait-on que les avertissements individuels ont naturellement plus d'efficacité que les avertissements collectifs ; le législateur a eu ses raisons pour préférer une forme qui fait marcher la procédure avec unité et donne à toutes les parties intéressées le même point de départ. La publication, l'affiche et l'insertion, sont prescrites à peine de nullité ; car l'art. 6 qui les ordonne est dans le titre II, et d'après l'art. 14 le tribunal doit vérifier si les formalités du titre II ont été remplies.

Le maire certifie les publications et affiches, et ouvre un procès-verbal sur lequel il mentionne les observations et réclamations qui sont présentées verbalement. Les comparants signent le procès-verbal, et les observations adressées par écrit au maire sont annexées au procès-verbal (art. 7). La clôture du procès-verbal est faite à l'expiration des huit jours pendant lesquels le plan doit rester déposé à la mairie.

Après le délai de huitaine, une commission se réunit au chef-lieu de préfecture pour examiner les observations et réclamations. Cette commission est présidée par le sous-préfet. Elle se compose en outre :

1° De quatre membres du conseil général ou du conseil d'arrondissement ;

2° Du maire de la commune où les propriétés sont situées ;

3° De l'un des ingénieurs chargés de l'exécution des travaux.

Les propriétaires qu'il s'agit d'exproprier ne peuvent pas faire partie de la commission. — La commission ne délibère valablement qu'autant que cinq de ses membres au moins sont présents. — Dans le cas où le nombre des membres présents serait de six, et où il y aurait partage d'opinions, la voix du président est prépondérante (art. 8).

La commission reçoit, pendant un nouveau délai de huit jours, les observations des parties intéressées. Elle les appelle toutes les fois qu'elle le juge nécessaire et donne son avis. Les opérations doivent être déterminées dans le délai de dix jours, après quoi le procès-verbal est adressé par le sous-préfet au préfet. Si les opérations n'avaient pas été mises à fin dans le délai, le sous-préfet, dans les trois jours qui suivent son expiration, devrait transmettre au préfet « *le procès-verbal et les documents recueillis.* » Il ne s'agit pas ici du procès-verbal de la commission, puisqu'elle n'a pas terminé ses opérations. Au moins ce procès-verbal ne serait-il qu'un acte incomplet. La loi a voulu parler d'un procès-verbal dressé par le sous-préfet et indiquant l'état auquel ont été conduites les opérations (art. 9).

Si la commission approuve le projet d'expropriation tel qu'il a été déposé dans le plan déposé à la mairie, l'instruction est terminée. Mais il pourrait se faire qu'elle fût d'avis d'y apporter quelques modifications. En ce cas le sous-préfet donnerait aux intéressés un nouvel avertissement collectif, dans la forme prescrite par l'art. 6, c'est-à-dire au moyen de publications, affiches et insertions dans les journaux. Cet avis est le point de départ d'un nouveau délai de huit jours pendant lequel le procès-verbal et les pièces sont déposés au secrétariat de la sous-préfecture. Les propriétaires intéressés peuvent en prendre communication et fournir leurs observations. Dans les trois jours qui suivent, le sous-préfet transmet les pièces à la préfecture (art. 10). Si la commission pense qu'il y a lieu d'adopter le tracé proposé par les ingénieurs, « le préfet détermine

« par un arrêté les propriétés qui doivent être cédées, et « indique l'époque à laquelle il sera nécessaire d'en pren- « dre possession. » Que si, au contraire, la commission est d'avis de modifier le plan du tracé que proposent les ingénieurs, le préfet doit surseoir jusqu'à ce qu'il ait été prononcé par l'administration supérieure. L'administration supérieure pourra, suivant les circonstances, ou statuer définitivement ou ordonner qu'il sera procédé de nouveau à tout ou partie des formalités prescrites (art. 11).

L'arrêté de cessibilité doit indiquer les noms des propriétaires tels qu'ils sont portés sur la matrice cadastrale [1]. Quoique l'art. 11 ne l'exige pas formellement, cette proposition résulte de ce que le jugement d'expropriation, d'après l'art. 14, ordonne la cession des terrains désignés dans l'arrêté du préfet et qu'en vertu de l'art. 15 extrait de ce jugement est notifié aux propriétaires. Or ces dispositions impliquent que le jugement énonce les propriétaires, la nature et la contenance des parcelles. — La loi veut que l'arrêté soit motivé et qu'il vise le procès-verbal ainsi que les documents y annexés, c'est-à-dire qu'il constate l'accomplissement des formalités prescrites par les art. 5, 6, 7, 8 et 10.

L'arrêté de cessibilité peut-il être attaqué par la voie contentieuse? Il y avait dans l'art. 11 de la loi du 7 juillet 1833 un paragraphe final d'après lequel l'arrêté de cessibilité était qualifié de « décision définitive et sans recours au « Conseil d'État. » Cette disposition n'a pas été reproduite dans l'article correspondant de la nouvelle loi. Les législateurs de 1841 trouvèrent qu'il y avait des inconvénients à ce que l'administration fût liée par le caractère définitif de

[1] Lorsque la propriété de l'immeuble à exproprier est contestée, l'administration ne pouvait pas être obligée d'attendre la fin du débat. Elle aurait été obligée de suspendre les travaux pendant longtemps et de sacrifier l'utilité publique. Aussi la loi permet-elle d'exproprier sur le propriétaire porté au cadastre. Les contestations auront pour objet, après l'expropriation, l'attribution de l'indemnité.

l'arrêté de cessibilité. Ils voulurent, au contraire, qu'elle pût revenir sur sa première détermination et, mieux éclairée, adopter un autre tracé en remplissant à nouveau les formalités nécessaires. Le changement a donc été fait seulement pour indiquer, par une nouvelle rédaction, que l'expropriant conservait sa liberté d'action même après la désignation des parcelles à céder [1].

La réunion de la commission, conformément aux art. 8, 9 et 10, suppose qu'il s'agit de travaux intéressant plusieurs communes et dont l'étendue demande un examen qui porte sur l'ensemble. Ces formalités n'auraient donc pas leur raison d'être dans le cas où l'entreprise serait limitée à une seule commune. Même quand plusieurs communes seraient intéressées, il n'y aurait pas lieu à réunir la commission pour les ouvertures et redressements de chemins vicinaux. « En ce cas, dit l'art. 12, le procès-verbal prescrit par « l'art. 7 est transmis, avec l'avis du conseil municipal, par « le maire au sous-préfet qui l'adressera au préfet avec ses « observations. — Le préfet *en conseil de préfecture*, sur « le vu de ce procès-verbal, et *sauf l'approbation de l'administration supérieure*, prononcera comme il est dit en « l'article précédent. »

L'avis du conseil municipal remplacera l'examen de la commission d'enquête; le conseil ne doit, comme la commission, donner son avis qu'après l'expiration du délai de huit jours. L'avis serait irrégulier s'il était donné prématurément [1]. La loi veut aussi que le préfet rende son arrêté en conseil de préfecture; ces formes sont substantielles. Si le préfet prononçait sans avis du conseil municipal ou en dehors du conseil de préfecture, il y aurait violation des formes, ce qui donnerait ouverture au recours pour excès de pouvoirs.

[1] Delalleau et Jousselin, n° 128; Dufour, *Exprop.*, n° 36; Delamarre et de Peyronny, p. 150, n° 172. L'arrêté de cessabilité peut être attaqué pour excès de pouvoir. Arr. C. d'Ét. du 13 février 1874 (*André et Champetier*).

[2] C. cass., arr. du 30 avril 1845 (*Desplats*).

DU JUGEMENT D'EXPROPRIATION ET DE LA CESSION AMIABLE.

Jugement d'expropriation. — A défaut de traité amiable, le préfet transmet au procureur de la République, près le tribunal dans le ressort duquel les biens sont situés, le décret qui déclare l'utilité publique avec l'arrêté de cessibilité.

Dans les trois jours, et sur la production des pièces constatant les formalités prescrites par l'art. 2 du titre Ier et par le titre II, le tribunal, sur la réquisition du procureur impérial, prononce l'expropriation des terrains ou bâtiments désignés dans l'arrêté du préfet. Ainsi se réalise la disposition par laquelle s'ouvre la loi du 3 mai 1841 : « L'expropriation n'a lieu que par autorité de justice. » Le tribunal n'est pas chargé d'examiner si l'entreprise a ou non le caractère d'utilité publique, si la dépense est opportune ou ne l'est pas ; cette question, essentiellement administrative, a été définitivement vidée par le décret. Les juges ont à rechercher seulement si les formalités sont remplies et si l'administration s'est, pour décider de l'utilité publique, entourée des moyens d'instruction qui, d'après la loi, forment la garantie des particuliers. Si ces formes ont été observées, le tribunal prononce l'expropriation [1].

Le jugement a pour effet de transférer à l'expropriant la propriété de l'immeuble. Comment cette proposition se concilie-t-elle avec le principe que l'expropriation n'a lieu que moyennant une *préalable indemnité ?* L'expropriation

[1] Que doit vérifier le tribunal ? 1° Le décret déclarant l'utilité publique ; 2° le dépôt du plan parcellaire pendant huit jours à la mairie ; 3° la publication et l'affiche de ce plan, conformément à l'art. 6 ; 4° l'ouverture par le maire, pendant le temps voulu, d'un procès-verbal destiné à recevoir la déclaration des intéressés ; 5° la constitution, la réunion, le mode et la durée des opérations de la commission déterminées par les art. 8 et 9 ; la publication et l'affiche des modifications proposées par la commission, et le dépôt pendant huit jours, à la sous-préfecture, du procès-verbal de la commission et des pièces ; 7° la décision, dans ce cas, de l'administration supérieure ; 8° l'arrêté du préfet désignant les propriétés à céder.

ne fait que transférer la propriété, mais laisse le propriétaire en possession jusqu'à ce que l'indemnité ait été payée. C'est donc la dépossession qui ne peut avoir lieu que moyennant une *préalable indemnité*, et la translation de propriété, au contraire, résulte immédiatement du jugement qui ordonne l'expropriation. Ce jugement n'a pas seulement pour conséquence de faire passer la propriété de l'exproprié à l'expropriant; il anéantit aussi les droits réels sur l'immeuble, tels que les servitudes, les droits d'usufruit, d'usage et d'habitation. Il résout les baux immédiatement et *ipso jure*, et les titulaires de ces droits, tant réels que personnels, ne peuvent plus que débattre l'indemnité qui leur est due, suivant les règles que nous exposerons plus loin (art. 18 de la loi du 3 mai 1841).

Le jugement d'expropriation opérant translation de propriété[1], il en résulte :

1° Que l'exproprié n'a plus qu'un droit personnel de créance garanti par la possession ;

2° Que si la chose, par exemple un bâtiment, vient à périr, la perte est à la charge de l'expropriant qui n'en devra pas moins l'indemnité (*res perit domino*) ;

3° Que l'exproprié est, après le jugement, incapable de conférer sur l'immeuble aucun droit réel, et qu'il peut seulement céder, en tout ou en partie, son droit à l'indemnité.

L'administration pourrait-elle, renonçant au bénéfice du jugement, forcer l'exproprié à reprendre sa chose, ou bien celui-ci a-t-il le droit d'exiger que l'expropriation soit définitive ? Il serait vraiment extraordinaire et injuste que le propriétaire fût laissé dans l'incertitude, qu'après l'avoir contraint par jugement à céder son bien, on pût exercer

[1] Plusieurs écrivains ont, à tort, dit que le jugement avait pour effet de faire entrer dans le *domaine public* les immeubles expropriés. C'est avec raison que M. Ducrocq (*Traité des ventes domaniales*, p. 140) a critiqué cette locution. On exproprie pour des constructions d'utilité publique qui n'appartiennent pas au domaine public.

sur lui une contrainte en sens inverse. Le mal ne serait pas grand s'il n'y avait pour lui qu'une contrariété à supporter; mais il pourrait se faire que l'exproprié eût, après le jugement, contracté lui-même des engagements en vue de remplacer la propriété qui lui est enlevée ; que, par exemple, il eût acheté une maison pour employer les sommes provenant de l'indemnité. Serait-il équitable de lui imposer la charge de deux propriétés après lui avoir suggéré l'idée d'en acquérir une nouvelle qu'il ne pourra peut-être pas payer s'il ne reçoit pas l'indemnité de la première? Le jugement consomme donc la translation de propriété d'une manière définitive tant à l'égard de l'exproprié qu'à l'égard de l'expropriant[1].

De ce que l'exproprié, nonobstant le jugement, conserve la possession jusqu'au payement résultent plusieurs conséquences :

1° Il perçoit les fruits comme possesseur de bonne foi, car sa possession est reconnue par la loi. D'ailleurs il ne serait pas juste que n'ayant pas reçu l'indemnité et perdant les intérêts de la somme, il fût aussi privé des fruits ;

2° Il a toutes les actions possessoires pour faire respecter sa possession ;

3° La possession n'est pas atteinte par le jugement et, par conséquent, en se continuant elle lui fait acquérir la prescription qui n'était pas achevée avant le jugement[2].

D'après l'art. 15 de la loi du 3 mai 1841, le jugement d'expropriation est publié et affiché par extrait dans la commune de la situation des biens, en suivant la forme prescrite par l'art. 6. Il est en outre inséré dans l'un des jour-

[1] Cette solution a été adoptée par la jurisprudence; C. cass., arr. du 28 mai 1845 (*Barberon*) et 11 juillet 1859 (*Bernardin*). En ce sens : Favart de Langlade, *Rép.*, v° *Expropriation*, n° 7, Delamarre et de Peyronny, p. 184, n° 208, et Daffry de la Monnoye, n° 23, p. 82. — Mais *contrà*, Cotelle, 2° édit., t. III, p. 487.

[2] La prescription lui fera définitivement acquérir le droit à indemnité, et lui permettra d'écarter les actions en réclamation auxquelles il serait exposé, conformément à l'art. 18.

naux publiés dans l'arrondissement ou, s'il n'en existe pas, dans l'un de ceux du département. Cet extrait contenant les noms des propriétaires, le motif et le dispositif du jugement, est, indépendamment de l'avertissement collectif, notifié au domicile élu dans l'arrondissement; car les propriétaires doivent faire une élection dans l'arrondissement par une déclaration à la mairie de la commune où les biens sont situés. Si, contrairement aux prescriptions de la loi, cette élection de domicile n'avait pas eu lieu, la notification de l'extrait du jugement serait faite en double copie au maire et au fermier, locataire, gardien ou régisseur de la propriété. Ainsi la loi exige une double notification : 1° un avertissement collectif; 2° une signification individuelle aux propriétaires. Quelle est la raison de ces formalités géminées? La première a pour but de prévenir toutes les parties intéressées à la fixation de l'indemnité, afin que, si elles n'étaient pas désignées par le propriétaire, elles pussent spontanément intervenir. Quant à la seconde, elle est le point de départ du délai de huitaine dans lequel, d'après l'art. 21, le propriétaire est obligé de faire connaître certaines personnes intéressées. On voit par l'énumération de cet article que l'exproprié n'est pas tenu de désigner tous les intéressés, mais seulement quelques-uns. Ceux qui ne sont pas compris dans cette énumération peuvent intervenir sur l'avertissement collectif qui leur est donné par la publication, l'affiche et l'insertion de l'extrait du jugement. A plus forte raison les parties qui sont énumérées dans l'art. 21 pourraient-elles agir d'après l'avertissement collectif, dans le cas où le propriétaire aurait négligé de les indiquer spécialement à l'expropriant.

Après la double notification de l'extrait que prescrit l'art. 15, le jugement doit immédiatement être transcrit au bureau des hypothèques de l'arrondissement, conformément à l'art. 2181 C. Nap. (art. 16). Au moment où fut faite la loi du 3 mai 1841, la transcription n'était pas exigée pour les jugements. En général les jugements sont déclaratifs;

Aussi ne rentraient-ils pas dans la catégorie des actes de nature à être transcrits. Le jugement d'expropriation, au contraire, était attributif de propriété, et il était naturel qu'on l'assimilât à un acte de vente. C'est pour cela que l'art. 16 a prescrit la transcription conformément à l'art. 2181, renvoi qui caractérise bien l'assimilation du jugement à un contrat d'acquisition.

Cette transcription était, d'après l'art. 17, le point de départ d'un délai de quinzaine pendant lequel les créanciers pouvaient faire inscrire leurs hypothèques ou leurs priviléges. C'était l'application au cas spécial de l'expropriation pour cause d'utilité publique de la règle générale écrite dans les art. 834 et 835 du Code de procédure civile. A défaut d'inscription dans ce délai, l'immeuble était purgé de tous priviléges et hypothèques; la loi réservait seulement « les droits des femmes, des mineurs ou interdits sur le « montant de l'indemnité tant qu'elle n'a pas été payée ou « que l'ordre n'avait pas été réglé définitivement entre les « créanciers. » Cette réserve ne concernait donc que les incapables ayant une hypothèque légale, non les créanciers ordinaires. Il en résultait que, pour ces derniers, le défaut d'inscription avant l'expiration du délai de quinzaine à partir de la transcription emportait l'extinction radicale de l'hypothèque, tant pour le droit de préférence que pour le droit de suite, tandis qu'à l'égard des incapables, le droit de préférence survivait au droit de suite [1].

La loi du 23 mars 1855, sur la transcription, a fait naître deux questions qui ont été et sont encore controversées. En exigeant la transcription des jugements en général et subordonnant à cette formalité la translation de la propriété immobilière à l'égard des tiers, la loi de 1855 a-t-elle modifié le système spécial de la loi de 1841 ? La transcription du jugement d'expropriation est-elle aujourd'hui

[1] L'inscription d'office conformément à l'art. 2108 n'est pas obligatoire pour le conservateur qui fait la transcription. C. cass., arr. des 13 janvier 1847 et 5 avril 1854. Daffry de la Monnoye, n° 2, p. 97.

la cause efficiente du transfert de propriété, ou bien cet effet est-il toujours produit par le jugement lui-même? La seconde difficulté est de savoir si, en abrogeant les art. 834 et 835 du C. de proc. civ., la loi du 23 mars 1855 a par cela même supprimé l'art. 17 de la loi du 3 mai 1841, article qui n'était qu'une application des articles abrogés.

1re *Question.* — Le jugement d'expropriation est-il toujours, et indépendamment de la transcription, translatif de propriété?

Une règle élémentaire de l'interprétation juridique dit que les dispositions générales n'emportent pas abrogation des dispositions spéciales. *Speciei per genus non derogatur.* Or la loi de 1841 est spéciale par rapport à celle du 23 mars 1855, et l'application de cette maxime fait ici d'autant moins de doute que, dans la discussion de la loi sur la transcription, on ne rencontre pas même une allusion à la loi sur l'expropriation. Que d'inconvénients d'ailleurs aurait, en cette matière, l'application du droit commun! Si entre le jugement et la transcription l'exproprié vendait l'immeuble, l'expropriation devrait être recommencée sur la tête du nouvel acquéreur. Il est impossible d'admettre que le législateur ait voulu, en quelque sorte par hasard, introduire dans la matière qui nous occupe une complication si peu compatible avec une bonne administration. Une pareille innovation aurait au moins été formellement exprimée si le

[1] M. Cabantous, professeur de droit administratif à la Faculté d'Aix, a soutenu (*Revue critique*, t. VII, p. 92) qu'il n'y avait pas incompatibilité entre les deux lois. Celle du 23 mars 1855 n'exige la transcription que pour les *jugements d'adjudication.* Or le jugement qui prononce l'expropriation n'est pas un jugement d'adjudication, c'est-à-dire sur enchères. Il est vrai que, d'après l'art. 1er de la loi, la transcription est exigée par tous les *actes entre-vifs translatifs de propriété*, mais cette expression générique n'a jamais été entendue des jugements en général, ni conséquemment des jugements d'expropriation en particulier. Cette argumentation est bien littérale, et d'ailleurs elle laisserait subsister la question entière dans le cas où il y aurait *cession amiable*, laquelle est, quant à ses effets, assimilée au jugement. La cession amiable, en effet, rentrerait incontestablement dans la catégorie des actes entre-vifs.

législateur avait eu l'intention de l'adopter [1]. Ainsi après le jugement, et quoique la transcription n'ait pas encore été faite, l'exproprié ne pourra consentir ni baux, ni servitudes, ni droits réels, hypothèques ou autres. S'il en était autrement, on tomberait dans les résultats les plus singuliers. L'exproprié aurait le droit de constituer de nouvelles servitudes lorsque les anciennes sont éteintes par le jugement, et de faire de nouveaux baux alors que les anciens sont anéantis [1].

2e *Question.* — L'art. 17 de la loi de 1841 est-il atteint par la disposition de la loi de 1855 qui abroge les art. 834 et 835 C. proc. civ.?

Si nous admettions le système d'après lequel l'expropriant ne serait propriétaire qu'en vertu de la transcription, il serait logique de décider que le délai de quinzaine accordé par l'art. 17 a été abrogé par la loi de 1855. En effet, cette loi a fait l'application du principe que l'inscription est tardive lorsqu'elle est faite sur un immeuble dont la propriété a été transférée. Or, la translation étant consommée à l'égard des tiers par la transcription, il était naturel que la loi ne permît plus l'inscription postérieurement à la transcription. C'était un retour au système consacré par la loi de brumaire an VII, système qui, 1° exigeait la transcription pour transférer la propriété des immeubles à l'égard des tiers, et 2° n'autorisait les inscriptions des créanciers hypothécaires que jusqu'à la transcription. Le Code Napoléon ayant admis que la propriété serait transférée, même à l'égard des tiers, par le simple consentement (art. 1138 C. Nap.), on trouva qu'il était injuste d'arrêter les inscriptions par un acte en quelque sorte secret, ou qui du moins pouvait l'être. C'est pour cela que le Code de procédure accorda un délai de quinzaine après la transcription pour inscrire les hypothèques qui avaient été consenties antérieurement à la vente. Il était naturel qu'en revenant à la translation par la trans-

[1] Daffry de la Monnoye sur l'art. 17, n° 2, p. 99.

cription, le législateur arrêtât les inscriptions au moment de la transcription; mais cette disposition suppose que c'est par cette formalité seulement que la propriété est transférée. Or nous venons de décider que dans la matière de l'expropriation c'est le jugement et non la transcription qui attribue *ergà omnes* la propriété à l'expropriant. La transcription n'a jamais été, d'après la loi de 1841 que la première formalité de la purge et précisément le point de départ du délai de quinzaine. Puisqu'elle ne transfère pas la propriété, il n'y a plus aucune raison pour appliquer à notre matière la loi de 1855. La loi de 1841 est spéciale, et dans le cas où elle ordonnait la transcription, c'était pour commencer la purge et faire courir le délai de quinzaine. Mais, objecte-t-on, le délai de quinzaine que fixe l'art. 17 n'a rien de spécial; ce n'est qu'une application du délai général accordée par l'art. 834 du Code de proc. civ. En abrogeant cet article, la loi nouvelle supprime donc ses applications particulières, et l'interprétation juridique peut le décider ainsi sans se mettre en contradiction avec la maxime: *Speciei per genus non derogatur*. Ce raisonnement serait probant si la transcription prescrite par la loi de 1841 avait le même caractère que la transcription faite en vertu de la loi du 23 mars 1855. Mais elles diffèrent profondément; car l'une est une formalité préparatoire de la purge, tandis que l'autre est translative de propriété à l'égard des tiers. Il y a donc impossibilité à conclure de l'une à l'autre, et quoi qu'on puisse dire, l'art. 17 demeure une disposition exceptionnelle[1].

[1] M. Flandin, *Traité de la transcription*, nos 598 et suiv., décide que la propriété est toujours attribuée à l'expropriant par le jugement en vertu de la loi de 1841; mais que les délais de l'art. 17 ont été supprimés par la disposition de la loi de 1855 qui abroge les art. 834 et 835 du C. de proc. civ. Le système que nous avons adopté est conforme à l'opinion qu'a émise le rapporteur au Sénat, M. de Casabianca : « MM. les commissaires du gouvernement, y est-il dit, ont déclaré qu'il n'était nullement dérogé à la loi du 3 mai 1841 sur l'expropriation pour cause d'utilité publique; qu'ainsi les délais accordés par cette loi aux parties intéressées étaient intégralement maintenus. » V. aussi une instruction du directeur de l'enregistrement du

Nous avons, à plusieurs reprises, parlé du droit de suite et du droit de préférence des créanciers hypothécaires. Mais en quoi peut consister le droit de suite à l'égard d'un expropriant pour cause d'utilité publique? Comment ce droit sera-t-il purgé? Evidemment un créancier n'a pas le pouvoir de requérir la mise aux enchères de l'immeuble exproprié. Un pareil exercice de son droit serait inconciliable avec le but de l'expropriation. Mais de même que, d'après le droit commun, les créanciers peuvent requérir la mise aux enchères pour fixer la vraie valeur du bien hypothéqué, ainsi en cas d'expropriation les créanciers inscrits peuvent intervenir pour surveiller la fixation de l'indemnité[1]. Non inscrits, ils ne pourraient que concourir sur l'indemnité au *prorata*, et le montant en serait fixé, en dehors d'eux, par le débat entre l'expropriant et l'exproprié. Si l'indemnité avait été fixée à l'amiable, les créanciers inscrits auraient le droit d'exiger qu'elle fût arbitrée par le jury (art. 17, paragraphe dernier). Cette réquisition tendant à la convocation d'un jury remplace la surenchère en cas de vente amiable.

Le jugement d'expropriation aurait, d'après le droit commun, été susceptible d'opposition et d'appel; mais la faculté d'appeler aurait entraîné des lenteurs préjudiciables à l'intérêt général. Afin d'abréger, l'art. 20 de la loi du 3 mai 1841 a disposé que le jugement ne pourrait être attaqué que par le recours en cassation. Encore a-t-il limité le pourvoi au cas « *d'incompétence*, *d'excès de pouvoir* et *de vices de forme.* » Cependant cette limitation est plus apparente que réelle; car, sous cette forme restrictive, on comprend la *violation de la loi*, c'est-à-dire la formule générale des cas où la Cour suprême est compétente pour casser[2].

15 novembre 1856, n° 2086. Dans le même sens Delamarre et de Peyronny, p. 211, n° 247, et Daffry de la Monnoye, p. 100. — Mais *contrà* Delalleau et Jousselin, t. I, n° 292.

[1] Daffry de la Monnoye, n° 5, p. 101.

[2] C. cass., arr. des 28 janvier 1834 (*Dumarest*), 6 janvier 1836 (*Gaullieur-Lhardy*), 14 mars 1842 (*Jayle*).

Qui a qualité pour former le pourvoi en cassation ? Toute personne qui a un droit propre. Ainsi le locataire serait, selon nous, recevable à se pourvoir, parce qu'ayant un droit propre, il ne peut pas être considéré comme ayant été représenté par le propriétaire [2]. Tous ceux auxquels ce jugement peut être opposé sont recevables à l'attaquer quoiqu'ils n'aient pas été parties au débat; car la tierce opposition, qui leur serait ouverte par le droit commun, étant exclue par l'art. 20 de la loi, le pourvoi en cassation [3], qui est seul maintenu, ne peut pas être refusé aux intéressés qui sont privés des voies de recours de droit commun.

L'expropriant a aussi le droit de se pourvoir en cassation. Si c'est l'État qui exproprie, l'action sera suivie par le préfet qui représente le domaine; il en serait de même si l'expropriation était poursuivie par le département que le préfet représente aussi comme personne morale. Au nom d'une commune expropriante, le pourvoi serait formé par le maire et, s'il s'agissait des villes de Paris ou de Lyon, par les préfets de la Seine et du Rhône qui sont maires en même temps que préfets. Si les travaux avaient été concédés à des compagnies ou particuliers, la subrogation aux droits de l'expropriant ferait passer la qualité pour se pourvoir sur la tête des concessionnaires (art. 63 de la loi du 3 mai 1841).

L'art. 20 a créé une forme spéciale pour l'introduction du pourvoi. Au lieu d'être formé par requête d'un avocat déposée au greffe de la Cour de cassation, il l'est par une

[1] La Cour de cassation a décidé le contraire par arrêt du 9 août 1854 (*Jaconnet*).

[2] V. MM. Delamarre et de Peyronny, p. 224, n° 265.

[3] Le délai est de trois jours francs (loi du 1er frimaire an II). On ne comptera pas le jour de la notification du jugement, et le délai n'expirera qu'à la fin du troisième jour à minuit. La loi dit, en effet, que le pourvoi sera formé « *dans les trois jours à partir de la notification du jugement.* »

déclaration dans les trois jours [1], au greffe du tribunal qui a rendu le jugement. La loi n'ajoute pas qu'elle doive être accompagnée de l'énonciation des moyens; elle n'exige qu'une simple déclaration de pourvoi. En tout cas, le greffier est tenu de recevoir cette mention dans les termes où elle est faite, et c'est à la Cour de cassation seulement qu'appartiendra le jugement de la régularité.

Après qu'il a été formé par déclaration au greffe, le pourvoi doit être notifié dans la huitaine à la partie, c'est-à-dire à l'exproprié. Remarquons ici que la loi fixe un double délai de huitaine : 1° l'un pour la notification du jugement d'expropriation; 2° l'autre pour la notification du pourvoi en cassation. Ce n'est pas le même délai, puisque le point de départ n'est pas identique dans les deux cas. Dans le premier, le délai court à partir du moment où le jugement d'expropriation a été rendu, et dans le second à partir de la déclaration au greffe.

La notification du pourvoi dans la huitaine est de rigueur, et son omission emporterait déchéance [1].

Aucune dérogation n'a été faite au principe d'après lequel le pourvoi n'est pas suspensif en matière civile [2]. L'administration pourrait donc poursuivre l'expropriation nonobstant le pourvoi dirigé contre le jugement. Le pourvoi est jugé directement par la chambre civile, sans passer à la chambre des requêtes. La loi veut que la Cour de cassation prononce dans le délai d'un mois.

Quelle sera la conséquence de l'arrêt, si la cassation est prononcée? En règle générale les parties sont, après cassation, renvoyées devant un tribunal du même ordre que celui dont la décision a été cassée, pour être statué au fond. Il en est de même en cas d'expropriation pour cause d'utilité publique. Le tribunal de renvoi examine de nouveau l'affaire et, après avoir fait les vérifications dont parle

[1] C. cass., arr. du 26 janvier 1841 (*Charnay*).
[2] Loi des 27 novembre-1er décembre 1790, art. 16.

l'art. 14, prononce ou refuse l'expropriation suivant que les formalités exigées par la loi lui paraissent ou non avoir été remplies. S'il ordonne l'expropriation, le tribunal de renvoi commettra un juge pour diriger le jury ; mais il désignera comme directeur un membre du tribunal de l'arrondissement où les biens sont situés, non un de ses membres. La loi veut en effet que l'indemnité soit fixée par un jury pris sur une liste dressée pour l'arrondissement de la situation. Or le principe que les juridictions sont territoriales ne permettrait pas que le juge d'un tribunal allât présider un jury siégeant dans un autre arrondissement, ni que le jury se déplaçât pour siéger sous la présidence d'un membre du tribunal de renvoi [1].

Cession amiable. — Si le propriétaire consentait à la cession, le tribunal, au lieu de rendre un jugement d'expropriation, donnerait acte du consentement et nommerait le magistrat directeur, mais dans le cas seulement où l'expropriant et l'exproprié ne seraient pas d'accord sur le montant de l'indemnité.

Le tribunal doit-il donner acte de la cession amiable sans vérifier si les formalités dont parle l'art. 14 ont été remplies ? D'après l'esprit et le texte de la loi, cette vérification n'est faite par le tribunal qu'au point de vue de la propriété privée, et pour assurer qu'elle a été entourée des garanties que la loi a voulu lui accorder. Or lorsque le propriétaire consent à l'expropriation, le tribunal n'a plus à rechercher si les formalités ont été observées. Aucune violence n'est faite au propriétaire et, par conséquent, il n'y a pas à vérifier d'office si les garanties lui ont manqué ou non. Est-ce à dire que l'administration est dispensée de se conformer à l'art. 2 du titre Ier et au titre II de la loi du 4 mai 1841 ? Evidemment non, puisque ces règles ont été prescrites dans un intérêt général ; mais le tribunal civil n'intervient pas ici pour assurer que l'intérêt général n'est

[1] C. cass., arr. du 10 avril 1849 (*Azum*), 21 mars 1855 (*Passeron*).

point sacrifié. Son rôle est borné à la protection des droits privés, et la vérification qu'il était chargé de faire n'était, pour ainsi dire, qu'accessoire et à l'occasion de la garantie des propriétaires. Ces derniers étant désintéressés, comme le prouve la cession amiable, le tribunal n'a qu'à donner acte de la convention.

Le jugement qui donne acte de la cession amiable doit-il être notifié? Il semble inutile de faire signifier la convention à une partie qui ne peut pas l'ignorer, puisqu'elle l'a faite. Cependant, comme la notification fait courir le délai du pourvoi en cassation et que le pourvoi pourrait, à la rigueur, être formé contre le jugement qui donne acte de la cession, la notification de ce jugement ne serait pas dépourvue de toute utilité.

Les observations précédentes sont faites pour le cas où la cession amiable est consentie par un propriétaire ayant une pleine capacité pour traiter. Mais la loi a prévu aussi le cas où l'expropriation atteindrait des propriétés appartenant à des incapables ou à des personnes dont la capacité est restreinte par des dispositions particulières. Elle a voulu spécialement faciliter les conventions amiables en simplifiant les formalités auxquelles est soumise l'aliénation des immeubles appartenant à ces personnes (art. 13). Des facilités semblables ont été accordées pour le règlement amiable de l'indemnité avec les mêmes personnes (art. 25 et 26).

D'après le droit commun, la vente des biens des mineurs et interdits ne peut être faite qu'aux enchères publiques, en vertu d'un délibération du conseil de famille homologuée par le tribunal. Comme en cas d'expropriation l'expropriant est acquéreur unique, la vente aux enchères est évidemment impraticable. La loi, pour abréger, n'a même pas exigé la délibération du conseil de famille; elle a décidé que la cession pourrait être consentie par le tuteur avec « *l'autorisation* du tribunal donnée sur simple requête [1] en

[1] La requête doit être signée par un avoué. Circulaire du ministre des travaux publics du 7 septembre 1856 rapportant celle du 22 juillet 1843.

la chambre du conseil, le ministère public entendu. » Du mot *autorisation*, qu'emploie l'article, au lieu du mot *homologation*, il faut conclure que la délibération du conseil de famille n'est pas exigée. La loi ne distingue pas entre les mineurs émancipés et ceux qui ne le sont pas ; car au point de vue de l'aliénation des biens immeubles, il n'y a aucune différence à faire entre ces deux catégories de personnes. Quant aux interdits, ils sont assimilés aux mineurs non-seulement par l'art. 13 de notre loi, mais aussi par la loi générale (art. 509 C. civ.).

L'art. 13 parle des *absents,* sans distinguer précisément toutes les périodes de l'absence. Il donne à l'envoyé en possession provisoire le droit de consentir à la cession avec l'autorisation du tribunal ; mais sa disposition est muette sur la présomption d'abscence et sur l'envoi en possession définitive. Ce silence s'explique. L'envoyé en possession définitive a le droit d'aliéner en vertu du droit commun (art. 132 C. civ.), et quant à la période de présomption, la loi ne permet de faire même des actes d'administration qu'avec l'autorisation du Tribunal (art. 112 C. civ.). Quant à l'expropriation de la propriété, nous concluons du silence de la loi de 1841 que le jugement serait indispensable.

Après avoir parlé nominativement des mineurs, des interdits et des absents, la loi ajoute cette désignation générale : « *et tous autres incapables.* » Quelles personnes se trouvent comprises sous cette locution ? En première ligne, la femme mariée dont l'art. 1124 C. civ. traite en même temps que des mineurs et des interdits.

La personne qui est pourvue d'un conseil judiciaire pourrait céder avec l'assistance de ce conseil et, en cas de refus, avec l'autorisation du tribunal.

Quant aux aliénés qui sont placés dans un établissement conformément à la loi du 30 juin 1838, ils rentrent, selon

La loi n'a pas dérogé au droit commun sur ce point ; il y a donc lieu de l'appliquer.

nous, dans l'expression générique d'incapables qu'emploie l'art. 13 de la loi de 1841. L'*administrateur provisoire* qui est chargé de leurs intérêts pourra conséquemment traiter à l'amiable avec l'autorisation du tribunal. L'art. 33 de la loi du 30 juin 1838 exige, à la vérité, qu'on nomme un mandataire spécial pour intenter les actions immobilières; mais c'est une disposition particulière aux actions en justice et on ne peut pas l'étendre à la matière des conventions. Or l'administrateur provisoire des biens de l'aliéné est le représentant d'un incapable; il a donc, d'après l'art. 13, le pouvoir d'aliéner avec l'autorisation du tribunal.

Les biens qui font partie de majorats rentrent aussi dans l'art. 13 en vertu d'un paragraphe qui est formel. Ils peuvent être cédés amiablement par le titulaire avec l'autorisation du tribunal. En ce cas, comme dans tous ceux qui précèdent, le tribunal, en accordant l'autorisation, ordonne les mesures de remploi qui lui paraîtront nécessaires pour sauvegarder les intérêts placés sous sa protection.

L'art. 13 a facilité aussi la cession amiable par les personnes morales, l'État, les départements, les communes et les établissements publics. Si un immeuble domanial est nécessaire pour un travail d'utilité publique entrepris par l'État, on suivra les formes exigées pour le changement d'affectation des biens domaniaux. Mais il pourrait se faire qu'un bien domanial fût nécessaire pour l'exécution de travaux départementaux ou communaux, soit même pour des travaux exécutés par des concessionnaires. « Le ministre des finances peut consentir à l'aliénation des biens de l'État. »

Dans les mêmes cas, les préfets peuvent aliéner les biens des départements, lorsqu'ils y sont autorisés par délibération du conseil général. Si les travaux étaient entrepris par le département, ce serait un changement d'affectation que le conseil général pourrait ordonner (L. du 18 juillet 1866, art. 1er, n° 4 et art. 46 de la loi du 10 août 1871), à moins qu'il ne s'agît de déclasser les hôtels de préfecture et de sous-préfecture, et des locaux affectés aux cours et tribunaux, au casernement de la gendarmerie et aux prisons.

Si l'immeuble à exproprier appartient à une commune ou à un établissement public, « les maires ou administra-« teurs pourront aliéner, s'ils y sont autorisés par délibé-« ration du conseil municipal ou du conseil d'administration, « approuvée par le préfet en conseil de préfecture. » Si l'établissement public est un hospice, l'action, comme la délibération, appartient à la *commission administrative*. C'est donc par la commission administrative, sous l'approbation du préfet en conseil de préfecture, que la cession amiable sera consentie.

Lorsque l'expropriation atteint un immeuble grevé de substitution (art. 1048 et suiv. C. civ.), elle est poursuivie sur le grevé ; mais l'argent est employé de manière à sauvegarder les droits de l'appelé.

Le tribunal pourrait-il, dans les cas d'incapacité que nous venons de parcourir, autoriser l'abandon sans indemnité à l'administration expropriante ? Si l'entreprise d'utilité publique ne pouvait se faire qu'à la condition de cession gratuite par les intéressés, le tribunal permettrait un acte de bonne gestion en sanctionnant ce traité qui procurera de grands avantages à l'expropriant pour le transport de ses produits. Qu'importe que l'incapable ne reçoive pas le prix d'un lopin de terre s'il est rédimé de ce sacrifice par les avantages qui donneront de la plus-value à son fonds ? Au reste il ne faut pas considérer l'abandon sans indemnité comme un acte à titre gratuit, soumis au régime des donations. Cet abandon ne serait donc ni révocable pour survenance d'enfants, ni rapportable, ni réductible. Il a été consenti pour ouvrir une route, et cette condition, sans laquelle on ne l'aurait pas fait, lui donne le caractère d'un acte à titre onéreux.

Parmi les intéressés qui sont touchés par l'expropriation, les uns exercent sur l'indemnité accordée au propriétaire le droit qu'ils avaient sur l'immeuble, et les autres peuvent réclamer une indemnité spéciale. A la première catégorie appartiennent l'usufruitier et ceux qui ont des actions en revendication ou en résolution à faire valoir. L'usufruitier aura la jouissance de l'indemnité, et les demandeurs en revendication ou résolution se feront adjuger le capital; leur droit sera transformé, quant à son objet, par l'expropriation pour cause d'utilité publique, et reporté de la parcelle immobillière sur la somme d'argent qui la remplace (art. 18 de la loi du 3 mai 1841). Mais cette substitution n'est possible qu'autant qu'il s'agit d'un ayant droit à la pleine propriété ou au moins à la jouissance entière. Il en est autrement des parties qui ont à réclamer pour des servitudes, des droits d'usage et d'habitation, des fermages ou loyers; aussi les titulaires de ces droits reçoivent-ils une indemnité spéciale; ils composent la deuxième catégorie que nous avons distinguée. — Les usufruitiers, les demandeurs en revendication et les créanciers sont intéressés à ce que l'indemnité du propriétaire soit aussi élevée que possible, et la loi veut qu'ils soient mis en mesure de la débattre concurremment avec le propriétaire. Quant aux usagers, propriétaires de fonds dominants, fermiers ou locataires, ils sont appelés à discuter *principaliter* l'indemnité spéciale qui leur est due [1].

L'administration est donc obligée d'appeler les uns à l'expropriation et d'exproprier spécialement les autres. Mais comment connaîtra-t-elle ces divers intéressés? L'art. 21 de la loi du 3 mai 1841 oblige le propriétaire exproprié à « *appeler et faire connaître à l'administration,* » dans la huitaine qui suit la notification du jugement d'expropriation, les fermiers, locataires, ceux qui ont des droits d'usufruit, d'habitation ou d'usage, « *tels qu'ils sont réglés par le Code civil,* » et ceux qui peuvent réclamer des servitudes « *résultant des titres mêmes du propriétaire ou d'autres actes dans lesquels il serait intervenu.* » S'il négligeait

[1] C. cass., arr. des 16 mars et 23 mai 1864.

de faire connaître ses intéressés, il demeurerait chargé à leur égard de l'indemnité, et l'administration expropriante serait libérée [1].

Le propriétaire n'est pas tenu de faire connaître tous les usagers, mais seulement ceux dont les droits sont réglés par le Code civil. Ainsi les dépaissances, droits d'affouage et autres usages régis par le Code forestier ne sont pas compris dans la révélation que le propriétaire doit faire d'après l'art. 21, et leurs titulaires ne peuvent qu'intervenir spontanément pour demander une indemnité spéciale. Quant aux servitudes, le propriétaire n'est obligé de les révéler que si elles résultent du titre d'acquisition ou d'actes auxquels le propriétaire a personnellement pris part; car il n'a pas pu ignorer ces servitudes, tandis qu'il pourrait ne pas connaître celles qui sont constituées par des titres anciens. En ce qui concerne les servitudes légales, l'administration les connaîtra aussi facilement que l'exproprié, et, pour cette raison, ce dernier n'est pas obligé de les porter spécialement à la connaissance de l'expropriant.

Si l'exproprié négligeait de remplir l'obligation qui lui est imposée par l'art. 21 de la loi du 3 mai 1841, il demeurerait seul chargé de l'indemnité envers ces ayants droit qui pourraient l'actionner en conséquence devant les tribunaux civils. Quant « *aux autres intéressés* » qui doivent se présenter spontanément, s'ils négligeaient de le faire ils seraient « *déchus de tous droits à l'indemnité.* » La loi ne dit pas qu'ils seront déchus de tout droit à indemnité seulement envers l'État le texte est absolu, et porte purement et simplement : « *faute de quoi ils seront déchus de tout droit à indemnité.* »

Ils ne pourront donc pas agir contre le propriétaire pour obtenir l'indemnité qu'ils n'ont plus le droit de demander

[1] Le propriétaire qui aurait négligé de faire connaître ces personnes serait responsable de l'indemnité alors même que l'ayant droit serait intervenu spontanément, si son intervention était rejetée comme tardive. — C. cass., ch. req., arr. du 24 avril 1866.

à l'État. Le propriétaire, en effet, n'a aucun tort à se reprocher et ce sont les intéressés qui ont commis la faute de ne pas se faire connaître : *Vigilantibus jura subveniunt.*

Quelles sont les parties que désigne l'art. 21 par cette expression générique « *et autres personnes intéressées*[1] ? » Ce sont : 1° le véritable propriétaire de l'immeuble[1] ; car l'expropriation est poursuivie sur les noms inscrits à la matrice cadastrale, et l'exproprié, qui se croit le véritable propriétaire, ne peut pas être obligé de faire connaître celui qui a des prétentions sur le fonds, d'autant que ces prétentions peuvent être ignorées de lui ; 2° ceux qui ont à exercer des actions réelles ; 3° les créanciers hypothécaires ; 4° les sous-locataires ; 5° ceux qui réclament ou des servitudes légales ou des servitudes établies par le fait de l'homme, mais ne résultant pas des titres de propriété ou d'actes auxquels le propriétaire lui-même aurait concouru ; 6° les usagers dont le droit ne serait pas fondé sur les dispositions du Code civil ; 7° ceux qui ont sur l'immeuble des droits résultant de certains contrats usités seulement dans quelques localités, tels que le bail à rente, le bail à locatairie perpétuelle, la bail à rente colongère, le bail à convenant ou rente congéable, l'emphytéose, le bail à longues années, le bail à vie, le bail à complant, le champart, terrage ou agrier ; 8° les cautions des dettes garanties par l'immeuble exproprié, afin d'écarter le recours en obtenant la fixation d'une indemnité assez élevée pour payer les créanciers ; 9° les intéressés que l'exproprié est obligé de faire connaître. S'il négligeait de se conformer à l'art. 21, ces intéressés pourraient spontanément se présenter.

Le locataire principal est-il tenu de faire connaître les

[1] Ces personnes doivent intervenir dans le délai de huitaine. Après ce délai elles ne seraient pas recevables à intervenir devant le jury. C. cass., arr. du 27 juin 1864.

[2] C. cass., ch. civ., arr. du 15 mars 1865. L'expropriation et le règlement d'indemnité doivent être poursuivis contre le véritable propriétaire lorsqu'il s'est fait connaître à temps. C. cass., ch. civ., arr. des 2 juillet 1861 et 13 décembre 1865.

sous-locataires à l'administration, à peine de rester chargé de l'indemnité à leur égard? Le locataire ne reçoit pas, comme le propriétaire exproprié, une notification individuelle du jugement d'expropriation; il n'est averti, comme les sous-locataires eux-mêmes peuvent l'être, que par l'avertissement collectif donné dans la forme déterminée par l'art. 6 de la loi de 1841. Il n'est donc pas grevé des mêmes obligations que le propriétaire, ne recevant pas le même avertissement.

L'administration fait notifier au propriétaire[1] et aux intéressés qui auront été désignés, ou qui seront intervenus conformément à l'art. 21, les sommes qu'elle offre pour indemnité. Ces offres sont en outre affichées et publiées, dans la forme déterminée par l'art. 6 (article 23 de la loi de 1841).

Il est d'usage dans la pratique qu'on n'offre qu'une somme unique sans la décomposer suivant les divers chefs d'indemnité. C'est aussi en demandant une somme unique que l'exproprié répond lorsqu'il n'accepte pas les offres de l'administration. Mais devant le jury l'indemnité est discutée dans ses divers éléments. Quels sont les différents chefs de dommages qui peuvent servir de base aux réclamations des intéressés? Ce sont: 1° la valeur intrinsèque des terrains pris par l'administration; 2° la moins-value de ce qui restera, la valeur de chaque partie tenant dans beaucoup de cas à celle de l'ensemble; 3° la privation des fruits et récoltes; 4° le remboursement des frais à faire pour rétablir les communications et clôtures; 5° le remboursement des frais de significations ordonnées par la loi; 6° le payement des frais de remplacement[2]. Cette énumération

[1] Lorsque les biens expropriés appartiennent par indivis à plusieurs propriétaires, l'expropriation et le règlement de l'indemnité doivent être poursuivis contre tous les copropriétaires. Il y aurait nullité si on ne les avait poursuivis qu'à l'égard de quelques-uns. C. cass., ch. civ., 26 novembre 1862, 16 mai 1866 et 3 juin 1867.

[2] J'emprunte cette énumération à MM. Delamarre et de Peyronny, p. 256, n° 299.

implique qu'il s'agit d'offres à faire à un propriétaire de terrains ou de bâtiments.

S'il s'agissait d'un locataire, il lui serait dû indemnité : 1° pour les frais de déménagement et d'emménagement ; 2° pour l'augmentation de loyer qu'il sera obligé de subir pendant les années de bail qui restent à courir ; 3° pour le préjudice industriel que lui fera éprouver le déplacement de son industrie, dans le cas où il serait impossible de conserver l'établissement dans le même quartier.

Les offres sont faites au domicile élu dans l'arrondissement où les biens sont situés (art. 15), par un huissier ou par un agent de l'administration dont les procès-verbaux font foi en justice (art. 57) ; elles sont fixées par arrêté du préfet (ord. du 18 septembre 1833, art. 1), et ne sont pas réelles. Il n'est pas, en d'autres termes, nécessaire que l'agent soit porteur des espèces, ni même d'un mandat de la somme offerte [1].

Dans la quinzaine qui suit la notification des offres, l'exproprié doit faire connaître ou son acceptation ou le montant de ses prétentions. S'il accepte les offres, tout est terminé, et il y a contrat parfait. Chacun des intéressés, au reste, est maître de sa détermination, et nul n'est lié par celle d'un autre. Ainsi l'usufruitier peut réclamer la fixation de l'indemnité par le jury, quoique le propriétaire ait accepté les offres de l'administration. Comment cette situation sera-t-elle réglée alors que l'indemnité doit être unique ? Supposons que le propriétaire ait accepté les offres de l'administration s'élevant à 50,000 fr. et que l'usufruitier ait obtenu une indemnité de 75,000 fr. Ce dernier aura droit à la jouissance de la somme de 75,000 fr. ; mais, à l'extinction, l'expropriant ne laissera au propriétaire que 50,000 fr. et reprendra les 25,000 fr.

[1] Nous pensons que l'irrégularité des offres serait couverte par le débat devant le jury, et que ce moyen ne pourrait pas être invoqué pour la première fois devant la Cour de cassation. C. cass., arr. du 15 mai 1855 (*Bonardi du Ménil*).

dont l'usufruitier avait temporairement eu la jouissance.

Que décider si l'exproprié ne fait pas connaître son acceptation ou son refus dans le délai de quinzaine? Il ne sera pas pour cela déchu du droit de discuter l'indemnité devant le jury; son silence équivaut à un refus, et, pour ne s'être pas conformé aux prescriptions de la loi, il est obligé seulement de payer les frais (art. 40 § 4). On comprend aisément pourquoi il est condamné aux frais; en ne faisant pas connaître ses prétentions que l'administration aurait de son côté pu accepter, il a rendu l'action nécessaire[1].

L'acceptation des offres présente des difficultés particulières dans le cas où l'expropriation atteint des incapables. Comme pour la translation de propriété, le législateur a facilité le traité amiable sur l'indemnité. D'après l'art. 25, les personnes qui représentent les incapables peuvent valablement accepter les offres, si elles y sont autorisées dans les formes prescrites par l'art. 13, c'est-à-dire par les tribunaux de l'arrondissement où les immeubles sont situés. Cet article désigne expressément « *les femmes mariées sous « le régime dotal assistées de leurs maris*. » Pourquoi cette mention spéciale ? C'est que sous les régimes autres que le régime dotal, les femmes assistées de leurs maris ont, pour accepter, une pleine capacité, et qu'elles n'ont pas besoin de l'autorisation exigée par l'art. 13. Au contraire, l'inaliénabilité des biens dotaux serait un obstacle à l'acceptation des offres par la femme même assistée de son mari, et c'est pour cela que l'autorisation du tribunal est exigée.

De même les représentants des personnes morales, mi-

[1] C. cass., arr. du 16 août 1854 (*Jouard*). L'administration peut modifier ses offres jusqu'au dernier moment, même à l'audience devant le jury. Mais à ces modifications, tant que l'objet exproprié n'est pas changé, ne s'applique pas le délai de quinzaine. Il en serait autrement s'il y avait un changement à l'objet de l'expropriation. C. cass., arr. du 12 mars 1856 (*Ardoin*).

nistre des finances, préfets, maires et administrateurs, peuvent accepter les offres dans les formes et avec les autorisations prescrites par l'art. 13 (art. 28). Il nous suffira donc de renvoyer aux explications que nous avons données sur cette disposition. Les formalités spéciales qui sont exigées dans le cas où la partie intéressée est incapable font que le délai de quinzaine est insuffisant. Aussi l'art. 27 l'a-t-il, pour ce cas, porté à un mois.

Après le délai de quinzaine (ou d'un mois), l'administration cite les intéressés non acceptants devant de jury pour procéder au règlement de l'indemnité [1].

Le jury est choisi sur une liste que dresse le conseil général dans sa session annuelle et par arrondissement de sous-préfecture. A cet effet, le conseil général désigne 36 personnes au moins et 72 au plus ayant leur domicile réel dans l'arrondissement. Le nombre de ces personnes est de 600 pour le département de la Seine (art. 29 *in fine*) et de 200 pour l'arrondissement de Lyon (L. du 22 juin 1854). A Paris, il n'y a qu'une seule liste de jurés, de même qu'il n'y a qu'un seul tribunal pour le département de la Seine. Mais dans le département du Rhône, il y a autant de tribunaux que d'arrondissements, et c'est pour cela que le nombre de 200 jurés n'a été fixé exceptionnellement que pour l'arrondissement de Lyon. La compétence du jury est territoriale. Ainsi, lorsque les biens expropriés s'étendent sur plusieurs arrondissements, il faut convoquer autant de jurys, et il y aurait irrégularité si l'on faisait fixer l'indemnité totale par le jury de l'arrondissement où est située la partie principale des immeubles.

D'après l'art. 29 de la loi du 3 mai 1841, le conseil général désignait « *tant sur la liste des électeurs que sur la deuxième partie de la liste du jury.* » Aujourd'hui cette seconde partie de la liste du jury a été supprimée, et la liste

[1] MM. Delamarre et de Peyronny soutiennent que les délais de quinzaine ou d'un mois, qui sont déterminés par les art. 24 et 27 de la loi du 3 mai 1841, sont d'ordre public (p. 272, n° 327).

des électeurs a été beaucoup étendue par l'établissement du suffrage universel. Le conseil général n'a donc plus à vérifier que deux choses : 1° l'inscription sur la liste des électeurs, et 2° le domicile réel dans l'arrondissement.

La liste du conseil général est dressée annuellement. Par conséquent, les pouvoirs des jurys expirent à la fin de l'année, et, à moins que les opérations ne fussent commencées, un jury ne pourrait pas siéger après le terme légal assigné à sa juridiction.

Les jurés d'expropriation ne sont pas, comme les jurés en matière criminelle, désignés par voie de tirage au sort, mais choisis par la première chambre de la Cour, dans les départements où siége une Cour, et dans les autres départements par la première chambre du tribunal du chef-lieu judiciaire [1]. Pendant les vacances, la désignation est faite par la chambre des vacations, les affaires d'expropriation étant urgentes. La désignation a lieu en chambre du conseil. Pour quel motif la loi a-t-elle préferé le choix au tirage au sort ? C'est que les affaires sont fort diverses, et qu'il était conforme aux intérêts de la justice d'approprier les aptitudes des jurés à la nature des affaires. Autrement le sort aveugle aurait souvent désigné les personnes qui convenaient le moins pour apprécier les chefs d'indemnité.

La première chambre de la Cour ou du tribunal désigne, sur la liste dressée par le conseil général, seize personnes qui formeront le jury spécial, et en outre quatre jurés supplémentaires. « Ne peuvent être choisis : 1° les propriétaires, fermiers, locataires de terrains et bâtiments désignés en l'arrêté du préfet, pris en vertu de l'art. 11, et qui restent à acquérir ; 2° les créanciers ayant inscription sur lesdits immeubles ; 3° tous autres intéressés désignés ou

[1] MM. Delamarre et de Peyronny trouvent dans ce choix une raison pour dire que le jury d'expropriation n'est pas un véritable jury (p. 275, n° 329). Cette observation implique que le tirage au sort est de l'essence du jury ; mais cette proposition n'est pas démontrée.

intervenant en vertu des art. 21 et 22 [1]. — Les septuagénaires seront dispensés, s'ils le requièrent, des fonctions de juré » (art. 30).

Pour mettre le tribunal à même de faire son choix, le préfet doit transmettre au procureur de la République ou, suivant les cas, au procureur général les pièces suivantes : 1° la liste dressée par le conseil général ; 2° un extrait du jugement d'expropriation ; 3° la liste des noms de tous les intéressés au règlement de l'indemnité, avec les pièces à l'appui. Cette dernière indication servira surtout à faire connaître la nature des affaires, afin que le choix des jurés puisse être approprié aux questions à débattre. Si le préfet n'était pas tenu de faire connaître à la Cour ou au tribunal l'état des affaires à juger, autant aurait valu s'en rapporter au tirage au sort pour désigner le jury spécial.

La liste des seize jurés et des quatre jurés supplémentaires est transmise par le préfet au sous-préfet, qui, après s'être concerté avec le magistrat directeur du jury, convoque les jurés et les parties en indiquant, au moins huit jours à l'avance, le lieu et le jour de la réunion. La notification aux parties leur fait connaître les noms des jurés (art. 31). Ce délai est accordé afin que les jurés prennent leurs dispositions pour siéger le jour qui leur est indiqué, et que les parties puissent, en demandant des renseignements, éclairer l'exercice de leur droit de récusation. Aussi la notification aux parties doit-elle porter les noms des jurés. Quant à la forme de la convocation, elle est faite par un huissier ou par un agent de l'administration dont les procès-verbaux font foi en justice (art. 57). Elle est faite : pour les jurés à leur personne ou à leur domicile ainsi qu'à celui du maire ou de l'adjoint (art. 389 C. instr.

[1] Il n'y aurait pas nullité parce qu'on aurait compris dans le jury un membre du conseil municipal de la commune expropriante ou le plus imposé des habitants. Il n'y aurait pas davantage nullité si le magistrat directeur était membre du conseil municipal de la commune expropriante. C. cass., arr. des 2 décembre 1863 et 12 janvier 1864.

crim.) et pour les parties, au domicile élu conformément à l'art. 15 de la loi du 3 mai 1841.

Les jurés doivent être convoqués comme les parties; mais le vice de forme qui entacherait leur convocation serait couvert par la comparution, les parties n'éprouvant plus aucun préjudice du moment que les jurés se sont présentés pour siéger [1].

Tout juré qui, sans motifs légitimes, ne se présente pas à l'une des séances, est passible d'une amende de 100 fr. à 300 fr. Elle est prononcée par le magistrat directeur. Ce magistrat est aussi compétent pour statuer en dernier ressort sur l'opposition du juré condamné. Il prononce ensuite sur les empêchements que les jurés proposent et sur les exclusions ou incompatibilités dont les causes ne seraient connues que postérieurement à la désignation faite en vertu de l'art. 30 (art. 32). Quels sont les motifs légitimes que les jurés peuvent invoquer pour faire opposition à l'ordonnance qui prononce l'amende? Aucune prescription n'a été faite par la loi sur ce point. Aussi faut-il décider que le magistrat directeur a un pouvoir d'appréciation. Il a le même pouvoir pour les causes d'exclusion ou d'incompatibilité. Ainsi quoique la loi n'ait pas mis la parenté, même très-rapprochée, au nombre des causes d'exclusion ou d'incompatibilité, le directeur pourrait exclure un juré qui serait frère de l'exproprié [2].

Les jurés rayés de la liste par suite des empêchements, exclusions ou incompatibilités admis par le magistrat directeur, sont immédiatement remplacés par les jurés supplémentaires que le magistrat directeur appelle dans l'ordre de leur inscription. Si le nombre des exclusions, incompatibilités ou empêchements était supérieur à celui des jurés supplémentaires, le directeur compléterait le jury en prenant sur la liste générale dressée pour l'arrondissement

[1] C. cass., arr. du 30 avril 1839 (*commune de Cogolin*) et 27 mars 1845 (*Thinières*).

[2] C. cass., arr. du 30 mai 1845 (*Manoury*).

(art. 33). Il est évident, d'après le texte de cet article, que les jurés supplémentaires ne sont appelés qu'à défaut de jurés titulaires et suivant l'ordre de leur inscription. Il y aurait donc nullité et cassation pour composition irrégulière du jury si l'on appelait à siéger des jurés supplémentaires, alors qu'il y avait un nombre suffisant de jurés titulaires non exclus et non récusés [1].

Le magistrat directeur est assisté d'un commis greffier qui appelle successivement les causes sur lesquelles le jury doit statuer et tient procès-verbal de la séance. Lors de l'appel, l'administration peut exercer deux récusations péremptoires; la partie adverse a le même droit. Lorsque plusieurs intéressés figurent dans une affaire, ils doivent s'entendre pour faire les récusations et, à défaut d'accord, le sort détermine celui qui exercera la récusation. Si la récusation est épuisée des deux côtés, les personnes qui restent forment le jury. Si elle n'est pas exercée ou si elle ne l'est que partiellement, le magistrat directeur procède à la réduction des jurés au nombre de douze en retranchant les derniers noms inscrits sur la liste (art. 34) [2].

Le jury spécial n'est constitué que lorsque les douze jurés sont présents (art. 35); mais si la présence de douze jurés est nécessaire pour constituer le jury, elle n'est pas exigée jusqu'à la fin, et la délibération est prise valablement pourvu que neuf jurés concourent à la prendre. Ainsi, lorsque, pendant le cours des débats, des causes d'empêchement ou d'excuse viennent à se produire, le magistrat directeur peut les admettre sans que la régularité des opérations ait à en souffrir; mais la sentence ne serait pas valable si, par suite des empêchements ou excuses, le nombre des jurés avait été reduit au-dessous de neuf [3].

[1] C. cass., arr. des 16 août 1856 (*Maridet*); 20 août 1856 (*chemin de fer de l'Est*) et 11 juillet 1859 (*Molinié*).

[2] La récusation peut être exercée sur un deuxième appel opéré à la demande des parties et sans opposition de l'autre. C. cass., ch. civ., arr. du 17 janvier 1866 (*Gaget*).

[3] C. cass., arr. des 3 mai 1841 (*Chamecin*). Cet arrêt rendu sous la loi du

L'art. 36 ajoute que « le jury une fois constitué, chaque juré prête serment de remplir ses fonctions avec impartialité. » Du texte de ces deux articles combinés, il résulte que le jury n'est pas constitué par la prestation de serment mais que sa constitution est antérieure au serment. Par conséquent dès que la liste est arrêtée, si des empêchements surviennent, il n'y aura pas lieu de remplacer les jurés empêchés ou excusables, alors même que ces faits nouveaux seraient antérieurs à la prestation du serment [1]. Le serment doit être prêté par chaque juré et pour chaque affaire. Il n'y a pas de formule sacramentelle, et le serment sera valablement prêté pourvu que la pensée de l'art. 36 soit remplie. La preuve de la prestation du serment doit être contenue dans le procès-verbal de l'audience. C'est une des formalités substantielles auxquelles s'applique la règle de : *Non esse et non apparere sunt unum et idem.* Aucune opération ne peut avoir lieu avant la prestation du serment, à peine de nullité de la décision si les débats ou une partie avaient eu lieu préalablement. Il y aurait spécialement nullité si le serment avait été prêté après les débats et seulement au moment où les jurés sont entrés dans la salle de leurs délibérations [2].

Le magistrat directeur met sous les yeux du jury : 1° le

7 juillet 1833 a été confirmé par des arrêts postérieurs des 23 août 1854 (*Jacomet*) ; 24 avril 1855 (*Falcoux*) ; 20 août 1856 (*Baumelin*) ; 25 mai 1859 (*Cartier*) ; 16 avril 1862 et 11 janvier 1865 (*Ménet et Masson*).

[1] MM. Delamarre et de Peyronny pensent que le texte de la loi doit être corrigé par son esprit : « Avant le serment, disent-ils, ils ne sont que des « jurés désignés ; c'est par le serment qu'ils sont investis de leur caractère « légal et par conséquent constitués. » V. dans le sens énoncé au texte, C. cass., arr. du 16 janvier 1844 (*Cottin*) et MM. Delalleau et Jousselin, n° 545. — Le serment doit être prêté à peine de nullité. C. cass., ch. civ., arr. des 30 mai et 21 juin 1865. — La visite des lieux faite par les jurés avant le serment n'entraîne pas la nullité si elle est purement officieuse. Mais elle donnerait lieu à cassation s'il apparaissait que cette visite avait un caractère officiel. C. cass., arr. des 30 mars 1863 ; 8 décembre 1863 ; 2 février, 23 mars, 23 mai et 30 mai 1864.

[2] C. cass., arr. du 28 avril 1854 (*préfet de l'Eure*). — Arr. du 26 août 1863.

tableau des offres et demandes notifiées en exécution des art. 23 et 24 ; 2° les plans parcellaires[1] et les titres ou autres documents produits par les parties à l'appui de leurs offres et demandes. — Les parties ou leurs fondés de pouvoirs *peuvent présenter sommairement leurs observations.* Le ministère des avoués et des avocats n'est pas obligatoire, comme en matière civile ordinaire. Aussi la loi admet-elle les parties elles-mêmes ou leurs fondés de pouvoirs à présenter des observations sommaires. Cette formule a même été employée à dessein pour signifier que devant le jury il ne doit pas être fait, à proprement parler, de plaidoirie, mais seulement donné de courtes explications. — Le jury peut entendre toutes les personnes qu'il croira pouvoir l'éclairer et se transporter sur les lieux, ou déléguer à cet effet un ou plusieurs de ses membres[2]. Le transport pourrait même avoir lieu après la clôture des débats ; car rien dans la loi ne s'oppose à ce que cette mesure d'instruction soit prise à ce moment, et il suffit qu'elle précède le jugement[3]. Le jury pourrait également, après avoir décidé qu'il se transporterait sur les lieux, déléguer quelques-uns de ses membres pour la descente[4]. La discussion est publique ; elle peut être continuée à une autre séance (art. 37).

En disant expressément que les jurés ont la faculté d'entendre toutes les personnes qu'ils croiront pouvoir les éclai-

[1] La remise du plan parcellaire n'est pas nécessaire lorsque la propriété étant cédée à l'amiable par le propriétaire, l'expropriation est poursuivie seulement contre le locataire. C. cass., ch. civ., arr. du 11 avril 1866 (*Blondin*).

[2] Lorsque les jurés se transportent sur les lieux, les parties ou leurs avoués peuvent s'y rendre pour faire leurs observations sur place. Les usages du barreau, à Paris, ne permettent pas que les avocats assistent à la descente.

[3] La Cour de cassation a cassé par le motif que, le jury ayant manifesté l'intention de se transporter de nouveau sur le terrain, le magistrat directeur avait fait remarquer que la descente ne pouvait pas avoir lieu après la clôture, observation qui avait entraîné l'abstention du jury. C. cass., arr. du 13 août 1866.

[4] C. cass., ch. civ., arr. du 8 mai 1865.

rer et aussi faire la visite des lieux, la loi nous paraît avoir limi les mesures d'instruction qui pourront être ordonnées. Nous ne pensons donc pas que le jury pût faire procéder soit à une expertise, soit à une enquête, ces formes étant exclusives de la célérité que demande l'expropriation.

La clôture de l'instruction est prononcée par le magistrat directeur du jury. Les jurés se retirent immédiatement dans la salle de leurs délibérations pour délibérer, sans désemparer, sous la présidence de l'un d'eux qu'ils désignent à l'instant même [1]. Ainsi le président n'est pas, comme en matière criminelle, désigné par le sort, mais par le choix des jurés. — Le montant de l'indemnité est fixé à la pluralité des voix, et, en cas de partage, la voix du président est prépondérante (art. 38). La loi n'oblige pas le magistrat directeur à poser des questions, mais elle ne l'interdit pas. Le silence du législateur, sur ce point, a même été calculé afin de laisser au magistrat toute latitude de poser des questions ou non, suivant le besoin des circonstances [2]. En matière criminelle, des dispositions exigent expressément que la décision du jury soit prise au scrutin secret (loi du 9 juin 1853); mais la loi du 3 mai 1841 ne contient aucune prescription semblable, et, par conséquent, le jury peut voter par oui ou par non, par assis et levé, en levant les mains. Il faut que la délibération soit secrète à l'égard du public et à l'égard du magistrat

[1] La délibération des jurés doit être secrète. Ils pourraient délibérer dans la salle où l'audience publique a été tenue, mais à condition : 1° que le public aurait évacué la salle ; 2° que le magistrat directeur lui-même se serait retiré. — Les jurés délibèrent sans désemparer et sans communiquer avec l'extérieur. Ils ne peuvent vaquer à aucune autre affaire ; mais cette interdiction ne s'oppose pas à ce qu'ils interrompent la délibération, soit pendant la nuit pour prendre du repos, soit pendant le jour pour prendre un repas en commun.

[2] L'intention des rédacteurs de la loi est bien établie par les travaux préparatoires. La rédaction adoptée par la Chambre des pairs obligeait le magistrat directeur à poser des questions et le jury à y répondre. Mais la Chambre des députés supprima cette partie de l'article en vue de laisser au magistrat une entière latitude à cet égard. Deuxième rapport de M. Daru à la Chambre des pairs (*Moniteur* du 20 avril 1841, p. 1043).

directeur, mais aucun article n'ordonne en outre qu'elle soit secrète pour les jurés eux-mêmes les uns envers les autres.

L'indemnité doit être fixée en argent, et il y aurait nullité si le jury attribuait à l'exproprié, fût-ce seulement pour partie, des emplacements, des matériaux ou autres équivalents en nature, alors même que ces emplacements ou matériaux pourraient être livrés avant la prise de possession, c'est-à-dire à titre d'indemnité préalable [1]. Pour fixer une semblable réparation, il faudrait que les expropriés l'acceptassent. Il n'est pas rare, par exemple, de voir que les expropriés consentent à compter en déduction de l'indemnité des travaux que l'expropriant s'engage à exécuter. Mais, à défaut de consentement de la partie, il y aurait violation de l'art. 38 de la loi du 3 mai 1841 et de l'art. 545 C. civ. [2].

Le jury ne peut pas dépasser la demande de l'exproprié ni rester au-dessous des sommes offertes par l'expropriant. Sous ce rapport, la loi du 3 mai 1841 a fait une innovation importante ; car, d'après celle du 7 juillet 1833, le jury avait le droit de fixer d'office une indemnité, suivant son appréciation, sans se tenir dans les limites de l'offre faite par l'administration et des prétentions élevées par l'exproprié. On est rentré dans le droit commun en obligeant le juge à rester dans la mesure qu'établissent les conclusions des parties (art. 39, § *ult.*).

Les parties peuvent-elles modifier leurs conclusions, ou bien faut-il considérer comme immuables les offres et les demandes notifiées en vertu des art. 23 et 24 ? — D'après le droit commun, les conclusions peuvent être modifiées jusqu'au jour de l'audience, et il n'existe dans la loi spéciale aucune disposition qui ait dérogé au principe général [3].

[1] C. cass., arr. du 31 mai 1864.

[2] C. cass., ch. civ., arr. du 29 janvier 1865 (*Renault c. chemin de fer des Deux-Charentes*). V. aussi ch. civ., arr. des 7 février et 3 avril 1865.

[3] C. cass., arr. du 13 mai 1846 (*Turcat*).

Le jury fixe à titre d'indemnité une somme unique; mais dans sa formation entrent tous les éléments, ordinairement multiples, de la perte éprouvée par l'exproprié. Si le propriétaire exerce une industrie dans sa propre maison, faudra-t-il diviser l'indemnité en deux parties, dont l'une correspondrait à la propriété et l'autre à l'industrie? La jurisprudence de la Cour de cassation décide qu'il doit être fixé deux indemnités, parce que si les deux qualités appartenaient à des personnes différentes, on procéderait à la fixation de deux sommes. A cette raison on peut ajouter que le jury est choisi en vue de la nature des affaires, qu'on ne le compose pas quand il s'agit d'apprécier la valeur d'une industrie comme s'il y avait lieu à évaluer une propriété immobilière, et que la bonne justice demande la division des deux éléments [1]. Nous croyons qu'il faut décider le contraire, car la loi du 3 mai 1841 ne reconnaît aux locataires de droit à une indemnité spéciale que dans le cas où ils occupent la maison d'autrui. Celui qui est installé dans ses propres bâtiments, n'est pas locataire puisqu'on ne peut pas louer sa propre chose; il n'a qu'une qualité (celle de propriétaire), et ne peut prétendre conséquemment à indemnité que d'un seul chef, sauf à joindre l'évaluation de l'industrie à la valeur de la propriété. Quant à la composition du jury, la Cour ou le tribunal, connaissant la nature mixte de l'affaire, choisiront les juges en conséquence, en ayant soin de mêler les propriétaires et les industriels.

Le jury est incompétent pour les dommages résultant de *l'exécution des travaux*, alors même que ce préjudice pourrait être prévu; ainsi que nous l'avons décidé plus haut, c'est au Conseil de préfecture qu'appartient l'appréciation de cette question. Mais le dommage qui résulte *directement de l'expropriation* elle-même, avant que les travaux ne soient exécutés, est au nombre des élément

[1] C. cass., arr. du 22 mai 1865.

qui doivent entrer dans la détermination de l'indemnité [1].

Le jury est seulement chargé de fixer le montant de l'indemnité ; toutes les contestations qui peuvent s'élever sur l'attribution de l'indemnité ne rentrent pas dans sa compétence. On ne peut cependant pas appliquer à cette juridiction la règle des questions préjudicielles et du sursis en attendant que ces difficultés soient vidées ; car le jury est un tribunal temporaire qui n'a pas, comme la justice permanente, le moyen de surseoir et d'attendre la décision des juges compétents. Il faut donc que l'indemnité soit réglée par le jury définitivement et, en cas de contestations, qu'il fixe plusieurs sommes alternativement. Les tribunaux prononceront ensuite sur les questions de savoir à qui doit être attribuée l'indemnité et quelle est celle des sommes hypothétiquement déterminées qui sera exigible [2]. Ainsi une contestation sur la contenance donne lieu à la fixation d'une indemnité hypothétique [3]. Mais le jury n'est pas obligé de fixer d'office des indemnités hypothétiques ; il n'y est tenu que si les parties prennent formellement des conclusions à cet effet.

Le chiffre de l'offre et celui de la demande ont de l'importance à un double point de vue. Premièrement, d'après l'art. 39 le jury ne doit ni excéder la demande de l'exproprié ni descendre au-dessous des offres de l'administration. C'est une application du principe de droit commun que les tribunaux ne peuvent pas prononcer *ultrà petita* [4].

[1] C. cass., ch. civ., du 23 juin 1863 (*syndicat de la Mare*).

[2] M. Renouard avait proposé de terminer en ces termes l'art. 39 : « Et, « s'il y a lieu, le jury établit hypothétiquement des indemnités correspon- « dantes à l'éventualité des décisions à intervenir sur les points contestés « entre les parties. » L'amendement fut repoussé, *mais comme inutile*, sur les observations de M. Dufaure, rapporteur à la Chambre des députés (Duvergier, *Collection des lois*, 1841, p. 159).

[3] C. cass., ch. civ., arr. du 13 décembre 1865 (*Duplessis-Ollivaut*).

[4] Le jury accorderait une indemnité *ultrà petita* s'il allouait à l'exproprié toute la somme demandée par lui, et en outre des matériaux. C. cass., arr. des 4 mars, 29 avril et 26 mai 1844. Il y aurait également décision *ultrà petita* si l'exproprié ayant fait une demande fondée sur deux chefs, le jury

2° En ce qui concerne le payement des frais, on considère la relation entre l'indemnité allouée et les prétentions des parties. D'après l'art. 40, si la somme accordée est égale à l'offre de l'administration, l'exproprié est condamné aux dépens; car il succombe (art. 130, C. proc. civ.). Lorsqu'elle est égale à la demande de l'exproprié, l'administration est, par le même motif, condamnée aux frais. Si le jury, ce qui est le cas le plus ordinaire, se tient entre les deux, les frais sont compensés dans la proportion de l'indemnité avec l'offre ou la demande ; l'exproprié qui n'a pas fait connaître sa demande dans la quinzaine qui suit la notification des offres est condamné aux dépens, quelle que soit l'indemnité allouée (art. 40, § *ult.*). Cependant cette disposition rigoureuse n'atteindrait pas les incapables dont les représentants auraient négligé de se conformer aux prescriptions de la loi sur ce point.

La décision du jury est signée par tous ceux qui ont concouru à la rendre. Elle est ensuite remise par le président au magistrat qui la signe et la rend exécutoire. La loi ne dit pas qu'elle doive être lue en audience publique ; une mention expresse était inutile, car cette formalité est une conséquence du principe de la publicité, principe qui est applicable à la matière de l'expropriation. — C'est l'ordonnance du magistrat directeur qui envoie l'expropriant en possession ; mais cet ordre est subordonné au payement de l'indemnité ou, en cas de litige, à sa consignation. C'est aussi le magistrat directeur qui condamne les parties aux frais, conformément à l'art. 40, et qui taxe les dépens (art. 41).

Comme en matière criminelle, la déclaration du jury est souveraine et inattaquable; mais de même que les con-

allouait la somme entière pour l'un des chefs, en réservant les droits sur l'autre. — C. cass., ch. civ., arr. du 8 février 1865 (*Maigre c. ville de Paris*). L'indemnité ne doit pas dépasser les offres de l'administration si l'exproprié n'a signifié aucune demande avant la réunion du jury et n'en a pas formé à l'audience. C. cass., ch. civ., arr. du 15 mai 1866 (*Chemin de fer de Lyon c. Jullian*).

damnés ont le droit de se pourvoir contre l'arrêt rendu par la Cour d'assises en conséquence de la déclaration, de même les parties peuvent se pourvoir en cassation contre l'ordonnance du magistrat directeur. L'art. 42 cependant n'ouvre pas d'une manière générale la faculté de se pourvoir. Il énumère les articles dont la violation est une cause d'ouverture au recours. Ce sont les articles 30, § 1er, 31, 34, §§ 2 et 4, 35, 36, 37, 38, 39 et 40. Quelle est la portée de cet article ? Ces dispositions sont-elles véritablement les seules sur lesquelles un pourvoi en cassation puisse être appuyé ? D'abord il est à remarquer que, parmi les articles énumérés, il en est (notamment l'art. 37) qui renvoient à d'autres articles non compris dans l'énumération. Les articles auxquels nous sommes renvoyés font corps avec ceux qui contiennent le renvoi et la violation des premiers, tout aussi bien que celle des seconds serait une cause de cassation. Ce n'est pas tout : l'art. 42 ne s'occupe que des dispositions écrites dans la loi de 1841, et limite celles qui pourront servir de base à un recours en cassation. Toutes les fois, par conséquent, qu'on s'appuiera sur une loi autre que celle de 1841, l'énumération limitative de l'art. 42 ne sera pas applicable. Il y a plus : l'art. 42 doit être restreint aux formalités prescrites par le chapitre II du titre IV de la loi du 3 mai 1841. On pourrait donc se pourvoir pour violation des articles qui suivent. Nous trouverons en effet dans le chapitre III du titre IV des dispositions bien autrement importantes que celles qu'énumère l'art. 42. Il est impossible que le législateur ait admis le pourvoi dans les cas prévus par l'art. 42, tandis qu'il aurait exclu les recours fondés sur la violation des dispositions qui suivent [1].

Si la cassation est prononcée, les parties sont renvoyées

[1] Le pourvoi est formé dans la quinzaine à partir de la décision et dans la forme prescrite en matière de pourvoi contre le jugement d'expropriation, c'est-à-dire par une déclaration au greffe, suivie d'une notification (art. 42, § *ult.*, combiné avec l'art. 20). Après la clôture de la session, les minutes

devant un autre jury qui est choisi parmi les jurés du même arrondissement. Cependant la Cour de cassation a le pouvoir, si les circonstances l'exigent, de renvoyer devant un jury pris dans un autre arrondissement, alors même que cet arrondissement appartiendrait à un autre département. En ce cas, le nouveau magistrat directeur devra être choisi dans le tribunal de l'arrondissement où le renvoi est ordonné ; car le principe de la territorialité des juridictions s'oppose à ce que le magistrat préside un jury hors de son ressort.

Il pourrait se faire que l'exécution des travaux procurât une plus-value au restant de la propriété. D'après l'art. 51 de la loi du 3 mai 1841, cette plus-value sera prise en considération pour la fixation de l'indemnité. Mais, pour que cette espèce de compensation ait lieu, il faut qu'il s'agisse d'une plus-value *directe et immédiate*. Ainsi l'on ne pourrait pas s'appuyer sur la plus-value générale que les travaux donneront à tout un quartier pour réduire l'indemnité due à un particulier ; car ce serait faire payer à certains propriétaires une plus-value que d'autres obtiennent gratuitement. Au contraire, on tient compte d'une plus-value directe et immédiate, parce que le propriétaire tire de l'expropriation même un bénéfice spécial pour lequel il est juste de le faire contribuer extraordinairement.

Dans plusieurs circonstances, la plus-value résultant de l'exécution des travaux s'est trouvée égale ou même supérieure à la valeur du terrain pris par l'expropriation. L'indemnité peut-elle être compensée pour le tout avec la plus-value ? L'affirmative conduirait à ce résultat que l'expropriant pourrait s'emparer d'une propriété privée sans indemnité, et devenir propriétaire à titre gratuit contre le gré de l'exproprié. Un pareil résultat serait contraire au texte de l'art. 545 C. civ., et à l'esprit de l'art. 51 de notre loi. Il faut que l'exproprié reçoive le prix des terrains qui

de ses décisions et les pièces sont déposées aux archives du tribunal civil d'arrondissement (art. 46).

lui sont enlevés jusqu'à concurrence de leur valeur intrinsèque. Ce qui peut être compensé, c'est la plus-value directe et immédiate avec la dépréciation de l'immeuble restant [1]. Exemple : Paul est exproprié pour partie d'une propriété qui vaut 100,000 fr., et la valeur intrinsèque des terrains qui lui sont enlevés est, je suppose, de 20,000 fr. Mais la propriété étant dépréciée par la rupture de l'ensemble, ce qui reste ne vaudrait plus que 70,000 fr. au lieu de 80,000 fr. Il faudrait donc ajouter 10,000 fr. aux 20,000 fr. pour indemniser entièrement l'exproprié. C'est la somme qui lui serait allouée si, d'un autre côté, les travaux n'augmentaient pas la valeur de la propriété restant à l'exproprié. Or on peut supposer que cette plus-value soit précisément de 10,000 fr. De cette manière il y aura compensation entre la plus-value et la dépréciation, et le jury n'accordera qu'une indemnité représentative de la valeur intrinsèque des terrains [2].

En présence de cette doctrine consacrée par la jurisprudence, l'administration a cherché un moyen d'éluder l'art. 51 ainsi entendu. Elle a offert une indemnité illusoire d'un franc, et comme le jury fait une déclaration qui est souveraine, le recours en cassation paraissait impossible. La doctrine de la jurisprudence n'avait donc aucune sanction, et l'administration pouvait se jouer de cette règle si le jury, souverain appréciateur, s'accordait avec elle. Mais la Cour de cassation casse toutes les fois que l'indemnité étant fixée à un franc, il apparaît d'après le procès-verbal que le principe du droit à indemnité a été contesté. *Nihil aut fere nihil in jure sunt unum et idem.* L'indemnité illusoire d'un franc doit donc être considérée comme un défaut d'indemnité, et c'est pour cette raison que la Cour suprême casse

[1] C. cass. Req., arr. du 2 janvier 1866.

[2] C. cass., du 23 avril 1855 (*Colliau-Carment*) et 12 mars 1856 (*Donzeaud*). Il fut reconnu pendant la discussion de la loi, notamment par M. Dufaure, rapporteur, que la compensation ne pourrait pas être intégrale, et qu'il faudrait toujours payer une indemnité.

les décisions où la loi est violée, sinon ouvertement, au moins par un procédé évasif[1].

Lorsque l'expropriant ne prend qu'une portion de la propriété, l'exproprié a-t-il le droit de requérir l'expropriation totale? L'art. 50, qui prévoit ce cas, distingue entre les propriétés bâties et les propriétés non bâties. A l'égard des premières, toutes les fois qu'il y a expropriation partielle, le propriétaire a le droit de requérir l'expropriation totale. Il en serait de même si l'on prenait une dépendance, même séparée par une rue, de la maison principale. Dès qu'on enlève à une personne une portion de son domicile, la loi a voulu qu'elle fût juge des convenances que lui offre la partie qui reste. Elle seule peut apprécier si la part non expropriée suffit ou non pour son installation, et ce serait agir tyranniquement à son égard que de lui dire par jugement : « Quoique restreinte, la maison suffit encore pour vous loger vous et les vôtres. » Aussi la loi a-t-elle remis le choix entre ses mains, en lui reconnaissant le pouvoir de requérir à son gré l'expropriation du tout.

En ce qui concerne les propriétés non bâties, les mêmes motifs ne sont pas applicables. Aussi n'est-ce que par exception que la réquisition appartient à l'exproprié. Il faut pour qu'il puisse la faire : 1° que la parcelle soit réduite au quart de sa contenance, et 2° que la contenance de ce qui reste soit inférieure à 10 ares. Ainsi si l'on expropriait 1 are sur une parcelle de 3 ares, la réquisition ne serait pas possible, parce que le champ conserve les deux tiers de sa contenance. D'un autre côté, si sur un hectare on prenait 80 ares, le restant, quoique inférieur au quart de la contenance totale, aurait cependant plus de 16 ares, et la réquisition serait encore impossible, parce que l'une des conditions ferait défaut. Au reste, même quand les deux conditions sont réunies, l'expropriation totale ne pourrait

[1] Mêmes arrêts qu'à la note précédente, arr. des 12 mars 1856, 20 janvier 1857 et 1er juin 1864.

pas être demandée si le propriétaire possédait un terrain contigu auquel la parcelle pourrait être ajoutée[1].

Le propriétaire qui veut user de la faculté ouverte par l'art. 70 doit faire sa réquisition dans le délai de quinzaine, qui est accordé à l'exproprié pour accepter ou refuser les offres de l'administration. Ce délai est de rigueur, et son expiration emporterait déchéance contre l'exproprié qui le laisserait passer sans se prononcer[2].

Il existe une grande différence entre la portion prise directement par l'expropriation et celle qui est acquise en vertu de la réquisition du propriétaire. A l'égard de cette dernière partie, l'aliénation est purement volontaire sous la condition que le prix sera fixé par le jury. Du caractère facultatif de l'aliénation, il résulte que les tiers conservent leurs droits sur cette portion d'immeuble ; car ils peuvent les exercer aussi bien à l'égard de l'expropriant qu'à l'égard de l'exproprié du moment que ces immeubles ne sont pas destinés à l'exécution de travaux publics. L'expropriant aurait ces immeubles dans son domaine privé, comme tout autre propriétaire, et il les posséderait grevés envers les tiers comme ils l'étaient sous le nom de l'exproprié[3].

[1] Lorsque l'expropriation totale est requise, s'il y a contestation sur le droit de la requérir, le jury doit fixer une indemnité alternative. Sa décision serait nulle s'il n'avait fixé qu'une seule indemnité pour le cas d'expropriation partielle. C. cass., ch. civ., arr. du 11 janvier 1865. Conf., arr. du 1er juillet 1863.

[2] Arr. du 13 août 1855 (*Badoulier de Saint-Saine*).

[3] Il se présente une complication dans le cas où le nu-propriétaire et l'usufruitier ne sont pas d'accord sur l'exercice de la faculté ouverte par l'art. 50 de la loi du 3 mai 1841. Si le propriétaire est d'avis de requérir l'expropriation du tout, tandis que l'usufruitier veut garder la jouissance en nature de la portion qui reste, le jury fixera une indemnité payable à l'extinction de l'usufruit, et en attendant l'usufruitier jouira en nature. Lorsque le propriétaire veut garder la parcelle restante, nous ne pensons pas que l'usufruitier puisse requérir l'expropriation totale contre le gré du propriétaire ; car il doit jouir *salvâ rerum substantiâ*. S'il ne peut pas tirer de ce qui reste une utilité suffisante, ce sera pour lui un motif pour demander une plus forte indemnité ; mais il n'a pas le *jus abutendi*, et ce serait le lui reconnaître que de lui accorder le droit de réquisition.

PAYEMENT DE L'INDEMNITÉ ET PRISE DE POSSESSION.

Quoiqu'il ait été rendu propriétaire par le jugement d'expropriation, l'expropriant ne peut se mettre en possession qu'après avoir payé l'indemnité, ou, en cas d'obstacle au payement, après l'avoir consignée. L'*obstacle au payement* (c'est l'expression générique dont se sert la loi, art. 55) peut venir de causes diverses. Tantôt c'est l'exproprié lui-même qui refuse de recevoir, et alors il faut, conformément au droit commun, lui faire des offres réelles suivies de consignation. Or les offres réelles présentaient une grave difficulté à cause des règles de la comptabilité publique. En effet, l'argent ne peut sortir des caisses de l'État que moyennant une quittance valable du créancier, et nous supposons que l'exproprié ne veut pas recevoir ni, par conséquent, donner quittance. Cependant il faudrait, pour faire des offres réelles efficaces, que l'huissier pût délivrer effectivement les fonds à l'exproprié. On a donc créé, pour l'expropriation d'utilité publique, un moyen spécial de faire des offres réelles. D'après l'art. 53, lorsqu'il s'agit de travaux exécutés par l'État ou les départements, les offres réelles pourront s'effectuer au moyen d'un mandat égal au montant de l'indemnité réglée par le jury. Ce mandat, délivré par l'ordonnateur compétent, visé par le payeur, sera payable sur la caisse publique qui s'y trouvera désignée. L'exproprié n'est cependant pas tenu de recevoir le mandat, et s'il le refuse, l'administration fera payer le mandat et consignera l'indemnité en espèces avant de prendre possession. Ainsi l'exproprié, s'il ne veut pas accepter le mandat est assimilé au créancier qui, en matière civile, refuse de recevoir l'argent ; dans les deux cas, le refus est suivi d'un versement à la caisse des dépôts et consignations.

L'art. 53 n'a substitué les offres réelles *en mandat* aux offres réelles *en numéraire* que pour les travaux exécutés par l'État et les départements. Comme les dispositions exceptionnelles sont de droit étroit, on ne peut pas étendre cette procédure aux travaux exécutés par les communes. Le maire ne pourra donc se mettre en possession qu'après avoir fait faire des offres réelles en numéraire suivies de consignation en cas de refus [1].

Le pourvoi en cassation serait-il un obstacle au payement? Il est de règle que le pourvoi n'est pas suspensif, et aucune dérogation à ce principe n'a été faite en matière d'expropriation. Cependant, d'après la loi des 16-19 juillet 1793, aucun payement ne peut être fait par la trésorerie nationale en vertu de jugements attaqués par voie de recours en cassation, si les personnes, au profit desquelles ces jugements ont été rendus, ne donnent caution pour sûreté des sommes à elles adjugées.

L'obstacle au payement peut venir aussi des inscriptions d'hypothèques ou des oppositions faites par les créanciers ou autres intéressés. L'art. 54 se sert de l'expression générique « *et autres obstacles* », afin d'indiquer qu'en cette matière il n'y a pas possibilité de faire une énumération qui soit complète. Ainsi la simple opposition serait un obstacle suffisant, alors même qu'elle n'aurait pas été validée, ni dénoncée ni contredénoncée. Dès qu'une prétention est manifestée, l'administration s'arrête et consigne. Cette consignation lui donne le droit de prendre possession, à la condition, bien entendu, qu'elle soit égale au montant de l'indemnité; car si la consignation était inférieure, la prise de possession serait illégale comme si elle était faite sans accomplissement des formalités prescrites par la loi.

L'incapacité de l'exproprié pour recevoir le payement est un obstacle; il en est de même de l'inaliénation de certains biens lorsqu'elle impose aux propriétaires l'obligation de faire remploi en cas d'aliénation [2].

[1] La solvabilité des communes n'a pas paru assez solide pour faire, en leur faveur, une dérogation à la règle des offres réelles en argent (*Moniteur* du 5 mars 1841, p. 539).

[2] Cour cass., arr. du 10 janvier 1855 (*des Ursulines de Vitré*). Le préfet

A présent que nous sommes arrivés à la dernière période de l'expropriation, demandons-nous ce que pourrait faire l'exproprié pour vaincre l'inertie de l'administration dans le cas où elle ne poursuivrait pas l'expropriation et laisserait la partie dans l'incertitude. Cette inertie pourrait se produire dans les diverses périodes de l'expropriation, et pour chacune d'elles, il y a des moyens de vaincre la résistance administrative.

Supposons d'abord que l'arrêté de cessibilité ait été rendu, et que l'administration s'arrête négligeant de poursuivre l'expropriation et le règlement de l'indemnité. L'art. 14, § 2, dispose pour ce cas que « si, dans l'année de l'arrêté du préfet, l'administration n'a pas poursuivi l'expropriation, tout propriétaire dont les terrains sont compris audit arrêté peut présenter requête[1] au tribunal. Cette requête sera communiquée par le procureur de la République au préfet, qui devra, dans le plus bref délai, envoyer les pièces, et le tribunal statuera dans les trois jours. » C'est l'arrêté de cessibilité et non le décret déclarant l'utilité publique qui fait courir le délai d'une année que fixe l'art. 14. Ainsi, alors même que les parcelles seraient désignées par la déclaration d'utilité publique, un arrêté de cessibilité serait indispensable pour faire courir le délai d'un an[2].

L'administration pourrait aussi, après avoir fait rendre le jugement d'expropriation, négliger de poursuivre le règlement de l'indemnité. « Si, dans les six mois du jugement d'expropriation, dit l'art. 55, § 1er, l'administration ne poursuit pas la fixation de l'indemnité, les parties pourront exiger qu'il soit procédé à ladite fixation. » Les expropriés sont alors substitués à l'administration à l'effet de poursuivre la décision du jury. Ils commenceront par adresser

ayant découvert aux archives de la préfecture des titres d'où résultait un droit de retour d'un immeuble exproprié au profit des hospices, la consignation a été ordonnée.

[1] La loi n'ayant fait aucune dérogation au droit commun, le ministère des avoués est obligatoire pour présenter cette requête.

[2] C. cass., arr. du 2 mars 1857 (*Garreau*).

au préfet une sommation d'avoir à faire notifier ses offres et, si le préfet ne déférait pas à cette sommation, ils lui notifieraient le montant de leurs demandes. Dans la quinzaine à partir de cette notification, le préfet fera notifier ses offres, et s'il laisse expirer la quinzaine sans les faire connaître, l'exproprié présentera requête au tribunal ou à la Cour, suivant les distinctions indiquées plus haut (art. 30), pour qu'il soit procédé au choix d'un jury spécial. Il s'entendra ensuite avec le magistrat directeur pour la convocation du jury, et notifiera la liste des jurés au préfet avec citation à comparaître devant le jury au jour fixé par le magistrat. Ainsi, lorsque le préfet n'obéit pas à la sommation qui lui est adressée de notifier ses offres, la procédure est, en quelque sorte, retournée et c'est l'exproprié qui poursuit contre l'administration[1].

L'art. 55 se sert du mot général *exproprié*, expression qui comprend toutes les parties, les locataires aussi bien que les propriétaires. Lorsque l'administration a fait rendre contre le propriétaire le jugement d'expropriation, le locataire pourrait requérir la fixation de l'indemnité, alors même que l'administration le laisserait en possession et déclarerait vouloir respecter le bail jusqu'à son expiration. La raison en est que le jugement résout le bail de plein droit, et que pour le continuer le consentement du locataire est indispensable. Or cette condition fait nécessairement défaut dans les cas où l'on suppose que le locataire requiert la fixation de l'indemnité[2]. Il en serait de même si l'administration avait obtenu la cession à l'amiable de la propriété. Alors même qu'elle déclarerait son intention d'exécuter le bail jusqu'à l'expiration, le locataire pourrait requérir la fixation de l'indemnité toujours par la raison que le bail est résolu de plein droit; car la cession amiable équivaut au jugement d'expropriation. Mais la cession amiable ne produit cet effet qu'autant que l'acquisition est faite

[1] C. cass., arr. du 27 juillet 1857 (*préfet de la Seine*); 26 août 1857 (*Martin*); 11 juillet 1859 (*Bernardin*).

[2] Mêmes arrêts qu'à la note de la page précédente.

en vue de l'utilité publique. A quels caractères reconnaîtra-t-on si l'acquisition a été faite dans ce but? Il est impossible de s'y méprendre toutes les fois qu'il y a eu un décret d'utilité publique, et que l'administration s'est prévalue pour le payement des droits de mutation de la dispense qu'accorde l'art. 58 de la loi.

Enfin il pourrait arriver qu'après avoir fait fixer l'indemnité, l'administration retardât la mise en possession et le payement. Ce cas est prévu par l'art. 55, § 2, qui dispose : « Quand l'indemnité aura été réglée, si elle n'est ni acquittée ni consignée dans les six mois de la décision du « jury, les intérêts courront de plein droit à l'expiration « de ce délai. » Si la loi n'emploie qu'un moyen indirect pour contraindre à payer l'indemnité, c'est qu'il n'est pas possible de forcer directement une administration à s'acquitter, les voies de saisie n'étant pas admises contre les établissements publics. Le délai de six mois court *à partir de la décision du jury*, et son expiration emporte de plein droit la dette des intérêts. Mais cette cause spéciale ne ferait pas obstacle à l'emploi des moyens qu'admet le droit commun pour faire courir les intérêts. L'exproprié pourrait donc faire une sommation avant l'expiration des six mois et aussi réclamer les intérêts, même sans aucune sommation, à partir de la dépossession (art. 1652 C. civ.)[1], lorsque l'immeuble est frugifère.

DE L'EXPROPRIATION EN CAS D'URGENCE ET DE L'OCCUPATION TEMPORAIRE[2].

Les dispositions dont nous allons nous occuper n'ont pas été faites pour le cas de force majeure où une prise de

[1] Jugement du tribunal de la Seine du 8 avril 1854, et arrêts de la Cour de Paris du 14 avril 1855. La question de savoir si les intérêts sont dus et à partir de quelle époque est de la compétence du tribunal et non de celle du jury. Cons. d'Ét., arr. du 29 avril 1830 (*Héritiers Chauvel*).

[2] *Lois administratives*, p. 1145.

possession immédiate et nécessaire. Ainsi, lorsqu'il faut abattre une maison pour couper un incendie, ou détruire un bâtiment, pour favoriser une opération militaire devant l'ennemi, aucune formalité ne peut être remplie. Le danger ne permet pas d'attendre un instant, et les formes légales même les plus abrégées sont incompatibles avec le salut public. L'urgence, au contraire, suppose uniquement qu'il y aurait des inconvénients à remplir toutes les formalités et à subir les délais qu'elles nécessitent; mais si elle demande une abréviation, elle n'est pas tellement pressante qu'elle rende nécessaire la suppression de toutes les garanties qui sont accordées à la propriété privée. »

La loi du 8 mars 1810 n'avait pas prévu le cas d'urgence, et cette lacune ne fut comblée qu'après 1830, — elle ne le fut même que partiellement, — par la loi du 30 mars 1831 spéciale aux travaux des fortifications militaires. La loi du 7 juillet 1833 ne prévit pas le cas d'urgence, de sorte que cette matière demeura jusqu'à 1841 sans règles générales. La loi de 1841 consacra pour toutes sortes de travaux, quelques règles applicables à l'expropriation en cas d'urgence (art. 65 et suiv.); mais ces articles, en vertu de la règle *speciei per genus non derogatur*, n'ont pas abrogé la loi du 31 mars 1830 qui continue à régir les travaux des fortifications. Ce principe d'interprétation serait suffisant pour justifier notre proposition, alors même que l'art. 76 de la loi de 1841 n'aurait pas formellement maintenu la loi de 1831.

D'après l'art. 2 de la loi du 30 mars 1831, « le décret qui autorisera les travaux et déclarera l'utilité publique déclarera en même temps l'urgence. » Le décret qui déclare l'urgence est transmis au préfet du département où les travaux doivent être exécutés, et, dans les vingt-quatre heures de la réception, le préfet en transmet une ampliation au procureur de la République de l'arrondissement et au maire de la commune où sont situés les terrains. Sur le vu de ce décret, le procureur de la République requiert de suite et le tribunal ordonne immédiatement que l'un des juges se transportera sur les lieux avec un expert que le tribunal nomme d'office. Le maire doit, sans délai, faire publier le décret par affiches, tant à la principale porte de l'église du lieu qu'à celle de la maison commune, et par tous autres moyens possibles. Les publications et affiches sont certifiées par ce magistrat (art. 3).

La descente sur les lieux par le juge et l'expert doivent s'effectuer dans un bref délai. A cet effet le juge-commissaire rendra, pour fixer l'heure de sa descente sur les lieux, une ordonnance qui sera signifiée, à la requête du procureur de la République, tant au maire de la commune où le transport devra s'effectuer qu'à l'expert nommé par le tribunal. La descente doit s'effectuer au plus tard dans les dix jours à partir de cette ordonnance et au plus tôt dans la huitaine. De son côté, le maire doit convoquer, au moins cinq jours à l'avance, pour les jour et heure indiqués par le juge-commissaire : 1° les propriétaires intéressés et, s'ils ne résident pas sur les lieux, leurs agents, mandataires ou ayants cause ; 2° les usufruitiers ou autres personnes intéressées, telles que fermiers, locataires, ou occupants à quel titre que ce soit (art. 4).

L'expert désigné par le tribunal, après avoir prêté serment devant le juge-commissaire (art. 5) et avoir procédé, de concert avec un agent des domaines, à la levée du plan parcellaire (art. 6), dressera un procès-verbal comprenant : 1° la description des lieux assez détaillée pour qu'elle puisse servir de base à l'appréciation de la valeur foncière, à celle de la valeur locative et même à l'évaluation des dommages-intérêts pour changements et dégâts qui pourraient avoir lieu ultérieurement ; 2° l'estimation de la valeur foncière et locative de chaque parcelle, de ses dépendances, ainsi que de l'indemnité qui pourra être due pour frais de déménagement, perte de récolte, détérioration d'objets mobiliers, ou tous autres dommages (art. 7). L'expert consignera les observations des parties intéressées et chacun signera son dire, ou mention sera faite de la cause qui l'empêche de signer (art. 8).

Si les propriétaires consentent à la cession de leurs parcelles, il sera dressé un acte de vente dans la forme des actes administratifs, c'est-à-dire devant le préfet ou par délégation devant le sous-préfet (art. 9). A défaut de cession amiable, le tribunal aussitôt après le retour du juge-commissaire et sur le vu du procès-verbal déterminera, en procédant suivant les formes des matières sommaires, sans retards et sans frais : 1° l'indemnité de déménagement à payer aux détenteurs avant l'occupation soit au propriétaire, soit au locataire ; 2° l'indemnité approximative et provisionnelle de dépossession qui devra être consignée avant la prise de possession, sauf règlement ultérieur et définitif. Le même jugement autorisera le préfet à se mettre en possession à la charge préalablement : 1° de payer l'indemnité de déménagement, et 2° de notifier la consignation de l'indemnité fixée provisoirement par le tribunal (art. 10).

Une fois que la prise de possession est autorisée, le besoin d'urgence a reçu pleine satisfaction, et il n'y a pas de motif pour s'écarter du droit commun en ce qui concerne le règlement définitif de l'indemnité. Aussi l'art. 76 de la loi du 3 mai 1841 dispose-t-il que le règlement de l'indemnité aura lieu conformément aux dispositions du titre IV (art. 21 à 52). Le même article déclare applicables au règlement définitif de l'indemnité les art. 16, 17, 18, 19 et 20, ainsi que le titre VI (art. 55 à 64). C'est, en vertu de l'art. 20, auquel renvoie l'art. 76, que le pourvoi en cassation est admis contre le jugement qui autorise le préfet à se mettre en possession ; cette question, qui était controversée dans l'interprétation de la loi de 1831, a été tranchée par la loi de 1841.

Pour les travaux autres que ceux des fortifications, le cas d'urgence est prévu par les art. 65 et suiv. Il y est pourvu, comme pour les travaux de fortifications, par la consignagnation d'une indemnité provisionnelle; mais les formalités prescrites par la loi générale diffèrent un peu de celles de la loi spéciale. D'abord, en matière ordinaire, l'urgence ne peut être déclarée que pour les propriétés non bâties. Les propriétés bâties ont une telle importance, soit à cause de leur valeur, soit parce qu'elles contiennent le domicile des personnes intéressées, que les législateurs n'ont pas voulu déroger, en ce cas, aux garanties dont la propriété est entourée. Au contraire, la loi du 30 mars 1831 ne distingue pas entre les propriétés bâties et les propriétés non bâties, et, pour les unes comme pour les autres, l'urgence peut être déclarée (l'art. 1er de cette loi dit : une ou plusieurs *propriétés* particulières). Après le jugement d'expropriation, le décret déclarant l'urgence et le jugement sont notifiés, conformément à l'art. 15, aux propriétaires et aux détenteurs, avec assignation devant le tribunal civil. L'assignation sera donnée à trois jours au moins; elle énoncera la somme offerte par l'administration (art 66). Au jour fixé, le propriétaire et les détenteurs seront tenus de déclarer la somme dont ils demandent la consignation avant l'envoi en possession (art. 67). Le tribunal fixe le montant de l'indemnité à consigner. Pour arriver à une fixation *cognitâ causâ* de l'indemnité à consigner, le tribunal peut se transporter sur les lieux, ou commettre un juge pour visiter les terrains, recueillir tous les renseignements propres à en déterminer la valeur et en dresser, s'il y a lieu, un procès-verbal descriptif. Cette opération devra être terminée dans les cinq jours, à dater du jugement qui l'aura ordonnée. Dans les trois jours de la remise de ce procès-verbal au greffe, le tribunal déterminera le montant de la consignation à faire (art. 68). Cette consignation doit comprendre, indépendamment du capital, la somme nécessaire pour assurer, pendant deux ans, le payement des intérêts à 5 p. 100 (art. 69). Sur le vu du procès-verbal de consignation, et sur une nouvelle assignation à deux jours de délai au moins, le président ordonne la prise de possession (art. 70). Le jugement du tribunal et l'ordonnance du président sont exécutoires sur minute, et ne peuvent être attaqués par opposition ni appel (art. 71) [1].

L'indemnité définitive est ensuite fixée conformément aux dispositions du titre IV. Si la somme allouée par le jury est supérieure à celle qui a été consignée, le supplément doit être versé à la caisse des dépôts et consignations dans la quinzaine de la notification de la décision du jury. Faute de consignation, le propriétaire peut s'opposer à la continuation des travaux (art. 74).

L'occupation temporaire n'est pas régie par la loi de 1841, car elle n'emporte pas cession de la propriété. Ce n'est qu'un dommage qui, d'après la loi du 16 septembre 1807 encore en vigueur sur ce point, est de la compétence du conseil de préfecture. Mais cette compétence ne s'applique pas à l'occupation temporaire pour les travaux des fortifications. D'après l'art. 13 de la loi du 30 mars 1831, l'indemnité annuelle représentative de la valeur locative des propriétés occupées est réglée à l'amiable ou par autorité de justice et payée par moitié, de six mois en six mois, au propriétaire ou au fermier, le cas échéant. Lors de la remise des terrains occupés temporairement, l'indemnité due pour les détériorations causées par les travaux ou par la différence entre l'état des lieux au moment de la remise et l'état constaté par le procès-verbal descriptif sera payée sur règlement amiable ou judiciaire, soit au propriétaire, soit au fermier, et selon leurs droits respectifs.

L'occupation temporaire autorisée par la loi de 1831 ne peut porter que sur les propriétés non bâties (art. 13). Quant aux propriétés bâties, elles ne peuvent, s'il y a urgence, qu'être expropriées suivant les formes abrégées de

[1] L'art. 71 n'excluant pas le recours en cassation, il en résulte que le jugement et l'ordonnance peuvent être l'objet d'un pourvoi. Quoique la loi ne s'explique pas sur la forme de ce pourvoi, on admet qu'il sera fait par déclaration au greffe (art. 20 et 42), et non par requête d'avocat à la Cour de cassation.

la loi de 1841. Au reste, dans aucun cas, l'occupation temporaire ne peut durer plus de trois ans. Au delà de ce terme, le propriétaire aurait le droit de requérir l'expropriation (art. 14).

Dispositions générales et dispositions exceptionnelles

Les contrats de vente, quittances et autres actes relatifs à l'acquisition des terrains, peuvent être passés dans la forme des actes administratifs ; la minute restera déposée au secrétariat de la préfecture, expédition en sera transmise à l'administration des domaines (art. 56). Le préfet étant seul chargé de l'administration dans le département (art. 2 de la loi du 28 pluviôse an VIII), c'est à lui qu'appartient la compétence pour dresser les actes en la forme administrative ; mais il peut déléguer ses pouvoirs au sous-préfet ou au maire [1]. L'acte ainsi rédigé est authentique et fait foi de sa date à l'égard des tiers ; il a même la force exécutoire [2], et sa force probante ne céderait qu'à l'inscription de faux. Au reste, l'emploi de la forme administrative n'est pas obligatoire, et il arrive même souvent que l'administration préfère employer le ministère des notaires, qui par l'effet de l'habitude inspire aux intéressés une confiance particulière.

Au reste, que l'acte soit fait en la forme administrative ou passé devant notaire, le contrat sera toujours un contrat de droit commun, dont l'interprétation ou l'application appartiendra aux tribunaux ordinaires. Le conseil de pré-

[1] Circul. du ministre des travaux publics du 26 décembre 1840.

[2] Nous avons décidé plus haut que les actes en forme administrative pouvaient contenir la stipulation d'une hypothèque conventionnelle, mais n'emportaient pas, de plein droit, une hypothèque générale. — MM. Delamarre et de Peyronny (p. 369, n° 687) enseignent, sans discuter la question, que l'acte emporte hypothèque générale (art. 14, tit. II de la loi des 28 octobre-5 novembre 1790). V. C. cass., arr. du 12 janvier 1835 (*préfet des Basses-Pyrénées*).

fecture ne serait compétent que pour statuer sur les questions relatives à la forme de l'acte, par exemple dans le cas où il s'agirait de savoir si l'acte a été revêtu de l'approbation de l'autorité supérieure [1].

Les notifications et significations qui sont mentionnées dans la loi du 3 mai 1841 sont faites à la diligence du préfet de la situation des biens. Elles peuvent être faites tant par huissier que par tout agent dont les procès-verbaux font foi en justice (art. 57). Les notifications seront faites à la requête du préfet toutes les fois que l'expropriation sera poursuivie pour l'État ou pour le département. On admet qu'il en serait de même (argument tiré de l'art. 9 de la loi du 21 mai 1836) lorsqu'il s'agirait de chemins vicinaux de grande communication. Si les travaux ont un caractère purement communal, les notifications et significations seront faites à la requête du maire. Elles peuvent être confiées à des huissiers suivant le droit commun; mais l'art. 57 admet en outre la faculté de les faire faire par des *agents de l'administration dont les procès-verbaux font foi en justice*. Deux conditions sont donc exigées : 1° qu'il s'agisse d'un agent de l'administration [2]; 2° que les procès-verbaux fassent foi en justice. Il n'est pas nécessaire qu'ils aient force probante jusqu'à inscription de faux, mais seulement qu'ils fassent foi, sauf la preuve contraire [3].

[1] Trib. des conflits, décis. du 14 mars 1850 (*Ajasson de Gransagne*). Dufour, n° 43, et Delamarre et de Peyronny, p. 571, n° 690.

[2] Les mots : *agents de l'administration* ne peuvent pas s'entendre des préposés institués pour un service spécial tels que les employés des douanes. Car leurs procès-verbaux ne font foi, ordinairement du moins, que pour les faits qui rentrent dans l'ordre de leur service. MM. Gillon et Stourm (*Code des municipalités*, p. 205), et MM. Delamarre et Peyronny (p. 574, n° 601). — *Contrà*, Delalleau, n° 979.

[3] Quels sont les agents de l'administration dont les procès-verbaux font foi en justice ? Ce sont :

Les gardes champêtres ;

Les gardes du génie (L. du 29 mars 1806, art. 2) ;

Les portiers-consigne des places de guerre (décr. du 16 septembre 1811, art. 15) ;

Les gardes et agents forestiers (art. 176 et 177 C. for.) ;

Les plans, procès-verbaux, certificats, certifications, jugements, contrats, quittances et autres actes faits en vertu de la loi du 3 mai 1841 seront visés pour timbre et enregistrés gratis. Il ne sera perçu aucun droit pour leur transcription au bureau des hypothèques. Les droits perçus antérieurement à l'arrêté de cessibilité seront même restitués lorsque, dans le délai de deux mois à partir de la perception, il sera justifié que les immeubles acquis sont compris dans cet arrêté. La restitution des droits ne pourra s'appliquer qu'à la portion des immeubles qui aura été reconnue nécessaire à l'exécution des travaux (art. 58).

Si les terrains acquis pour des travaux d'utilité publique ne reçoivent pas cette destination, les anciens propriétaires ou leurs ayants droit peuvent en demander la remise (art. 60, § 1). Que faut-il entendre par *ayants droit*? Cette expression a fait naître la question de savoir si l'acquéreur d'une parcelle contiguë à celle qui avait été expropriée peut agir en vertu de l'art. 60 ou bien si ce droit appartient, comme toutes les actions, aux héritiers de celui qui avait été exproprié. Le seul motif à faire valoir en faveur de l'acquéreur tient à ce qu'il est plus intéressé qu'aucun autre à se prévaloir de l'art. 60. Mais de ce qu'il a intérêt, même un intérêt supérieur, à requérir la remise des terrains non employés, il ne résulte pas qu'il ait le droit de l'exiger. Il n'est qu'un successeur à titre particulier et

Les conducteurs des ponts et chaussées (décr. du 16 décembre 1811, art. 112) ;

Les agents voyers (L. du 21 mai 1836, art. 11) ;

Les agents de la navigation (L. du 29 floréal an X, art. 2) ;

Les piqueurs et cantonniers chefs dûment commissionnés et assermentés (L. du 23 mars 1842, art. 2) ;

Les porteurs de contrainte (arr. du 16 thermidor an VIII, art. 24, et Code pénal, art. 209) ;

Les gendarmes (Instr. crim., art. 72 ; loi du 3 mai 1844, art. 22) ;

Les gardes-pêche (L. du 3 mai 1844, art. 22) ;

Les commissaires de police.

Nous empruntons cette énumération à MM. Delamarre et de Peyronny, p. 574, n° 694.

ne succède qu'aux droits formellement conférés par son titre. Si l'exproprié lui avait cédé le droit éventuel à profiter de l'art. 60, le prix aurait été fixé en conséquence; mais si le titre est muet, l'acquéreur n'a pas acquis la faculté résultant de l'art. 60, et il ne serait pas juste de lui en donner les avantages, puisque cet avantage n'est point entré dans les éléments du prix. Les actions sont transmises aux héritiers lorsqu'elles n'ont pas été attribuées spécialement à un successeur particulier par un titre ou par une disposition formelle[1]. Si les immeubles expropriés avaient été employés à une autre destination que celle pour laquelle l'expropriation avait été faite, l'art. 60 ne serait pas applicable. En effet, lorsqu'ils reçoivent une autre destination, on ne peut pas dire, comme l'exige l'art. 60, que les *immeubles restent sans emploi*[2].

L'art. 60 s'applique aux terrains acquis par les départements et les communes[3], même par les concessionnaires[4], aussi bien qu'aux parcelles expropriées par l'État. Mais on se demande si les terrains expropriés antérieure-

[1] L'opinion contraire est soutenue par MM. Delamarre et de Peyronny (p. 605, n° 726). Ces auteurs donnent un motif étrange, lorsqu'ils disent « Le principe de l'inviolabilité de la propriété, auquel l'expropriation porte une atteinte si grave, ne suffit-il pas d'ailleurs pour justifier un privilége qui a pour but de rendre la propriété à elle-même ? » Il nous semble cependant que la propriété a été atteinte dans la personne de l'exproprié et non dans celle de l'acquéreur à titre particulier, auquel ils proposent de faire un cadeau. M. Daffry de la Monnoye a adopté la même doctrine que MM. Delamarre et de Peyronny (n° 5, p. 454).

[2] Les tribunaux sont compétents pour décider si l'héritier ou le successeur à titre particulier ont droit à invoquer l'art. 60. Arr. Cons. d'État du 1er avril 1840. Mais c'est l'autorité administrative qui seule peut décider si les terrains expropriés sont inutiles à l'exécution des travaux. C. cass., arr. des 29 mars 1842 (*préfet de la Nièvre*) et 28 décembre 1852 (*préfet du Rhône*).

[3] L'art. 60 de la loi de 1841 dit : « *la somme moyennant laquelle les terrains ont été acquis.* » et cette rédaction générale a été adoptée à dessein, sur la proposition de M. Vivien, pour remplacer celle de 1833 qui disait : « *la somme moyennant laquelle l'*ÉTAT *était devenu propriétaire.* »

[4] Cette proposition résulte de l'art. 63.

ment à la loi de 1833 sont soumis à rétrocession, à défaut d'emploi. Le doute tient à ce que la loi du 8 mars 1810 ne contient aucune disposition relative à ce sujet, et qu'il y aurait rétroactivité si la loi de 1833 et celle de 1841 étaient étendues à des faits consommés avant leur promulgation. Mais cette rétroactivité étant favorable aux propriétaires et leur conférant une simple faculté, on admet, dans la pratique que la réquisition tendant à rétrocession s'applique, sans distinction d'époques, à toutes les parcelles expropriées et non employées à des travaux d'utilité publique.

Si l'expropriant, pendant le long temps qu'a duré la possession et avant la loi du 3 mai 1841, avait fait des améliorations, il en serait évidemment tenu compte dans la fixation du prix. Il est vrai que, d'après l'art. 60, § 2, à défaut d'accord amiable sur le prix, la fixation en est faite par le jury, et que la somme allouée à l'expropriant ne peut pas dépasser celle moyennant laquelle *les terrains ont été acquis*. La disposition ajoute même que le jury ne peut, *en aucun cas*, excéder cette limite. Mais ces termes, quelque absolus qu'ils soient, ne doivent pas être appliqués à outrance et jusqu'à l'injustice. L'expropriant avait pu de bonne foi faire des améliorations aux parcelles expropriées avant la loi qui a permis de requérir la rétrocession, et ce serait enrichir l'exproprié ou ses ayants cause sans motif que de leur rendre les terrains améliorés pour le prix qu'on leur avait donné de terrains en mauvais état.

Lorsque les terrains ne doivent pas recevoir la destination pour laquelle ils ont été expropriés, un avis publié dans la forme prescrite par l'art. 6, c'est-à-dire par publication, affiches et insertion dans les journaux, fait connaître les terrains que l'administration est dans le cas de revendre. Dans les trois mois de cette publication, les anciens propriétaires qui veulent réacquérir la propriété desdits terrains sont tenus de le déclarer ; et dans le mois de la fixation, soit amiable, soit judiciaire, ils doivent passer le contrat de rachat et payer le prix : le tout à peine de déchéance du privilége que la loi leur accorde (art. 61). L'application de cet article est réglée par une ordonnance du 22 mars 1835.

Nous avons vu que les chemins vicinaux ont été, au point de vue de l'expropriation, l'objet de quelques dispositions spéciales. D'après l'art. 15 de la loi du 21 mai 1836, combiné avec l'art. 86 de la loi du 10 août 1871, les arrêtés d'élargissement attribuent à la voie publique les portions de terrains non bâtis qui sont pris sur les propriétés riveraines. L'indemnité n'est pas, en ce cas, préalable, et elle est fixée par le juge de paix sur un rapport d'experts. Les experts sont nommés, l'un par le sous-préfet, l'autre par le propriétaire. En cas de désaccord, le tiers expert est désigné par le juge de paix [1].

Quant aux travaux d'ouverture et de redressement, la prise de possession des terrains nécessaires à leur confection ne peut avoir lieu que moyennant une juste et préalable indemnité. Mais les formes de l'expropriation ont été simplifiées par l'art. 16 de la loi du 21 mai 1836. En quoi consistent les différences? 1° L'utilité publique est déclarée par arrêté de la commission départementale, au lieu de l'être par décret; 2° le tribunal d'arrondissement n'est pas obligé de désigner un de ses membres pour magistrat directeur; il peut aussi choisir le juge de paix du canton, ce qui serait impossible dans l'expropriation ordinaire; 3° le magistrat directeur a voix délibérative pour l'expropriation en matière de chemins vicinaux, tandis qu'aux termes de la loi de 1841, il doit, même à peine de nullité, s'abstenir de prendre part à la délibération du jury. D'après la loi du

[1] L'art. 17, auquel renvoie l'art. 15, dit que le tiers expert sera nommé par le conseil de préfecture; mais il faut remarquer que, dans le cas de l'art. 17, le conseil de préfecture juge le fond, tandis que dans le cas de l'art. 15, c'est le juge de paix qui est compétent. La loi a évidemment voulu que le tiers expert fût choisi par le juge du fond. MM. Dumay (t. II, n° 527) et Serrigny (*Traité de la compétence*, etc., etc., 1re édit., t. II, n° 721). Mais V. 2e édit., t. III, n° 964, p. 466. Cons. d'Ét., arr. du 26 avril 1844 (*Breton*).

21 mai 1836, c'est le magistrat directeur qui préside le jury, tandis que, d'après la loi du 3 mai 1841, le président est choisi par les jurés au commencement de la délibération. 4° Le jury n'est composé que de quatre personnes, au lieu de douze. Le tribunal choisit, en conséquence, sur la liste générale dressée par le conseil général pour l'arrondissement, quatre jurés titulaires et trois jurés supplémentaires. L'administration et la partie intéressée ont le droit d'exercer chacune une récusation péremptoire, au lieu de deux que permet la loi de 1841, et si la récusation est faite, les titulaires sont remplacés par les jurés supplémentaires.

L'action en indemnité des propriétaires pour les terrains qui auront servi à la confection des chemins vicinaux et pour extraction des matériaux, sera prescrite par le laps de deux ans (art. 18 de la loi du 21 mai 1836). Cette disposition suppose que l'administration s'est mise en possession des terrains avant le règlement de l'indemnité; car il est évident que si le propriétaire avait gardé la possession, aucune prescription ne courrait contre lui. Elle implique aussi que l'indemnité n'a pas été fixée; car si elle était réglée, il n'y aurait plus qu'une action de payement; et l'art. 18 ne dit pas que la prescription de deux ans soit applicable à l'action en payement; il ne parle que de *l'action en indemnité*, ce qui doit s'entendre du règlement. La différence est facile à saisir. Tant que l'indemnité n'est pas fixée, l'administration qui s'est mise en possession sans obstacle peut croire que le propriétaire renonce à toute réclamation et que les avantages qu'il retire des travaux d'utilité publique lui paraissent être une compensation suffisante à la perte de sa propriété. Il est donc naturel qu'une courte prescription ait été appliquée à cette situation. Au contraire, lorsque le propriétaire a fait régler son indemnité, on ne doit pas présumer sa renonciation, et c'est pour cela que l'action en payement reste soumise aux règles en matière de prescription.

En cas de changement de direction ou d'abandon d'un chemin vicinal, en tout ou en partie, les propriétaires riverains de la partie de ce chemin qui cessera de servir de voie de communication pourront faire leur soumission de s'en rendre acquéreurs et d'en payer la valeur qui sera estimée dans la forme déterminée par l'art. 17 (art. 19 de la loi du 21 mai 1836). La valeur sera donc fixée par le conseil de préfecture après expertise. Le droit de préemption accordé par l'art. 19 de la loi sur les chemins vicinaux est bien distinct de celui qui est écrit dans l'art. 60 de la loi sur l'expropriation. L'art. 60 de la loi de 1841 suppose que l'exproprié ou ses ayants droit réclament la rétrocession de parcelles qu'on leur avait prises, tandis que l'art. 19 de la loi du 21 mai 1836 accorde aux riverains la préemption du chemin abandonné, alors même qu'ils n'auraient jamais été propriétaires des terrains qui ont servi à faire la chaussée.

La loi du 3 mai 1841 a conféré au propriétaire exproprié pour partie le droit de requérir l'acquisition intégrale dans certains cas que nous avons distingués en interprétant l'art. 50. Mais elle n'accorde pas à l'administration la faculté réciproque d'exproprier plus qu'elle n'a rigoureusement besoin pour l'exécution de ces travaux. Quelques atteintes cependant ont été portées à ce principe général par des lois spéciales. L'art. 13 de la loi des 13-22 avril 1850 a autorisé les communes, lorsqu'un état d'insalubrité est le résultat des causes extérieures et permanentes ou que les causes ne peuvent être détruites que par des travaux d'ensemble, à exproprier la totalité des propriétés comprises dans le périmètre des travaux. « Les portions de ces propriétés, ajoute l'art. 13, qui, après l'assainissement opéré, resteraient en dehors des alignements arrêtés pour les nouvelles constructions, pourront être revendues aux enchères publiques, sans que, dans ce cas, les anciens propriétaires ou leurs ayants droit puissent demander l'application des art. 60 et 61 de la loi du 3 mai 1841. »

Une disposition analogue a été consacrée par le décret-loi sur les rues de Paris, du 26 février 1852, art. 2. « Dans tout projet d'expropriation pour l'élargissement, le redressement ou la formation des rues de Paris, l'administration aura la faculté de comprendre la totalité des immeubles atteints lorsqu'elle jugera que les parties restantes ne sont pas d'une étendue ou d'une forme qui permette d'y élever des constructions salubres. — Elle pourra pareillement comprendre dans l'expropriation des immeubles en dehors des alignements lorsque leur acquisition sera nécessaire pour la suppression d'anciennes voies jugées inutiles. — Les parcelles de terrains acquises en dehors des alignements et non susceptibles de recevoir des constructions salubres seront réunies aux propriétés contiguës soit à l'amiable, soit par l'expropriation de ces propriétés conformément à l'art. 53 de la loi du 16 septembre 1807. — La fixation du prix de ces terrains sera faite suivant les mêmes formes et devant la même juridiction que celles des expropriations ordinaires. — L'art. 53 de la loi du 3 mai 1841 est applicable à tous les actes et contrats relatifs aux terrains acquis pour la voie publique par simple mesure de voirie. »

Quoiqu'il ait été fait spécialement pour la ville de Paris, ce décret-loi peut être appliqué à d'autres villes aux conditions suivantes : 1° que le conseil municipal ait fait une demande d'extension, et 2° que cette demande ait été approuvée par un décret. L'extension, toutes les fois qu'elle aura été ordonnée, emportera l'application du décret du 27 décembre 1858; car ce dernier décret est l'interprétation du premier et, par conséquent, on doit le considérer comme formant avec lui un tout indivisible. Est-il possible d'admettre l'application du décret de 1852 sans le faire suivre de son interprétation et de son complément [1]?

[1] M Chauveau (*Journal de droit administratif*, année 1859) décide cependant que l'application du décret du 26 mars 1852 n'entraîne pas celle du décret du 27 décembre 1858, parce que ce dernier ne contient pas,

Le décret-loi n'accorde le droit d'expropriation totale que s'il est possible d'élever des *constructions salubres* sur les parcelles restantes. Pour faire décider cette question, le décret du 27 décembre 1858 ordonne de procéder à une enquête à l'effet de provoquer les observations et oppositions des propriétaires intéressés. S'il y a des oppositions, l'art. 2 du décret du 27 décembre 1858 dispose qu'en ce cas l'expropriation ne peut être autorisée que *par un décret rendu en Conseil d'État.* » Ce décret vide-t-il d'une manière définitive les oppositions, ou bien les propriétaires peuvent-ils se pourvoir par la voie contentieuse contre le décret qui ordonne, à leur égard, l'expropriation intégrale? La question de salubrité n'est pas du nombre de celles qui peuvent être débattues en audience publique, sur plaidoiries; elle appartient à l'ordre de l'administration pure ou même de la police sanitaire. Aussi sa nature nous paraît-elle répugner à la discussion par la voie contentieuse. Est-ce à dire que les particuliers, si ce système était adopté, n'auraient pas de juges? C'est toujours le Conseil d'État qui prononcera, et entre les deux doctrines il n'y aura de différence que celle de la procédure. Le décret du 27 décembre 1858, en statuant qu'il serait prononcé par un décret en Conseil d'État, a établi la seule forme qu'il fût possible d'adopter eu égard à la nature de la réclamation. Lorsque la question n'est pas susceptible d'un débat contentieux, les seuls juges qui puissent être appelés à prononcer sont les conseils chargés de préparer l'action administrative par leurs avis[1].

comme le premier, une disposition qui autorise cette extension. Mais cette lacune est, à notre avis, comblée par la maxime : *Accessorium sequitur principale.*

[1] MM. Delamarre et de Peyronny (p. 780, n° 878) décident que le pourvoi contentieux doit être admis, et ils citent, indépendamment d'un article de M. Chauveau (*Journal de droit administratif* de 1859), un passage de M. Duvergier (*Collection des lois,* 1858, p. 521). Mais le passage de ce dernier qu'ils invoquent ne parle pas de *pourvoi contentieux* et ne peut fournir aucun argument.

Le décret-loi du 26 mars 1852 ne s'est pas borné à étendre des servitudes établies par les lois antérieures, il en a créé de nouvelles et notamment l'obligation de demander le nivellement. « A l'avenir, porte l'art. 3, l'étude de tout plan d'alignement de rue devra nécessairement comprendre le *nivellement :* celui-ci sera soumis à toutes les formalités qui régissent l'alignement. Tout constructeur de maison, avant de se mettre à l'œuvre, devra demander l'alignement et le nivellement de la voie publique au devant de son terrain, et s'y conformer. »

L'exécution de cet article a donné lieu à plusieurs difficultés. Il est arrivé, par exemple, qu'après avoir donné un nivellement à un propriétaire qui s'y est conformé, la ville de Paris n'a fait exécuter les travaux de déblai que longtemps après l'achèvement de la construction privée. Aussi le propriétaire s'est-il, dans l'intervalle, trouvé en contre-bas de la voie publique de manière à ne pouvoir pas sortir de sa maison. Des demandes en indemnité pour dommages temporaires ayant été formées sur le fondement de cette exécution tardive des travaux, le Conseil d'État les a repoussées. Le motif du rejet était tiré de ce que l'administration, en délivrant le nivellement, n'avait fait qu'autoriser le propriétaire à construire, mais n'avait contracté aucun engagement d'achever les travaux dans un délai déterminé [1].

Quelquefois aussi le préfet de la Seine n'a pas délivré les nivellements en se fondant sur ce que des projets étaient préparés d'après lesquels le niveau serait modifié. Ces décisions ayant été attaquées par la voie contentieuse, le Conseil d'État a répondu avec raison qu'il n'y avait pas lieu à statuer parce que le propriétaire pouvait, en présence de cette réponse négative, agir à son gré et sous sa responsabilité. C'est ce que plusieurs propriétaires ont fait. Ils ont bâti en suivant le niveau actuel. Non-seulement aucune poursuite

[1] Cons. d'Ét., arr. des 10 février 1865, 6 décembre 1865 (*Candas*) et 13 juillet 1866 (*Richard*).

n'a pu être dirigée contre eux pour contravention, mais ils ont pu, selon nous, exiger des dommages-intérêts lorsque plus tard les travaux de nivellement ont modifié et gêné les accès de leur contruction[1].

IV

TRAVAUX PUBLICS ET MARCHÉS DE FOURNITURES[2].

On entend par *travaux publics* ceux qui sont entrepris en vue de l'utilité générale et pour assurer ou faciliter les services publics. Comme les contestations qui se rattachent à cette matière sont, en vertu de dispositions spéciales, soumises à la compétence administrative, il importe de bien déterminer les travaux qui ont ce caractère pour être à même, plus tard, de fixer quelle est l'étendue des attributions des conseils de préfecture sur ce point.

Doit-on appeler *travaux publics* seulement ceux qui sont faits par l'État, ou faut-il encore comprendre sous ce nom ceux que les départements et communes font exécuter? — Il est maintenant admis que les travaux communaux et départementaux sont publics quand ils sont relatifs à un service communal ou départemental d'utilité générale ; cette solution, adoptée par le tribunal des conflits et depuis par

[1] Cons. d'Ét., arr. du 18 décembre 1862 (*Bernardet*). La jurisprudence contentieuse du Conseil d'État décide que le préfet ne peut pas refuser de délivrer un alignement et que le refus constituerait un véritable excès de pouvoir. En pareille occurrence, l'excès de pouvoir est déclaré et la partie est renvoyée devant le préfet pour faire régler l'alignement, sauf recours au ministre de l'intérieur si le préfet persistait dans son refus. Cons. d'Ét., arr. des 3 mai 1862 (*Letellier-Delafosse*), 11 janvier 1866 (*Chabann*). La doctrine de ces arrêts pourrait être appliquée à la servitude de nivellement. Mais les parties ont, en cas de refus, le droit de construire à l'ancien niveau et de réclamer ensuite une indemnité si le nivellement postérieur rend les accès difficiles, de manière à causer un dommage direct et matériel.

[2] *Lois administratives*, p. 1101 à 1125.

le conseil d'État et la Cour de cassation, est d'ailleurs fondée sur le texte de l'art. 30 de la loi du 16 septembre 1807 qui parle de travaux publics *généraux, départementaux et communaux*. Mais ce n'est pas à dire pour cela que la plus complète assimilation doive être établie entre ces trois espèces de travaux, et voici, au contraire, les différences qui les distinguent : 1° Les formes d'adjudication ne sont pas les mêmes pour les travaux publics communaux que pour les travaux publics nationaux[1] ou départementaux. 2° Dans les adjudications de travaux faits au nom de l'État, quoique le contrat soit constaté en la forme administrative, on peut stipuler une hypothèque sur les biens des adjudicataires[2] ; mais la loi spéciale qui autorise cette dérogation au droit commun ne parle que des travaux faits par *la nation*, ce qui empêche l'application de cette disposition exceptionnelle aux travaux faits par les communes. 3° Enfin, la disposition qui défend de saisir-arrêter les sommes déposées chez les payeurs pour être payées aux entrepreneurs ne s'applique également qu'aux *travaux faits pour le compte de la nation*, et non à ceux qui sont faits pour le compte des communes[3]. 4° Les travaux publics de l'État sont régis, à défaut de clauses spéciales du devis et du cahier des charges, par les clauses et conditions générales, tandis que les travaux communaux sont soumis aux règles du droit commun toutes les fois qu'il n'y est pas expressément dérogé par les conditions formelles du marché.

Quelques auteurs signalent une cinquième différence. Selon eux, les travaux de l'État seraient toujours des travaux publics, qu'ils se rapportassent aux services publics ou au domaine privé de l'État, tandis que les travaux communaux n'auraient le caractère de travaux publics que s'ils

[1] Pour les travaux nationaux et départementaux on suit les ordonnances des 29 mai 1829 et 4 décembre 1836. Pour les travaux communaux, c'est l'ordonnance du 14 novembre 1837 qui est applicable.

[2] Loi du 4 mars 1793, art. 3.

[3] Loi du 26 pluviôse an II, art. 1er.

avaient pour objet les services généraux et le domaine public de la commune[1]. Mais, contrairement à cette opinion, nous pensons que, pour les travaux de l'État, comme pour ceux des communes, il faut distinguer entre ceux qui sont relatifs aux services publics et ceux qui concernent le domaine privé. Ces derniers rentrent dans le droit commun et toutes les contestations qui s'élèvent à leur sujet doivent être portées devant les tribunaux ordinaires. Cette distinction, fondée sur la nature des choses, est aussi vraie pour l'État que pour les communes, et il faudrait des raisons tirées de textes formels, qui n'existent pas, pour distinguer entre l'État et les communes. La jurisprudence s'est conformée à la nature des choses en assimilant, sous ce rapport, les travaux de l'État à ceux des communes. Cette argumentation se fortifie de l'art. 4 de la loi du 28 pluviôse an VIII, qui dans une énumération de travaux publics ne comprend que des travaux relatifs à des services publics : « *chemins, canaux et autres ouvrages publics.* » Un argument plus décisif se tire de cette considération que l'expropriation d'utilité publique est admise pour les travaux publics et que, de l'aveu de tous, on ne pourrait pas exproprier pour augmenter le domaine privé de l'État.

La jurisprudence a décidé que l'on devait considérer comme entreprises de travaux publics :

1° La construction d'une église ;

2° Les translations de cimetières, les travaux faits pour leur clôture[2] ;

3° Le nivellement et le pavage des rues, places et chemins vicinaux[3] ;

[1] V. Dufour, t. VII, n° 265. — Nous avons énoncé cette opinion, sans la discuter dans notre première édition, p. 360 et 361. Le Conseil d'État a décidé que la construction d'un chemin de fer n'est pas un travail public s'il est destiné à l'exploitation d'une forêt domaniale. Arr. Cons. d'Ét. du 2 mai 1873 (*Barliac*).

[2] Arr. Cons. d'Ét. du 30 juin 1853 (*Lambert*).

[3] Arr. Cons. d'Ét. des 3 avril 1850 (*Mallez*) et 3 juillet 1850 (*Pairel*).

4° La construction des hôtels de ville et celle des halles[1];

5° La construction des ponts[2];

6° La construction des fontaines et des conduites d'eau[3];

7° L'établissement des trottoirs[4];

8° L'établissement d'une promenade publique[5];

9° La construction d'un lavoir public et l'exhaussement des chemins voisins conduisant à ce lavoir[6];

10° La construction d'un chemin rural[7].

Les travaux faits pour les hospices ont ou peuvent avoir le caractère de travaux publics par deux raisons : 1° parce que ces établissements sont, en quelque sorte, des démembrements de l'administration communale ; 2° parce que cette assimilation résulte expressément de l'art. 49 de la loi du 23 décembre 1809 : « Tous les travaux qu'un hospice aura à faire en vertu de la présente loi seront, si « fait n'a déjà été, évalués par devis, adjugés au rabais, et « ensuite faits, reçus et payés *comme les travaux publics « nationaux*, sous l'inspection gratuite d'un ingénieur du « département et sous la surveillance du préfet. » D'après l'art. 18 de la loi du 13 août 1851, les délibérations des commissions administratives touchant les projets de travaux pour constructions et grosses réparations excédant 3,000 fr. sont soumises à l'avis du conseil municipal et suivent, quant aux autorisations, les mêmes règles que les délibérations de ce conseil. Malgré cette disposition, les travaux faits pour les hospices doivent être assimilés aux travaux publics nationaux (*de l'État*) en vertu de la loi du 23 dé-

[1] Arr. Cons. d'Ét. des 18 novembre 1850 (*Mazet*) et 10 janvier 1851 (*Bergadieu*).

[2] Arr. Cons. d'Ét. des 28 novembre 1851 (*Dazains*) et 20 décembre 1860 (*Gironnet*).

[3] Arr. Cons. d'Ét. des 19 novembre 1851 (*Charoy*), 8 mars 1866 (*Paillard*).

[4] Arr. Cons. d'Ét. du 21 décembre 1849 (*André*).

[5] Arr. Cons. d'Ét. du 30 juillet 1857 (*Liger*) et circulaire ministérielle du 26 décembre 1844.

[6] Arr. Cons. d'Ét. du 19 mars 1863 (*Fureau*).

[7] Arr. Cons. d'Ét. du 20 février 1874 (*veuve Dubuisson*).

cembre 1809, art. 49, qui n'est pas abrogé par la loi de 1851 [1].

Nous considérons aussi comme des travaux publics ceux qui sont entrepris par une fabrique. Quoiqu'elle ait une personnalité distincte de la commune, la fabrique cependant est chargée de pourvoir au service paroissial qui, dans la plupart des cas, est communal. Mais, comme la loi du 23 décembre 1809 ne parle que des hospices et point des fabriques, nous considérons les travaux publics faits par ces dernières, non comme des travaux publics de l'État, mais comme des travaux communaux [2].

Les travaux exécutés par les associations syndicales ont-ils le caractère de travaux publics ? Il faut distinguer entre les diverses espèces d'associations. Les unes peuvent être formées par l'administration, contre le gré des propriétaires. En effet, la loi du 21 juin 1865, art. 26, porte que « les lois des 16 septembre 1807 et 14 floréal an XI continueront à recevoir leur exécution, à défaut de formation d'associations libres, lorsqu'il s'agira de travaux spécifiés aux n°s 1er, 2 et 3 de l'art. 1er de la présente loi. » Ce renvoi est relatif aux travaux de défense contre la mer, les fleuves, les torrents et les rivières navigables ou non navigables; aux travaux de curage, approfondissement, redressement et régularisation des canaux et cours d'eau non navigables ni flottables et des canaux de desséchement ou d'irrigation, aux desséchements de marais. Il résulte de là que, dans ces trois cas, les propriétaires intéressés peuvent être réunis en syndicat par la coaction administrative, comme ils pouvaient l'être antérieurement à la loi de 1865. La réunion en syndicat n'a pour objet que la répartition de la dépense entre les intéressés. Quant aux travaux, ils sont exécutés sous la direction des ingénieurs de l'État, adjugés dans la forme des travaux de l'État et faits dans

[1] Serrigny, 2e édit., t. II, p. 179, n° 683. Cormenin, t. II, p. 278.

[2] *Idem*, t. II, p. 181. Cons. d'Ét., arr. des 25 novembre 1855 (*Barbe*) et 28 juin 1855 (*commune de Saint-Just-en-Chevalet*).

un but d'utilité générale. Il est donc impossible de ne pas reconnaître à leur construction le caractère de travaux publics[1].

Les *associations syndicales autorisées* en vertu de la loi du 21 juin 1865 ont aussi un certain caractère de contrainte, puisqu'elles peuvent être imposées par la majorité que détermine l'art. 22. Pour l'exécution des travaux faits par les *associations syndicales autorisées*, l'art. 16 détermine les contestations qui sont de la compétence du conseil de préfecture, et l'art. 18 permet d'appliquer à ces entreprises l'expropriation spéciale des chemins vicinaux, avec cette particularité cependant que la déclaration d'utilité publique doit être prononcée par décret et non par arrêté du préfet. A ces caractères, au dernier trait surtout, il est impossible de ne pas reconnaître la nature des travaux publics; car l'expropriation est le signe de l'utilité publique qui sert à caractériser les travaux. Il en serait autrement si l'association n'était ni forcée, conformément à la loi du 16 septembre 1807 (art. 33 et 34), ni autorisée en vertu de la loi du 21 juin 1865. Les syndicats libres, en effet, se forment, sans l'intervention de l'administration, par le consentement unanime des intéressés. L'acte de société spécifie le but de l'entreprise, règle le mode de l'administration et fixe les pouvoirs des mandataires. Les voies et moyens pour faire face aux dépenses ne sont même pas déterminés par une disposition générale. C'est l'acte de société lui-même qui les fixe et qui en règle le mode de recouvrement. Il est impossible de reconnaître le caractère de travaux publics aux entreprises de ces syndicats, qui viennent de l'initiative privée et se forment aux conditions qu'arrête la volonté des parties, sans le concours de l'administration[2].

[1] Cette solution est admise par la jurisprudence. Arr. Cons. d'Ét. des 21 août 1845 (*Reginel de Barrême*) et 1er décembre 1849 (*Digue de Balafray*).

[2] Lorsqu'un concessionnaire exécute un travail non prévu dans la concession et non autorisé par un acte ultérieur, ce travail ne constitue pas un

Les travaux publics peuvent être exécutés de quatre manières principales : 1° en *régie*; c'est le système qui consiste à employer des ouvriers travaillant sous la direction d'un agent de l'administration, au compte et aux risques de l'établissement propriétaire des travaux; 2° en *régie intéressée* par un régisseur qui reçoit une indemnité proportionnée aux dépenses; ce système n'est que rarement employé; 3° le *marché à l'entreprise*, qui est le moyen le plus fréquemment adopté; 4° la concession.

MARCHÉ A L'ENTREPRISE, AUTORISATION, ADJUDICATION, RÉMUNÉRATIONS DE TRAVAUX PUBLICS.

Les travaux publics de l'État doivent être approuvés par une loi parce qu'ils nécessitent une ouverture de crédit qui ne peut être accordée que par le pouvoir législatif. En ce qui concerne les travaux publics départementaux et communaux, s'il faut, pour les exécuter, recourir à une expropriation, une loi ou un décret est nécessaire, suivant les distinctions que fait la loi du 27 juillet 1870. Les travaux de réparation et d'entretien sont régis par l'ord. du 18 mai 1829.

Lorsque les travaux peuvent être exécutés sans expropriation, l'approbation des projets pour les départements et les communes n'exige pas l'intervention du chef de l'État. L'art. 46, n° 6, de la loi du 10 août 1871 donne aux conseils généraux le pouvoir de statuer définitivement sur les affaires suivantes : « Classement et direction des routes « départementales. Projets, plans et devis des travaux à « exécuter pour la construction, l'entretien ou la rectifica- « tion des routes départementales. » Ces délibérations statuent définitivement sur les matières qui en sont l'objet et

travail public, alors même que ce travail a été exécuté pour protéger les dépendances de la grande voirie contre un péril imminent. Arr. Cons. d'Ét. du 1er mars 1873 (*Deymoles*).

elles sont exécutoires si, dans les vingt jours, le préfet n'en a pas prononcé l'annulation pour excès de pouvoirs, incompétence ou violation de la loi ou d'un règlement d'administration publique. Le n° 7 ajoute : « Classement et direction des chemins vicinaux de grande communication et d'intérêt commun. » Art. 9° « Projets, plans et devis de tous autres travaux à exécuter sur les fonds départementaux. » Art. 11° « Concession à des associations, à des compagnies ou à des particuliers de travaux d'intérêt départemental. » — En ce qui concerne les travaux communaux, la loi du 24 juillet 1867 donne aux conseils municipaux le pouvoir de régler par une délibération « les projets, « plans et devis de grosses réparations et d'entretien, « lorsque la dépense totale afférente à ces projets et aux « autres projets de la même nature, adoptés dans le même « exercice, ne dépasse pas le cinquième des revenus ordi- « naires de la commune, ni dans aucun cas la somme de « 50,000 fr. » — Mais c'est un des cas où, s'il y a désaccord entre le maire et le conseil municipal, il doit être statué par le préfet.

Les marchés de travaux publics sont faits de gré à gré ou par adjudication publique. En principe ils doivent être arrêtés avec concurrence et aux enchères publiques, et c'est seulement dans quelques cas exceptionnels que sont permises les conventions amiables. L'art. 12 de la loi des finances du 31 janvier 1833 avait disposé en ces termes : « Une ordonnance royale réglera les formalités à suivre à l'avenir dans les marchés passés au nom du gouvernement. » C'est en exécution de cette disposition qu'a été rendue l'ordonnance du 4 décembre 1836, dont l'art. 1er pose en règle que tous les marchés passés au nom de l'État seront faits avec concurrence et publicité, sauf les exceptions qui sont énumérées dans l'art. 2. Ces formalités ont évidemment été prescrites uniquement en vue de protéger le trésor public contre les abus, et leur violation entraînerait la nullité du marché pour incapacité d'une partie contractante [1]. Cette incapacité ne peut être que relative, et, conformément à l'art. 1125 C. civil, l'administration seule pourrait s'en prévaloir, et non l'entrepreneur avec lequel aurait été fait indûment un contrat de gré à gré. Il a traité, lui, en pleine connaissance de cause, avec une entière capacité, et il ne peut pas invoquer l'inobservation des formalités qui n'avaient pas été prescrites en sa faveur [2]. Les tiers ne seraient pas davantage admis à se pourvoir parce qu'ils n'ont aucun droit acquis qui puisse servir de fondement à leur action. Est-ce à dire que la règle écrite dans l'ordonnance du 4 décembre 1836 sera dépourvue de toute sanction, les particuliers étant irrecevables et l'administration étant naturellement disposée à défendre son œuvre quelque irrégulière qu'elle soit? Non; car les ministres sont responsables, et les abus, s'il s'en produisait, pourraient être dénoncés par les chambres à l'occasion du budget.

Au nombre des exceptions où l'administration peut traiter de gré à gré, l'art. 2 de l'ordonnance du 4 décembre 1836 place les conventions relatives aux « fournitures, transports « et travaux dont la dépense totale n'excédera pas 10,000 fr. « ou, s'il s'agit d'un marché pour plusieurs années, dont « la dépense annuelle n'excédera pas 3,000 fr. »

Les formalités à observer pour les marchés de gré à gré sont fort simples. Ces conventions, lorsqu'elles concernent l'État, sont faites par les ministres ou par les fonctionnaires que les ministres délèguent à cet effet. Si elles ont eu lieu devant les fonctionnaires délégués, leur validité est subordonnée à l'approbation par le ministre délégant, à

[1] Il y a nullité par la raison que ces formes ont été prescrites par une ordonnance rendue en exécution d'une loi. Elle a donc la même autorité que la loi et n'est pas seulement un règlement intérieur dont l'observation ne regarde pas les tiers. En ce sens : Dufour, t. VII, n° 153; Christophle, *Traité des travaux publics*, t. I, p. 125, n° 151. *Contrà*, Cotelle, t. III, p. 37.

[2] V. *contrà*, Christophle, p. 153, n° 128, t. I, du *Traité des travaux publics*. M. Dufour, t. VII, n° 154, s'est prononcé pour la nullité relative.

moins que l'exécution ne soit urgente ou qu'une exception ne soit écrite dans la délégation spéciale ou dans quelque règlement. Les marchés qui concernent des départements ou des communes sont consentis, lorsque l'attribution de gré à gré est permise, par les préfets ou par les maires. Le traité peut être constaté de trois manières : 1° par un engagement souscrit à la suite du cahier des charges; 2° par une soumission séparée; 3° par correspondance, suivant l'usage du commerce.

L'adjudication aux enchères publiques a lieu en suivant les dispositions de l'ordonnance du 4 décembre 1836. L'administration doit publier l'avis des enchères un mois au moins à l'avance, par affiches et tous autres moyens de publicité. Le délai ne pourrait être abrégé qu'autant qu'il y aurait urgence. Pendant ce délai les entrepreneurs qui se proposent de soumissionner peuvent prendre connaissance des pièces qui sont mises à leur disposition au secrétariat de la préfecture ou dans tout autre lieu.

Les concurrents doivent accompagner leur engagement des pièces suivantes : 1° un certificat de capacité délivré au soumissionnaire soit par un ingénieur, soit par un architecte depuis moins de trois ans; 2° une promesse valable de cautionnement. Par exception, le certificat de capacité n'est pas nécessaire pour les fournisseurs de matériaux des routes ni pour les entrepreneurs de travaux de terrassements dont l'estimation ne dépasse pas 20,000 fr.

Au jour fixé par l'adjudication, le préfet en séance publique, le conseil de préfecture assemblé et en présence de l'ingénieur en chef, reçoit tous les paquets cachetés et rangés sous des numéros d'ordre. Après la rupture du premier cachet sous lequel se trouvent les pièces qui doivent accompagner la soumission, il est dressé un état de ces pièces. Les soumissionnaires se retirent, et la séance devient secrète parce que le moment est venu de prononcer sur l'admission des concurrents. La liste est arrêtée par le préfet qui doit, avant de prononcer, prendre l'avis du conseil de préfecture. Au reste, le conseil de préfecture n'émet qu'un avis et la décision appartient au préfet qui peut s'écarter de l'opinion des conseillers. La liste dressée, la séance redevient publique, et il est procédé à la rupture du deuxième cachet qui contient la soumission. Celui des concurrents admis sur la liste qui offre les meilleures conditions, c'est-à-dire le rabais le plus fort, est déclaré adjudicataire (art. 11, 12 et 13 de l'ord. du 10 mai 1829). Si plusieurs soumissionnaires offrent exactement le même rabais, il est procédé, séance tenante, à une réadjudication soit sur de nouvelles soumissions, soit à l'extinction de feux entre ces soumissionnaires seulement (art. 8 de l'ord. du 4 décembre 1836).

Le préfet ne procède pas toujours par lui-même à l'adjudication. S'il s'agit de travaux de réparation et d'entretien ou de travaux neufs dont le chiffre ne dépasse pas 15,000 fr., il peut déléguer pour procéder à l'adjudication le sous-préfet qui doit remplir les formalités dont nous venons d'exposer le résumé. Le sous-préfet délégué est assisté du maire du chef-lieu de la sous-préfecture, de deux membres du conseil d'arrondissement et d'un ingénieur ordinaire (art. 10 de l'ord. du 10 mai 1829). En règle générale, l'adjudication une fois prononcée, la surenchère n'est pas admise. Cependant l'administration pourrait insérer dans le cahier des charges une clause par laquelle il lui serait permis de recevoir, pendant un certain délai, un nouveau rabais sur le prix de la première adjudication. Le délai ne peut pas dépasser trente jours. Si de nouvelles offres sont faites, on procède à une autre adjudication entre les premiers soumissionnaires et l'auteur du nouveau rabais. Le résultat de l'adjudication est consigné sur un procès-verbal qui relate toutes les circonstances de l'opération (art. 9 de l'ord. du 10 mai 1829)[1].

[1] « L'entrepreneur déclaré adjudicataire doit verser à la caisse du trésorier-payeur général le montant des frais du marché. Ces frais, dont l'état est

Par l'adjudication le soumissionnaire est lié, mais l'administration n'est définitivement obligée que par l'approbation de l'autorité supérieure. Cette homologation devait, en vertu de l'ordonnance de 1836, être donnée par le ministre compétent ; mais cette règle a été modifiée par le décret de décentralisation du 13 août 1861. D'après l'art. 2, n° 1, de ce décret, les préfets sont chargés de « l'approbation des adjudications autorisées par le ministre pour travaux imputables sur les fonds du trésor ou des départements, dans tous les cas où les soumissions ne renferment aucune clause extraconditionnelle, et où il n'aurait été présenté aucune réclamation ou protestation. » — Qu'elle émane du préfet ou du ministre, l'approbation est discrétionnaire, et conséquemment aucun recours contentieux n'est admis contre le refus — même arbitraire — d'approuver l'adjudication [1].

De ce que l'administration n'est liée que par l'approbation, il faut conclure aussi que le soumissionnaire, en cas de refus, ne serait pas fondé à demander des dommages-intérêts, sous prétexte que l'administration ayant fait des offres, il y a inexécution d'une obligation de faire (art. 1142). Ces offres étaient conditionnelles et le refus d'approuver fait défaillir la condition sous laquelle l'engagement avait été contracté [2]. Mais les soumissionnaires évincés pourraient se pourvoir dans le cas où l'adjudication n'aurait pas été accompagnée des formalités prescrites pour sa régularité; ils le pourraient aussi faute par l'adjudicataire de remplir les conditions exigées pour l'admission au con-

arrêté par le préfet, ne peuvent être autres que ceux d'affiches et de publication, ceux de timbre et d'expédition du devis, du détail estimatif et du procès-verbal d'adjudication, et le droit d'enregistrement de un fr. » (*Clauses et conditions générales.*)

[1] Arr. Cons. d'Ét. des 21 mai 1840 (*Gouffier*) et 17 janvier 1849 (*Cosse*).

[2] M. Dufour (t. V, n° 637) accorde l'action en dommages-intérêts ; mais cette opinion a été avec raison combattue par M. Christophle, t. I, p. 141 n° 169.

cours. Ainsi les concurrents auraient le droit, si l'adjudicataire n'avait pas de cautionnement, de faire déclarer nulles les opérations. Ce recours est ouvert non-seulement au concurrent qui a le plus approché de la soumission admise, mais à tous les soumissionnaires sans distinction. En effet, il pourrait se faire que la soumission qui vient la seconde dans l'ordre des rabais fût elle-même irrégulière, et que son auteur ne voulût pas se prévaloir d'une irrégularité qui pourrait être retournée contre lui[1]. Au reste, l'action en nullité n'a pas pour effet d'attribuer l'entreprise à un adjudicataire nouveau ; elle conduit à l'annulation de ce qui a été fait et à de nouvelles opérations. Il importe donc fort peu que le demandeur en nullité soit ou non le soumissionnaire le plus rapproché.

L'ordonnance du 4 décembre 1836 est applicable aux travaux des départements. Seulement l'approbation de l'adjudication est donnée par le préfet, au lieu de l'être par le ministre (décr. de décentralisation du 25 mars 1852, tabl. A, nº 10), sauf pour les travaux qui concernent les prisons départementales et les asiles d'aliénés, s'ils engagent la question du régime intérieur de ces établissements. Quant aux travaux communaux, une ordonnance du 14 novembre 1837 leur a fait l'application de la plupart des dispositions de l'ordonnance du 4 décembre 1836 ; elle a notamment étendu aux communes le principe général de l'adjudication publique. Les marchés de gré à gré sont approuvés par le préfet (décr. de décentral. du 13 avril 1861, tabl. A, nº 55).

Les adjudications de travaux publics communaux ne sont également définitives qu'en vertu de l'approbation du préfet. Nous verrons plus loin que l'assimilation s'arrête là, et que l'*exécution* des travaux publics communaux n'est pas régie par les mêmes dispositions que

[1] M. Delalleau a soutenu l'opinion contraire à celle que nous avons adoptée au texte (*Revue de législation*, 1835, t. I, p. 365).

l'exécution des travaux de l'État et des départements[1].

A présent que nous connaissons la forme de l'adjudication des travaux publics, il faut rechercher quelle est la nature de ce contrat. Il est défini par l'art. 1701 C. civ., relatif au *louage d'ouvrage*. Or, le louage d'ouvrage « est un contrat par lequel l'une des parties s'engage à faire quelque chose pour l'autre, moyennant un prix convenu entre elles. » Si l'entrepreneur s'oblige à fournir les matériaux en même temps que son travail, les fournitures sont considérées comme l'accessoire, et le travail est toujours la partie principale. Le contrat continue donc à être un louage d'industrie (art. 1787 C. civ.). Cependant le contrat se trouve mélangé de vente, et de ce caractère mixte résultent quelques conséquences relativement à la fourniture des matériaux (art. 1788 et 1789). Même en ce cas, c'est un louage d'industrie, et il établit entre les contractants un rapport d'obligations purement personnel, basé sur la considération de la capacité de l'entrepreneur. Aussi l'adjudicataire ne peut-il pas se substituer un cessionnaire sans l'agrément du maître de l'affaire. Ces principes sont applicables à la matière des travaux publics. Mais la cession pourrait être approuvée par l'administration, et cette approbation en ferait disparaître le vice. Il est évident, d'après cette proposition, que la nullité est relative, et que le cessionnaire ne pourrait pas invoquer une nullité qui n'a été établie que dans l'intérêt général. En effet, le vice dont est entachée cette espèce de cession peut être effacé par l'adhésion de l'autorité compétente. Seulement, comme il ne serait pas juste de laisser indéfiniment le cessionnaire dans l'incertitude, celui-ci aurait le droit de mettre l'administration en demeure de se pronon-

[1] Cons. d'Ét., arr. des 17 février 1859 (*Ville de Bayonne*) et 7 avril 1859 (*Ville de Périgueux*). — L'art. 412 du Code pénal, qui punit l'entrave à la liberté des enchères, est, d'après la jurisprudence de la Cour de cassation, applicable à la matière des travaux publics. (C. cass., arr. du 23 novembre 1849.

cer soit pour, soit contre l'acceptation de la cession [1].

Il ne faut pas confondre *les cessions* avec les *sous-traités*; si les premières sont interdites, il en est autrement des seconds que la pratique reconnaît avec raison. La cession aurait pour conséquence de substituer une personne à une autre, ce qui serait contraire à la confiance qui est la base du contrat d'adjudication. Le sous-traité n'a d'effet qu'entre l'adjudicataire et le sous-traitant, et n'empêche pas que le premier ne soit lié envers l'administration. Si le sous-traitant n'exécute pas les engagements, l'administration peut exercer contre l'entrepreneur tous les droits qu'ouvre l'inexécution du marché, sauf l'action récursoire de l'adjudicataire contre le sous-entrepreneur [2].

Le prix n'est pas toujours fixé de la même manière dans les adjudications de travaux publics. On distingue : 1° le *prix à forfait*; 2° le *prix à l'unité de mesure*; 3° les *séries de prix*.

Si le prix est fixé à forfait, l'entrepreneur reçoit une somme invariable pour exécuter le travail tel qu'il est fixé par le devis. Le prix est si bien déterminé qu'à la fin des travaux il n'y a pas lieu à faire le métré des ouvrages; car la mesure a été prise d'avance, et le payement n'a pas été subordonné à la condition du mesurage. Que la valeur des matériaux augmente ou diminue, le prix est invariablement fixé, et l'administration n'en peut pas plus demander la réduction que l'entrepreneur n'est fondé à en réclamer l'élévation. D'un autre côté, le devis est obligatoire, pour le maître comme pour l'entrepreneur, et aucun changement n'y peut être fait soit en plus soit en moins. L'administration ne trouve dans le marché à forfait que

[1] C. de Lyon, arr. du 10 août 1859 (*Brun*).

[2] L'art. 9 du cahier des charges, du 16 novembre 1866, exige même pour les sous-traités l'approbation de l'administration. « Si le sous-traité, dit le 2e paragraphe, est passé sans autorisation, l'administration peut, suivant le cas, soit prononcer la résiliation pure et simple de l'entreprise, soit procéder à une nouvelle adjudication à la folle enchère de l'entrepreneur. »

très-peu de latitude. Aussi ne peut-elle employer que dans un fort petit nombre de cas cette manière de fixer le prix.

Il en est autrement des *séries de prix*. On détermine à l'avance, pour chaque espèce de travaux, le prix à tant par mètre carré, ou mètre cube, ou mètre courant, sans fixer la quantité des ouvrages à faire. Le prix est convenu, et l'entrepreneur reçoit les ordres de service suivant la disponibilité des crédits. L'adjudicataire pourrait cependant fixer un *maximum* pour les travaux qu'il se charge de faire ; car il est naturel que l'entrepreneur veuille proportionner ses engagements avec la puissance de ses moyens d'action. On mesure après l'exécution les ouvrages faits, et l'on y applique les prix convenus suivant la série à laquelle ils appartiennent. Ordinairement on n'emploie cette fixation du prix que pour des besoins connus et dont la quantité n'est pas variable à volonté. C'est spécialement la combinaison qui est adoptée pour l'entretien de routes, c'est-à-dire pour une dépense qui ne comporte pas de grandes différences d'une année à l'autre, et dont le caractère est, pour ainsi dire, obligatoire.

Le *prix à l'unité de mesure* est un terme moyen entre les deux combinaisons précédentes. La masse des travaux est déterminée par le marché ; mais il est convenu que les ouvrages seront payés à tant par mesure, suivant un métrage qui aura lieu en fin d'exécution. L'administration peut, pendant le cours des travaux, demander quelques changements et augmentations, ce qui entraînera une élévation correspondante du prix. Ainsi, pour les ponts et chaussées, l'augmentation peut être portée jusqu'au sixième en sus (art. 30 des clauses et conditions générales). En général, cependant, il est recommandé, par les circulaires ministérielles, aux ingénieurs et architectes de déterminer à l'avance, aussi exactement que possible, la somme des travaux, de manière à n'y pas apporter de changement pendant leur exécution.

Le prix de l'entreprise est déterminé par le procès-verbal de l'adjudication et par le devis-cahier des charges, soit directement, soit indirectement par le renvoi à d'autres pièces : « Au moyen des prix consentis et approuvés, l'entrepreneur fera l'achat, la fourniture, le transport à pied d'œuvre, la façon, la pose et l'emploi de tous les matériaux. — Il soldera les salaires et peines d'ouvriers, les commis et autres agents dont il pourra avoir besoin pour amener la bonne et solide exécution des ouvrages. — L'entrepreneur ne pourra jamais, sous prétexte d'omission dans la composition des prix du sous-détail, revenir sur les prix par lui consentis, attendu qu'il a dû s'en rendre un compte exact et qu'il est censé avoir refait et vérifié tous les calculs d'appréciation. — Mais il *pourra réclamer*, s'il y a lieu, *contre les erreurs du métré* ou *de dimensions d'ouvrages.* »

Cet article ne concerne que les travaux prévus qui auraient été, dans le devis ou le sous-détail, l'objet d'une énonciation erronée ; il ne s'applique pas aux *travaux imprévus* qui sont ordonnés en cours d'exécution, notamment dans les entreprises à l'unité de mesure. Ces derniers sont régis par l'art. 29 des cl. et condit. générales aux termes duquel le règlement du prix se fait par assimilation avec les travaux prévus ou, si l'assimilation est impossible, sur les prix courants du pays. « Les nouveaux prix, après avoir été débattus par les ingénieurs avec l'entrepreneur, sont soumis à l'approbation de l'administration. Si l'entrepreneur n'accepte pas la décision de l'administration, il est statué par le conseil de préfecture. » A raison de l'intérêt qu'offre cette distinction, les entrepreneurs s'efforcent de démontrer que les travaux contestés appartiennent à la catégorie des ouvrages imprévus, tandis que l'administration cherche à établir que les ouvrages avaient été prévus mais faussement désignés dans le devis. La distinction est souvent fort délicate et elle doit être faite suivant les circonstances de chaque espèce. C'est une question de fait plutôt qu'une question de droit.

En résumé :

Les entreprises sont, en règle générale et sauf quelques exceptions déterminées, adjugées avec concurrence et publicité, au soumissionnaire[1] qui offre le rabais le plus fort; le concours est établi entre les personnes qui sont dans les conditions réglementaires, c'est-à-dire qui ont produit un certificat de capacité, et fourni un cautionnement ou plutôt un gage, soit mobilier, soit immobilier.

Les parties sont régies : 1° par le devis-cahier des charges ; 2° par le procès-verbal d'adjudication qui peut modifier le devis ; 3° par les autres pièces (détail estimatif, sous-détail, avant-métré), si le devis ou le procès-verbal s'y réfèrent.

Il n'est dû d'augmentation sur les prix portés au devis que pour erreur dans le métrage. L'erreur, en principe, ne peut pas servir à modifier les prix portés au devis pour *ouvrages prévus*. Mais les *travaux imprévus* donnent lieu à des modifications des prix par assimilation avec les ouvrages prévus ou, en cas d'impossibilité, sur estimation contradictoire.

OBLIGATIONS QUI NAISSENT DU CONTRAT D'ADJUDICATION.

Le contrat une fois approuvé est synallagmatique. L'entrepreneur et l'administration sont, en vertu de cette convention, astreints à plusieurs obligations que nous allons énumérer. Les obligations résultent des charges stipulées spécialement par le traité et des clauses et conditions générales qui sont sous-entendues toutes les fois qu'il n'y a pas été formellement dérogé par les parties. Ces clauses ont été formulées dans un cahier qu'un arrêté du 16 novembre 1866 a rendu exécutoire et qui, sur plusieurs points, a modifié

[1] Lorsqu'une soumission ne porte qu'une signature, le signataire est seul responsable envers l'administration et les associés qu'il n'a pas fait connaître n'ont pas qualité pour contester le compte de l'entreprise. Arr. Cons. d'Ét. du 10 janvier 1873 (*Dousset et Artigue*).

les clauses et conditions générales de 1833 qui elles-mêmes avaient changé celles de 1811. Comme tous les contrats, les marchés de travaux publics doivent être exécutés de bonne foi et les clauses doivent être entendues plutôt d'après leur esprit que d'après leur texte [1].

1° L'entrepreneur ne peut, pendant le cours des travaux, s'éloigner du lieu où ils doivent être faits, que pour affaires de son marché et après en avoir obtenu la permission. S'il est autorisé à s'éloigner, il doit faire agréer un représentant capable de le remplacer, ayant pouvoir d'agir et de faire les payements aux ouvriers de manière qu'aucune opération ne soit retardée ou suspendue à raison de son absence. L'entrepreneur doit, par lui-même ou par ses commis, visiter les travaux aussi souvent que cela est nécessaire pour le bien du service ; il est aussi tenu d'accompagner les ingénieurs dans leurs tournées toutes les fois qu'il en est requis [2].

2° L'adjudicataire est tenu de fournir les matériaux désignés dans le devis et provenant des lieux y indiqués (art. 19 et 22 cl., et cond. gén.).

Il faut d'abord que les matériaux soient visités et reçus par les ingénieurs. Ceux qui sont rebutés ne peuvent pas être employés, et l'entrepreneur est obligé de s'en procurer d'autres, sans que ce surcroît de dépense puisse motiver une augmentation du prix. S'il veut réclamer contre la décision des ingénieurs, il doit le faire immédiatement. Autrement son silence serait considéré comme un acquiescement [3]. Si les matériaux fournis étaient d'une qualité

[1] Ainsi la faculté stipulée pour l'administration de fixer le commencement des travaux n'autorise pas un retard excessif. D'un autre côté, la réserve d'exécuter en régie les travaux que l'administration jugerait à propos de faire exécuter ainsi, n'autoriserait pas l'administration à faire en régie les deux tiers des travaux sans avoir de motif à donner pour ne pas employer l'entrepreneur. Arr. Cons. d'Ét. du 29 novembre 1872 (*Augustinelty*).

[2] Art. cl. et conditions générales.

[3] Cons. d'Ét., arr. du 18 août 1857 (*Bacanain*).

supérieure soit par leur bonté, soit par leurs dimensions, les ingénieurs en autoriseraient l'emploi ; mais cette supériorité ne pourrait pas servir de fondement à une demande en augmentation de prix[1]. Il en serait ainsi, par exemple, si l'entrepreneur, sans en avoir reçu d'ordre écrit, avait fourni des bois neufs au lieu de vieux bois que le devis indiquait[2]. La réciproque n'est pas admise. Si l'entrepreneur fournissait des matériaux de dimensions plus faibles, et que ces matériaux fussent acceptés, il ne pourrait réclamer que leur valeur réelle et non le prix porté au devis (art. 14, cl. et cond. génér.)[3]. Mais, pour que cette disposition soit applicable, il faut que les ingénieurs aient fait constater, en autorisant leur emploi, que les matériaux étaient de dimensions plus faibles. S'ils ne l'avaient pas fait, le prix serait fixé d'après les bases du devis. Les matériaux seraient censés avoir été fournis conformément au cahier des charges, d'autant que la vérification de la valeur réelle présenterait des difficultés, pour ne pas dire une impossibilité.

La réception des matériaux ne rend pas l'administration propriétaire ; elle a seulement pour effet de les affecter définitivement à l'entreprise, de sorte qu'ils ne peuvent plus en être distraits pour une autre destination sans l'autorisation des ingénieurs (art. 15). C'est à cause de cette affectation, qui empêche l'entrepreneur de les déplacer, que la perte résultant de force majeure a été mise à la charge de l'administration (art. 26). C'est une dérogation importante à la règle : *Res perit domino* et à la disposition de l'art. 1788 C. civ. Mais cette disposition ne parle que de force majeure, ce qui implique l'action d'une cause extérieure. Donc la perte résultant, même fortuitement, d'un agent interne, serait supportée par l'entrepreneur. C'est ce qui aurait lieu, par

1 Cl. et cond. génér., art. 20. — Cons. d'Ét., arr. du 18 août 1857 (*Courrière*).

2 Cons. d'Ét., arr. du 30 juin 1843 (*Blondeau*).

3 Cons. d'Ét., arr. du 14 juillet 1848 (*Prévost*).

exemple, si les matériaux diminuaient sur les chantiers sans le fait de l'administration et sans que ce résultat pût être attribué à une cause extérieure connue qui constituât la force majeure.

Les matériaux doivent être extraits des carrières indiquées au devis (art. 19 cl. et cond. génér.). Si, pendant le cours des travaux, l'administration désigne de nouvelles carrières, le changement doit être soumis à l'approbation du préfet et signifié à l'adjudicataire. Celui-ci a le droit d'accepter ou de refuser les nouveaux prix d'extraction et de transports établis par les ingénieurs, pour la nouvelle carrière, d'après les éléments de l'adjudication. S'il refuse, il est tenu de déduire les motifs de son refus dans le délai de dix jours. Ce refus sera-t-il pour l'administration un cas de résiliation? Nullement. Le transport et la fourniture des matériaux seront l'objet d'une nouvelle adjudication, et un deuxième entrepreneur amènera les matériaux à pied d'œuvre; mais le prix de l'entreprise sera diminué de la somme qui correspondait à la fourniture et au transport des matériaux. Le premier adjudicataire ne peut pas réclamer d'indemnité pour la part de bénéfice que lui enlève ce dédoublement; l'administration a usé de son droit de même que l'entrepreneur n'a fait qu'exercer le sien en refusant de se conformer aux changements. Il avait d'ailleurs la faculté de soumissionner pour la nouvelle adjudication spéciale aux matériaux à extraire d'autres carrières[1].

Il pourrait arriver, d'un autre côté, qu'après l'adjudication l'entrepreneur découvrît de nouvelles carrières plus rapprochées et pouvant, à moins de frais, donner des matériaux de même qualité que ceux portés au devis : « Si l'entrepreneur, dit l'art. 20 du nouveau cahier des charges, parvenait à découvrir de nouvelles carrières plus rapprochées et offrant des matériaux d'une qualité au moins égale,

[1] Cons. d'Ét., arr. du 10 septembre 1855 (*Troye*).

il *recevra l'autorisation de les exploiter.* » Ce changement n'entraînera pas une diminution des prix, l'entrepreneur ayant droit acquis à ceux qui ont été stipulés dans le cahier des charges. De son côté, l'administration n'a pas intérêt à refuser l'autorisation, parce que, même sans diminution du prix, elle gagnera de la célérité dans l'exécution des travaux. Mais si, contrairement à ses prévisions, l'exploitation de la nouvelle carrière était plus coûteuse, l'entrepreneur ne pourrait pas s'appuyer sur l'autorisation qui lui aurait été donnée pour demander une indemnité ; car ce qu'il a obtenu comme une faveur ne peut pas être retourné contre l'administration.

3° L'entrepreneur est tenu de se conformer aux prescriptions du devis et aux ordres des ingénieurs de l'administration. Il ne peut de son autorité apporter aucun changement, même le plus léger, aux dispositions du cahier des charges ; mais il est obligé d'obéir aux ordres qui lui sont donnés par les ingénieurs (art. 25 du cah. des charges). Si les modifications n'ont pas pour effet d'augmenter la masse des travaux, la subordination de l'entrepreneur aux prescriptions des ingénieurs est absolue ; il ne peut sous aucun prétexte s'y dérober. Au contraire, lorsque la masse des travaux est augmentée, il y a plusieurs distinctions à faire.

Premièrement, l'adjudicataire n'est pas obligé de subir les changements s'ils ont pour effet de dénaturer l'entreprise et d'en substituer une nouvelle au premier projet. En second lieu, l'art. 30 des clauses et conditions générales accorde à l'entrepreneur le droit de demander la résiliation de son marché si l'augmentation ou la diminution des travaux est supérieure au sixième de la somme totale. Enfin il pourrait se faire qu'au lieu d'une augmentation sur les travaux prévus, l'administration ordonnât des travaux nouveaux. Les articles précités ne distinguent pas et par conséquent, en ce qui concerne les travaux publics de l'État et des départements, l'entrepreneur est obligé de se conformer à ces changements, même quand il s'agit d'opérations nouvelles pourvu que l'opération ou la diminution ne dépassent pas le sixième. La même solution ne s'appliquerait pas aux travaux publics communaux parce qu'ils ne sont pas régis par les clauses et conditions générales [1].

4° L'entrepreneur est obligé de supporter les faux frais de l'entreprise, ce qui d'après l'art. 10 des anciennes clauses et conditions générales (18 des nouvelles), comprend les magasins, équipages, voitures, ustensiles, outils de toute espèce. Il est obligé aussi de pourvoir aux frais de tracé d'ouvrages, piquets et jalons, et généralement de tous les faux frais, c'est-à-dire des dépenses qui sont la conséquence des travaux. Enfin il faut compter parmi les faux frais de l'entreprise les indemnités dues aux propriétaires par suite de *l'exécution des travaux* (art. 18 clauses et cond. gén) [2]. Au contraire, les indemnités pour dommages inhérents à l'entreprise elle-même sont à la charge de l'administration. Ainsi lorsque les ouvriers causent des dégâts aux propriétés voisines, l'entrepreneur qui est responsable de ses préposés doit indemnité aux réclamants sans recours contre l'administration. Il en serait autrement si, par suite d'un remblai ou d'un déblai, les accès d'une maison étaient gênés. Le dommage, en ce cas, étant la conséquence du travail lui-même, sa réparation tomberait à la charge de l'administration [3].

5° L'entrepreneur choisit ses ouvriers, les prend et les remplace; mais l'ingénieur a le droit « d'exiger le change-

[1] Cons d'Ét., arr. du 3 mai 1837 (*Roche*). M. Christophle relève avec raison que MM. Cotelle (t. III, n° 125) et Dufour (t. VI, n° 181) ont à tort étendu la doctrine de cet arrêt, oubliant que les travaux de l'État, à la différence des travaux publics communaux, sont régis par les cl. et cond. générales.

[2] Cons. d'Ét., art. des 3 avril 1841 (*Puyoo*), 23 novembre 1850 (*Mourier*) et 23 décembre 1852 (*Maget*).

[3] Les dommages causés aux propriétés voisines par suite d'une explosion de mines tiennent à *l'exécution* des travaux. Cons. d'Ét., arr. du 7 mai 1852 (*Alazard*).

ment ou le renvoi des agents et ouvriers de l'entrepreneur pour cause d'insubordination, d'incapacité ou de défaut de probité (art. 13 cl. et cond. génér.) » ; il faut que le nombre des ouvriers soit proportionné aux ouvrages à faire, et que l'entrepreneur remette une liste nominative à l'ingénieur aux époques fixées par celui-ci. Il est tenu de payer aux ouvriers les salaires convenus, et ne peut se soustraire à cette obligation alors même qu'il ne recevrait pas ce qui lui est dû par l'administration[1].

Enfin l'entrepreneur est obligé de remplir à l'égard des ouvriers malades ou de leurs familles les obligations qui sont mises à leur charge par l'arrêté du 22 octobre 1851[2], arrêté dont les dispositions ne s'appliquent pas aux travaux communaux, mais seulement à ceux de l'État ou des départements.

6° L'entrepreneur est tenu d'achever les travaux dans le délai fixé soit expressément par le cahier des charges, soit à défaut de clause expresse suivant la nature et le but de l'en-

[1] Arr. c. de Nancy, du 8 juin 1844 (*Toussaint*), art. 15 des clauses et conditions générales du 16 novembre 1866 : « L'entrepreneur paye les ouvriers tous les mois, ou à des époques plus rapprochées, si l'administration le juge nécessaire. En cas de retard régulièrement constaté, l'administration se réserve la faculté de faire payer d'office les salaires arriérés sur les sommes dues à l'entrepreneur, sans préjudice des droits réservés par la loi du 26 pluviôse an II aux fournisseurs qui auraient fait des oppositions régulières. »

[2] Pour assurer le service médical et le payement des pensions et secours, il est fait une retenue de 1 p. 100 sur le montant de l'ensemble des travaux adjugés. Des ambulances spéciales doivent être établies près des chantiers pour recevoir les ouvriers blessés et leur donner les premiers soins, en attendant qu'on puisse les transporter à l'hôpital. S'ils ont des charges de famille, on leur paye la moitié de leur salaire pendant qu'ils sont soignés à l'hôpital (arr. minist. du 22 octobre 1851, art. 4). — La veuve ou la famille des ouvriers tués reçoivent une indemnité de 300 fr. Si l'ouvrier est, par une mutilation, mis dans l'impossibilité d'exercer sa profession, on lui alloue la moitié de son salaire pendant une année. Ces indemnités peuvent être augmentées par des décisions spéciales. — Lorsque le produit de la retenue de 1 p. 100 ne suffit pas, il y est pourvu au moyen d'une allocation dont le montant, réglé par le ministre, est prélevé sur les fonds des travaux. Au contraire, l'excédant, s'il y en a, est remis à l'entrepreneur (art. 16 du cahier des clauses et conditions générales).

treprise. Il est évident en effet que le marché, même à défaut de convention, doit être exécuté pour un jour déterminé si, ce jour passé, les travaux n'avaient plus d'objet, ce qui arriverait, par exemple, pour l'entreprise de travaux relatifs aux réjouissances d'une fête publique. Quelle sera la sanction en cas de retard? L'inexécution d'une obligation (et le retard constitue une inexécution) donne lieu d'après le droit commun, quand elle porte sur une obligation de faire, à deux actions : 1° à l'action en dommages-intérêts (art. 1142 C. civ.); 2° à l'action tendant à l'autorisation de faire exécuter les travaux aux frais du débiteur (art. 1144 C. civ.). Ces deux actions ont leurs analogues dans la législation spéciale aux travaux publics. L'administration peut ou demander des dommages-intérêts à l'entrepreneur en retard, ou mettre les travaux en régie.

Comment le retard sera-t-il constaté? Il doit l'être contradictoirement avec l'entrepreneur, et s'il ne consent pas à faire cette constatation, on le met en demeure d'avoir à se trouver à un jour indiqué au lieu où les travaux s'exécutent. L'ingénieur ou l'architecte directeur des travaux procède, l'entrepreneur présent ou absent, et dresse un procès-verbal de sa visite. Ce procès-verbal a l'avantage de prouver régulièrement l'inexécution; mais, s'il est utile, aucune disposition ne le déclare indispensable et l'administration pourrait démontrer le retard par d'autres moyens de preuve.

De son côté, l'administration a plusieurs obligations à remplir envers l'entrepreneur. Elle est obligée de faire exécuter par l'adjudicataire les travaux portés au devis, et si elle en chargeait un autre entrepreneur, le premier pourrait réclamer une indemnité[1]. Quant aux travaux nouveaux, il appartient à l'administration de les confier à un autre entrepreneur, à moins qu'une clause expresse du cahier des charges ne confère à l'entrepreneur un droit ac-

[1] Cons. d'Ét., arr. des 30 juin 1869 (*Bernard*) et 8 mars 1860 (*Fagot*).

quis même aux travaux qui seraient ordonnés en cours d'exécution[1].

Que faudrait-il décider si l'administration suspendait l'exécution des travaux? L'entrepreneur serait-il fondé à demander soit une indemnité, soit la résiliation de son marché? Si la suspension est indéfinie, l'art. 34 des cl. et cond. génér. donne à l'entrepreneur le droit de faire résilier son marché.

L'administration est tenue de payer le prix après l'achèvement de l'entreprise. Nous verrons qu'il est d'usage de donner des à-compte en cours d'exécution jusqu'à concurrence des neuf dixièmes, le dernier dixième étant retenu comme fond de garantie. Mais ce n'est là qu'un usage, et, à défaut de convention expresse, il n'y a pas droit acquis pour l'entrepreneur à obtenir le payement de ces à-compte.

La sanction des obligations que nous venons d'énumérer est multiple. Elle consiste soit dans la demande en dommages-intérêts, soit dans la résiliation, enfin dans la mise en régie. Les deux premiers moyens peuvent être employés réciproquement par les deux parties, tandis que le troisième appartient exclusivement à l'administration contre l'entrepreneur. Les *demandes en indemnité* peuvent être formées toutes les fois que par un fait positif ou par l'omission d'un fait négatif qu'elle était tenue d'accomplir, une des parties a causé un préjudice à l'autre. La *résiliation* appartient à la catégorie des faits qui mettent fin au contrat d'adjudication. La *mise en régie*, au contraire, peut être prononcée en cours d'exécution des travaux.

D'après les clauses et conditions générales « lorsqu'un ouvrage languira faute de matériaux, ouvriers, etc., etc., de manière à faire craindre qu'il ne soit pas achevé aux époques prescrites ou que les fonds crédités ne puissent être consommés dans l'année, l'administration peut prononcer la *mise en régie.* » Le retard n'est cependant pas

[1] Cons. d'Ét., arr. des 14 février 1845 (*Saigne*) et 18 août 1857 (*Bananain*).

le cas unique de mise en régie, et il a été jugé avec raison que ce moyen de coercition peut être employé toutes les fois qu'il y a inexécution, d'une manière quelconque, des clauses du devis et aussi lorsque l'entrepreneur oppose une résistance non justifiée aux ordres des ingénieurs.

L'inexécution du devis, alors même que les travaux marcheraient sans retard, peut autoriser la mise en régie, à moins cependant que les ingénieurs ou le préfet n'eussent prescrit des changements. L'ordre écrit de ces modifications couvrirait la responsabilité de l'entrepreneur, et ferait rejeter sur l'administration les conséquences de la mise en régie, si elle était prononcée nonobstant ces ordres[1].

Quelles sont les conditions de la mise en régie ? Elle est prononcée par un arrêté du préfet qui doit fixer le délai dans lequel l'entrepreneur sera tenu de se conformer aux injonctions de l'autorité, à défaut de quoi la régie commencera. Si l'entrepreneur n'obéit pas aux ordres que contient l'arrêté du préfet, la régie est organisée immédiatement.

Les frais de la régie sont à la charge de l'entrepreneur. S'il en résulte une augmentation de dépenses, elle est payée par lui, à la condition cependant que la mise en régie ait été dûment prononcée; car le surcroît serait supporté par l'administration si la régie n'avait pas été régulièrement ordonnée.

L'entrepreneur serait-il fondé, dans le cas où la mise en régie est indûment prononcée, à demander une indemnité pour la privation de bénéfice résultant de cette mesure? L'affirmative nous paraît établie : 1° par le droit commun auquel il n'a été dérogé par aucune disposition exceptionnelle; 2° par l'art. 34 clauses et conditions générales qui reconnaît le droit à indemnité dans le cas où la *résiliation* a été prononcée par l'administration sans que l'entre-

[1] Cons. d'Ét., arr. des 4 janvier 1851 (*Ohrt*) et 3 janvier 1863 (*Coupa*).

preneur eût donné des motifs pour l'ordonner contre lui [1].

Toute indemnité pour dommage ou pour privation de bénéfice, cesse d'être due lorsque l'entrepreneur a acquiescé à la mise en régie [2], soit expressément, soit tacitement [3].

La résiliation est prononcée tantôt dans l'intérêt de l'administration, et tantôt dans l'intérêt de l'entrepreneur. Comme tout propriétaire, l'administration a le droit de renoncer à l'entreprise et de résilier le marché. C'est la disposition qui est écrite dans l'art. 1794 C. civ. Ce principe du droit commun a été reproduit dans la législation spéciale aux travaux publics[4]. Alors même que cette résiliation serait l'effet d'un pur caprice, l'entrepreneur ne pourrait pas la faire annuler directement par les juridictions contentieuses; car c'est un acte d'administration pure contre lequel ne peut pas prévaloir la discussion juridique[5]. L'entrepreneur pourrait seulement soutenir que la résiliation étant purement arbitraire, il lui est dû une indemnité parce qu'elle a été prononcée en dehors des cas prévus par le cahier des charges [6].

Lorsque la résiliation est prononcée contre l'entrepreneur, soit pour cause de retard, soit pour inexécution des clauses du cahier des charges, elle n'est que l'application

[1] La jurisprudence du Conseil d'État s'est prononcée en sens contraire. Arr. du 12 août 1848 (*Nobilet*). L'opinion que nous avons adoptée au texte est soutenue par M. Christophle, t. I, p. 301, n° 377. *Contrà* Cotelle, n° 258.

[2] Cons. d'Ét., arr. des 26 novembre 1846 (*Jardin*) et 29 décembre 1853 (*Darfeuille*).

[3] La mise en régie, même indûment prononcée, est une mesure d'administration pure contre laquelle le pourvoi contentieux n'est pas directement possible. Les entrepreneurs n'ont que le droit de réclamer une indemnité ; mais le Conseil d'État serait incompétent pour faire cesser la régie.

[4] Décret du 16 décembre 1811, art. 15.

[5] Cons. d'Ét., arr. des 24 juillet 1848 (*Midy*), 12 décembre 1851 (*Nobilet*) et 5 janvier 1860 (*Bénac*).

[6] Cons. d'Ét., arr. des 12 décembre 1851 (*Nobilet*), 26 juin 1856 (*Murgues*).

de la clause tacite inhérente à tout contrat synallagmatique (art. 1184 C. civ.) [1]. Ordinairement en ce cas la mise en régie précède la résiliation; mais ce qui est un usage n'est pas une obligation, et l'administration a la faculté de choisir entre la résolution et la régie (art. 35, cl. et cond. génér. des ponts et chaussées). La résolution est prononcée par arrêté du préfet, et cet arrêté est soumis à l'approbation du ministre compétent. C'est aussi le préfet qui prononce la résiliation en matière de travaux communaux [2].

L'entrepreneur ne peut pas réclamer d'indemnité lorsqu'il a, par sa négligence ou son incapacité, donné lieu à la résolution. Il est naturel qu'il supporte les conséquences pécuniaires d'une mesure que sa faute a rendue nécessaire [3].

§ V. — EFFETS DE L'ENTREPRISE DES TRAVAUX PUBLICS A L'ÉGARD DES TIERS.

Nous avons déjà étudié plusieurs des effets que l'entreprise de travaux publics produit à l'égard des tiers : 1° la servitude d'extraction des matériaux; 2° l'expropriation pour cause d'utilité publique; 3° l'occupation temporaire. Il nous reste à nous occuper des dommages causés aux propriétés privées par les travaux publics.

Nous avons déjà dit que le dommage causé par les travaux publics diffère essentiellement de l'expropriation en ce que celle-ci dépouille le particulier de sa propriété, tandis que celui-là n'est que la « détérioration de la chose qui reste dans le domaine du propriétaire [4]. » Il y a grand

[1] Cons. d'Ét., arr. des 26 mai 1853 (*Vergereau*) et 30 décembre 1858 (*Mauge-Busselot*).
[2] Cons. d'Ét., arr. du 12 décembre 1851 (*Nobitlet*).
[3] Cons. d'Ét., arr. du 26 juin 1856 (*Murgues*).
[4] *Hiérarchie administrative*, par Trolley, t. V, n° 2607.

intérêt à savoir s'il s'agit d'un dommage ou d'une expropriation, notamment au point de vue de la compétence; car, pour l'expropriation, l'indemnité est fixée par le jury, tandis que le conseil de préfecture est compétent en matière de dommages[1]. Aussi la jurisprudence du Conseil d'État abonde-t-elle en arrêts qui ont pour objet de tracer la ligne de démarcation entre ces compétences.

D'après la jurisprudence administrative, tous les dommages ne donnent pas droit à indemnité. Il faut, pour que la réparation soit due, qu'il s'agisse de dommages *actuels, directs et matériels*. Quels sont les dommages qui doivent être considérés comme donnant lieu à indemnité ? Le Conseil d'État a eu à se prononcer sur des espèces fort diverses, et voici les principaux dommages auxquels s'applique la loi du 28 pluviôse an VIII, art. 4.

1° La diminution des facilités d'accès et le préjudice qui en est la conséquence pour la location et la vente des propriétés[2]. En ce cas, la dépréciation ne tient pas au déplacement général de la circulation dans une ville, mais au changement spécial de la propriété ;

2° L'exhaussement ou l'abaissement du niveau d'une route au-devant d'une maison[3]. Ce cas n'est que le développement du précédent. Le dommage est direct et matériel quoique les travaux ne touchent pas la maison. Par le fait seul de l'exhaussement ou de l'abaissement du niveau, les accès peuvent être rendus non-seulement difficiles, mais même impossibles, et cela suffit pour constituer le dommage direct et matériel. Il suffit que le dommage soit une conséquence certaine des travaux;

3° L'infiltration des eaux dans les caves d'une maison,

[1] Le conseil de préfecture n'est pas compétent pour faire cesser le dommage même, mais seulement pour accorder une indemnité. Arr. Cons. d'Ét. du 14 mars 1873 (*Douault*).

[2] Cons. d'Ét., arr du 28 juillet 1852 (*commune de Maulde*).

[3] Cons. d'Ét., arr. des 15 mars 1844 (*Scalabre*), 3 novembre 1853 (*Delattre*) et 30 mars 1867 (*Vernhet*).

si cette infiltration provient du mauvais état des aqueducs existant sous la voie publique[1];

4° L'inondation d'une propriété par un cours d'eau[2];

5° L'accumulation des eaux pluviales ou naturelles devant une propriété[3];

6° La dépréciation des produits d'un étang par suite de la dérivation d'une rivière[4];

7° La corrosion des rives d'un fleuve par suite de la direction imprimée au courant de l'eau par des travaux exécutés dans l'intérêt de la navigation[5];

8° La suppression ou la diminution de la force motrice des usines ayant une existence légale[6];

9° Le dommage temporaire causé par le chômage d'une usine[7];

10° Les éboulements ou glissements de terrains sur les fonds inférieurs[8];

11° Le changement des conditions de salubrité et d'habitation d'une maison, alors même que la maison ne serait pas touchée par les travaux[9].

En résumé, il faut que le dommage soit *actuel*, et aucune indemnité ne pourrait être réclamée pour *dommages éventuels; direct*, c'est-à-dire qu'il soit la conséquence immé-

[1] Cons. d'Ét., arr. des 16 février 1854 (*commune de Dammery*), 25 janvier 1855 (*ville d'Amiens*), 15 mai 1856 (*ville d'Amiens*), 10 décembre 1857 (*Breuillier*), 5 janvier 1860 (*Turban*).

[2] Trib. confl., 2 juillet 1851 (*Fizes*); Cons. d'Ét., arr. des 22 février 1855 (*de Massol*), 4 juin 1857 (*commune d'Osne-le-Val*).

[3] Cons. d'Ét., arr. du 11 mai 1854 (*compagnie du chemin de fer du Nord*).

[4] Cons. d'Ét., arr. du 17 novembre 1824 (*Vigne*).

[5] Cons. d'Ét., arr. du 28 décembre 1850 (*Martin Merrier*).

[6] Cons. d'Ét., arr. des 22 juin 1850 (*Rambaud*), 16 novembre 1850 (*Moulins de Moissac*).

[7] Cons. d'Ét., arr. des 6 janvier 1853 (*Leblanc-Daveau*), 30 mars 1867, (*Foucheyrand*).

[8] Cons. d'Ét., arr. des 16 février 1860 (*Debains*) et 29 mars 1860 (*Hagermann*).

[9] Cons. d'Ét., arr. des 10 décembre 1857 (*compagnie du chemin de fer de Lyon*), 30 mars 1854 (*Phalipau*), 18 août 1856 (*Péan de Saint-Gilles c. ministre de la guerre*), 3 juillet 1861 (*Delbert*).

diate et non la conséquence éloignée des travaux publics; *matériel*, c'est-à-dire d'une appréciation facile.

L'indemnité n'est pas due seulement pour dommages causés aux propriétés, mais aussi pour dommages causés aux personnes, ainsi que cela résulte du mot « *torts* » qu'emploie l'art. 4 de la loi du 28 pluviôse an VIII. En conséquence, l'administration ou les concessionnaires devraient indemniser les habitants qui auraient souffert de maladies causées par l'insalubrité résultant des travaux publics [1].

Si l'indemnité est due, par qui sera-t-elle fixée ? Le conseil de préfecture sera compétent pour les torts faits aux personnes comme pour les dommages aux propriétés tant mobilières [2] qu'immobilières? La question me paraît devoir être résolue par une distinction. Si le dommage aux personnes est essentiel aux travaux (lorsque, par exemple, les travaux sont insalubres), le conseil de préfecture sera compétent conformément à l'art. 4 de la loi du 28 pluviôse an VIII. Que si, au contraire, le tort résulte d'une négligence commise par l'administration ou par les concessionnaires, les tribunaux ordinaires devront être saisis; car il s'agit d'un cas de responsabilité fondé sur le droit commun (art. 1384, C. civ.) [3].

CONCESSION.

La concession est un acte par lequel l'administration subroge à ses droits un particulier ou une compagnie.

[1] Cons. d'Ét., arr. du 20 mars 1855 (*compagnie du chemin de fer d'Avignon*).

[2] Cons. d'Ét., arr. du 14 mai 1858 (*Delenne*). Cet arrêt décide que le dommage causé à la propriété mobilière donne droit à indemnité comme celui qui atteindrait une propriété immobilière.

[3] C. d'Angers, arr. du 22 novembre 1836 (*Fouassier c. ville du Mans*). La compétence de l'autorité judiciaire, en ce cas, a été consacrée par la jurisprudence du Conseil d'État. Arr. sur conflit du 22 novembre 1863. Deux arrêts du même jour. Tribunal des conflits, arr. du 7 mars 1874 (*Desmolles*). Dans le même sens : C. de Paris, arr. du 23 juin 1863.

C'est une mesure discrétionnaire qui n'implique aucun droit préexistant de la part du bénéficiaire, et qui est la source première des actions acquises à ce dernier. Elle se distingue de la *permission* ou *autorisation* en ce qu'elle confère au concessionnaire des droits qui ne peuvent pas lui être enlevés arbitrairement sans indemnité, tandis que les permissions sont révocables *ad nutum*. Quelquefois cependant la loi emploie ces mots l'un pour l'autre, et c'est ainsi que la permission de créer un établissement sur une rivière navigable ou flottable est, dans plusieurs textes, appelé *concession*. Cette confusion vient de ce que la terminologie, en cette matière, n'est pas bien fixée.

La loi se sert du mot *concession* pour désigner la vente de biens domaniaux dans les cas où cette aliénation qui, en principe, doit être faite aux enchères, peut exceptionnellement être conclue de gré à gré. Art. 41 de la loi du 16 septembre 1807. « Le gouvernement *concédera*, aux conditions qu'il aura réglées, les marais, lais, relais de la mer, les droits d'endigage, les accrues, atterrissements et alluvions des fleuves, rivières et torrents, quant à ceux de ces objets qui forment propriété publique et domaniale. » Ici le mot *concession* est employé par opposition à *vente par adjudication*. Il signifie concession amiable par l'État, et rentre dans la définition que nous avons donnée plus haut; car c'est un acte discrétionnaire par lequel l'État subroge un particulier à ses droits sur des biens domaniaux. Pourquoi la loi du 16 septembre 1807 a-t-elle employé le mot *concession* au lieu de se servir des mots *vente amiable ?* C'est que le mot *vente* aurait été trop restreint. En effet l'art. 41 dit que cet abandon aura lieu « aux conditions réglées par le gouvernement. » Or ces conditions pourraient être tout autres que celles qui constituent le contrat de vente. Ainsi, au lieu d'un prix en argent qui est essentiel à la vente, le gouvernement pourrait imposer d'autres charges qui ne rentreraient pas dans cette espèce d'acte. C'est pour cela que le législateur a employé un mot d'une acception moins rigoureusement déterminée et pouvant se prêter aux combinaisons les plus variées.

Nous avons étudié plus haut la concession des mines.

Le mot *concesion* est surtout employé dans le langage administratif pour désigner les actes par lesquels l'État, le département ou la commune traitent avec une personne ou ordinairement une compagnie qui s'engage à exécuter des travaux publics, à la condition d'exercer tous les droits du concédant et notamment de percevoir les péages auxquels pourrait donner lieu l'exploitation des ouvrages. Ainsi le concessionnaire qui construit un pont, un chemin de fer, profite de tous les produits que donnera l'exploitation du pont ou du chemin de fer. Il ne faut pas confondre le *concessionnaire* avec l'*entrepreneur*. L'entrepreneur traite avec l'administration et fait un louage d'industrie. L'administration lui doit le prix des travaux et, cette somme une fois acquittée, elle est dégagée de toute obligation envers l'entrepreneur, qui de son côté n'a aucun droit sur les ouvrages. Au contraire, le concessionnaire est subrogé aux droits de l'administration, et pendant un temps plus ou moins long, il est dans la même position où serait le concédant s'il avait fait les travaux directement. Le concessionnaire a un droit réel sur l'objet de la concession, tandis que l'entrepreneur n'a jamais avec l'administration que des rapports personnels de créancier à débiteur. Ordinairement même le concessionnaire se charge de faire exécuter les travaux, et c'est lui qui traite avec un entrepreneur; car il est subrogé tant aux obligations qu'aux droits du concédant.

La concession est tantôt *directe* et tantôt *indirecte*. La première résulte d'un traité individuel entre les parties, sans concurrence ni publicité, tandis que la seconde a lieu par voie d'adjudication. Mais, dans les deux cas, qu'elle soit directe ou indirecte, elle est toujours facultative. Ici apparaît la vraie différence entre le concessionnaire et l'entrepreneur. L'entreprise est, en principe, donnée à l'adjudication, et l'administration ne doit refuser aucun des concurrents qui réunissent les conditions réglementaires. Au contraire, la concession a généralement lieu à l'amiable, et ce n'est que par exception que l'adjudication se fait avec publicité au choix du concédant, qui peut fixer les conditions de cette dérogation à la règle, tant pour les formes à suivre que pour les candidats à admettre.

Le contrat de concession, comme celui d'entreprise [1], est fait en vue des garanties personnelles qu'offre le concessionnaire. D'où la conséquence que ce dernier ne pourrait pas, sans l'agrément du concédant, céder à un tiers le bénéfice de son traité [2]. Mais la nullité serait couverte par le consentement du concédant à la cession [3].

Nous avons dit que l'administration avait le droit de choisir son concessionnaire et qu'elle n'était astreinte par aucune loi à circonscrire dans certaines limites l'exercice de son choix. Il y a exception à cette règle en matière de marais. L'art. 3 de la loi du 16 septembre 1807 porte : « Lorsqu'un marais appartiendra à un seul propriétaire, ou lorsque tous les propriétaires seront réunis, la concession du desséchement leur sera toujours accordée, s'ils se soumettent à l'exécuter dans les délais fixés, et conformément aux plans adoptés par le gouvernement. » Si une commune est propriétaire des marais à dessécher, elle peut, comme

[1] C'est un contrat synallagmatique, à titre onéreux et commutatif. C'est à tort que M. Delalleau l'a qualifié de *contrat aléatoire* (*Revue de législation et de jurisprudence*, 1835, t. Ier, p. 183).

[2] C. cass., arr. du 14 février 1859 (*Mancel*) et C. de Paris, arr. du 12 février 1856 (*même affaire*).

[3] Il n'y aurait pas cession tombant sous l'interdiction exposée au texte si le concessionnaire permettait à un commerçant d'établir entre ses magasins et le chemin de fer un embranchement destiné aux transports de la maison de commerce, lorsque surtout les marchandises doivent être transportées avec le matériel de la compagnie. C. cass., arr. du 14 novembre 1860 (*chemin de fer de Lyon*). Dans cette espèce, en effet, le tiers n'est pas subrogé aux droits de la compagnie concessionnaire, qui continue à exploiter la ligne concédée et exploite même l'embranchement dont elle a autorisé la construction.

tout propriétaire, prétendre à la préférence de la concession ; mais si elle n'était pas propriétaire des marais, elle ne pourrait pas demander au profit de ses plus notables habitants une préférence à la concession des marais situés sur son territoire [1]. Au propriétaire seul de ces marais appartient la préférence, et la commune est sans qualité pour la demander, soit pour elle, soit au profit de ses habitants.

MARCHÉS DE FOURNITURES.

Les marchés de fournitures offrent plus d'une ressemblance avec les traités de travaux publics ; mais il importe de déterminer avec précision la limite qui sépare ces deux espèces de contrats. En effet, l'intérêt est considérable au point de vue de la compétence des juridictions chargées de prononcer sur les contestations que soulèvent ces deux matières. Nous avons vu que le conseil de préfecture est compétent pour connaître de la plupart de ces difficultés lorsqu'il s'agit de travaux publics. Il statue : 1° sur les contestations entre l'administration et l'entrepreneur ; 2° sur les réclamations élevées par les tiers en réparation du dommage causé par les travaux publics. Cette règle est la même qu'il s'agisse de travaux publics généraux, départementaux ou communaux. Pour les marchés de fournitures, la règle est différente. Lorsque ces traités intéressent l'État, le ministre est compétent en premier ressort, et l'appel est porté au Conseil d'État (décret du 11 juin 1806). Quant aux fournitures qui sont faites aux départements ou aux communes, les tribunaux ordinaires, civils ou de commerce, sont compétents pour connaître des difficultés en cette matière. Il n'existe, en effet, aucune disposition qui, sur ce point, ait dérogé aux règles ordinaires.

Puisque, d'après ce qui précède, l'intérêt de la distinction est grand, il faut rechercher cette différence quoiqu'il

[1] Cons. d'Ét., arr. du 27 avril 1859 (*commune de Xaintes*).

y ait beaucoup de difficulté à l'établir. En effet, souvent l'entrepreneur est, en même temps, fournisseur, et que ces deux qualités soient réunies sur une seule tête ou séparées, il est toujours malaisé de dire où finit le fournisseur et où commence l'entrepreneur.

Le fournisseur s'engage à procurer des denrées, des matériaux ou des substances qui sont destinées à être absorbés par la consommation soit domestique, soit industrielle. L'entrepreneur s'engage à faire une œuvre qui constitue précisément la consommation industrielle pour laquelle travaille le fournisseur. S'il m'était permis d'employer une comparaison vulgaire, je dirais que le marchand de draps est un fournisseur, que le tailleur est un entrepreneur et que le marchand tailleur correspond à cette catégorie mixte que forment les entrepreneurs fournisseurs. Un arrêt du Conseil d'État a qualifié de marché de fournitures un traité par lequel une personne s'engage à enlever les boues d'une ville[1]. Cependant il serait difficile de dire en quoi consiste la fourniture dans ce cas. L'entrepreneur ne fournit rien, et par conséquent il serait plus conforme à la nature des faits de qualifier cette convention *marché de travaux.* — Lorsque le marché tient de la fourniture et des travaux publics, il faut considérer quelle est la partie principale et quelle est la partie accessoire. C'est la partie principale qui doit caractériser l'ensemble. Ainsi le Conseil d'État a jugé avec raison que la vente d'une horloge à une commune est un marché de fournitures, quoique l'horloger s'engage à faire les travaux nécessaires pour la pose[2].

La question a été plaidée à l'occasion d'un traité fait entre une commune et une ville pour l'éclairage au gaz. Le caractère mixte de la convention tenait à ce que :

[1] Cons. d'Ét., arr. du 27 août 1828 (*commune de Dol*). Cet arrêt, qu'approuve M. Serrigny, est avec raison critiqué par MM. Dufour, t. VII, n° 266 et Christophle, t. I, p. 27, n° 24.

[2] Cons. d'Ét., arr. des 28 février 1859 (*Delpy*), 13 juin 1860 (*commune de Rigny-la-Selle*) et 10 janvier 1860 (*commune de la Plagne*).

1° l'obligation de fournir le gaz nécessaire à l'éclairage de la ville est un marché de fournitures; 2° les travaux nécessaires à la canalisation et à la pose des tuyaux sont un marché de travaux publics. Où est le principal et où est l'accessoire? Qu'est-ce qui caractérisera l'ensemble de la convention? Le Conseil d'État a décidé que le tout constituait un marché de travaux publics et que, par conséquent, le conseil de préfecture serait compétent en cette matière[1]. Mais nous adoptons, comme conforme à la nature des choses et à l'esprit de la loi, une distinction qui a été proposée par plusieurs jurisconsultes. La canalisation et la pose des tuyaux sont, par leur nature, des entreprises de travaux publics. Aussi, pour toutes les contestations relatives à l'ouverture des canaux et à la pose des tuyaux, le conseil de préfecture devra être saisi des contestations soulevées par l'exécution du traité. Pour tout ce qui est relatif au gaz, à la production et à la consommation, le traité n'est plus qu'un marché de fournitures et la compétence du conseil de préfecture prend fin.

VI

RESPONSABILITÉ DES AGENTS DU GOUVERNEMENT ET AUTORISATION DE POURSUIVRE.

Le principe de la responsabilité des agents du gouvernement fut proclamé, à l'occasion du renvoi de Necker, par un décret du 13 juillet 1789, portant déclaration que « les ministres et agents civils et militaires seraient responsables de toute entreprise contraire aux droits de la nation et aux décrets de l'Assemblée. » Ce principe, que la Constituante avait établi *ab irato* dans un mouvement d'indignation provoquée par le renvoi d'un ministre populaire, fut

[1] Cons. d'Ét., arr. du 15 février 1848 (*compagnie de l'éclairage au gaz de Saint-Étienne*). C. Cass., arr. du 24 juillet 1867. V. Serrigny, *Questions et Traités*, p. 629.

inscrit dans la déclaration des droits de l'homme du 3 septembre 1791. L'art. 15 disposait que « la société avait le droit de demander compte à tout agent public de son administration. »

Pendant longtemps la responsabilité des agents du gouvernement a été restreinte par un article de la Constitution du 22 frimaire an VIII, article qui a survécu même à la chute de la loi dont il faisait partie: « Les agents du gouvernement, autres que les ministres, ne peuvent être poursuivis pour faits relatifs à leurs fonctions qu'en vertu d'une autorisation du Conseil d'Etat. En ce cas, la poursuite a lieu devant les tribunaux ordinaires. » Cette disposition a été abrogée par une disposition du gouvernement de la défense nationale du 19 septembre 1870. Mais, pour bien déterminer les effets de cette abrogation et sa véritable portée, nous donnerons l'explication de l'art. 75 comme s'il était encore en vigueur.

L'art. 75 de la Constitution ne s'applique pas aux ministres. D'où vient cette exception ? Elle tient à ce que d'après la Constitution consulaire, art. 73 et 74, les ministres étaient justiciables de la haute Cour et qu'ils ne pouvaient être déférés à ce tribunal suprême qu'en vertu d'un décret du Corps législatif. Les mots *autres que les ministres* n'ont donc pas voulu refuser aux ministres la garantie dont jouit le plus petit agent; ils ont, au contraire, été placés dans l'article pour indiquer que les chefs de l'administration avaient encore une garantie plus élevée.

L'art. 75 a eu pour objet de protéger les agents administratifs et l'administration elle-même contre les tribunaux inamovibles. La garantie ne s'applique donc pas aux magistrats, soit parce qu'ils ne sont pas *agents du gouvernement* dans le sens usuel de ces mots, soit parce que le motif de la loi ferait complétement défaut. Le Code de procédure a établi pour la prise à partie (art. 505 et suiv.) des formes particulières qu'il faudra suivre, et, en matière criminelle, le Code d'instruction criminelle (art. 479 et suiv.) a organisé une compétence spéciale pour juger les crimes et délits commis par les magistrats. Les officiers de police judiciaire n'appartiennent pas, comme tels, à l'administration ; tantôt ils sont magistrats et tantôt ils agissent comme auxiliaires de la justice sous la surveillance du ministère public ; l'administration n'est donc pas intéressée dans les poursuites dirigées contre eux, et c'est pour cela que l'action peut être portée directement devant les tribunaux.

Tous les fonctionnaires de l'ordre administratif ne sont pas couverts par la garantie constitutionnelle ; il y en a parmi eux qui, tout en rendant des services importants, ne font que préparer les décisions ou les actes, et ne sont eux-mêmes investis d'aucune autorité propre. Un chef de division n'est pas un agent du gouvernement, puisque la loi ne lui confie aucune action ; c'est un employé supérieur dont les travaux sont purement intérieurs et ne se manifestent pas au public par des actes ou décisions obligatoires pour les tiers.

Cependant l'autorisation deviendrait nécessaire si le chef de division avait, par une délégation expresse, été chargé d'une portion d'autorité ; celui qui est *accidentellement* agent de l'administration a droit à la garantie, tout aussi bien que s'il était investi d'un caractère permanent ; car ce que l'art. 75 veut protéger, c'est l'action administrative à l'occasion des poursuites dirigées contre un agent administratif[1].

Le professeur est un fonctionnaire, et la jurisprudence a décidé que l'outrage qui lui est adressé, pendant qu'il est dans sa chaire, donne lieu à l'aggravation de peine édictée par la loi sur la presse[2] ; mais il n'est pas agent du gouvernement ni dépositaire, à un degré quelconque, de l'autorité publique, et c'est pour cela que l'art. 75 ne lui est pas applicable.

[1] Arrêt du 7 janvier 1843 (*Hourdequin*).

[2] C. de Paris, arr. du 8 mars 1856, et Cabantous, *Répétitions écrites sur le Droit public et administratif*, p. 534, n° 685.

Le secrétaire de la mairie est un simple employé municipal, et d'un autre côté c'est un auxiliaire du maire sans aucune autorité propre ; l'art. 75 ne le couvre pas [1].

A quels caractères reconnaîtra-t-on si un agent est dépositaire de l'autorité publique et à quel degré faut-il que la puissance lui ait été déléguée pour que l'art. 75 lui soit applicable? Il suffit que l'autorité lui appartienne à un degré quelconque, et spécialement la jurisprudence décide que les fonctionnaires de l'ordre administratif sont agents du gouvernement lorsqu'ils ont le droit de *dresser des procès-verbaux.* Cette doctrine se dégage de nombreuses décisions du Conseil d'État et, en particulier, des décrets qui ont reconnu que l'art. 75 était applicable aux vérificateurs des poids et mesures depuis qu'ils avaient le droit de dresser des procès-verbaux, en vertu de l'art. 7 de la loi du 4 juillet 1837 ; avant cette loi, au contraire, la jurisprudence décidait que l'art. 75 ne leur était pas applicable [2].

Quoiqu'ils aient qualité pour dresser des procès-verbaux les gardes forestiers des particuliers ne peuvent pas invoquer l'art. 75, et la raison en est que ce ne sont pas des *agents du gouvernement,* mais des préposés au service des porpriétaires [3]. Il a été aussi décidé que les porteurs de contrainte [4] et les capitaines ou lieutenants de louveterie [5] n'ont pas droit à la garantie. La jurisprudence du Conseil d'État décide également que la garantie ne couvre pas les *gardes champêtres* parce qu'ils ne sont pas agents du gouvernement, mais seulement préposés communaux [6]. Les gendarmes et brigadiers de gendarmerie agissent tantôt comme *agents d'exécution* et tantôt comme *officiers de police judiciaire.* Dans l'un comme dans l'autre cas, ils ne peuvent

1 Ord. du 12 août 1845 et décr. du 9 janvier 1856.

2 Ord. du 23 juillet 1841 ; — arrêt du 8 juillet 1819 et avis du Conseil d'État du 15 janvier 1813.

3 Arrêt de la Cour de cassation du 29 juillet 1824.

4 Décret du 5 septembre 1810 et du 10 novembre 1857.

5 Arrêt du 21 janvier 1837.

6 Décret du 6 décembre 1852.

opposer l'art. 75, parce que les agents d'exécution ne sont dépositaires d'aucune partie de l'autorité publique et que les officiers de police judiciaire ne sont pas, en cette qualité, des agents de l'ordre administratif[1].

Les maires ont une double qualité puisqu'ils sont, à la fois, délégués du pouvoir central, pour l'exécution des lois et règlements, et représentants de l'administration communale. Il n'est pas douteux qu'au premier point de vue ils ne soient des agents du gouvernement protégés par l'art. 75. Relativement à leurs attributions comme administrateurs de la commune, la qualité d'agents du gouvernement leur est contestée. Cependant il a été reconnu que l'administration communale fait partie de l'administration générale et que les maires y concourent, dans le cercle de la circonscription communale, en vertu de la nomination émanée du gouvernement. Dans l'administration municipale, le maire est agent du gouvernement par des raisons analogues à celles qui ont fait décider que les travaux communaux pouvaient être des travaux publics.

Après la révolution de février 1848, la nomination des maires fut confiée aux conseillers municipaux dans les communes ayant moins de 6,000 habitants. Ces maires procédant de l'élection n'en étaient pas moins des agents du gouvernement, sinon par le mode de nomination, au moins par les fonctions dont ils étaient investis. La jurisprudence continua de leur appliquer l'art. 75.

Ce que la loi a voulu garantir, c'est l'indépendance des personnes auxquelles est *confiée l'action*, ainsi que cela résulte de l'expression *agents* dont se sert la Constitution consulaire. Quant à celles qui consistent dans des délibérations tantôt consultatives, tantôt exécutoires par elles-mêmes, il n'a pas été dans la pensée de la loi de les couvrir. Les membres des conseils généraux, d'arrondissement et municipaux ou de fabrique, s'ils avaient commis un dol ou une

[1] Décret des 1er août, 24 août et 10 novembre 1857.

fraude tendant à corrompre la sincérité de la délibération, pourraient donc être poursuivis sans autorisation préalable[1]. Il en serait de même du maire si, au lieu d'être attaqué comme tel, il était poursuivi comme membre du conseil municipal. Même dans le cas où le gouvernement l'aurait pris en dehors du conseil municipal, la solution ne changerait pas, si le maire était attaqué seulement comme membre du corps délibérant.

C'est par la même raison que le Conseil d'État a décidé que la garantie ne s'appliquait ni aux membres d'un conseil de préfecture, ni à ceux du Conseil d'État. Sans doute, lorsqu'ils procèdent en vertu d'une délégation spéciale qui les commet pour une opération déterminée, par exemple les conseillers de préfecture chargés de présider une adjudication, l'art. 75 devient applicable parce qu'alors ils agissent et ne se bornent pas à délibérer ; mais s'ils statuent sur des affaires contentieuses ou donnent des avis en matière administrative, la raison de la loi cesse de s'appliquer, et la poursuite peut être intentée directement devant les tribunaux.

Le législateur a voulu protéger la fonction en couvrant le fonctionnaire. Il en résulte que si les faits donnant lieu aux poursuites sont étrangers à la fonction, l'autorisation préalable n'est point nécessaire. Nous concluons aussi de là que si les héritiers d'un fonctionnaire décédé ou le fonctionnaire lui-même, après la cessation de ses fonctions, pour un motif quelconque, venaient à être poursuivis pour faits relatifs aux fonctions, ils pourraient invoquer la garantie constitutionnelle. Une exception a cependant été faite en ce qui concerne les *comptables destitués*, par un avis du Conseil d'État régulièrement approuvé le 16 mars 1807, mais cette exception ne fait que confirmer la doctrine que nous avons admise à l'égard des héritiers des fonctionnaires ou

[1] Décr. du 8 novembre et du 31 juillet 1853. — Cour de Rouen, arrêt du 17 novembre 1853 ; Nancy, arr. du 7 mars 1868.

des fonctionnaires eux-mêmes, après la cessation de leurs fonctions.

Que faut-il entendre par le mot *poursuite* qui est employé dans l'art. 75 ? Incontestablement il s'applique aux actions portées devant les tribunaux criminels et correctionnels, soit par le ministère public, soit par les parties en vertu du droit de citation directe ; aucune controverse ne s'est élevée sur ce point. Mais des jurisconsultes et quelques décisions judiciaires ont restreint le sens du mot *poursuite* aux actions criminelles, à l'exclusion des demandes à fins civiles ; d'après cette doctrine, les agents du gouvernement pourraient être traduits devant les tribunaux civils, sans autorisation préalable. Cette interprétation est une restriction arbitraire du mot *poursuite* qui, d'après son sens naturel, est général et s'entend de toutes les réclamations portées devant la justice, depuis la demande introductive jusqu'aux voies d'exécution. Le motif de l'art. 75 s'applique d'ailleurs tant aux poursuites civiles qu'aux poursuites criminelles, puisque les agents administratifs pourraient être inquiétés par des condamnations à des dommages-intérêts tout aussi bien que par des amendes. Aussi la jurisprudence a-t-elle exigé l'autorisation préalable pour les poursuites civiles, et elle ne distingue même pas entre les actions possessoires et les demandes pétitoires. Spécialement, elle a décidé qu'un maire qui, pour l'arpentage d'un terrain communal, passe sur la propriété d'un particulier ne pourrait pas être assigné en complainte sans l'autorisation du Conseil d'État[1].

L'autorisation du Conseil d'État ayant pour objet de défendre l'administration contre les tribunaux inamovibles, il est évident qu'elle touche à la matière des juridictions et que, par conséquent, elle est d'ordre public comme toutes les questions qui intéressent les compétences ; il en faut conclure que le défaut d'autorisation peut être opposé en

[1] C. cass., ch. civ., arrêts du 30 juillet 1861 et du 21 août 1855.

tout état de cause et même, pour la première fois, devant la Cour de cassation [1].

La transmission de la demande au Conseil d'État se fait ordinairement par le ministre de la justice et quelquefois directement, d'après les distinctions suivantes. S'agit-il d'une action publique, la demande en autorisation est adressée par le procureur général au garde des sceaux, qui envoie le dossier au Conseil d'État, en donnant avis de la demande au ministre dans le département duquel rentre l'agent. Quant aux parties, on distingue entre l'action correctionnelle et l'action civile en dommages-intérêts. Pour les actions correctionnelles, il faut que la partie dépose une plainte et que le juge d'instruction ait commencé à faire un commencement d'instruction. Ce n'est qu'à cette condition que le Conseil d'État statuera sur la demande. Constamment il repousse des demandes en autorisation en déclarant qu'il n'y a lieu à statuer par le motif qu'il n'existe « *ni plainte ni commencement d'instruction* [2]. » La demande, en ce cas, parvient au ministre de la justice par l'intermédiaire du procureur de la République et du procureur général. En matière civile, la partie peut s'adresser au Conseil d'État par une lettre ou pétition transmise par l'intermédiaire du procureur de la République ou du préfet qui l'envoient au ministre de la justice ou à celui de l' ntérieur. On admet aussi les demandes directement transmises au secrétariat général du Conseil d'État.

Le Conseil d'État peut prendre trois parties : 1° déclarer qu'il *n'y a pas lieu à statuer*, soit parce que les faits n'ont pas été commis dans l'exercice des fonctions, soit parce qne l'inculpé n'est pas au nombre des fonctionnaires que protége l'art. 75 de la Constitution de l'an VII ; 2° statuer au fond, et rejeter la demande en se fondant sur ce que les faits ne sont pas appuyés de preuves sérieuses ; 3° autori-

[1] C. cass., ch. civ., arr. du 31 juillet 1861 et du 30 novembre 1858.

[2] Entre beaucoup de décisions semblables, V. notamment 22 avril 1858 (*Boulet c. Gambart*).

ser les poursuites ; dans ce dernier cas, il a le droit d'entrer dans le fond des questions et des faits, et, par exemple, d'examiner si le demandeur a des preuves qui donnent à son accusation une suffisante consistance. Mais s'il est d'avis d'autoriser les poursuites, le Conseil ne doit pas motiver sa décision, afin que l'inculpé ne se présente pas devant ses juges chargé d'un préjugé d'autant plus grave qu'il émanerait d'un corps considérable.

Plusieurs lois ont consacré des exceptions aux règles que nous venons d'exposer. D'abord, en ce qui concerne les percepteurs des deniers publics, chaque année, la loi de finances contient un article qui permet de poursuivre directement les autorités qui établiraient des contributions illégales. Les autorités qui en ordonneraient l'établissement et les agents ou employés qui en confectionneraient les rôles peuvent être poursuivis comme concussionnaires, « sans préjudice, ajoute la disposition, de l'action en répé« tition pendant trois années contre tous percepteurs ou « autres individus qui auraient fait la perception, et *sans « que, pour exercer cette action devant les tribunaux, il soit « besoin d'une autorisation préalable.* »

D'autres dispositions exceptionnelles, tout en maintenant la nécessité de l'autorisation préalable, ont déféré à des autorités moins élevées la compétence pour statuer sur la demande en autorisation des poursuites.

Deux arrêtés du 9 pluviôse an X autorisent le directeur général des postes et celui de l'enregistrement et des domaines à traduire devant les tribunaux leurs employés subordonnés, sans qu'il soit besoin de demander l'autorisation au Conseil d'État. C'est aussi aux directeurs généraux des deux services que doivent s'adresser le ministère public et les parties qui veulent agir contre un employé, au criminel ou au civil, pour faits relatifs à leurs fonctions.

Un arrêté du 10 floréal an X donne au préfet le droit d'autoriser les poursuites contre les percepteurs des contributions directes. — Un autre arrêté du 28 pluviôse an XI accorde le même droit à l'administration générale des forêts, relativement à ses employés. Un arrêté du même jour confère au directeur général des douanes compétence pour autoriser les poursuites contre les agents de son administration, et dispense de toute autorisation préalable les poursuites contre un employé accusé de forfaiture[1].

L'autorisation du Conseil d'État n'est pas davantage exigée pour les poursuites contre les employés des poudres ou salpêtres. C'est aux administrateurs généraux que, d'après le décret du 28 février 1806, il appartient de statuer à leur égard.

Nous avons déjà dit que la garantie constitutionnelle cesse de protéger les comptables une fois qu'ils sont destitués ou démissionnaires. Cette exception résulte d'un avis du Conseil d'État régulièrement approuvé en date du 16 mars 1807[2]. Les motifs de cet avis ont, il est vrai, un caractère assez général; mais le dispositif est limité aux comptables, et ce serait suivre une voie de fausse interprétation que d'étendre la décision à tous autres agents, en s'appuyant sur la généralité des motifs, malgré le caractère spécial du dispositif. C'est cependant ce qu'a fait la Cour de cassation par arrêt du 28 septembre 1821 ; mais cette décision a été avec raison condamnée par la jurisprudence du Conseil d'État ainsi que par la doctrine[3].

L'art. 244 de la loi du 8 avril 1816, reproduisant la loi du 8 décembre 1814, art. 144, dispense de toute autorisation préalable les poursuites criminelles contre les employés de la régie des contributions indirectes. « Les préposés ou employés de la régie prévenus de crimes ou délits commis

[1] L. du 28 avril 1816, art. 55. Hors le cas de forfaiture, l'autorisation est toujours exigée (arr. du 24 août 1844) (*Bucher*).

[2] Arr. des 28 septembre 1821 (*Buscholtz*), 5 juillet 1823 (*Rassel*), 24 juin 1847 (*Pellion*), 21 décembre 1850 (*Delauney*).

[3] Mangin, *Action publique*, n° 257, t. II, p. 45. Faustin Hélie, *Instruction criminelle*, t. III, p. 414. Dufour, *Droit administratif appliqué*, 2e éd., t. VI, p. 393. — Ord. du 14 décembre 1825 et décrets des 28 avril 154 (*ville de Lusset*) et 10 juin 1854 *Dard*).

dans l'exercice de leurs fonctions seront poursuivis et traduits, dans les formes communes à tous les citoyens, devant les tribunaux compétents, sans autorisation préalable de la régie. Seulement le juge instructeur, lorsqu'il aura décerné un mandat d'arrêt, sera tenu d'en avertir le directeur des impositions indirectes du département de l'employé poursuivi ; le tout conformément aux dispositions de la loi du 8 décembre 1814, art. 144, ». Avant 1814, l'autorisation était donnée par le directeur général des contributions indirectes, en vertu de la disposition exceptionnelle contenue dans un arrêté du 28 messidor an XIII.

Les lois de 1814 et 1816 ne dispensent de l'autorisation que les poursuites pour crimes ou délits. Comme l'autorisation est la règle générale, et que l'exception doit être limitée aux termes dans lesquels elle est conçue, il semble qu'il faudrait maintenir la règle commune pour les actions civiles ; cette interprétation serait conforme à la lettre de la loi, mais elle s'éloignerait de son esprit. Si les poursuites correctionnelles sont dispensées de l'autorisation préalable, il en doit être de même, à plus forte raison, des actions civiles dont les résultats seront moins graves contre les administrateurs. Cet argument est d'autant plus fort qu'il nous ramène au droit commun, c'est-à-dire à la libre poursuite devant les tribunaux ordinaires [1].

L'ordonnance du 9 décembre 1814 ayant fait des octrois une branche de l'administration des contributions indirectes, il en résulte que les poursuites peuvent être formées contre les employés de l'octroi, sans aucune autorisation préalable, ni du Conseil d'État, ni du directeur [2].

Enfin il faut faire remarquer que l'autorisation n'est pas nécessaire lorsque les poursuites ont été ordonnées par décret. Cette exception se fonde sur ce motif que du chef de l'État émanent l'administration et la justice, et qu'il

[1] C'est ce qu'a décidé le Conseil d'État par ordonn. du 30 septembre 1830.
[2] Arr. du 25 août 1827 (*Marcel*) et du 19 mars 1830 (*Ruelle*).

n'est pas à craindre que des poursuites ordonnées par lui soient dirigées dans un esprit d'empiétement et d'usurpation.

Le décret du 19 septembre 1870 a abrogé non-seulement l'art. 75 de la constitution de l'an VIII, mais aussi « toutes autres dispositions des lois générales ou spéciales, ayant pour but d'entraver les poursuites dirigées contre les fonctionnaires publics de tout ordre. » La véritable signification de ce décret consiste en ce que les agents du gouvernement pourront, à l'avenir, être poursuivis devant les tribunaux de droit commun sans autorisation du Conseil d'État. Mais la poursuite directe ne peut être intentée que si le tribunal est compétent; l'abrogation de l'art. 75 n'a donc pas eu pour conséquence « d'étendre les limites de « la juridiction des tribunaux ni de supprimer la prohibi- « tion qui leur est faite par d'autres dispositions que celles « spécialement abrogées par le décret de connaître des actes « administratifs [1]. » En d'autres termes, toutes les dispositions, autres que celles qui protégeaient la personne des a gents, dont le but était d'assurer la séparation des pouvoirs, sont toujours en vigueur. Le décret du 19 septembre 1870 n'a eu pour effet que de permettre l'action directe devant les tribunaux ordinaires, et non d'étendre la compétence de ces derniers à des cas dont ils ne pouvaient pas précédemment connaître.

VII

DE L'AUTORISATION DE PLAIDER.

Nous avons, en examinant comment les personnes morales sont représentées dans les contrats et les procès, cité des dispositions qui obligent le plus grand nombre des établissements publics à se pourvoir de l'autorisation du con-

[1] Arrêt du tribunal des conflits du 30 juillet 1873 (*Pelletier* c. *Ladmirault* et *Chopin*).

seil de préfecture pour ester en justice. Nous chercherons, dans ce paragraphe, à réunir les dispositions éparses que nous avons déjà relevées. Prenons pour type l'autorisation de plaider des communes, la matière en ce qui les concerne ayant été traitée complétement par la loi du 18 juillet 1837, art. 49 et suivants. La comparaison des autres dispositions avec celles de la loi municipale nous montrera les différences et les ressemblances des divers établissements publics, sous le rapport spécial de l'autorisation de plaider.

Les art. 49 et suivants de la loi du 18 juillet 1837 considèrent successivement la commune comme demanderesse et comme défenderesse.

Nulle commune ne peut introduire une action en justice sans être autorisée par le conseil de préfecture. Du mot *introduire* qu'emploie l'art. 49, il résulte que la nécessité de l'autorisation du conseil de préfecture ne s'applique qu'aux actions introductives et non aux demandes incidentes, ni aux demandes reconventionnelles lorsqu'elles servent de défense à l'action principale, ni à l'appel incident[1], qui n'est, après tout, qu'une manière de se défendre contre l'appel principal. D'un autre côté, les termes dont se sert cet article sont généraux, et, comme ils ne distinguent pas entre les diverses espèces d'action, l'autorisation est exigée tant pour les actions réelles que pour les actions personnelles ou mixtes. Il faut d'ailleurs que l'autorisation soit préalable, et la demande qui serait formée par la commune non autorisée serait rejetée comme introduite par un incapable. Cependant l'art. 55 de la loi du 18 juillet 1837 permet au maire de faire, sans autorisation, les actes con-

[1] La jurisprudence est fixée dans ce sens : C. cass., 7 juillet 1846, 5 juillet 1847, 12 décembre 1853, 24 décembre 1855, 2 juillet 1862. — On peut cependant citer en sens contraire deux arrêts, l'un de Limoges, 24 février 1842, et l'autre de Dijon, du 17 novembre 1843.

Sur les demandes incidentes, voir C. cass., 17 novembre 1824, 7 janvier 1835, 14 mai 1835. — Reverchon, *Autorisation de plaider*, 2e édit., p. 27, n° 10.

servatoires et d'intenter les actions possessoires. Or, parmi les actes conservatoires, se trouve au premier rang l'action en justice intentée pour interrompre la prescription. Il peut arriver, en effet, que la prescription soit très-avancée, et qu'il y ait urgence à conserver le droit de la commune. Le maire qui agit conservatoirement doit, avant le jugement, représenter l'autorisation du conseil de préfecture, et, en pratique, le tribunal fixe un délai dans lequel le maire devra se pourvoir de l'autorisation voulue, délai passé lequel il sera statué sur la recevabilité de la demande. En d'autres termes, s'il y a urgence, le maire qui agit conservatoirement est dispensé de l'*autorisation préalable*, mais non de l'autorisation elle-même. Il en est autrement de la seconde exception que consacre l'art. 55 de la loi du 18 juillet 1837 en matière d'actions possessoires. La dispense est absolue, car l'article met sur la même ligne les actions possessoires et tous les autres actes conservatoires. L'action en justice est régie par l'art. 49, et, en cas d'urgence, elle n'est dispensée que de la nécessité d'obtenir *préalablement* l'autorisation. Quant aux actes interruptifs extrajudiciaires, tels que le commandement et la saisie (2244 C. Nap.), ils peuvent être faits sans que l'autorisation du conseil de préfecture doive être représentée à une époque quelconque. Il en est de même de l'action possessoire que l'art. 55 assimile aux actes conservatoires.

La généralité des termes de l'art. 49 nous conduit à conclure que l'autorisation est exigée pour introduire une action devant toutes les juridictions, les tribunaux civils, les tribunaux de commerce et les justices de paix. En ce qui concerne les juges de paix, l'argument est corroboré par l'art. 55. Comme il n'excepte que les actions possessoires, les autres actions ne sont pas dispensées : *qui dicit de uno negat de altero*[1].

[1] L'autorisation est exigée dans le cas prévu par l'art. 15 de la loi du 21 mai 1836 (avis du comité de législation, du 19 mars 1840). — De la généralité des termes de l'article, la jurisprudence et la doctrine ont tiré la

Au reste, l'art. 49 est placé sous la rubrique des *Actions judiciaires* et ne parle que de l'autorisation exigée pour introduire *une action en justice*. Aussi les actions devant les juridictions administratives ne sont-elles pas soumises à cette formalité, et le maire peut notamment plaider devant le conseil de préfecture ou le conseil d'État sans se faire autoriser [1].

Lorsque la commune a été autorisée à introduire une action, elle ne peut pas se pourvoir devant un autre degré de juridiction, sans obtenir une nouvelle permission. Quoique la Cour de cassation ne soit pas un troisième degré de juridiction, nous pensons qu'une autorisation nouvelle serait nécessaire pour se pourvoir en cassation: car, au point de vue qui a fait créer cette formalité, il est évident que la Cour de cassation est un nouveau degré de juridiction. Que veut-on éviter, en effet? Que la commune ne fasse des procès téméraires et ne s'expose à payer des frais de justice. Or les dépens en Cour de cassation sont relativement élevés, et il serait bien extraordinaire que la commune pût se pourvoir devant la cour suprême sans autorisation du conseil de préfecture, tandis qu'elle ne pourrait pas agir sans cette formalité devant un juge de paix ou un tribunal de commerce, c'est-à-dire devant des juridictions où la procédure est moins coûteuse.

Si le conseil de préfecture refuse d'autoriser la commune, le maire a le droit de se pourvoir en autorisation devant le conseil d'État. Le conseil d'État *juge administrativement* le recours, ce qui signifie que le ministère des avocats au conseil d'État n'est pas exigé et que le pourvoi est examiné par une autre section que la section du contentieux.

conséquence que l'autorisation était nécessaire, même pour les actions à intenter devant les tribunaux de justice répressive. — V. en ce sens arr. de la Cour de Douai, du 10 juillet 1860. — Reverchon, *Autorisation de plaider*, p. 56; Serrigny, t. I, n° 408, p. 530, et Trolley, t. IV, n° 1872.

[1] Édit d'août 1764, art. 44. — Arr. du Cons. d'Ét. des 16 février 1826 (*commune d'Évry*), 16 janvier 1828 (*commune d'Étrechy*), 8 avril 1842 (*Recordere*), 19 janvier 1844 (*ville de Rouen*).

Ces affaires, en effet, sont aujourd'hui soumises à la section de l'intérieur, de la justice, de l'instruction publique, des cultes et des beaux-arts. Le pourvoi doit être formé dans le délai de trois mois, à partir de la notification de l'arrêt du conseil de préfecture.

Si l'action était formée par le maire sans autorisation du conseil de préfecture, le défendeur obtiendrait son renvoi de la demande; car il ne peut pas être obligé de plaider contre un incapable et de suivre un procès qui serait à recommencer si la commune voulait, plus tard, se prévaloir de cette irrégularité. Le tribunal aura même le droit et le devoir d'opposer d'office cette incapacité, parce qu'il ne doit pas laisser s'introduire dans la procédure un vice qui aurait pour conséquence de servir de fondement à un pourvoi de cassation. Cette irrégularité est telle, en effet, qu'elle peut être, pour la première fois, opposée en cassation.

Les actions en justice appartiennent à la catégorie des matières sur lesquelles le conseil municipal est appelé à délibérer (art. 19, n° 10 de la loi du 18 juillet 1837). L'article place même à côté l'une de l'autre l'action en justice et la transaction. Il ne s'agit par conséquent pas d'une matière sur laquelle le conseil municipal soit appelé à donner simplement un avis. Sa délibération constitue une initiative indispensable, sauf approbation de l'administration supérieure. Le consentement du conseil municipal est donc nécessaire pour intenter une action comme pour transiger, et dans le cas où la majorité du conseil se prononcerait contre le procès, il n'y aurait pas lieu à saisir le conseil de préfecture. Si le maire, contrairement à la majorité du conseil municipal, obtenait l'autorisation du conseil de préfecture et agissait en justice, l'action ne serait pas régulièrement introduite; car, n'étant que le pouvoir exécutif du conseil municipal, il ne peut pas agir contrairement à la majorité de ce conseil. Par conséquent, le conseil de préfecture, toutes les fois que l'autorisation lui est demandée par le maire, contrairement à l'opinion de la majorité du conseil municipal, doit repousser la demande d'autorisation, et si, par erreur, l'autorisation était accordée, le tribunal devrait d'office rejeter la demande du maire alors même que le défendeur ne conclurait pas au rejet[1].

Il est tellement vrai que le maire ne fait qu'exécuter les ordres du conseil municipal, que la délibération de ce dernier est toujours indispensable, même dans les cas où l'autorisation du conseil de préfecture n'est pas exigée. Ainsi, devant les juridictions administratives, le maire ne peut agir qu'en vertu d'une délibération du conseil municipal[2]. D'un autre côté, lorsque le maire agit au possessoire ou par action conservatoire, il ne peut pas à la vérité, à cause de l'urgence, être forcé à se pourvoir de l'autorisation du conseil municipal avant d'agir ; mais il doit obtenir cette délibération avant la fin de l'instance, parce qu'il ne peut intenter un procès qu'avec le consentement de la commune, c'est-à-dire du conseil municipal.

Lorsque le conseil municipal refuse de plaider, tout contribuable inscrit aux rôles de la commune a le droit d'exercer l'action à ses frais et risques[3]. Mais la loi l'assujettit à demander l'autorisation du conseil de préfecture, quoiqu'il s'engage à supporter les dépens en cas de perte du procès. Comment expliquer la disposition qui exige cette formalité ? Lorsque le contribuable agit pour la commune, celle-ci est mise en cause, et le jugement qui est rendu a l'autorité de la chose jugée, tant à l'égard de la commune qu'envers le contribuable partie au procès. Or il pourrait se

[1] Cons. d'Ét., 9 juin 1830 (*commune de Beaufort*), 9 mars 1832 (*commune de Curlu*). — Décision ministérielle du 29 janvier 1839. Reverchon, *Autorisation de plaider*, 2e édit., p. 85 et suiv.

[2] V. arr. Cons. d'Ét. du 10 février 1865 (*ville de Nantes*). La délibération prise postérieurement couvre la nullité qui n'avait pas été demandée.

[3] Cabantous, *Répétitions écrites*, p. 533, décide que le contribuable ne peut se substituer à la commune qu'en demandant et non en défendant. La loi ainsi entendue serait bien incohérente, et, quoique le § 2 de l'art. 49 de la loi du 18 juillet 1837 ne parle formellement que du contribuable demandeur, l'esprit de la loi veut que le contribuable puisse défendre au lieu et place de la commune. V. en ce sens Serrigny, t. I, p. 536, n° 417.

faire que l'action fût prématurée et que le conseil municipal eût refusé d'agir, parce qu'il y avait avantage à attendre que les preuves complètes fussent réunies. Il ne faut pas qu'un contribuable, par une demande intempestive, compromette les chances qu'aurait la commune de gagner son affaire si le procès était fait à propos. Le conseil municipal, en refusant d'agir, n'a peut-être fait aucune attention à la question des frais et n'a voulu qu'ajourner l'action à un moment plus favorable. Peut-il dépendre du premier contribuable venu de déranger ce calcul de prudence ? C'est pour ce motif que le contribuable est obligé de se pourvoir de l'autorisation du conseil de préfecture comme la commune elle-même [1].

Le contribuable qui agit pour la commune est-il obligé d'obtenir une nouvelle autorisation du conseil de préfecture à l'effet de se pourvoir devant un autre degré de juridiction? Nous ne le pensons pas. La question d'opportunité a été tranchée par l'autorisation qu'a donnée le conseil de préfecture pour agir en première instance. Le recours à une juridiction supérieure n'aurait donc que l'inconvénient de donner lieu à de nouveaux frais; mais les frais sont à la charge du contribuable. Au reste, le texte de l'art. 49 est d'accord avec ces considérations. Il ne répète pas, pour le contribuable qui agit au nom de la commune, la nécessité d'obtenir une autorisation nouvelle à chaque degré de juridiction, de sorte que ce renouvellement d'autorisation est,

[1] L'autorisation est-elle nécessaire au contribuable même pour agir devant les tribunaux administratifs ? Il pourrait y avoir danger pour les intérêts de la commune, à faire juger la question prématurément, et ce motif a décidé plusieurs jurisconsultes à soutenir que le contribuable ne pourrait agir qu'avec autorisation devant les juridictions administratives. Cons. d'Ét., 20 avril 1854 (*Jean*) ; 31 mai 1862 (*commune de Garons*) ; Aucoc (*Sections*, nº 265) et Serrigny (t. I, p. 533, nº 413). Cette opinion interprète différemment l'art. 49 suivant que l'action est intentée par le maire ou par un contribuable et il nous paraît difficile d'admettre que le même article ait dans deux paragraphes juxtaposés deux sens bien différents. Nous croyons plutôt que les contribuables ne peuvent jamais agir pour la commune, même avec

par le texte comme par la raison de la loi, spécial à l'action qu'intente le maire au nom de la commune[1].

Supposons maintenant que la commune soit défenderesse. L'art. 51 de la loi du 18 juillet 1837 oblige tout demandeur, qui veut agir en justice contre une commune, à remettre au préfet un mémoire exposant les motifs de la réclamation. Comme ce mémoire a pour effet d'interrompre la prescription, le demandeur a le plus grand intérêt à fixer l'époque où il a été remis. Aussi peut-il exiger qu'il lui soit délivré un récépissé. Le préfet transmet le mémoire au conseil municipal, avec une autorisation, si besoin est, de se réunir en session extraordinaire pour en délibérer. La délibération du conseil municipal sera, *dans tous les cas*, transmise au conseil de préfecture, qui décidera si la commune sera autorisée à ester en justice (art. 52 de la loi du 18 juillet 1837). Le conseil de préfecture doit statuer dans les deux mois, à partir de la date du récépissé qui a été délivré au demandeur lors de la remise du mémoire. Si le conseil refuse l'autorisation de plaider, le maire pourra, en vertu d'une délibération du conseil municipal, se pourvoir devant le conseil d'État, qui jugera la question administrativement. Le conseil d'État statuera dans les deux mois à partir de l'enregistrement de la demande au secrétariat[2].

La remise d'un mémoire au préfet est une tentative de conciliation par laquelle le législateur a remplacé la conci-

l'autorisation du conseil de préfecture, devant les juridictions administratives, et que l'art. 49 ne s'applique qu'aux actions judiciaires.

[1] La Cour de Metz, 31 mai 1842 (Sir., V., 42, II, 299) et celle d'Orléans, 16 août 1844 (exigent pour le contribuable, comme pour la commune, le renouvellement de l'autorisation du conseil de préfecture à chaque degré de juridiction. — La Cour de cassation, 27 mai 1846, a décidé que le contribuable n'étant pas en tutelle, il n'y a pas lieu à renouveler l'autorisation à chaque degré de juridiction. V. dans le même sens Reverchon, p. 120, et Serrigny (t. I, p. 533, nº 412).

[2] L'édit d'avril 1863 et l'arrêté du gouvernement du 17 vendémiaire an X n'exigeaient la remise d'un mémoire que pour les *créances*. — Mais l'art. 51 de la loi du 18 juillet 1837 est général, et s'applique tant aux actions réelles qu'aux actions personnelles.

liation ordinaire que rend impossible la minorité de la commune (art. 48 et suiv. du Code de procéd. civ.). Averti par ce mémoire, le préfet peut amener le conseil municipal à faire un arrangement qui préviendra le procès. Comme cette formalité est imposée au demandeur dans l'intérêt de son adversaire, il ne faut pas qu'elle nuise à la partie. C'est pour cela que, d'après l'art. 51, elle *interrompt la prescription et toutes déchéances.* La loi ne dit pas que cette interruption a lieu à la charge par le demandeur d'intenter une action en justice dans un délai déterminé ; elle ne reproduit pas la disposition de l'art. 2245 du Code Napoléon. Ainsi, par une disposition expresse de la loi du 18 juillet 1837, la formalité de la remise du mémoire interrompt la prescription contre la commune. Il faudrait conclure de là que, même à défaut d'action en justice, la prescription serait interrompue et le droit du demandeur conservé pour une nouvelle période de trente ans[1]. Cependant cette dérogation au droit commun est trop exorbitante pour être admise sans un texte qui l'établisse clairement. Ce que le législateur a voulu, c'est que par l'obligation de remettre un mémoire, le demandeur menacé de prescription ne fût pas obligé de laisser passer le délai fatal. Si, malgré l'autorisation donnée à la commune, le demandeur abandonne l'action, l'effet interruptif n'aura pas lieu. Quand l'action sera-t-elle délaissée? C'est une question de fait, et les tribunaux pourraient juger qu'après un mois sans poursuite depuis l'autorisation donnée à la commune, le demandeur serait censé avoir renoncé aux effets de la remise en mémoire. Mais ce délai, qui est légal pour citation en conciliation devant le juge de paix, ne serait qu'un élément d'appréciation pour juger la renon-

[1] L'art. 1er du décret du 20 décembre 1855, sur la procédure en matière de propriété domaniale en Algérie, dispose que la remise du mémoire interrompt la prescription « *lorsqu'il aura été, dans les trois mois de la date, « suivi d'une assignation en justice.* » Cette disposition devrait servir de type à toutes celles qui ont été faites pour les formalités de la demande contre une personne morale.

ciation dans l'application de l'art. 51 de la loi du 18 juillet 1837.

L'art. 51 ne dit pas que la présentation du mémoire ait pour effet de faire courir les intérêts au profit du créancier. Cependant, comme il serait injuste que la formalité administrative exigée dans l'intérêt de la commune préjudiciât au demandeur, nous pensons que le mémoire ferait courir les intérêts à deux conditions : 1° que le demandeur eût conclu dans le mémoire au payement des intérêts ; 2° que le dépôt du mémoire fût suivi d'une action en justice, de sorte que la remise servît seulement à fixer le point de départ du cours des intérêts. La pensée équitable qui a inspiré l'art. 51 de la loi du 18 juillet 1837 nous conduit à étendre aux intérêts les effets de la remise du mémoire, quoique le législateur ne les ait formellement établis que pour l' interruption de la prescription et des déchéances.

Le demandeur est obligé d'arrêter son action tant que l'autorisation n'a pas été donnée par le conseil de préfecture, ou au moins jusqu'à l'expiration du délai de deux mois que fixent l'art. 52 et l'art 53. Si l'autorisation est refusée, ou si les deux mois sont expirés sans qu'il y ait eu décision, le demandeur poursuit son action contre la commune et la fait condamner par défaut. C'est la seule manière dont elle puisse être condamnée, tant qu'elle n'est pas autorisée à ester en justice. La loi dit, en effet, formellement, « qu'en aucun cas le maire ne peut défendre « à l'action tant qu'il n'y a pas été autorisé » (art. 51 *in fine*). La commune condamnée par défaut ne pourra former opposition que si elle obtient l'autorisation de plaider. Tant qu'elle n'aura pas obtenu cette faculté, elle se trouvera en présence d'un jugement qui la condamne, sans pouvoir le faire réformer.

La commune perdra-elle le droit de former opposition dans les cas prévus par l'art. 159 du Code de procédure civile? Cet article attache la déchéance du droit de former opposition à des actes d'exécution qui ne peuvent pas être faits contre une commune, car les biens communaux ne sont pas saisissables. Les actes d'exécution à l'égard d'une commune ont un caractère administratif. D'abord, comme le payement des dettes exigibles est une dépense obligatoire, la créance peut être inscrite d'office au budget municipal. D'un autre côté, l'art. 46 de la loi du 18 juillet 1837 permet au créancier porteur d'un titre exécutoire de faire vendre, avec l'approbation de l'administration supérieure, les immeubles de la commune autres que ceux affectés à un service public. Il y a donc des voies d'exécution contre les communes, mais elles ont un caractère spécial, et l'art. 159 du Code de procédure ne leur est pas applicable. De là résulte cette conclusion que la commune non autorisée et condamnée, comme non comparante, n'est pas déchue du droit de se pourvoir par opposition tant que la condamnation n'a pas été exécutée.

Nous avons décidé que le consentement de la majorité du conseil municipal est indispensable à la commune demanderesse, et qu'à défaut de délibération approbative, le conseil de préfecture devrait même refuser de statuer au fond sur la demande d'autorisation. En serait-il de même si la commune était défenderesse? Le maire pourrait-il se faire autoriser à plaider contrairement à la délibération du conseil municipal? Plusieurs interprètes ont décidé que le maire aurait le droit de défendre avec l'autorisation du conseil de préfecture, en se fondant sur les termes de l'art. 52, qui dit : « *Dans tous les cas*, la délibération du conseil « municipal sera transmise au conseil de préfecture, qui « décidera si la commune doit être autorisée à ester en jugement [1]. » Or, disent ces jurisconsultes, il serait bien inutile de faire statuer le conseil de préfecture dans les cas où la majorité du conseil municipal s'est prononcée contre le procès, si l'autorisation de plaider ne pouvait pas être accordée. Tout serait arrêté par le refus du conseil munici-

1 V. Serrigny, t. I, p. 556, n° 437. — *Contrà*, Reverchon, p. 95 à 103.

pal, et il n'y aurait pas à transmettre sa délibération au conseil de préfecture. Ce serait, à mon sens, faire sortir de ces expressions une grande anomalie.

Le système différerait suivant qu'il s'agirait de la commune demanderesse ou de la commune défenderesse. Dans le premier cas, le conseil de préfecture n'autoriserait pas malgré la majorité du conseil municipal, et, dans le second, il pourrait habiliter le maire à ester en justice malgré la volonté du conseil municipal, dont il n'est cependant que le pouvoir exécutif. Cette différence ne pourrait être admise qu'en vertu de raisons invincibles, et cependant on ne l'appuie que sur ces mots : *dans tous les cas*. Je crois qu'on peut leur donner une signification plus naturelle. Remarquons que le demandeur a remis le mémoire à la préfecture, et que c'est de la préfecture que doit partir la réponse. Or, pour faire cette réponse dont le conseil de préfecture est chargé, il faut nécessairement, quoi qu'il arrive, que la délibération du conseil municipal soit transmise, sans quoi la réponse serait impossible. Si le conseil municipal ne veut pas plaider, le conseil de préfecture répondra au demandeur que, le conseil municipal n'étant pas d'avis de soutenir le procès, il n'y a pas lieu de statuer sur la demande en autorisation d'ester en justice. Si, au contraire, le conseil municipal est d'avis de soutenir le procès, le conseil de préfecture optera entre l'autorisation ou le refus d'autorisation. La transmission ne serait donc pas inutile, même dans le cas où le conseil ne voudrait pas plaider ; elle servirait pour faire au demandeur la réponse qu'il attend. Est-il concevable, lorsqu'on pouvait s'arrêter à une interprétation si simple, qu'on ait torturé le sens de ces mots inoffensifs *dans tous les cas*, pour en exprimer un sens diamétralement opposé au système général de la loi du 18 juillet 1837 ? Or ce système exige l'initiative du conseil municipal pour tout ce qui concerne le patrimoine de la commune, et n'attribue à l'autorité supérieure que le droit de véto.

Lorsque le conseil municipal a été d'avis de plaider et que le conseil de préfecture a donné l'autorisation, que faudrait-il décider si le maire n'agissait pas ou ne défendait pas pour la commune? Nous pensons que, dans ce cas, le préfet aurait le droit de procéder d'office ou par un délégué spécial, conformément à l'art. 15 de la loi du 18 juillet 1837. La raison est que le maire manque à son devoir et qu'il néglige de faire un acte qu'il doit faire; car, d'après l'art. 10, paragraphe dernier, il est chargé de représenter la commune, soit en demandant, soit en défendant. Lorsque toutes les conditions d'autorisation ont été remplies, le maire est chargé de faire un acte déterminé qui consiste à représenter la commune en justice.

Le conseil de préfecture, dans les cas que nous venons d'examiner, n'est qu'un tuteur; il ne juge pas, il examine quel est l'intérêt de la commune. Aussi ne pourrait-il pas, après avoir décidé qu'il n'y avait pas lieu à autoriser l'action à cause de l'incompétence des tribunaux ordinaires, retenir l'affaire pour la juger comme affaire de sa compétence. Il n'a pas été saisi comme juge, et, par conséquent, il ne peut pas s'emparer d'une affaire qu'il a connue accidentellement [1]. Les principes de la chose jugée ne s'appliquent pas à l'arrêté du conseil de préfecture qui donne ou refuse l'autorisation de plaider. Il pourrait donc rétracter sa première décision, et, après avoir refusé, accorder l'autorisation ou inversement. La même observation s'applique à la décision du conseil d'État. Il est facile de comprendre, en effet, qu'en présence de nouveaux documents le conseil de préfecture change d'avis, semblable au tuteur qui interroge les chances de son pupille et conforme ses actes à l'appréciation qu'il en fait d'après les circonstances [2]. D'un

[1] Cons. d'Ét., 15 février 1850 (*Molinet*); 3 juillet 1861 (*Goja*). — Reverchon, p. 168.

[2] Cons. d'Ét., 9 février 1838 (*commune de Saint-Pierre*). Cependant, si l'instance était engagée, le conseil de préfecture ne pourrait pas, en rétractant l'autorisation, arrêter l'instance. En ce sens, Serrigny, t. 1, p. 540, n° 422. La rétractation ne devra être prononcée que sur la production de

autre côté, l'autorisation du conseil de préfecture ne faisant aucun grief à l'adversaire, celui-ci ne pourrait pas se pourvoir contre l'arrêté, pas plus que l'adversaire d'un mineur ne pourrait attaquer la délibération d'un conseil de famille autorisant le tuteur à ester en jugement[1].

La commune qui a gagné son procès en première instance n'a pas besoin, pour défendre sur l'appel, d'une nouvelle autorisation de plaider. Aucune disposition ne l'exige, et d'ailleurs le succès de première instance établit une présomption en sa faveur.

L'autorisation doit être expresse. Ainsi, le conseil d'État ou le conseil de préfecture qui auraient été indûment saisis, comme juges administratifs, d'une demande, ne seraient pas censés avoir donné l'autorisation de plaider, parce qu'ils auraient renvoyé la commune à se pourvoir devant les tribunaux. De ce que le conseil de préfecture ou le conseil d'État renvoient la commune devant l'autorité judiciaire, il ne faut pas conclure que la commune est autorisée à ester en justice ; car ce renvoi signifie seulement que l'autorité administrative est incompétente. D'ailleurs, pour statuer sur l'autorisation de plaider, il faut que le conseil de préfecture ou le conseil d'État examine au fond les chances du procès, ct c'est ce qui n'a pas lieu lorsqu'il se déclare incompétent.

La commune demanderesse ne peut se désister de sa demande qu'en vertu d'une délibération du conseil municipal et d'une nouvelle autorisation du conseil de préfecture. De même, si elle avait été autorisée à défendre, elle ne pourrait acquiescer qu'en vertu d'une délibération du conseil municipal avec autorisation du conseil de préfecture. Ces deux formalités sont essentielles toutes les fois qu'au lieu de suivre le cours naturel de l'instance, il s'agit de

nouveaux documents. — Ordonn. du 1er juillet 1839 (*commune du Bourg-Saint-Léonard*).

[1] Cons. d'Ét., 22 février 1838 (*Serre*) et 6 décembre 1866 (*de Talleyrand-Périgord*).

changer la position de la commune devant la justice. Il ne faut pas décider, avec un jurisconsulte recommandable, que, pour se désister ou acquiescer, il y a lieu de suivre les formalités de la transaction. Entre la transaction et le désistement, la différence est profonde; car, dans la transaction, chaque partie abandonne une partie de ses prétentions pour éteindre un procès, tandis que, dans le désistement ou l'acquiescement, une des parties reconnaît que sa prétention est entièrement mal fondée. Le désistement ou l'acquiescement sont des événements judiciaires, et, pour les accomplir, il n'y a pas lieu d'exiger plus de formalités que pour l'instance elle-même. Mais, comme ils ont pour effet de changer les conditions premières de l'instance, il faut, pour leur validité, faire prononcer les autorités qui avaient primitivement été appelées à statuer sur l'organisation du procès [1].

Les sections de commune, quant à l'autorisation de plaider, sont soumises aux mêmes règles que les communes, et, par conséquent, les développements qui précèdent leur sont applicables. Si la section n'a pas la commune pour adversaire, elle est représentée par le maire et le conseil municipal. Si elle est en opposition d'intérêts avec la commune, le préfet nomme une commission syndicale qui exerce, à l'égard de la section, les mêmes attributions que le conseil municipal envers la commune. Tout ce que nous avons dit des délibérations du conseil municipal est vrai des délibérations de la commission syndicale.

D'après l'art. 54 de la loi du 10 août 1871, « le préfet intente les actions en vertu de la décision du conseil général et il peut, sur l'avis conforme de la commission départementale, défendre à toute action intentée contre le département. — Il fait tous les actes conservatoires et interruptifs de déchéance. »

[1] Serrigny, t. I, p. 562, n° 444. *Contrà*, Cour de Metz, 12 juillet 1849 (S. V.), 49, II, 489). — Arguments de l'art. 52, § 1er de la loi du 18 juillet 1837 et de l'art. 464 C. Nap.

L'art. 55 exige de tout demandeur qu'il remette au préfet un mémoire indiquant l'objet et les motifs de la demande. Il lui en est donné récépissé. La remise du mémoire a pour effet d'interrompre la prescription si elle est suivie d'une demande en justice dans les trois mois. — L'obligation de remettre un mémoire ne s'applique pas aux actions possessoires.

Nous avons vu comment les hospices étaient représentés en justice, et nous avons dit que leurs représentants ne pouvaient pas ester en jugement sans une autorisation du conseil de préfecture. La loi du 7 août 1851 n'oblige pas formellement le demandeur contre un hospice à remettre un mémoire au préfet, et l'art. 51 de la loi du 18 juillet 1837 ne parle que des communes et non des établissements communaux. Faut-il en conclure que la remise du mémoire n'est pas exigée? Les art. 9, 10 et 12 de la loi du 7 août 1851 assimilent les actions et la comptabilité des hospices aux actions et à la comptabilité communales. Cette assimilation nous paraît suffisante pour décider que la remise du mémoire est obligatoire pour ceux qui intentent une action contre un hospice. On peut aussi tirer argument de cette assimilation pour décider que les créanciers n'ont pas le droit de faire saisir-arrêter les sommes dues à un hospice, pas plus qu'ils ne pourraient former opposition sur les deniers dus à une commune [1].

La remise du mémoire, à raison des effets qu'elle produit en dehors du droit commun, est une mesure exceptionnelle qui ne doit pas être étendue aux cas pour lesquels elle n'est pas exigée, soit formellement, soit par argument d'un texte de loi. Ainsi elle ne doit pas être étendue aux fabriques [2],

[1] Les contribuables inscrits au rôle de la commune ne pourraient pas agir à défaut de la commission administrative. Cons. d'Ét., 30 août 1847 (*Dumorisson*). M. Reverchon, p. 328, n° 122, décide qu'en vertu des art. 9 et 10 de la loi du 7 août 1851, les hospices sont assimilés complétement aux communes tant pour les actions à intenter que pour les actions à soutenir.

[2] L'art. 77 du décret du 30 décembre 1809 n'exige pas la remise du mé-

aux consistoires protestants ou israélites [1], aux cures et succursales [2], aux menses épiscopales [3], aux chapitres cathédraux et collégiaux, aux séminaires et autres établissements publics [4]. Les actions seront donc intentées directement contre ces établissements publics devant les tribunaux, et les juges accorderont un sursis à l'établissement public pour se pourvoir de l'autorisation du conseil de préfecture. En d'autres termes, l'autorisation sera demandée par l'établissement public défendeur, au lieu de l'être par le demandeur.

Les actions judiciaires concernant le domaine de l'État sont, tant en demandant qu'en défendant, suivies par les préfets. Le Conseil d'État consulté sur les questions de savoir : 1° si l'autorisation devait être demandée au conseil de préfecture ; 2° si le particulier demandeur contre l'État devait remettre un mémoire, a décidé, dans son avis du

moire au préfet par le demandeur. D'après l'art. 78 le trésorier peut faire tous les actes conservatoires. La jurisprudence du Conseil d'État en a tiré cette conséquence qu'il peut, sans autorisation du conseil de préfecture, intenter une action possessoire et y défendre, tant en première instance qu'en appel. 17 novembre 1863 (*Fabr. de Saint-Luperce*).

[1] L'ord. du 23 mai 1834, qui exige l'autorisation du conseil de préfecture pour les consistoires protestants, ne parle pas de la remise du mémoire. — Pour les consistoires israélites, V. ordonn. du 25 mai 1844, art. 19 et 64. — Cons. d'Ét., 9 juin 1842 (*Synagogue de Hatstatt*), et 28 juin 1855 (*Consistoire israélite du département du Bas-Rhin*).

[2] L'art. 14 du décret du 6 décembre 1813 n'exige pas la remise d'un mémoire au préfet.

[3] Le même art. 14 est applicable aux menses épiscopales. — Art. 29 du même décret. L'évêque accepte les dons et legs pour la mense et non pour *le diocèse*, qui n'est qu'une circonscription administrative. Avis du comité de législation du 21 décembre 1841.

[4] Pour les chapitres collégiaux, etc., l'art. 51 du décret du 6 novembre 1813 exige l'autorisation de plaider, sans même indiquer si c'est le conseil de préfecture qui est compétent pour autoriser. Encore moins parle-t-il de l'obligation de remettre un mémoire. Pour les biens des séminaires, l'art. 70 du décret du 6 décembre 1813 ne prescrit pas la remise d'un mémoire. (V. Reverchon, p. 353.) — Pour les congrégations religieuses, la loi du 24 mai 1825, art. 4, n° 3, ne demande même pas l'autorisation du conseil de préfecture, et on ne pourrait l'exiger que par analogie. Donc, en tout cas, la remise du mémoire n'est pas obligatoire.

28 août 1823, que l'autorisation du conseil de préfecture n'était pas nécessaire, mais que le demandeur contre le domaine de l'État devait remettre un mémoire au préfet.

VIII.

APPEL COMME D'ABUS.

On a beaucoup disserté sur les origines de l'appel comme d'abus. Ceux qui cherchaient à en augmenter l'importance se sont efforcés de le faire remonter à la plus haute antiquité, et de le fortifier en l'appuyant sur une longue tradition. Leurs adversaires ont, au contraire, rapproché, autantque possible, la date de cette institution afin de diminuer son crédit.

Certes, si les uns veulent dire seulement qu'à toutes les époques, l'État s'est réservé un droit de police, en matière de culte, ils ont pleinement raison. Mais de cette attribution générale à la forme particulière que le droit de police a prise dans l'appel comme d'abus, il y a une distance considérable. Le droit de police est ancien, et on le retrouve sous une forme ou sous une autre dans toute société; le recours pour abus est relativement moderne. Voicice qui nous paraît vrai.

L'appel comme d'abus a été institué pour faire cesser les empiétements de la juridiction ecclésiastique sur la juridiction seigneuriale. Ce n'est donc que vers le milieu du XIIIe siècle que ses commencements doivent être placés.

La lutte s'engagea d'abord avec la violence des mœurs de l'époque, et les mots d'*attentat*, d'*usurpation*, d'*extorsion*, furent prodigués pour qualifier les entreprises de la juridiction ecclésiastique. Cette exagération de langage s'adoucit peu à peu, et quoique les deux puissances rivales continuassent à être fort animées, le mot *abus* remplaça dans l'usage les expressions qui viennent d'être indiquées.

En 1329, une réunion de barons, seigneurs et prélats, fut tenue à Vincennes, en présence du roi. Pierre de

Cugnières, conseiller du roi et chevalier *ès lois*, se fit l'accusateur des tribunaux ecclésiastiques; il énuméra soixante-six griefs contre leur juridiction. Mais ils furent défendus avec une hautaine énergie par Pierre du Roger, archevêque de Sens, qui plus tard devint Clément VI; il parla des droits de l'Église comme de droits acquis, inattaquables, et flétrit du nom de *sacriléges* les tentatives dirigées contre sa juridiction. — Il fut décidé néanmoins que si, dans un an, les prélats n'avaient pas réformé les abus dont on se plaignait, le roi y apporterait tel remède qu'il plairait *à Dieu et au peuple*. C'est à dater de ce moment que le recours pour abus put être considéré comme une institution légale.

Il ne fut pas usité d'abord dans tous les parlements. Ainsi, au dire de Févret, le premier procès de cette nature qui fut jugé par le parlement de Bourgogne, n'est pas antérieur à 1510. D'ailleurs, la compétence respective des juridictions rivales était encore mal définie, ce qui donnait lieu à des pratiques diverses. Ces différences ne cessèrent qu'en 1539, date de l'édit de Villers-Cotterets. Tous les usages firent place à la loi, et telle fut l'efficacité de cet acte, que, s'il faut en croire Loiseau, les procureurs qui étaient au nombre de trente-six dans l'officialité de Sens, furent réduits à cinq ou six par l'effet de l'ordonnance.

La bonne harmonie avec le clergé ne survécut pas à François Ier, et sous son successeur, le parlement se relâcha brusquement de son respect pour l'édit de 1539. Les évêques se plaignirent vivement, et, pour les apaiser, le roi Charles IX inséra dans l'édit du 16 avril 1571 la disposition suivante :

Art. 5. « Afin que la discipline ecclésiastique ne soit « empêchée ou retardée par les appellations comme d'abus, « nous avons déclaré et déclarons n'avoir entendu, comme « n'entendons que lesdites appellations soient reçues, « sinon ès cas des ordonnances, et qu'elles n'auront aucun « effet suspensif ès cas de correction et discipline ecclésias- « tique, mais dévolutif seulement. »

Cette proposition ne fut pas mieux obéie, et de nouvelles infractions donnèrent lieu à de nouvelles protestations. Henri III défendit aux parlements, par l'édit de Blois porté en 1579, « de recevoir aucunes appellations comme d'abus, « sinon ès cas des ordonnances; aux requêtes de son hôtel « et aux gardes des sceaux de sa chancellerie, de donner « des reliefs d'appel comme d'abus et de sceller ces lettres, « avant que d'avoir été paraphés par rapporteur ou réfé- « rendaire. » Ces concessions ne donnèrent, comme on l'espérait, satisfaction au clergé qui voulait plus qu'une demi-mesure; la suppression complète des appellations était le but qu'il poursuivait avec persévérance. Le pape Grégoire XIII en fit la demande formelle, mais il lui fut répondu par Paul de Foix, ambassadeur de France à Rome, *qu'on déracinerait plutôt l'Apennin que les appellations* [1].

Les réclamations du clergé recommencèrent dès l'année 1605, et de nouvelles remontrances parurent en 1610 et 1625. Le clergé se plaignit de ce que dans les appels comme d'abus, on intimait les *évêques*, les *officiaux*, les *grands vicaires*, en leur nom personnel. Un édit de la même année faisant droit, sur ce point, à la réclamation, dispensa les juges ecclésiastiques de *comparaître aux assignations qui leur seraient données sur les appellations comme d'abus.*

La lutte continua sous Louis XIV et donna lieu, pendant ce règne, à la promulgation de plusieurs édits dont le plus remarquable est celui de 1695. Les dispositions des édits précédents y furent reproduites. « Mais, dit M. de Frays- « sinous, c'était un frein léger dont les magistrats pou- « vaient se jouer aisément. Aussi l'*abus des appels comme « d'abus* ne fit que s'accroître. » Un arrêt du conseil, en date du 10 mars 1731, essaya vainement de mettre un terme à ce trouble d'attributions, et les choses continuèrent

[1] *Jurisprudence du Grand Conseil*, t. I, p. 238-239.

au milieu de réclamations et de concessions dans un état assez confus jusqu'à la Révolution française.

Une loi des 7-11 décembre 1790 abolit les officialités; les Parlements succombèrent aussi, et la lutte s'éteignit avec les deux puissances rivales. Le concordat du 26 messidor an IX et la loi organique du 18 germinal an X restaurèrent l'exercice du culte, mais ne rétablirent pas les anciens tribunaux ecclésiastiques. Le premier Consul, qui avait entrepris de rétablir l'autorité partout, ne voulant pas disséminer le pouvoir des supérieurs ecclésiastiques, le remit tout entier aux mains des évêques, sans distinguer ce qui appartient au pouvoir discrétionnaire de ce qui est l'office du juge.

Des évêques, revêtus d'une puissance que leurs prédécesseurs n'avaient jamais eue, venaient d'être institués. Le premier Consul pensa qu'il y avait lieu de faire des réserves à l'égard de cette puissance nouvelle, et de là vint l'art. 6 de la loi du 18 germinal an X.

« Il y aura recours au conseil d'État dans tous les cas d'abus de la part des supérieurs et autres personnes ecclésiastiques. Les cas d'abus sont : l'usurpation ou l'excès de pouvoir, la contravention aux lois et règlements de la République, l'infraction des règles consacrées par les canons reçus en France, l'attentat aux libertés, franchises et coutumes de l'Église gallicane, et toute entreprise ou tout procédé qui, dans l'exercice du culte, peut compromettre l'honneur des citoyens, troubler arbitrairement leur conscience, dégénérer contre eux en oppression, ou en injure, ou en scandale public. »

Deux motifs déterminèrent le législateur à ne pas restituer les appels comme d'abus à la magistrature. D'abord, il ne voulait faire rentrer dans la compétence des cours aucune attribution qui, de près ou de loin, touchât à la marche du gouvernement. Leur importance politique avait perdu les Parlements, et les rétablir, en les délivrant d'une compétence aussi périlleuse, c'était leur assurer une chance de durée. D'un autre côté, le gouvernement tenait à se réserver le droit de choisir l'heure où il faudrait lutter. Ces raisons étaient décisives le lendemain du rétablissement des Cours; la méfiance de leur docilité, la crainte de leurs usurpations, devaient naturellement préoccuper ceux qui avaient vu tomber les Parlements victimes de leur turbulence. Mais ces appréhensions s'affaiblirent à mesure qu'on s'éloigna des commencements. Les Cours se maintinrent avec sagesse dans les limites qui leur avaient été imposées, et leur prudence ayant dissipé toute crainte, le décret du 25 mars 1813 leur attribua la connaissance des recours pour abus. Mais le décret n'est plus en vigueur et il est tombé avec le Concordat de Fontainebleau dont il était l'accessoire.

L'autorité de la loi organique a été contestée. Déjà, vers la fin de l'année 1803, le cardinal Capraja, légat *à latere*, avait fait au nom du pape des protestations qui tendaient à l'abrogation des art. 1, 2, 3, 6, 9, 10, 24 de la loi du 18 germinal an X[1]. Mais ces réclamations n'avaient pas été accueillies; spécialement, en ce qui concerne le recours pour abus, le gouvernement avait répondu que c'était l'un des points les plus constants de notre ancienne jurisprudence, et que jamais ni le pape ni les évêques n'avaient *obtenu de nos rois une fixation rigoureuse des cas dans lesquels il y aurait lieu à ce recours.*

Nous allons examiner successivement les cas d'abus, la compétence, la forme de procéder et les effets de la sentence; mais pour rendre nos développements plus intelligibles, il faut préalablement donner quelques détails sur l'organisation des différents cultes.

Catholicisme. — L'Église catholique est une *communauté visible* composée de toutes les personnes qui

[1] Dupin, *Manuel*, p. 184.

professent extérieurement la foi une, immuable, universelle, indivisible, révélée par le Christ rédempteur des hommes et conservée par les apôtres et leurs successeurs.

De l'essence même de l'Église dérive une triple attribution : l'administration des sacrements, la prédication de la doctrine et le maintien de la discipline. Les deux premières attributions appartiennent aux prêtres par l'effet de l'ordination ; mais le maintien de la discipline exige une hiérarchie de pouvoirs.

Le pape est la première autorité de l'Église, et, comme tel, ne relève ici-bas d'aucun juge.

Le pape a pour coopérateurs et conseillers les cardinaux, au nombre de 70, dont 14 diacres, 50 prêtres et 6 évêques.

De l'administration centrale de l'Église catholique, descendons aux pouvoirs ecclésiastiques constitués dans chaque État. L'unité élémentaire de la communauté religieuse, c'est la paroisse, comme la commune est l'élément premier de la division administrative. Le pouvoir spirituel y est représenté par le *curé* ou le *desservant*. En France, il y a cette différence entre ces deux ministres que le curé est nommé par l'évêque, agréé par le gouvernemeut et pourvu d'un titre inamovible dont il ne peut être privé que par une sentence de déposition régulière. Au contraire, le desservant est révocable au gré de l'évêque, qui le nomme sans la participation du pouvoir temporel.

Sans avoir autorité sur les succursalistes du canton, les curés ont, à leur égard, un certain droit d'inspection et de surveillance.

Dans un assez grand nombre de communes il n'y a pas encore de succursales, quoiqu'elles possèdent une église et le mobilier nécessaire pour la célébration du culte. La plupart du temps elles sont desservies par un succursaliste voisin qui, ayant reçu le pouvoir de biner, vient les dimanches dire une messe à l'*église annexe* de sa paroisse. Il y a des commnes où l'église a été déclarée *chapelle vica-*

riale ; elle est alors desservie par un chapelain qui reçoit de l'État un traitement spécial, moindre que celui du succursaliste, tandis que le binage pour le service d'une annexe est rétribué par les habitants de la commune, soit au moyen d'une allocation au budget, soit par des souscriptions volontaires.

Le diocèse est une circonscription qui comprend un certain nombre de paroisses et de cures. A la tête de l'administration supérieure du diocèse se trouve l'évêque, qui nomme ou révoque les succursalistes ou chapelains *ad nutum ;* qui désigne les curés et les nomme, sauf l'agrément du pouvoir temporel, mais ne peut pas les révoquer de leur titre inamovible, sans rendre une sentence de déposition. Son pouvoir a un double caractère : il est *administrateur* et *juge ecclésiastique*. Autrefois il administrait le diocèse au point de vue spirituel, et quand il s'agissait de questions contentieuses, la connaissance en était dévolue à l'officialité. Cette juridiction n'existe plus, de telle sorte que l'évêque réunit dans sa main les deux pouvoirs ; on l'appelle l'*Ordinaire*. L'évêque est désigné par le chef de l'État ; mais il doit être agréé par le pape qui n'accorde son consentement qu'après l'examen fait par la *congregatio examinis episcoporum*. Une fois nommé par le concours des deux autorités, spirituelle et temporelle, l'évêque est pourvu d'un titre inamovible dont il ne peut être privé qu'en vertu d'une sentence de déposition. Par qui sera prononcée la sentence?

Pendant les huit premiers siècles de l'Église les évêques étaient jugés par les conciles, et quoique l'appel au pape ait été pratiqué dans quelques cas exceptionnels, ce recours n'était pas admis en règle générale. C'est vers le IXe siècle que l'influence des *fausses décrétales* fit transférer au souverain pontife une juridiction que les conciles n'étaient plus en mesure d'exercer, parce que leurs réunions étaient devenues rares. « Mais, en France, dit Fleury, on soutient l'ancien droit suivant lequel les évêques ne doivent être jugés que par les évêques de la province assemblés en concile, y appelant ceux des provinces voisines jusqu'au nombre de douze, sauf l'appel au pape, suivant le concile de Sardique. »

On évite aujourd'hui cette question dans notre pays, par ménagement pour la cour de Rome et pour la grande partie du clergé qui s'est ralliée aux idées ultramontaines ; d'une autre part, le gouvernement ne veut pas abandonner formellement, sur ce point, les doctrines gallicanes. Dans les rares circonstances où il y aurait eu matière à déposition, le gouvernement s'est concerté avec la cour de Rome pour obtenir la démission du titulaire.

Chaque diocèse fait partie de la circonscription d'un archevêché dont le chef-lieu est appelé *métropole* et à la tête duquel se trouve un archevêque, dont les évêques de la circonscription sont les *suffragants*. L'archevêque prend aussi le nom de *métropolitain*. Entre le métropolitain et les suffragants le lien de subordination est assez faible. L'évêque administre son diocèse avec une pleine autorité et une complète indépendance de l'archevêque. C'est seulement comme juge que l'évêque est subordonné à l'archevêque. Le prêtre condamné par l'évêque sans l'observation des formalités canoniques peut appeler au métropolitain ; celui-ci n'a même que le droit d'annuler la sentence comme irrégulière et ne doit pas connaître du fond.

Les évêques et archevêques ont, pour l'administration du diocèse, des auxiliaires appelés vicaires généraux, dont la compétence embrasse la juridiction épiscopale ordinaire, sauf deux exceptions : 1° les attributions que l'évêque se serait expressément réservées ; 2° celles qui ont besoin d'une délégation expresse et que l'évêque n'a pas spécialement conférées, telles que la collation et la destitution de bénéfices. D'ailleurs les grands vicaires ou vicaires généraux n'ont de pouvoirs que par la confiance de l'évêque. Celui-ci mort ou régulièrement déposé, leurs attributions cessent de plein droit et l'administration du diocèse passe au chapitre ou réunion des chanoines qui délèguent, pour gérer les affaires ecclésiastiques, un *vicaire capitulaire*.

Pendant que l'évêque est en fonctions, la réunion des chanoines ou chapitre a des attributions peu étendues. Sans doute les canons veulent que cette assemblée serve de conseil à l'évêque, que celui-ci la consulte sur certaines affaires déterminées, et, même en certains cas, obtienne son assentiment. Mais la coutume contraire s'est presque partout établie, et en dehors des cas où son avis est obligatoire d'après les canons, le chapitre est rarement consulté. Si le siége devient vacant, l'administration passe au chapitre, qui doit le déléguer à un vicaire capitulaire, car il n'a plus, comme autrefois, le droit de l'exercer collectivement par lui-même. Le vicaire capitulaire n'est qu'un administrateur provisoire, et, par conséquent, il ne doit rien faire qui ressemble à une innovation. Expédier les affaires courantes et faire face aux circonstances urgentes, tel est le but de sa mission. Il est évident aussi que les pouvoirs spéciaux conférés à l'évêque s'éteignent avec lui, et ne passent pas aux délégués des chapitres.

Les chanoines sont nommés par l'évêque avec l'agrément du pouvoir temporel. Ils sont titulaires de bénéfices inamovibles, et, comme les curés, n'en peuvent être privés qu'en vertu de sentences régulières de déposition.

Protestantisme. — Les deux cultes protestants reconnus en France sont : 1° le calvinisme ou l'Église réformée ; 2° le luthéranisme ou l'Église de la confession d'Augsbourg. Au premier degré, l'organisation des deux confessions est la même ; elles diffèrent par la constitution de l'autorité centrale.

La division fondamentale, c'est la paroisse qui existe partout où l'État entretient un ou plusieurs pasteurs. Dans chaque paroisse il y a un *conseil presbytéral* composé de quatre membres au moins, de sept au plus, et présidé par le pasteur ou l'un des pasteurs. Ses attributions consistent à maintenir l'ordre et la discipline dans le ressort paroissial, à veiller à l'entretien des édifices religieux et à la conservation des biens curiaux. Le conseil presbytéral administre *sous l'autorité du consistoire*.

Le conseil consistorial se compose : 1° du conseil presbytéral du chef-lieu où réside le consistoire ; on porte au double le nombre de ses membres ; 2° des pasteurs du ressort ; 3° des délégués des conseils presbytéraux de la circonscription, à raison d'un par conseil presbytéral. Les conseils consistoriaux, comme les conseils presbytéraux, sont renouvelés tous trois ans par moitié. Le conseil consistorial surveille et contrôle l'administration des paroisses.

Ici les deux confessions se séparent et prennent une organisation différente. Les réformés ont des *synodes*, dont chacun comprend cinq églises consistoriales. Ces assemblées, composées des pasteurs et des délégués laïques des églises consistoriales du ressort, ont un caractère purement religieux. Elles ne se réunissent que pour traiter de ce qui concerne le culte et la pureté de l'enseignement ; l'admistration des biens ecclésiastiques échappe à leur compétence. Les sessions synodales ne peuvent durer que six jours et ne sont tenues qu'avec l'autorisation du préfet, qui a le droit d'y assister ou de s'y faire représenter.

Enfin il existe à Paris un *conseil central des Églises réformées de France*, qui a pour mission de représenter ces Églises auprès du gouvernement, et de s'occuper des questions d'intérêt général dont pourraient le saisir soit l'administration, soit les conseils consistoriaux ou paroissiaux. Toutes les fois qu'une chaire de professeur, dans la communion réformée, devient vacante, le conseil central recueille les votes des consistoires et transmet le résultat au ministre des cultes. Ce conseil est composé de, 1° treize membres que le gouvernement nomme pour la première fois ; 2° des deux plus anciens pasteurs de la capitale [1].

Dans la communion d'Augsbourg, il n'y a pas de syno-

[1] Décret du 26 mars 1852, art. 7.

des, mais des *inspections*. Chaque ressort d'inspection est placé sous la surveillance d'un inspecteur ecclésiastique et de deux inspecteurs laïques. Le premier est nommé par le gouvernement et les deux autres par l'*assemblée d'inspection*, espèce de synode, sous un autre nom. La plus grande partie de ces inspections ne sont plus françaises ; elles sont placées sous l'autorité de l'Allemagne ainsi que le *consistoire supérieur* qui siégeait à Strasbourg.

Les différences qui distinguent le culte catholique et le culte protestant, au point de vue de l'organisation extérieure, peuvent se rattacher à deux points principaux. Premièrement, tandis que dans le catholicisme les ecclésiastiques seuls s'occupent des choses spirituelles et que les laïques interviennent seulement pour la gestion des intérêts matériels de l'Église, dans le protestantisme, au contraire, les laïques participent à l'autorité spirituelle, sauf l'administration des sacrements et la bénédiction du mariage qui appartiennent exclusivement aux pasteurs. D'un autre côté, c'est de Rome que part l'autorité catholique et qu'elle descend par des délégations successives jusqu'à la paroisse. Dans les cultes protestants, au contraire, la paroisse est considérée comme l'unité primordiale et l'élément fondamental de l'organisation ecclésiastique. De la paroisse émane l'autorité, et c'est par des degrés ascendants que l'autorité ecclésiastique s'élève jusqu'au conseil central ou au consistoire supérieur [1].

Culte israélite. — La France est divisée en un certain nombre de circonscriptions appelées *consistoires départementaux;* il y a un consistoire par 2,000 habitants appartenant au culte israélite. Les membres qui le composent sont : 1° le grand rabbin de la circonscription ; 2° quatre membres laïques dont deux au moins sont choisis parmi les habitants du lieu où siége le consistoire départemental.

[1] Vivien, *Études administratives*, t. II, p. 321.

Les membres laïques sont nommés par l'assemblée des notables[1] de la circonscription consistoriale sous l'approbation par décret; il en est de même du grand rabbin ; mais tandis que celui-ci est nommé à vie, les membres laïques ne sont nommés que pour quatre ans, et sortent par moitié tous les deux ans.

Sous la surveillance du grand rabbin consistorial sont placés les rabbins communaux et les ministres officiants de la circonscription. Les rabbins communaux desservent d'ordinaire un certain nombre de communes; ils ont le droit d'officier et de prêcher dans toutes les communes de leur ressort[2]. Leur nomination ainsi que celle des ministres officiants est faite par une assemblée de notables que désigne le consistoire départemental, et qu'il doit choisir de préférence parmi les notables du ressort communal.

Les grands rabbins consistoriaux ont le droit d'officier et de prêcher dans toutes les synagogues de leur ressort consistorial. Le choix qui appartient à l'assemblée des notables est circonscrit par certaines conditions d'éligibilité ; il ne peut porter que sur des grands rabbins exerçant dans d'autres circonscriptions, les rabbins communaux en fonctions sortis de l'école rabbinique[3] ou, s'ils ne sont pas sortis de l'école, sur des rabbins communaux exerçant depuis cinq années; enfin le choix peut également porter sur des professeurs de l'école centrale rabbinique.

A Paris réside le *consistoire central* composé d'un grand rabbin et d'autant de membres laïques qu'il existe de circonscriptions consistoriales ; en outre, l'assemblée des notables de chaque consistoire y députe un membre choisi parmi ceux qui résident à Paris. Les membres laïques sont nommés pour huit ans et renouvelés par moitié tous les

[1] Pour la composition de l'assemblée des notables, voir art. 25 et 38 de l'ordonnance du 25 mai 1844 et décret des 29 août-14 septembre 1862, art. 5.

[2] Art. 46 de l'ordonnance du 25 mai 1844.

[3] Art. 43 de l'ordonnance du 25 mai 1844.

quatre ans. Quant au grand rabbin du consistoire central, il est choisi par une assemblée composée : 1° des membres laïques du consistoire central; 2° de deux délégués par circonscription consistoriale nommés par l'assemblée des notables [1].

DES CAS D'ABUS.

Observation générale. — L'appel, lorsqu'il est dirigé contre les ministres du culte, ne s'applique qu'aux actes commis *dans l'exercice des fonctions ecclésiastiques*. Cette distinction n'est pas sans difficulté parce que les prêtres remplissent des attributions qui sont connexes au culte et qui cependant ne constituent pas des faits dépendant des fonctions ecclésiastiques.

Une commission ecclésiastique exclusivement composée de prêtres et instituée pour l'administration de la caisse diocésaine des retraites, a une compétence purement temporelle; comme elle ne s'occupe que de questions pécuniaires, ses actes ou délibérations ne peuvent pas donner lieu à recours pour abus [2]. De même, supposons qu'un prêtre ait ordonné la séquestration des chaises appartenant à un paroissien dont l'abonnement est expiré, qu'il ait sommé le paroissien dont il s'agit de payer son abonnement en l'interpellant à haute voix dans l'église, y aura-t-il lieu à recours? Nullement; car, en cette circonstance, le desservant a fait un acte qui constitue plutôt une exécution des délibérations du conseil de fabrique qu'un acte du culte [3].

§ 1er. De l'usurpation et de l'excès de pouvoir. — Tout acte de l'autorité ecclésiastique fait contrairement aux dispositions de la loi qui limitent son étendue est un excès de pouvoir. Il y a usurpation, lorsque le chef spirituel non-seulement sort de ses attributions, mais aussi empiète sur

[1] Art. 40 de l'ordonnance du 25 mai 1844.
[2] Décret du 30 décembre 1854.
[3] Décret du 30 décembre 1854.

une autre autorité. Ainsi l'usurpation est un excès de pouvoir; mais la réciproque n'est pas exacte; car l'usurpation ne doit s'entendre que de l'entreprise juridictionnelle.

Toute usurpation sur l'autorité temporelle ne donne pas lieu au recours pour abus; cette voie n'est ouverte que lorsqu'il s'agit d'actes faits par les supérieurs spirituels, en vertu de leur caractère ecclésiastique. Or les attributions qui leur appartiennent ne sont pas toutes de cette nature. Il y en a qui leur sont déléguées par le gouvernement, sous le contrôle et l'autorité duquel ils les remplissent; en sorte que si leurs actes sont entachés d'excès de pouvoir, le pourvoi doit être introduit administrativement devant le ministre; car ils agissent dans ce cas comme administrateurs subordonnés, et non en vertu d'un droit propre.

Quant à l'excès de pouvoir simple, nous en pourrions citer des exemples très-nombreux, mais nous nous bornerons aux principaux. L'évêque qui manifesterait officiellement la nomination d'un curé non encore agréée par le gouvernement, commettrait un excès de pouvoir [1]. Il en serait de même de l'ecclésiastique qui ferait en chaire la publication de choses étrangères au culte, sans avoir reçu l'autorisation du gouvernement [2].

Aux termes de l'article 4 de la loi organique, « aucun « concile national ou métropolitain, aucun synode diocé« sain, aucune assemblée délibérante n'aura lieu sans la « permission du gouvernement. » Par conséquent, toute convocation à un synode non autorisé serait un excès de pouvoir attaquable par l'appel comme d'abus [3].

Les chapitres n'étant placés auprès de l'évêque que pour

[1] Art. 36 de la loi organique.

[2] Art. 53, *ibid.*

[3] Des conciles ont été réunis après la révolution de février sans demande d'autorisation préalable, les évêques ayant pensé que la liberté de réunion existait pour tous. Afin de réserver cette question, le ministre des cultes provoqua un décret du Président de la république, ayant pour objet d'autoriser pendant l'année 1849 « tous les conciles métropolitains et synodes diocésains. » (Décret du 16 septembre 1849.)

l'assister de leurs conseils, ils n'ont pas le droit de prendre des décisions; il y aurait excès de pouvoir, par exemple, dans la délibération par laquelle un chapitre adhérerait à un acte abusif de l'évêque [1].

Y a-t-il excès de pouvoir dans le refus fait par un évêque d'autoriser un imprimeur à imprimer ou réimprimer des livres d'église? Cette question demande des développements préliminaires sur la nature du droit des évêques tel qu'il a été établi par le décret du 7 germinal an XIII :

Ar. 1er. « Les livres d'église, les heures et prières, ne pourront être imprimés ni réimprimés que d'après la permission donnée par les évêques diocésains, laquelle permission sera textuellement rapportée et imprimée en tête de chaque exemplaire.

Art. 2. « Les imprimeurs-libraires qui feraient imprimer, réimprimer des livres d'église, des heures ou des prières, sans avoir obtenu cette permission, seront poursuivis conformément à la loi du 19 juillet 1793. »

Cette disposition ne doit s'appliquer qu'aux livres de prières reproduisant le missel et ne s'étend pas à celles qui seraient composées soit par une porsonne laïque, soit par un prêtre, ou extraites d'un autre livre que le missel [2]. Ainsi restreintes, ces dispositions ont-elles entendu consacrer au profit des évêques un privilége exclusif, une quasi-propriété littéraire? Plusieurs opinions se sont produites sur ce point.

Un écrivain, dont la doctrine n'a pas trouvé d'adhérent,

[1] Ordonnance du 24 mars 1837.

[2] « Mais ce serait abusivement et par une fausse interprétation du décret « que l'on voudrait faire comprendre parmi ces livres ceux qui ne contiennent que des prières, méditations ou explications composées *ad hoc*, ex- « traites d'autres livres que le *Missel*, et qui, par conséquent, contiennent « autre chose que les usages, le propre du diocèse. Telle nous paraît être « la *Journée du chrétien*, livre qui n'est pas particulièrement applicable aux « usages du diocèse, et qui, dans tous les cas, n'est pas exclusivement « extrait de la source commune à tous les livres du diocèse, le *Missel général.* » (*Revue de droit français et étranger*, année 1847, p. 182, article de M. Dumesnil.

soutient que le décret du 7 germinal an XIII a été abrogé par l'art. 7 de la Charte qui garantissait aux citoyens sans distinction la liberté de la presse [1]. Cette opinion est repoussée par la doctrine et par la jurisprudence ; elle est en effet contraire au principe d'interprétation : *Speciei per genus non derogatur.* Deux autres opinions se sont produites. D'après la première, le droit des évêques est absolu, et le privilége qu'ils confèrent aux imprimeurs est exclusif [2]. D'après la seconde, le droit des évêques est borné aux limites d'une haute censure épiscopale [3].

Le droit de haute censure épiscopale suffit, en effet, pour assurer le but que le législateur a voulu atteindre ; car le décret de l'an XIII n'a été fait que pour maintenir la pureté de la foi, l'orthodoxie des croyances. Donner aux évêques une espèce de propriété littéraire, ce serait dépasser la pensée de la loi et leur remettre un droit qui n'est pas nécessaire au résultat que l'on s'est proposé. La question a été tranchée en ce sens par les considérants d'un décret rendu le 15 juin 1809, en conseil d'État. « Considérant, y est-il dit, que le décret du 7 germinal an XIII, en statuant que les livres d'église, d'heures et de prières ne pourraient être imprimés ou réimprimés que d'après la permission donnée par l'évêque diocésain, n'a point entendu donner aux évêques le droit d'accorder un privilége exclusif d'imprimer ou réimprimer les livres d'église. »

[1] Renouard, *Traité sur la propriété littéraire*, t. II, n° 68.

[2] Arrêts de la Cour de cassation des 30 avril 1825, 25 juillet 1830 et 9 juin 1843. — Arrêts de la Cour de Paris des 11 mai 1830 et 25 novembre 1842. — *Revue du droit français et étranger*, décembre 1846, article de M. Teyssier-Desfarges.

[3] Arrêt de la Cour de cassation du 28 mai 1836. — Colmar, 6 mars 1833. — Caen, 11 février 1839. Instructions du directeur de la librairie en date des 23 juin 1810, 13 mai 1811 et 26 novembre 1814. — Louis Dufour, *Police des cultes*, p. 593, 613. — Laferrière, *Histoire du droit*, 1re éd., t. II, p. 88. — Dumesnil, *Revue de droit français et étranger*, 1847, p. 169-200. — De Lamartine, Rapport fait à la Chambre des députés, le 13 mars 1841, sur le projet de loi relatif à la propriété littéraire. « Nous avons pensé que

L'imprimeur ou éditeur choisi par l'évêque pourra seul mettre la mention de l'approbation épiscopale, et tout autre qui imprimerait, avec cette mention, une édition quelque correcte qu'elle fût, serait un contrefacteur. Mais tout éditeur pourra publier, sans énoncer cette approbation, des prières qui depuis longtemps sont tombées dans le domaine public.

§ 2. **Contravention aux lois et règlements.** — Les lois et règlements obligent tous les citoyens. Si les ecclésiastiques y contreviennent par des actes étrangers au culte, ils sont régis par le droit commun et jugés par les tribunaux ordinaires[1]. Mais la nature de leurs fonctions les a fait soumettre à un régime particulier.

Un ecclésiastique a le droit de publier un ouvrage où une loi serait appréciée ou critiquée. De même, il pourrait user du droit de pétition, et s'adresser au gouvernement pour provoquer son initiative législative. Mais, s'il attaquait la loi dans un acte de ses fonctions, par exemple dans un mandement, il y aurait abus.

Aux termes de l'art. 69 de la loi organique, « les évêques « rédigent les projets de règlements relatifs aux oblations, « que les ministres du culte sont autorisés à recevoir pour « l'administration des sacrements. Les projets de règle- « ments, rédigés par les évêques, ne pourront être publiés « ni autrement mis à exécution qu'après avoir été approuvés « par le gouvernement. » Si un prêtre percevait des droits plus élevés que ceux fixés au tarif, il y aurait contravention à un règlement[2].

« toucher à la législation toujours en vigueur de l'an XIII, ce serait tomber « dans l'un et l'autre danger ; que par cette législation l'autorité épiscopale « est armée d'un droit convenable *non de propriété et de privilége*, mais « d'approbation spéciale et préalable dans le diocèse, pour l'impression et « réimpression des livres liturgiques à l'usage du diocèse. »

[1] Néanmoins, les évêques ont été placés par la loi du 21 avril 1810 sous la juridiction privilégiée des Cours d'appel.

[2] Ordonn. du 4 mars 1830. Aff. *Gancel et autres* contre *Partie*, curé de Lalonde. — L'oblation n'est due au prêtre qu'autant qu'il administre les sacrements *réellement*. Si donc les parties domiciliées dans une paroisse

C'est ici le lieu d'examiner la question de savoir si un ecclésiastique peut être traduit devant les tribunaux, sans autorisation du conseil d'État, pour un délit commis dans l'exercice de ses fonctions.

Il a toujours été reconnu que l'art. 75 de la constitution du 22 frimaire an VIII n'était pas applicable aux ministres du culte. Mais la jurisprudence avait tiré du texte de la loi organique (art. 8 de la loi du 18 germinal an X), pour les ecclésiastiques, une garantie analogue à celle dont jouissaient les *agents du gouvernement*.

« Sur le rapport du ministre des cultes, dit l'art. 8, l'affaire sera suivie et définitivement terminée en la forme « administrative, ou, suivant l'exigence des cas, renvoyée « aux autorités compétentes. » Les uns n'ont pas trouvé dans cette disposition la création d'une garantie semblable à celle de l'art. 75 de la Constitution consulaire. Cet article, selon eux, veut dire seulement que, si le fait paraît au conseil présenter les caractères d'un délit ordinaire, il renverra aux tribunaux, tandis que, si c'est un acte simplement abusif, l'affaire sera terminée administrativement. En d'autres termes, l'art. 8 n'a disposé que pour le cas où le conseil est déjà saisi par la libre initiative des parties et n'oblige pas celles-ci à le saisir. D'autres pensent, au contraire, que l'art. 8 de la loi du 18 germinal an X a créé pour les ecclésiastiques une immunité analogue à celle qui protége les agents du gouvernement. Selon eux, le législateur n'a pas voulu permettre que les pratiques les plus saintes descendissent à tout instant dans l'arène judiciaire, exposées à la lutte des passions anti-religieuses.

La Cour de cassation, dans le dernier état de sa jurisprudence, a consacré un troisième système qui consiste à distinguer entre l'action publique intentée par le ministère

allaient dans une paroisse voisine faire baptiser un enfant, elles ne seraient pas obligées de faire l'oblation au prêtre dans la circonscription duquel elles sont domiciliées. Le prêtre n'a droit à l'oblation que pour l'administration réelle. C. cass., ch. crim., arr. du 25 février 1852.

public et celle qui serait poursuivie en police correctionnelle par un particulier, pour cause de diffamation ou d'injure. Dans le premier cas, la Cour pense que l'appel comme d'abus n'est pas un préalable administratif que le procureur de la République soit obligé d'observer. Au contraire, dans le second, le particulier diffamé ou injurié doit s'adresser au conseil d'État, et ce n'est que sur le renvoi ordonné par cette juridiction disciplinaire que la poursuite pourra être portée devant les tribunaux criminels [1].

Comme il s'agit d'opter entre le droit commun et une immunité qu'aucun texte ne consacre, notre hésitation ne saurait être longue. Il faudrait un article formel pour soumettre l'action privée ou publique au préalable de l'appel comme d'abus, et ce texte n'existe nulle part. Ceux qui soutiennent la doctrine de l'autorisation préalable invoquent des considérations qui pourraient être puissantes en législation, et même avoir de la valeur en droit s'il s'agissait de corroborer des arguments de principe, mais qui sont dépourvues d'autorité lorsqu'il s'agit de faire prévaloir une exception au droit commun.

L'art. 8 dit que : « l'affaire sera suivie et définitivement « terminée dans la forme administrative, ou renvoyée, se- « lon l'exigence des cas, aux autorités compétentes. » De ce que le conseil peut ordonner le renvoi aux autorités compétentes, lorsqu'il a été saisi par l'initiative des parties, faut-il conclure que les parties soient obligées de le saisir et qu'elles ne puissent pas, si elles l'aiment mieux, s'adresser directement à la justice ordinaire ? Ce serait tirer une conclusion qui n'est nullement contenue dans les prémisses du raison-

[1] C'est la distinction qu'a consacrée la Cour de cassation dans son arrêt du 10 août 1861, arrêt qui rejette le pourvoi contre un arrêt de la Cour de Poitiers du 5 juillet 1861 (*Lhémeaux*). L'arrêt de Poitiers n'avait pas fait la distinction admise par la Cour de cassation ; elle avait décidé, sans s'occuper de l'action directe intentée par un particulier, que l'action du ministère public n'était pas subordonnée au préalable de l'appel comme d'abus.

nement. Nous persistons *a fortiori* dans notre système après le décret du 19 septembre 1870 qui abroge l'art. 75. Nous ne croyons cependant pas que ce décret ait tranché la controverse relative aux ministres du culte. Quelques généraux que soient les termes dont se sert le décret, il n'a pas abrogé l'art. 8 de la loi organique ; seulement l'esprit dans lequel il a été fait est un argument en faveur de l'interprétation à cette disposition [1].

Aux termes de l'art. 199 du Code pénal, les ministres du culte ne peuvent procéder aux cérémonies religieuses d'un mariage qu'après justification d'un acte de mariage préalablement reçu par les officiers de l'état civil, à peine d'une amende de 16 fr. à 100 fr. La contravention à cet article est tout à la fois un délit et un acte abusif [2].

L'injure prononcée en chaire ou dans l'exercice d'une fonction ecclésiastique quelconque présente également le caractère du délit et de l'abus. C'est de tous les faits celui qui a donné lieu au nombre le plus considérable de recours [3].

§ 3. **Contravention aux canons reçus en France.** — C'est principalement en matière de sentences disciplinaires de déposition que s'applique le troisième cas de recours pour abus. Lorsque les règles prescrites par les canons n'ont pas été remplies, le ministre du culte peut et doit d'abord se pourvoir devant le métropolitain, par application du principe qu'il faut épuiser les voies de recours ordinaires avant d'employer les recours extraordinaires [4].

[1] M. Ducrocq, t. I, p. 518, n° 592, pense au contraire que la controverse est tranchée par le décret du 19 septembre 1870. — Ce qui nous paraît être contraire à la solution de M. Ducrocq, c'est que le décret de 1870 abroge les dispositions qui ont pour objet d'entraver les poursuites contre les *fonctionnaires de tout ordre*, Cette disposition ne peut pas, selon nous, s'appliquer aux ecclésiastiques qui ne sont *fonctionnaires* d'aucun ordre.

[2] Ordonnance du 3 décembre 1828 (*Pélissier*). — Ordonnance du 25 décembre 1830.

[3] Voir entre autres, ordonnance du 25 février 1818 (*Plouin-Dubreuil*) ; — du 19 juin 1829 (*Baillard*) ; — du 19 juin 1829 (*Benoin*).

[4] Décret du 29 août 1854 (*Bourrel c. l'évêque d'Arras*).

Si le métropolitain repousse son recours, l'appel comme d'abus est recevable.

Les prêtres ne pouvaient, dès le principe, être déposés que par un concile composé de six évêques ; mais à mesure que la réunion des conciles devint moins fréquente, cette pratique fut aussi plus difficile et les évêques ne tardèrent pas à s'attribuer le jugement des prêtres ; ils le déléguèrent à leurs officialités, et l'application des peines ecclésiastiques fut assimilée aux autres matières contentieuses [1]. Les officialités n'existent plus aujourd'hui, et c'est à l'ordinaire qu'appartient la connaissance de ces procès. Quand les évêques prononcent une peine ecclésiastique, ils n'exercent pas une juridiction discrétionnaire, mais contentieuse. Aussi sont-ils astreints à remplir les formalités compatibles avec l'ordre de choses actuel, et à mentionner les conditions substantielles des jugements. « Depuis la suppres- « sion des officialités, dit M. de Cormenin [2], il suffit que « les formalités substantielles, qui consistent dans une ins- « truction discrète et éclairée, dans la pleine liberté de la « défense et dans un jugement mûri, aient été observées. » Dans l'affaire *Chrétien*, le recours était fondé sur ce que le prévenu n'avait pas reçu les trois *monitions* qui, d'après les anciennes règles, devaient être signifiées à huit jours d'intervalle, et laissées, la première à personne, les deux autres à domicile. Voici comment s'exprima sur ce point le maître des requêtes rapporteur : « L'Église avait « autrefois ses lois propres, ses tribunaux et les officiers de « ses tribunaux. Elle avait ses promoteurs pour donner aux « actes le caractère d'authenticité qui leur était nécessaire. « Les officialités, l'ancienne juridiction ecclésiastique, les « officiers de cette juridiction ont disparu ; il est impos- « sible d'exiger aujourd'hui des évêques les formalités aux- « quelles ils étaient astreints dans l'administration de leur

[1] Fleury, *Instit.*, p. 175, et Durand de Maillane, *Dictionnaire canonique*, v° *Déposition*, t. II, p. 118.

[2] *Droit administratif*, t. I, p. 240, note 2.

« justice. L'art. 6 de la loi organique, qui met au nombre « des cas d'abus l'infraction des règles consacrées par les « canons reçus en France, n'a jamais été et n'a pu être « compris des règles de l'ancienne procédure ecclésiasti- « que. C'eût été la destruction de toute discipline ; car il « dépendra toujours d'un individu frappé par des peines « disciplinaires de dire que les règles n'ont pas été obser- « vées, alors que l'observation de ces règles ne peut être « démontrée [1]. »

Une distinction doit être faite, en ce qui concerne les curés. S'ils ne peuvent être déposés qu'avec les formes dont il vient d'être parlé, l'évêque a cependant le pouvoir de les remplacer pour cause d'infirmité ou de mauvaise conduite. Le suppléant reçoit, en ce cas, une portion du traitement, dans la proportion déterminée par le décret du 7 novembre 1811. Aucun recours n'est admis contre cette mesure, ni par voie de recours pour abus, ni devant le métropolitain ; car c'est une faculté mise à la disposition du supérieur ecclésiastique, qui est appréciateur des besoins de l'administration paroissiale.

Lorsqu'une sentence de déposition est attaquée comme abusive, le conseil d'État n'apprécie que la régularité de la décision, l'observation des formes, et ne s'immisce jamais dans la connaissance du fond ; il ne pourrait le faire qu'en s'attribuant une partie de l'autorité spirituelle.

Si la déclaration d'abus est prononcée, quel en sera l'effet ? Le titulaire reprendra-t-il l'exercice de ses fonctions en vertu de la permission du conseil d'État, et malgré la déposition prononcée par l'évêque ? C'est là une des questions les plus délicates que cette matière puisse soulever. Elle peut être également posée dans le cas où un simple prêtre a été interdit *a sacris* par une sentence irrégulière. Cependant ces cas ne doivent pas être confondus ; ils ont

[1] M. Raulin ; V. aussi Vuillefroy, *Culte catholique*, vº *Déposition*, et Durand de Maillane, vº *Censure*, t. I, p. 450.

des éléments de solution qui leur sont propres et qu'il importe de distinguer.

Si la sentence de déposition est déclarée abusive, elle devrait, dans la rigueur du droit, être mise à néant; le titulaire reprendrait ses fonctions comme si sa position était entière. Mais cette solution aurait pour effet de mêler indirectement le pouvoir temporel à l'action de l'autorité ecclésiastique. Aussi a-t-on admis que la sentence, quoique frappée d'une déclaration d'abus, conservera tous ses effets au point de vue spirituel, mais qu'elle n'en pourra produire aucun dans le domaine temporel. Ainsi cette sentence ne serait pas susceptible, tant qu'elle n'aurait pas été renouvelée en la forme régulière, d'être confirmée par le chef du pouvoir exécutif et le titulaire demeurerait en jouissance de son traitement.

Que faudrait-il décider, si le chef du pouvoir exécutif, méconnaissant ces principes, confirmait la déposition nonobstant la déclaration d'abus? Il y aurait dans cet acte un excès de pouvoir caractérisé, et par conséquent le pourvoi devant la section du contentieux serait ouvert au titulaire contre le décret confirmatif; car cet acte aurait eu pour résultat de faire produire ses effets civils à une sentence qui, étant déclarée abusive, n'en pouvait plus produire aucun, au point de vue temporel.

Mais le recours par la voie contentieuse ne serait pas recevable contre le décret qui aurait confirmé une sentence de déposition, quelque irrégulière qu'elle fût, si elle n'avait pas été déclarée abusive. Car le chef du pouvoir exécutif, quand il accorde à la déposition ses effets civils, n'a pas à examiner si elle est régulière ou non; il se borne à déclarer qu'aucun intérêt administratif ou politique ne s'oppose à ce que la sentence épiscopale produise ses effets temporels; le recours pour abus et le pourvoi devant le métropolitain sont les seuls moyens à employer pour en faire prononcer l'irrégularité [1].

[1] Arr. Cons. d'Ét. du 29 mars 1851.

Le recours pour abus est-il recevable dans le cas où la sentence a déjà été approuvée par le chef du pouvoir exécutif? Quelques-uns objectent qu'une déclaration d'abus ne saurait avoir aucun effet; qu'elle ne détruirait pas la déposition dans ses résultats au point de vue spirituel; qu'il en serait de même au point de vue temporel, puisque le décret du chef du pouvoir exécutif ne peut tomber que devant un décret de la section du contentieux, et que le recours pour abus ne saurait être employé contre un acte de l'autorité temporelle. Selon eux, déclarer l'abus dans ces circonstances, ce serait frapper sans atteindre et jeter une condamnation dans le vide. Tout effet n'est pas anéanti cependant; car la déclaration d'abus conserverait encore sa force disciplinaire et l'influence morale qui s'attache au blâme d'un corps considérable. Il lui resterait une efficacité préventive et elle aurait pour résultat d'assurer à l'avenir l'observation des formes.

Lorsque c'est un simple prêtre qui est interdit *a sacris*, sans l'observation des formes canoniques, le recours pour abus nous paraît encore être recevable; mais la déclaration faite par le conseil d'État serait loin d'avoir des effets aussi étendus que dans le cas où il s'agit d'un titulaire, car elle ne conservera pas au prêtre les avantages temporels d'aucun titre, puisqu'il n'en est point pourvu ; d'un autre côté, elle ne donnera pas à l'ecclésiastique interdit le droit de célébrer la messe : ce serait une immixtion dans l'administration spirituelle et le lien de la discipline en éprouverait une atteinte considérable. Mais, objectera-t-on, si elle ne produit d'effet ni au point de vue temporel ni au point de vue spirituel, quelle efficacité lui restera-t-il ? La déclaration d'abus est avant tout une peine disciplinaire; son effet est principalement un effet moral, et c'est à tort qu'elle a été appelée *Inane fulmen* [1] parce qu'elle ne produit pas toujours

[1] Carteret, *Encyclopédie du droit*, v° *Appel comme d'abus*. Cette expression pourrait également s'appliquer à la réprimande prononcée par un conseil de l'ordre des avocats. Dira-t-on que cette réprimande n'est pas très-

des conséquences matérielles. Un blâme ne saurait être une pénalité frivole quand il tombe sur des hommes qui occupent une position élevée et qu'il est infligé par un corps considéré. L'évêque qui l'aura encourue se montrera plus circonspect dans la suite et deviendra plus fidèle observateur des formalités.

L'inamovibilité des titulaires ne survit pas à leur titre, et aucune réclamation n'est admise contre la suppression régulièrement faite d'une cure. Cette question s'est présentée plusieurs fois au sujet de la réunion des cures aux chapitres des cathédrales. La division d'attribution entre la cure et le chapitre amenait ordinairement des conflits qui nuisaient à l'administration paroissiale : c'est pour les faire cesser que l'on a pris le parti, dans presque tous les diocèses, de supprimer la cure et de nommer un chanoine de plus. L'évêque choisit dans le corps des chanoines un archiprêtre qui fait les fonctions de curé pour le chapitre, considéré comme titulaire collectif. Ordinairement le curé qui est dépossédé par cette mesure est appelé au canonicat créé pour remplacer le titre supprimé et chargé des fonctions d'archiprêtre ; mais, si cette compensation ne lui était pas accordée, aucun recours ne lui serait ouvert. De même dans toutes les ordonnances portant réunion de la cure au chapitre, une disposition spéciale stipule que l'archiprêtre, irrévocable comme chanoine, demeurera révocable au gré de l'évêque en sa qualité d'archiprêtre.

Après le décès des évêques, l'administration du diocèse est confiée à des vicaires généraux, nommés par les chapitres et appelés, pour cette raison, *capitulaires*. Le choix fait par les chanoines doit être agréé par le chef du pouvoir exécutif[1]. C'est à ces vicaires généraux qu'appartient la ju-

redoutée ? Si l'expression *inane fulmen* est exacte lorsqu'il s'agit d'attaques aux libertés de l'Église gallicane, elle est loin d'être vraie en matière disciplinaire.

[1] Décret du 26 février 1810, art. 6. — « En conséquence, il sera pourvu « pendant la vacance des siéges, conformément aux lois canoniques, au gou- « vernement des diocèces. — Les chapitres présenteront à notre ministre

ridiction, de sorte que la déposition prononcée, ou plus généralement, toute décision prise par les anciens vicaires généraux de l'évêque décédé serait incompétente et abusive; car leurs pouvoirs, qui survivaient à l'évêque d'après la loi organique, s'éteignent à sa mort depuis le décret du 26 février 1810, art. 6. Cette disposition n'est d'ailleurs qu'un retour aux règles admises par le droit canon.

On s'est demandé si le recours pour abus serait admissible contre une sentence qui aurait prononcé des peines plus fortes que les canons ne le permettaient. Une distinction est nécessaire. S'agit-il de peines touchant à la discipline extérieure de l'Église, le recours est recevable. Ainsi la sentence qui appliquerait la déposition dans les cas où les canons ne la prononcent point pourrait être frappée d'abus, puisqu'elle pourrait l'être pour un simple défaut de forme. Au contraire, s'il s'agit de peines purement spirituelles, comme une *pénitence*, une *retraite*, l'appel devrait être rejeté; car il s'agirait d'un fait intéressant le for intérieur, d'une manière exclusive, et dont le conseil d'État ne pourrait se constituer le juge qu'en mettant le pied dans le domaine de l'autorité spirituelle[1].

§ 4. Attentat aux libertés de l'Église gallicane. — Les libertés de l'Église gallicane se réduisent aujourd'hui aux trois points suivants : la vérification des actes de la cour de Rome, l'exclusion de tout délégué de cette cour

« des cultes les vicaires généraux qu'ils auront nommés, pour leur nomination être reconnue par nous. »

[1] « Une sentence rendue dans le cercle des choses purement spirituelles « n'a trait qu'à la règle intérieure de la religion. Elle n'affecte en rien le « citoyen, et ne s'adresse qu'à l'homme religieux. Le conseil d'État n'en « pourrait donc connaître qu'à titre de régulateur de l'autorité spirituelle, « de conservateur de la règle religieuse..... Or, le législateur, quand il s'est « agi d'organiser les principes posés dans le concordat, a-t-il conçu et pou- « vait-il concevoir une pareille pensée? — N'est-ce pas un principe autant « qu'un fait que le conseil ne réprime l'autorité spirituelle que dans ses « atteintes aux droits et aux intérêts garantis aux citoyens par la loi civile? » (Dufour, *Traité de droit administratif*, 2e édit., t. V, p. 52, et 1re édit., t. II, p. 507 et 508.)

non agréé par le gouvernement, et l'adoption légale de la déclaration de 1682. Les deux premières règles ne sont que la consécration du principe de souveraineté et leur application spéciale à la cour de Rome. Quant à la déclaration de 1682, elle est toujours, en droit, considérée comme étant en vigueur. Voici le texte de cette déclaration qu'un décret du 25 février 1810 a déclaré *loi générale de l'Empire* :

« Plusieurs personnes s'efforcent de ruiner les décrets de « l'Église gallicane et les libertés que nos ancêtres ont soute- « nues avec tant de zèle, et de renverser leurs fondements « qui sont appuyés sur les saints canons et la tradition des « Pères; d'autres, sous prétexte de les défendre, ont la har- « diesse de donner atteinte à la primauté de saint Pierre et « des pontifes romains, ses successeurs institués par J.-C., « d'empêcher qu'on ne leur rende l'obéissance que tout le « monde leur doit, et de diminuer la majesté du saint-siége « apostolique, qui est respectable à toutes les nations où l'on « enseigne la vraie foi de l'Église, et qui conserve son unité. « Les hérétiques, de leur côté, mettent tout en œuvre pour « faire paraître cette puissance, qui maintient les lois de « l'Église, insupportable aux rois et aux peuples; et ils se « servent de cet artifice afin de séparer les âmes simples de la « communion de l'Église. Voulant donc remédier à ces incon- « vénients, nous, archevêques et évêques, assemblés par « ordre du roi, avec les autres ecclésiastiques députés qui « représentent l'Église gallicane, nous avons jugé convenable, « après une mûre délibération, de faire les règlements et la « déclaration qui suivent :

« I. Que saint Pierre et ses successeurs, vicaires de J.-C., « et que l'Église même n'ont reçu de puissance de Dieu que « sur les choses spirituelles et qui concernent le salut, et non « point sur les choses temporelles et civiles. J.-C. nous ap- « prend lui-même que son royaume n'est point de ce monde; « et, en un autre endroit, qu'il faut rendre à César ce qui est « à César, et à Dieu ce qui est à Dieu; qu'ainsi ce principe de « l'apôtre ne peut en rien être ébranlé, que toute personne est

« soumise aux puissances supérieures; car il n'y a point de « puissance qui ne vienne de Dieu, et c'est lui qui ordonne « celles qui sont sur la terre. Celui donc qui résiste aux puis- « sances résiste à l'ordre de Dieu. Nous déclarons, en consé- « quence, que les rois et les souverains ne sont soumis à au- « cune puissance ecclésiastique par ordre de Dieu dans les « choses temporelles; qu'ils ne peuvent être déposés direc- « tement ni indirectement par l'autorité des chefs de l'É- « glise; que leurs sujets ne peuvent être dispensés de la « soumission et de l'obéissance qu'ils leur doivent, ou ab- « sous du serment de fidélité, et que cette doctrine, néces- « saire pour la tranquillité publique et non moins avanta- « geuse à l'Église qu'à l'État, doit être invariablement suivie « comme conforme à la parole de Dieu, à la tradition des « saints Pères et aux exemples des saints.

« II. Que la plénitude de la puissance que le saint-siége « apostolique et les successeurs de saint Pierre, vicaires de « J.-C., ont sur les choses spirituelles, est telle que néanmoins « les décrets du saint concile œcuménique de Constance, con- « tenus dans les sessions 4 et 5, approuvés par le saint-siége « apostolique, confirmés par la pratique de toute l'Église et « des pontifes romains et observés religieusement dans tous « les temps par l'Église gallicane, demeurent dans toute leur « force et vertu; et que l'Église de France n'approuve pas « l'opinion de ceux qui donnent atteinte à ces décrets ou qui « les affaiblissent en disant que leur autorité n'est pas bien « établie, qu'ils ne sont point approuvés ou qu'ils ne regardent « que le temps du schisme.

« III. Qu'ainsi, il faut régler l'usage de la puissance aposto- « lique en suivant les canons faits par l'esprit de Dieu et con- « sacrés par le respect général de tout le monde; que les « règles, les mœurs et les constitutions reçues dans le royaume « et dans l'Église gallicane doivent avoir leur force et vertu, « et les usages de nos pères demeurent inébranlables; qu'il « est même de la grandeur du saint-siége apostolique que les « lois et coutumes établies du consentement de ce siége res- « pectable et des églises subsistent invariablement.

« IV. Que quoique le pape ait la principale part dans les « questions de foi et que ses décrets regardent toutes les

« églises et chaque église en particulier, son jugement n'est « pourtant pas irréformable à moins que le consentement « de l'Église n'intervienne.

« Nous avons arrêté d'envoyer à toutes les églises de France « et aux évêques qui y président, par l'autorité du Saint-« Esprit, ces maximes que nous avons reçues de nos pères, « afin que nous disions tous la même chose, que nous soyons « dans les mêmes sentiments et que nous suivions tous la « même doctrine. »

Un édit, en date du 23 mars 1682, prescrit l'enseignement des quatre articles.

« Ordonnons, est-il dit dans l'art. 2, que ceux qui seront « dorénavant choisis pour enseigner la théologie dans tous les « collèges de chaque université, soit qu'ils soient séculiers « ou réguliers, souscriront ladite déclaration aux greffes des « facultés de théologie, avant de pouvoir faire cette fonction « dans les collèges ou maisons séculières ou régulières; « qu'ils se soumettront à enseigner la doctrine qui y est ap-« pliquée, et que les syndics des facultés de théologie présen-« teront aux ordinaires des lieux et à nos procureurs géné-« raux, des copies desdites soumissions signées par les gref-« fiers desdites facultés. »

§ 5. Procédés qui peuvent compromettre l'honneur des citoyens, troubler arbitrairement leur conscience, ou dégénérer en oppression, injure ou scandale public. — Le cinquième et dernier cas d'abus est conçu en termes indéfinis, dont le conseil d'État pourrait prendre occasion pour intervenir dans l'appréciation d'une foule d'actes ; mais, en cette matière, tous sont d'accord pour reconnaître que le conseil s'est toujours imposé la plus grande réserve et que sa jurisprudence a resserré les termes de la loi.

Tout membre d'une communion religieuse a droit au bénéfice des cérémonies, sacrements et prières de son culte, tant qu'il n'y a pas renoncé notoirement ou qu'il n'en a pas été exclu; spécialement en ce qui concerne le refus de sépulture, un projet de décret, préparé en 1812, décidait que « toute personne morte dans l'état extérieur de l'Église « catholique avait droit au secours spirituel de cette Église, « et qu'ainsi c'était, de la part des ecclésiastiques, manquer « à un des premiers devoirs de leur ministère que de refu- « ser, dans ce cas, les offices qui leur sont demandés. » Il est vrai que le décret ne fut pas approuvé; cela vint, non de la doctrine qui s'y trouvait consacrée, mais des pénalités sévères qui en étaient la sanction; car le décret prononçait la déposition et le bannissement contre l'auteur du refus de sépulture. D'ailleurs, le conseil d'État n'applique pas ces principes dans toute leur rigueur, et généralement il ne déclare l'abus que dans le cas où le refus a été *accompagné d'injure ou de scandale public*.

Il n'y a même pas lieu de déclarer l'abus toutes les foi que le refus de sacrement a été l'occasion d'un scandale public; car il peut y avoir de justes motifs de refus. « Les « excuses du prêtre, dit M. de Cormenin, qui sont admises « par le conseil d'État, sont : en matière de sépulture, que « le moribond aurait déclaré n'être pas croyant et qu'il « aurait repoussé le prêtre avec injure [1]; en matière de « confession, que le prêtre se serait retiré, sur le refus du « mourant d'être ouï en confession; en matière de commu- « nion, que le refusé se serait confessé à un autre curé, sans « la permission du sien [2] »

L'injure adressée à un paroissien par un prêtre en chaire, ou plus généralement dans l'exercice du culte, est une cause fréquente de recours pour abus. Le conseil d'État n'admet pas facilement ces plaintes, et il ne déclare d'abus ou n'autorise les poursuites qu'autant que les faits sont bien caractérisés. L'examen de la jurisprudence sur ce point

[1] Ordonnance du 13 juin 1827 (*Gallais*).

[2] Ordon. du 16 mars 1828 (*Camps*). — Cormenin, t. I, p. 237, note 5 de son *Droit administratif*.

démontre que les rejets sont fréquents et que les injures, dans les cas où la poursuite a été autorisée, avaient un caractère très-grave.

Même lorsque l'injure est grave, le conseil d'État rejette facilement le recours si le ministre du culte a fait des excuses publiques en chaire. Cette jurisprudence est fondée sur ce que le recours est à peu près dénué d'intérêt lorsque l'auteur de l'injure l'a rétractée, en employant pour la réparer les mêmes moyens qui avaient servi à la commettre[1].

§ 6. **De l'appel comme d'abus réciproque.** — « *L'appel comme d'abus est réciproque,* » disait la 80e proposition de P. Pithou, qui ajoutait à titre de commentaire: « Lequel remède est réciproquement commun aux ecclésiastiques pour la conservation de leur autorité et juridiction ; si que le promoteur, ou autre ayant intérest, peut aussi appeler comme d'abus de l'entreprise ou attentat faict par le juge lay sur ce qui lui appartient. » Ce principe est passé dans la législation moderne avec les modifications qu'exigeaient les institutions nouvelles. Ainsi le recours pour abus ne peut plus être formé par le promoteur contre les entreprises du juge laïque; car le recours par le promoteur implique la juridiction des officialités qui n'existent plus.

L'art. 7 de la loi du 18 germinal dit en termes généraux: « Il y aura pareillement recours au conseil d'État, s'il est porté atteinte à l'exercice public du culte et à la liberté que les lois et les règlements garantissent à ses ministres. »

Quelque généraux que soient les termes de cet article, ils ne doivent cependant s'entendre que des atteintes portées par les autorités civiles à la liberté des cultes. Cela résulte de l'esprit même dans lequel a été constitué l'appel comme d'abus. C'est pour maintenir le principe de la séparation des pouvoirs spirituel et temporel que le recours a été éta-

[1] Décrets des 13 juin 1856, 5 mars 1857 et 15 novembre 1858.

bli ; ce serait donc s'écarter de cette pensée fondamentale que de l'employer contre des particuliers étrangers aux luttes d'où est née cette institution. Contre les simples particuliers, le droit commun et l'application des peines ordinaires suffisent.

Contre les agents du gouvernement il n'en pouvait pas être de même. Toute atteinte à la liberté des cultes ne constituant pas un crime ou un délit prévu par la loi pénale, il fallait réserver envers les fonctionnaires publics le pouvoir disciplinaire du conseil d'État. Dans les cas où il n'y aurait pas lieu à renvoyer devant les tribunaux de répression, le conseil déclarera l'abus, et cette déclaration tombant sur des autorités laïques produira certainement un effet encore plus grand que lorsqu'elle atteint les ministres du culte.

§ 7. **De l'appel comme d'abus pour les cultes autres que le culte catholique.** — Plusieurs des cas d'abus que nous avons passés en revue ne sont pas applicables aux cultes non catholiques. Ce n'est que pour excès de pouvoir, usurpation, contravention aux lois et règlements et pour procédés de nature à troubler arbitrairement les consciences, que le recours pourrait être formé contre les ministres protestants. Pour le culte israélite, la matière est régie par les art. 54, 55 et 56 de l'ordonnance du 25 mai 1844.

Art. 54. Aucune assemblée délibérante ne pourra être formée, aucune décision doctrinale ne pourra être publiée ou devenir la matière de l'enseignement, sans autorisation expresse du gouvernement.

Art. 55. Toutes entreprises des ministres du culte israélite, toutes discussions qui pourraient s'élever entre les ministres, toute atteinte à l'exercice du culte et à la liberté garantie à ces ministres, nous seront déférées en notre conseil d'État, sur le rapport de notre ministre des cultes, pour être par nous statué ce qu'il appartiendra.

Art. 56. Nul ministre du culte israélite ne peut donner aucune autorisation ou explication de la loi qui ne soit conforme aux décisions du grand Sanhédrin et aux décisions des assemblées synodales qui seraient par nous ultérieurement autorisées.

Il résulte de ces dispositions que, pour le culte israélite, le gouvernement s'est attribué un droit d'intervention dans les matières spirituelles plus étendu que pour le culte catholique; car en ce qui touche les canons, le pouvoir temporel ne protége et ne défend que ceux qui sont relatifs à la discipline. Le prince est donc moins évêque du dehors qu'il n'est *rabbin extérieur.* Ce titre, que certains jurisconsultes ont prononcé en se moquant [1], est justifié par les termes de l'ordonnances; mais le conseil d'État ne l'a jamais utilisé, du moins que je sache, et je ne connais de recours formés contre les rabbins que pour « contravention aux lois ou trouble arbitrairement jeté dans les consciences. »

DE LA PROCÉDURE A SUIVRE EN MATIÈRE D'ABUS.

Cette section se divise naturellement en deux parties. Dans la première, je traiterai de la compétence; dans la seconde, des formes à suivre pour introduire le recours ou de la procédure proprement dite.

§ 1er. **De la compétence.** — « Il y aura recours au « *conseil d'État*, dit l'art. 6 de la loi organique, dans tous « les cas d'abus de la part des supérieurs et autres person« nes ecclésiastiques. » La question de compétence ayant été soumise aux tribunaux et au conseil d'État, il a été reconnu, des deux côtés, que la juridiction administrative était compétente, et sur ce point aucune divergence ne s'est produite entre les deux jurisprudences.

Malgré ce concours de raisons et d'autorités, l'opinion contraire a été soutenue, et elle compte Merlin parmi ses défenseurs. Ces jurisconsultes invoquent les art. 5 et 6 du

[1] Notamment M. Foucart, t. I, p. 517 et suiv.

décret en date du 25 mars 1813, organique du concordat de Fontainebleau :

« Art. 5. Nos Cours impériales connaîtront de toutes les « affaires connues sous le nom d'appels comme d'abus, « ainsi que de toutes celles qui résulteront de la non-exé- « cution des lois des concordats.

« Art. 6. Notre grand juge présentera un projet de loi « pour être discuté en notre conseil, qui déterminera la « procédure et les peines applicables en ces matières. »

Ce décret, suivant Merlin, a l'autorité d'une loi, et par conséquent, de simples ordonnances, des règlements n'ont pu l'abroger. Mais ces textes ne nous paraissent pas être applicables pour deux raisons. En premier lieu, le décret du 25 mars 1813 n'étant qu'un appendice du concordat de Fontainebleau, comment serait-il resté debout lorsque l'acte principal est demeuré inexécuté ? Ce qui prouve l'abrogation, c'est que l'art. 6 précité prescrivait au grand juge de présenter un projet de loi où serait déterminée la procédure à suivre devant les Cours d'appel en matière d'abus ; or cette disposition n'a pas été suivie.

§ 2. **De la forme en laquelle s'introduit le recours pour abus.** — Aux termes de l'art. 8 de loi organique, « le recours compétera pour toute partie intéressée. » — Quel intérêt doit avoir l'appelant ? Faut-il qu'il ait été personnellement victime de l'abus d'autorité ? Suffit-il qu'il se présente en vertu de l'intérêt moral que fait naître la solidarité de la famille ? Tout héritier a-t-il le droit de se présenter pour venger la mémoire du défunt ? Ces questions ont été laissées indécises par le législateur, et c'est à la jurisprudence et à la doctrine qu'il appartient de les résoudre.

La première règle à suivre, c'est que l'intérêt doit être personnel au particulier qui se pourvoit; n'ayant pas mission de parler au nom de la société, il ne pourrait pas se prévaloir de motifs d'un ordre général. Il faudrait donc rejeter, comme l'a fait le conseil d'État, le recours formé par un maire contre un évêque, pour infraction à la loi sur la résidence ecclésiastique et pour le délit prévu par l'art. 201 du Code pénal. Ce maire n'ayant pas d'intérêt propre, était d'ailleurs incompétent pour se plaindre au nom de la société[1].

La personne qui a été l'objet de l'abus d'autorité n'est pas la seule qui ait le droit de réclamer ; car, s'il en était ainsi, le refus de sépulture suivi de scandale public demeurerait impuni. Il faut donc accorder aux héritiers le droit de se présenter. Mais je pense que les héritiers successeurs aux biens ne seraient pas les seuls admissibles. Supposons, en effet, que le décédé ait laissé des enfants et des ascendants; ceux-ci ne sauraient être écartés comme dépourvus d'intérêt, parce que les descendants leur sont préférés dans l'ordre successif. Plus que personne ils ont intérêt à maintenir l'honneur d'une famille dont ils sont les chefs ; car, à vrai dire, ils se présenteront, non comme ayants cause du défunt, mais en vertu d'un droit qui leur est propre. C'est ainsi qu'en droit romain l'injure faite à une personne pouvait donner naissance à plusieurs actions au profit de ceux qui ne l'avaient pas éprouvée personnellement, mais qui étaient présumés en ressentir les atteintes.

L'art. 8 de la loi organique donne également le droit d'appeler comme d'abus aux préfets. « A défaut de plainte « particulière, il sera exercé d'office par les préfets. » — Ces termes sont impératifs et indiquent que les préfets ont non-seulement un droit à exercer, mais encore un devoir à remplir. Le préfet n'est pas le seul fonctionnaire qui soit admis à agir d'office.

Nous pensons que le ministre, supérieur hiérarchique du préfet, doit avoir le même droit que son subordonné. Il est vrai que pour se renfermer strictement dans les termes de la loi, il pourrait donner l'ordre au préfet d'appeler; mais ce circuit est inutile, et le conseil d'État n'a jamais exigé qu'il fût suivi.

[1] Décrets du 27 novembre 1859. *Albertini contre l'évêque d'Ajaccio* et *Falconetto contre l'évêque d'Ajaccio*.

Le droit du préfet ou du ministre étant destiné à garantir l'observation des lois et à protéger l'intérêt général, la renonciation même expresse des parties ne saurait y faire obstacle ; car c'est un principe élémentaire, en droit, que l'intérêt général est au-dessus des conventions particulières [1].

Le recours pour abus est une voie de recours extraordinaire : elle ne doit donc être employée qu'à la dernière extrémité et lorsque toutes les autres sont fermées. Ainsi, comme nous l'avons dit plus haut, le recours au métropolitain doit être tenté avant de déférer au conseil d'État une sentence entachée d'abus [2].

La loi n'a pas déterminé de délai dans lequel le recours doive être formé à peine de déchéance. On s'est demandé dès lors si les parties seraient recevables pendant trente ans. Ce point a été l'objet d'une discussion au sein du conseil d'État. Plusieurs membres soutinrent qu'il fallait suivre le délai de trois mois et rejeter tout recours qui ne serait formé qu'après leur expiration. Ils appuyaient leur opinion sur ce que ce délai est, pour ainsi dire, de droit commun dans les affaires soumises au conseil d'État. C'est celui qui a été fixé par le décret du 22 juillet 1806 [2] pour les pourvois contentieux et, en matière d'administration pure, par la loi du 18 juillet 1837 [3], pour les autorisations de plaider demandées par les communes. Ils ajoutaient que c'était le délai adopté en matière civile pour les appels, d'après l'art. 473 du Code de procédure. Enfin n'est-il pas naturel, disaient-ils, dans le silence de la loi actuelle, de la compléter par la loi ancienne et d'appliquer les délais suivis par les parlements et déterminés par les dispositions du droit canonique ? D'autres soutenaient, au contraire, que la loi n'ayant créé aucune déchéance, il était impossible d'en établir une, et que les analogies les plus complètes, les rapprochements

[1] Art. 6 du Code civ.

[2] Aff. *Audierne* et *Piveleau* (décrets du 6 août 1850).

[3] Art. 11.

les plus heureux ne sauraient triompher du principe : *pœnalia non sunt extendenda*[1].

Ces deux opinions n'étaient pas inconciliables, à notre avis. En effet, les parties ont le droit de renoncer au recours pour abus, et cette renonciation peut être soit expresse, soit tacite : elle résulterait, par exemple, de l'expiration d'un délai suffisant pour la faire présumer ; car nul ne peut aller jusqu'à dire que l'appel serait encore recevable après dix ou vingt ans. Le conseil appréciera, suivant les circonstances, s'il y a eu renonciation, et après un certain délai prononcera une déchéance, qui ne sera pas forcément uniforme pour tous les cas. Il aurait même la faculté de présumer la renonciation après le délai de trois mois, et, de cette manière, établir *en fait* la déchéance qui n'existe pas *en droit ;* mais cette règle ne le lierait pas, et il pourrait l'appliquer, ou non, suivant l'espèce, tandis qu'il serait tenu de suivre la disposition de la loi s'il y en avait une qui fixât un délai de rigueur. Il y a dans l'avis du 19 juin 1851, cité plus haut, un passage qu'il importe de reproduire ici : « Considérant que les délais consacrés par les anciens « usages sont observés pour l'appel de la décision épisco- « pale devant le métropolitain ; — que si ces mêmes délais « étaient suivis pour le recours à exercer devant le conseil « d'État, les inconvénients ci-dessus signalés seraient évi- « tés [2] » On ne pouvait pas plus clairement inviter le gouvernement à user de son initiative législative pour combler cette lacune, mais jusqu'à présent cette invitation est demeurée inefficace et la question est encore livrée aux controverses.

Le recours pour abus n'est pas porté directement au

[1] Nous reproduisons d'après nos souvenirs cette discussion à laquelle nous avons assisté.

[2] Dans une notice bibliographique qu'il a eu la bonté de consacrer à mon opuscule sur l'*Appel comme d'abus* (*Revue critique*, année 1852, t. II, p. 505), M. Mimerel, avocat au Conseil d'État et à la Cour de cassation, trouve arbitraire le pouvoir que j'attribue au conseil d'examiner, suivant les circonstances, la recevabilité du recours. M. Mimerel admet-il qu'après dix

conseil d'État ; l'appelant est tenu, d'abord, d'adresser un mémoire détaillé et signé au ministre des cultes, qui doit prendre, dans le plus court délai, tous les renseignements convenables, et ensuite envoyer les pièces avec son rapport au président du conseil d'État. Cette remise du mémoire a été exigée comme une sorte de préliminaire de conciliation ; il arrive souvent, en effet, que le ministre parvient à éteindre l'affaire, soit par l'autorité qui s'attache à son intervention, soit en obtenant des rétractations. Aussi le recours pour abus est-il irrecevable quand il n'a pas été précédé de ce préliminaire, comme l'action civile, dans le cas où la conciliation n'a pas été tentée. Dans plusieurs circonstances, le conseil d'État a repoussé des requêtes qui lui avaient été adressées directement et renvoyé les parties à se pourvoir devant le ministre des cultes [1].

Il y aurait lieu également de rejeter le recours, lors même qu'il aurait été adressé au ministre des cultes, si le mémoire n'était pas détaillé ou s'il ne portait pas de signature.

Le ministre des cultes, après avoir pris tous les renseignements qu'il juge nécessaires pour former son opinion, soit par une enquête confiée à l'évêque du ressort ou à un évêque voisin, soit en faisant interroger par le préfet les personnes les mieux informées, arrête son rapport et transmet le dossier au président du conseil d'État. L'affaire est envoyée à la section de l'intérieur, de la justice, de l'instruction publique, des cultes et des beaux-arts.

Si la section ne trouve pas dans les pièces des éléments suffisants de décision, elle ordonne un supplément d'in-

ou quinze ans on pourrait encore se pourvoir pour abus ? — Non, évidemment, mais puisqu'il n'y a pas dans la loi de délai emportant déchéance et que nous ne pouvons pas l'établir doctrinalement, il n'y a pas d'autre moyen que de laisser au conseil d'État le droit d'apprécier si le laps de temps a été assez long pour qu'on puisse voir dans cette abstention la volonté de renoncer. C'est donc une question de fait. M. Mimerel a d'ailleurs critiqué notre solution sans dire qu'elle était la sienne.

[1] Cormenin, t. I, p. 231, note 1.

struction par un avis signé des président et rapporteur, ou même par une simple note signée du rapporteur seulement. Quand l'instruction est complète, la section arrête le projet de décret qui sera soumis à l'assemblée générale du conseil d'État ; et c'est en assemblée générale qu'est délibérée la rédaction définitive qui doit être présentée à la signature du Président (Décret du 21 août 1872, art. 5, n° 2).

Les formules de décision sont assez diverses, et en comparant les ordonnances ou décrets qui ont été rendus en cette matière, on en compte jusqu'à dix : 1° le décret déclare simplement qu'il y a abus ; 2° il déclare abus avec suppression de l'écrit abusif; 3° il déclare l'abus et autorise les poursuites à fins criminelles ; 4° il déclare l'abus et autorise les poursuites à fins civiles seulement; 5° il déclare l'abus et, admettant l'excuse, n'autorise pas les poursuites ; 6° il déclare qu'il n'y a pas abus ; 7° il déclare à la fois qu'il n'y a lieu ni à prononciation d'abus ni à renvoi devant les tribunaux; 8° il écarte le recours, sauf à se pourvoir devant l'autorité supérieure, dans la hiérarchie ecclésiastique ; 9° il rejette l'appel comme non recevable ; 10° il délare l'abus avec injonction au prêtre de s'abstenir de refus de sacrement dans des cas semblables.

L'affaire est instruite et jugée dans la forme administrative, sans frais ni constitution d'avocat. Si les parties font remettre des mémoires par des avocats au conseil d'État, les frais sont à leur charge, et quelle que soit la solution, les dépens ne peuvent pas être répétés contre la partie qui succombe. La délibération du conseil d'État, en section ou en assemblée générale, a lieu sans publicité, et les avocats constitués n'ont pas eux-mêmes le droit d'y assister. Lorsqu'elle est terminée, le projet de décret signé par le président du conseil d'État et par le rapporteur, certifié par le secrétaire général, et transmis au ministre des cultes qui le présente à la signature du chef de l'État.

IX.

CONFLITS [1].

Le jugement des conflits a longtemps été considéré comme appartenant à la *justice réservée*, c'est-à-dire comme un de ces cas qui devaient être soumis au chef de l'État comme à l'auteur commun des pouvoirs administratif et judiciaire. En 1848, ce système fut abandonné parce qu'on lui reprochait de ne pas faire une part égale aux deux pouvoirs rivaux et de constituer l'administration juge dans sa propre cause. A la compétence du conseil d'État fut substituée celle d'un tribunal spécial composé, par portions égales, de conseillers d'État et de conseillers à la Cour de cassation, délibérant sous la présidence du garde des sceaux. Cette innovation avait pour effet de remettre les décisions au ministre de la justice, les deux autres éléments s'annulant réciproquement. Or, les ministres étant sujets à tous les mouvements de la politique, la jurisprudence était exposée à des changements fréquents.

Les ministres qui passèrent eurent, il est vrai, le bon esprit de ne point changer les décisions du tribunal ; mais ce résultat heureux tenait plus à la modération des hommes qu'à la bonté de l'institution. Aussi lorsqu'en 1872 il a été question de revenir au système du tribunal mixte, un troisième élément a été introduit dans sa composition. « Les conflits d'attributions entre l'autorité administrative et l'autorité judiciaire sont réglés par un tribunal spécial composé : 1° du garde des sceaux, président ; 2° de trois conseillers d'État en service ordinaire élus par les conseillers en service ordinaire ; 3° de trois conseillers à la Cour de cassation, élus pour leurs collègues ; 4° de deux membres et de leurs suppléants élus par la majorité des autres juges dési-

[1] *Lois administratives*, p. 68-77.

gnés aux paragraphes précédents » (art. 25 de la loi du 24 mai 1872).

Le conflit peut se produire de plusieurs manières : ou bien entre l'administration et les tribunaux ordinaires prétendant, chacun de son côté, être compétents : c'est le *conflit positif d'attributions*, de tous le plus important. Inversement, il pourrait se faire que les parties se trouvassent entre deux juges, l'un de l'ordre administratif et l'autre de l'ordre judiciaire, se déclarant tous les deux imcompétents : c'est le *conflit négatif*. Enfin il n'est pas sans exemple qu'on ait vu deux juridictions administratives s'attribuer la connaissance de la même affaire : c'est le *conflit positif de juridictions administratives*. Il pourrait arriver aussi que deux juridictions administratives se déclarassent incompétentes ; en ce cas, se produirait le *conflit négatif de juridictions*. Nous avons donc à distinguer : 1° le conflit positif d'attributions ; 2° le conflit négatif d'attributions ; 3° le conflit positif de juridictions ; 4° le conflit négatif de juridictions.

Nous n'aurons que peu de choses à dire sur le *conflit positif* ou *négatif* de *juridictions administratives ;* la loi n'a pas organisé de procédure spéciale en ce qui les concerne. Il y a lieu, dans ces trois cas, à règlement de juges, et c'est le conseil d'État délibérant au contentieux qui fait le règlement, en suivant la procédure ordinaire, sur la demande de l'une ou l'autre des parties intéressées. Le *conflit positif* et le *conflit négatif d'attributions* entre l'autorité administrative et l'autorité judiciaire sont, au contraire, soumis à des règles spéciales et suivent une procédure particulière ; pour en avoir une idée complète, il faut examiner successivement : 1° en quel cas le conflit peut être élevé ; 2° par qui, il peut l'être ; 3° suivant quelle forme il faut procéder ; 4° quels sont les effets du conflit et de l'arrêt qui statue sur la validité.

Conflit positif d'attributions.— La matière est régie par l'ordonnance du 1er juin 1828. Cette ordonnance a aujourd'hui la valeur d'une loi, parce qu'elle a été, à plusieurs reprise, visée et conséquemment confirmée par le législateur. Il est d'ailleurs facile de comprendre pourquoi, en 1828, on procéda par ordonnance au lieu de faire une loi. Le Conseil d'État était lui-même placé sous le régime des ordonnances, et il n'était pas extraordinaire qu'une partie de ses attributions fût réglée de la même manière.

En quel cas le conflit d'attributions peut-il être élevé ? — D'après l'ordonnance du 1er juin 1828, le conflit ne peut pas être élevé en matière criminelle ; c'est une garantie que le législateur a voulu donner à la liberté individuelle et qui, sous un régime de légalité, a été accordée en haine des souvenirs qu'avait laissés une époque où l'arme des conflits était employée pour distraire les accusés de leurs juges naturels [1]. Ce n'est pas cependant que, devant les tribunaux criminels, il ne puisse se produire des questions de l'ordre administratif ; on conçoit, par exemple, qu'à l'occasion d'un détournement de deniers par un comptable public, soit posée la question préalable de la vérification de ses comptes par l'autorité compétente. Le législateur n'a pas voulu accorder le droit de revendication à l'autorité administrative, aimant mieux s'exposer aux usurpations judiciaires que de permettre qu'un accusé fût enlevé à ses juges.

En matière correctionnelle, le droit d'élever le conflit a été admis par l'ordonnance dans deux cas seulement ; mais, malgré les termes restrictifs qu'elle emploie, on peut dire qu'il a été consacré en règle générale : « Il ne pourra, dit l'art 2 de l'ordonnance, être élevé de conflit en matière de police correctionnelle que dans les deux cas suivants ; 1° lorsque la répression du délit est attribuée par une dis-

[1] Sous la Convention, l'assemblée elle-même, sur la proposition de ses comités, connaissait des conflits ; on devine, d'après le caractère et l'étendue des pouvoirs de ce gouvernement, à quels abus il arriva en cette matière. On peut voir l'histoire des conflits dans deux excellents articles publiés, l'un dans le *Dictionnaire de M. Blanche*, par M. Boulatignier, et l'autre dans le *Dictionnaire de M. Block*, par M. Reverchon, v° *Conflit*.

position législative à l'autorité administrative; 2° lorsque le jugement à rendre par le tribunal dépendra d'une question préjudicielle attribuée à l'administration par une disposition législative. — Dans ce dernier cas, le conflit ne pourra être élevé que sur la question préjudicielle. » Or, comme il est difficile d'imaginer d'autres cas où le conflit puisse être élevé en matière correctionnelle, l'ordonnance a donc posé un principe général, sous la forme d'une énumération limitative [1].

L'application de cette disposition a donné lieu à une discussion intéressante, à l'occasion de la diffamation contenue dans une délibération d'un conseil municipal. La personne diffamée avait cité directement en police correctionnelle plusieurs signataires de la délibération, et le tribunal s'était déclaré incompétent ; mais, sur l'appel, la cour ayant retenu l'affaire, l'administration éleva le conflit, et l'arrêté fut confirmé par le Conseil d'État. Puisque la matière était correctionnelle, il fallait, d'après l'art. 2 de l'ordonnance, prouver que la répression du délit de diffamation, lorsqu'il résulte d'une délibération du conseil municipal, est *attribuée par une disposition législative, à l'autorité administrative*. Cette disposition législative, on l'a trouvée dans l'article 60 de la loi des 14-22 décembre 1789 : « Si un citoyen croit être personnellement lésé par quelque acte du corps municipal, il pourra exposer ses sujets de plainte à l'administration ou au directoire du département (aujourd'hui *le préfet*), qui y fera droit, sur l'avis de l'administration du district qui sera chargé de vérifier les faits. » Mais

[1] Les restrictions édictées par les art. 1 et 2 de l'ordonnance de 1828 ne concernent que l'action criminelle et l'action correctionnelle. Elles ne régissent pas l'action civile, qu'elle soit intentée principalement devant le tribunal civil ou jointe à la poursuite criminelle. Aucune des raisons qui ont dicté ces deux dispositions ne s'applique aux demandes d'indemnité pour faits délictueux. C'est ce qu'ont décidé avec raison le Conseil d'État, arr. du 9 février 1847 (*Legat*), et le Tribunal des conflits, arr. du 17 avril 1851 (*Rougier*), V. Lebon, 1851, p. 286, et Reverchon, v° *Conflit*, p. 464, n°s 28 et 29.

cette loi ne confère pas à l'administration du département toute la répression, et ne peut s'entendre que de la partie administrative, spécialement de la radiation sur les registres. Quant à la répression correctionnelle, personne ne soutient qu'elle ait été attribuée au préfet par le texte dont il s'agit. Il faudrait donc admettre que l'art. 60 de la loi de 1789 a eu pour objet, non-seulement de transporter la répression à l'autorité administrative, mais encore, au fond, de modifier la répression en supprimant toute poursuite correctionnelle. Or cette intention ne résulte nullement des termes employés par la disposition invoquée. A quelle incohérence ne serait, d'ailleurs, pas condamnée l'interprétation admise par la jurisprudence du Conseil d'État ! La citation directe serait recevable si elle était dirigée contre des conseillers généraux ou d'arrondissement (il faut l'admettre, puisque en ce qui les concerne, il n'existe aucune disposition correspondant à l'art. 60 de la loi des 14-22 décembre 1789), et elle ne le serait pas si elle était formée contre des conseillers municipaux. L'immunité de ces derniers serait-elle explicable alors que les conseillers généraux n'en ont pas de pareille ? Il est inadmissible que le législateur ait eu l'intention de créer un régime dont les parties seraient si mal liées. Dans notre système, au contraire, tout se tient parce que nous laissons à chaque autorité sa compétence naturelle. Au préfet, la répression administrative, d'après l'art. 60 de la loi de 1789, et aux tribunaux correctionnels, la répression judiciaire, conformément à la loi du 17 mai 1819, art. 13 [1].

L'ordonnance de 1828 ne veut pas non plus que l'ad-

[1] A plusieurs reprises, le Conseil d'État a décidé que l'action en police correctionnelle était irrecevable, et a validé les arrêtés de conflit élevés devant les tribunaux qui s'étaient déclarés compétents pour connaître des actions en diffamation contre les conseillers municipaux. V. notamment arr. sur conflit du 17 août 1866 (*Benoist-d'Azy*), rendu contrairement aux conclusions de M. Aucoc et à une consultation que nous avions donnée dans cette affaire avec l'adhésion motivée de MM. Berryer, Hébert, Serrigny, Allou, Marie, Lenoel et Reverchon. Ce dernier avait déjà donné son opinion au mot *Conflit*, DICTIONNAIRE D'ADMINISTRATION, par Maurice Block, et

ministration puisse revendiquer la connaissance d'une affaire, sur ce fondement que l'autorisation du Conseil d'État n'aurait pas précédé la poursuite dirigée contre un fonctionnaire, ou qu'un *préalable administratif* n'aurait pas été rempli [1]. Pourquoi cette disposition, lorsqu'il est certain que l'autorisation du Conseil d'État a été exigée dans l'intérêt de l'administration et pour la protéger contre les tentatives des tribunaux qui voudraient attaquer les actes administratifs, en jugeant les agents qui en sont les auteurs? Le législateur a pensé que les parties ne manqueraient pas d'opposer l'inaccomplissement des formalités préalables, et que les juges craindraient de leur enlever les garanties qui protégent la personne des fonctionnaires, en même temps que l'administration. D'ailleurs l'administration ne pourrait pas revendiquer le fond de la cause, puisqu'elle rentre dans la compétence des tribunaux, et tout ce qu'elle pourrait faire, ce serait de soutenir que le tribunal n'a pas été régulièrement saisi. Or le conflit n'a pas été créé pour redresser les irrégularités de procédure commises devant les tribunaux, mais seulement pour revendiquer les affaires.

Après avoir dit dans quels cas le conflit ne peut pas être élevé, il faut déterminer ceux où le recours est ouvert.

Aucune difficulté ne peut se présenter dans le cas où la

il l'a défendue dans un article publié par le journal *le Droit* (n^os des 1er et 2 janvier 1867), et reproduit par la *Revue critique*, t. XXX. Notre opinion est celle de M. Boulatignier. — V° *Conflit*, DICTIONNAIRE D'ADMINISTRATION, par M. Blanche; Serrigny, t. I, p. 169, et Chauveau, *Instruction administrative*, t. I, p. 353, et *Principes de compétence*, t. III, p. 559, n° 738. C'est l'opinion consacrée par la chambre criminelle de la Cour de cassation et que dans cette affaire la Cour de Bourges avait adoptée, arr. du 25 mai 1866.

[1] Ordonnance du 1er juin 1828, art. 3. Par application de cet article, nous avons décidé, dans notre opuscule sur *l'appel comme d'abus*, que la poursuite directe d'un ministre du culte devant les tribunaux criminels, sans recours préalable au Conseil d'État, ne pourrait pas être reprimée par voie de conflit. M. Dufour, qui dans la première édition de son ouvrage avait admis la régularité du conflit en cas pareil, s'est rendu à notre observation avec une bonne foi parfaite (2e édit., t. V, p. 72).

compétence administrative est établie sur un texte positif; mais il est rare de trouver des dispositions qui séparent nettement les attributions de l'autorité administrative d'avec celles des tribunaux ordinaires, et souvent la jurisprudence a été obligée de baser ses solutions sur le principe général de la séparation des pouvoirs. L'art. 9 de l'ordonnance du 1er juin 1828 exige que, dans l'arrêté du conflit, « la disposition législative qui attribue à l'administration la connaissance du point litigieux soit textuellement insérée ; » mais, dans l'état actuel de notre législation, il était difficile de se conformer à cette disposition, et souvent la jurisprudence s'est contentée de citer la loi des 16-24 août 1790, tit. II, art. 13; la constitution du 3 septembre 1791, tit. III, chap. v, art. 3, ou l'arrêté du 2 germinal an V. C'est de ces dispositions générales que la section du contentieux, en suivant résolûment le principe dans ses applications, a fait sortir une doctrine dont voici les principaux linéaments.

En général, les questions de propriétés régies par les principes du droit commun rentrent dans la compétence des tribunaux; il en est de même des démembrements de la propriété, des droits réels et aussi des rapports d'obligation entre créanciers et débiteurs. Mais il arrive quelquefois que les questions de propriété prennent leur source dans des *actes administratifs*, ou que les créances sont réclamées contre l'État, *puissance publique*. De là naît une catégorie de droits mixtes, judiciaires par leur nature, administratifs par l'acte qui les fait naître, et, en ce point, la question de séparation entre les deux pouvoirs commence à devenir délicate.

Mais d'abord, qu'entend-on par *acte administratif?* Nous avons vu que certains fonctionnaires, comme les préfets et les maires, procédaient quelquefois par voie de disposition générale et réglementaire. Rendus dans la limite des pouvoirs compétents, les règlements font, pour ainsi dire, partie de la loi, et les tribunaux peuvent les appliquer et les interpréter comme les dispositions législatives elles-mêmes. Le principe de la séparation des pouvoir n'y fait pas obstacle, car le pouvoir judiciaire est séparé du pouvoir législatif aussi profondément qu'il l'est de l'autorité administrative, et cependant tous les jours les tribunaux appliquent et interprètent les lois. A plus forte raison ont-ils le droit d'appliquer et d'interpréter les règlements qui en sont le complément. Le règlement est un acte qui émane de l'administration ; mais, au fond et par sa nature, ce n'est pas un *acte administratif*. Le règlement ne peut pas être attaqué, par la voie contentieuse, devant le conseil d'Etat ; car, de deux choses l'une : s'il a été compétemment rendu, c'est un acte d'administration pure ; sinon, les parties poursuivies pour infraction ont le droit de soulever la question de légalité devant les tribunaux ordinaires (art. 471, n° 15, C. p.).

L'arrêté d'un maire qui fixe la taxe du pain, par exemple, est un règlement municipal, et le règlement serait inattaquable au contentieux, quand même il fixerait un prix de vente inférieur au prix de revient. Les boulangers pourraient seulement se pourvoir, par voie hiérarchique, devant le préfet [1].

Les règlements ne pourront-ils pas au moins être attaqués pour *excès de pouvoir ?* S'il s'agit de règlements d'administration publique fait en vertu d'une délégation formellement écrite dans une loi, même le recours pour *excès*

[1] Ordonnance du 14 août 1822 (aff. *des boulangers de Montpellier*). Quoique depuis le décret du 22 juin 1863 cette difficulté ne puisse plus se présenter ou du moins ne se présenter que rarement, nous maintenons l'exemple comme étant très-propre à faire saisir le principe. Voir, dans le *Journal de droit administratif* (t. Ier, p. 117 et suiv.), une lettre que nous avons adressée au syndic des boulangers de Toulouse. — L'arrêté par lequel un préfet, par application de l'art. 23 du décret du 17 février 1852 sur la presse, désigne un journal pour recevoir les annonces judiciaires est un acte réglementaire et général. D'après les principes ci-dessus, il appartiendrait aux tribunaux ordinaires de décider si l'arrêté est ou non légalement rendu. Le contraire a été cependant jugé par décret sur conflit du 30 juin 1860.

de pouvoir ne sera pas recevable contre un décret qui participe de la souveraineté législative. Au contraire les décrets provenant de l'initiative des autorités investies du pouvoir réglementaire, des préfets, des maires peuvent être attaqués, non pas au fond mais pour violation des formes [1].

Dans quelques cas cependant, le conseil d'État a admis le recours contre des arrêtés réglementaires lorsqu'il était fondé sur l'*excès de pouvoir*, c'est-à-dire lorsque l'autorité dont ils émanaient avait dépassé la limite de sa compétence. Si cette jurisprudence prévaut, les parties intéressées auront à l'avenir deux moyens de se défendre contre l'arrêté illégal : 1° elles pourront le faire tomber, d'une manière générale et à l'égard de tous, en faisant prononcer son annulation par le conseil d'État; 2° les contrevenants poursuivis pourront faire juger que l'arrêté étant illégal ne leur est pas applicable.

L'acte administratif est *essentiellement individuel ;* c'est, par exemple, une concession émanée du pouvoir souverain actuel ou antérieur. Aussi reconnaît-on sans difficulté que lorsqu'il s'agit d'un droit concédé par une ordonnance des anciens rois de France, l'interprétation appartient à la juridiction administrative [2].

On a discuté longtemps la question de savoir si les actes de vente passés entre l'État propriétaire et les particuliers en la forme administrative, étaient des actes dont l'interprétation appartenait aux juridictions administratives. Quoique faits en la forme administrative, ces actes sont en réalité des contrats de droit commun, dont l'application et l'interprétation devraient appartenir aux tribunaux ordinaires. Mais nous nous trouvons ici en présence de l'art. 4

[1] Arr. Cons. d'Ét. du 20 décembre 1872 (*Fresneau*). Est entaché d'excès de pouvoir l'arrêté d'un maire qui prescrit aux riverains d'arracher l'herbe qui croît dans l'interstice des pavés. Arr. du Cons. d'Ét. du 20 décembre 1872 (*Billette*) et 5 décembre 1873 (*Lièvre*).

[2] Cons. d'Ét., arr. du 12 août 1845 ; des 25 novembre 1852 et 12 janvier 1853 ; des 9 mars 1835, 6 mai 1836, 6 février 1839, 20 juin 1844, 7 février 1848, et 1er décembre 1852.

de la loi du 28 pluviôse an VIII, qui attribue au conseil de préfecture le contentieux des domaines nationaux. Pour répartir la compétence, sur ce point, entre la juridiction ordinaire et la juridiction administrative, le conseil d'État a réservé aux tribunaux l'*application* des actes de vente, et en cas de doute, à l'autorité administrative leur *interprétation*.

Si l'on voulait se conformer aux termes généraux de la loi du 28 pluviôse an VIII, il faudrait, ce semble, adopter la même solution pour les baux et généralement pour tous les contrats de droit commun constatés en la forme administrative. Cette disposition, en effet, attribue au conseil de préfecture, sans aucune distinction, le *contentieux des domaines nationaux*. Mais la jurisprudence ne met pas sur la même ligne les baux et les ventes, et tandis qu'elle attribue à l'autorité administrative l'interprétation de ces dernières, elle renvoie aux tribunaux l'interprétation des premiers. La raison de la différence se trouve dans l'art. 4 de la loi du 28 pluviôse, qui met dans la compétence des conseils de préfecture le *contentieux des domaines nationaux*, ce qui n'a jamais été entendu que des ventes et non des baux[1]. En effet, les motifs politiques qui avaient fait attribuer aux conseils de préfecture le contentieux des domaines nationaux ne s'appliquent qu'aux ventes et sont entièrement étrangers aux locations.

L'autorité judiciaire ne doit pas se dessaisir toutes les fois qu'il plaît à une partie de demander l'interprétation d'un acte administratif : si l'acte était clair et qu'il parût évident que la partie cherche dans la question d'interprétation un prétexte pour traîner le procès en longueur, le tribunal pourrait passer outre au jugement du fond. Vainement dirait-on que rien n'est plus relatif que la clarté des termes d'un acte, et que la même rédaction, claire pour celui-ci, est obscure pour celui-là [2], que cette doctrine

[1] V. Cons. d'Ét., arr. des 20 novembre 1840 et 12 mai 1853.
[2] C'est l'opinion de M. Chauveau, *Principes de compétence*, t. II, p. 268.

contient en germe la justification de toutes les usurpations de la justice sur l'administration. Ce danger est chimérique, puisqu'avec l'arme des conflits on peut combattre la tendance qui porterait les tribunaux à en abuser et que, d'un autre côté, il y a plutôt lieu de se défier de la mauvaise foi des plaideurs que de soupçonner la mauvaise volonté des tribunaux, surtout quand il est possible à l'administration de déjouer l'usurpation judiciaire.

Enfin, il y a des actes, même individuels, qui, émanant du chef de l'État, ne peuvent, bien qu'ils portent atteinte aux droits privés, à la propriété ou à la liberté personnelle, être déférés ni aux tribunaux ni au Conseil d'État, en raison du caractère politique qui les distingue ; tels sont les traités diplomatiques, et tous ceux qui ont été dictés par une pensée politique. Mais si la juridiction contentieuse n'est pas compétente pour en connaître au fond, le tribunal des conflits a le pouvoir de dessaisir les tribunaux qui voudraient connaître de l'application ou de l'interprétation des pareils actes[1]. Qui donc connaîtra des réclamations à ce sujet? — Ceux qui sont investis du droit de délibérer sur de semblables matières. C'est le chef de l'État délibérant, non avec les conseillers d'État, qui ne forment que son conseil administratif, mais avec les ministres qui composent son conseil politique[2].

Jusqu'à quel moment le conflit peut-il être élevé? Tant que le procès est pendant devant un tribunal de première instance ou devant une Cour d'appel. S'il avait été rendu un jugement définitif en première instance, le conflit ne

[1] Tels sont les principes qui ont été mis en avant et consacrés dans l'arrêt, sur conflit, du 18 juin 1852 (*Famille d'Orléans.* — Décrets du 22 janvier 1852).

[2] Le Conseil d'État admet une distinction entre les décrets et les arrêtés ministériels. Les premiers sont des mesures du gouvernement contre lesquelles n'est pas recevable un recours contentieux, tandis que les seconds, s'ils violaient un droit ou négligeaient l'observation des formes légales, seraient attaquables au contentieux, alors même qu'ils auraient un caractère politique. Ainsi, tandis que l'arrêt du 18 juin 1852 a validé le conflit élevé à l'occasion du décret du 22 janvier 1852 sur les biens de la

serait plus recevable puisque le tribunal se trouverait dessaisi ; il faudrait attendre que l'une des parties eût interjeté appel pour élever le conflit devant la Cour. La Cour de cassation n'est pas un degré de juridiction, et le pourvoi n'empêche pas le jugement en dernier ressort ou l'arrêt de produire tout son effet jusqu'à la cassation ; non-seulement la décision attaquée continue à exister, mais l'exécution n'est même pas suspendue par le dépôt de la requête. Aussi le conflit ne peut-il pas être formé devant la Cour de cassation. Mais si l'arrêt ou le jugement attaqués sont cassés, le procès renaîtra devant le tribunal ou la cour de renvoi, et l'administration reprendra le droit de revendiquer la connaissance de l'affaire.

Le conflit ne peut pas être élevé devant les tribunaux de commerce[1], les justices de paix[2] et les conseils de prud'hommes ; quoique l'ordonnance du 1er juin 1828 ne le dise pas formellement, cette solution résulte de ce que la procédure de conflit implique le concours d'un procureur de la République qui n'existe pas devant ces juridictions.

famille d'Orléans, un arrêt du 14 août 1865 (*Courrier du Dimanche*) a annulé la suspension d'un journal prononcée par un arrêté ministériel sans les deux avertissements préalables qu'exigeait l'art. 32, § 3 du décret-loi du 17 février 1852. V. les conclusions de M. Faré, commissaire du gouvernement (Lebon, 1865, p. 822).

[1] Cons. d'Ét., arr. du 29 mars 1832 (*Desprez*). — Boulatignier, *Dictionnaire de Blanche*, p. 466, et Reverchon, *Dictionnaire de Maurice Block*, p. 467, n° 40. Chauveau, *Code d'instruction administrative*, 3e édit., t. I, p. 359, n° 446.

[2] Cons. d'Ét., arr. des 5 septembre 1836 (*Lavaud*), 4 avril 1837 (*Dampmartin*), 28 juin 1837 (*Foullon de Doué* c. *Guyot*). Reverchon, *loc. Cit.*, p. 468, nos 40, 41 et 42. On s'est demandé si le conflit pouvait être élevé devant le juge de simple police en matière de contraventions ? L'art. 2 de l'ordonnance du 1er juin 1828 ne parle que des matières correctionnelles, et son silence sur les matières de simple police semble indiquer qu'elle entend les exclure de la matière des conflits. C'est ce qu'a décidé l'arrêt du Conseil d'État du 16 juillet 1846 (*Prost* et *Jamanet*), confirmant l'opinion consacrée par l'arrêt du 3 décembre 1828 (*Bruhat*), rendu peu de temps après l'ordonnance du 1er juin 1828. *En ce sens :* Boulatignier, p. 464 ; Dufour, 2e édit., t. III, p. 526 ; Serrigny, 2e édit., t. I, p. 239, n° 172. *Contrà*, Chauveau, *op. cit.*, t. I, n° 438, p. 353.

Quant aux instances commerciales, elles ne sont pas par elles-mêmes en dehors du conflit. Si donc, après avoir franchi le premier ressort, elles étaient portées devant la Cour d'appel où il y a un ministère public, le conflit pourrait être élevé. La même observation s'applique aux affaires de la compétence du juge de paix en premier ressort lorsque l'appel est porté au tribunal civil, parce qu'alors les parties se trouvent devant une juridiction organisée de manière que la procédure spéciale aux conflits n'est pas impossible. Pourquoi le conflit n'a-t-il pas été étendu à ces juridictions? Il était bien facile, en effet, d'établir des règles particulières pour élever le conflit sans le concours d'un procureur de la République. On aurait pu, pour ces cas, décider, par exemple, que le déclinatoire et l'arrêté de conflit seraient transmis directement aux juges. Voici les motifs qui ont fait introduire ces distinctions : 1° les affaires qui sont attribuées à ces juridictions sont le plus souvent de médiocre importance; 2° les juges de paix étant amovibles et les juges consulaires électifs et renouvelables, il n'était pas à craindre que l'esprit de corps portât des magistrats aussi fragiles à commettre des envahissements.

Le conflit pourrait être élevé devant le président jugeant en matière de référés; car le président n'exerce pas en ce cas une juridiction propre; il remplace seulement le tribunal tout entier, auquel l'urgence ne permet pas de soumettre la contestation. Le président étant mis à la place du tribunal, on peut employer l'intermédiaire du procureur de la République pour lui faire parvenir l'arrêté du conflit[1].

[1] Avis du Cons. d'Ét. (comité de législation) du 3 mai 1844 et Cons. d'Ét., arr. du 12 août 1854. C'est aussi ce qu'a décidé le tribunal des conflits (Arr. du 11 janvier 1873, *veuve Coignet*). En ce sens, Reverchon, p. 468, n°s 44 et 45 ; Chauveau, *Code d'instr. administ.*, 3e édit., t. I, n° 447 *ter*, p. 359. « Ce qui ne peut être contesté, ajoute avec raison M. Chauveau, c'est que, comme dans l'espèce de l'arrêt du 12 août 1854, le préfet a le droit d'élever le conflit sur l'appel interjeté de l'ordonnance de référé, ou devant le tribunal lui-même, lorsque l'affaire lui a été renvoyée par le président en état de référé, » p. 360 *ibid.* (V. C. d'Ét., arr. du 22 janvier 1867, *Pajot*).

Les jurys d'expropriation n'ayant pas de ministère public, nous décidons que le conflit ne pourrait pas être élevé devant ces juridictions. Quant aux conseils de guerre et aux tribunaux maritimes, ils sont compétents pour juger les crimes et les délits. Il faudra donc leur appliquer les distinctions que fait l'ordonnance du 1er juin 1828 entre les matières criminelles et les matières correctionnelles.

Par qui le conflit peut-il être élevé? — Par le préfet du département dans lequel est situé le tribunal saisi[1], par le préfet de police de Paris[2], et par les préfets maritimes[3], pour les questions qui rentrent dans l'ordre de leur compétence. Si les biens, objet du litige, étaient situés dans un département autre que celui où siége le tribunal saisi de l'affaire, ce n'est pas le préfet de la situation des immeubles qui serait compétent, mais celui dans le ressort duquel siége le tribunal[4].

Devant la Cour d'appel, c'est encore le préfet du département où l'affaire a été jugée en première instance qui peut élever le conflit et non le préfet du département où siége la Cour. Ainsi, lorsque le tribunal d'Auxerre a jugé sans que l'administration ait réclamé, et que l'appel est porté à la Cour de Paris, ce n'est pas le préfet de la Seine qui est compétent, mais celui de l'Yonne. A l'égard de la cour d'appel, en effet, tous les préfets du ressort ont la même situation et les mêmes pouvoirs; celui du chef-lieu

1 Ce droit attribué aux préfets n'a pas cessé d'être consacré depuis l'arrêté du 13 brumaire an X. Cons. d'Ét., arr. des 14 avril 1839 (*préfet du Cher*), 20 août 1840 (*Dufour* c. *préfet du Pas-de-Calais*), 27 mai 1848 (*l'État* c. *commune des Angles*).

2 Ordonnance du 18 décembre 1822.

3 Pour les *préfets maritimes*, la question a été tranchée en ce sens par la jurisprudence (C. d'Ét., arr. des 23 avril 1840, 12 février 1841 et 30 mars 1842). V. dans l'art. de M. Boulatignier, *Dict. d'adm.*, p. 483, les conclusions du commissaire du gouvernement qui précédèrent l'arrêt du 23 avril 1840.

4 Ce préfet est le seul qui a raison de ses fonctions ait qualité à l'égard du tribunal. — C'est ce qu'a jugé à plusieurs reprises le Conseil d'État, arr. des 13 décembre 1861 (*ville de Saint-Germain*), 27 mai 1862 *Canal de l'Ourcq*) et 28 juillet 1864 (*Pallix*).

n'a pas une autorité plus grande que les autres, et dès lors il est naturel que le droit d'élever le conflit soit attribué au préfet du département d'origine puisqu'il sera, mieux qu'aucun autre, averti de l'affaire. Lorsque, après cassation, l'affaire est renvoyée devant un autre tribunal, on peut se demander qui est compétent du préfet du département où l'affaire a pris naissance ou du préfet dans le ressort duquel est situé le tribunal de renvoi. Le Conseil d'État a décidé que le préfet du département où siége le juge de renvoi est compétent pour revendiquer les affaires renvoyées après cassation. Mais il paraît admettre concurremment le préfet du département d'origine à élever le conflit, dans le cas où l'autre préfet négligerait de le faire [1].

Cette distinction s'explique par la raison que lorsque l'appel a été formé par la partie, tous les prefets des départements situés dans le ressort de la Cour sont à l'égard de la Cour d'appel dans une position égale, et que, *in pari causa*, il est naturel que la compétence appartienne à celui qui aurait pu élever le conflit en première instance. Au contraire, après cassation, l'affaire est portée devant une Cour nouvelle qui ne comprend pas dans son ressort le département d'origine, à l'égard de laquelle par conséquent le préfet qui administre ce département n'a aucune autorité. Les principes conduisent même à exclure entièrement ce dernier préfet pour ne reconnaître que le pouvoir du préfet dans le département duquel siége de la Cour de renvoi. Comme il s'agit ici d'une matière d'ordre public, qui intéresse la puissance publique, il est difficile d'admettre que le préfet de la Haute-Garonne, par exemple, ait le pouvoir d'arrêter une procédure devant la Cour de Pau, au ressort de laquelle il est étranger.

Le conflit ne peut être élevé ni par les ministres, ni par

[1] C. d'Ét., arr. des 21 août 1845 et 24 décembre 1845. — Dans un autre sens, arr. des 23 octobre 1835 et 1er juillet 1850. M. Reverchon décide que le préfet du département d'origine est seul compétent, p. 477, nos 83 et 84.

les conseils de prefecture, ni par le Conseil d'État, ni par les intendants de la marine. Les ministres pourraient seulement donner des instructions aux préfets et les faire exécuter par les moyens de contrainte, ou au moins d'influence qu'ils ont contre leurs subordonnés; mais ils ne pourraient pas se mettre en leur lieu et place pour suspendre directement la décision de la justice, l'arrêté du 13 brumaire an X n'ayant donné ce droit formellement qu'aux préfets.

Les ministres peuvent aussi saisir le tribunal des conflits pour revendiquer les affaires portées devant la section du contentieux et qui n'appartiendraient pas au contentieux administratif. La loi veut qu'avant de revendiquer les affaires, le ministre propose un déclinatoire au Conseil d'État (art. 26 de la loi du 24 mai 1872).

Les parties elles-mêmes ne peuvent que proposer l'incompétence, et si le déclinatoire n'est pas admis, elles n'ont que la ressource de prévenir le préfet pour provoquer son initiative. Lorsque celui-ci reste dans l'inaction, les parties peuvent encore demander au ministre qu'il adresse des instructions à son subordonné. Mais elles ne pourraient pas saisir directement le Conseil d'État[1].

Enfin le conflit a été institué pour protéger l'administration contre les entreprises des tribunaux inamovibles; et l'autorité judiciaire n'a pas un droit réciproque à l'égard des juridictions administratives. Les procureurs de la République et les procureurs généraux ne pourraient donc pas élever le conflit devant les conseils de préfecture[2].

Procédure. — Avant d'envoyer aux tribunaux un arrêté qui emporte obligation de surseoir, le législateur a pensé qu'il était plus convenable de les inviter à reconnaî-

[1] Cons. d'Ét., arr. des 13 juin 1821 (*Camy* c. *héritiers Laffargue*), 13 juillet 1825 (*Bonnefon et Violle*); 28 février 1831 (*de Montmorency* c. *usagers de Briquebec*).

[2] Cons. d'Ét., arr. des 3 juillet 1822 (*créanciers Chalette*), 15 octobre 1826 (*Desescaux*). — Reverchon, p. 461, n° 17. — Chauveau, *Instruct. administr.*, t. I, p. 269, n° 465.

tre eux-mêmes leur incompétence, en leur soumettant un *déclinatoire*, adressé au ministère public. La jurisprudence décide que le préfet doit proposer le déclinatoire alors même que la partie l'aurait déjà fait, et que le tribunal aurait rejeté sa demande. Mais de deux choses l'une, selon nous : ou le tribunal maintiendra sa première décision, et alors le nouveau déclinatoire n'aura pas d'effet; ou il la rétractera, et en ce cas on aura le spectacle choquant d'une juridiction qui change sa décision lorsque l'autorité intervient, et accorde à la puissance la satisfaction qu'elle avait refusée à la demande des parties. A notre avis, le conflit devrait, en ce cas, être élevé immédiatement, sans nouveau déclinatoire [1].

Le procureur de la république est tenu de communiquer le déclinatoire au tribunal; mais là finit son devoir, et il n'est pas obligé de soutenir les conclusions de l'administration. Aucun délai n'est fixé au tribunal pour statuer sur la question de compétence; l'affaire suit la marche ordinaire et prend le tour qui lui appartient naturellement. Le jugement une fois rendu, le procureur de la république doit, dans les cinq jours, envoyer au préfet copie de ses conclusions ou réquisitions et du jugement ou de l'arrêt rendu sur la question de compétence. L'envoi de ces pièces est le point de départ d'un nouveau délai; dans la quinzaine suivante, le préfet peut élever le conflit, en faisant déposer au greffe du tribunal un arrêté devant lequel la justice est obligée de surseoir. L'arrêté de conflit est remis par le greffier au procureur impérial, et celui-ci en donne connaissance au tribunal, dans la chambre du conseil. Ces

[1] Cons. d'Ét., arr. des 9 mars 1831 (*préfet de la Haute-Vienne*), 8 juin 1831 (*préfet de la Moselle*), 4 juin 1836 (*Delavie*), 6 mai 1848 (*Stogre*), 4 février 1836 (*Desmortier*) et 4 juillet 1845 (*Giraud* c. *Pommiers*). Le tribunal des conflits a, contrairement à l'opinion que nous soutenons, décidé que le préfet doit proposer un déclinatoire comme préfet et qu'il n'est pas dispensé de le faire par le déclinatoire qu'aurait proposé l'avoué du préfet représentant le domaine. Arr. du tribunal des conflits, du 14 décembre 1872 (*Gras*).

formalités ont été dictées par des motifs de convenance envers les tribunaux. Le déclinatoire étant une simple invitation au tribunal de se dessaisir, la communication en a pu être faite en audience publique. Au contraire, l'arrêté de conflit emportant obligation de surseoir, le législateur a voulu que le dépôt se fît au greffe et que la communication eût lieu en la chambre du conseil [1].

Le délai de quinzaine est prescrit, à peine de nullité de tout arrêté tardif; aussi le greffier doit-il donner, sans retard et sans frais, récépissé du dépôt, à raison de l'intérêt qu'il a de savoir s'il a été fait dans les délais voulus [2].

Supposons, au contraire, que le tribunal ait admis le déclinatoire; il est inutile d'élever le conflit puisque le tribunal s'est lui-même dessaisi. Mais si le jugement relatif à la compétence était frappé d'appel, le préfet pourrait immédiatement élever le conflit devant la Cour, c'est-à-dire sans présenter un nouveau déclinatoire: « Si le déclinatoire est admis, dit l'art. 8 de l'ordonnance du 1er juin 1828, le préfet pourra également élever le conflit dans la quinzaine qui suivra la signification de l'acte d'appel, si la partie interjette appel du jugement. »

Si le préfet songeait pour la première fois à revendiquer l'affaire en appel, il devrait proposer un déclinatoire comme il l'aurait fait en première instance, la procédure étant la même devant la Cour que devant le tribunal. Il serait

[1] Dans la pratique cependant cette pensée du législateur n'est pas observée. Nous avons entendu, à la première chambre de la Cour de Paris, un avocat général annoncer en *audience publique* qu'il avait à communiquer un arrêté de conflit à la Cour en *chambre du Conseil.*

[2] L'arrêté de conflit est déposé au greffe du tribunal; mais s'il était élevé devant la Cour impériale, il est évident que le dépôt devrait être fait au greffe de cette dernière. Serrigny, 2e édit., t. I, p. 205, n° 196. — Le délai de quinzaine pour faire le dépôt au greffe est le même que celui qui est accordé par l'art. 8 de l'ord. du 1er juin 1828. Cons. d'Ét., arr. des 24 février 1842 (*Mallet*) et 28 novembre 1845 (*Usquin*). — Le délai de quinzaine est de rigueur. Cons. d'Ét., arr. des 24 février 1842 (*Mallet*), 14 décembre 1843 (*Colonna*), 30 décembre 1843 (*Arnaud*), 25 avril 1845 (*Laurent*), 13 décembre 1861 (*commune de Gourville*), 11 et 26 décembre 1862 (*Hédouville*), 16 mai 1863 (*commune de Forcalquier*).

tenu de procéder de cette manière, alors même qu'il aurait proposé un déclinatoire en première instance s'il avait laissé expirer le délai de quinzaine sans élever le conflit. Car il y aurait déchéance du droit d'élever le conflit devant le tribunal par suite de l'expiration du délai de quinzaine; mais l'affaire ayant été relevée par l'appel, le préfet pourrait recommencer la procédure jusqu'à l'arrêt définitif, en proposant un nouveau déclinatoire [1].

L'arrêté de conflit reste déposé pendant quinze jours au greffe du tribunal ou de la Cour, afin que le procureur de la république ou le procureur génér al aient le temps d'avertir les parties ou leurs avoués. Les parties ou leurs avoués ont le droit de prendre connaissance au greffe, sans déplacement, de l'arrêté et des pièces à l'appui, et de remettre au parquet leurs observations sur la question de compétence. L'*avertissement* par le ministère public, la *prise en communication* par les parties et la remise de leurs *observations*, tout cela doit être fait dans le délai de quinzaine pendant lequel dure le dépôt. Le procureur de la république manquerait à son devoir s'il n'avertissait pas immédiatement les parties intéressées, de manière qu'elles aient un temps suffisant pour exercer le droit de remettre leurs observations [2].

Le tribunal pourrait-il se constituer juge de la validité du conflit, et, dans le cas où l'arrêté lui paraîtrait avoir été irrégulièrement pris, passer outre au jugement de l'affaire? Le tribunal n'est pas juge de la régularité des conflits. Si ce dernier pouvait ne pas tenir compte d'un arrêté par la raison qu'il n'a pas été valablement pris, l'arme des conflits ne

[1] Cons. d'Ét., arr. des 30 septembre 1836 (*de Praslin*), 2 avril 1842 (*Menestrel* c. *ville d'Arles*), 23 avril 1857 (*Guimard*).

[2] Art. 13 de l'ord. du 1er juin 1828. Nous pensons que le délai de quinzaine a son point de départ, comme cela paraît résulter des termes mêmes de cet article, du jour où les pièces ont été rétablies au greffe par le procureur de la République. Car c'est à partir de ce moment que les parties ont pu en prendre connaissance. — Chauveau, *Instruction administrative*, t. I, p. 388, n° 499, et Serrigny, 2e édit., t. I, p. 275, n° 200.

tarderait pas à devenir impuissante, et les tribunaux auraient le moyen d'en arrêter l'effet en se faisant les juges de cette irrégularité. Ils commenceraient par les moyens de nullité évidents, et finiraient par s'attribuer la connaissance des moyens douteux. Où s'arrêterait cette entreprise sur une compétence formellement attribuée à un pouvoir plus haut ? Le tribunal pourrait seulement, après l'expiration du délai de quinzaine, passer outre au jugement de l'affaire ; mais si l'arrêté tardif était déposé au greffe avant que le jugement fût rendu, le tribunal n'en devrait pas moins surseoir, même en présence d'un arrêté tardif, car l'expiration du délai est une cause de nullité dont le conseil d'État est juge comme de tous les autres moyens tendant à faire annuler le conflit [1].

Immédiatement après l'expiration du délai, le ministère public adresse les pièces au garde des sceaux, qui, dans les vingt-quatre heures, les transmet au tribunal des conflits et donne avis de leur réception au procureur génér l ou au procureur de la République. — L'ordonnance du 12 mars 1831, art. 6, énumère les pièces qui doivent être jointes à l'arrêté de conflit ; ce sont : 1° la citation ; 2° les conclusions des parties ; 3° le déclinatoire proposé par le préfet ; 4° le jugement ou l'arrêt sur la compétence. L'avis que le garde des sceaux donne au magistrat du ministère public, pour lui annoncer la réception du dossier, doit être accompagné d'un récépissé où sont énoncées en détail les diverses pièces, et qui reste déposé au greffe du tribunal ou de la Cour.

Une fois parvenu au tribunal des conflits, l'affaire y est jugée en suivant la procédure établie par le règlement du 28 octobre 1849 et par la loi du 4 février 1850, règlement et loi qui ont été remis en vigueur par la loi du 24 mai 1872,

[1] La jurisprudence a été constante sur ce point. Cons. d'Ét., arr. du 18 février 1838 ; 23 avril 1840 ; 7 août 1843 ; 25 avril 1845 ; 18 décembre 1848. M. Reverchon, v° *Conflit*, p. 480, n° 128, approuve cette jurisprudence avec la majorité des auteurs. Se sont prononcés en sens contraire : Duvergier (*Collection des lois*, notes sur l'ord. de 1828), Laferrière et Foucart.

art. 27. Il faut que le tribunal ait statué dans les deux mois à partir de la réception des pièces au ministère de la justice, et que le décret soit notifié, dans le mois suivant, au tribunal saisi de l'affaire. Faute de ce faire, le tribunal peut passer outre au jugement (art. 7 de l'ordonnance du 12 mars 1832).

Si l'arrêt n'était pas rendu dans les deux mois, mais qu'il fût notifié dans le troisième mois, produirait-il tout son effet ? *Quid* s'il n'était notifié qu'après l'expiration du troisième mois, mais avant le jugement ? L'expiration du troisième mois, suivant la doctrine de plusieurs jurisconsultes, donne seulement au tribunal le droit de statuer parce qu'elle met fin au sursis. Mais si l'arrêt vient à temps et lorsque le jugement n'est pas encore rendu, il n'y aurait, disent ces jurisconsultes, aucune raison pour empêcher son exécution. Ce serait faire prévaloir ou créer des déchéances que l'ordonnance ne prononce pas formellement contre une décision qui est rendue dans un intérêt d'ordre public, puisqu'elle touche à l'ordre des juridictions.

Cette doctrine ne nous paraît pas être conforme à l'art. 16 de l'ordonnance du 1er juin 1828, combinée avec l'art. 77 de l'ordonnance du 12 mars 1831. D'après le premier, si le conseil d'État n'avait pas prononcé dans les quarante jours, l'arrêté de conflit était considéré comme non avenu. Le second, en modifiant le délai, n'a pas reproduit la sanction écrite dans l'ordonnance de 1828. Mais précisément parce que l'art. 7 de l'ord. du 11 mars 1831 n'a fait que changer les délais, il faut y ajouter la garantie qui jusqu'alors avait protégé les parties. Est-il probable qu'en 1831 on ait diminué les garanties accordées antérieurement ? Le système de ces ordonnances est clair. Le tribunal est dessaisi sous la condition qu'on notifiera dans le troisième mois un décret rendu avant l'expiration du deuxième mois.

Effets de l'arrêté de conflit et de l'arrêt qui statue sur sa validité. — Dans l'arrêté de conflit, le préfet doit se borner à revendiquer l'affaire pour l'administration; il n'a ni ordre, ni injonction, ni signification à faire à l'autorité judiciaire : le sursis qui suit l'arrêté de conflit résulte de l'arrêté du 13 brumaire an X, art. 3, et le préfet n'a pas à le prescrire [1]. L'arrêté de conflit ne dessaisit pas le tribunal, mais la procédure est arrêtée et il ne peut pas être passé outre au jugement du fond. Si le tribunal en rejetant le déclinatoire, avait immédiatement jugé le fond, le conflit ne serait pas moins valablement élevé dans les quinze jours, quoiqu'en général il ne puisse pas l'être après un jugement défintif [2]. Cette exception était indispensable ; car, si elle n'avait pas été faite, il aurait été trop facile aux tribunaux de déjouer le conflit, en se hâtant de juger à la fois la compétence et le fond.

Le tribunal des conflits examine si l'arrêté doit ou non être confirmé, et suivant les cas prononce en ces termes : *L'arrêté en date du... par lequel le préfet du département du ... a élevé le conflit dans l'instance pendante devant le tribunal de... entre... est confirmé* ou *est annulé.*

Si le conflit est annulé, la procédure reprend son cours interrompu devant le tribunal. Est-il confirmé, le tribunal est dessaisi, et les parties se pourvoient, si elles le jugent à propos, devant l'autorité compétente. Le conflit d'attributions, en effet, dessaisit le tribunal sans indiquer l'autorité compétente ; c'est aux parties à se pourvoir devant qui de droit [3].

L'arrêt qui confirme l'arrêté de conflit annule toute la procédure jusqu'à l'exploit d'ajournement inclusivement,

[1] Cons. d'Ét., arr. des 17 août 1836 (*Taitot-Robillard*) et 14 novembre 1833 (*Danglemont*).

[2] Le jugement qui aurait statué sur le fond avant l'expiration de la quinzaine ne devrait cependant être annulé que si l'arrêté de conflit était validé. S'il était annulé, le conflit n'aurait jamais eu lieu. Il n'y aurait donc plus de motif pour annuler le jugement quoique prématurément rendu. Trib. des conflits, arr. du 17 janvier 1874 (*Ferrandine*).

[3] On peut tirer de là une objection contre le décret sur conflit du 30 juin 1860. Il s'agissait, dans l'espèce, de la validité d'une procédure sur saisie immobilière à l'occasion de la régularité des annonces dans le journal du département qu'on prétendait avoir été désigné pour les annonces judi-

ce qui exprime énergiquement le dessaisissement du tribunal. Mais, quelque énergique qu'elle soit, nous ne croyons pas que cette formule fasse obstacle à l'interruption de prescription qui résulte de l'ajournement même devant un tribunal incompétent (art. 2246 C. Nap.).

Conflit négatif et conflit de juridiction. — En matière de conflit négatif entre l'autorité judiciaire et l'autorité administrative l'arrêt du tribunal des conflits est un véritable *règlement de juge ;* il annule l'une des décisions par lesquelles l'incompétence a été déclarée, et indique quel est le juge qui restera saisi. Mais le Conseil d'État ne décide pas si tel tribunal de l'ordre judiciaire est compétent ou non, soit *ratione personæ*, soit *ratione materiæ*. On ne lui avait soumis qu'une question entre l'autorité judiciaire et l'autorité administrative, en général ; c'est dans ces termes qu'il a statué, sans s'occuper de savoir quel est le tribunal de l'ordre judiciaire ou de l'ordre administratif qui devait être saisi. Par conséquent, nonobstant le décret qui annule l'un des jugements d'incompétence, les parties peuvent encore proposer tous les déclinatoires autres que celui qui a été vidé par le décret sur conflit.

Pour qu'il y ait conflit d'attributions négatif, quatre conditions sont nécessaires : 1° que l'autorité judiciaire et l'autorité administrative se soient déclarées incompétentes ; 2° que l'une d'elles cependant soit compétente ; 3° que l'objet du litige soit le même ; 4° que la contestation ait, devant les deux juridictions, été élevée entre les mêmes parties. Quant à la forme, elle est déterminée par le règlement du 28 octobre 1849, art. 17 à 24. Le tribunal des conflits peut être saisi soit par les parties intéressées, soit

ciaires contrairement au décret sur la presse du 17 février 1852. Comme il est impossible d'attirer à l'autorité administrative la connaissance au fond d'un pareil litige, le décret validant le conflit ne pouvait pas produire son effet ordinaire qui est de dessaisir le tribunal civil. Aussi est-il arrivé que le tribunal a de nouveau jugé l'affaire et maintenu sa première décision sans invoquer le motif tiré de l'illégalité de l'arrêté du préfet.

par le ministre compétent lorsque l'affaire intéresse l'État, ou enfin par le ministre de la justice, s'il s'agit de contravention ou de matières de police correctionnelle. Le pourvoi des particuliers doit être formé par une requête signée d'un avocat à la Cour de Cassation et au Conseil d'État. Les ministres saisissent le tribunal des conflits par un mémoire. Le recours doit être communiqué aux parties intéressées [1].

Conflits de juridiction. — Lorsque le conflit positif ou négatif s'élève entre deux autorités administratives, il y a conflit de juridiction, et il y a encore lieu à règlement de juges. L'affaire est portée au Conseil d'État, en suivant la procédure ordinaire des matières contentieuses, et, par conséquent, au moyen d'une requête signée par un avocat. La transmission par le garde sceaux au Conseil d'État, telle qu'elle est prescrite par l'ordonnance du 1er juin 1828, est exclusivement applicable aux conflits positifs d'attributions.

[1] Il n'y a pas conflit négatif lorsque la contestation sur laquelle le tribunal civil et le conseil de préfecture se sont déclarés incompétents appartient à une troisième autorité ou lorsque les deux juridictions n'ont pas statué sur la même question. Tribunal des conflits, arr. du 1er mars 1873 (*Courtois*).

FIN DU PRÉCIS.

DÉCRET

portant règlement du concours pour la nomination des auditeurs de 2e classe au conseil d'État.

Le Président de la République,

Vu l'article 5, § 6, de la loi du 24 mai 1872, sur le Conseil d'État, portant : « les auditeurs de 2e classe sont nom« més au concours, dans les formes et aux conditions qui « seront déterminées dans un règlement que le Conseil d'É« tat sera chargé de faire. »

Le Conseil d'État entendu,

Décrète :

TITRE PREMIER.

ANNONCE DU CONCOURS ET FORMATION DE LA LISTE DES CANDIDATS.

—

ARTICLE PREMIER.

Pour la première nomination des auditeurs au Conseil d'État, et pour les nominations ultérieures aux places qui deviendront vacantes, le Président du Conseil d'État indiquera, par un arrêté, le nombre des places à mettre au concours, et déterminera l'époque à laquelle le concours devra s'ouvrir.

ART. 2.

L'arrêté du Président du Conseil d'État sera inséré au *Journal officiel* avec le texte des articles 4, 5, 6, 7 et 11 du présent règlement et adressé immédiatement aux préfets des départements, ainsi qu'aux recteurs des académies.

ART. 3.

Le délai entre l'insertion de l'arrêté au *Journal officiel* et le jour fixé pour l'ouverture du concours sera de deux mois.

Dans le cas où des places deviendraient vacantes pendant cet intervalle, elles pourront être ajoutées, par un nouvel arrêté pris avant l'ouverture du concours, au nombre de celles précédemment indiquées.

ART. 4.

Les aspirants se feront inscrire au secrétariat du Conseil d'État dans les vingt jours à partir de l'insertion de l'arrêté au *Journal officiel;* ils déposeront au secrétariat leur acte de naissance, ainsi que les pièces justificatives des conditions énoncées dans l'article suivant.

Les aspirants auront aussi la faculté de se faire inscrire et de produire les pièces au secrétariat de la préfecture de leur résidence, dans le même délai. La liste des inscriptions et les pièces seront transmises, dans les dix jours, par les préfets, au secrétariat du Conseil d'État.

ART. 5.

Nul ne pourra se faire inscrire en vue du concours : 1° s'il n'est Français jouissant de ses droits ; 2° s'il a au 1er janvier de l'année du concours moins de vingt et un ans ou plus de vingt-cinq ans ; 3° s'il ne produit soit un diplôme de licencié en droit, ès ciences ou ès lettres, obtenu dans une des Facultés de la République, soit un diplôme de l'École des chartes, soit un certificat attestant qu'il a satisfait aux examens de sortie de l'École polytechnique, de l'École nationale des mines, de l'École nationale des ponts et chaussées, de l'École centrale des arts et manufactures, de l'École forestière, de l'École spéciale militaire ou de l'École navale, soit un brevet d'officier dans les armées de terre et de mer.

ART. 6.

La liste des inscriptions sera close par le secrétaire général du Conseil d'État cinq jours après l'expiration du délai fixé par l'article 4 pour l'envoi des pièces.

ART. 7.

La liste des candidats qui seront admis à concourir sera dressée et arrêtée définitivement par le vice-président du Conseil d'État, assisté des présidents de section.

Cinq jours au moins avant l'ouverture du concours, elle sera déposée au secrétariat du Conseil d'État, où toute personne pourra en prendre communication.

TITRE II.

ORGANISATION DU JURY.

ART. 8.

Le jury du concours se composera de trois conseillers d'État, dont un faisant les fonctions de président, et d'un maître des requêtes, choisis par le Président du Conseil d'État.

Le président du jury aura la direction et la police du concours; il aura voix prépondérante, en cas de partage, sauf pour la nomination des candidats.

ART. 9.

Le nombre des juges présents jusqu'à la fin des épreuves ne pourra être moindre de trois.

ART. 10.

Il sera dressé procès-verbal de chaque séance, et le procès-verbal sera signé par chacun des juges.

TITRE III.

MATIÈRES DES ÉPREUVES.

—

ART. 11.

Les épreuves du concours porteront :

1° Sur les principes du droit politique et constitutionnel français ;

2° Sur les principes généraux du droit des gens ;

3° Sur les principes généraux du droit civil français et l'organisation judiciaire de la France ;

4° Sur l'organisation administrative et sur les matières administratives indiquées dans le programme joint au présent règlement ;

5° Sur les éléments de l'économie politique.

TITRE IV.

NATURE ET MODE DES ÉPREUVES.

—

ART. 12.

Il y aura une épreuve préparatoire et des épreuves définitives.

ART. 13.

L'épreuve préparatoire consistera en une composition par écrit sur un sujet relatif à la législation administrative.

ART. 14.

Le sujet de composition commun à tous les candidats sera tiré au sort entre trois sujets qui auront été choisis, séance tenante, par le jury, et mis sous enveloppe cachetée. Le tirage au sort sera fait par le président en présence des candidats.

ART. 15.

Tous les candidats seront immédiatement renfermés de manière à n'avoir aucune communication avec le dehors.

La surveillance sera confiée à l'un des juges désignés par le président du jury. Les candidats ne pourront s'entr'aider dans leur travail, ni se procurer d'autres secours que les lois françaises.

Le temps accordé pour la composition sera de six heures.

ART. 16.

Les compositions seront faites sur un papier délivré aux candidats, et en tête duquel ils inscriront leurs noms et prénoms.

Lors du dépôt de la composition sur le bureau, le juge surveillant placera en tête un numéro d'ordre qui sera répété sur le manuscrit.

Les têtes des compositions seront détachés à l'instant et réunies sous une enveloppe cachetée, laquelle ne sera ouverte qu'après l'examen et le jugement.

ART. 17.

La liste des candidats admis aux épreuves définitives sera dressée par ordre alphabétique ; elle sera déposée au secrétariat général du Conseil d'État, où les concurrents pourront en prendre communication.

ART. 18.

Les épreuves définitives consisteront en une épreuve par écrit et une épreuve orale.

ART. 19.

Pour l'épreuve par écrit, les concurrents feront une composition sur un sujet tiré au sort par le président du jury, ainsi qu'il a été dit en l'article 14.

Ce sujet, commun à tous les candidats, pourra porter sur les diverses matières indiquées en l'article 11. Il sera donné vingt-quatre heures avant la composition.

Les candidats devront rédiger leur travail dans les condi-

tions fixées par l'article 15. Ils ne devront avoir à leur disposition ni notes ni collection de lois.

ART. 20.

Après la remise des compositions, il sera procédé en séance publique à l'épreuve orale.

ART. 21.

L'épreuve orale durera trois quarts d'heure.

Elle consistera : 1° en une exposition de principes faite par chaque candidat sur une matière tirée au sort ; 2° en un examen.

L'exposition ne durera pas plus d'un quart d'heure.

L'examen portera sur toutes les matières indiquées en l'article 11 ci-dessus.

Le sujet de l'exposition, contenu dans une enveloppe cachetée, sur laquelle le président et le candidat apposeront leur signature, sera remis à celui-ci une heure avant le commencement de son épreuve.

Les interrogations seront faites par les membres du jury, sans argumentation entre les concurrents.

ART. 22.

Dans l'épreuve orale, l'ordre à suivre entre les candidats sera indiqué par un tirage au sort.

TITRE V.

JUGEMENT.

ART. 23.

Lorsque les épreuves seront terminées, le président prononcera la clôture du concours, et le jury procédera immédiatement, et en séance secrète, à la délibération.

ART. 24.

Si, d'après le résultat du concours, le jury estime qu'il

n'y a pas lieu à la nomination, ou qu'il n'y a pas lieu de nommer à toutes les places vacantes, il en serait fait déclaration en séance publique.

ART. 25.

La liste des nominations sera dressée par ordre de mérite.

ART. 26.

Le jury pourra faire procéder à une nouvelle épreuve orale entre les candidats qui se trouveraient placés sur le même rang.

ART. 27.

Le jugement sera rendu sans désemparer, et le résultat du concours proclamé en séance publique. Extrait du procès-verbal, signé par le président et tous les juges, sera transmis immédiatement au Président de la République.

TITRE VI.

DISPOSITIONS TRANSITOIRES.

ART. 28.

Pour le premier concours des auditeurs de 2e classe, les candidats seront admis à concourir s'ils ont vingt et un ans, et s'ils n'ont pas vingt-sept ans accomplis au moment de l'ouverture du concours.

ART. 29.

Les anciens auditeurs au Conseil d'État et ceux qui ont été attachés à la commission provisoire instituée par le décret du 15 septembre 1870 seront dispensés de l'épreuve préparatoire.

ART. 30.

Pour le prochain concours, les candidats qui n'auraient pu déposer, dans les délais fixés par l'art. 4, les diplômes exigés par le paragraphe 3 de l'art. 5 seront admis à produire ces diplômes ou les certificats constatant leur réception jusqu'au dixième jour avant l'ouverture du concours.

ART. 31.

Le Garde des Sceaux, Ministre de la Justice, est chargé de l'exécution du présent décret, qui sera inséré au Bulletin des lois.

ANNEXE.

Programme détaillé des matières administratives arrêté en exécution du § 4 de l'article 11 du présent règlement.

I

Organisation, attributions et mode de procéder de l'administration préposée au soin des intérêts de l'État. — Agents et conseils qui composent la hiérarchie administrative. 49, 53, 55, 56, 57, 148, 154.

Organisation, attributions et mode de procéder des agents et conseils préposés à la gestion des intérêts locaux dans les départements et les communes. — Rapports de ces autorités avec l'autorité centrale. 63, 71, 73, 77, 86, 90, 92, 97, 105, 118, 119, 121, 125, 129.

Organisation spéciale à l'Algérie et aux colonies.

Organisation, attributions et mode de procéder des diverses juridictions administratives. 154, 159, 169, 172, 174 à 199.

Du principe de la séparation des pouvoirs, notamment de l'indépendance de l'autorité administrative à l'égard de l'autorité judiciaire — Conflits d'attributions positifs et négatifs. — Des poursuites dirigées contre les agents du Gouvernement. 29, 614, 642 à 675, 681 à 704.

II

Du budget de l'État. — Comment il est préparé, voté, modifié et réglé. —Principes généraux de la comptabilité publique. — De l'établissement et de la liquidation des dettes de l'État. — Du recouvrement des créances de l'État. 23 à 26, 199 à 214, 340 à 424.

Des diverses ressources de l'État. — Des impôts directs ; leur assiette et leur recouvrement. — Des impôts indirects ; notions générales sur leur assiette. — Des monopoles. — Des productions de la gestion des biens de l'État. — 301 à 387.

De la dette publique. De la caisse d'amortissement. 406.

Des pensions civiles. — Des pensions de l'armée de terre. — Des pensions servies sur les fonds de la caisse des Invalides de la Marine. 410 à 421.

De la monnaie. —Des diverses systèmes relatifs à l'étalon monétaire. —De la théorie des monnaies d'appoint et des conditions qui les distinguent des monnaies courantes. — V. *Nouveau cours d'économie politique.* Leçons 22e, 23e et 24e.

Des charges et des ressources des départements. 222, 224, 390.

Des charges et des ressources des communes. — Des biens communaux. — Des immeubles affectés aux services publics communaux, notamment des églises, presbytères et cimetières. 231, 236, 392.

Du régime des cultes. — Rapports de l'État avec les différents cultes au point de vue spirituel et au point de vue temporel. — Administration, charges et ressources des établissements publics institués pour l'exercice du culte catholique. — Règles spéciales aux congrégations religieuses. 250, 252, 254, 642 à 681.

Administration des établissements publics institués pour l'exercice des cultes protestants reconnus et du culte israélite. 254.

Du régime de l'instruction publique. — Enseignement supérieur, secondaire, primaire. — Droits des citoyens. — Pouvoirs de l'autorité publique. — Des dépenses imposées à l'État, aux départements et aux communes pour l'organisation de l'instruction publique à ses différents degrés. — Établissements publics et d'utilité publique qui se rattachent au service de l'instruction publique. — Leur administration. 256, 173, 174.

De l'assistance publique. — Constitution et administration des hôpitaux, hospices, bureaux de bienfaisance. — Règles spéciales aux aliénés et aux enfants assistés. 244.

Des établissements d'utilité publique institués en vue de l'assistance ou de la prévoyance. 244.

Règles relatives au mode d'exécution des travaux publics. — Des marchés ou entreprises. — Des concessions de travaux. 577 à 605.

Des préjudices causés aux propriétaires par l'exécution des travaux publics. — Dommages proprement dits. — Extraction de matériaux et occupation de terrains. — Expropriation pour cause d'utilité publique. 605 à 608.

Routes nationales et départementales. — Établissement des routes. — Droits et charges de l'État et des départements. — Obligations et droits des riverains. — De l'alignement et des autres servitudes imposées aux riverains. — Police de la grande voirie. — Police du roulage. 427.

Chemins de fer. — Divers modes d'exécution de ces chemins. — Droits et obligations de l'État et des compagnies concessionnaires. — Exécution des travaux. — Servitudes imposées aux riverains. — Règles générales de l'exploitation. 429-481.

Chemins de fer d'intérêt local. — Création et exploitation. 429.

Voirie urbaine. — Droits et charges des communes. — Obligations et droits des riverains. — Police. 455.

Chemins vicinaux. — Leur établissement. — Ressources spéciales au moyen desquelles ils s'exécutent. — Obligations et droits des riverains. — Police. 449.

Chemins publics ruraux. — Différence de leur condition légale et de celle des chemins vicinaux. 453.

Du rivage de la mer. — Conservation, délimitation, administration, police du rivage. — Concession des lais et relais de mer et du droit d'endiguage. 258.

Des ports maritimes. — Règles spéciales de police de ces ports. 258.

Cours d'eau navigables et flottables. — Leur condition légale. — Ses conséquences. — Droits des propriétaires riverains. — Concessions de prises d'eau pour la mise en mouvement des usines et pour l'irrigation des terres. — Obligations des riverains, notamment en ce qui concerne le chemin de halage. — Police des cours d'eau navigables et de la navigation. 431-440-443-445-486.

Canaux de navigation. — Canaux exploités par l'État. — Canaux concédés. — Exploitation. — Obligations des riverains. — Police spéciale de la navigation sur les canaux.

Des cours d'eau flottables à bûches perdues. — Régime spécial de ces cours d'eau. 431-486.

Des cours d'eau non navigables ni flottables. — Leur condition légale. — Droits des riverains. — Établissement de barrages et de prises d'eau pour les usines et pour l'irrigation. — Curage. — Règles de police. 436-440.

De la pêche dans la mer, dans les cours d'eau navigables, dans les cours d'eau non navigables et dans les étangs. — Droits de l'État et des particuliers. — Police de la pêche.

Des associations syndicales. — Organisation et mode de procéder de ces associations. — Travaux qu'elles peuvent accomplir d'après la loi du 21 juin 1865. — Moyens de suppléer à leur inaction pour le desséchement des marais et l'endiguement des cours d'eau. 257.

Des mines, minières et carrières. 275 à 281.

Du régime forestier. — Du régime des bois et forêts appartenant aux particuliers. — Du reboisement des montagnes. 264 à 272.

Des institutions établies dans l'intérêt de l'agriculture et de l'industrie. — 1° Comices agricoles. — Concours. — Haras. — 2° Chambres de commerce. — Chambres consultatives des arts et manufactures. — Établissements exploités par des chambres de commerce.

Des ateliers dangereux, insalubres et incommodes. — Des machines à vapeur. — De la police sanitaire. 281 à 286.

Des sources d'eaux minérales. — Protection et exploitation de ces sources.

DÉCRET

portant règlement du concours pour la nomination des auditeurs de première classe au Conseil d'État.

(Loi du 1er août 1874, article 3.)

LE PRÉSIDENT DE LA RÉPUBLIQUE FRANÇAISE,

Vu la loi du 24 mai 1872, sur le Conseil d'État, notamment l'article 5, § 7, aux termes duquel les auditeurs de deuxième classe sont seuls admis à concourir pour les places d'auditeur de première classe;

Vu la loi du 1er août 1874, notamment l'article 3, portant :

« Le concours pour l'auditorat de première classe aura « lieu dans les formes qui seront déterminées par un règle- « ment que le Conseil d'État sera chargé de faire. Les con- « currents subiront deux sortes d'épreuves : des épreuves « par écrit, qui seront subies sous la surveillance d'un mem- « bre du jury; et des épreuves orales, qui auront lieu en « séance publique.

« Le jury, après discussion, pourra tenir compte, dans « ses appréciations, des titres et des services antérieurs des « candidats ; »

Le Conseil d'État entendu,

DÉCRÈTE :

TITRE PREMIER.

ANNONCE DU CONCOURS.

ARTICLE PREMIER.

Le président du Conseil d'État indique par un arrêté le nombre des places vacantes d'auditeur de première classe à mettre au concours et détermine l'époque à laquelle ce concours devra s'ouvrir.

ART. 2.

L'arrêté du président du Conseil d'État est porté à la connaissance des auditeurs de deuxième classe par une lettre du secrétaire général.

ART. 3.

Le délai entre la notification de cet arrêté et l'ouverture du concours est d'un mois.

Dans le cas où des places deviendraient vacantes pendant cet intervalle, elles peuvent être ajoutées, par un nouvel arrêté pris avant l'ouverture du concours, au nombre de celles qui avaient été précédemment indiquées.

ART. 4.

Les auditeurs de deuxième classe qui veulent se présenter au concours doivent se faire inscrire au secrétariat général du Conseil d'État, cinq jours au moins avant l'ouverture du concours.

TITRE II.

ORGANISATION DU JURY.

ART. 5.

Le jury du concours se compose d'un président de section, de quatre conseillers d'État pris dans chacune des sections du Conseil et désignés par le président du Conseil d'État.

Le président du jury a la direction et la police du concours. Il a la voix prépondérante en cas de partage, sauf pour la nomination des candidats.

ART. 6.

Le nombre des juges présents jusqu'à la fin des épreuves ne peut être moindre de trois.

ART. 7.

Il est dressé procès-verbal de chaque séance, et le procès-verbal est signé par chacun des juges.

TITRE III.

DES ÉPREUVES.

§ 1er. — De l'épreuve écrite.

ART. 8.

L'épreuve écrite consiste dans un rapport exposant la législation et la jurisprudence sur une question importante de droit administratif.

ART. 9.

Le sujet de composition commun à tous les candidats est tiré au sort entre trois sujets qui auront été choisis, séance tenante, par le jury, et mis sous enveloppe cachetée. Le tirage au sort est fait par le président en présence des candidats.

ART. 10.

Tous les candidats sont immédiatement renfermés de manière à n'avoir aucune communication avec le dehors.

La surveillance est confiée à l'un des juges désignés par le président du jury. Les candidats ne peuvent s'entr'aider dans leur travail, ni se procurer d'autres secours que les lois françaises.

Le temps accordé pour la composition est de six heures.

§ 2. — De l'épreuve orale.

ART. 11.

L'épreuve orale dure trois quarts d'heure.

Elle consiste : 1° en une exposition de principes faite par chaque candidat sur une matière tirée au sort ; 2° en un examen.

L'exposition peut porter sur toutes les matières indiquées dans le programme annexé au décret du 14 octobre 1872 relatif au concours pour la nomination aux places d'auditeur de deuxième classe. Elle ne dure pas plus d'un quart d'heure.

Le sujet de l'exposition contenu dans une enveloppe cachetée, sur laquelle le président et le candidat apposeront leur signature, est remis à celui-ci une heure avant le commencement de son épreuve.

L'examen porte sur les matières qui rentrent dans les attributions de la section à laquelle le candidat appartient. Toutefois, si le candidat n'est pas resté six mois dans cette section, il est interrogé sur les matières rentrant dans les attributions de la section à laquelle il appartenait antérieurement.

Les interrogations sont faites par les membres du jury sans argumentation entre les concurrents.

ART. 12.

Dans l'épreuve orale, l'ordre à suivre entre les candidats est indiquée par un tirage au sort.

TITRE IV.

JUGEMENT.

ART. 13.

Lorsque les épreuves sont terminées, le président prononce la clôture du concours, et le jury procède immédiatement, et en séance secrète, à la délibération et à l'appréciation du mérite des candidats, conformément à l'article 3 de la loi du 1er août 1874.

ART. 14.

Si, d'après les résultats du concours, le jury estime qu'il n'y a pas lieu à nomination, ou qu'il n'y a pas lieu de nommer à toutes les places vacantes, il en est fait déclaration en séance publique.

ART. 15.

La liste des nominations est dressée par ordre de mérite.

ART. 16.

Le jugement sera rendu sans désemparer, et le résultat du concours proclamé en séance publique. Extrait du procès-verbal, signé par le président et tous les juges, sera transmis immédiatement au Ministre de la Justice.

ART. 17.

Le Garde des Sceaux, Ministre de la Justice, est chargé de l'exécution du présent décret, qui sera inséré au Bulletin des lois.

PROGRAMME

DU CONCOURS POUR L'AUDITORAT A LA COUR DES COMPTES.

(Arrêté ministériel du 30 novembre 1856.)

Le ministre secrétaire d'État au département des finances, vu l'arrêté du 17 novembre 1856 portant nomination d'une commission chargée de la préparation d'un programme d'examen pour les aspirants aux fonctions d'auditeur près la cour des comptes ; vu le projet de programme préparé par la Commission d'examen ;

Arrête :

Article 1er. — L'examen des candidats aux fonctions d'auditeur près la cour des comptes portera :

	Pages.
1° Sur l'organisation et les attributions du conseil d'État,	57-148-154 et 175
De la cour des comptes,	199 à 214
Des conseils de préfecture,	73-159
2° Sur les règles et les formes de la comptabilité publique tant en deniers,	199 à 214
qu'en matières,	id.
3° Sur la legislation relative à l'établissement et au règlement des budgets de l'État,	23
Des départements,	222-224
Des communes,	231-236
Et des établissements de bienfaisance.	217 à 256
4° Sur les règles d'après lesquelles doivent être justifiées les recettes,	23-224-226
Et les dépenses.	199 à 214
5° Sur les calculs arithmétiques.	

Art. 2. Les épreuves consisteront dans une composition écrite et un examen oral. — Art. 3. Après la clôture des examens, le président de la commission remettra au ministre, avec les procès-verbaux des diverses séances, la liste des candidats qu'elle aura reconnus admissibles. — Art. 4. Le présent arrêté sera déposé au secrétariat général, pour être notifié à qui de droit. —

L'arrêté du 31 mai 1872 qui a précédé le concours du 8 juillet suivant reproduit les termes du règlement de 1856. Il y a cependant une modification à noter. Après avoir dit que l'examen portera sur les règles et formes de la comptabilité publique tant en deniers qu'en matières, sur la législation relative à l'établissement et au règlement des budgets de l'État, des départements, des communes et des établissements de bienfaisance, l'arrêté du 31 mars 1872 ajoute : « et notamment sur les dispositions résumées dans « le décret du 31 mai 1862 et sur l'instruction générale du 20 juin « 1859. »

TABLE ALPHABÉTIQUE

FIN DE LA TABLE ALPHABÉTIQUE.

TABLE MÉTHODIQUE

DU

PRÉCIS DU COURS DE DROIT PUBLIC ET ADMINISTRATIF.

DROIT PUBLIC ET CONSTITUTIONNEL

DROIT ADMINISTRATIF

PARTIE SPÉCIALE

I

VOIRIE.

Pages.

VI

VII

VIII

IX

FIN DE LA TABLE MÉTHODIQUE.

Corbeil. — Typ. et stér. de Crété fils.

SUPPLÉMENT AU PRÉCIS

DU COURS

DE DROIT PUBLIC

ET ADMINISTRATIF

PROFESSÉ A LA FACULTÉ DE DROIT DE PARIS

PAR

A. BATBIE

SÉNATEUR,

PROFESSEUR A LA FACULTÉ DE DROIT DE PARIS.

PARIS

A. COTILLON ET Cie, IMPRIMEURS-ÉDITEURS,

Libraires du Conseil d'Etat,

24, RUE SOUFFLOT, 24.

1880

SUPPLÉMENT AU PRÉCIS

DU COURS

DE DROIT PUBLIC & ADMINISTRATIF

La législation en matière administrative est souvent modifiée. A peine ont-elles paru que les éditions d'un traité ne sont plus au courant des dernières lois. Le temps que dure l'impression d'un livre suffit même pour mettre en retard l'édition la plus récente. Après quatre années (notre quatrième édition a paru en 1876) nous croyons devoir publier un supplément pour exposer les modifications qui ont été faites dans cet intervalle de temps.

L'ordre de l'ouvrage a été conservé; les changements qui, depuis quatre années, ont modifié les lois ou décrets, sont expliqués dans le supplément d'après le plan tel qu'il ressort de la table alphabétique. Nous conseillons aux personnes qui se proposent d'étudier le *Précis* de noter, sur les marges de l'ouvrage principal, les modifications qu'elles trouveront dans le supplément.

En complétant, avant d'en commencer l'étude, le guide de ses travaux, le lecteur fera une économie de temps et de peine.

Inviolabilité du domicile, p. 8.

L'exécution des décrets du 29 mars 1880 sur les congrégations non autorisées a été faite *manu militari* avec introduction, pendant le jour, de la force publique, dans les maisons occupées par les religieux. Les maisons ayant été fermées avec intention de résistance, la contrainte a été employée pour l'ouverture des portes. Cette mesure n'avait pas pour objet l'exécution d'un jugement ou condamnation, car les congrégations n'avaient pas été traduites préalablement devant la justice ; ni la recherche des crimes ou délits car il n'y avait aucun mandat délivré par le juge. C'est l'expulsion et non l'instruction qui était poursuivie. Ces faits donnent lieu à la question de savoir si un agent commet une violation du domicile privé en s'y introduisant de force sans jugement, sans condamnation, sans mandat de justice, uniquement en vertu de la fonction générale qui appartient au pouvoir exécutif d'assurer l'exécution des lois et décrets.

L'inviolabilité du domicile est garantie par l'article 184 du Code pénal qui punit tout fonctionnaire public, agent ou préposé du gouvernement pour s'être introduit dans le domicile d'un citoyen en *dehors des cas prévus ou sans les formalités prescrites par la loi*. Mais d'après le deuxième paragraphe de cet article qui senvoie à l'art. 114, l'agent est exempt de la peine s'il prouve qu'il a agi par ordre d'un supérieur auquel il était obligé hiérarchiquement d'obéir. Le supérieur étant seul punissable, la poursuite ne pourrait, en ce cas, atteindre que les ministres. Or, les ministres ne peuvent, pour faits relatifs à leurs fonctions, être poursuivis que devant le Sénat en vertu de la mise en accusation ordonnée par la Chambre des députés. Ainsi la garantie judiciaire que le Code pénal avait voulu créer pour la protection de la liberté individuelle se réduit à n'être, en réalité, qu'une garantie politique, au moins en ce qui touche l'action criminelle.

Au civil, l'action en dommages-intérêts peut être suivie, au principal, devant les tribunaux ; car le Sénat n'est compétent pour condamner à une indemnité que s'il est saisi de la demande civile conjointement avec l'action criminelle. L'article 75 de la constitution de l'an VIII ayant été abrogé, l'autorisation préalable du Conseil d'État n'est plus exigée pour agir contre un fonctionnaire. Mais il a été jugé, à plusieurs reprises, que l'abrogation de l'article 75 n'a pas modifié le principe de la séparation des pouvoirs judiciaire et administratif. Il y a donc lieu à poser la question de savoir si les agents de l'administration peuvent être actionnés devant les tribunaux à fins de réparation civile, quand il s'agit de faits relatifs à leurs fonctions. Posée sous cette forme générale la question ne peut pas faire doute et il est bien certain que, dans l'état actuel de la législation, la séparation des pouvoirs emporte l'incompétence des tribunaux ordinaires. Mais il s'agit de savoir si, par exception et pour assurer à la liberté individuelle, la protection judiciaire, la loi n'a pas voulu déroger à la règle générale de la séparation des pouvoirs, comme y dérogent d'autres dispositions. C'est la question qui a été soumise au tribunal des conflits. Le tribunal, par son jugement du 5 novembre 1880, a validé les conflits et débouté les tribunaux; mais d'après les considérants les intéressés pourront se pourvoir contre les arrêtés de dissolution pour excès de pouvoirs. Comme c'est le Conseil d'État qui prononce sur les recours pour *excès de pouvoirs*, il résulte de la doctrine adoptée par le tribunal des conflits que dans notre législation, la liberté individuelle et le domicile sont placés sous la garantie non des tribunaux mais de la juridiction administrative.

Propriété, p. 7 et 9.

La loi sur les chemins de fer d'intérêt local et les chemins de fer sur route (tramways), en date du 11 juin 1880, article 2, dernier paragraphe, contient une disposition importante en matière d'expropriation pour cause d'utilité publique. Elle exige dans tous les cas une loi spéciale tandis que la loi du 3 mai 1841 dispose qu'un décret suffit pour les chemins ayant moins de 20,000 mètres. Il en résulte cette anomalie que pour les chemins de fer d'intérêt local, même au dessous de 20 kilomètres, l'expropriation ne peut être ordonnée que par une loi et qu'un décret suffirait s'il s'agissait d'un chemin de fer d'intérêt général ayant moins de 20,000 mètres. Cette incohérence disparaîtra quand sera faite la loi générale, depuis longtemps proposée, sur l'expropriation.

Liberté du travail et de l'industrie, p. 14.

Une loi du 18 novembre 1814 interdisait tout travail manuel et prescrivait la fermeture des boutiques et ateliers les jours de dimanche et de fêtes. Cette loi, bien qu'inexécutée, n'avait jamais été abrogée et, à de longs intervalles, on en signalait quelques applications. Elle a été abrogée par la loi du 12 juillet 1880. L'abrogation qui s'étend à toutes les lois antérieures ne comprend cependant ni l'article 57 des articles organiques du 18 germinal an X ni les lois qui règlent les vacances, congés des administrations, ni les lois de procédure, ni la loi du 17 mai 1874 sur le travail des enfants dans les manufactures.

Débits et cabarets. — Un décret du 29 décembre 1851 avait soumis l'établissement des débits et cabarets à l'autorisation préalable. Ce décret a été abrogé par la loi du 17 juillet 1880. A l'avenir, toute personne qui voudra ouvrir un café, cabaret ou autre débit de boissons à consommer sur place sera tenue de faire, quinze jours au moins à l'avance et par écrit, une déclaration indiquant ses nom, prénoms, lieu de naissance, profession et domicile; 2° la situation du débit ; 3° à quel titre elle doit gérer le débit et les nom, prénoms, profession et domicile du propriétaire, s'il y a lieu.

La déclaration est faite à la mairie de la commune où le débit doit être établi. A Paris, elle doit être faite à la préfecture de police. Il en est donné récépissé et, dans les trois jours, elle doit être transmise par le maire au procureur de la République. A défaut de déclaration, le contrevenant est passible d'une amende de 16 fr. à 100 fr.

Ne peuvent exercer par eux-mêmes la profession de débitant ni les mineurs non émancipés ni les interdits. Ceux qui ont encouru certaines condamnations (art. 6 de la loi) ne peuvent *exploiter* des débits. Mais il ne leur est pas interdit d'être propriétaires d'un débit *exploité* par un gérant capable.

Liberté religieuse, p. 10.

C'est parce que d'après le Concordat, le culte ne peut être célébré que dans les églises ou chapelles autorisées que la police a pu, légalement, ordonner la fermeture des chapelles où les congrégations admettaient le public. Aussi les juges des référés se sont-ils, tous sans exception, déclarés incompétents sur la fermeture des chapelles[1]. Un projet de loi, voté par la Chambre des députés mais non encore adopté par le Sénat, consacre le droit de réunion, pour l'exercice du culte spécialement, moyennant la déclaration préalable.

Presse, p. 10, 11 et suiv.

L'art. 3 de la loi du 29 décembre 1875, relatif aux délits de presse a été rendu inutile par la loi sur le colportage du 17 juin 1880 et auparavant par la loi des 9-10 mars 1878 sur le colportage des journaux. Ces deux lois ont substitué à l'autorisation administrative, qui était exigée pour l'exercice de la profession de colporteur, (Lois des 16 février 1834, art. 1 et du 27 juillet 1849), une simple déclaration préalable attestée par un récépissé qui doit être représenté à toute réquisition. Les déclarants doivent, au moment de la déclaration, attester qu'ils sont Français et qu'ils n'ont pas été privés de leurs droits civils et politiques.

D'après la loi du 17 juin 1880, quiconque veut exercer la profession de colporteur est tenu de faire la déclaration à la préfecture et de justifier: 1° qu'il est Français; 2° qu'il n'a encouru aucune condamnation qui le prive de ses droits civils et politiques. Pour les journaux, la déclaration peut être faite soit à la mairie, soit à la sous-préfecture.

Tout colporteur doit être muni du récépissé constatant la déclaration et d'un catalogue sur un livret visé et paraphé par le préfet. Pour les journaux, le livret est visé par le maire de la commune. — Les objets mentionnés au catalogue pourront seuls être colportés.

[1] Nous croyons que ces jugements ont confondu la question de fond avec la question de compétence. Sans doute, au fond, la fermeture ayant été légalement ordonnée, le tribunal aurait dû reconnaître la régularité de l'acte; mais la question de compétence était chose différente et c'est à tort, je crois, que ces magistrats ont admis leur incompétence.

Art. 3. La distribution et le colportage accidentels ne sont assujettis à aucune déclaration.

Droit de pétition, p. 20.

La loi du 22 juillet 1879 qui fixe à Paris le siége du gouvernement, a, dans son art. 6, prohibé toute pétition, soit au Sénat soit à la Chambre des députés, autrement que par écrit. « Il est interdit d'en apporter en personne ou à la barre. »

L'art. 7 sanctionne l'interdiction portée à l'art. 6 : « Toute infraction à l'article précédent, toute provocation, par des discours proférés publiquement ou par des écrits ou imprimés, affichés ou distribués, à un rassemblement sur la voie publique ayant pour objet la discussion, la rédaction ou l'apport aux Chambres ou à l'une d'elles de pétitions, déclarations ou adresses, que la provocation ait été ou non suivie d'effet, sera punie des peines édictées par le § 1er de l'art. 5 de la loi du 7 juin 1848. »

Liberté de réunion et d'association, p. 16 et suiv., et spécialement 19 et 20.

Dans les discussions qui ont eu lieu soit au Sénat, soit à la Chambre des députés sur les décrets du 29 mars 1880, le gouvernement a soutenu que les art. 291-294 du Code pénal sont applicables aux congrégations non autorisées, et qu'ils sont mêmes applicables, *à fortiori*, aux personnes qui habitent l'établissement de l'association, la loi n'excluant, si on l'interprète d'après son esprit, que les domestiques ou serviteurs. Le gouvernement n'a cependant pas demandé aux tribunaux la sanction de cette opinion et, au lieu de poursuivre en justice les congrégations non autorisées, il a procédé administrativement à l'exécution des décrets rendus le 29 mars 1880, en vertu des *lois existantes* des 13 février 1790, 18 août 1792 et du décret du 3 messidor de l'an XII. Sur l'opposition à cette exécution administrative, les préfets ont décliné la compétence et élevé le conflit. Si le conflit est confirmé, il arrivera : 1° que la liberté d'association n'a aucune garantie judiciaire contre l'administration ; 2° qu'en réalité aucun recours efficace ne la protège, car le contentieux administratif ne s'étend pas à la discussion des mesures de police ou du moins ne peut les atteindre que pour *excès de pouvoirs.* (*Tribunal des conflits*, jugement du 5 novembre 1880) ; 3° que la liberté d'association n'a que la garantie politique de la responsabilité ministérielle.

Les *attroupements* ou réunions extérieures sur la voie publique sont régis par la loi du 7 juin 1848 qui non seulement n'a jamais été abrogée mais se trouve expressément confirmée dans l'art. 8 de la loi du 22 juillet 1879 sur la translation à Paris du siège du gouvernement.

Liberté de l'enseignement. — La loi sur la liberté de l'enseignement supérieur du 12 juillet 1875 a été modifiée par la loi du 18 mars 1880. Les jurys spéciaux sont supprimés, et la collation des grades appartient exclusivement aux établissements de l'Etat. Les établissements d'enseignement libre peuvent continuer à prendre le nom de *facultés*, mais il leur est interdit de prendre celui d'*Université*. Si les facultés délivrent des certificats ou diplômes, il leur est fait défense de donner à ces grades les noms de *baccalauréat*, de *licence* ou de *doctorat*. Les inscriptions dans les facultés sont gratuites, mais les droits d'examen peuvent être élevés de manière à faire rentrer l'Etat dans les sommes perdues par suite de la gratuité des inscriptions.

Aucun établissement libre d'enseignement supérieur ne peut être reconnu d'utilité publique qu'en vertu d'une loi spéciale.

Quant aux *cours supérieurs isolés*, ils sont facilités par la loi nouvelle qui en autorise l'ouverture moyennant une déclaration au recteur faite dix jours à l'avance (art. 6 de la loi du 18 mars 1880).

La Chambre des députés avait voté l'art. 7 du projet présenté par le gouvernement, article qui interdisait l'enseignement à tous les degrés aux membres des congrégations non autorisées. Cet article a été rejeté par le Sénat. Il résulte de ce rejet que les membres des communautés religieuses ne sont pas, par le fait qu'ils appartiennent à une congrégation non autorisée, incapables d'enseigner pourvu qu'ils se conforment aux lois sur l'enseignement. Ce droit avait été reconnu lors de la discussion de la loi du 15 mars 1850 par le rejet, à une grande majorité, d'un amendement ayant pour objet la même interdiction aux congrégations non reconnues.

C'est à la suite du rejet de l'article 7 par le Sénat qu'ont été rendus les décrets du 29 mars 1880. Ces décrets prononcent la dissolution des congrégations non autorisées qui n'auraient pas, dans les trois mois, déposé une demande tendant à être reconnues. Un décret spécial ordonnant, sans condition et d'une manière absolue, à la congrégation des Jésuites de se dissoudre dans les trois mois (délai expirant le 29 juin), avec prorogation jusqu'au 31 août 1880 en ce qui concerne leurs établissements d'enseignement. Cette distinction, d'après le rapport qui précédait le décret, était fondée sur la résolution arrêtée à l'avance de ne point accorder la reconnaissance aux Jésuites tandis que, pour les autres communautés, l'autorisation ou le refus dépendrait de l'examen des statuts.

Vote de l'impôt, p. 23 et suiv., spécialement p. 26.

Art. 8 de la Constitution du 24 février 1875 : « Le Sénat a, concurremment avec la Chambre des députés, l'initiative de la confection des lois. Toutefois *les lois de finances* doivent être en *premier* lieu présentées à la Chambre des députés et *votées* par elle. »

On a voulu tirer des mots soulignés cette conclusion que le Sénat n'avait pas le droit d'amender les lois de finances et qu'il ne pouvait qu'accepter ou rejeter en bloc les chapitres du budget. Mais cette opinion n'a pas été admise par la pratique; elle a été même condamnée par la Chambre des députés qui dans quelques circonstances, rares à la vérité, a voté des relèvements de crédits proposés par le Sénat.

Présidence de la République, p. 38.

Le maréchal de Mac-Mahon ayant donné sa démission, avant

l'expiration des pouvoirs que lui avait conférés la loi du 20 novembre 1873, le Sénat et la Chambre des députés se réunirent en Assemblée nationale le 30 janvier 1879 et la majorité élut M. Jules Grévy. Les deux Chambres se réunirent de nouveau en Assemblée nationale le 21 juin 1879 pour abroger l'art. 9 de la Constitution qui fixait à Versailles le siége du gouvernement. Cet article étant abrogé, une loi du 22 juillet 1879, transférant à Paris le siége du gouvernement, a affecté le palais du Luxembourg aux séances du Sénat et le palais Bourbon aux séances de la Chambre des députés. « Néanmoins, dit l'art. 2 *in fine*, chacune des deux Chambres demeure maîtresse de désigner, *dans la ville de Paris*, le palais qu'elle veut occuper. » Toutes les fois que les deux Chambres se réunissent en Assemblée nationale dans les cas prévus (art. 7 et 8 de la loi du 25 février 1875 sur l'organisation des pouvoirs publics), elles siègent à Versailles dans le local des séances de la Chambre des députés. Le Sénat, quand il est appelé à se constituer en Cour de justice (cas prévu par l'art. 9 de la Constitution du 24 février 1875 sur les rapports des pouvoirs publics) désigne la ville et le local où il entend siéger.

L'art. 5 de la loi du 22 juillet 1879 confère aux présidents des deux Chambres et à chacun séparément le droit, pour la sûreté intérieure ou extérieure de l'Assemblée qu'il préside, de requérir la force armée et toutes les autorités dont le concours est nécessaire. Les présidents peuvent exercer ce droit personnellement ou le déléguer aux questeurs. Ce droit de réquisition a été critiqué comme pouvant être une cause de désordre. Il n'y a plus, a-t-on dit, d'unité ni de discipline dans l'armée si les officiers sont obligés d'obéir à des ordres autres que ceux émanant du ministre de la guerre. Les réquisitions pourraient d'ailleurs être contradictoires et les officiers auraient à choisir, ce qui produirait une confusion déplorable. Mais les inconvénients que cette objection met en relief tiennent moins au droit de réquisition qu'à la situation en vue de laquelle ce droit a été établi. Assurément on ne saurait concevoir un état de choses plus regrettable que l'antagonisme des grands pouvoirs publics et les entreprises réciproques qui en peuvent être la suite. Mais si cet antagonisme existait, si le pouvoir exécutif voulait usurper sur le pouvoir législatif, si la sûreté d'une Assemblée ou de toutes deux était mise en péril, peut-on la laisser sans protection? Il fallait organiser un moyen de pourvoir à cette sûreté et, après examen, nous sommes convaincu que la loi du 22 juillet 1879 a créé, non le meilleur, mais le moins mauvais. Sans doute, en temps normal, il suffit que le président indique au ministre de la guerre les troupes qui sont nécessaires pour la garde de l'Assemblée, et certainement il n'y aura pas entre eux de désaccord; mais le droit de réquisition n'a pas été accordé au président pour les époques de calme; il a été établi en vue des époques agitées. Si le ministre de la guerre, par exemple, se mettait en révolte contre le pouvoir législatif, les présidents ayant à le combattre ne pourraient évidemment pas demander leur sûreté à son intervention.

Règlements, p. 42.

Le Conseil d'État, en matière de règlements, n'émet que des avis qui ne sont pas obligatoires au fond, même quand la loi exige que le Conseil d'État soit appelé à délibérer. Cependant le Conseil d'État a décidé récemment, contrairement à l'opinion constamment suivie jusqu'en 1879, que pour le règlement du concours des auditeurs, il avait un droit propre et souverain la loi du 24 mai 1872 ayant dit: « En vertu d'un règlement que le Conseil d'État est chargé de faire » expressions identiques à celles qu'employait la loi du 3 mars 1849. Or, le Conseil d'État de 1849 avait, en certains cas, un pouvoir propre en matière de règlements. Mais cette interprétation nouvelle et contraire à la pratique constante antérieure est en opposition :

1° Avec le système général de la loi du 24 mai 1872 qui n'a fait du Conseil d'État, en matière administrative, qu'un corps consultatif;

2° Avec la forme du décret réglementaire qui a toujours été employée, et l'est même encore depuis le changement d'interprétation pour le règlement du concours des auditeurs. Si le

Conseil d'État avait un droit propre, le président de la République devrait *promulguer* le règlement du Conseil d'État et non faire lui-même un décret réglementaire.

Amnistie, p. 43.

La loi des 3-5 mars 1879, sur l'amnistie partielle, accordée pour faits relatifs aux insurrections de mars 1871, contient plusieurs dispositions à remarquer.

1° La grâce et l'amnistie sont combinées dans l'art. 1er accordant l'amnistie aux condamnés qui, dans les trois mois, seraient graciés par le président de la République.

2° L'art. 2 permet de faire grâce des peines prononcées par contumace.

3° L'art. 3 déclare prescrites, bien que le délai de la prescription ne soit pas encore expiré, les actions pour faits relatifs à l'insurrection de 1871 qui n'ont pas encore été l'objet de condamnations contradictoires ou par contumace.

La loi du 11 juillet 1880 a amnistié les condamnés qui ont été ou seront l'objet d'un décret de grâce avant le 14 juillet 1880. Une exception a été faite à l'égard des condamnés contradictoirement pour crimes d'incendie ou d'assassinat. L'amnistie ne leur profite que s'ils ont été graciés avant le 9 juillet 1880. Mais l'effet de cette restriction a été nul, des mesures de grâce ayant pu être prises le jour même où la loi a été votée à l'égard de ceux qui n'avaient pas encore été graciés.

Une amnistie pour délits de presse fut accordée par la loi du 2 avril 1878. L'art. 3 de cette loi est à remarquer parce qu'il ordonna la restitution des amendes aux condamnés qui les avaient payées. Cette disposition qui est neuve en matière d'amnistie et qui fut vivement combattue comme étant en opposition avec la vraie doctrine, n'est cependant contraire à aucun principe; elle est même la conséquence de la nature de l'amnistie qui détruit la condamnation et supprime le titre en vertu duquel l'amende a été payée. Or, il résulte de cette suppression qu'il faut anéantir les effets de la condamnation toutes les fois que la force des choses ne s'y oppose pas[1].

La loi du 11 juillet 1880 a également accordé une amnistie générale « à tous les condamnés pour crimes et délits politiques ou pour crimes et délits de presse commis jusqu'à la date du 6 juillet 1880.

« Les frais de justice applicables aux condamnations ci-dessus spécifiées et qui ne sont pas encore payés ne seront pas réclamés. Ceux qui ont été payés ne seront pas restitués. »

Divisions administratives, p. 51.

A la suite de la guerre de 1870 et en vertu du traité qui, en 1871, a reconnu l'annexion de l'Alsace et d'une partie de la Lorraine à l'Allemagne, les diocèses de Strasbourg, de Nancy, de Metz et de Saint-Dié se sont trouvés situés partie en France, partie à l'étranger. Ces circonscriptions diocésaines, ainsi que celle de l'ancienne province ecclésiastique de Besançon, ont été délimitées à nouveau par le décret du 10 octobre 1874.

Ministres, p. 56.

Les Cultes ont été rattachés à la Justice le 9 mars 1876 et à l'Intérieur par décret du 4 février 1879. Un décret du 5 février 1879 a créé le ministère des postes et télégraphes, ce qui porte à 10 le nombre des départements ministériels.

Conseil d'État, p. 57 et suiv.

La loi du 24 mai 1872, organique du Conseil d'État, a été modifiée à plusieurs reprises, mais ordinairement sur des points secondaires. La loi du 13 juillet 1879, est la seule qui ait fait des changements ayant de l'importance. Le nombre des conseillers

[1] Il est bien vrai que l'amnistie n'efface pas les peines corporelles qui ont été exécutées; mais elle les effacerait certainement si la force des choses ne rendait pas impossible cette suppression de faits accomplis. La restitution d'une amende payée est au contraire possible, et il est juste qu'elle soit ordonnée du moment qu'on abolit le titre en vertu duquel elle a été perçue.

d'État en service ordinaire a été porté de 22 à 32 et celui des conseillers d'État en service extraordinaire de 15 à 18. Il y a 30 maîtres des requêtes au lieu de 24, et 36 auditeurs au lieu de 30. Le concours a été supprimé pour l'auditorat de première classe.

L'augmentation du personnel a été faite pour créer une cinquième section, la section de législation.

Les sections sont composées de cinq conseillers d'Etat en service ordinaire et d'un président, sauf la section du contentieux qui est composée de six conseillers en service ordinaire et d'un président.

Le nombre des commissaires au contentieux est porté de trois à quatre.

L'assemblée publique jugeant au contentieux est composée de : 1° le vice-président du Conseil d'État ; 2° les membres de la section; 3° huit conseillers en service ordinaire pris dans les autres sections.

Si les membres de l'assemblée du contentieux sont en nombre pair, le dernier des conseillers dans l'ordre du tableau doit s'abstenir; cette disposition a pour but de prévenir le partage.

L'assemblée générale ne peut délibérer que si seize au moins des conseillers en service ordinaire sont présents. En cas de partage, la voix du président est prépondérante.

La prépondérance de la voix du président est admise en matière d'administration ou de législation et non en matière contentieuse. Cette prépondérance n'est pas admise par le Code de procédure dans les délibérations des Cours et tribunaux et la loi a suivi, en matière contentieuse, la règle adoptée en matière civile; mais au lieu de laisser déclarer le partage et de le faire vider, elle l'a prévenu en prescrivant l'abstention du dernier conseiller dans le cas où les juges seraient en nombre pair.

L'article 15 de la loi du 24 mai 1872 appelait, en ce cas, le plus ancien maître des requêtes à vider le partage. Celui-ci n'étant appelé qu'éventuellement à voter ne donnait peut-être pas à l'affaire toute son attention; on a pensé qu'il valait mieux prévenir le partage en faisant, par l'abstention d'un conseiller, que les juges fussent toujours en nombre impair.

Le Conseil d'État a fait son règlement intérieur le 2 août 1879 (V. plus bas à l'appendice).

Le renouvellement des auditeurs de deuxième classe a été l'objet de plusieurs lois et décrets.

1° Loi du 10 août 1876 qui dispose que le renouvellement des auditeurs de deuxième classe aura lieu par quart annuellement et que, dans le mois de décembre de chaque année, un concours sera ouvert pour la nomination de six auditeurs, au moins, plus d'un nombre d'auditeurs égal à celui des places qui dans l'intervalle viendraient à vaquer par décès, démission ou révocation. — La même loi admettait à l'auditorat de première classe les anciens auditeurs de deuxième classe qui avaient quitté le Conseil d'État pour une cause autre que la destitution.

2° Décret du 19 février 1878, portant modification du règlement pour le concours des auditeurs de deuxième classe, du 14 octobre 1872. Au lieu d'un diplôme de licencié en droit délivré par une faculté de droit de l'État, le nouveau réglement porte : *un diplôme de licencié en droit délivré par le ministre de l'instruction publique*. Cette nouvelle rédaction fut adoptée à la suite de la loi sur l'enseignement supérieur, pour comprendre les diplômes délivrés sur le certificat des jurys mixtes.

3° Au contraire, le décret du 14 août 1879 a rétabli l'ancienne rédaction et exigé un diplôme délivré par une *faculté de l'État*. Cette exigence était en opposition avec la loi du 12 juillet 1875 qui mettait sur la même ligne tous les diplômes délivrés par le ministre de l'instruction publique sans distinction relative à l'origine du certificat d'aptitude. Au cours de la discussion de la loi du 18 mars 1880 sur l'enseignement supérieur, un amendement fut proposé et adopté par la commission, d'après lequel les diplômes délivrés antérieurement sur le certificat des jurys mixtes conféreraient les mêmes droits que les diplômes délivrés par les facultés de l'État. Mais l'amendement fut retiré sur la promesse faite par le Garde des Sceaux que le décret du 14 août 1879 serait modifié. Malgré cette assurance, le règlement a été maintenu et le Garde des Sceaux, tout en reconnaissant qu'il avait fait la promesse, a soutenu qu'il n'avait pu s'engager que dans la mesure des pouvoirs qui lui appartiennent. Or, le Conseil d'État est à son avis maître du règlement du concours et le règlement arrêté par le Conseil d'État ne peut pas être modifié par décret. (V. plus haut p. 11 et 12.)

Préfets, p. 63.

Décret des 15 avril-12 mai 1877 relatifs à l'avancement sur place. Les préfets de deuxième et troisième classe pourront, après cinq ans de fonctions dans la même résidence, ou après sept ans dans différentes résidences, obtenir sur place une augmentation de traitement égale à la moitié de la différence entre le traitement de la classe à laquelle ils appartiennent et celui de la classe supérieure. Cette augmentation peut être doublée après une nouvelle période de cinq ou de sept ans.

Décret du 16 avril 1878 qui règle le costume des préfets.

Arrêtés préfectoraux, p. 65.

L'insertion d'un arrêté du préfet au *Mémorial des actes administratifs*, fait présumer la publication des arrêtés. Arr. de la Cour de Cassation, ch. crim. (D. P., 1878, I, 139).

Sous-préfets et secrétaires généraux, p. 71.

Après cinq ans dans la même résidence ou sept ans dans différentes résidences, les secrétaires généraux et sous-préfets de deuxième ou troisième classe peuvent obtenir le traitement de la classe supérieure sans déplacement. (Décret des 15 avril-12 mai 1877, art. 2).

Conseil de préfecture, p. 73.

Les conseillers de préfecture de deuxième et troisième classe peuvent obtenir, sans changement de résidence, le traitement de la classe supérieure après dix ans d'exercice dans le même département. (Décret des 15 avril-12 mai 1877, art. 3) [1].

[1] Les préfets, secrétaires généraux et sous-préfets qui au moment où ils cessent d'être en activité n'auraient pas les conditions exigées pour le droit

Un décret du 23 mars 1878 porte à neuf, le nombre des conseillers de préfecture de la Seine. Le traitement des conseillers à été fixé à 10,000 fr., et celui des commissaires du Gouvernement à 7,000 fr. par décret des 16 janvier 1877, et 14 juin 1879.

Conseil général, p. 77 et suiv. spécialement p. 83.

Loi du 12 août 1876 qui fixe au second lundi après le jour de Pâques, la première session annuelle des Conseils généraux.

Loi des 19-21 décembre 1876, qui rend les fonctions de membre de la Commission départementale incompatibles avec celles de sénateur.

Loi du 16 septembre 1879 qui met au nombre des matières sur lesquelles les conseils généraux statuent *souverainement : « l'établissement, la suppression et les changements des foires et marchés »*.

Conseils d'arrondissement, p. 92.

Un décret du 16 juillet 1878, a fixé le nombre de conseillers que chaque canton doit élire dans les arrondissements où il y a moins de neuf cantons.

Maires & adjoints, p. 97.

La nomination des maires et adjoints est régie, provisoirement et en attendant la loi organique, par la loi du 12 août 1876, qui abroge les art. 1 et 2 de la loi du 20 février 1874. Les maires et adjoints doivent toujours être choisis parmi les membres du conseil municipal. Dans les chefs-lieux de département, d'arrondissement et de canton, les maires et adjoints sont nommés par décret. Dans toutes les autres communes, ils sont élus par le conseil

à pension peuvent obtenir un traitement de non-activité pendant six ans :

Préfets de 1re classe	8,000 fr.
— 2e et 3e	6,000
Sous-préfets et secrétaires généraux de 1re classe..	3,000
— — — 2e et 3e....	2,400
Conseillers de préfecture de 1re classe	2,000
— — 2e et 3e	1,500

municipal, sous la présidence du plus âgé de ses membres. L'élection a lieu à la majorité des suffrages ; si après deux scrutins aucun n'a obtenu la majorité, il est procédé au ballotage entre les deux candidats qui ont obtenu le plus de voix. S'il y a partage égal des voix, le plus âgé est nommé.

Quant à la suspension et à la révocation des maires et adjoints, il fut reconnu, lors de la discussion de la loi du 12 août 1876, que le droit de révocation et de suspension écrit dans l'art. 9 de la loi du 14 avril 1871 n'avait pas cessé d'être en vigueur et que le changement du mode de nomination par la loi du 20 février 1874, n'y avait porté aucune atteinte. A plus forte raison, fut-il ajouté, le droit serait-il incontestable lorsque la loi nouvelle aurait rétabli à peu près le système qu'avait consacré la loi du 14 avri 1871.

Conseils municipaux, p. 107.

L'annulation de l'élection d'un conseiller municipal n'entraîne pas l'annulation des délibérations auxquelles il a pris part et notamment de l'élection du maire et des adjoints. Cons. d'Et. arrêt du 14 juin 1878.

P. 118. — La loi du 12 août 1876 n'a pas, comme celle du 14 avril 1871, conféré au président de la République la nomination des maires par décret dans les communes ayant plus de 20,000 habitants et qui ne seraient pas chef-lieu de canton.

Commissaires de police, p. 129.

Arrêté du ministre de l'intérieur en date du 18 mai 1879 (*Journ. offi.* du 20 mai) qui détermine les conditions d'aptitude aux fonctions de commissaire de police.

Décret des 31 août-2 septembre 1874 relatif au nombre des commissaires de police de la ville de Paris ; — (réduit à 70).

Employés, p. 132.

Décret du 21 octobre 1876 portant organisation des bureaux du ministère des travaux publics.

25 mai 1875. — Décret qui détermine les attributions et la composition des bureaux du caissier payeur central.

Deux décrets du 18 septembre 1880, sur le rapport du ministre des affaires étrangères.

1° Un décret qui supprime la direction des archives, rattache à la direction politique la sous-direction des archives et la comptabilité à la direction du personnel qui prendra le nom de : Direction du personnel et de la comptabilité.

2° Un décret fixant quels agents et fonctionnaires du ministère des affaires étrangères seront nommés par décret et quels seront nommés par arrêté ministériel.

V. aussi un décret du 10 juillet 1880 réglant les conditions du concours pour l'admission au surnumérariat des affaires étrangères. (V. plus bas, *appendice*.)

Armée, p. 133 et suiv.

Décret du 9 août 1877, portant création du corps d'officiers de réserve.

Décret du 31 août 1878 réglant les conditions de leur avancement.

Décret du 31 août réglant les conditions d'avancement dans l'armée territoriale.

Pensions de retraite. — Loi du 22 juin 1878 réglant la retraite des officiers. Cette importante loi se distingue par les caractères suivants :

1° Le prélèvement sur la solde des officiers a été porté de 2 à 5 0/0.

2° Le tarif de la pension de retraite annexé à la loi donne des pensions plus élevées que celles qu'accordait la législation antérieure.

3° La disposition prohibitive qui ne permettait pas d'attribuer aux officiers généraux une pension de retraite supérieure au traitement du cadre de réserve (art. 1er § 2 de la loi du 25 juin 1861) est abrogée par l'art. 4 de la loi du 22 juin 1878. Cette abrogation a pour conséquence de placer les officiers généraux (après l'âge de 65 pour les généraux de division et de 62 ans pour les généraux de brigade et les assimilés) entre les avantages supérieurs de la retraite et la demi-activité du cadre de réserve. Ils sont d'autant plus portés à opter pour la retraite que, d'après l'art. 2 de la loi du 22 juin 1878 « les officiers de tout grade et assimilés dont les droits à la retraite seront réglés d'après les tarifs de la présente loi resteront, après leur mise à la retraite, pendant cinq années, à la disposition du ministre de la guerre qui pourra leur donner un emploi de leur grade comme officiers de réserve ou même d'un grade supérieur dans l'armée territoriale. Ils demeureront soumis, pendant ces cinq années, aux lois et règlements militaires sur la réserve et l'armée territoriale. » Aussi la loi du 22 juin 1878 a-t-elle eu pour effet de réduire à peu de chose le cadre de réserve.

4° Un fonds de un million devait être employé à venir en aide aux officiers dont la pension avait été liquidée sous le régime de la loi du 25 juin 1861. Ces allocations étaient destinées à modérer la différence que la loi allait établir entre les officiers retraités des deux époques.

Loi des 1er-5 juin 1878. — D'après cette loi les pensions de retraite des militaires est cumulée, en temps de paix, avec les traitements ou pensions dont ils jouissent, avec la solde et les prestations qui leur sont attribuées pendant les exercices ou manœuvres auxquels ils sont convoqués.

Sous-officiers. — Loi des 22-25 juin 1878. — Le recrutement des sous-officiers offre de grandes difficultés et c'est pour y pourvoir que cette loi a créé des allocations aux sous-officiers en cas de rengagement. Les sous-officiers qui sont admis à contracter un premier rengagement de cinq ans reçoivent : 1° une somme de 600 fr. à titre de première mise d'entretien ; 2° une indemnité de rengagement de 2,000 fr. La première somme est payable, si le rengagé l'exige, au moment de la signature du contrat. Les 2,000 fr. sont conservés par l'Etat tant que le sous-officier est sous les drapeaux et l'intérêt à 5 0/0 par an lui est payé tous les trimestres.

Après les cinq ans, le sous-officier peut être admis à contracter un deuxième rengagement de la même durée pour lequel il reçoit : 1° une nouvelle somme de 2,000 fr., qui est comme la première conservée par l'Etat ; 2° une somme de 500 fr., payable au moment du contrat; 3° une pension de retraite dont le *minimum* après 15 ans de grade est de 365 fr. par an.

Réforme, p. 143.

La loi du 22 juin 1878 a modifié le tarif des pensions de réforme :

Article 6. — La pension des officiers dont la réforme pour infirmités incurables est prononcée conformément à l'article 11 de la loi du 19 mai 1834, est fixée d'après le tarif déterminé par l'article 3 de la présente loi.

Ce tarif est annexé à la loi.

Contentieux administratif, p. 149.

V. le règlement intérieur du Conseil d'Etat en date du 2 août 1879, articles 24 et 25 pour la formule exécutoire des décisions en matière contentieuse.

Conseil supérieur de l'instruction publique, p. 174.

Le conseil supérieur de l'instruction publique a été réorganisé par la loi des 27-28 février 1880. Un décret des 16-17 mars 1880 a réglé les détails de l'élection des membres du conseil par les corps, que la loi admet à se faire représenter au conseil supérieur.

Les lois des 15 mars 1850 et du 19 mars 1873 avaient organisé le conseil supérieur sur cette idée que la société tout entière devait y être représentée par des mandataires des institutions les plus élevées. L'Église y envoyait un certain nombre d'évêques qui pouvaient à la fois défendre les intérêts de la religion et ceux de l'enseignement libre; l'Institut y députait un membre par classe; l'armée y comptait un délégué et la magistrature, dans son expression la plus haute, trois ou deux élus de la Cour de cassation. Même l'industrie et le commerce s'y trouvaient présents par les délégués du conseil supérieur du commerce. Ces représentants de la société s'ajoutaient aux membres de l'enseignement et de là résultait un mélange d'idées générales et de connaissances spéciales. La loi des 27-28 février 1880 a fait du conseil supérieur une assemblée exclusivement pédagogique où les membres de l'enseignement sont seuls éligibles et nommés par leurs pairs. L'Institut lui-même avait été exclu dans le premier projet : cependant au cours de la discussion au Sénat un amendement a été voté pour faire entrer dans le conseil supérieur les délégués de l'Institut à raison d'un par classe. La connexité de la science et de l'enseignement a fait le succès de cet amendement. Mais la loi n'a, malgré les amendements qui en avaient fourni l'occasion, reconnu ni la connexité de la religion avec l'enseignement ni celle de l'éducation avec tous les grands intérêts sociaux.

Le conseil supérieur se compose de : 1° neuf membres nommés par décret en conseil des ministres, parmi les professeurs ou anciens professeurs de l'enseignement public ; 2° de membres élus par les membres de l'enseignement supérieur, secondaire et primaire. L'assemblée est nombreuse et comprend une soixantaine de personnes. L'enseignement libre n'y envoie pas des membres élus. C'est par décret que les quatre conseillers chargés de le représenter sont choisis.

Tous les membres sont choisis pour quatre ans, et leurs pouvoirs peuvent être indéfiniment renouvelés.

Les neuf membres nommés par décret avec six autres membres désignés parmi ceux qui procèdent de l'éléction constituent une *section permanente*.

Art. 4. La section permanente a pour fonctions : d'étudier les programmes et règlements avant qu'ils ne soient soumis au conseil supérieur ;

Elle donne son avis :

Sur les créations de facultés, lycées, collèges, écoles normales, primaires ;

Sur les créations, transformations ou suppressions de chaires ;

Sur les livres de classe, de bibliothèque et de prix qui doivent être interdits dans les écoles publiques ;

Et enfin sur toutes les questions d'études, d'administration, de *discipline* ou de scolarité qui lui seront renvoyées par le ministre.

En cas de vacance d'une chaire, dans une faculté, la section permanente présente deux candidats concurremment avec la faculté dans laquelle la vacance existe.

Art. 7. Le conseil supérieur statue en appel et en dernier ressort sur les jugements rendus par les conseils académiques en matière contentieuse ou disciplinaire. Il statue également en appel et en dernier ressort sur les jugements rendus par les conseils départementaux, lorsque ces jugements prononcent l'interdiction absolue d'enseigner contre un instituteur primaire public ou libre.

Lorsqu'il s'agit : 1° de la révocation, du retrait d'emploi, de la suspension des professeurs titulaires de l'enseignement public, supérieur ou secondaire, ou de la mutation pour emploi inférieur des professeurs de l'enseignement public supérieur; 2° de l'interdiction du droit d'enseigner ou de diriger un établissement d'enseignement prononcée contre un membre de l'enseignement public ou libre ; 3° de l'exclusion des étudiants de l'enseignement public ou libre, de toutes les académies, la décision du conseil supérieur doit être prise aux deux tiers des suffrages.

Conseils académiques, p. 173.

La loi des 27-28 février 1880 a fait aussi du conseil académique une assemblée permanente principalement pédagogique. Il se compose 1° de membres de droit, qui sont : le recteur, les inspecteurs d'académie, les doyens des facultés ; 2° de membres élus par les facultés, écoles supérieures de pharmacie, écoles préparatoires, par les agrégés des sciences et lettres ; 3° d'un proviseur et d'un principal nommés par le ministre ; 4° de deux membres choisis par le ministre dans les conseils généraux et de deux choisis dans les conseils municipaux qui concourent aux dépenses de l'enseignement.

Art. 11, § 3. « Le conseil académique est saisi par le ministre ou le recteur des affaires contentieuses ou disciplinaires qui sont relatives à l'enseignement secondaire ou supérieur, public ou libre ; il les instruit et il prononce, sauf recours au conseil supérieur, les décisions et les peines à appliquer.

L'appel au conseil supérieur d'une décision du conseil académique doit être fait dans le délai de quinze jours à partir de la notification qui en est donnée en la forme administrative. Cet appel est suspensif; toutefois, le conseil académique pourra, dans tous les cas, ordonner l'exécution provisoire de ses décisions nonobstant appel.

Les membres de l'enseignement public ou libre traduits devant le conseil académique ou le conseil supérieur ont le droit de prendre connaissance du dossier, de se défendre ou de se faire défendre de vive voix ou au moyen de mémoires écrits.

Pour les affaires contentieuses ou disciplinaires intéressant les membres de l'enseignement libre supérieur ou secondaire, deux membres de l'enseignement libre, nommés par le ministre, sont adjoints au conseil académique. »

Cour des comptes, p. 213.

Un décret du 18 juillet 1880 a créé deux places de conseillers référendaires de première classe, et, en même temps, disposé que le procureur général près la Cour des comptes serait assisté d'un avocat général, pris parmi les référendaires de première classe et d'un substitut pris parmi ceux de deuxième classe.

Décret des 6 septembre-8 novembre 1876, modifiant l'art. 4 du décret du 27 janvier 1866 sur les comptes de gestion des receveurs des communes et des établissements de bienfaisance :

« La deuxième partie du compte de gestion, qui comprend les opérations de la première année et la première partie de la gestion suivante qui comprend les opérations complémentaires dudit exercice, seront vérifiées par le même conseiller référendaire ou par le même auditeur rapporteur. Le même conseiller maître sera également chargé du rapport des deux parties de l'exercice. »

Départements, p. 222.

Une loi des 9-10 août 1879 oblige tout département à avoir une école normale d'instituteurs primaires et une école normale d'institutrices. C'est une dépense obligatoire dont l'inscription au budget départemental peut être faite d'office (art. 4 de la loi).

Communes, p. 231.

Règlement du 23 juin 1879 concernant la comptabilité des

emprunts des départements, des communes et des établissements publics.

Fabriques, p. 241.

Un avis du conseil d'État (section de l'intérieur et des cultes) du 25 juin 1878 décide qu'une fabrique peut être autorisée à accepter un legs consistant en « une somme léguée à la com- « mune pour être remise à la fabrique qui sera chargée d'en faire « la distribution. »

Hospices, hôpitaux et bureaux de bienfaisance, p. 244.

La loi du 21 mai 1873 sur la composition des commissions administratives a été modifiée par la loi des 5-7 août 1879.

Les commissions administratives sont composées du maire et de six membres renouvelables. Sur les six membres, deux sont élus par le conseil municipal et quatre nommés par le préfet. Les deux membres délégués par le conseil municipal sont nommés de nouveau toutes les fois que le conseil est élu. Les membres au choix du préfet sont nommés pour quatre ans et rééligibles. Le renouvellement a lieu, chaque année, par quart suivant ordre de sortie qui est déterminé par le sort à la première séance d'installation.

Le nombre des membres peut être porté, quand l'importance des établissements l'exige, à un chiffre qui dépasse six ; cette augmentation doit être autorisée par « un décret spécial rendu sur l'avis du Conseil d'Etat. »

Les commissions peuvent être dissoutes et leurs membres être individuellement révoqués par le ministre de l'intérieur. Cette révocabilité s'applique même aux membres élus par le conseil municipal. Les délégués révoqués ne peuvent pas être réélus avant une année. « En cas de renouvellement total ou de création nouvelle, les membres que l'art. 1er laisse à la nomination du préfet seront, sur sa proposition, nommés par le ministre de l'intérieur, (art. 5 de la loi des 5-7 août 1879.)

Un préfet ayant réclamé pour le bureau dienfaisance les sommes provenant de souscriptions spéciales, le Conseil d'État a été consulté sur la question. Il résulte d'un avis délibéré les 11 et 24 mars 1880 que les bureaux de bienfaisance ne sont pas autorisés à réclamer les sommes provenant de souscriptions spéciales (V. *Journal officiel* du 1er avril 1880).

Sociétés de secours mutuels, p. 249.

Les sociétés de secours mutuels approuvées par le préfet peuvent recevoir des libéralités excèdant 5,000 fr. Seulement le préfet n'est pas compétent en ce cas pour autoriser et un décret est nécessaire. C. cass. arr. du 22 juillet 1878.

Congrégations religieuses, p. 252.

Nous avons plus haut (p. 8) analysé les décrets du 29 mars 1880 sur les congrégations non autorisées. Avant ces décrets un jugement du tribunal avait déclaré que le propriétaire d'un immeuble en vertu d'un acte authentique passé en son nom mais qui n'était en réalité que le titulaire pour compte d'une congrégation non autorisée, n'était pas recevable à agir en justice pour se prévaloir de l'art. 658 C. civil. Ce jugement avait été réformé par la Cour de Paris par arrêt du 21 février 1879.

Etablissements scientifiques, p. 257.

Supprimer le paragraphe relatif à la personnalité civile des Facultés.

Bois et forêts, p. 264.

Décret des 2-8 avril 1875 qui donne au corps forestier une organisation militaire.

Mines, p. 275.

Décret du 27 mars 1878 qui institue à Douai une école pratique pour former des maîtres ouvriers mineurs.

Etablissements dangereux, p. 281.

Décrets des 7 mai 1878 et 24 avril 1879 complétant la nomenclature.

Tableau des établissements dangereux au point de vue de la loi du 19 mai 1874 sur le travail des enfants dans les manufactures. (V. décrets des 7 mai 1878 et 24 septembre 1879.)

Servitudes défensives, p. 293.

La loi des 28 juillet-7 août 1874 accorde une indemnité aux personnes qui, pendant la campagne de 1870-1871, ont éprouvé un préjudice direct et matériel. C'est une exception et on n'en peut rien conclure relativement au droit à une indemnité en général.

Voisinage des cimetières, p. 297 [1].

Taxe de main-morte, p. 315.

La loi des 14-29 décembre 1875 exempte de la taxe de main-morte les sociétés formées pour l'achat et la revente des immeubles.

Patentes, p. 326.

A partir du 1er janvier 1881, la matière des patentes sera régie par la loi des 15-22 juillet 1880, loi complète qui a remplacé celle du 25 avril 1844 dont elle a reproduit la plupart des dispositions.

Cependant il est à remarquer que la loi nouvelle n'abroge pas toutes les lois antérieures d'une manière absolue, mais seulement *en ce qu'elles auraient de contraire à ses dispositions*. La formule employée par l'art. 40 de la loi des 15-22 juillet 1880, est d'autant plus regrettable que le législateur paraît avoir eu l'intention de remplacer la législation antérieure sur les patentes et de faciliter, soit l'étude de la question, soit la perception de cet impôt en mettant toutes les dispositions dans une seule loi.

Les innovations consistent surtout dans la modification des tarifs et dans la nomenclature des professions par classe. Nous ne

[1] Dans l'affaire du cimetière de la ville de Paris à Saint-Ouen dont il est parlé en note à la page 297, la Cour de cassation, en rejetant le pourvoi, a décidé que, même au cas où la ville de Paris établit un de ses cimetières dans une autre commune, il n'est pas dû d'indemnité aux riverains pour les servitudes résultant du voisinage.

pouvons pas, dans un livre élémentaire, donner en entier cette nomenclature. Nous nous bornerons à reproduire les tableaux où se trouvent les tarifs.

TABLEAU A (Droits fixes.)

Tarif général des professions imposées eu égard à la population.

CLASSES.	DROIT FIXE. à Paris.	dans les communes au-dessus de 100,000 âmes.	de 50,001 à 100,000 âmes.	de 30,001 à 50,000 âmes.	de 20,001 à 30,000 âmes.	de 10,001 à 20,000 âmes.	de 5,001 à 10,000 âmes.	de 2,001 à 5,000 âmes.	de 2,000 âmes et au-dessous.
1re..........	400f	300f	240f	180f	120f	80f	60f	45f	35
2e..........	200	150	120	90	60	45	40	30	25
3e..........	140	100	80	60	40	30	25	20	18
4e..........	75	75	60	45	30	25	20	15	12
5e..........	50	50	40	30	20	15	12	9	7
6e..........	40	40	32	24	16	10	8	6	4
7e..........	20	20	16	12	8	*8	*5	*4	*3
8e..........	12	12	10	8	6	*5	*4	*3	*2

Les patentables des 7e et 8e classes, vendant en ambulance, en étalage ou sous echoppe sont exempts du droit proportionnel.

Le signe * veut dire exemption du droit proportionnel dans les villes de 20,000 âmes et au-dessous.

TABLEAU B (*Droits fixes*).

Le *tarif exceptionnel* du tableau est, comme le *tarif général* du tableau A plus ou moins élevé suivant la population. Mais tandis que le tarif général ne porte qu'une somme invariable par profession et par classe, le tarif exceptionnel fait deux parts dans le droit fixe :

1° une somme fixe, suivant la profession, somme qui descend de 2,000 fr. pour les agents de change et banquiers de Paris jusqu'à 15 fr. (concessionnaire ou fermier de pont à péage sur un chemin vicinal). Par exception, cette partie du droit fixe, au lieu de consister en une somme invariable est fixée proportionnellement à certaines bases variables. Ainsi pour les entrepreneurs de distribution d'eau, et pour ceux des pompes funèbres, elle est de 3 fr. par 1,000 habitants de la population normale desservie. Pour les entrepreneurs d'omnibus, elle est de 1 fr. à 0 fr. 50, suivant la populatiou, par place des voitures en circulation.

2° Une taxe variant suivant la profession, par personne employée en sus du nombre de cinq, aux écritures, aux caisses, à la surveillance, aux achats et aux ventes intérieures ou extérieures. Ainsi un agent de change ou un banquier de Paris employant 20 personnes aurait à payer en principal : 1° 2,000 fr. ; 2° pour 15 employés à 50 fr. : 750 fr. total du droit fixe, 2,750 fr. — Les entrepreneurs de distribution d'eau, de pompes funèbres, d'omnibus, de pont à péage, de roulage et de signaux télégraphiques à l'entrée des ports ne paient que la première partie, et ne sont pas assujettis à la taxe par personne employée au-dessus de cinq.

TABLEAU C *(Droits fixes)*.

Le droit fixe pour les professions comprises dans le tableau C est établi sans égard à la population ; mais il consiste quelquefois dans une somme fixe et, dans la plupart des cas, en une taxe qui varie d'après certains éléments qui constituent la force et l'importance de la profession. Ainsi la Banque de France paie pour tous les établissements un droit fixe de 50,000 fr. — Les assurances, 100 fr. pour chaque département où elles opèrent. Le nombre des ouvriers, le nombre des fourneaux, la jeauge des bateaux, le nombre des bêtes de somme, le capital versé, tels sont les bases principales qui ont été adoptées pour tarifier le droit fixe des industries énumérées dans le tableau C. — C'est, suivant la nature de l'industrie, tantôt l'une et tantôt l'autre de ces bases qui a été adoptée.

Droits proportionnels. — Les tableaux ci-dessus fixent, en même temps que le droit fixe, le taux du droit proportionnel.

TABLEAU A (*Droits proportionnels*).

Le droit proportionnel, pour les 1re, 2e, 3e et 4e classes est, sauf les exceptions, du 20e de la valeur locative.

Pour les 5e et 6e classes du 30e de la valeur locative, sauf exceptions.

Pour les 7e et 8e classes, du 50e de la valeur locative, mais seulement dans les communes ayant plus de 20,000 habitants.

TABLEAU B (*Droits proportionnels*).

Pour les professions portées au tarif exceptionnel du tableau B, le droit proportionnel, sauf les exceptions, est du 10e de la valeur locative.

TABLEAU C (*Droits proportionnels*).

Le tableau C est divisé en cinq parties.

Dans la première partie, le droit proportionnel est, sauf les exceptions, du 20e de la valeur locative;

Dans la deuxième partie, le droit proportionnel se compose de deux éléments: 1° du 20e de la maison d'habitation, 2° du 40e de l'établissement industriel,

Dans la 4e partie, Il est du 20e pour la maison d'habitation et du 60e pour l'établissement iudustriel,

Enfin dans la 5e partie, il n'est que du 20e sur la maison d'habitation et ne porte pas sur l'établissement industriel. Le 20e qui est seul aussi perçu dans la première partie est exigible tant pour la maison que pour l'établissement industriel.

TABLEAU D (*Droits proportionnels*).

Ce tableau récapitule les tarifs des droits proportionnels et en outre énumère les professions qui ne sont sujettes qu'au droit proportionnel. Il est fixé au 15e de la valeur locative de tous les locaux occupés par les patentables exerçant les professions ci-après, qui comportent le droit proportionnel sans droit fixe :

Architectes;

Avocats inscrits aux tableaux des cours et tribunaux;

Avocats au Conseil d'État et à la cour de cassation;
Avoués;
Chirurgiens-dentistes;
Commissaires-priseurs;
Docteurs en chirurgie;
Docteurs en médecine;
Greffiers;
Huissiers;
Ingénieurs civils;
Mandataires agréés par les tribunaux de commerce;
Notaires;
Officiers de santé;
Référendaires au Sceau;
Vétérinaires.

Les chefs d'institution et maîtres de pension payent également le droit proportionnel au taux du 15e sans droit fixe; mais les locaux affectés au logement et à l'instruction des élèves ne sont pas compris dans l'estimation de la valeur locative.

Impôt sur le revenu des valeurs mobilières, p. 335.

La loi du 21 juin 1875 soumet à la taxe de 3 0/0 les lots et primes de remboursement payés aux créanciers et aux porteurs d'obligations, effets publics et tous autres titres d'emprunt. La *prime* consiste dans la différence entre le taux d'émission et le taux de remboursement (art. 5).

Recouvrement des contributions directes, p. 340.

Une loi des 25 juillet-1er août 1879 a autorisé le ministre des finances à rétablir, quand les besoins du service l'exigeront, les perceptions supprimées par l'article 18 de la loi de finances du 20 décembre 1872 dans les villes chefs-lieux de département et d'arrondissement, « sans toutefois que le nombre actuel des perceptions qui est actuellement de 5,265 puisse être augmenté. »

L'avancement des percepteurs a été réglé par un décret du 15 novembre 1879. Après trois ans d'exercice dans une classe, les percepteurs peuvent être promus à une classe supérieure. Le décret porte qu'après six ans d'exercice dans la même classe, un percepteur peut être directement élevé de deux classes.

Loi de finances des 5-25 août 1874.

Art. 6. Les avertissements énonceront la part revenant à l'Etat et celles qui appartiendront au département et à la commune ainsi que le total demandé au contribuable.

La garnison individuelle a été supprimée par la loi des 9-10 février 1877. — La garnison collective a été conservée mais en changeant de nom. Elle est nommée désormais *sommation avec frais* par opposition au premier acte de poursuite qu'on nomme *sommation sans frais*.

Boissons, p. 347.

Droit de circulation. — La loi du 19 juillet 1880 (art. 1) réduit à trois le nombre des classes de départements pour la perception du droit de circulation et d'entrée sur les vins.

Les 2e et 3e de l'ancienne classification n'en forment plus qu'une et la 4e devient la 3e.

L'article 3 de cette loi réduit les droits de circulation et d'entrée sur les vins, cidres, poirés et hydromels d'un tiers en principal et en décimes [1].

Le droit de détail est aussi réduit d'un tiers et par conséquent

[1] *Tarif par hectolitre du droit d'entrée en principal et décimes.*

VINS EN CERCLES ET EN BOUTEILLES DANS LES DÉPARTEMENTS DE				CIDRES, POIRÉS et HYDROMELS.
Population	1re classe	2e classe	3e classe	
de 4,000 à 6,000h	0, 40	0, 55	0, 75	0,35
de 6,001 à 10,000	0, 60	0, 85	1, 10	0,50
de 10,001 à 15,000	0, 75	1, 15	1,50	0,60
de 15,001 à 20,000	0, 95	1, 40	1,90	0,85
de 20,001 à 30,000	1, 10	1, 70	2,25	0,95
de 30,001 à 50,000	1, 30	2 »	2,60	1,15
de 50,001 et au-des.	1, 50	2, 25	3, »	1,25

Le droit de circulation pour les vins est de 1 fr. pour la première classe : 1 fr. 50 pour la seconde et 2 fr. pour la troisième. Il est de 80 centimes pour les cidres, poirés et hydromels.

fixé à 12 fr. 50 0/0 du prix de vente des vins, cidres, poirés et hydromels.

Les vins en bouteilles sont soumis aux mêmes droits que les vins en cercles (art. 2).

Par imitation pour ce qui avait été fait pour Paris, une loi des 9-17 juin 1875 a supprimé l'exercice pour la perception du droit de détail dans les agglomérations ayant plus de 10,000 habitants et converti en une taxe unique, exigible à la barrière, les droits d'entrée et de détail. Le tarif de la taxe est soumis, tous les trois ans, à une révision faite : « d'après le prix moyen de la vente et d'après les quantités vendues par les débitants. — Le prix moyen de la vente en détail sera celui constaté dans l'arrondissement pendant les trois dernières années. Les quantités vendues par les débitants seront celles relevées par les expéditions et sur les registres des contributions indirectes en prenant la moyenne des trois dernières périodes annuelles. » (art. 4).

Droit de consommation sur les spiritueux, p. 353.

Loi des 14-17 décembre 1875 sur les bouilleurs de cru.

Article unique. Les propriétaires qui distillent les vins, marcs, cidres, prunes et cerises provenant exclusivement de leurs récoltes sont dispensés de toute déclaration préalable et affranchis de l'exercice.

Décret portant règlement d'administration publique sur les distilleries, du 26 août 1876, rendu en exécution de l'article 3 de la loi du 21 mars 1874.

Les eaux-de-vie en bouteilles, les fruits à l'eau-de-vie, les liqueurs et l'absinthe sont soumis au même droit de consommation et aux mêmes taxes de remplacement que les eaux-de-vie et esprits en cercles, proportionnellement à leur richesse alcoolique.

Vinaigres et acide acétique. — Loi des 17 juillet-1er août 1875 qui établit un impôt sur les vinaigres et l'acide acétique.

Tarif par hectolitre.

Vinaigres contenant 8 0/0 et au dessous d'acide acétique.	4 fr.
— de 9 à 12 0/0	6

—	de 13 à 16 0/0	8 fr.
—	de 17 à 30 0/0	15
—	de 31 à 40 0/0	20
—	au-delà de 40 0/0	42
Acide acétique cristallisé par cent kilogr.		50

Le droit est perçu à l'enlèvement des fabriques qui sont soumises à l'exercice. — Les vinaigres et acides destinés à l'exportation sont affranchis de tous droits.

Sel, p. 355.

La loi de finances du 26 décembre 1876 a supprimé la surtaxe de deux centimes et demi sur le sel qu'avait établie la loi du 2 juin 1875.

Sucres, p. 356.

La loi des 29 juillet-1er août 1875 a soumis à l'exercice les raffineries de sucre à partir du 1er mars 1876.

En ce qui concerne le régime des sucres bruts, l'article 3 de cette loi dispose : « Dans le cas où la nuance des sucres paraîtrait ne pas correspondre à leur richesse effective, le service provoquera l'expertise légale, et les commissaires experts devront recourir, pour le classement définitif, aux procédés saccharimétriques. »

Le régime des sucres a été l'objet de nombreuses modifications Il est aujourd'hui régi par la loi des 30 décembre-7 janvier 1876 modifiée par celle du 19 juillet 1880, article 75. Nous indiquerons d'abord les taxes qu'établissait la loi de 1876 :

	par 100 kilogr.
1° Raffinés, candis, en pain, en poudre, tapes, cristallisés suivant type ou agglomérés	73 50
2° Bruts en poudres blanches et tous autres, vergeoises pour chaque degré de richesse absolue..	71 50
3° Mélasses des fabriques, des raffineries et des colonies françaises	10 00
4° Impôt *intérieur* sur les glucoses	20 00

Sont exonérées de tout droit les glucoses et mélasses exportées et celles qui sont employées à la fabrication de produits non alimentaires ou transformées en produits soumis à un impôt. Les mélasses contenant 53 0/0 de richesse cristallisable ou 70 0/0 de richesse absolue et dont la densité à la température de 15 degrès centigrades (40 degrès de l'aréomètre de Beaumé) n'est pas au moins de 1,383 grammes par litre sont assimilées au sucre brut.

Les sucres bruts destinés aux raffineries sont préalablement imposés au minimum d'après le rendement présumé au raffinage et les sommes ainsi encaissées sont définitivement acquises au trésor, quel que soit le résultat final du raffinage. Ces droits peuvent donner lieu à des traites cautionnées à deux mois ou à quatre mois d'échéance. Les traites à deux mois ne produisent pas d'intérêts et celles de quatre années avec intérêts pour deux ans seulement sur quatre. Les droits sont définitivement liquidés à la sortie des raffineries sur les sucres expédiés à toute destination (art. 5, 6 et 7).

La loi du 19 juillet 1880 a réduit les droits et fixé la taxe suivante :

Art. 15. Les droits sur les sucres de toute origine et les glucoses indigènes livrés à la consommation sont fixés ainsi qu'il suit, décimes et demi-décimes compris :

Sucres bruts et raffinés, 40 fr. par 100 kilogr. de sucre raffiné.

Sucres bruts et raffinés, 43 fr. par 100 kilogr. de sucre candi.

Sucres extraits dans les établissements spéciaux de mélasse libérés d'impôts, 14 fr. par 100 kilogr.

Glucose, 8 fr. par 100 kilogr.

Art. 16. Les sucres étrangers sont soumis aux surtaxes déterminées ci-après :

Sucres bruts ou sucres non assimilés aux sucres raffinés importés des pays d'Europe ou des entrepôts d'Europe, 3 fr. par 100 kilogr.

Sucres raffinés ou assimilés aux raffinés de toute provenance, 12 fr. 50 par 100 kilogr.

Sont en outre modifiés comme suit les droits des dérivés du sucre énumérés ci-après :

Sirops, bonbons et fruits confits : droit du sucre raffiné ; confitures et biscuits sucrés : moitié du droit du sucre raffiné.

Mélasses autres que pour la distillation ayant en richesse saccharine absolue 50 0/0 au moins : 12 fr. par 100 kilogr.

Mélasses autres que pour la distillation ayant en richesse saccharine absolue plus de 50 0/0 : 25 fr. 50 par 100 kilogrammes.

Chocolat, 88 fr. par 100 kilog.

Art. 17. Sont considérés comme sucres raffinés, pour l'application des droits, les sucres en pains ou agglomérés de toutes formes. Sont assimilés aux raffinés, pour l'acquittement des droits, les sucres en poudre provenant des pays étrangers et dont le rendement présumé au raffinage dépasse 98 0/0.

D'après l'art. 18, le rendement présumé des sucres bruts pour l'application du régime de l'admission temporaire créé par la loi du 7 mai 1864, ne peut pas être supérieur à 98 0/0 ni au-dessous de 65 0/0, déduction faite de 1 1/2 0/0 à titre de déchet : « Le rendement présumé au raffinage continuera d'être établi sans fraction de degré, au moyen de l'analyse polarimétrique et de la déduction des cendres de la glucose. Les coefficients des réfractions à opérer sur le titre saccharimétrique sont fixés à 4 fr. pour les cendres, et à 2 fr. pour la glucose. »

Art. 21. L'art. 7 de la loi du 31 mai 1846 est modifié ainsi qu'il suit :

« Les employés tiennent, pour chaque fabrique, un compte des produits de la fabrication, tant en jus et en sirops qu'en sucres achevés ou imparfaits. Les charges en sont calculées au *minimum*, à raison de 1,200 grammes de sucre raffiné pour 100 litres de jus et par chaque degré du densimètre au-dessus de 100 (densité de l'eau) reconnus avant la défécation à la température de 15 degrés centigrades. Les fractions de moins d'un dixième de degré sont négligées. Le volume du jus soumis à la défécation est évalué d'après la contenance des chaudières, déduction faite 10 0/0. »

Droit sur la chicorée, p. 359.

Loi des 22-23 décembre 1878, portant fixation du budget des recettes et dépenses pour l'exercice de 1879.

Art. 2. Seront supprimés, à partir du 1er janvier 1879, les droits établis sur la chicorée et ses similaires par les lois des 4 septembre et 21 juin 1873.

Huiles, p. 359.

La loi des 22-23 décembre 1878, art. 3 et 4 a modifié comme il suit l'impôt sur les huiles établi par la loi du 31 décembre 1873. Dans les villes ayant une population de 4,000 habitants et au-dessus et qui n'ont à leur octroi aucune taxe sur les huiles autres que les huiles minérales, le droit est supprimé. Celles qui conservent ou établissent des taxes d'octroi sur les huiles peuvent être admises à se libérer, envers le Trésor, par un abonnement moyennant une redevance égale à la moyenne des perceptions pendant les deux dernières années. Aussi les villes abonnées sont-elles autorisées, pour se récupérer, d'établir des taxes d'octroi qui dépassent le maximum fixé par l'art. 108 de la loi du 25 mars 1817.

Savons, p. 359.

Loi de finances des 26-27 mars 1878. — L'art. 1er supprime le droit sur les savons.

Postes, p. 367.

Décret du 5 février 1879, portant création du ministère des postes et télégraphes.

Décret des 20 mars-8 mai 1878 qui institue un conseil consultatif des postes et télégraphes.

Taxe télégraphique. — La taxe télégraphique à l'intérieur a été fixée par la loi des 21-22 mars 1878 à 5 centimes par mot avec un *minimum* de 50 centimes, quel que soit le nombre des mots. Une loi des 5-7 avril 1878 a autorisé le ministre des postes et télégraphes à consentir des abonnements, à prix réduit, pour la correspondance télégraphique.

Droit de recommandation. — Une loi des 26 décembre-14 janvier 1879 a fixé à 25 centimes, en sus de la taxe, le droit de *recommandation* pour toute lettre circulant en France ou en Algérie.

Une loi des 11-15 janvier 1879, a réduit le droit de recommandation pour les lettres échangées entre la France ou l'Algérie et les colonies françaises de 50 centimes à 25. Le droit de recommandation est également réduit de 50 centimes à 25 pour les lettres adressées de France ou d'Algérie en Belgique, en Allemagne, dans le grand-duché de Luxembourg, dans les Pays-Bas et en Suisse.

Enfin, pour les pays non compris dans l'union postale, le droit fixe de recommandation est réduit uniformément de 25 centimes. Nous devons faire remarquer, pour prévenir toute confusion, la différence des rédactions adoptées dans les deux cas. A l'égard de certains pays déterminés, le droit de recommandation est réduit *à* 25 centimes et dans les autres il est réduit *de* 25 centimes.

Recouvrement des effets de commerce. — Une loi des 5-7 avril 1879 a autorisé le recouvrement par la poste des effets, factures et valeurs commerciales non sujettes à protêt. Cette faculté a même été étendue aux effets protestables par la loi du 17 juillet 1880 ; il a fallu pour cela modifier le Code de commerce et étendre le délai dans lequel l'effet non payé doit être protesté. Le protêt qui, d'après l'art. 162 du Code de commerce, devrait être fait le lendemain de l'échéance peut être différé jusqu'au surlendemain.

Art. 4 de la loi du 17 juillet 1880.

« Le droit proportionnel à percevoir en vertu de la loi du 5 avril 1880 est maintenu à 1 pour 100 pour tout recouvrement qui ne dépassera pas 50 francs; et il est réduit à 1/2 pour 100, pour toute fraction excédant la somme de 50 francs. — Le gouvernement pourra, néanmoins, par des décrets insérés au *Bulletin des Lois*, abaisser successivement jusqu'au taux uniforme de 1/2 pour 100 le droit de 1 pour 100 applicable aux sommes qui ne dépasseront pas 50 francs.

En cas de refus de paiement, l'administration remet l'effet à un officier ministériel pour faire le protêt. Elle est déchargée par cette remise à l'égard de l'expéditeur; elle n'est, d'un autre côté, pas responsable envers l'officier ministériel pour le paiement de ses honoraires. Les lois qui, en cas de perte, limitent la responsabilité de l'administration des postes, sont d'ailleurs applicables à l'envoi des effets de commerce sujets à protêt, ainsi que les articles 7 et 8 de la loi du 5 avril 1879. »

Abonnement aux journaux. — L'abonnement aux journaux par l'intermédiaire de la poste moyennant un droit de 3 pour 100 a été modifié par l'article 5 de la loi du 17 juillet 1880 : « Le droit de 3 pour 100 prévu par l'article 9 de la loi du 5 avril 1879, pour les abonnements aux journaux, revues, etc., est abaissé à 1 pour 100 plus un droit fixe de 10 centimes par abonnement. »

Impôt sur les allumettes chimiques, p. 369.

Loi des 28-31 juillet 1875, relative à la répression de la fraude dans la fabrication et dans la vente des allumettes chimiques. — La fabrication en fraude est punie d'une amende de 300 à 1,000 fr. avec confiscation des allumettes et ustensiles. En cas de récidive, la peine est de six jours de prison à six mois. La même peine est encourue pour détention des ustensiles et instruments destinés à la fabrication en même temps que des matières premières destinées à cette fabrication ou de pâtes phosphorées propres à la fabrication des allumettes chimiques.

Décret des 10 août-14 septembre 1875, qui fixe à 10 francs par personne arrêtée, quel que soit le nombre des saisissants, la prime accordée aux préposés dénommés en l'article 223 du décret du 28 avril 1816, qui arrêteront les individus vendant en fraude à leur domicile, ou colportant des allumettes en fraude, qu'ils soient ou non surpris à les vendre.

La prime n'est acquise que si les contrevenants ont été constitués prisonniers, ou admis à la liberté sous caution ou à transiger. Elle elle est partagée par portions égales entre les saisissants quel que soit le grade.

La prime est payable par la Compagnie concessionnaire du monopole.

Voitures publiques. p. 370.

La loi de finances du 27 mars 1878, article 2, a supprimé le droit de 5 pour 100 sur les transports par petite vitesse qu'avait établi la loi du 21 mars 1874.

Enregistrement, p. 372 et suiv., spécialement p. 374 et 375.

Pour l'assiette des droits proportionnels en matière de transmission à titre gratuit, le revenu est, en général, multiplié par 20 quand il s'agit d'une transmission en capital, et par 10 pour les transmissions d'usufruit.

Mais la loi du 21 juin 1875 dispose, par exception, que pour les *immeubles ruraux* seulement, la multiplication serait faite par 25 pour le capital et par 12 1/2 en ce qui concerne l'usufruit.

Partage d'ascendant. — Avant la loi du 21 juin 1875, la transcription était facultative pour les donations immobilières contenant partage d'ascendant (art. 1075 et 1077 du Code civil). Si elle était requise, elle donnait lieu à la perception du droit général de transcription de 1 fr. 50 pour 100. L'article 1er de la loi du 21 janvier 1875 dispose que, dans tous les cas, le droit de transcription serait exigible sur ces donations, mais que le droit proportionnel ne serait, de ce chef, que de 0 fr. 50 pour 100.

Echange, p. 383.

La taxe, telle que nous la portons au résumé du tarif est de 2 fr. 50 pour 100 qui se décompose ainsi : 1° droit de mutation, 1 pour 100; 2° droit de transcription, 1 fr. 50 pour 100. La loi du 21 juin 1875, article 4, a élevé le droit principal d'échange à 2 pour 100, mais en ajoutant que : « la formalité de la transcription ne donnera plus lieu à aucun droit proportionnel. » La même disposition se trouve dans la loi du 27 juillet 1870 sur les échanges d'immeubles ruraux contigus.

Perception sur les valeurs mobilières, p. 375 *in fine.*

Art. 3 de la loi du 21 juin 1875 : « La valeur de la propriété et de l'usufruit des biens meubles est déterminée, pour la liquidation et le paiement du droit de mutation par décès ; 1° par l'estimation contenue dans les inventaires ou autres actes passés dans les deux années du décès; 2° par le prix exprimé dans les actes de vente, lorsque cette vente a lieu publiquement et dans les deux années qui suivent le décès; 3° enfin, à défaut d'inventaire, d'actes ou de vente, par la déclaration faite conformément au § 8 de l'art 14 de la loi du 22 frimaire an VII, le tout sans distraction de charges.

« L'insuffisance dans l'estimation des biens déclarés sera punie d'un droit en sus si elle résulte d'un acte antérieur à la déclaration. Si, au contraire, l'acte est postérieur à cette déclaration, il ne sera perçu qu'un droit simple sur la différence existant entre l'évaluation des parties et l'évaluation contenue aux actes.

« Les dispositions qui précèdent ne sont applicables ni aux créances, ni aux rentes, actions, obligations, effets publics et tous autres biens meubles dont la valeur et le mode d'évaluation sont déterminés par des lois spéciales. »

Assiette du droit de transmission, p. 376.

Loi du 21 juin 1875, art. 6 :

« Sont considérés, pour la perception du droit de mutation par décès, comme faisant partie de la succession d'un assuré, *sous la réserve des droits de communauté*, s'il en existe une, les sommes, rentes ou émoluments quelconques dus par l'assureur à raison du décès de l'assuré. — Les bénéficiaires à titre gratuit de ces sommes, rentes ou émoluments sont soumis au droit de mutation, suivant la nature de leurs titres et leurs relations avec le défunt, conformément au droit commun. » Le rapporteur du projet de loi a donné de ces mots *sous la réserve des droits de la communauté*, le commentaire général suivant : « Evidemment quand « l'assuré, pendant sa vie, s'est dépouillé, dessaisi de l'émolument de l'assurance au profit d'un tiers, cet émolement n'a « jamais fait partie de son hérédité. »

L'art. 7 de la même loi assujettit les compagnies d'assurance contre l'incendie ou sur la vie à l'obligation de communiquer aux agents de l'administration de l'enregistrement, tant au siège de la compagnie que dans les succursales et agences, les polices et autres documents énumérés dans l'art. 22 de la loi du 23 avril 1871, afin que ces agents s'assurent de l'exécution des lois sur l'enregistrement et le timbre.

Emprunt de ville. — Droit fixe.

Loi du 27 juin 1876 autorisant la ville de Paris à emprunter une somme de 120 millions. — Art. 2 « Les actes susceptibles d'enregistrement, auxquels donnera lieu l'emprunt autorisé par la présente loi, seront passibles du droit fixe de 1 fr. »

Timbre, p. 387.

La loi des 18-19 mars 1879 a exempté de tout droit de timbre les mandats d'articles d'argent émis et payés par la poste, soit en France, soit dans les colonies françaises.

Remises allouées aux receveurs de l'enregistrement, p. 389, *in fine*.

Décret des 25 mars-19 mai 1875 :

Sur les premiers 20,000 fr. de la recette annuelle.		6 0/0
Sur les recettes	de 20,000 à 60,000 fr......	4 0/0
—	de 60,000 à 160,000 fr.	2 0/0
—	de 160,000 à 280,000 fr......	1,50 0/0
—	de 280,000 à 400,000 fr......	0,50 0/0
—	de 400,000 à 2,000,000 fr......	0,25 0/0
—	au-dessus de 2,000,000 fr......	0,10 0/0

Le *minimum* est fixé à 1600 fr. (art. 2 du décret).

Loi de finances du 22 décembre 1878, art. 1er :

« A partir du 1er mai 1879, le tarif du droit de timbre proportionnel établi par l'art. 3 de la loi du 19 février 1874 sur les effets de commerce autres que ceux tirés de l'étranger sur l'étranger et circulant en France est réduit des deux tiers. »

Un décret des 18-21 mars 1879 a réglé l'échange des papiers timbrés restés sans emploi avec des papiers conformes au nouveau tarif.

Centimes additionnels départementaux et communaux, p. 390.

Loi de finances du 12 août 1876 (Recettes).

« Art. 8. Le maximum des centimes additionnels pour dépenses obligatoires, dans le cas prévu par l'art. 39 de la loi du 18 juillet

1837, est fixé à 10 centimes; il est, par exception, élevé à 20 lorsqu'il s'agit de payer des sommes dues en vertu de condamnations judiciaires. »

L'article 9, prévoyant le cas où les revenus des départements et des communes seraient insuffisants pour la construction des maisons d'école a autorisé, pour 1877, les conseils généraux et les conseils municipaux à voter pour cette destination des centimes additionnels au principal des quatre contributions directes. Le *maximum* a été fixé par cet article à 4 pour les départements et à 4 pour les communes.

L'article 10, en cas d'insuffisance des revenus départementaux et des centimes ordinaires pour subvenir par des subventions aux dépenses ordinaires des chemins de grande communication et aux dépenses extraordinaires des autres chemins vicinaux, a autorisé les conseils généraux à voter, pour 1877, à titre d'imposition spéciale, 7 centimes additionnels aux quatre contributions directes.

La loi générale sur les recettes et dépenses pour l'année 1877, a permis d'imposer des centimes au nombre de 4, en sus des centimes spéciaux, pour établir la gratuité de l'instruction primaire.

Art. 4. « Toute commune qui veut user de la faculté accordée par les lois des 15 mai 1850 et 10 avril 1867 d'entretenir une ou plusieurs écoles gratuites peut, en sus de ses propres ressources et des centimes spéciaux autorisés par les mêmes lois, affecter à cet entretien le produit d'une imposition extraordinaire de 4 centimes additionnels au principal des quatre contributions directes.

« En cas d'insuffisance des ressources indiquées au paragraphe qui précède, une subvention peut être accordée à la commune soit sur les fonds du département, soit sur les fonds de l'État dans les limites du crédit porté annuellement à cet effet au budget du ministère de l'instruction publique.

« Si les ressources ne suffisaient pas à toutes les dépenses d'entretien de la gratuité, la commune pourrait y affecter encore une nouvelle imposition extraordinaire et spéciale qui n'excéderait pas 6 centimes additionnels au principal des quatre contributions directes. »

La loi du 16 juillet 1880 relative aux recettes pour l'année 1881, à peu près conforme aux lois pour les exercices précédents, fixe :

1° A 25 centimes sur les contributions foncière et personnelle-mobilière, plus à 1 centime sur les quatre contributions directes, le maximum des centimes à établir en vertu de l'art. 58 de la loi dn 10 août 1871 sur les conseils généraux.

2° A 12 centimes, le maximum des centimes extraordinaires que les conseils généraux peuvent voter en vertu de l'article 40 de la même loi.

3° A deux centimes sur les quatre contributions directes, le maximum de la contribution spéciale à établir en cas d'omission au budget d'un crédit suffisant pour faire face aux dépenses spécifiées à l'article 61 de la même loi.

4° A 20 centimes, le maximum des centimes que les conseils municipaux peuvent être autorisés à voter pour en affecter le produit à des dépenses d'utilité communale (art. 42 de la loi du 10 août 1871).

5° A 10 centimes, le maximum des centimes à imposer pour le paiement des dettes d'une commune dans les cas prévus par l'article 39 § 4 de la loi du 18 juillet 1837 et à 20 centimes lorsqu'il s'agit de dettes établies par des condamnations judiciaires.

6° A 4 pour les départements et à 4 pour les communes le maximum des centimes à établir sur les quatre contributions directes en cas d'insuffisance pour l'établissement des écoles primaires supérieures ou élémentaires.

7° A 7 centimes le maximum des centimes ordinaires pour concourir par des subventions aux dépenses des chemins vicinaux de grande communication et, dans les cas extraordinaires, aux dépenses des autres chemins vicinaux.

Octrois, p. 397.

D'après la loi du 19 juillet 1880, art. 6, les taxes d'octroi sur les vins, cidres, poirés et hydromels ne peuvent excéder le double des droits d'entrée perçus pour le Trésor public. Ce maximum ne peut être dépassé qu'en vertu d'une loi spéciale. La loi veut même que les tarifs soient réservés dans les communes où les tarifs ne seraient pas en harmonie avec cette disposition.

Le directeur général des contributions indirectes par une circulaire du 12 août 1878 a rappelé la législation en matière d'octrois pour en recommander aux agents l'exacte application.

Dettes de l'Etat, p. 406.

A la dette flottante ou exigible en capital, et à la dette consolidée ou non exigible la loi du 11 juin 1878 a ajouté la rente amortissable en 75 ans par voie de tirage au sort. Une section du grand livre de la dette publique est spécialement consacrée cette espèce de rente.

Art. 3. « Tous les privilèges et immunités attachés aux rentes sur l'État sont assurés aux rentes amortissables. Ces rentes sont insaisissables conformément aux dispositions des lois des 8 nivôse an VI et 22 floréal an VII et pourront être affectées aux remplois et placements spécifiés par l'art. 29 de la loi du 26 septembre 1871.

Art. 4. « Le taux et l'époque des émissions, la nature, la forme et le mode de transfert des titres, le mode et les époques d'amortissement et du paiement des arrérages, ainsi que toutes les conditions applicables à la dette amortissable par annuités, seront déterminées par décrets.

A toutes les époques le législateur s'est occupé de procurer l'amortissement de la dette publique. La solution à laquelle on s'était arrêté jusqu'à la création de la nouvelle espèce de rentes, consistait à doter une caisse spéciale qui était chargée d'acheter, pour les éteindre, des titres de rente sur l'État. Mais cette caisse ne pouvait utilement fonctionner que si la rente était au-dessous du pair, de sorte que ses opérations étaient interrompues dans les périodes de prospérité. D'un autre côté le gouvernement, lorsque le budget n'était pas en équilibre, cédait facilement à la tentation de diminuer ou de supprimer temporairement la dotation de la caisse d'amortissement. Cette suppression n'est pas possible dans le système de la rente amortissable parce que l'État est lié par un contrat. « L'amortissement attaché aux titres disait le rapporteur de la loi devant le Sénat, sera hors d'atteinte dans l'avenir parce qu'il y aura un contrat entre l'État et les porteurs, et que ce contrat l'État ne pourra le rompre. Le 3 0/0 amortissable sera probablement négocié à un taux d'intérêt compris entre 4 et 4 1/2. Un supplément d'annuités de 22 centimes à 17 centimes pour cent (2,200 fr. à 1,700 fr. par million de capital réalisé) suffira pour assurer l'amortissement des titres. »

Insaisissabilité des rentes sur l'État. — Le Conseil d'État a décidé (arr. du 6 août 1878) que ce principe fait obstacle à ce qu'on inscrive au nom d'un créancier un titre appartenant à son débiteur, alors même qu'il a été jugé que ces rentes avaient été remises en nantissement.

Pensions, p. 410 et suiv.

La loi du 17 mars 1875, art. 4, a prescrit des formalités pour la liquidation des pensions civiles pour infirmités.

Art. 4. « A l'avenir, aucune pension civile ne pourra être accordée en vertu de la loi du 22 août 1790, du décret du 13 septembre 1806 et de l'art. 32 de la loi du 9 juin 1853, en dehors des conditions d'âge et de service, qu'après vérification, par trois médecins nommés par le ministre compétent et assermentés, des infirmités sur lesquelles se fonderont les réclamants et des causes qu'ils leur attribueront.

« Le Conseil d'État, avant d'émettre son avis, ou s'il est saisi du recours, avant de statuer au contentieux, pourra ordonner toute nouvelle vérification ou toute mesure d'instruction qu'il jugera propre à l'éclaireur. »

Imprimerie Nationale. — Un décret des 7-28 décembre 1878 a réglé les pensions de retraite des employés, ouvriers et ouvrières de l'Imprimerie nationale.

Pensions militaires, p. 417.

Nous avons dit plus haut (p. 19) à propos du cadre de réserve, que les pensions des officiers ont été augmentées en vertu de la loi du 22 juin 1878 et du tarif y annexé. La pension pouvant être plus élevée que le traitement touché dans le cadre de réserve, nous avons vu que cette mesure équivalait presque à la suppression du cadre de réserve.

Une autre loi du 22 juin 1878 élève, du quart au tiers du maximum, les pensions des veuves de militaires et marins non inscrites au grand livre, et fixe à la moitié du maximum les pensions des veuves des militaires ou marins tués sur le champ de bataille ou dont la mort a été causée par des évènements de guerre.

Voirie, p. 427.

Décret des 31-janvier-1er février 1878 qui crée un conseil supérieur des voies de communication.

Chemins de fer, p. 430.

Un autre décret des 31 janvier-1er février 1878 crée un conseil supérieur des chemins de fer.

Décrets des 16 avril-18 juin 1878 portant organisation du service des chemins de fer rachetés et provisoirement exploités par l'Etat.

Décret des 25-27 mai 1878 portant organisation du service financier des chemins de fer rachetés par l'Etat.

Décret des 11 juin-19 juillet 1878 relatif au indemnités à allouer aux administrations des chemins de fer de l'Etat.

Une loi de 1880 a réglé la matière des *chemins de fer sur routes*. Elle se divise en deux parties : la première traite des chemins de fer d'intérêt local, et la deuxième des tramways.

Chemins de fer d'intérêt local. — S'il s'agit de chemins à établir par un département sur une ou plusieurs communes, le conseil général, après instruction préalable par le préfet et après enquête, arrête la direction de ces chemins, le mode et les conditions de leur construction ainsi que les traités et les dispositions nécessaires pour en assurer l'exploitation. S'il s'agit de chemins à établir par une commune sur son territoire, c'est le conseil municipal qui en arrête la direction ainsi que les conditions de construction et d'exploitation. — Dans tous les cas, et quelle que soit la longueur du chemin, l'utilité publique doit être déclarée par une loi.

Les projets relatifs à l'exécution sont soumis par le préfet au conseil général dont l'approbation est nécessaire, sauf le cas où ils intéressent plusieurs départements, auquel cas, s'il y a désaccord entre les conseils généraux, l'approbation est donnée par le ministre des travaux publics. Même dans le cas où un seul département est intéressé, le ministre peut inviter le conseil général à délibérer de nouveau sur les projets; mais cette seconde délibération ne peut être provoquée que sur la proposition du préfet et après avoir pris l'avis du conseil général des ponts et chaussées. Si le chemin de fer est communal, l'approbation des projets d'exécution est donnée par le conseil municipal. — Les projets de détail sont approuvés par le préfet sur l'avis de l'ingénieur (art. 3).

Les droits de péage et les prix de transport que le cessionnaire est autorisé à percevoir sont fixés par l'acte de concession. Les taxes perçues dans les limites du maximum déterminé par le cahier des charges doivent être approuvées par le ministre des travaux publics si le chemin s'étend sur plusieurs départements, et par le préfet s'il ne sort pas des limites du département (art. 4 et 5).

Art. 6. L'autorité a toujours le droit: 1° d'autoriser d'autres voies ferrées à s'embrancher sur les lignes concédées ou à s'y raccorder; 2° d'accorder à ces entreprises nouvelles, moyennant le paiement des droits de péage fixés par le cahier des charges, la faculté de faire circuler les voitures sur les lignes concédées; 3° de racheter la concession aux conditions qui seront fixées par le cahier des charges; 4° de supprimer ou de modifier une partie du tracé lorsque la nécessité en aura été reconnue après enquête.

Art. 10. Les cessions totale ou partielle de concessions, la fusion des concessions, les changements de concessionnaires ou des administrations, la substitution de l'exploitation directe à l'exploitation par concession, l'élévation des tarifs au-dessus du maximum ne peuvent avoir lieu qu'en vertu d'un décret rendu en Conseil d'Etat.

L'article 11 contient une disposition très importante en vertu de laquelle l'Etat peut, à toute époque, distraire du domaine public départemental ou communal une voie ferrée pour la faire passer dans les chemins de fer d'intérêt général. Ce classement ne peut être fait que par une loi spéciale. Il y a lieu à une indemnité et la somme en est fixée par une commission nommée conformément à la loi du 29 mai 1845.

La loi s'est aussi occupée des ressources financières à consacrer à la construction des chemins de fer d'intérêt local. D'abord les ressources créées par la loi du 21 mai 1836 sur les chemins vicinaux peuvent être appliquées, en partie, à la dépense des voies ferrées, par les communes qui ont achevé leur réseau subventionné et peuvent pourvoir à l'entretien de tous les chemins classés. D'un autre côté, lors de la construction, l'Etat peut s'engager, en cas d'insuffisance du produit brut pour couvrir les dépenses d'exploitation et l'intérêt à 5 0/0 du capital de premier établissement, à subvenir au paiement d'une partie de cette insuffisance à condition que le département ou la commune paieront une partie au moins équivalente. La subvention de l'Etat sera de : 1° une somme fixe de 500 fr., par kilomètre exploité ; 2° du quart de la somme nécessaire pour élever la recette brute annuelle (impôts déduits) à 10,000 francs par kilomètre sur les lignes pouvant recevoir les véhicules des grands réseaux et à 8,000 francs pour les autres.

Si la ligne subventionnée vient à produire une recette brute qui couvre les frais d'exploitation et donne 6 0/0 du capital de premier établissement, l'excédant, s'il y en a, est partagé entre l'Etat, le département, ou, s'il y a lieu, la commune et les autres intéressés, dans la proportion des avances faites par chacun d'eux jusqu'à complet remboursement de ces avances sans intérêt.

Le capital-actions doit être égal à la moitié de la dépense nécessaire pour mettre le chemin de fer en complet état d'exploitation. Les obligations ne pourront pas dépasser le capital-actions et même dans cette limite, les émissions d'obligations ne pourront pas avoir lieu avant que les 4/5 du capital-actions aient été versés et employés en achats de terrains, approvisionnements, sur place ou dépôts de cautionnements. Cependant, si le capital-actions a été versé en entier et que la moitié ait été employée, les émissions d'obligations peuvent être autorisées, mais à la condition de verser provisoirement les sommes en provenant à la caisse des dépôts et consignations.

Tramways. — La concession est accordée par l'État, s'il s'agit d'un tramway à établir en tout ou partie sur une voie dépendant du domaine public national ; par le conseil général, lorsque la voie ferrée, sans emprunter une route nationale, doit être établie, en tout ou en partie, soit sur une route départementale, soit sur un chemin de grande communication, soit sur un chemin d'intérêt commun ou doit s'étendre sur le territoire de plusieurs communes; par le conseil municipal, si la voie ferrée est établie entièrement sur le territoire d'une commune et sur un chemin vicinal ordinaire ou sur un chemin rural.

Si, pour l'établissement d'un tramway, il y a lieu à expropriation, soit pour l'élargissement d'un chemin vicinal, soit pour une déviation, cette expropriation est poursuivie conformément à la législation spéciale en matière de chemins vicinaux (art. 16 de la loi du 21 mai 1836 et loi du 8 juin 1864 ; art. 27, 28, 29, 30 et 31 de la loi du 11 juin 1880).

Comme pour les chemins de fer d'intérêt local, l'État peut accorder des subventions aux tramways desservis par des locomotives et servant au transport des marchandises, en même temps que des voyageurs, à condition qu'une partie équivalente sera payée par le département ou par la commune, et seulement en cas d'insuffisance de la recette brute pour couvrir les dépenses d'exploitation et servir à 5 pour 100 l'intérêt du capital de premier établissement.

La subvention de l'État sera formée de : 1° 500 francs par kilomètre exploité; 2° du quart de la somme nécessaire pour porter la recette brute annuelle à 6,000 francs par kilomètre exploité (art. 36).

La loi du 15 juillet 1845 sur la police des chemins de fer est applicable aux tramways, à l'exception des articles 4, 5, 6, 7, 8, 9 et 10[1].

[1] La loi dont nous avons résumé les dispositions principales a été promulguée le 11 juin 1880.

Cours d'eau, p. 432.

Loi des 3-6 août 1879 relative au classement et à l'amélioration des voies navigables. — Cette loi divise les voies navigables en deux catégories : 1° les voies principales ; 2° les voies secondaires. Les premières sont administrées par l'État. Les secondes peuvent être concédées, avec ou sans subventions, pour un temps limité, à des associations ou à des particuliers.

L'art. 3 de la loi classe les lignes principales ; toutes les autres sont secondaires et pas n'est besoin de les énumérer.

Décret des 18 mai-18 juillet 1878 portant réglement de la pêche fluviale.

Usines et règlements d'eau, p. 443.

L'administration n'a le droit de régler les usines sur les cours d'eau non navigables ni flottables (Lois des 12-20 août 1790 et 28 septembre-6 octobre 1791) que dans un intérêt de police. Il y aurait excès de pouvoir dans l'arrêté préfectoral qui ordonnerait l'élargissement d'une passerelle pour assurer l'exercice d'un droit de passage. — Conseil d'État, arrêt du 5 juillet 1878, aff. *Barrier*.

Chemins vicinaux, p. 449.

6 décembre 1874. — Réglement général sur les chemins vicinaux.

Ponts à péage.

D'après la loi du 30 juillet 1880, il ne sera plus, à l'avenir, construit de ponts à péage sur les routes nationales ou départementales. « En cas d'insuffisance des ressources immédiatement disponibles pour la construction des ponts dépendant de la voirie vicinale, il pourra y être pourvu par les départements et les communes intéressées, au moyen d'un emprunt à la caisse des chemins vicinaux. » Après avoir interdit pour l'avenir la construction des ponts à péage, la loi du 30 juillet 1880 fixe les conditions du rachat des ponts déjà concédés. Le rachat est fait en vertu d'une déclaration d'utilité publique par décret rendu en Conseil d'État, après enquête. A défaut de dispositions spéciales dans le décret de concession, l'indemnité est fixée par une commission de trois membres dont un nommé par le préfet, l'autre par le concessionnaire et le troisième désigné par ces deux membres ou, à défaut d'entente, par le président du tribunal civil du chef-lieu du département. L'indemnité doit être payée avant la prise de possession du pont.

Le rachat des ponts à péage sur les routes nationales doit être fait dans le délai de huit ans. Il peut être accordé, pour le rachat des ponts sur les routes départementales ou sur les chemins vicinaux des subventions dont le maximum est fixé à moitié de la dépense. Il ne sera accordé aucune subvention pour le rachat des ponts à péage qui seraient, à l'avenir, construits sur les chemins vicinaux (art. 7).

Expropriation d'utilité publique, p. 574.

Décret des 14 juin-2 août 1876 relatif aux rues de Paris ou autres villes auxquelles est applicable le décret du 26 mars 1852, et modifiant le règlement du 27 décembre 1858.

Lorsque pour l'ouverture, le redressement ou l'élargissement d'une rue, si le décret-loi du 26 mars 1852 a été déclaré applicable, il paraît nécessaire d'exproprier des parcelles situées en dehors des alignements, ces parcelles doivent être désignées au plan et comprises dans l'avertissement qui doit être donné conformément à l'art. 3 de l'ordonnance du 23 août 1835. « Il sera statué sur l'autorisation d'acquérir ces parcelles par le décret qui statuera sur l'expropriation pour cause d'utilité publique. »

Autorisation de plaider, p. 641.

Le desservant d'une paroisse est, en cette qualité, tenu d'avoir l'autorisation du conseil de préfecture, même pour plaider au possessoire. L'art. 55 de la loi du 18 juillet 1837 est spécial aux communes et l'exception qu'il contient, relativement aux actions possessoires, ne peut pas être étendue par analogie aux autres personnes morales. C. cass., Ch. civ., arr. du 25 mars 1879 (D. P. 1879, I, 160).

Appel comme d'abus, p. 642 et suiv. V. spécialement p. 651.

Protestantisme, confession d'Augsbourg. — Une loi des 1er-2 août 1879 a réorganisé l'église de la confession d'Augsbourg que la perte de l'Alsace-Lorraine avait désorganisée en lui enlevant Strasbourg où siègaient son conseil général, son directoire, son séminaire et sa faculté de théologie.

Art. 1er. « L'église évangélique de la confession d'Augsbourg a des pasteurs, des inspecteurs ecclésiastiques, des conseils presbytéraux, des consistoires, des syndics particuliers et des synodes généraux. »

Le projet primitif présenté par le gouvernement se composait d'un article unique qui approuvait un projet d'organisation, en 27 articles, délibéré par le synode luthérien et en tête duquel figure une déclaration ainsi conçue :

« Avant de procéder à l'œuvre de réorganisation de l'église pour laquelle il a été convoqué, le synode, fidèle aux déclarations de foi et de liberté sur lesquelles ses réformateurs ont fondé notre Église, proclame l'autorité des saintes Écritures en matière de foi, et maintient à la base de sa constitution légale la confession d'Augsbourg. »

Mais, sous prétexte qu'elle eût constitué un véritable concordat protestant, cette forme n'a pas été adoptée et la loi des 1er-2 août 1879, tout en adoptant les articles du projet, les a consacrés directement au lieu d'approuver le projet du synode luthérien. La déclaration religieuse qui avait sa place en tête d'un projet délibéré par un synode ne pouvait pas se trouver dans une loi organique directe. Aussi a-t-elle disparu par suite de ce changement de forme.

L'objection qui paraît avoir préoccupé les rédacteurs de cette loi n'était, selon nous, pas fondée, et c'est à tort que le projet du gouvernement a été qualifié de concordat. Le concordat est un traité, une convention entre deux puissances qui s'engagent réciproment. Une loi approuvant une délibération du synode n'aurait pas plus engagé l'État que ne l'engage une loi mettant directement en articles le projet du synode. L'article unique portant approbation aurait pu être abrogé comme peuvent l'être les articles de la loi du 1er août 1879. Seulement, il faut le reconnaître, chaque article d'une loi directe peut être modifié ou abrogé tandis que si on eût employé la forme d'abord proposée, il aurait fallu à chaque changement, même seulement partiel, provoquer une nouvelle délibération du synode, sur le projet de changement, et cette délibération aurait été soumise à l'approbation législative.

Les matières religieuses, même ce qui est relatif à la discipline ecclésiastique, ne sont pas un objet ordinaire; elles touchent à la liberté de conscience et le pouvoir de légiférer ne doit pas, sur ce point, être absolu comme en toute autre. Qu'on réserve à l'État le pouvoir d'approuver ou de rejeter, cette réserve suffit pour établir la souveraineté; mais la délibération préalable de ceux qui exercent le pouvoir spirituel nous paraît être nécessaire pour garantir la liberté de conscience. La déclaration qui était placée en tête du projet du synode avait aussi cet avantage que le législateur savait à quelle confession il accordait la reconnaissance, tandis que la loi directe n'offre pas la même garantie n'étant pas faite sous la même condition.

Conflits, p. 681.

Un jugement du tribunal des conflits, en date du 26 décembre 1879, a décidé que le refus par un maire de légaliser des signatures est un *acte d'administration* à l'occasion duquel une action ne peut pas être portée devant les tribunaux.

Le tribunal a également confirmé l'arrêté de conflit tendant à dessaisir les tribunaux de l'action intentée au ministre de l'intérieur en dommages-intérêts pour des articles publiés dans le *Bulletin des Communes*. Cette publication a été considérée comme un acte d'administration qui échappe à la compétence de la justice ordinaire.

Enfin le jugement du 5 novembre 1880 a décidé qu'un arrêté préfectoral portant dissolution d'une congrégation non autorisée est un *acte administratif*. Il résulte des motifs de ce jugement que si l'arrêté de dissolution est un acte administratif, les tribunaux ordinaires sont incompétents pour connaître des réclamations que soulève l'exécution de ces arrêtés, mais que les intéressés peuvent se pourvoir devant le ministre et au Conseil d'État pour *excès de pouvoirs*.

Appendice, p. 705 et suiv.

Décret des 2-4 août 1879 portant règlement intérieur du Conseil d'État.

Le président de la République Française,

Vu la loi du 24 mai 1872 et le décret portant règlement intérieur du Conseil d'État du 21 août suivant ;

Vu la loi du 1er août 1874 ;

Vu l'article 4, paragraphe 4, de la loi du 13 juillet 1879, portant : « Un règlement d'administration publique statuera sur l'ordre « intérieur des travaux du Conseil, sur la répartition des mem-« bres et des affaires entre les sections, sur la nature des affaires « qui devront être portées à l'assemblée générale, sur le mode de « roulement des membres entre les sections et sur les mesures « d'exécution non prévues par la présente loi ; »

Le Conseil d'État entendu,

DÉCRÈTE :

TITRE Ier.

DE L'ORGANISATION INTÉRIEURE DU CONSEIL D'ÉTAT.

ART. 1er. Les projets et les propositions de loi renvoyés au Conseil d'État, soit par les Chambres, soit par le Gouvernement, et les affaires administratives ressortissant aux différents ministères sont répartis entre les quatre sections suivantes :

1° Section de législation, de la justice et des affaires étrangères ;

2° Section de l'intérieur, des cultes, de l'instruction publique et des beaux-arts ;

3° Section des finances, des postes et télégraphes, de la guerre, de la marine et des colonies ;

4° Section des travaux publics, de l'agriculture et du commerce.

Les projets et les propositions de loi, les projets de règlement d'administration publique et les affaires administratives concernant l'Algérie sont examinés par les différentes sections, suivant la nature du service auquel ils se rattachent.

Art. 2. Le ministre de la justice ou le vice-président du Conseil d'État pourra toujours réunir à la section compétente soit la section de législation, soit telle autre section qu'il croira devoir désigner.

Art. 3. Les conseillers d'État, maîtres des requêtes et auditeurs de première classe qui sont nommés à des fonctions publiques, conformément à l'article 3 de la loi du 13 juillet 1879, ont entrée à la section administrative à laquelle ils appartiennent et à l'assemblée générale.

Toutefois, les conseillers d'État ainsi nommés à des fonctions publiques ne peuvent prendre part aux travaux du Conseil que dans les conditions prévues, pour les conseillers d'État en service extraordinaire, par l'article 11 de la loi du 24 mai 1872.

Art. 4. Les trente maîtres des requêtes, les douze auditeurs de première classe et les vingt-quatre auditeurs de deuxième classe sont répartis ainsi qu'il suit :

1° A la section de législation, etc. :

Trois maîtres des requêtes,
Deux auditeurs de première classe,
Trois auditeurs de deuxième classe ;

2° A la section du contentieux :

Douze maîtres des requêtes, y compris les quatre commissaires du Gouvernement,
Quatre auditeurs de première classe,
Dix auditeurs de deuxième classe ;

3° A la section de l'intérieur, etc. :

Cinq maîtres des requêtes,

Deux auditeurs de première classe,
Quatre auditeurs de deuxième classe ;

4° A la section des finances, etc. :

Cinq maîtres des requêtes,
Deux auditeurs de première classe,
Trois auditeurs de deuxième classe ;

5° A la section des travaux publics, etc. :

Cinq maîtres des requêtes,
Deux auditeurs de première classe,
Quatre auditeurs de deuxième classe.

Néanmoins, cette répartition, dans le cas où les besoins du service le rendraient nécessaire, pourra être modifiée par le vice-président du Conseil d'État, sur la proposition des présidents de section.

ART. 5. Tous les trois ans, il peut être procédé à une nouvelle répartition des conseillers d'État et des maîtres des requêtes entre les diverses sections. Cette répartition est faite par décret du Président de la République en ce qui concerne les conseillers d'État, et par arrêté du ministre de la justice, sur la proposition du vice-président et des présidents de section, en ce qui concerne les maîtres des requêtes.

En dehors des époques fixées pour le roulement, les conseillers d'État ne peuvent être déplacés par décret du Président de la République que sur leur demande et de l'avis du vice-président du Conseil d'État.

Chaque année, au 15 octobre, le ministre de la justice arrête, sur la même proposition, la répartition des auditeurs entre les sections.

ART. 6. Le secrétaire général dirige les travaux des bureaux et tient la plume à l'assemblée générale du Conseil. Il signe et certifie les expéditions des actes, des décrets et des avis du Conseil d'État délivrés aux personnes qui ont qualité pour les réclamer, sauf pour les décisions rendues en matière contentieuse.

En cas d'absence ou d'empêchement, il est suppléé par un maître des requêtes désigné par le ministre de la justice.

TITRE II.

DE L'ATTRIBUTION DES AFFAIRES A L'ASSEMBLÉE GÉNÉRALE ET AUX SECTIONS.

ART. 7. Sont portés à l'assemblée générale du Conseil d'État :

Les projets et les propositions de loi renvoyés au Conseil et les projets de règlement d'administration publique ;

Les projets de décret qui ont pour objet :

1° L'enregistrement des bulles et autres actes du Saint-Siége ;

2° Les recours pour abus ;

3° Les autorisations des congrégations religieuses et la vérification de leurs statuts ;

4° L'autorisation ou la création d'établissements publics et d'établissements d'utilité publique ;

5° L'autorisation à ces établissements, aux congrégations religieuses, aux communes et départements, d'accepter soit des legs universels, soit des dons et legs dont la valeur excéderait cinquante mille francs ;

6° L'annulation ou la suspension des délibérations prises par les conseils généraux des départements dans les cas prévus par les articles 33, 47 et 49 de la loi du 10 août 1871 ;

7° Les impositions d'office établies sur les départements dans les cas prévus par l'article 61 de la loi du 10 août 1871 ;

8° Les recours formés par les conseils municipaux en vertu de l'article 23 de la loi du 5 mai 1855, dans le cas d'annulation de leurs délibérations ;

9° L'autorisation des impositions extraordinaires et des emprunts votés par les conseils municipaux, dans le cas prévu par l'article 7 de la loi du 24 juillet 1867, et des emprunts contractés par les hospices et autres établissements charitables, dans le cas prévu par l'article 12 de la même loi ;

10° Les impositions d'office établies sur les communes ;

11° Les traités passés par les communes ayant plus de trois

millions de revenus pour les objets énumérés dans l'article 16 de la loi du 24 juillet 1867;

12° Les changements apportés à la circonscription territoriale des communes;

13° Les caisses des retraites des employés des administrations municipales;

14° La création des octrois ou l'autorisation des taxes pour une durée supérieure à cinq ans;

15° La création des tribunaux de commerce et des conseils de prud'hommes, la création ou la prorogation des chambres temporaires dans les cours et tribunaux;

16° La création des chambres de commerce;

17° La naturalisation des étrangers accordée à titre exceptionnel, en vertu de l'article 2 de la loi du 29 juin 1867;

18° Les prises maritimes;

19° La délimitation du rivage de la mer;

20° Les concessions de portions du domaine de l'État et les concessions de mines, soit en France, soit en Algérie;

21° L'exécution des travaux publics à la charge de l'État qui peuvent être autorisés par décrets du pouvoir exécutif;

22° L'exécution des chemins de fer d'intérêt local;

23° La concession du desséchement de marais, les travaux d'endiguement et ceux de redressement des cours d'eau non navigables;

24° L'approbation des tarifs de ponts à péage et des bacs;

25° L'autorisation des sociétés d'assurances sur la vie, des tontines, et les modifications des statuts des sociétés anonymes autorisées avant la loi du 24 juillet 1867;

26° Le classement des établissements dangereux, incommodes et insalubres, la suppression de ces établissements dans les cas prévus par le décret du 15 octobre 1810;

27° Toutes les affaires non comprises dans cette nomenclature sur lesquelles il doit être statué, en vertu d'un texte de loi ou de règlement, par décret rendu dans la forme des règlements d'administration publique;

28° Enfin les affaires qui, en raison de leur importance, sont renvoyées à l'examen de l'assemblée générale, soit par les ministres, soit par les présidents de section, d'office ou sur la demande de la section.

TITRE III.

DE L'ORDRE INTÉRIEUR DES TRAVAUX.

§ 1er. — *Assemblées de sections.*

Art. 8. Il est tenu, dans chaque section, un rôle sur lequel toutes les affaires sont inscrites d'après leur ordre de date.

Le président de la section distribue les affaires entre les rapporteurs. Il désigne celles des affaires qui sont réputées urgentes, soit par leur nature, soit par des circonstances spéciales.

Art. 9. La date de la distribution des affaires, avec l'indication de leur nature, est inscrite sur un registre particulier qui reste à la disposition du président de la section.

Art. 10. Le secrétaire de chaque section tient note, sur un registre spécial, des affaires délibérées à chaque séance et de la décision prise par la section. Il y fait mention de tous les membres présents.

Art. 11. En l'absence du président de la section, la présidence appartient à celui des conseillers d'État qui est le premier inscrit sur le tableau.

Art. 12. Lorsque plusieurs sections sont réunies, la présidence appartient, en l'absence du ministre de la justice, au vice-président ou à celui des présidents de ces sections qui est le premier dans l'ordre du tableau.

Les lettres de convocation contiennent l'indication des affaires qui doivent être traitées dans ces réunions.

§ 2. — *Des assemblées générales.*

Art. 13. Les jours et heures des assemblées générales sont fixés par le Conseil d'État, sur la proposition du ministre de la justice.

En cas d'urgence, le Conseil est convoqué par le vice-président.

Art. 14. Il est dressé par le secrétaire général, pour chaque séance, un rôle des affaires qui doivent être délibérées en assemblée générale. Ce rôle mentionne le nom du rapporteur et contient la notice de chaque affaire, rédigée par le rapporteur.

Art. 15. Le rôle est imprimé et adressé aux conseillers d'État, maîtres des requêtes et auditeurs, deux jours au moins avant la séance.

Sont imprimés et distribués en même temps que le rôle, s'ils n'ont pu l'être antérieurement, les projets de loi et de règlement d'administration publique, les avis proposés par les sections, ainsi que les documents à l'appui desdits projets dont l'impression aura été jugée nécessaire par les sections.

Les documents non imprimés sont déposés au secrétariat général le jour où a lieu la distribution du rôle et des impressions, et ils y sont tenus à la disposition des membres du Conseil, sauf les cas d'urgence.

Art. 16. Le procès-verbal contient les noms des conseillers d'État présents.

Les conseillers d'État et les maîtres des requêtes qui sont empêchés de se rendre à la séance doivent en prévenir d'avance le vice-président du Conseil d'État.

Il en est de même des auditeurs qui sont chargés de rapports inscrits à l'ordre du jour.

En cas d'urgence, les rapporteurs empêchés doivent, de l'agrément du président de leur section, remettre l'affaire dont ils sont chargés à un de leurs collègues.

Art. 17. Le président a la police de l'assemblée; il dirige les débats, résume la discussion, pose les questions à résoudre.

Nul ne peut prendre la parole sans l'avoir obtenue.

Art. 18. Les votes ont lieu par assis et levé ou par appel nominal.

Toutes les élections ont lieu au scrutin secret, à la majorité absolue des membres présents et sur convocation spéciale.

Le président proclame le résultat des votes.

§ 3. — *De l'instruction et du jugement des affaires contentieuses.*

Art. 19. La communication des recours aux parties intéressées et aux ministres, s'il y a lieu, les demandes de pièces, les mises en cause et tous les autres actes d'instruction sont délibérés par la section du contentieux, sur l'exposé du rapporteur.

Les décisions relatives aux actes d'instruction sont signées par le président de la section.

Art. 20. Le président de la section du contentieux distribue les affaires entre les quatre maîtres des requêtes qui remplissent les fonctions du ministère public.

Art. 21. La section du contentieux ne peut statuer, en exécution de l'article 19 de la loi du 24 mai 1872, sur les affaires introduites sans le ministère d'un avocat au Conseil, ni délibérer sur les affaires qui doivent être portées à l'assemblée du Conseil d'État statuant au contentieux, que si cinq membres au moins ayant voix délibérative sont présents.

Art. 22. Le rôle de chaque séance publique du Conseil d'État est préparé par le commissaire du gouvernement chargé de porter la parole dans la séance ; il est arrêté par le président.

Ce rôle, imprimé et contenant sur chaque affaire une notice sommaire rédigée par le rapporteur, est distribué, quatre jours au moins avant la séance, à tous les conseillers d'État de service à l'assemblée du Conseil statuant au contentieux, ainsi qu'aux maîtres des requêtes et auditeurs de la section du contentieux.

Il est également remis aux ministres qui ont pris des conclusions et aux avocats dont les affaires doivent être appelées.

Art. 23. En l'absence du vice-président du Conseil d'État, la présidence de l'assemblée du Conseil statuant au contentieux appartient au président de la section du contentieux.

En cas d'empêchement du secrétaire du contentieux, un secrétaire adjoint peut être désigné par le vice-président du Conseil d'État, sur la proposition du président de la section du contentieux.

Art. 24. Toutes les décisions rendues par le Conseil d'État statuant au contentieux ou par la section du contentieux contiennent les noms et demeures des parties, leurs conclusions, le vu des pièces principales et des lois appliquées.

Elles portent en tête la mention suivante :

« Au nom du Peuple français,

« Le Conseil d'État statuant au contentieux (ou la section du « contentieux du Conseil d'Etat). »

Art. 25. L'expédition des décisions, délivrée par le secrétaire du contentieux, porte la formule exécutoire suivante :

« La République mande et ordonne aux ministres de (ajouter le « département ministériel désigné par la décision), en ce qui les « concerne, et à tous huissiers à ce requis, en ce qui concerne les « voies de droit commun contre les parties privées, de pourvoir à « l'exécution de la présente décision. »

TITRE IV.

DISPOSITIONS GÉNÉRALES.

Art. 26. Les présidents de section et les conseillers d'État siègent dans l'ordre du tableau.

Le tableau comprend : 1° le vice-président; 2° les présidents de section; 3° les conseillers d'État en service ordinaire; 4° les conseillers d'État en service extraordinaire; 5° les maîtres des requêtes et les auditeurs.

Ils y sont tous inscrits dans l'ordre de leur nomination.

Art. 27. Les conseillers d'État ne peuvent s'absenter sans un congé donné par le ministre de la justice, après avoir pris l'avis du vice-président et du président de leur section.

Les maîtres des requêtes et les auditeurs ne peuvent s'absenter sans un congé donné par le vice-président, après avoir pris l'avis du président de la section dont ils font partie.

Art. 28. Dans le cas où, par suite de vacance, d'absence ou d'empêchement d'un ou de plusieurs conseillers d'Etat, une section ne se trouve pas en nombre pour délibérer, le vice-président du Conseil, de concert avec les présidents de section, la complète par l'appel de conseillers d'État pris dans les autres sections.

En cas d'urgence, la décision est prise par le président de la section.

ART. 29. Tout conseiller d'État, maître des requêtes ou auditeur qui s'absente sans congé, ou qui excède la durée du congé qu'il a obtenu, subit la retenue intégrale de la portion de son traitement afférente au temps pendant lequel a duré son absence non autorisée.

Si l'absence non autorisée dure plus d'un mois, le ministre de la justice en informe le Président de la République.

ART. 30. Au procès-verbal des sections et des assemblées générales du Conseil d'État est annexé un résumé des discussions relatives aux projets de loi, aux règlements d'administration publique et aux affaires pour lesquelles, en raison de leur importance, le président jugerait que la discussion doit être recueillie.

Ce résumé est fait par un auditeur désigné par le président et assisté d'un rédacteur spécial.

Il reproduit sommairement les discussions; il est soumis à la révision du président ou de l'un des conseillers d'État ou maîtres des requêtes présents à la séance, délégué par le président.

ART. 31. L'époque des vacances du Conseil d'État est fixée, chaque année, par un décret du Président de la République.

Le même décret forme deux sections pour délibérer sur les affaires urgentes et désigne neuf conseillers d'État en service ordinaire, huit maîtres des requêtes et dix auditeurs pour composer ces sections.

L'assemblée générale ne peut délibérer pendant les vacations qu'autant que neuf au moins de ses membres ayant voix délibérative sont présents.

Les conseillers d'État désignés pour faire partie de la section des vacations peuvent se faire remplacer, de l'agrément du président, par un autre conseiller d'État.

ART. 32. La bibliothèque est placée sous la surveillance d'une commission de trois conseillers d'État élus au scrutin. Cette commission règle tout ce qui concerne l'acquisition, le prêt et l'usage des livres.

ART. 33. Le garde des sceaux, ministre de la justice, est chargé de l'exécution du présent décret, qui sera inséré au Bulletin des lois.

Décret du 14 août 1879, qui modifie celui du 14 octobre 1872, portant règlement du concours pour la nomination des auditeurs de 2e classe au Conseil d'État.

LE PRÉSIDENT DE LA RÉPUBLIQUE FRANÇAISE,

Sur le rapport du garde des sceaux, ministre de la justice, président du Conseil d'État ;

Vu l'article 5, paragraphe 6, de la loi du 24 mai 1872, sur l'organisation du Conseil d'État ;

Vu la loi du 10 août 1876, sur le renouvellement des auditeurs de deuxième classe au Conseil d'État ;

Vu le décret du 14 octobre 1872 portant règlement du concours pour la nomination des auditeurs de deuxième classe au Conseil d'Etat, et le décret du 19 février 1878, portant modification des articles 5 et 8 dudit règlement ;

Le Conseil d'État entendu,

DÉCRÈTE :

ART. 1er. L'article 5 du décret du 14 octobre 1872 est modifié ainsi qu'il suit :

« Art. 5. Nul ne peut se faire inscrire en vue du concours : 1° s'il n'est Français jouissant de ses droits ; 2° s'il a, au 1er janvier de l'année du concours, moins de vingt et un ans ou plus de vingt-cinq ans ; 3° s'il ne produit soit un diplôme de licencié en droit, ès-sciences ou ès-lettres, obtenu dans une des facultés de l'État, soit un diplôme de l'école des chartes, soit un certificat attestant qu'il a satisfait aux examens de sortie de l'école polytechnique, de l'école nationale des mines, de l'école nationale des ponts et chaussées, de l'école centrale des arts et manufactures, de l'école forestière, de l'école spéciale militaire ou de l'école navale, soit un brevet d'officier dans les armées de terre et de mer ; 4° s'il ne justifie avoir satisfait aux obligations imposées par la loi du 27 juillet 1872 sur le recrutement de l'armée, et notamment, dans le cas où il aurait contracté un engagement conditionnel d'un an, aux obligations imposées par l'article 56 de ladite loi. »

Art. 2. Le garde des sceaux, ministre de la justice, président du Conseil d'Etat, est chargé de l'exécution du présent décret.

Concours des attachés au ministère des affaires étrangères.

Extrait du décret du 10 juillet 1880.

Art. 7. Les aspirants se présenteront à la direction du personnel du ministère des affaires étrangères dans les trente jours à partir de l'insertion de l'arrêté au *Journal officiel*; ils déposeront leur acte de naissance, ainsi que les pièces justificatives énoncées dans l'article suivant.

Art. 8. Nul ne pourra se faire inscrire en vue du concours :

1° S'il n'est français jouissant de ses droits;

2° S'il a, au 1er janvier de l'année du concours, moins de ving et un ans et plus de vingt-cinq ans;

3° S'il ne produit, soit un diplôme de licencié en droit, ès-sciences ou ès-lettres, soit un diplôme de l'école des chartes, soit un certificat attestant qu'il a satisfait aux examens de sortie de l'école normale supérieure, de l'école polytechnique, de l'école nationale des mines, de l'école nationale des ponts et chaussées, de l'école centrale des arts et manufactures, de l'école forestière, de l'école spéciale militaire ou de l'école navale, soit un brevet d'officier dans l'armée active de terre et de mer.

Art. 10. La liste des candidats qui seront admis à concourir sera dressée et arrêtée définitivement par M. le ministre cinq jours au moins avant l'ouverture du concours, elle sera déposée à la direction du personnel, où toute personne pourra en prendre communication.

Art. 14. Les épreuves du concours porteront :

1° Sur l'organisation constitutionnelle, judiciaire et administrative de la France et des pays étrangers;

2° Sur les principes généraux du droit international public et privé;

3° Sur le droit commercial et le droit maritime;

4° Sur l'histoire des traités depuis le congrès de Westphalie jusqu'au congrès de Berlin, et la géographie politique et commerciale;

5° Sur les éléments de l'économie politique;

6° Sur la langue anglaise ou la langue allemande.

TABLE ALPHABÉTIQUE.

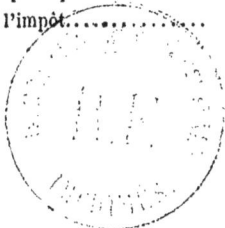

Paris, impr. F. Pichon — A. Cotillon & Cie, 37, rue des Feuillantines, & 24, rue Soufflot.

Paris. Impr. F. Pichon — A. Cotillon & Cie, 27, [illegible]
24, rue Soufflot

www.ingramcontent.com/pod-product-compliance
Lightning Source LLC
Chambersburg PA
CBHW060413220326
41598CB00021BA/2165